Homo hierarchicus
Le système des castes
et ses implications

阶 序 人

卡斯特体系及其衍生现象

启真馆 出品

当代外国人文学术译丛

阶 序 人

卡斯特体系及其衍生现象

Homo hierarchicus
Le système des castes
et ses implications

[法]路易·杜蒙 著

王志明 译

ZHEJIANG UNIVERSITY PRESS
浙江大学出版社

目 录

英文定版前言

本书作者感激芝加哥大学出版社推出这个版本。这个版本是真正的全本。首先，它收进 1970 年英文版省略掉的三篇附录（附录二、三、四），而这三篇文章在此以前只见于法文版。能看到本书恢复其原观令人欣慰。而对我而言，收进这三篇附录相当重要，因为这三篇附录的每一篇都代表整个研究发展过程中的重要阶段，这点在本前言内文有较详细的说明。1970 年英文版省略这三篇文章，使本书的某些要点和整个框架显得模糊不清，甚且可能导致了误解。

这个版本是我心目中的定版，除了原来 1966 年法文版的内容全译之外，还增加下文这篇新的前言，评述本书所得到的反应，及一篇新的后语，简要地讨论阶序（hierarchy）的一般性质。这两篇文章是由 1979 年的法文版译成英文的。

在印制技术许可范围内，已对原来的英译做了相当详尽的修订。我要利用这个机会再次向原来的英译者塞恩斯伯里（Mark Sainsbury）表示感激，他的辛劳和才干使他杰出地完成了这件困难的工作。新加的三篇附录，取自《印度的宗教、政治与历史：印度社会学论文集》（*Religion, Politics and History in India: Collected Papers in Indian Sociolog*. Paris: Mouton, 1970），此后简称为《论文集》，其英译是由我自己担任的。

这本著作的法文版问世已经有十二年，英译本出版已有八年，所以学者们有充分机会加以评论。现在，因为技术性与实质性的理由，本书既然要重新印行，正好可以借此机会对本书引起的反应做一评述。本书的内容在新版中并未加更动，所添加的只有这篇前言和一篇后语。

这篇前言在原则上是要就《阶序人》所引起的广泛讨论加以评述，并介绍一下《阶序人》出版后有关这方面的研究进展情形。本书的某些观点和说法可能会使一般读者觉得奇怪，甚至震惊。作者的同行有何看法呢？本书的论点应该被视为科学性的建构，或者只是没有根据的凭空捏造？目前的结论到底是什么？

1

其实要回答上述问题并不容易。首先，《阶序人》所得到的反应很复杂：古典印度学界对它反应不多但非常友好；社会人类学界的评论都非常深奥，彼此矛盾；社会学界本身则毫无反应，没有任何一份重要的英语社会学刊曾登载本书的书评[1]。法语世界的反应就一般而论要比英语世界的更为友善，而印度方面的反应则很难一言以蔽之。

整体而言，真正讨论本书者大多局限于社会人类学界，这倒是相当自然的。下文的评述将以本书引起的这些讨论为对象，重点放在异议、反对和负面意见方面。这或许会使人觉得《阶序人》得到的是一片反对之声。事实倒并非如此。因此，我们有必要先大致刻画一下本书所得到的一般反应。在表示赞赏的意见里面，有两项足以举出作为代表。

赫顿（J.H.Hutton）原来是英属印度政府中的英籍官员，后来成为人

---

[1]　古典印度学者最早的两篇法文书评非常宽宏大量：M. Dambuyant，在 *Journal de psychologie 65th year*, No.1（1968），pp.105-109; Ch.Malamoud，在 *Bulletin critique du livre français*，No. 70584，June 1967。社会学者的一片沉默显然与人类学家的敌对倾向（见下文）足堪比美。此外，孟买的 *Sociological Bulletin* 刊出过 J. Boel 的一长篇摘要，March 1968，pp.103 -118。亦见 p.4 注释［3］。

类学家，以对阿萨姆之那加人（the Nagas）的研究而著名，最后成为剑桥大学教授。他是《阶序人》出版以前最后一位讨论卡斯特制度的学者，他那本专著比《阶序人》早二十年出版。我把《阶序人》寄给赫顿的时候，他已达八十高龄（一年之后过世）。在书中我曾非常简略地反驳他的卡斯特理论（见法文初版序，p. 45），而他很快就回我一封短笺向我祝贺，同时表示可惜他年龄太高，否则将立即着手把《阶序人》译成英文，特别是要译给印度人看。

事隔几年，一位我并不认识但相当受尊敬的人——一位人类学家，十分尽责的行政官员，与坚定的甘地信徒（我们知道甘地对卡斯特，最少对瓦尔那［Evarna］，是抱持平等主义观点的）——波雪（Nirmal Kumar Bose）也有所反应。他比赫顿年轻，但当时同样也已不久人世。波雪教授读毕《阶序人》的英译本，为他的学报《印度人》（*Man In India*）写了一则长篇书评，由他的友人在加尔各答一份报纸上刊出，文中对我甚为支持，只对少数细节表示持有保留意见。[1]《阶序人》得到两位这么杰出的人物支持实在值得骄傲，因此有时候我不免会希望这两位历练丰富的前辈所表现的开放心态也能出现于也许比他们更现代，但经验则少得多的后继者身上。

人类学者对《阶序人》的评语大多是毁誉交加。稍后我们将分别讨论（大体一致）被接受的论点和那些被拒斥的论点，但这些评论的共同特点是正反不同意见的奇妙混合。当然，评者可以肯定作者而否定其著作，也可以（甚至经常地）把理论及其适用与否彼此分割以便赞美其

---

[1] 赫顿 1967 年 1 月 20 日所写的信。这封信及文中提及的其他文件，全存放于印度与南亚研究中心（Centre d'Etudes de l'Inde et de l'Asie du Sud，E. H. E. S. S.）的档案资料中，可以查看。请参看福勒－海门多夫（C. von Fürer-Haimendorf）为赫顿写的悼文（*Proceedings of the Royal Anthropological Institute*, 1968，pp.66-77）。波雪之作为《了解卡斯特体系的新尝试》（"New Attempt to Understand Caste System,"*The Sunday, Hindustan Standard,* Calcutta, 13 June 1974 ）。

中一项。[1]这本书虽有些地方受人谴责（甚至嘲笑），也有些地方受人颂扬（有些地方则上述两种反应一并出现），却已被公认为卡斯特研究史上的重要著作。且让我们对此加以诠释：这些矛盾现象均表现出印度研究，甚至整个人类学界，在基本取向方面有极大的分歧。[2]造成分歧的主要原因是那股像流行病一样的唯物论倾向，由于马克思主义影响甚大而更加强劲。对本书而言，法国正统马克思主义者的反应颇为迟缓。起先，严肃的学者并不声张他们的偏好，所以对本书不加批驳。后来，一个非洲专家出面表达了他们不得不然的反驳，但他的反驳几乎是场闹剧。[3]

《阶序人》在过去与今日的社会人类学对印度的研究中所占地位如何，就此处能论及的层面与限制而言，受三项事实所决定：《阶序人》引起的争论其幅度之大有必要稍加解释，因此也有必要对此争议加以简化与拣择；整个研究领域在过去十年有相当进展，某些看法已显得过时；作者本人已远离印度研究，这点也需要考虑在内。让我们就这三点加以讨论。

《阶序人》引发许多评论，大多是论文式的，它也成为美国人类学

---

[1]　例如《泰晤士报书评周刊》一位未署名的评者，很可能是位人类学家，在其书评中下结论说，这本书"漂亮地展现出卡斯特制度中表面上的不合理性、矛盾与模棱两可，皆附属于一个一贯的体系"，但他既承认本书的理论有可能被证实，却又随便地将它加以否定（*Times Literary Supplement*，31 August 1967，p.784）。

[2]　参看我的论文，"La Communauté anthropologique et l'idéologie," *L'Homme,* July-December 1978, pp.83-110（英译见 Dumont, 1978）。

[3]　Claude Meillassoux，《印度的卡斯特有多少？》（"Y a-t-il des castes aux Indes?"）*Cahiers internationaux de sociologie*（1973）: pp. 5-29。他把此文章寄给我，有礼貌地邀请我与他讨论。我回答说，他一开始就拒绝承认我的著作具有历史层面，这点足以构成我拒绝与他讨论的理由。有一篇观点和他接近的评论反驳其批评，见 Barnett 等人合写的论文，《净化的阶序》（*Hierarchy Purified*），刊于 *Journal of Asian Studies* 35, No.4（August, 1976），特别是 pp. 641-644。美国方面有人尝试进行综合；见 Barnett 的论文，刊于 Janet L. Dolgin 等人合编的《象征人类学》（*Symbolic Anthropology*，1977），也参看其导论。

会 1971 年的纽约年会中某个公开讨论会的议题（未出版），另外有两个讨论会也以它为对象。[1] 这本书引起不少情绪性的反应，这是许多评论之所以具有矛盾内容的原因之一。这倒是一点都不值得奇怪，因为《阶序人》向某些态度挑战，而它的全盘取向，以及较早的《印度社会学集刊》（*Contributions to Indian Sociology*）卷 1—9（1957—1966）的取向，在很多同行的眼中，代表的并非建设性的努力，而是在攻击他们的观念以及他们认为天经地义的通行想法。比方说，一如在知识思想论战中易于采取阵线分明之立场的英国学者里奇（Edmund Leach），他首先向广大读者警告本书难懂，接着主动带头成为我的"反对者"。他写道，那些"没有被（我）以前的论点所说服的人不会因为此项更为猛烈的攻击而改变其看法"（*South Asian Review* 4（3）：233，1971）。不久以前，林奇（Owen Lynch）也在一篇对《阶序人》的"回应"中表示，借本书"杜蒙对他认为的英美人类学之缺陷，我族中心主义与歪曲加以正面攻击"（David，1977:239）。在此我要指出他这是把树木当作森林，部分视为整体：《阶序人》并不只是攻击；而英语世界的人类学也不只是林奇所想象的那样，例如就有伊凡 - 普理查德（E. E. Evans- Pritchard）和其他几个人可为表率。在他们为其讨论会所写的导言中（*JAS* 1976:579），尼可拉斯（R. W.

---

[1]　*Contributions to Indian Sociology*, n.s.5（December, 1971）:1-81，由 T.N. Madan 主编，收录有 10 位作者的论文及我的回应《论想象的阶序》（*On Putative Hierarchy*）（pp. 58-78）。其参考书目（pp.79-81）列举了到 1971 年为止的绝大多数评论。至于从 1971 年起到现在的评论，除了接下来要提到的两样以外，尚可加上 S. J. Tambiah 在 *American Anthropologist* 74（1972）：832-835 与 S. A. Tyler 在 *American Anthropologist* 75（April 1973）：381-385 的新评论。另外一项学术讨论会的论文刊在 *Journal of Asian Studies* 35. No. 4（August, 1976）:579-650，J.F.Richards and Ralph W. Nicholas 合写其导论，6 位作者提出 4 篇论文。最后，Owen Lynch 和 Kenneth David 在后者所编的 *The New Wind: Changing Indentities in South Asia*（The Hague: Mouton，1977）都分别详尽地论及《阶序人》（*The New Wind* 这本书是 1973 年在芝加哥举行的国际会议的一个组所发表讨论的论文集）。N. J. Allen 在 *Journal of Indian Philosophy*，6（1978）：189-193 评该会议的文章与此有关。为了方便见见，此后将分别上述学术会议称为 "*CIS* 1971" 与 "*JAS* 1976"；引用到个别作者的论文时以平常方式标明，如 "David 1977"，如是简化的引用书目将列在本前言之末。

Nicholas）和理查兹（J. F. Richards）提到我们的 1957 年研究纲领（也就是波寇克［David Pocock］根据我 1955 年的就职演讲所改写的英文研究大纲[1]）初发表时所遭受的"惊奇眼光，如果不是鄙夷眼光的话"。但他们接着说："很多在小问题上仍与杜蒙持不同看法的学者，多年下来已同意那篇论文所树立的一般观点。"（同上）

这就要讨论到第二点，即过去十多年来的演变，不仅是谈印度研究的领域而已，整个人类学在一定程度上**风向**已转。说风向已转，是借用最近出版的一本书——《新风向》（*The New Wind*，David 1977）——的书名。和此处所论者有关的部分乃是有些坏习性已经收敛或改弦易张。有三个例子足以说明此项转变。在 1971 年写道，《阶序人》所说的身份（阶序性的）与权力（政治性的）的区别是一项"细腻而又复杂的说法，从实证数据中无法看得出来，而又引出种种实际上的与理论上的难题"的里奇（p. 235），事实上在 1977 年的一篇文章中自己就应用了该项区别。他写道，在古代印度教，"婆罗门位于国王之上；王权所代表的俗世道德……涵盖了政治和经济（*artha*）的领域……但并不被认为是整体社会的道德基础"（《泰晤士报书评周刊》，14 January 1977，p.22）。1972 年，坦比亚（S. J. Tambiah）还对我采取相同的反对态度（*American Anthropologist* 74: 832-835，特别是 p. 833a）。到了 1976 年，他在自己的著作中却抱持和我相同的观点了。他写道，依照印度教的说法，"道德权威以婆罗门为其化身，俗世权力以国王为代表；祭司在精神上居于高位，但在物质上则要依赖国王"（参看本书附录三，p. 432）；他也采纳我对东南亚的见解（本书 pp.333-335），说在东南亚，尽管受印度文化的影响，王权有恢复到"神圣王权的基本形态"的情形（*World Conqueror and World Renouncer*，1976，p. 99）。当然，这两位"反对者"是不是只

---

[1] "For a Sociology of India,"见 Dumont, 1957。

接受我的理论适用于古代印度，而仍觉得它不适用于当代印度，我不得而知。

　　甚至那些会对《阶序人》公开表示反对之意的人也已改变语气。马里奥特（McKim Marriott）在 1969 年介绍《阶序人》时说，这是"对一双模型的玄想性勾画，深受作者个人对社会科学的意识形态所影响，所提出的佐证大多带有理论的、文献的与哲学的暗示"（*American Anthropologist*，71:1168 a）。在一篇 1976 年的通讯中，他则写道："我们正在进行的研究大体上和杜蒙在 20 世纪 50 年代所做的一样，进行的方法也是把人类学的研究成果……和印度学的研究成果结合在一起……像他一样，我们正在估量不同的假说，还谈不上全面性的证明。我们和杜蒙同样……"（*Journal of Asian Studies*，31（1）:190）这个例子和先前两例显然有别，表示在策略上已有很大的改变。

　　前面所说的并不表示《阶序人》所提出的论题已经得到普遍接受。实际情形颇为复杂，相当暧昧。上游的改变或演变使我们更要让自己摆脱时下的态度和浮面的反应，以便能集中注意更深刻、更持久的特质。

　　我在前面也提到的第三点，本身不那么足以重视，但它和作者本人有直接关系。依循我自己的研究计划，过去几年来我已渐渐离开印度研究，回头研究作为现代文明特征的一套意识形态（参看《从曼德维尔到马克思》[*From Mandeville to Marx*]，1977，Chicago）。因此，我大体上已和时下整个印度研究脱节。因此，我就要小心，不敢自以为和 1962 年——为了写作《阶序人》对有关文献进行有系统探讨的最后一年——的我一样对不断快速增加的有关文献仍有同等的熟悉。简而言之，我得记住我在这方面的能力和资格已有所减损，我不但要避免做诊察工作，而且要放弃对最重要的近期著作一总评的尝试。不过相对的，这种情形也有其好处：现在我已比 1965 年或 1966 年时更能了解人类学家的态度与人类学界的意识形态之间的关联，更能就这方面加以强调，也将就此探讨近年那些和《阶序人》直接相关的发展情形。

　　以上三点加起来，使我们要把讨论局限于主要的论题；尽可能指出集体性的倾向，而非个人的、有时是过眼云烟的反应；在必要的时候只记录某些立场性的陈述，而不加以评论。

2

　　就《阶序人》所得反应而言，很显然，对新论点的抗拒业因现代社会中普遍对阶序的反感而加强了。有人或许会认为我对这点的强调稍嫌过度，然而，借用当代的说法，阶序正是现代意识形态中的"未思"（unthought, *l'impensé*）之核心所在；没有理由期望人类学家能免于这项普通的反应，或能够不经刻意的努力及耐心的练习就克服它。这种情况足以解释有些人的敌意，同时也可解释支持者亦有的保留态度和误解。

　　这本著作是一项实验，但很少有人就此观点加以讨论。我们面对的是一个复杂的整体，里面存在着许多作为初步尝试被描述为"阶序性"的现象。实验的主旨就是把这些现象拿出来加以检视，试图理出其原则，以作为整个复杂整体的主导原则。在实验的过程中，各式各样的材料都很恰当地得到解释（关于此一研究过程的简述，参看 *CIS* 1971:215-217）；同时，阶序的概念也一步一步得到厘清：价值（values）与等级（rank）（本书第 7 节），各个要素与整体相对的排比（gradation）原则（第 31 节），而到了第 34 节的时候才讨论了"涵括（the encompassing）与被涵括（the encompassed）"。阶序这个概念实际上是经过了一道复杂的过程才得到澄清，才使我们觉得生动有力，可惜的是这个过程未能陈述得如我们所愿的那般明确。简而言之，一方面是一个我得自于阿索陪（Raymond Apthorpe）的观念，此即阶序关系是一种涵括者与被涵括者之间的关系（关于这点，见本书后语 p. 366）；另一方面，印度社会被视为吻合此观念：它似乎是阶序的具体表现，因而使我们能活生生地认识到阶序，包括其连系物（connexions）和衍生物（implications）在内。一言以蔽之，它使我们**看到**这个观念。《阶序人》一书里面确实并没有提出一套阶序理论（Nur Yalman, *Man*, 4（1）：124）。原来的目标是把阶序"析离"（isolate）出来，像化学上所说的那样，采取的步骤是同时朝两个方向移动，可以说一方面把印度普遍化，另一方面则使我们的概念具体化。

很少人愿意肯定作者这种做法。因此，《阶序人》中阶序的概念受到批评，但评者却不愿正视本书在建构阶序这一概念的过程中所取得的成果。最严苛的一项批评说我把不同的事物全混淆于此一名词之下——事实上，那些不同的事物一样也忽视不得，这点很重要——但他们却不肯花精神看看我最后有没有提出一项单一原则。归根究底，整个研究方式本身被流行的教条所拒斥。

英美人类学家对《阶序人》的不赞成意见可以归结成一幅综合图像。它是一棵叫作"人类学的经验主义"的树，一棵强壮有力的大树，稳固植根于经验常识，其主干则往上伸展直达科学主义（scientism）的高度，然后又分成四枝，每枝都形同一座绞刑架：谴责对经验材料的背叛；谴责以观念和表征（representations）为焦点的研究方法（以及法国人的主智主义）；谴责对当代社会的研究中引用古代的典籍记载；最后也是最重要的，谴责《阶序人》对身份（status）与权力（power）的区别（这项关键性的区别之所以横遭拒斥，猜想起来不外乎是因为政治性的与经济性的权力乃一项坚固、普同、"底层建筑性的"既有物，也因为让阶序性身份脱离其掌握，简直耸人听闻——既然阶序性的身份不过形同幻想，最多也不过是社会"上层建筑"的一个面向罢了）。

第一项谴责最基本，大体上决定了其他三项。由于我"对经验材料所采取的傲慢态度"（*CIS* 1971:9），据说我也就原则性地放弃了（而且从一开始就放弃了）包括经验性在内的经验主义，但缺少它科学知识即成为不可能。如果我在此对"经验性（empiricality）"与"经验主义（empiricism）"加以区别，看来好像是在创造新名词，但事实上是想表示我完全尊重经验知识，同时也要向经验主义的三心二意和虚伪浮夸提出挑战。[1]

我们知道，"经验性"意指个人经验与田野工作；它同时也要求采取审慎的研究态度，收集尽量多的资料，并在必要时对通行观念提出质疑。"经验主义"则相反，它过分重视自己的范畴概念及其应用技术，因而允许对原始材料进行激烈的肢解，死守狭隘的观点不放；它低估文化环境的重要性，它甚至已开始腐蚀——这点我无法在此详述——田野工作的首要地位。[2] 人们可以就这个观点对本书作者与其批评者做个比较。那些对印度毫无亲身经验的人竟然会对与该经验攸关的论点发表全称概括性的论断。以里奇为例，不论他在其他方面的研究如何杰出，他对印度只有第二手的认识；然而，他大发议论，说我避开"**我们**在 20 世纪的印度所**遇到**的经验性的贾提（*jati*，亦即卡斯特）"而宁可讨论古代印象式的看法。我把里奇话中两个显然是要人照字面去了解的词标示出来了（Leach, 1971:235）。就我所知，那些曾经在印度做过田野工作而又强烈批评《阶序人》的人里面，没有一个在遵奉经验原则的历练上足以和我相提并论，这可由我的著作年表中得到证明（参看 *JAS* 1976, pp. 647-650 所列的著作

---

[1] 这里显然需要两个词。法文里只有"*empirisme*"一词，但我借用 Lachelier 的一项评语，把"*empiricisme*"这个词也拿来用（参看 André Lalande, *Vocabulaire technique et critique de la philosophie*, Paris,1926,s.v.。英文里，我尽量只用"empirical"（经验的）一词。

[2] 我曾在一篇论文中把任意分割的"分类"研究法与掌握整体和比较的"典型"研究法相对立。该文题为《卡斯特：一个社会结构的现象或是印度文化的一个面》（"Caste, a Phenomenon of Social Structure or an Aspect of Indian Culture"），登在 A. V. S. de Reuck 与 Julie Knight 合编的 *Ciba Foundation Symposium on Caste and Race*（London: Churchill, 1967），pp.28-38。

目录）。此处我只指出年表中的几项特点。首先，到目前为止对一个印度社群所做的最完整的描述是我写的（《印度南部的一个次卡斯特》[*Une Sous-caste de L'Inde du Sud*]，Paris, Mouton, 1957，写成于 1952 至 1954 年间。此后引为《次卡斯特》），包括社会生活的各个层面，从技术到法律到宗教。如果这本专刊（古典型的，但此古典型至少在英国已不受赞同）到目前为止并非独一无二，我们目前就会拥有一批在规模上足以涵盖整个南亚次大陆的民族志作为研究的基础了，因为从该书出版到现在学者们已完成许多调查。目前，我们有其他类型的研究报告，在某些方面更为进步，更为详尽，但其研究范围都相当有限。另外还有许多漂亮的推论，好像倒立的金字塔一样。印度那极为丰富的民族学财产很可能像欧洲的那样消失掉，而不能以既有的方法记录下来，这项危险实际存在。其罪过将算在经验主义头上，由于它高估自己的技巧，不重视具体的文化。在人类学中，经验主义最后导致科学主义，其终极趋势是把我们置于技术专制的淫威之下。

我在印度南部的经验性调查的复杂性还不止于此，因为在前述专刊之外我还做了一项小型的区域比较研究。一方面，这项研究导出若干论点，后来曾顺利地用以研究与上述地区邻接的那雅尔人（the Nayars）（这方面的专家后来修正了我在某些细节数据上的错误，但对整个议题不表怀疑）；这些论点后来被证明可以更广泛地概推及全印度。另一方面，这项研究导出一项婚姻联盟（marriage alliance）的一般性理论（最近受到谢弗勒 [Harold W. Scheffler] 的挑战，见 *American Anthropologist*, 79[41]: 869-882）。这是第一阶段。

接下来是一系列进一步探讨，其中主要的四项即为本书的四篇附录。最早的一篇是论遁世修行，由于它为我的后期工作提供了主要架构，包括印度研究和印度以外的研究，因此可以说是最重要的。我以 1955 年形成的一项假说为出发点（Dumont，1957，pp. 16-17），利用观察的结果（《次卡斯特》）以及广义的遁世修行制度［这个古典制度到现在仍然生气蓬勃］，对印度各种宗教及其历史提出了一个比较统一的观点（《印度各宗教中的遁世修行》，附录二）[1]。人类学对当代的研究因此也就透过一个复杂与间接的方式而被用以理解历史。此外，由于"遁世者"（the indinidual-outside-the-world，the renouncer）的概念之提出，与西方的比较渐渐变得大为可能，甚至可作为一个比较性的出发点，以研究现代的个人主义（modern ivdividualism）。[2]

由于要把这些要点全放在那篇二十五页的学术论文里面讨论，我必须向非专业的读者表示抱歉，但必要的澄清工作已开始，有几位印度学家已接受其论点，并加以应用。比耶杜（Madeleine Biardeau）发展了这一观点，并正确指出，关于遁世修行对社会的影响，我要留待他人去从事有系统的探讨。[3]

第二项研究，《古代印度的王权观念》（附录三）是对古代印度的另一项研究，其主题是王权观念。它和第一项研究不同，整体说来反应不佳。我想简单地将它讨论一下。这篇论文实际上是一项研究古代印度社会之计划的一部分 [4]。其目的在于从**比较**的观点界定印度的王权。当时的学界有一凸显的倾向——印度学家如此，人类学家亦然——就是认为，不论是就一般情形而言还是从原则上看，国王都应该具有宗教功能（参

---

[1] 此论旨的一项简述，见波雪，《印度的卡斯特》（"Caste in India"），*Man in India* 31，Nos. 3-4（July-December 1945），pp. 107-123，特别是 p.114。在论及遁世修行时，他谈到"个人自由"。

[2] 这项观点的潜力只有在把它应用于基督教的意识形态从耶稣到达尔文的演化才能全面展现。

[3] "遁世修行者所提出的理想，在被他离弃的社会中开花结果"（Madeleine Biardeau and Charles Malamoud，《古代印度祭仪》（*Le Sacrifice dans Inde ancienne*, Paris, 1976），p.86, n. 1。另一项最近的资料是 Frits Staal，《探讨神秘主义》（*Exploring Mysticism*, Penguin Books，1975），pp. 104-105。

[4] 该项研究是应《古代印度》（*L' Inde classique*）的编者之邀而进行的，原来要收在他们准备出版的那套书的第三卷中。我觉得可藉此机会显示人类学能对历史学做的贡献。后来该出版计划被放弃，不过我已有机会研究了有关文献（使我能对历史方面的其他问题有些见解，因此不算白花力气）并把论文呈给 Louis Renou 看，他表示该论文可以被接受，并说他发现文中提出一个看待某些"老掉牙"的问题之新办法（他的信收藏在 C. E. I. A. S. 文件档案中）。

看本书 p.143 注释 [2]）。然而，我那项研究的结论，指出印度国王的功能从很早以前即已世俗化，却被人认为可疑，甚至恶心。人类学者的反对且留待下文讨论，但研究古代印度的专家似乎也并未被我说服。在此至少要特别指出，比耶杜的反对意见虽然很简洁，但她对印度史诗非常熟悉，她表示反对也就值得注意。此处无法仔细讨论这个问题，但我在想，在印度王权这个问题上，比较的观点是否已对一种纯粹印度学的观点让步了，而将表征与制度彼此割离。[1]

上述研究是下一阶段的基础。我把社会学家广为接受的"社会阶层"（social stratification）概念与得自印度的社会阶序（social hierarchy）概念加以对比（《卡斯特，种族主义与"社会阶层"》附录一，特别是第五节，p.441）。这篇论文目前收入许多论文选。这个问题的讨论一直持续不断，这是正常而且良好的现象，此处没有必要重述，我们只指出，该文的主题在于主张意义（阶序）要比单纯外在形式（阶层）重要。因此，我把这篇论文题献给伊凡－普理查德是有道理的。

附录四《民族主义与社群主义》的主要意图是给民族（nation）这个现代观念下个比较性的定义，以 20 世纪的印度史为材料（19 世纪的历史也隐含其中，参看 *The British in India*）。

以上简述的各项研究均是《阶序人》研究工作的根本。如果经验主义者看不到其间的相关性——因为他们认为研究者可以任意划定自己的研究领域——那么至少在我看来，这些研究已达到经验研究所要求的两项标准，即取得尽量广泛的数据与认识其历史向度。

有人或许会说，以上的评语都不错，但与问题无关；真正的问题

---

[1] Biardeau and Malamoud，前引，pp.30-31，84-86；也见 p. 153 的一般论旨。不论如何，这是本重要的著作。也参见 J. D. M. Derrett，《王权》（"Rajadharma"）*JAS* 1976，pp. 597-609，一文所表示的保留态度。我想已过世的 Robert Lingat 也有他自己的保留意见。我们希望他关于佛教王权的讲稿能够出版，他必定遗有底稿。

是《阶序人》这本著作，且其中最基本的一点是《阶序人》误用民族志材料。贝里曼（Gerald Berreman）足以代表此类极端的批评者，他表示"阶序"只不过是诱饵：高阶卡斯特对社会体系的看法代表的只是他们的观点而已；讲话的是婆罗门，贱民则毫无机会。大多数观察者并不同意这种极端看法，但它正好以纯粹形式展现了对平等主义的天真信仰，这种心态在别的评者身上表现得更为细致些。在他的看法中可以看到一项非常普遍的谬误，我把它叫作"特质对等的谬误"（the fallacy of equal traits）。我并不是要宣称印度从来没有丝毫平等的趋势存在，甚至不是要宣称印度从来没有视平等为理想或规范，更不是要否认区域与区域间的情况不尽相同（贝里曼的田野研究是在印度境内的喜马拉雅山区部分），我也并没有忽略那些追求现代化的社会运动[1]。我要做的是从一个社会体系中，相对于其形态，析解出其意识形态的主调。我们常听见人们要求把一切观察所及的特质置于同一层次，给予同等重视，要求把比重的问题忽略掉，也就是说应该把平等主义投射于研究对象上面[2]。没有这样做的人即被批评为没有顾及所有的材料，只提出片面性的、扭曲的图像。

至于另外一项误解，我觉得是因为我们自己的理想与价值观强烈影响了我们对表征的建构。人们有时认为《阶序人》赞扬或支持卡斯特体系，而事实上它只是想了解卡斯特体系。有个评者甚至异想天开地说我把"理想的吠陀社会（ideal Vedic society）看作所有可能的体系中最好的一个"。这样的评语竟然出自里奇（1971，p.236）这么有名的人类学家，虽然他有时候确实会随兴所至胡说一通，但上述评语不得不引人深

---

[1] 见 Gerald D. Berreman，《婆罗门的卡斯特观点》（"The Brahmanical View of Caste"），刊于 *CIS* 1971，pp.16-23，特别见 p.23。关于贱民的职业平等及其限制，可参见严谨的著作如 Michael Moffatt，《南印度的一个贱民小区：结构与共识》（*An Untouchable Community in South India: Structure and Consensus*, Princeton: Princeton University Press,1979）。

[2] 由于理发师彼此刮胡子，有人就想据此下结论说"平等与互报"在整个体系中的位置与阶序同等重要（*CIS* 1971，p.39）。

思。这令人想起列维 – 斯特劳斯（Lévi-Strauss），他有办法把"图腾"与"卡斯特"作个细腻的比较，而一点都没想到阶序的问题（《野性的思维》[*La pensée sauvage*]，1962，pp.144-177）。

让我们回头谈民族志材料如何处理的问题。不同的作者，其中两位表示支持我的做法，均发现《阶序人》的正文与注释有明显的区别。道格拉斯（Mary Douglas）在她为英国帕拉丁版（Paladin，1972）所写的那篇过奖的"前言"中说，《阶序人》把展现博学的礼节推至极端，言必有据以及对对立观点的详尽讨论有时令人厌烦（pp. 11，14）。她显然喜欢看见一本较独立自存、较强调个人观点的著作，这和时下著作的趋势正相符合。但我是想确认并整合一切我认为已经成立的论点，清清楚楚地划分已得共识的部分和我试图超出该共识的部分，同时把两者间的相异点和我之所以不接受某些部分的背景理由说明白。像《次卡斯特》那本专刊一样，《阶序人》这本著作在研究的取向上基本是集体性的。有位非专门研究者似乎很轻易就看出这点 [1]，这间接说明目前这个专业里的怪现象颇像是一种"个人崇拜"。

马丹（T. N. Madan）从不同的角度论及正文与注释间的区分。他认为注释是"一部补论"，正文基本上是理论性与演绎性的，这是作者所最关心者，其次才注意到该模型与当代社会实相是否"符合"的问题，因此才会引起不少人抱怨该书"贬低民族志数据的价值"（*CIS* 1971，p.4）。这位评者的善意不容置疑，但我必须表示强烈抗议。《阶序人》一书中的"模型"之所以提出，纯粹是为了解释"当代社会实相"，完全依照社会人类学的规矩行事。如果有另外一个模型能更经济地完成任务，书中的模型必须丢弃。我相信马丹在此把我的写作顺序（见《法文初版序》）和

---

[1]　Paul Thibaud，论《现代个人概念》（"La Conception moderne de l'Individu"），*Esprit*，February 1978，p.4："使自己接受赞美与批评，是弄清楚自己在干什么的好办法。"

研究工作进行的顺序混淆了。我说过我一向都是让观察所见的真相做最后的裁判，马丹本人也多次指出我确实如此（CIS 1971，p. 6）。这点我想亦可由下文的事实证明：在必要的时候，我都强调我所提的论点遭遇的难题，并指出相反意见的内容，因此想强调那些难题及相反意见的评者常常只要引用我书中的文字即可举例书之。坦比亚（Tambiah, 1972, col. 833a）就曾很有技巧地做过。坦比亚讨论的是身份／权力的区分问题，而且，事实上所谓忽视经验性数据的价值也是针对这个问题而发。我们可以说，这里面的确有所谓贬低其价值的问题存在，也就是并非把所有经验性质材料都置于与意识形态相同的层次上。反对的重点实际上是反对我把不同的特质加以阶序化。这点下文将进一步讨论。

从经验主义者的观点出发，免不了要对《阶序人》表示反对，正如以前对我刊于 1957 年的《印度社会学集刊》的研究纲领表示反对一样，因为我把观念与价值视为首要，过度抽象。一言以蔽之，就是我犯了（某个评者令人不敢恭维的论断）"法国人不知节制的主智主义"的毛病，并把古典文献扯进对当代社会的研究里。这些批评都有点过时了，因为批评的两项在过去几年来已为一些研究者广加应用，有时候甚至当年的评者本人也如法炮制。因此我不打算重提那些起码的问题，只指出其中几点。首先，谈一下民族性的问题。《阶序人》在这方面受到两点批评：第一，它宣布追随法国社会学传统（法文初版序）。这样宣布的目的是为了点出主导特征，同时简要地刻画全盘论点。这和我在其他文章中做的说明的性质完全一样。第二，更重要的是，本书的导论旨在引导读者从常识的观点进入本著作的观点，自然是以**法国**的常识为其出发点。现代意识形态有国别之分，其间的区别或许很细致，但确实存在，因此外国读者不免觉得那篇导论不是写给他看的。当一个作者踏出其科学专业的领域，以具体的言语对读者讲话的时候，他就要面对现代意识形态有

民族性差异这项事实。这没什么值得大惊小怪的，不是这样才奇怪。[1] 不过，这并不能改变一项事实：《阶序人》的英文版或德文版，应该有篇内容稍微不同的导论。

我在 1955 年或 1957 年即已清楚认识到的东西，在一定程度上，已渐渐不得不为许多人承认了：若想把社会人类学用来研究一个在历史上承载着某种伟大文明的庞大社会，就无法赞同只承认个人之存在的刻板的唯名论（nominalism），或是简略的唯物论，或是虽然已受摇撼，但仍继续排斥历史层面的功能论。有一点我想再提一次。和经验主义者讨论这些问题的时候，如果有幸不陷入泥沼而能切中要点，就可能会透过纤细的文化表征察觉到，研究能思想、能行动的人类与研究（如昆虫一类）动物的行为大有区别。采取哪种研究方式取决于研究者动机的深浅：他可能准备向他自己信的表征挑战，以便能了解别人；他也可能不愿这么做，因此把他所观察的、所经验的都放进一个基本不变的指涉架构。诚然，顾及观念与价值会加深与他人的关联，拒绝把注意力置于意识形态上就等于研究者拒绝在其研究上向自己挑战。这项挑战只能是经验性的，一步一步进行；有时候是对所熟悉的或科学上的某项构成阻碍的表征加以怀疑，有时候可能是对另一项表征提出挑战。一个人不可能一举扫清自己的意识，也无法把一个学科中所有的概念工具完全丢开，因为同行们得依赖概念才能彼此沟通。目前，最后这一点显得愈加明断，这将在下文中看得出来。

《阶序人》的"主智主义"受批评，说是没有必要地引用古代印度的学术文献，有人甚至把那些文献称为"秘籍"（esoteric）。使用这些文献被评为不相关、过分、令人厌烦。所有信从经验主义的评者都对这点看

---

[1]　一个说明共同意识形态与人类学理论有其连续性的例子，参照我的 *Introduction à deux théories*，1971 及 MaUrice Freedman 所写的评论，*Man*, 1972, p. 654。

法甚为一致。然而，在这方面目前的情况是，上述评语可能也适用于其中某些评者本人。我愿意简要讨论《阶序人》如何应用古代文献。在一个受当前（同时性的）结构功能分析所主导的气氛中，由于同时性的分析在拒斥关于起源之玄想的时候也把历史挤出门外，因此，任何想重提过去之情况的尝试，不论其形式如何，都必然被视为像把两件应该分开的事情"混在一起"。但是，就《阶序人》而言，说它"再次把种种吠陀时代的观念与当代事实混合"（Leach，1971:235-236）是不正确的。首先，这本书明白地把对于过去的讨论与对于现在的讨论区分开来。有两个部分（附录二与三）主要讨论过去。而在正文部分中，有四节简要的讨论涉及古代文献，全都清楚地与其他部分划分开，其中每一节论及古代文献与现代情况的关系时，其关系全都建立于整体性的层面上，而非仅属个别孤立的事实（参看第25.3 -4节，特别是第25.4节最后一段；第32节及其前后数段；第57节；第65节）。只有第75节和第81节或许可以说有"混合"的情形，但这两节讨论的是，用帕森斯（Talcott Parsons）的话来说，印度人对"社会行动之结构"的基本概念。至于种种"吠陀"时代的观念，只有一个观念当得起这个称呼，我们很快就会加以讨论。

有鉴于近来的某些发展，我似乎有必要比较详细地解释《阶序人》如何看待与对待现在与过去的关系。作为一般性的和多少是入门性的信息而言，有关过去的任何知识对人类学家都是有用的。这是第一点，经验主义者之所以会对这点表示怀疑，只是因为他们低估了直接观察与诠释的随机性。第二点是牟斯（M. Mauss）首先提出的：现在比过去占便宜。他经常重复这一点。人类学家对当代进行的深入研究，由于在定义上是完整的研究——这就表示否定了经验主义者将社会领域加以分割而任意划定其研究领域——所以最有可能凸显社会数据中的关系、形貌或结构，这和历史性的资料永远支离破碎正好形成明显对比。一旦把现在的形貌析解出来——必须是真实的形貌，而非经验主义者所提出的那种唯名论的体系——就有希望在过去里面找到类似的事物，这样的形貌就能用来把古典印度学（基本上等于古代语言学）专家常易认为只是意外凑合的文献整理出一个可解的秩序。[1] 这就是我的研究方法，令人吃惊的只不过是竟然没有人先我而用此方法而已。这项研究的果实早在本世纪初即已成熟，灌溉耕耘的人是梵文学者兼人类学家牟斯和涂尔干学派。或许他们当时缺少"区别对立"（distinctive opposition）的概念是关键因素，但更主要的原因是第一次世界大战，不然的话，这些果实应该早三十年就被他们摘取了。更重要的是，收获季节现在才刚开始。

　　或许我是活该挨骂，引进这项看起来好像新鲜的研究方法，而没有清楚道出我的研究步骤。我想接下来的两点是能被证实的：一是我应用的一直是特质丛集（ensembles），不论其规模大小，都经过审慎的界定，这些特质丛集与当前存在的特质丛集之间的关联是毋庸置疑的；二是我讨论表征的时候一定把表征与**制度**联结在一起，讨论其间的关系。后面这一点有必要强调一番。我们可以想象，一种以婆罗门典籍文献为主要根据的诠释会反映受教育者的观点。这样一种诠释有时被人误以为是我采用的，实际上目前有些学者才是迹近于此。我应用的文献是那些和社会关系直接有关者。在过去及在现在被我视为基本的那些（文献中的）表征乃——我几乎要说是和"社会形态"有关者，但让我说是——和广义的社会制度有关者。比方说，把遁世修行视为一种制度，或是，挑个较细节性的例子，卡拉尔（kallar）庙宇将供奉的神祇分成洁净与不净两类——丝毫未受婆罗门的直接影响（《次卡斯特》，p.32 及其他地方）——对我而言正是一种足以反驳贝里曼诬告的制度。这个例子并不是文献上如何说的问题，也不纯粹是表征的问题；不是无缘无故如此，

------

[1]　这个观点在《阶序人》中并无说明，不过，参见附录二，导论结尾及第一节，也参见 Dumont 1957, p. 15; *Dravidien et Kariera*, pp. 23-24; *Daedatus,* Spring 1975, pp. 161-162。

也不是例外特殊情形。它是这些人的宗教中的一项基本特征，绝不是什么无关紧要的小事。

以上所说的，我在以前都视为理应如此，因而没加以强调（正如同我没在《阶序人》提及卡拉尔的例子）。简而言之，《阶序人》试图析解出的意识形态一直被我认为是与最常存的及最严格的社会实践有直接关联的。这实在和过去几年来"象征分析"在同一领域内邀请我们欣赏的飞跃表演不可同日而语，完全是两回事；信从经验主义的反对派想从我书中构想出来的云烟雾海之形象纯粹只是他们自己的想象而已。

不过，有一点，而且是关键性的一点是，我自己倒是逾越了原定的计划。研究目前印度社会的中心问题之一是地方上的宰制卡斯特与婆罗门卡斯特之间的关系（第74.2节）。我们称为"宰制的卡斯特"（dominant caste）者在村落中显然具体而微地扮演着王族的功能；而后者，除了少数例外，目前在印度已看不到了。我在研究古代印度的时候（附录三）发现某些很古老的仪式主义者有一项对婆罗门与国王之关系的说法（此后将称为"吠陀时代"的说法）正好可拿来解释当代的现象。于是我把这个说法借来使用，等于承认现在与古老的过去在这方面有所延续，或持久不变，是以将一项极古老时代的特质用于现在。毫无疑问，这是我的著作引起大惊小怪的原因之一。即使如此，如果有人要把自己局限于现在，他大可以不用管该项说法的来源（正如我在 CIS 1971, p. 68 所说过的）。就方法论而言这个例子的唯一特别之处，完全在于提出该项基本关系者不是我们这些当代研究者，而是古代的作者。不仅如此，这些古代作者更从而使我们能将当下难以数计的卡斯特以古代的四个瓦尔那（varna）为其指涉坐标，证明古典的四个瓦尔那不仅是卡斯特意识形态的历史基础，而且是其潜在的支撑。因此我在第三章就尽快加以介绍。如果瓦尔那的概念只是"吠陀时代的观念"，那我承认有罪。但有谁会看不出它不只是如此，不只是吠陀时代的而已，而且不仅是"观念"？我由此所发展出来的理论的确是颇为复杂，超出同时性的层面。但是，它虽然令某些人厌烦，却仍未被更好的理论所取代。

我已提到过，使用古典文献用于当代社会研究在目前已被接受。不幸的是，目前对古典文献的使用常错漏百出。现在且先不谈随兴所至、任意使用的问题，先举个表面上看来严谨的著作为例。这篇著作把在人类学上现在与过去的正常关系颠倒过来，以达到强争硬辩的目的。我指的是坦比亚所写的长文《南亚的嫁妆，聘礼与女人的财产权》（*Dowry, Bridewealth, and the Property Rights of Women in South Asia*）[1]。这篇论文的主题与卡斯特体系并非毫无关系，但这不是此处要谈的。首先令人惊讶的是，这个问题主要以印度为对象，印度边缘地区（斯里兰卡和缅甸）的材料却占了一半。其次还有两点值得指出：他先树立其典范，讨论法（*Dharma*）文献，**然后**才把当前人类学对现代印度的知识作一摘要；他更把婚姻报称（prestations）视为纯粹是**财产**与继承的一部分。事实上，上述第二点正好可以说明第一点：那些律法文献讨论的以财产为主，要比当代的描述与分析更合适作者的目的——他根本不是以直接观察民众习俗所得的结果来诠释婆罗门经典文献，而宁可以类似**苏尔卡**[2]（*sulka*）这样"令人着迷"的概念为出发点，给它加上假定语气（"就好像"）的推论方式，然后再说他所建构的诠释"也可适用于当代婚姻报偿"（pp. 86-87）。接着，作者相当忠实地综述了当代研究的结果，但这样做的目的是为了把其结论安放在事先准备好的概念体系中。人类学研究呈现的是些不能化约成简单的财产转移的报称**交换**，使姻亲关系受到尊崇的报称**交换**（例如我自己的著作），坦比亚却借助于官方法学家重新把财产及其转移变成最受关注之事（马丹在 *CIS* 9（2）[1975]: 235-257 中也指出

---

[1] 该论文占全书三分之二（pp.59-166），见 Jack Goody and S. J, Tambiah, *Bridewealth and Dowry*, Cambridge Papers in Social Anthropology, No.7（Cambridge: Cambridge University Press, 1973）。

[2] 编注：苏尔卡（*sulka*）是梵语词汇，大意是指税收、应缴的费用、应付的代价。

了这点）。其目标更由该书的作者们在前言中明白指出："我们的目的是越过、穿过，甚至消除此类论点［关于亲属关系的论点］，把注意力集中在财产关系上。"（p. ix）一言以蔽之，那些古代文献被用来作为唯物主义击败诚恳的人类学研究的保证。如果我显得对这一点耿耿于怀，那是因为我自己在准备一篇目前尚未出版的关于古代印度的论文时，也对那些古代经典文献做过研究（见 p.12 注释［4］），而且在本书中论及这个问题（见 p.204 注释［1］）。在这个问题上，就如在其他方面一样，如果能说这些古代文献反映了人们的习惯，那么是在于把事物"实体化"了（substantialize）（见附录二，p.407 注释［1］）。这一点正符合某些学者的胃口，他们想要以一项实体，即财产，来取代**关系**（relation）。就印度而言，最货真价实的关系即是婚姻，或应说通婚。这方面的基本事实应该不需要在此重述吧？难道真的可以用财产与继承来解释结婚时那么大一笔花费吗？

在以上几段中曾顺便提及经验主义者对《阶序人》的第四项主要批评：他们拒绝接受本书所提出的身份（阶序性的）与权力（政治性的）之间的区分。暂且不谈古代印度国王与婆罗门的关系，就现代印度而言，宰制卡斯特与替他们服务的婆罗门之间的关系是不是很不一样呢？在经验主义者看来，这一理论最令他们无法忍受的是理论本身自我矛盾，因此没有被驳倒的可能，不能"被证实为误"。如果两种功能如本书所宣称的那样，在同一个主要层次上彼此有别，那就不能说它们又彼此混融，不能说在一个次级的层次上权力又与洁净等同。关系必须永远同样——同质性或一元化——不然的话就不能说该项关系存在。

这使我们想到马里奥特，他提议用一元论（monism）来超越《阶序人》（Marriott，1976a）。他认为二元论是西方的，印度则是一元论的。因此，一元论的观点对印度文化比较忠实。让我们避免此类非常浮泛的论点。让我们不要一看到区别性的对立就以为是二元论，因为一元论者也必然要做区别（马里奥特本人即是如此，他所提出的区别有时候还并不是通行的呢，比方说 *dharma* 与 *carira* 的区分即是一例，他并没说明此项区分源出何处）。且让我们问个比较明确的问题：《阶序人》的二元论，或是其中的各种二元论，到底在多大程度上把外来的要素引进印度呢？在我看来，本书的"二元论"基本上有两项。第一项是方法论上的"二元论"，这蕴涵于伊凡－普里查德对人类学家的工作所做的简洁说明：

> 作为民族志工作者，他跑去和一个原始民族一起生活，学习他们的生活方式。他学讲他们的语言，学习以他们的概念思考，以他们的价值去感觉。然后，他再以自己文化中的价值与范畴及以他专业上的整体知识，批判性地、诠释性地把那些经验回顾一次。换而言之，他把一个文化翻译进另一个文化。

> 《社会人类学》（*Sociol Anthropdogy*，1951，p. 61）

马里奥特是不是认为他自己可免于此一"二元论"呢？如果是的话，那他的一元论该被称为神秘主义，他的"民族社会学"就接近通神学（theosophy）。他宣称通解各门学科内所有博大精深的印度文献（Marriott，1976a，pp. 193-194），此外，马里奥特及其门徒对待哲学知识的轻率态度（把不一样的概念彼此混杂，等等）也都指向上游趋势。正如他的一些批评者所指出的，马里奥特直接由行为（互动）进入意义；他是以"直觉"来掌握意义（Barnett; Fruzzetti, Oster，在 *JAS* 1976，pp. 634-635）。

《阶序人》的另一项"二元论"是一种阶序性的二元论，亦即身份与权力的区别。这一点马里奥特和大多数本行学者站在同一阵线，如前面已提过者。整个情况可简述为：如果想在价值层面上为该社会找一项简单的表征，会发现最主要的、"最大的"或最终极的表征（亦即洁净与不洁的对立），它涵盖其余，但并不足以解释其余。在次要的层面上，这项表征变得与其对立者融合而呈自我矛盾。学者们要求的是一项能够毫无例外、全不遗漏地解释所有素材的解释或表征。既然上述条件无法满足，学者们就做出结论说这项解释不妥当，它过分纵容自己。

那么，他们所要的到底是什么？他们要的是一个全盘性（global）的意识形态，毫无矛盾、全部一样而且毫无层次之别地涵盖其整个应用范围，甚至不应让受观察的对象留下任何不能化约的剩余。也就是说，观察者与被观察者的"二分对立"（dualism），亦即人类学情境本身应该被超越。但是，如果某些人，比方说持一元论的马里奥特即是其中之一，震惊于我们对社会与文化的绝对性观点（与观察者无任何关联的）竟然会与观察者的存在情境如此紧密地勾连在一起，对我们而言反而是件令人欣慰的事情，因为它使我们确知，我们并没逾越我们的认知模式。正好相反，我们保存了此项认知模式的真实性，包括它的限制在内。

简而言之，批评者所要求的是一个"真实的"的意识形态（a "true" ideology），一个和我们生活于其中的现实在幅度与内容上等同的意识形态。这样的要求是唯心论的。令人觉得奇怪的是，提出这种要求的学者竟以经验主义之名责怪我们过分重视观念与价值。就最一般性的层面而言，我们的结论所说的是，阶序主义的意识形态就像平等主义的意识形态，并没有在实际上完美地体现；换而言之，并不允许当事人直接意识到其全部含义或结果。我们的评者无疑也会对任何相反的结论深感失望。

且让我们回头讨论不同层次间的阶序问题。我认为印度在这方面教给我们一项普遍事实——我觉得这也显示出我们的研究是恰当的。事实上，只有在我们的平等主义意识形态中，真相才显现于唯一的一个层面，才将真相视为由相等的原子构成。不论走到哪里我们都带着这项平滑一致的观点去看事物与经验。我们能这么做，得感谢专业化使这类分析得以在数量上大量增加，每个层面原则上在其范围内全部同质，各个层面在取向和处境上彼此独立。无数的批评，其中有些我已提及，都是应用此观点的结果。但是，社会学以及一般而言的整个生命科学却必须以高下不等的层次，来确认数据的内在组织（请参照 Dumont，1978）。

<h1 style="text-align:center">3</h1>

对我的评者做了以上或许过长的答复以后，我想谈谈《阶序人》对当前研究的影响。我的讨论将仅限于几部多少在主要观念和结论方面直接提到《阶序人》的著作，并设法指出其一般的情形。

在《阶序人》书中我设法说明卡斯特体系把一般社会学上所说的权力置于次要地位。这一点与现代思想有冲突，因此可以预期有人会对此表示疑问。韦德利（Susan Wadley）在调查恒河平原上某村落的宗教后著有一本专刊，结论里面即这么做。[1] 但是她所谈的"权力"和我在本书中所说的并非同一回事。这可由她说的"婆罗门既是最有权力的人，也是最洁净的人"（p. 186）看得出来。不过，问题还不止于此。韦德利宁要她的权力概念而不要我的，理由是她的概念是她所研究的村民真正具有的，是她从宗教分析中析解出来的，而宗教领域最有机会发现终极价值。为了避免混淆，我将把韦德利所说的"权力"称为"灵力"（potency，*puissance*）。

首先必须说明的是，我们得感激韦德利，是她首次对这个地区的民间宗教做了详尽的刻画，包括大量与宗教有关的口传及笔录之文献都照顾到了。她把分析的焦点放在"权力"概念上，并用以界定超自然及诸

---

[1] Susan Snow Wadley，《萨克蒂：卡林普尔宗教概念结构中的权力》（*Shakti: Power in the Conceptual Structure of Karimpur Religion*, Chicago:University of Chicago Press, 1975）。

神。这里必须指出两点。首先，我们要指出这样的定义并非比较性的，因为"权力"或者说"潜力"，无疑是任何宗教的神祇都具有的一项属性。严格地说，它也不能算是定义，因为韦德利同时告诉我们，"权力"并非诸神特具的属性。"权力"（灵力）遍布于一切存有物与事物，在此世也在他世，而且正是因为它具有此项遍布于一切的特质才使她把这个概念应用于整个社会上面。当然，此项"权力"并非到处以相同方式或程度出现，但她并没有进一步探讨或限定这个概念的定义。就她所论及者而言，这项先验的定义令人颇觉惊异，因为在这方面使印度具有特色的并非其神祇具有"权力"，而是"超自然"与自然之间的连续性，是人类（比方说新郎）或对象（比方说劳动工具）会在某些情况中成为"崇拜"（cult，*pūjā*）的对象，与对诸神的崇拜近似。

这是什么意思呢？此处无法详细讨论这本单就其描述部分即应受我们尊敬的著作。我们关心的是这个一开始作者就相信其表现出了该宗教之本质的概念。我们是不是要认定这个概念不妥当呢？公平起见，我认为必须承认韦德利的确有所发现。我想她发现的是一种连续性，或者照她的老师马里奥特可能会说的，是一种一元论，一种涵盖整个关系领域的态度作为初步的尝试，不妨称之为一种"依赖感"。同一事物可以用"依赖感"或"权力"这两个如此不同的词来称呼，也足以看出两种诠释之间的鸿沟之深广了。言归正传，我们很容易了解此项依赖感的普遍存在并不足以反驳《阶序人》提出的身份与权力关系，因为这完全是两回事。

坦比亚也尝试从不同的角度把身份与权力紧密结合在一起。他认为自己在"供奉"于古代经典的那些关于卡斯特体系的"永恒真理"中发现了两项洁净与不洁的原则，或者说两种高低顺序。除了一项和身份相应的"反面对应"原则，他发现另外还有一项和"特权与宰制"相应的

"正面对应"原则，比方说"取得女人"（瓦尔那比自己低的女人）[1]。后面这一点玛格琳（F. A. Marglin）也曾再度提出，她说"权力是卡斯特阶序的核心所在"，但又将她所称的权力仅限于"与取得妇女、职业、与财富之方便有关的某些特权"。[2]

剩下来要讨论的一些作者有个共通之处：他们属于一项力图超越《阶序人》的运动，可称之为"新风向"，这是大卫（K. David）替一个内容颇杂糅的讨论会论文集所取的名称。这些作者在几个不同层次上把两种不同的观点综合或结合成一个有原创性的，而且在他们看来，也是更好的研究方法。

马里奥特的研究与《阶序人》的关系纯粹是外在的。在前面引用过的他那篇怪异的通信（Marriott, 1976 a）里面，他自认是在为一个在最后走错方向的前辈报仇，想要用一种事实上是后设人类学的一元论超越他认为在我身上发现的二元论。然而，仔细读这篇文章，所看到的只不过是一项走捷径的"策略"，此说应能得到马里奥特的同意。实际上，马里奥特以前的互动论（transactionalism）认为，等级的排比是按照交换食物所示的点数而来——现在已和施奈德（David Schneider）式的文化分析，或象征与意义之分析结合起来，这得感谢一种一元论的形而上学容许他们把近似的物质与观念彼此凑合。表征与制度之间的经验性联系大体上已被抛弃，学者可以自由自在地从印度文献的庞大宝库中任意摘取适合他的观念。他毫无节制地这么做，而从马里奥特和他的某些追随者身上，我们发现一种综摄主义，他们把本不相类的观念从其脉络中挖出

---

[1]　S. J. Tambiah，《从瓦尔那混杂结合到卡斯特》（"From Varna to Caste through Mixed Unions"），收在 Jack Goody 编，《亲属关系性质》（*The Character of Kinship*, Cambridge, 1973），pp.191-229，特别是 p.224。参照本前言下对第 32 节的说明。

[2]　F. A. Marglin，《权力，洁净与污染》（"Power, Purity, and Pollution"），收在 *Contributions to Indian Sociology*, n.s.11,No.2（July-December 1977）: 245-270。

来再任意混杂，其程度已远远超出西方众多谈印度教的通俗作品所常表现者。[1] 在这些人身上我们真正看到了混杂从当代现实与文献上扯下来的片断的例子。举例言之，当戴维斯（Marvin Davis）提出一个野心勃勃的想法，认为三项叫作 guna 的基本趋向在四个不同的瓦尔那中时而勃动不已、时而受到压制时，那么读者不得不相信既然作者未明确否认，则此想法就展现了孟加拉国的报道者与各种文献所共有的一种观点 [2]，而实际上这自然是完全不可能的事。

至于大卫（*The New Wind*；见 p.5 注释［1］），他一开始即认为《阶序人》的主智主义，与经验主义或"社会结构主义"，都是化约性的、把局部视为整体的，等等。为了超越这些，他提出一个属于意识形态与行为之间的层次，并称之为"规范大纲"（normative schemata）。这种规范大纲共有三项。除此之外，还有"行为规章"（人与人以及人与神之间）。在统辖不同卡斯特的人的行为模式里，他发现两种关系模式，称为"义务"模式与"自由"模式。他的材料来自斯里兰卡北边贾夫纳（Jaffna）的坦默尔人，材料本身极有意思，在许多方面相当丰富，可惜他用上述办法把那些材料原子化了。其结果很需要有个阶序化的手续使这些材料具有统一性，但是没有。因为他认为观察者的目的正是要把各种区别并列杂陈，像是卡斯特之间的区别、情境脉络之间的区别等，使每个个例或每个面向都具有同等比重。平等的目的是达成了，但文化与社会的一体性却被牺牲了。事实上，一个有经验的人仍可管窥其一体性；他所使用的方法有时相当任意，然而材料本身甚为丰富，而且大体上得到相

---

[1]　最近的一篇，McKim Marriott,《印度教徒的互动：免于二元论的多样性》（"Hindu Transactions: Diversity without Dualism"），收在 Bruce Kapferer 编，A. S. A. Essays in Social Anthropology,《互动与意义》（*Transaction and Meaning*, Philadelphia: Institute for the study of Human Issues, 1976）。

[2]　这只是许多例子中的一个：Marvin David,《西孟加拉农村的一个印度教等级的哲学》（"A Philosophy of Hindu Rank from Rural West Bengal"），*Journal of Asian Studies* 36, No.1（November 1976）:5-24，特别参见 p.12。

当忠实的处理，可以使人看到——尽管与原作者的意愿相反——其内在秩序。

另外一种结合或综合方式则自称与《阶序人》有亲属关系。它的三位作者，巴尼特（Steve Barnett）、弗鲁泽蒂（Lina Fruzzetti）与奥斯托（Akos Ostor）在一个讨论会上为《阶序人》奋勇辩护并举证（*JAS* 1976, pp. 627-646），这点我向他们致谢。我想讨论一下他们共同出版的四篇一系列的研究 [1]，特别是其第四篇《孟加拉国与泰米尔纳德两地对人身之文化建构》（"The cultural construction of the person in Bengal and Tamil Nadu"），它是整个研究的结论，三位作者共同署名。他们宣称结合了两种观点，一种是杜蒙的观点，另一种是施奈德的观点。然而该论文的标题即显示，这两位学者所占比重并不相同；他们提到的第一个学者占的却是次要的位置。他们认为《阶序人》是权威著作，但却要从一个个人主义的社会观点去界定印度（的两个地区间）的统一性，实在令人深觉似是而非。在我看来，我不认为社会比较的研究应从那些社会对人身（human person）的概念着手，因为我认为人身的概念对某些社会而言是基本的，对另外某些社会则不然，虽然每一种社会概念都必然要包括关于人的某种概念。

且让我们设法从理论方面重述这三位作者的论点：《阶序人》的理论以及杜蒙的一般性理论，都一直把卡斯特的领域与亲属关系的领域划分开来（施奈德对亲属领域这个观念的攻击是众所周知的）。亲属关系与卡斯特这两个概念所指涉的，追根究底还是人类学家所做的区分。以杜蒙为例，他拒斥社会阶层的概念，也曾试图超越纯粹分析性的"交表婚"概念。他自己就写过，忠实于土著的观点就要求把这项区分取消，因为

---

[1]　S. Barnett et al.,《印度两个区域之亲属关系与卡斯特问题》（"Problems of Kinship and Caste in Two Regions of India"），*Contributions to Indian Sociology*, n.s. 10, No. 1（January-Iune 1976）: 63-182。

在印度人自己的心目中它并不存在。

怎么处理这样的要求呢？就绝对的观点而言，这项要求可能并非毫无道理，但它也可以说是过分理想、远离尘世的，因为它忽略了一项需要，此即在主要范畴的层次上，社会人类学专业本身需要保有一套共同语言，这是目前已饱受侵蚀的共识要继续存在所不可或缺的条件之一。亲属关系，对不起施奈德，是个正在成形的科学范畴。前面已说过，我们的表征只能一步一步地被加以质疑。但是，此文所讨论的都是企图一举把它全盘推翻的情况。我们的这些作者没有能同时握住锁链的两端——要顾及土著的概念，这是毫无疑问的，但也要保留我们自己思考的媒体。否则我们将发现，明早醒来的时候，有多少个人类学家就有多少种人类学。一旦这项先验的保留获得承认，只要所面对的问题很急迫，所提出的解决方法有信服力，就大可将先验的保留抛开。依照我的判断，近年来的情况绝非如此。在这里我们无法详细讨论，因此得让问题悬着，不急于下结论。我们只想强调一点，这就是"文化分析"在这方面太极端地把表征与制度及行为脱离。这点在三个作者所写的第二篇论孟加拉国的论文中表现得特别明显。在该论文里，他们细腻地分析了一系列概念，却完全不包括平常该有的民族志方面的描述，连与之直接有关的情境性与仪式性的面向都没提到。任何有目的的分析都必须有个坚强、完整的描述为其基础，也许我们应该恢复以前的老办法？

总而言之，颇令人迷惑的是，我觉得《阶序人》获得了我从目前人类学专业的现况（Dumont，1978）所敢预期的那种好评。这就使它有再版的价值。虽然这本著作的某些主要论点会被人应用于不同的研究之中，大致上已被接受，且阶序的种种表现在目前也像以前一样获得注意；但本书的主要观念，亦即与权力有别的阶序这概念，则被普遍拒绝，即使有些人宣称接受它，其命运也好不到哪里去。最后分析起来，拒绝它的是常识性的成见与原子化的经验主义。它虽被拒绝，但仍未被取代。反对它的学者们也还在彼此议论纷纷。至少，这是我对整个情况的看法。就目前的各种趋向看来，在最近的将来情况也好不到哪里。除了它所论及的对象有点特殊以外，我们不妨指出，它所引起的这类争论无疑是人类学存在于此世界中不得不具有的一项特质，所以也几乎不可能期望它会消失。主要的问题在于，是不是文化分析，特别是美国式的文化分析，会继续坚持拒绝和社会形式、制度、行为有任何关联？是不是会继续坚持只是非常有选择性地使用广义的民族志资料，如果不是根本不使用的话？或者，是不是妥当的、整体性的、经验性的研究方法会再次抬头？

我们在前面提到的这几个欲超越《阶序人》的尝试似乎均不足以服人。虽然马里奥特宣称本书的观点不够深远（Marriott，1976a，p. 193），但我相信它所呈现的视野并不短浅。不过，其立论仍然还是基于古典印度学与人类学研究（以及一般社会科学研究）在特定时期的成果。将来它终会被超前，如果一切顺利的话。在我们前面引用过的著作里面，也许我们已窥见有超出《阶序人》的迹象？且让我们讨论一下本书的限制。《阶序人》讨论的主要是社会形式。就这点而言，它显然只论及印度文化的一部分，这倒不是有意如此局限自己，而是因为除了那些直接与社会形式必要有关者以外，文化或各项具体表征，都不在本书讨论的范围之内。然而，各式各样的关系必然还是会出现，提示着本书所引素材可作更进一步的探讨及内在的重新组织。在这方面，虽然还是不能接受马里奥特和他的学派所建议的那种任意性的捷径，却可以保留由于想要真实表述印度人的情感所引导出来的几项特质。比方说，用"依赖感"来描述"崇拜"（pūjā）中的行为者之习性虽然仍不完美，但它的确已触及此文化的一项主要成分。再举另一个例子：认为在某一行为者内部发生的在性质上与发生于两个行为者之间的没什么不同这个概念，所显示的是一个真正结构主义者的观点（Marriott, 1976b, p. 109；在另一层次上可参见我的《次卡斯特》, p. 3），其应用实不该如截至目前所见的这般机械化。

甚至马里奥特的"一元论",作为对心灵与物质对立的二元论之驳斥,也构成了一项对印度心灵相当正确的认识。类如上述的特质,还有其他很多特质,与社会形态(social morphology)究竟有何关系,仍然有待探讨。

有一点也必须再次指出,我们试图建立的只是一种巨视的观点。简而言之,我们所做的只不过是当我们把注意力集中于基本而且普遍的首要层面时,归结出看到的各主要形式(forms)或质体(masses)之间的相互关系。假定观点不变,那么还有余地能做两项进一步研究,足以在若干方面修正这简要的蓝图:一项是对相较于首要层面的各次要层面进行专门研究;另一项是对各个区域性的模式进行研究。就第一项来说,我不相信我是把所谓的经济现象"用一个崭新的方式化约成表象"(David,1977,p. 221)。这样说是对阶序观念的严重误解,次要者与从属者当然是存在的,而且在意识形态上没有能力摆脱其限制。当我们主张某现象对整个体系而言并非首要元素时,我们并不因这项认定就以为不必探讨它会有何变化。生活并不仅仅是意识形态最瞩目的那些内容而已。只不过生活中的一切情境都不免或多或少地被全盘的意识形态涂上它的色彩,即使不是被它完全左右。让我们再举个例子。印度对于个人不予重视,也就是在一定意义上不予道德化。这会造成什么样的结果呢?坦比亚对这个问题的兴趣,使他发现"一种……生动鲜明的自私自利……丝毫不顾及集体利益这个抽象的伦理……在毫无顾忌地追求权力与金钱"(1972, col. 835 a)。在此,这一项被认为是普遍的共性就是受了特别的特征渲染,正如引文所示的那样。

至于地区性的层面问题,谁敢宣称贾特(Jat)农民的模式和我所提出的一般模式并无相当的差距,所以研究前者的结果不可能导致对后者有若干反省?为了使我难堪,坦比亚强调,对不洁有宗教性敏感的印度南部,由于缺少中间两个瓦尔那,因而并不能套用四个瓦尔那的理论

（1972，col. 832b）。但这只是提出有泰米尔模式（Tamil Pattern）这个问题存在，大卫研究的斯里兰卡北部的贾夫纳泰米尔人已提供一种次级性的修正。要想把所有这一切全都加以说明，我认为第一步是提出一个一般性的全印度的模式。这是一个必要阶段，但也仅是一个阶段；然后再进行范围有限的、较明确的研究，其成果必能得到加强、修订，甚至可能转变全盘的观点。

最后，必须简要地提一下不同的传统社会之间直接相比较的可能性。中根千枝（Chie Nakane）与许烺光（Francis L. Hsu）分别指出，日本与中国有若干重要的特征也存在于印度。在理想上可以想象如何比较这三个伟大的文明，这样的比较当然要以现代的普遍主义（modern universalism）为基础，然而却不必牵扯人类历史上的异数，即现代意识形态中的诸观念；但我不认为这理想很快即可实现。[1]

4

本文前面各节所讨论的是《阶序人》的整体或其主要架构。此外还得谈谈只是和书中的某一章或某一段有关的一些论点。这方面的讨论将局限到最少的程度，有些只对细节作简单的修正。这些讨论将提及近年来的一些研究成果，但这并不表示我想把参考书目补足以反映当前的研究现况。我只提及一小部分著作，以便读者能自己去研读最近的文献。原则上我不述及地域性的专刊，虽然这些专刊常为我们补充对该地区的知识。例如对印度本部，比较特殊的是北泰（A. Beteille）的泰米尔纳德

---

[1]　参考《论非现代文明的比较了解》（"On the Comparative Understanding of Non-modern Civilizations"），*Daedalus*（Spring 1975），p. 170。关于现代共相，参见 Dumont，1978，p. 92。

邦研究，赫伯特（P. J. Hiebert）的安德拉邦研究，卡雷（R.S. Khare）的北方邦研究，马丹的克什米尔研究，奥伦斯坦（H. Orenstein）的马哈拉施特拉邦研究，西尼瓦士（M. N. Srinivas）的卡纳塔克邦研究。还有雅尔曼（Nur Yalman）对斯里兰卡的研究，既是专刊性的又是比较性的，也必须加上。

在一般性的著作方面，我们必须提曼德尔鲍姆（David G. Mandelbaum）的里程碑之作《印度社会》（*Society in India*，1970），共有两卷；还有辛格（Milton Singer）与科恩（Bernard S. Cohn）组织的大型讨论会之论文集《印度社会的结构与变迁》（*Structure and Change in Indian Society*，1968）。我们也将顺次提到几本专门讨论社会某些方面的论文集，皆带有颇为丰富的参考书目。

下文所论将依照本书中各章节的顺序。

6节，71页，13行，我应说"一种像是浪漫主义"。

11节，在一篇讨论"卡斯特"一词的社会学地位并以西班牙美洲为焦点的论文中，皮特－里弗斯（Julian Pitt-Rivers）对这个词在欧洲语言中的历史提供了若干有价值的详情，特别是关于它在伊比利亚（Iberian）语言的早期历史中，完全不含任何和身份有关的意思（"On the word 'caste'," in T. O. Beidelman, ed., *The Translation of Culture*，1971, pp.231-256, esp. pp.234-235, 251-252, n.7）。

25节。达斯（Das）与乌别洛伊（Uberoi）曾对洁净与不洁的观念进行全盘性的总攻击。令人遗憾的是这项讨论没有能在十年前展开，那时我们曾在《集刊》中希望整个学界参与讨论这个问题的各个层面（*CIS* 3 1959，pp. 9-39）。两位作者这项非常巧妙的挑战不容忽视，其内容确也令人学到一些东西。但是他们要求我们回头使用圣界与俗界（或"非圣界"）这组对立概念的时候，似乎过分轻视他们所评论的这项研究，竟拒绝采取比较的观点，因为印度显示给我们的正是对其他社会视为"圣界"

者再加以内部区分的结果（这是很简略的说法，比较精确的说法请看本节正文）。印度所能教我们的，主要的难道不正是洁净与不洁之意义吗？在论坛的另一端，我们也看到类似的混淆存在，如道格拉斯根据某刚果部族所具的一个远为微弱且甚不明朗的形式，以她典型的想象力和敏感性提出一个洁净与不洁的一般理论。如果我们不再把焦点集中于功能，而集中于意义的话，那么每一类的表征应该在其全面受重视、全面展现，而达于主导地位的地方加以掌握；而不是在那些由于其他表征也存在，因而使它居于雏形或遗留的地方去加以掌握。我敢说牟斯所说的大体上也是这个意思。

25.2 节。"在一个部族中"（112 页，18 行）这样的说法有时令人以为是指印度的部族。我应该说"一个部族社会"才比较妥当。不过，就其上下文来看，上文提及多布（Dobu），下文提及斐济（Fiji），应该足以说明我指的是一般部族，而非专指印度的某个部族。

25.3—4 节。关于不洁因当事者的身份不同所引起的变化，参考关于32 节的说明。

31 节。对《阶序人》的"阶序"概念最详尽的批评是科伦达（Pauline Kolenda）的《〈阶序人〉中的七种阶序》（"Seven Kinds of Hierarchy in H.H.," *JAS*, 1976, pp. 581-596）。林奇（Owen M. Lynch）也提出批评（在 David, 1977, pp. 258-259），不过他是无条件、有动机地拒斥这个概念。一般而言，这些批评已在前面第二节里回答了（也参看本书后语）。科伦达似乎并不知道任何概念一旦被赋予基本地位后，也就会具有各式各样片面性的或次要性的意义。她提议以法（*dharma*），意即秩序与责任，来取代洁净与不洁的对立作为涵盖一切的价值概念。但是法本身并不足以区分最高与最低的身份之别（不论是身份最高或是最低的，都和其他人一样，各有其法），而且法并没有被应用于生命中的所有情境上面。这样的讨论方式使问题脱离了人类学的观点，转而成为主智主义式的，甚至是豆丁式的观点了。

　　32节，倒数第4段。两位作者认为他们澄清了本文中形容为"不可理解"的一件事实。根据古典文献，（由于父母之一死亡引起的）不洁其久暂与当事人的（瓦尔那）身份高低成反比。从1965年开始，奥伦斯坦写了一系列的论文谈"亵渎的规则"（grammar of defilement），区分各式各样的不洁，每一种都各有其不同的"典型"，反映出不洁是依照当事人在称为"瓦尔那"的主要社会范畴中的身份而有强弱程度与时期久暂的变异。根据他的说法，父母死亡所引起的亵渎被认为是纯粹社会性的，因此当事群体的身份愈高，其强度就愈弱。这个看法被同一群体内当事者的个人身份愈高其不洁度也随之降低的事实所证实。奥伦斯坦很详细地利用古典文献上有关身份差别的繁复分类——虽然在当代实际习惯中根本看不到这些——以掌握那些文献作者心中的原则（最近的一篇是《印度教圣律的逻辑等同性》，"Logical Congruence in Hindu Sacred Law," *CIS*, n.s., 4, 1970,pp.22-35, 附参考书目）。坦比亚对奥伦斯坦的词汇提出修订，提议根据其侧重的方向将公认的不洁加以分类（"正面对应"相应于高阶者的特权，"反面对应"相应于高阶者的不便），并发现它和57节所述的古代文献对不同瓦尔那之间的结合（婚姻）之分类相互平行，甚至是密切关联（S. J.Tambiah，《从瓦尔那混杂结合到卡斯特》，"From Varna to Caste through Mixed Unions," J. Goody,ed, *The Character of Kinship*, 1973, pp. 191-229）。

　　32节倒数第3段。关于"瓦尔那之间的结合"的理论，应该补充说，他使古代的作者可以根据父母的瓦尔那，给予不同的瓦尔那之结合所生的后代高低不等的身份（S.J. Tambiah，前引，p. 207）。

　　32节倒数第2段最后一句。"精神的主导地位从未在政治上得到表现。"我们或可补充说，除非是在某些教派极端发展的状况下，但这点与此处所论者无关。关于教派，参照93节。

35 节，p.156 注释［1］。贝克（Brenda Beck）认为她在泰米尔纳德的空古（Kongu）人中间发现古老的左手卡斯特与右手卡斯特间的区别。事实上，它似乎是对于此一古老区别的一个现代区域性的利用。对于她的书《空古的农民社会，南印度右手与左手次卡斯特的研究》（*Peasant Society in Kongu, A Study of Right and Left Subcastes in South India*, 1972），欧别雪克拉（G. Obeyesekere）曾在 *Man*, n. s., 10, No. 3, 1975, pp. 462-468 加以评论。参照我的评论，Dumont 1978, p. 105。

36—37 节。这里用来说明食物交换的图，马里奥特也同时独立地创用于他的研究中，并添加了一些新的民族志数据：《卡斯特等级排比与食物交换的矩阵分析》（"Caste Ranking and Food Transaction, A Matrix Analysis," in Singer and Cohn, *Structure and Change*）。如前所述，马里奥特对其互动理论已有所补充，但 37 节最后一段的评语仍大致妥当。参考他最近的著作，"Hindu Transactions"（Marriott, 1976b）。

54 节。波寇克（O. F. Pocock）的 *Kanbi and Patidar*（1972）被公认为论上攀婚（hypergamy）的经典之作。关于北印度姻亲关系重要性的认识近来已有进展，*CIS*, n. s., 9, No. 2（1975）所刊的一个小型学术会议的论文，特别马丹所写的那篇即是例证。

62 节。参照马哈尔（J. Michael Mahar）所编，《当代印度贱民》（*The Untouchable in Contemporary India*, 1972），作者有 16 位。

64 节。关于食物交换，见前面 36—37 节说明。

73 节及第七章整章。参看弗赖肯伯格（Robert Eric Frykenberg）编，《印度史上之土地控制与社会结构》（*Land Control and Social Structure in Indian History*，1969），共 10 篇论文。

74 节。参见西尼瓦士那篇四平八稳的综述《印度村庄：神话与真相》（*The Indian Village: Myth and Reality*）载于 J. H. M. Beattie 与 R.G. Lienhardt 合编之《社会人类学研究论文集》（*Studies in Social Anth-*

ropology, Essays in Memory of E.E. Evans- Pritchard, 1975），pp. 41-85。

75 节。古代的规范性文献对商人的价值的确没有论到，但应该补充说——正像评者正确指出的那样——这些文献全面性地论及我们会称之为"商事法"的部分。

84.4 节。参照已过世的罗兰（Pierre Rolland），《古代印度逐出卡斯特之仪式》（*Le cérémonial d'exclusion de la caste dans l'Inde ancienne*）在 *Prof. K. A. Nilakanta Sastri Felicitation Volume*，1971，pp. 487-497（原为 1861 年手稿）。

97 节。参照西尔弗伯格（James Silverberg）编，《印度卡斯特体系中的社会流动：一个科际性的讨论会》（*Social Mobility in Indian Caste System: An interdisciplinary Symposium,Comparative Studies in Society and History*，Supplement 3, 1968），7 位作者。

如果是现在写《阶序人》的话，我会加上一节，"98 节　论事物的位置（the place of things）"。它将以凹刻的方式把以上各节所论节述一番。把关于财富（特别是动产）的结论、散在各处且过于简短的关于礼物的意识形态的讨论以及诸如"外表的借用"（94 节）这样的评语等，全都放在一起。在《阶序人》出版之后这几年间，我更有把握地认识到，在现代意识形态中占主导地位的经济观点把人与人的关系贬低为人与物的关系（财产，等等；参看杜蒙《从曼德维尔到马克思》，1977）之后，我已能清楚地看到可以把传统印度的诸般特质组织成一个与此形貌正好对立的形貌（参照 p.189 注释 [1]）：用人与物的关系表现人与人的关系。加上这样一节可以加强 75 节并使之完整。

102 节。富勒（C.J. Fuller）以他的田野工作重新探讨过这个问题，见《喀拉拉邦基督徒与卡斯特体系》（*Kerala Christians and the Caste System*），*Man*, n. s., 11 No. l, 1976: 53-70。

103 节。《印度社会学集刊》新系列，6 期（*Contyibutions to Indian*

Sociology, n.s., 6)（December, 1972）是讨论伊斯兰教徒的专号。

105 节。参看艾哈迈德（Akbar S. Ahmed），《帕坦人的千禧年与克里斯玛：一篇社会人类学的批判论文》（*Millennium and Charisma among Pathans: A Critical Essay in Social Anthropology*, 1976）及 *Current Anthropology* 18, No. 3,（1977）: 514-518 的讨论，还有卢梭（Jerome Rousseau）的《论封建等级与卡斯特》（"On Estates and Castes"），*Dialecticat AnthroPology* 3, No. 1,（1978）: 85-94。

111 节。参照辛格（Milton Singer）编，《南亚企业精神与职业文化的现代化》（*Entrepreneurship and Modernization of Occupational Cultures in South Asia*, 1973），11 篇论文及广泛讨论。

参考书目：如前所说，参考书目的系统探讨止于 1962 年。目前的版本里只把部分相关文献整理使之合时。克里克（Malcolm Crick）善心地纠正关于穆勒（Max Muller）的著作《拾零集》（*Chips*）的引文（共有 4 卷，而非 3 卷），同时指出穆勒在另外两处也论及相关的题目：一处是一封写给 Risley 的信，讨论 1886 年的《民族学概观》（*Ethnologi cal Survey*，刊于《拾零集》第 1 卷，新版，1894）；另一处是一篇题为《语言学与民族学比较》（*Philology vs. Ethnology*）的附录，见《字词之传记》（*Biography of Words*），1888。

引用书目缩写对照表

CIS 1971   学术会议论文集，T. N. Madan 编，*Contributions to Indian Sociology*, n. s. 5（December 1971）:l-81。

David 1977   Kenneth David 编，*The New Wind*: *Changing Identities in South Asia*（The Hague: Mouton, 1977）。

Dumont 1957 Louis Dumont, "For a Sociology of India"（D. Pocock 改写成英文），*Contributions to Indian Sociology*, no.l（1957），pp. 7-22，亦见于 *Religion, Politics, and History in India: Collected Papers in Indian Sociology*（Paris: Mouton, 1970），No.l。

Dumout 1978 Louis Dumont, "La communauté anthropologique et l'ideologie," *L'Homme* 18, nos. 3-4 （July-December 1978）: 83-110（英译刊于 *Social Science Information* 18, No.6, 1979: 785-817）。

JAS 1976   学术会议论文集，J. F. Richards and R. W. Nicholas 合编，*Journal of Asian Studies* 35, No.4 （August 1976）: 579-650。

Leach 1971   Edmund R. Leach, "Hierarchical Man:Louis Dumont and His Critics," *South Asian Review* 4, No.3 （April 1971）:233-237.

Marriott 1976a 通讯，McKim Marriott, "Interpreting Indian Society:A Monistic Alternative to Dumont's Dualism," *Journal of Asian Studies* 36, No.l（November 1976）: 189-195。

Marriott 1976b McKim Marriott, "Hindu Transactions: Diversity without Dualism," 在 Bruce Kapferer 编，*Transaction and Meaning, A. S. A. Essays in Social Anthropology*, vol.l（Philadelphia: ISHI, 1976）。

Tambiah 1972 S. J. Tambiah,《阶序人》书评，*American Anthropologist*, 74, No.4 （1972），pp. 832-835。

法文初版序

　　研究卡斯特体系不但会增加我们关于印度的知识，而且也是一般社会学的重要课题之一。然而自从 20 世纪初的两本重要著作出版以后，就再也没有法国学者写专书来讨论这个题目了。那两本著作，一本由梵文学家塞纳（Senart）于 1896 年出版，另一本则是社会学家布格列（Bougle）1908 年的著作。在另一方面，自从第二次世界大战结束以来，这个问题在相当程度上已被一种新的研究方法再次带动起来，这种新的研究方法就是直接观察的深入研究：很多人类学家，大多数是盎格鲁—撒克逊人与印度人，长期居住在印度乡下村庄里面，以便仔细考察卡斯特所构成的社会。因此，对于一个专门研究印度社会，又是使用公费进行了这么多年研究的人而言，似乎有责任让法文读者能有一本讨论卡斯特制度的专著可读，而这样一本书应该要根据近年研究的成果，对这个问题提出一综合性的见解。

　　或许现在我就应该警告读者，在这本书里将发现不到任何直接的答案可用于解决当代印度种种异常急迫的问题。大家都知道，印度一取得独立，马上坚决地向经济发展的路上迈进；然而与此同时，印度又不愿意为了达到经济发展的目的而放弃新宪法所建立起来的民主制度，宁可让它慢慢蔓延渗透整个社会。这本书是从理论上的比较观点来看印度的传统社会组织，因此，它最多只能帮助人们了解现代印度所要进行的工作庞大到什么程度（第 11 章）而已。

　　在这样性质的一本著作中，一切归根究底全看理论取向如何。在这方面，说我所有的一切或几乎所有的一切，全都拜法国社会学传统所赐，还是不够的。因为我不仅由法国社会学传统哺育成长，更有野心想扩展它。我该感激布格列的地方都将会显而易见。在他之外，我还想提到赫兹（Robert Hertz）。提他倒不是因为他的"二次葬"理论或双手两极化的理论，而是因为他的研究方法所具有的精神。此外，最重要的是，我要向牟斯（Marcel Mauss）表示感激。

我们所从事的研究工作能否成功的一项重要条件，似乎越来越取决于该研究工作是否忠实于牟斯深刻而重大的灵感，他的教导愈来愈成为我们研究工作的主要指导原则。如果我在本书中所说的似乎有和他相违背的地方，读者应该把那样的段落再仔细研读一番：原因在于，如果我的著作确实和牟斯的想法相违背，那一定是因为我的能力不足，而不是我有意如此。就我自己的经验所得，我觉得这门学科在当前的新发展中必须依据牟斯的一些理念塑造出一项观点，而这些理念至少是为那些他最用心的传人所知的。目前，从外面看起来，牟斯常显得模棱两可，而我们必须要比他明确。他教导的是一种探讨方法，而不是一些概念。我希望能延续他的探讨方法，只在绝对必要的时候才引介若干概念。然而，话说回来，我倒宁可被人指责为不够明确，也不愿意随便使用当代的流行名词（jargon）。因为那些流行名词忽略了基本问题而使细节上的明确本身都变得深值怀疑、不甚可靠，任何一套科学语言都要靠对基本问题的正确认识才能立足。

要进行这样的工作并不容易。这本书已经准备了很长一段时间，而在不久以前它还仍像是我这个研究计划的一份暂时性的期中报告而已。关于本书所探讨的主题，各个专家的看法分歧很大。两项不久以前出版而且有法文译本的著作所代表的立场正好对立。当侯卡特（Hocart）的著作在1939年以法文出版的时候（该书能出版，牟斯出力良多，且为法文版写了一篇序），那本书对于对其主题已有相当了解的人而言充满深刻的洞见，然而对于初学者却可能会产生严重的误导。赫顿（Hutton）的著作在事实的描述上无懈可击，但理论方面则嫌不足而且过时。1950 年以来，这方面的出版品大量增加，这是大量田野工作所取得的收获。对这些新出版品的讨论，自然是愈详尽愈好。不过，由于质量参差不齐，这些新出版品常常成为争论的焦点。除了某些一般性的观点以外，目前并没有任何被普遍接受的结论可资凭借以作为进一步讨论的基础。我不得不借讨论甚至扬弃别人的观点，以建立我自己的论题。为了不使这项讨论过分散漫，我把它分成两部分：文本里面是论题要旨的提出，只涉及主要的问题和主要的著作，时间有限的读者只读这一部分也够了；批注部分是文本的补充，介绍一些不同的看法以及相关的文献，不过这些文献也并不是巨细靡遗的。

看法会有这么大的分歧，其原因与这方面的研究尚属胚胎阶段有关。在我看来，在这个领域——其他领域亦然——中的研究所以会进展缓慢，是因为研究者的主要精力并非用于诘难我们自己视为当然的一些理念，而这是一项应该努力去做的工作。虽然我从一开始就认为自己对前定的理念（preconceived ideas）可能引起的危险已有充分认识，但在实际研究过程中也亲身体验到前定的理念所带来的障碍。早在 1952 年，当我第一次探讨这些问题的时候，我采取的步骤如下：1. 我接受布格列的理论，以之为出发点，试图加以延伸扩充；2. 我将由此所得的理论和所有被观察到的事实相印证，期望能因此从侯卡特的著作中尽量摘取那些为事实所支持的部分加以应用。然而，把理论与事实相互印证并不是毫无困难的。一直要到 1963—1964 年间举行研讨会之时（参看 Annuaire de l'E. P. H.E.，第 6 组，1964—1965，pp. 208-210；关于这个问题的过渡阶段的情况，见 Dumont and Pocock, "Caste," *Contributions to Indian Sociology*，II，1958），我才了解到，虽然层次有些不同，但我自己也被阻碍了：被有关这个问题的其他研究的障碍所阻，这项障碍正是这方面的研究一直进展缓慢的原因所在。以下我们将会了解到，这项阻碍的根本之处在于我们对"**阶序**"（*hierarchy*）的误解。现代人几乎没有能力完整了解"阶序"。从一开始，现代人就看不到这种东西。即使他被迫注意到这种现象，通常也会把它看作表象而忽略掉。即使现代人终于接受这种现象乃实际存在的事实，像我最后不得不接受那样，他仍然很难正视其真相，很难不给它加上种种纯粹幻想出来的性质。相反的，一旦我们把这种现象严谨地置于眼前，使我们逐步理解这种现象的轮廓及其含义，重新去发现这种现象在其中运作的宇宙，则一切困难就会迎刃而解、消失于无形。更有甚者，这样做的结果还有很深远的影响，影响到我们对理念与价值——也就是意识形态——在社会生活中占据的地位、所具有的一般功能的看法，我们会发现意识形态与社会生活的关系和平常所想象的竟然大异其趣。

这就带来不少后果。首先，这样做之后，就会步步深入，愈来愈专注地往社会学分析讨论的道路前行。在论及个别论点时，本书会举出具体实例；为了简洁起见，我们有时候会把对这种体系的某一方面的讨论局限于一个特定的地区。但是在讨论中顺便提起这些实例，就不得不在很大程度上把人们实际经验到这些事情时有关的详尽事实省略掉了。我们无法提供读者或许想要知道的细腻的民族志描述，这些描述的复杂程度恐怕也并不是读者所想象得到的。如果想进一步了解这方面的情况，读者必须读赫顿著作中有关的区域描述（参看本书 21 节），或者本书所引用的其他著作。

其次，这本论著的整个焦点被有系统地转移了：以前的著作强调的各个卡斯特的互相**隔离**和互相孤立将不再那么受重视，最受重视的将是**阶序**。这样做的得失仍然有待证明。此外，如果依照研究的进展次序来写这部著作，也就是先全面描述由意识形态推展出来的事物，再描述与这些事物有关的各面向，这样会使整本书过分庞大，而且重复太多。我们将对现代读者寄以充分的信心，把整个论述写得更简短，同时也更复杂。一旦在第二章把卡斯特体系的结构原则加以说明，读者就得依序了解阶序、分工和隔离（separation），这些分别在第三到第六章中讨论。而且在阅读的时候，读者必须同时顾及两个层面，一是意识的层面，一是外部观察所见的层面。说得浅显一些，社会实相的这两个互补成分，可以说一个是在白日明光下，另一个则是其不易捉摸但却异常要紧的阴影。但就读者的立场而言，他有权进一步提出要求：如果照我们所说的，很多专门研究过这一问题的学者都还不能做到我们建议要做的突破，那么一般读者又怎么能够追随我们所要进行的一项和现代心态完全相反的探讨呢？为了帮助读者，让我们先从结论谈起。在导论里面，我们先使用研究阶序所得到的结论来描绘现代人的平等主义意识形态之轮廓。托克维尔在这方面颇有用处。希望应用这种方式能帮助读者，虽未完全离开读者所熟悉的世界，却足以不误解另外一个非常不同的世界。紧接导论的第一章，是有关卡斯特诸观念的演变史，把以前讨论过这个问题的人的基本态度陈述出来。因为这些态度对于读者来说一定是不太陌生的，对这些态度加以批评也就能帮助读者去接受本书所建议的观点。

对权力与领域、王室的功能和宰制以及土地权等（第七章）加以研究之后，我们开始直接探讨理念与价值体系的基本含义。然后，很自然地研究正义和卡斯特行政体系的问题（第八章）。第九章则从遁世修行制度和教派制度着手，去研究卡斯特制度下最重要的其他并存现象与衍生现象。最后两章是比较研究，从两个问题着手进行：首先，第十章讨论印度的非印度教徒，以及印度以外的人群中所发现的卡斯特；其次，在第十一章讨论传统印度与现代世界的互动所带来的、最近出现的一些变迁。这些比较引出结论那一章，把平等主义社会与在价值观及其并存现象都正好与之相对的社会做一个摘要性的、整体性的比较。

我并没有想要把卡斯特制度的**历史**整个写出来，不过，当我觉得历史资料极有助于澄清与补足当代观察所得的事实时，我毫不迟疑地引用历史资料。过去的数据，即使是关于很遥远的过去，在不必知道卡斯特制度到底是形成于何时的情况下，还是可以很容易看出其中含有某些因素，后来发展成卡斯特制度的一部分，甚至变成整个制度的基础部分。

这本著作对于比较广大的读者群而言，的确是太艰涩了一点，也太复杂了些（注：如果要看一部比较简要的一般性著作，可看杜蒙所写的《印度文明与我们，比较社会学论文》，1964 年出版，Dumont, *La Civilisation Indienne et Nous, esquisse de sociologie comparée.* Paris, A. Colin）。虽然我努力要得到简单的原则，但为了维持科学的态度，不得不提及相关种种仍未确定的问题。特别是要正视这个题目的复杂性，这个复杂现象背后的原则，只能一丝不苟地把整个复杂现象重头检视才能建立起来。简而言之，这本著作虽然在可能的范围内尽量使用演绎讨论的方法，但整体说来论点还只是半演绎性的，这在目前社会科学发展的阶段而言，也是毫不足怪的。

本书各章分节，用十进制数目字标示（第4章，第41节，第42节等，还有小节，如第 42.1 小节）。

在这篇序的后面，解释了印度语词的拼音方式。

印度语词之拼音说明

书中出现的所有印度语词，最少有一次是用斜体字，采用一般通行的拼法。这些语词原来的拼法可见于文本或索引。其中有一些语词是采用罗马拼音，拼音的某些规则见下表。

那些被称之为"英印语"（Anglo-Indian）的语词则加引号（例如"sahib"，"coolee"，等等）。

与发音、拼写有关的最基本规则列在下表。进一步的细节可参考其他书籍，如印度—雅利安语系的语词。可看 Louis Renou 所写的梵文基本文法（巴黎，1946 年出版）。

斜体拼字	英语发音方法	罗马拼法
c	如"patch"	ch （例外情形：为了简洁起见，"kacca"拼成"kacha"而不是"kachcha"。）
ś	如"shock"	sh
u	如"zoo"	u
j	如"badge"	j

导 论

……民主制度将锁链挣断，把链子上的每一环节都松开。

——托克维尔

1. 卡斯特制度与我们自己

卡斯特体系的主导意识形态，和我们自己的［西方］社会体系的意识形态南辕北辙，因此现代读者很少会想要去彻底了解其真相。如果是一个对社会学很陌生的现代读者，或者是一个心态偏于激进的现代读者，他对卡斯特体系的兴趣不外是希望这种否定人权的体系，这种对五亿人的经济进步构成阻碍的制度从地球上消失。先不论印度人自己的看法，只谈那些曾在印度实际生活过的西方人，值得特别注意的是，这些西方人，不论他是最激越的改革家也好，是最热切的传教士也罢，到目前为止，还没有人曾经试图推动或者建议应该把整个卡斯特体系废除掉。为什么呢？因为他们中有的人很清楚地感到卡斯特体系发挥了不少正面功能，像杜波瓦修士（Abbé Dubois）即是一例。其他人则意识到，要把整个卡斯特体系一下子取消过分不实际。

一个现代读者，即使假定他的意见比较温和，也还是免不了要把卡斯特体系看作一种变态，甚至那些写整本著作讨论这个问题的人，也常常把卡斯特体系看作一种变态和例外，而不是把它当作一种制度来了解。在下一章里面将可明显看出这一点。

如果只是为了满足好奇心，只是为了对一种稳定而有力，同时和我们的伦理观念完全相反，不易以我们通常的思辨方式加以理解的社会制度，建立若干见解的话，我们一定不愿意花那么多精神来准备写这本著作，而读者也不一定愿意阅读这本著作，因为这同样需要花相当多的精神。除了好奇心和想要多少有些概念以外，还得深信卡斯特体系有助于我们了解自己，这才使作者和读者觉得值得花这么大的精神。的确，与这本著作同类的书籍的**长远**企图正是如此，而这一点有必要特别强调，才能显示出这本著作的性质和写作的缘起。如果民族学，或者更确切地说，社会人类学的研究对象——"原始"或"古代"社会以及其他国家的伟大文明——竟然呈现出和我们自己大不相同的一种人，那么对其研究有兴趣的将只限于专家学者。人类学对差别非常大的社会与文化的**日渐**了解，证明了人类的一体性。很显然，人类学因此对我们自己所属的这种社会产生了若干洞见。但光这样还是不够的，人类学先天上有更远大的目标，时而可闻此呼唤，要以一种更有系统的、更彻底的方式来了解我们自己的社会，也就是要以现代社会未出现以前的社会，或者是和现代社会并存的其他社会作为对照，借此对我们的一般教育有直接而且关键性的贡献。目前我们尚未做到这一点，但是就达到此一目标而言，研究一个复杂社会，一个肩负伟大文明者，要比研究在社会与文化层面较少分殊化的简单社会更为有利。就这点而言，研究印度社会可能最为有利，因为它和我们自己的社会非常不一样：先研究这个对比如此明显的例子，应有助于以后作全盘性的比较。

先用几句话简单说明一下：卡斯特使我们了解一项基本社会原则——阶序（hierarchy）。处于现代社会的我们所采取的原则正好和阶序原则相反；然而，对于我们在道德上与政治上信奉的平等原则，阶序原则会帮助我们了解其性质及限制，以及实现平等原则的种种条件。不过，这本著作不可能直接讨论到这些，这本著作的实质内容将以发现阶序原则为限，但是上述的远景正是本著作的研究指向。有一点必须特别强调清楚：读者当然可能会拒绝离开他自己的价值观之遮蔽；他可能会说，对他而言，人类的存在是要从《人权宣言》开始算起，任何与人权宣言相违背的现象都要加以谴责，毫无例外。采取这种态度的人，当然是在自我设限，我们不但可以因而对他是否真的如自己宣称的那样"现代"加以怀疑，还可以怀疑他到底有没有自命为"现代"的资格。事实上，这本著作里面丝毫没有对现代的价值观的抨击，不论是直接的或隐含的攻击都不存在；而且，现代价值观根深蒂固，根本不用怕本书的探讨。这本书只不过是想对不同价值观进行**知性**的掌握。如果读者拒绝这样做，要想了解卡斯特体系就将会是徒劳无功的，而且终究也将无法采取**人类学**的观点来观照我们（西方）自己的价值观。

因此，在进行本书的研究之时，便不能采取某些取巧的研究方式。如果我们像很多当代的社会学家那样，心满意足地借用我们自己社会的标签，只不过把卡斯特制度看作**"社会阶层"**（social stratification）的一种极端形式，的确还是能够记录到不少有趣的观察和见闻，但是也就必然排除了任何可以充实我们的基本概念之可能性：我们必须经历的那一趟心路历程，从我们自己出发去了解卡斯特，然后再从卡斯特回到我们自己，会迅速完成，因为我们一直留在原地没有出发。另外还有一种自我封闭的方式，那就是从一开始就认定观念、信念与价值观。换句话说，一开始就认定意识形态在社会生活中只占有次要地位，能够以社会中的其他层面去加以解释，或是可以将之化约为社会中的其他层面。平等原则和阶序原则都是实际存在的事实，而且，它们还是政治生活与社会生活中最具约制力量的事实。在这里不能详细地讨论意识形态在社会生活中所占的位置这个问题：就方法论而言，本书以下的全部内容，不论是大纲或是细节，都是试图解答上述的问题 [1]。清楚认识到意识形态的重要性，会导致一个看起来似乎矛盾的后果：就印度而言，这会使我们注意到印度的"高级"文明、有文字记载为根据的传统等占据着和"通俗"文化同等重要的位置。主张一种不这么激烈的社会学研究法的人，会声称我们此处所采取的办法陷入了"文化学"或"印度学"，会认为我们没有掌握比较研究的观点。在他们看来，所谓比较研究，只要采用像"社会阶层"这一类的概念，只要把存在于各种不同社会中的**类似**现象抽离

---

[1] "意识形态"通常指一组多少带有社会性的理念与价值。因此，我们可以讨论整个社会的意识形态，也可以讨论范围比较小的群体，例如社会中的某一阶级或某一运动的意识形态，甚至有时也可以讨论与社会体系的某一层面（例如亲属关系）有关的一种局部性意识形态。很显然，由于语言的关系，使用同一语言的社群或大范围的社会，会存在一种基本意识形态，类似源始性意识形态（germinal ideology）。具有同一基本意识形态的一群人，其具体的意识形态会因社会情境的差异，比方说阶级的不同，而有不同甚至互相对立。不过这些不同却都以同一种语言表现出来：法国无产阶级与资产阶级都说法语，否则他们的理念也就对立不起来了。而且，一般说来，法国无产阶级与资产阶级之间的共同点，若和他们两者与一个印度教徒的共同点比较起来，实在远比他们自己所想象的多得多。社会学家需要有个名词来称呼这种全盘性的意识形态，而且不能接受把意识形态局限于个别社会阶级并只带负面意义的用法，这样会使意识形态这个概念等同于基于片面的特殊目的，进而使一般性理念或"表征"（representations）失去意义。有关这个问题，即把意识形态局限于个别社会阶级这种用法给知识社会学带来的种种复杂难题，请参见 W. Stark 的 *Sociology of Knowledge*，1958，第二章，还有 R. M. MacIver 的 *Web of Government*，1943，p.454，n.54。意识形态在社会整体中所占的位置，以及所扮演的功能到底如何，就本体论而言，我抱持开放的态度，不遽下结论。不过，从方法论的观点来看，这个问题非常重要。在方法论方面，我的观点可简述如下（请参阅本书第二章第22节）：

（1）在方法论上，必须把意识形态（或有意识自觉）的部分和其他部分区分清楚，因为事实上这两者在当事人的认知上并不相同。

（2）在方法论上，初步的假定是，就整个社会实相而言，意识形态是具**枢纽性**的（人的行动是有意识的行动，而且研究者能直接掌握人的行动中有意识的这一层面）。

（3）意识形态并不是社会实相的**全部**，研究的最后目标是努力去确定意识形态层面（对照于可以称之为非意识形态的层面）的相对位置。事先能假定的，只不过是在通常情况下两者之间的关系是互补的，而这种互补关系的实况又是变化多端的。

应该指出的是，这种研究方法一方面是肯在最后承认初步假定和事实有矛盾的唯一方法，另一方面可以同时摆脱观念论与唯物论，使观念论与唯物论均有机会提出其明确的证据，亦即让两者充分发挥其科学作用。局部性意识形态的地位及其内部的一致性都不免与此有相当大的差别，关于其实例，可参考北印度与南印度的亲属称谓比较研究，登在 "Marriage, III,"*Contributions to Indian Sociology*, IX（sect-II, in fine）。

出来，安放在同一项标签下文，就算大功告成了。但是他们所主张的这种办法最多只能认识到一般性（the general），而无法真正认识到普遍性（the universal），而且就我们所想经由比较研究来达到的目标而言，他们的办法只不过是另一种走捷径的简单方式。就社会学研究而言，普遍性只能透过特殊的现象才能掌握，而这些现象在各个社会互不相同，在各种社会形态中也不尽一致。研究印度的目的应该是想发现，在哪些方面，以什么样的方式，这个文明或社会正以其特殊性表现出普遍性的一种形式。如果不是这样的话，又何必千里迢迢跑到印度去呢？分析到最后，也只有谦逊地审视最为细节性的特殊面貌，才能使通往普遍性之路敞开无阻。如果一个研究者能下决心，肯花费必需的光阴去研究印度文化的各个层面，在一定的条件下，他会有机会超越他所研究的对象；而且有可能有那么一天，他能在其中找到一些对他自己的文明和社会有用处的真理。

就目前而言，我们的第一目标是设法了解卡斯特体系的意识形态。这项意识形态正好和我们自己信奉的平等原则之理论处于对反的地位。一旦把现代意识形态视为普遍真理，不但是政治的与道德的理想（这无疑是在宣扬一种信仰），而且是社会生活的忠实写照（这是过分天真的判断），就无法理解另一种意识形态了。因此，为了让读者比较容易了解，我将把整个研究过程倒过来陈述，先从研究所得的结果谈起，以便刺激读者对现代价值做些初步的反省。这等于一篇简短的社会学导论，其内容或许会被认为是基础性的，但实属必要。首先要讨论的是现代价值观和社会学的关系，接着再从社会学的观点来考察平等原则。

2. 个人与社会学

社会学是现代社会的产品，或者说是现代社会不可或缺的一部分。

这就给了社会学某些限制，只有经由特别有意的努力才能避开此限制，而且也无法完全挣脱。这是问题的一面。而在另一方面，要说出我们的价值观的关键所在倒是很容易。我们两项最重要的理想分别是平等与自由。这两个理想把个人这个理念视为其共同原则，视为最高贵的表征：人类是由个人组成的，而个人虽然有其特殊性，但被认为终究都具有人的本质。在后面我们将进一步讨论这个基本理念。目前我们先讨论一下这理念中的若干明显特性。个人在这里被看作几近神圣的，是绝对的：没有任何事物是高贵到不在个人之合理要求范围内的；个人权利的唯一限制是其他个人的同等权利。换句话说，他是一个单体（monad），凡是人群都是由这种单体组成的。一般常识不认为维持这些单体之间的和谐有什么困难。社会阶级被想成就是这样；被称为"社会"者亦然，也就是一种由单体构成的社团，甚至可以说只是一种多个单体的聚合（collection）。"个人"与"社会"之间常被视为存在着对立性，因为一旦"社会"扣除一个个的人，会出现一种非人性的残渣：由数目（众多单体聚合）导致的暴政，而这种无法避免的物性的恶，和个人所具的心理与道德本质是相对立的。

这类看法，固然在时下平等与自由的意识形态中是不可或缺的一部分，但就一个观察研究社会的人而言，是很有问题的。然而，这种看法甚至也渗透进社会科学里面。而社会学的真正功能却并不在此：社会学的功能正是要弥补个人主义心态混淆了理想与现实之后所造成的缺失。事实上，虽然社会学是在平等原则的社会中建立起来的，而且完全沉浸于该种社会，甚至表达了平等原则社会的观点——关于这点下文将再加以讨论——但我们要指出的第三点，也就是社会学的根源，事实上另有所本：了解人类存在的社会性。社会学把人视为一种社会性的存在，而非自足存在的个体；它不再把个别的人视为抽象人性的一项特殊现身，而把个人视为从一个特殊的集体人性（也就是一个社会）露出的一粒粒相当有独立性的树茅。这种观照事物的方式，如果要在一个个人主义的世界中具有真实性的话，就不得不采取一种个人体验的形式，甚至几近于个人感受到的启示那样的方式，这也是为什么我会称之为"**社会学的了悟**"（sociological apperception）。正因如此，年轻时代的马克思才会写这句常见之于新手身上，带有夸张语气的话："是社会在我体内思考。"

要把这种社会学了悟说明给现代国家的自由公民相当困难，因为现代国家的自由公民对此势必非常陌生。不过我们还是可以尝试加以澄清。社会这个名词本身，令人想到的是由一群发育完全的个人志愿组成的团体，而且具有特定的目的，好像订契约那样。但这样的看法很肤浅。相反，我们对社会的看法，毋宁应以儿童为出发点，看他之所以能够成为人，是依靠家庭生活的培育，透过语言学习与道德判断的学习，也经由教育的过程而分享社会的共同遗产——这些遗产在我们自己的社会里包括若干在不到一个世纪以前全人类完全不知道的要素。如果每个社会不是对其成员施以这样的训练或驯服，或者说是创造，不论其具体方式为何，一个人的人性，一个人对事物的理解，又要从何而来呢？这一真理竟被完全遗忘了，因此或许有必要提醒我们的同代人——即使是饱学之士——回顾一下狼童的故事，以便省思个人意识的来源在于社会训练这个事实[1]。

同样的，我们常常把"社会的"想成只不过是一些早已定型与成熟的个体之行为。就这点而言，我们只要指出：真实的人并不只是有**动作**（behave），真实的人是在脑中存有某个观念而采取**行动**（act），即使那个观念有时可能只是想遵照习惯。人依照其思想而采取行动，他虽然可以在一定程度上照自己的方式去想，去构成新范畴，然而也还是要

---

[1] 参考 L. Malson, *Les enfants sauvages, mythe et réalité*, 1964。有位新闻记者在一篇书评里面问："难道非得承认'人离开其社会情境就不再是人'吗？"（书评者署名 Y.R. *Le Monde*，5月6日，1964，p.12）。

以社会给他的那些范畴为出发点：范畴与语言的紧密关系足以说明这一点。我们之所以很难清楚地认识到这点，是因为一项特殊的心理倾向：当我们第一次体验一个以前不知道的真理时，即使那已是老掉牙的真理，我们还是会以为那真理是自己发现的。一个很普通的观念一旦变成个人的经验，才显得十分真实。小说里面有很多这类例子：我们有一项奇怪的需要，要把发生在我们身上的想象成独一无二的特殊经验，如此那经验才会真的被我们视为自己的，而事实上那些经验却正是我们所属的群体或整个人类最平常不过的经验。这里就产生一项奇怪的混淆：的确是有一个人，一个个人而且他还具有独一无二的经验，然而该经验的很大一部分却是由共同的要素构成的；认识这点并没有任何破坏性：如果把自己身上的社会性材料抽离掉，剩下的就只有个人思考（personal organization）的潜能罢了[1]。

法国社会学的最大优点在于坚决主张社会存在于每个人的心中，这是它的主智主义所造成的结果[2]。涂尔干不得不以"集体表征"，甚至以"集体意识"来表达上述概念，因此而受到不少批评。"集体意识"的说法确实容易引人走入歧途，不过把它看作极权主义的口号，也实在太过荒谬。就科学的观点而言，这两个名词虽均有其缺点，但我还是得马上表明，使用这两个名词的缺点，远比把个人意识视为完全出自自我这个流行的观点要好不知多少倍。后面这个观点常见于时下的"社会学"著

---

[1] 此处的简短讨论自然并没能论及人的社会性的各个方面。比方说，大家都知道，所谓"个人思考"并不是和占有并扮演特定角色的其他人全然无关。不过，最令人奇怪的，莫过于据说是一个当代小说家所宣称的话："停止思考是停止孤独的唯一办法。"（*Le Monde*，11 月 25 日，1964，p. 13）这项宣言的确是自我的"虚假表意"（false signification），也就是 1871 年 5 月法国诗人兰波（Arthur Rimbaud）写给伊森巴（Izambard）信上所抱怨的："'我在思考'这种说法是错的，应该说'我在被思考'才对。"

[2] 波纳德（Bonald）的著作已经有这种想法。参见 A. Koyré 的 *Études d'histoire la penseé philosophique*，1961，pp.117-134 的摘论。

作中。

让我们再次提醒一下，我现在批评的观点，最少就我们所熟悉的、发展完全而且具关键性的这一种而言，是现代才有的，而且根源于基督教。甚至可以说，这种观点从 19 世纪初以来不断加强其在人心中的主导地位。包括斯多葛派在内的古代［西方］哲学家，都没有把人的集体层面与其他层面分开：人之所以为人，是因为他是一个城邦的成员，而城邦既是一个社会性的组织，也是一个政治性的组织。柏拉图确实曾经肤浅地把"共和国"说成一个社会分工的组织。但亚里士多德针对这一点加以批评，而且既然《共和国》里面的组织几乎是严格阶序性的，可知柏拉图以为共和国中真诚的人是一个有集体性的存在，而不是一个只有特殊性的存在，虽然后者因为与前者是如此休戚相关，而会希望别人都被提升为一个有集体性的存在。最后，只要稍提一下那个有名的例子：根据《克里托篇》（Crito），苏格拉底拒绝逃走，如果不是因为城邦之外道德生活就不存在的话，那又是为什么呢？

在现代社会，有些经验自动使人了悟到，人是一种社会性的存在：军队、政党、任何坚强团结的集体，还有特别是旅行。旅行有点像人类学研究，使旅行者能在别的社会看到社会如何模塑某些特征，而这些是一个人在自己的国家时根本看不到的，或者觉得这些都是"私人性的"。就教育而言，这项了悟乃是**社会学中的基本知识**，但我在前面已提到过，只以现代社会为研究对象的**社会学**，常常忽略这点。在这里应该特别强调人类学作为一门**社会学**的价值。目前很难想象有人类学著作或课程不使人得到此种了悟。牟斯对他的学生和听众深具吸引力的主要原因正在于此。

关于这一点，我想讲一个小插曲来说明。我有一个同学，他并不准备以民族学为终生事业，不过在快拿到民族学的学位时，他告诉我说自己有一个很奇怪的经验。他说："前几天等公交车的时候，我突然发现自己不再以从前的方式看待那些一起等车的人了：我和他们之间的关系起了变化，我与他们的相对地位起了变化。再也不是'我自己和别人'了：我变成他们里面的一个。有好一段时间，我都在想到底是什么原因造成这个奇怪而突然的变化，现在我一下子明白了：那是因为牟斯的教导。"以前的那个个人已了解到他自己是一个社会性的存在：他已认识到他的人格和他的语言、态度、姿势分不开，而那些语言、态度、姿势全都在他身边的人身上反映出来。这是人类学教育中基本的人文主义的一面。

在此必须要指出的是，上述了悟也同样适用于所有基本观念。这些都不是能够立刻完全学习到，以后永远忘不了的，所学到的观念一定要在我们心中加深扩散，不然就非常有限，而最终变成虚假。由此开始，我们了解到，把我们自己视为一个一个的个人这样的观点，是学习而来的，并不是天生的。追根究底，这个观点是我们生活于其中的社会加在我们身上，替我们规定的。正像涂尔干所说的，我们自己的社会强迫我们非得自由不可。传统社会和现代社会却正好相反，传统社会并不将平等与自由视为价值。简而言之，传统社会对个人一无所知，对人的概念基本上是集体性的，而我们的（残存的）了悟，即了解到人是一种社会性存在这个了悟，也就成为我们与传统社会的唯一连系，也是我们能够借以了解传统社会的唯一视角。因此，这项了悟也是所有比较社会学的出发点。

一个对于此项了悟一无所知的读者，或是一个像今日大多数哲学家那样，并不认为这项了悟乃具有真实依据[1]的读者，读这本书可能会白费功夫。我们将用两种方式使用这项了悟，并展开讨论：首先，把注意

---

[1] 哲学家有一种自然倾向，会把发展出他自己所属的哲学传统的社会环境当作整个人类所有，同时把其他文化视为次人类所有。在这方面，甚至还有一些退化的迹象。对黑格尔和马克思而言，发现别的文明，或发现所谓的"原始"社会，是件值得注意的事。然而，继承这两位作者传统的（转下页）

力集中于个人，把个人当作一个社会学问题；其次，讨论平等这项现代价值，以便在我们的社会中把平等的对应价值、阶序凸显出来。

3. 个人主义和整体主义

如果社会学的了悟之出现是对个人主义的人观的一种反动，那么，它很快就使"个人"这个概念成为社会学要研究的问题之一。韦伯是一个浪漫主义的或者说很现代的哲学家，社会学了悟在他身上表现得相当间接。在《新教伦理》（德文版，p.95 注 13；帕森斯英译本，p.222）的一条注里面，他为我们勾出一个研究纲领的轮廓：

> "个人主义"一词包含了许多想都想不到的异质性的内容
> ［……］对那些概念的历史进行彻底的分析，在目前［在布克哈特

（接上页）那些政治哲学家已经不再这么想。由于知识的进步，这些问题不必再受一种已经过时了的进化论的束缚，本应重新加以讨论，那些政治哲学家们却完全不理会，把这些问题放到一旁。结果，涂尔干和韦伯的贡献被忽视，而过去 150 年来的政治史，虽然充满各式各样的问题，却从来没有成为任何深入思考的主题。有关于此，很多在各个方面都极不相同的思想却很奇妙地表现得完全一致，显示出西方传统中一项令人迷惑的限制：不用提萨特，即使是马尔库塞（Herbert Marcuse，1898-1979）这样的马克思主义者，或是维尔（Eric Weil）这个黑格尔—康德派，甚至是令很多人惋惜不已的亚历山大·柯瓦雷（Alexandre Koyré，1892-1964），都把自己严格局限在个人的宇宙里面，他们对于社会学的研究取向，不是抱着一种高人一等加以轻视的态度，就是充满敌意。参见马尔库塞的 *Reason and Revolution*，1960; 维尔的 *Philosophie politique*，1956，这本著作中所谈的"社会"只是公民社会（civil society）而已；柯瓦雷在上述那本讨论波纳德（Bonald）的著作中所做的令人意外的结论，还有他间接地，几乎是偷偷地讨论柏拉图的《理想国》里面的阶序的方式（见他的 *Introduction á latecture de Platon*，1962，pp.131. ff.；L. C. Rosenfield 的英译本 *Discovering Plato*，New York，1945）。以柯瓦雷的例子而言，他的态度或许和这些著作的出版年代（1945-1946）有关。在这些著作中，开始时几乎可以看到，从波纳德正确的社会学理论出发，本来是对极权主义的反省，很有发展潜力，却突然转变成对民主主义之*理想*的严肃肯定。毫无疑问，上述讨论很不完全：值得注意的是，政治哲学的种种问题在英国以一种极不相同的方式出现，参见 P.Laslett 和 W. G. Runciman 合编的两册书，*Philosophy, Politics and Society*，1962。

（Burckhadt）之后〕将对科学极有价值。

首先，由于没有能把"个人"的两种意义区分清楚，造成很多用法的不明确和困难。"个人"意指：

（1）**经验性的行动体**，存在于每个社会，因此是社会学研究的素材。

（2）理性的存在和各种制度的**规范性的主体**。这是我们〔现代西方〕特有的，平等与自由的价值是其明证：这是我们才有的一个观念，关于一个理想的观念。

做社会学的比较时，只有第二种意义上的个人才能被当作个人看待，至于第一种意义下经验性的行动体，应该使用另外一个名词。这样才能避免不小心把个人放进并不承认个人的社会里面去，也才能避免把个人当作一个可以做比较之用的普遍单位或以之为指称的项目（在这里可能有些人会表示异议，认为每个社会都以某个方式承认个人之存在；比较简单的社会很可能在这方面不做明确的区分，因此应该小心翼翼地加以描远和评估）。正好相反，就像每个复杂而确实的范畴那样，我们应该努力把它分析化约成普遍的要素或关系，以便用来做比较对照的分母。运用这种方法，我们发现的第一项事实是，个人是一项价值，或者应该说它是附属于某一套自成一类的价值观。

很明显，在这方面有两套彼此正好对立的价值观：其中一套是传统社会的特征，另一套是现代社会的特征。在传统的价值观中，正像在柏拉图的共和国里，重点在于社会整体，在于集体人；这项理想来自社会依照其目标（而不是为了个人的幸福）而组成；最重要的是秩序，是阶序；每一个个别的人必须在其位置上对整体秩序做出贡献，而正义保障各种社会功能的调节能合适于整体。

现代社会正好相反，"人"被视为无法分割的基本的人，既是生物体又是会思考的主体。在一定的意义上，每一个个别的人都是整个人类的化身。他是万物的准绳（在一种全面性的新颖的意义上）。目的的世界（the kingdom of ends）与每个人的合理目的吻合，因此价值就被颠倒过来。仍然被称为"社会"者变成为手段，而每个人的生命则成为目的。就本体论而言，社会已不存在，它只不过是一项无法化约之物，而且不准对自由与平等构成任何障碍。当然，以上所描述的只是价值，是心灵上的一种观点。至于在这个社会中**实际上**发生的情况，我们只要加以观察就会想到第一种社会。由个人主义观点构想出来的社会从来没有实际存在过，理由很简单，即我们已提到过的，个人依赖社会的观念而活，这就造成一项重要的结果：现代型的个人与阶序型的社会之间的对立，并不像部分与整体之间的对立那样（在现代型的社会中亦如此，因为严格地说，现代型的社会根本没有整体的观念存在），而是像两个同样之物或相当之物的对立，因为两者都与人的本质相呼应。让我们借用柏拉图的（也是卢梭的）观念，即个人的概念与社会的概念是平行的：柏拉图把个别的人视同一个社会，是各种倾向或能力之集合；现代则把社会或民族视同一个集体性的个人，具有它独特的意志与关系，好像一个一般人那样，不过不必像后者那样要受社会规则制约。

把两种不同意义的个人区别开来马上就能澄清问题，任何还抱怀疑态度者不妨看看在涂尔干及其追随者的社会学中，由于这两种不同意义的"个人"而造成多少混淆，要么看看维多利亚时代的或马克思主义的演化论所说的"原始共产主义"中如何把个人的不存在与集体所有制混为一谈 [1]。

如果要探究社会学的根源，那就首先应把注意力集中于其原则或本

---

[1]　关于维多利亚时代的进化论，参见 *La civilisation indienne et nous* 的第二章，以及 "The Individual...," 收在 *Essays in honour of D. P Mukerji*，1967 一书中。此处所提到的将没有个人的概念与集体所有制视为等义，在形式上就无法成立，因为我们的财产观念本身即以个人概念为出发点。至于涂尔干社会学的问题，牟斯的著作中有下列的代表性的一段，其中的隐晦之处，用我们（转下页）

质，也就是寻出现代世界中的社会学了悟的历史。在法国，复辟时代时特别明显，社会学了悟的出现是对革命教条的经验带来之幻灭的反动，它也是想以有意的组织取代经济法则的任意性此一社会主义构想的衍生物。不过，其根源可追溯到更早[1]，比方说自然法，它是中世纪流传下来但日益没落的一项遗产；或是在卢梭的著作里，他的《社会契约论》中有一段话很突出地指出入作为自然存在如何转化成为社会存在：

> 敢于组成一个民族的人必须觉得他有办法改变人性，把每个本身是完整且孤立的整体的个人，**变成一个较大的整体的一分子，能从该整体中取得他［作为人］的生命与存在。**

在黑格尔的国家观念里面，也可以发现同样的了悟，不过那是一种间接性的了悟。马克思拒斥黑格尔的国家观念，而回到简单明了的个人主义：对一个社会主义者而言颇为奇怪的一种态度。

（接上页）所提出的辨别标准加以观照就清清楚楚了。他在一篇论亲属间的嬉戏关系的文章中论及"全面报称体系"（*Annuaire de L'École Pratique des Hautes Études,Ve Section*, 1928, p. 4, note）时写道："读者或许会被前述的话吓到。他也许认为我们已经确确实实地扬弃摩根（Morgan）的观念了……还有那些被认为是涂尔干的观念，那些关于原始共产社会中分不清各个个人（此处指个别的人）的观念。不过，这里并没有任何矛盾。即使是那些被认为丝毫没有个人权利义务观念存在的社会，也还是给每个人安排好一个营区中的特定位置，左边、右边，等等。**这证明个人**（指个别的人）**受尊重，但这也同时证明个人完全是由于他乃一个社会所决定的存在而受尊重。**不论如何，摩根，还有追随其脚步的涂尔干，事实上都过分夸大了氏族的无组织，而且，正如马林诺斯基（Malinowski）先生对我说过的，他们没有能充分考虑到互报（reciprocity）这个概念。"（强调处为笔者所加）

同时参考牟斯对民族这个概念的讨论（*L'année sociologique*, 3rd series, 1953—1954, pp. 7-68；还有 *Proceedings of the Aristotelian Society*, N. S., XX, 1920, pp. 242-252）。重读 Georges Davy 那本简短的 *Sociologie politique* 的导论，令人深觉有趣。像他这样杰出的作者，居然没能摆脱个人与社会这种虚幻的二分对立观念，把个人主义观点与社会学观点纷列杂陈，这实在叫人惊讶。因此才会出现像"社会生活对人类的物质生活、智识生活与道德生活的影响"这样的论题出来。有关这类论题及其发展，参见：G. Davy, *Éléments de sociologie, 1:Sociologie politique*, 2nd ed., 1950, 特别是第 6 和第 9 页。

[1] 参考 "The modern conception of the individual: Notes on its genesis," *Contributions to Indian sociology*, VII.

这里必须做些说明以便把此一意识形态与其脉络含摄在一起：这种个人主义的倾向，从18世纪到浪漫主义时代以降，由建立到变得一般化而且通俗化，**事实上**是和现代社会分工——涂尔干称为有机团结（organic solidarity）——的发展一起进行的。在那些比以前的人都更加互相依赖才能取得物质生活所需的人心中，出现了每一个人都是独立自主的这个理想。更令人奇怪的是，这些人还把他们的信念神圣化，想象整个社会的真实运作情形，就像他们所创造出来的**政治**组织应该运作的情形那样[1]。现代世界，特别是法国和德国，因为这项谬误已付出极大代价。和比较简单的那些社会做比较，好像这两种不同的社会的事实与想象层面相互对调一样：在事实的层面上，较简单的社会把一样的个别的人并列（机械团结），同时在思想的层面上强调集体的整体性；现代社会则与此相反，行动上是一个整体，但是在理论层面上，却是以个人为思考之依据[2]。社会学作为一门独立的学科出现的理由也在于此，它取代了在传统社会中每个成员都具有的一个理念。

4. 卢梭论平等

现在我们讨论所有现代特质中和卡斯特体系最直接对立的一项：平等。自由与平等的理想直接来自于把人视为个人的概念。如果整个人类被看作呈现于每个人身上，其结果就是每个人都应该自由，所有人都平

---

[1] 这一方面深具代表性的是马克思认为在共产主义"社会"中（社会）分工会消失。

[2] 这种说法过分简单，卡斯特社会中的分工是以社会整体为取向，即足以充分说明。现代分工的发展的特性是每一种活动本身内部的"理性化"。布格列在讨论平等观念的著作 Les idées égalitaires，pp.140-148 中，指出了一个奇怪的吊诡：社会异质性衍生了崇尚平等的个人主义。根据他的说法，Faguet 和 Simmel 指出："基于每个个人都相当特殊这件事实，每个个人也就和其他任何个人平等。"

等。这是现代的两个伟大理想的基础。相形之下，一旦好几个人采取一项集体目标，他们的自由就受到限制，他们的平等也会发生问题。

平等这个观念及其种种含义的发展竟然是在这么晚近，实在是令人惊异。在18世纪的时候，除了爱尔维修（Helvétius）和莫莱里（Morelly）的著作以外，平等观念只占次要地位。即使是在19世纪法国那些社会主义之父或先驱的著作里面，平等与自由何者比较重要也没有一定的次序。平等的概念和其他相关的观念很难分开，要叙述其历史也就更加不容易。但我们还是要试着将之解离出来，办法是以最低程度的历史视野，把它在卢梭思想中所占的位置与它在80年后托克维尔思想中所占的位置比较一下。

卢梭常被视为反对不平等的叛逆性人物，但事实上他的观念很温和，而且大体上很传统。在《论不平等的起源》一书中，他的主要成就在于区别自然的不平等与人为的不平等，后者又被称为结合的不平等（inequality of combination）[1]。自然的不平等作用相当有限，而道德的不平等则是利用自然的不平等以达成社会目的所造成的结果。自然人粗野、有虔敬心但分不清善恶，不明白理性与道德所赖以存在的种种区别，有时被说成是自由的。他们甚至也知道平等（p.199），但此处的平等毫无疑问是指没有道德性的不平等存在（然而，说他对平等与不平等都不熟悉不是更恰当吗？）。书中很清楚地说，不平等无法避免，真正的平等在于相称（proportion，p.216注）：因此，这就又是很接近柏拉图的分配性正义的一个想法了。

从经济观点看，不平等无可避免。从政治观点看，离开自由，即无从界定平等：在社会发展之极端——暴君政治下的那种卑微屈辱的平等，并不可贵。简而言之，只有和自由结合在一起的平等才是好的。也只有

---

[1] *OEuvres complétes*, G.D.H. Cole 英译，*Social Contract and Discourses*，p.202。

具备相称性的平等，亦即合理应用其原则的平等（或许应该说是公平[equity]，而不只是平等）才是好的。

在《社会契约论》（第一卷末）里面，平等很清楚地被定义为一项政治规范："自然在人与人之间所造成的那些生理性的不平等，被社会基本契约以平等取代，以合乎道德与正当的平等取代。"（p.19）

不平等是恶，但它在某些领域无可避免。平等是善，然而它却也只是人类引入政治生活的一个理想，用以弥补无可避免的不平等这项事实。卢梭很可能不会写出"人生而自由，享有平等权利"这样的话。《社会契约论》开头那句名言只是说："人生而自由，但现在却到处都戴着锁链。"（原注：人生而自由的"生"是过去式）革命是企图把自然法付诸实现，使它成为实际法——这个转变过程实可理解。因此巴贝夫（Babeuf）和平等主义阴谋（the Conspiracy of Equals）对平等的要求，就使他们完全不顾哲学家（the Philosophes）所提到的人性的限制，这也可以理解。这些要求不但把平等置于自由之上，甚至愿意将自由贬值以求实现一个平等主义的乌托邦。

5. 托克维尔论平等

我们现在讨论托克维尔和他的《美国的民主》（1835—1840）[1]。托克维尔将英国、美国和法国的民主加以比较，比较的标准是看自由与平等这两项基本价值在该国家中的相对比重如何。他发现英国有自由，但几乎毫无平等。美国大致承袭了英国的自由传统，自己又发展出平等。

---

[1] 在 *OEuvres complétes*; 还有 *L'Ancien Régime* et laRévolution（1952-1953）。英译本是：Henry Reeve, *Democracy in America*, London，1875; M. W. Patterson, *De Tocqueville's L'Ancien Régime*, Oxford，1933。之后所引的是英译本，罗马数字表示卷数。

法国大革命则完全是在平等的大旗下进行的。托克维尔像他的老师孟德斯鸠（Montesquieu）那样，对自由的概念是贵族式的，做共和国的公民在他看来可能不见得比在王权体制（Ancien Régime）下当贵族更自由。他以条件的平等来界定民主（顺便提一下，再次像孟德斯鸠那样，我们此处讨论的已超出纯政治的范围）。条件的平等对他来说是"最基本的概念"，是最占优势的、最具模塑力量的理想和激情，他企图以之来推论美国这个社会的诸般特征（把地理因素、法律、习惯都考虑在内）。他认为，平等在法国出现得很早。他写了好几页非常出色、值得拜读的文字，描写教会如何在中世纪引进平等（教士的出身不分阶级），国王如何对此加以鼓励，在当时的既存条件下，这一切的进步又如何导向了铲平不平等 [1]。托克维尔发现，以上事实可在历史上看得非常清楚，因此他可以毫不迟疑地将之归于上帝的旨意。他鼓吹民主（一直充满勇气而且立论清晰）的理由显然正是在于反对基督教国度的历史主流是一件不可思议的事情。托克维尔在《美国的民主》与《王权体制与法国大革命》（*The Ancien Régime and the Revolution*）两书中都不厌其烦地指出，大革命以前的法国已在相当程度上平等化了，这使法律上残存的那些封建等级之差别待遇显得令人无法忍受，是以革命爆发将之粉碎。如果托克维尔所言正确，那么大革命要求的自由，实际上似乎主要是替较低下的等级要求平等，因为先前的那种平等的限制使人们觉得缺少自由。不过，这已经是在诠释托克维尔，而不是他本人的话了。

冒着离题太远的危险，这里得先讨论托克维尔的一个重要观念，这

---

[1] 要充分了解托克维尔对平等的描述所具备的历史洞识，可以参考布格列的实证主义分析（前引著作）。后者把下列各种平等因素按其重要性罗列出来：社会单位的数量；社会单位的性质（同质性或异质性，参见 p. 62，注释［2］）；社会的复杂程度（角色的分殊化以及各个群体的专业化），还有社会的统一性。布格列也讨论了观念论的看法（p. 240），不过他认为，和观念论的看法正好相反，是社会形态导致特定的观念与价值。事实上，这里的问题并不只是平等主义如何诞生，还在于阶序（不论是纯粹的还是变相的）的目的，亦即价值观的转换。

观念涉及现代政治意识形态在整套价值体系中的地位。托克维尔提出民主理想的**实现**问题。他和当时许多法国人一样，都想了解为何 1789 年大革命以后的诸般事件会有如此令人丧气的发展。简而言之，法国在当时实在没办法令人满意地实行民主政治（而这正是法国社会主义与社会学在法国得到发展的根源之一）。托克维尔写道，和法国相反，民主在美国得以正常运作。为什么呢？他不认为环境或历史能满意地回答这个问题。他相信，真正的关键在于政治与宗教之间的关系在这两国有别。在他的著作伊始，托克维尔对法国的宗教信徒和爱好自由的人一直各行其是感到痛心（Reeve 英译本，第一卷，pp.10-11）。而他发现，宗教精神与自由精神在美国结成了联盟（第一卷，pp.40-41）。他的结论如下（第二卷，p.19）：

> 我个人相当怀疑人类能够完全不需要宗教却居然享有完全的公共自由。我比较倾向于认为欠缺信仰的人就不得不服侍他人，若要获得自由则非要信仰不可。

这个想法和法国民主传统强烈对立，一定会使很多读者大感震惊。我们在这里将之提出，唯一的作用是借它把民主思想中的价值形貌呈现出来，并且拿来和阶序思想中的价值形貌做比较。托克维尔为（政治性的）个人主义设置其限，从而使人在实际生活中必须有信仰（dependent）。仔细一点地说，这包括两方面。一方面，宗教与政治的范围在民主社会中必然要分开，而且有两种方式：一是宗教必须放弃政治权力，使政治得以自主；二是政治不可以把自己变成宗教，如经常见于法国者（托克维尔在其他著作中说法国大革命的进行方式像是一场宗教革命，见 M. W. Patterson 译的 *De Tocqueville's L'Ancien Régime*, pp.15, 158ff.）。

美国的宗教有其特殊领域，在该领域中教士拥有最高主权，但他小心翼翼地不逾越宗教的领域。在该领域中，教士是心灵的主导；但在该领域外，他让人各随其便，让他们随其本性与时代而独立自主，方便行事。（H. Reeve 英译，《美国的民主》，第二卷，p.24）

当然 20 世纪的法国多少已成功地把宗教跟政治分开，但托克维尔的观念其内容不止于此：宗教与政治之分离对他而言仍嫌不足。也就是说，另一方面，他更进一步宣扬政治与宗教必须互补，如同他在美国所见的"若要获得自由则非要信仰不可"的意思，可以引申为，政治此一特殊性的领域虽在其范围中具有绝对权威，但它绝不可能取代普通性的领域，即宗教或哲学。要使这样的想法令人信服，只有如下办法：第一个是从比较的角度去思考，也许读完这本著作的读者可能知道如何去进行；不然就要采取第二个办法：严肃地思考民主政治在 19 世纪的法国和 20 世纪的欧洲所遇的挫折，这是件几乎没有人做过的事 [1]。在经验的层面上，应指出两个在其国境内生命力强韧的民主社会，其民主原则都和另一项原则形成互补关系：美国的情形如托克维尔所说的那样，而英国的民主则是在现代的价值观之外尽量保持传统。

对我们而言，托克维尔著作的最可贵之处在于他对平等主义心态（equlitarian mentality）的研究，对比之下他也认识法国王权时代有阶序格局的心态（他本人虽然毫无保留地支持民主，但他对王权时代的法国仍相当怀念）。平等主义心态的特质，首先值得强调的一点是，人人

---

[1] 这样思考工作，显然必须全盘考虑现代民主政治史，一方面得把战争考虑在内，另一方面也得考虑到第二帝国（指拿破仑三世建立的法兰西第二帝国——译者）、第三帝国（指希特勒建立的日耳曼第三帝国——译者）等政权。有时候，卢梭被指责为替雅各宾主义和极权主义铺路，因为他提出全体意志这一教条。然而，事实上卢梭真正看到了把个人主义当作宗教后所导致的矛盾：极权主义就是抽象民主主义的报应。

平等的概念导致人人类似的概念。这个观念如果不能算是绝对新颖的话，也只是从 18 世纪以来才流传得比较广，也才比较权威。在孔多塞（Condorcet）身上可以看到这一点：他强烈相信权利平等，但宣称不平等在实践上有其一定的价值。如果平等只是一种理想性的要求，只是表现价值观从人乃集体存在转变为人乃个人，那平等就不一定要否定天生的差别。但是，如果平等被视为根源于人的本性，只因为罪恶的社会加以否定才享受不到，那么，既然人与人之间再也无法存在什么条件上或身份上，甚至是种类上分属正当的差别，人人也就全都大同小异，甚至是等同的（identical），人人也就都平等了。托克维尔说，在不平等挂帅的地方，有多少个社会范畴就会造成多少种特殊的人类（Reeve，第二卷，p.12，参照 *A, R.,* 第 8 章），而平等社会里的情形正好相反（II. pp.2, 3, 12）。托克维尔没有进一步讨论这个问题，他似乎视之为理所当然。他和其他人一样，甚至把社会形态（social form）与"自然"的存在或普遍的存在一视同仁。不过，有一次他倒是把两者区分开来，那是当在比较美国和法国对男女平等的看法时："有些欧洲人面对男女的差别时，会想要把男人与女人不但变成为平等而且变成为差不多一样。"（第二卷，p.191）美国人的看法则不一样："虽然男女的命运有别……但具有同等价值。"（第二卷，p.193）美国人甚至在社会层面视女人的地位为较低，而在道德和知性的层面视女人与男人平等（第二卷，p.194）。

不过，一般而言，我们在这里可以看到，在托克维尔个人身上，一个原本理想的观念如何变成为内在的（immanent）而且神化了的，完全符合现代民主心态的特征。平等与等同的融合已深入常识的层面。我们因而可以了解，平等主义有一项严重而始料未及的后果。在平等主义的世界里，人不再被认为是分属阶序格局中地位有别的各种社会性的或文化性的种属，而被认为基本上是平等而且等同的。在此前提下，人类社群之间在性质上或地位上的差别有时候便以一种危害重大的方式被重新加以强调：社群间之差别被认为是生理特征所造成——这就是种族主义[1]。

《美国的民主》第二卷出版于 1840 年，全书的内容具体研究了条件平等在各个领域中的意义及其结果。由于托克维尔对平等社会既同情又好奇，同时在心理上仍不时想到他所属的贵族社会的情形，因此能够完成这项仔细而杰出的工作，书中有些地方具预言性的刻画，描述了平等社会的各个方面。他很清楚地看见了这个新社会的诸特征，将之与贵族社会作对比。由于他把两者做比较，类似人类学家在研究他所不熟悉的社会时的情形，托克维尔才能完成一项社会学的研究工作。他这项研究比其后许多学者所做的更具社会学的意义，因为那些人没有办法使自己对平等社会保持超然的态度。

这种情况使我们可以利用托克维尔，不过我们要采取的是反方向的利用方法：从平等主义社会出发，不离开我们自己的文明，他能提供我们一些了解阶序主义社会的洞见。正像托克维尔本人常做的，只要把情况倒过来考虑就行了。此处只引用他书中的一章，篇幅不长，但对我们现在所讨论的最具启发性，而讨论的主题正好前面也已提到过了。

6. 托克维尔论个人主义

《论民主国家中的个人主义》（《美国的民主》，第二卷，第二部，第二章，pp.90-92）：

    个人主义是个新名词，它表达一个新观念。我们的祖先只知道

---

[1] 参见附录一。对布格列而言（前引著作，p.26），平等包含相类，但并不是等同。亚里士多德早已指出，平等与"完美的相似"有极密切的关系，相异与不平等有极密切的关系，但相称的平等和单纯的平等是有别的（*Politics*, 1279 a 9, 1332 b 15 ff., 1332 a 28）。

自我主义 (egotism)。自我主义是一种对自我热切而过度的爱，使一个人把一切事物都想象成与自身有关，使他喜爱自我甚于其他一切。个人主义则是一种成熟的、平静的感觉，它使一个社会共同体的成员把自己与其他成员区分开来：使他和其家族与友人分开，结果是他自己形成一个小圈子，乐意安然地使社会自在自存……

个人主义以民主为其源本，它显然与条件的平等齐头并追。

在贵族统治的政体中，家族的地位历经几百年无变易，数代同堂宛若同一时代的人。人不但几乎都知道自己的祖先，并尊敬他们；而且他认为他可看见自己的后代子孙，并爱护他们。他心甘情愿地担当起对祖先与后代子孙的职责，常常为他们牺牲自己的享受。此外贵族制度还使每个人与若干公民紧紧地联系在一起。由于贵族社会中各个阶级的身份差异明显而又永久，每个阶级的成员们会把自己的阶级视为一个小国度 (country)，对他们而言这个小国度要比由许多不同阶级组成的大国家更亲切，也更值得珍爱。在贵族制的社会共同体中，每个公民地位固定，层层排列，结果是每个人头上都有个不可或缺的庇护者，在自己之下也有个有义务和他合作的人。在贵族时代生活的人几乎都紧密地和自己私生活之外的人结合在一起，因而常常忘掉他们自己。在那个时代的人确是没什么人类一体之感，人很少会想到要为全人类牺牲自己；不过，他们常常为其他人牺牲自己。在民主时代，情形相反，每个个人对全人类的责任愈形明显，为特定个人全心奉献的事即相对减少；人与人之间的情谊扩张了，但其强度也减弱了。

在民主国家中，新家族不断产生，旧家族不停地消失，即使没有消失也已大为改观；时间的连续不停地被打断，历代相沿的轨迹也大受影响。前人很快就被遗忘，后人谁也不知其详：人对别人的兴趣局限于与自己最接近的少数人。因为不同的阶级日趋接近，彼此交往的结果，同一阶级的成员变成彼此漠不关心，互为陌路。贵族制度使整个社会共同的成员之间彼此联系，上至国王，下至农民都由一条锁链连贯着；民主制度将锁链挣断，把每一环节都松开……他们不亏欠任何人，也对别人毫无期望；他们渐渐习于视自己为孤单独立，容易认为自己的命运握于自己手中。因此，民主制度不仅使每个人忘掉其祖先，而且也使他见不到其后代，并使他和同代人隔离；使每个人永远只依靠自己，结果使他有陷于内心的孤独之危险。

我为什么引这么精彩的一大段话，理由很明显。它事先即回答了韦伯对个人主义所提出的部分疑问。它把现代的普同主义与传统的特殊主义明显对照，同时对比两者的时间观念。它一方面使人想起一种到目前为止仍存在，甚至存在于社会学界的浪漫主义；另一方面，由西方贵族社会，它令人想起卡斯特体系及其阶序性的彼此互依关系。我发现，上引一段文字对现代读者而言，是进入我将要介绍的与我们（西方）的宇宙极不相同的世界之最佳导论。除了上引这一段以外，托克维尔这本出色的著作中，还有许多别的段落可引来和这一段相互补充。

7. 阶序之必要

不过，托克维尔的观察和分析，进展到某一程度就停止了。我们当代人很看重平等，但是除了不平等以外，几乎找不到任何可以和平等对比的东西，这一点其实并不令人惊讶。甚至社会学家和哲学家似乎也都不愿意论及"阶序"，即使谈论的时候也不正视它，只把它当作次要剩余的，或者是视之为天分及功能不同所无法避免的不平等；或是把它看作任何一个进行多种活动的人为组织免不了要有的发号施令系统，也就是"权力阶序"（power hierarchy）。然而这不是正宗的阶序，也不是所谓的阶序之根本。托克维尔和他们不同，他心目中感觉到的是另外一种东西，但只靠对贵族社会的记忆并不足以使他把自己的感觉弄明白。哲学家则在其传统经典中找到一个范例，那就是柏拉图的《理想国》，不过哲学家对这个例子似乎相当不安（参照 p.57，注释［1］）。社会学方面，在一大堆有关"社会阶层"的老生常谈中，帕森斯[1]提出了阶序之所以存在的普遍理由：

> 我们认为**行动**是为了达成目的，因此行动就包括和目的相关的**选择**过程。一旦与目的的关系一并考虑，行动体系的各个成分，以及行动发生的种种客观条件，就全都要接受**评价**……**评价**一旦在**社会**行动体系中进行，会有两项重要结果。首先，体系的各个单位，不论是基本单位行动或是角色，集体或是人格，全都必然要受**评价**……而一旦有评价，其过程很可能会把各个单位体用**一套地位次序** (a rank order) 加以区分……其次，大家都知道社会体系的稳定有一项条件，此即其组成单位的个别**价值标准**必须**整合**成一个"**共同价值体系**"……此一范型体系的存在作为分析社会现象的指涉基点，是一项欲以行动架构分析社会体系之必要假设。

换句话说，人不仅会想，他还会行动。人不只是有各种不同的概念，他还有价值观。接纳一项价值也就不免引进阶序，而社会生活免不了需要在价值上有一定的共识，在观念上、在各种事物上、在人上面都免不

---

[1]　帕森斯《分析研究社会阶层理论修订版》（最早出版于 Reinhard Bendix 和 Seymour M. Lipset 合编的《阶级、地位与权力》一书中，1953 年。强调处为笔者所加）。

了有一定的阶序。这种阶序的存在，和天生的不平等或权力的分配本身无关。在绝大多数例子中，阶序免不了和权力在某些方面成为一致，然而这并不是非如此不可，印度的例子可以说明这点。还有，阶序把社会行动者和社会范畴涵括在内，这是自然而且可以理解的。和这些多少是社会生活必要条件的因素比较起来，平等的理想，虽然被认为比较高超，但却是人为的。它代表的是人的一种要求，而此要求又表示选择了某些理想。它代表人要在一个有限的范围内故意去否定一种普遍的现象。我们绝非是要对此一理想加以怀疑，就像托克维尔也并没有对此加以怀疑。但是，最好还是弄清楚，此一平等的理想和人类社会的一般倾向背反到什么样的程度，因此也要弄清楚我们的社会例外到什么程度，同时也弄明白要实现平等理想是如何困难。

追随托克维尔之后，让我们回到民主的**实现**这个问题，这是一个大受忽略但却必要研究的题目，不过并非我们目前要探讨的。我只想把托克维尔停止其观察分析，不再能引导我们的那一点指出来，同时要表彰在此有所突破的一位社会学家。帕森斯能够做到，那是因为他结合了涂尔干的主智论（intellectualism）（认识到行动受观念或表征左右）和韦伯的实用论（pragmatism）（在表征世界的问题之外，还正视在被表征的世界中的行动的问题）。回头讨论本书比较有限的主题，我们将发现，我们现代对阶序的否定正是妨碍我们了解卡斯特体系的最大原因。

第一章
几个观念的历史

11. 定义:"卡斯特"一词

基于导论所述,现代西方学者会对一个以阶序为核心的社会制度产生形形色色而且奇异的讨论,也就毫不足怪。在这一节里面,我们将把这些现代的态度做个一般性的探究,看看可以从中学到些什么。为了使观念一致不变,我们得先下个初步的定义。我们先采用布格列(Bouglé)的定义[1],他说卡斯特体系把整个社会区分成很多世袭的群体,这些世袭群体之间以三项特征互相区分同时也互相关联:**隔离**,在婚姻和接触上隔离,不论是直接或间接(食物)接触均不许可;**分工**,每个群体,在理论上或传统上,都有一种专业,其成员只在一定限度内能脱离该专业;最后是**阶序**,把各个世袭群体按照彼此高低次序排列起来。此一定义指出这个体系的主要而明显的特征,可以暂时用来讨论这方面的文献。

先从"卡斯特"(caste)一词开始讨论。它原来是葡萄牙文或西班牙文:"*casta* 应指未混杂之物,来自拉丁 *castus*,纯洁。"(利特雷的《法语辞典》,Littre's *Dictionary*)西班牙人似乎把这个词当作种族来用,葡萄

---

[1] 布格列(C. Bouglé),*Essa is sur lerégime des castes*,p.4;《导论》英译刊于 *Contributions to Indian Socciology*, II, 1958。

牙人则把这个词应用于印度，时间在 15 世纪中叶 [1]。在英文里面，1555 年曾有人把 *cast* 用作种族的意思，用于印度是在 17 世纪初才出现。法文的拼法 *caste* 在 1800 年以前不易见到，根据利特雷的记录，这个词直到 1740 年才收进法兰西学院辞典（*the Dictionary of the Academy*），而更早的菲雷蒂埃（Furetière,1619-1680）或里什莱（Richelet，1631-1698）的词典都没有收它。不过，最少从 1700 年开始 [2]，它已开始被用作专门名词。

就像在法文中一样，有很长一段时间，"卡斯特"和部族（tribe）在英文中没什么区别，而且把"卡斯特"和古代印度社会划分成为四个范畴之事混淆起来。因此，利特雷的辞典上面写道："印度社会所划分成的各个部族。一共有四种卡斯特……"而卡斯特这个词所衍生出来的"排他性团体"（exclusive group）的意思，例如"卡斯特精神"（意即具有严重的排外性）这样的说法，于英文、法文中都出现过英文从 1807 年起即有记载可查，法文则见诸托克维尔的著作："其最大特色是出生。"这和贵族不同，贵族意指"当头的人" [3]。

---

[1]　根据 H. A. Rose 写的 "caste" 这一条目（*Encyclopaedia Britannica*，1945 年版，IV，s. v.，pp. 976-986），"（这个名词）早年葡萄牙旅行家所使用的意思是部族，甚至种族，常常用来称呼印度最低贱的各个阶级，以便和高阶级的主人们有所区别"。关于 "caste" 这个词在伊比利亚语言中的语源问题，参考 J. Pitt-Rivers 的 "On the Word Caste"，将在 1970 年出版。欧玛利（O'Malley,*Indian Caste Customs*, Cambridge Univ. Press, 1932, p.1）所引用的 Holy Council of Goa 1567 年颁布的法令（阶序，禁止和比自己低阶的人分享食物与饮料），参考赫顿（Hutton），*Caste in India,its Nature, Function,and Origins*,Cambridge Univ.Press,1946,p.42; 更进一步的细节，参见 Yule and Burnell，*Hobson-Jobson*，1903，在 "caste" 标题下的部分。达尔文使用 caste 这个词来描述昆虫（caste on insects）（Ketkar，*History of Caste*,Vol.1,p.12，依照 Murray 的 *Dictionary on Historical Principles*）。

[2]　Pére Martin 的信收在 Bertrand 编辑的 *Letters édifiantes et curieuses de la nouvelle Mission du Maduré*, Choix, 3rd ed., vm, Paris, 1835, p.68。

[3]　Tocqueville，*L'Ancien Régime*，M. W. Patterson 英译本，Oxford, 1933, p.88。

12. 几种主要态度

完整探讨西方对印度卡斯特的观念之历史，需要写一本书，但是对此问题熟悉的人会对一些流行的主要态度有些概念，在此可以将这些概念简述一下。此处将区分三个时期。第一期的特色是解释性的态度占优势：卡斯特体系令人吃惊讶异，因此对这种体系的**存在需要加以解释**。第二期在时间上从 19 世纪末期开始，解释性态度仍然存在，不过更占优势的是对卡斯特现象本身的描述。第三期是 1945 年以后，其特色是人类学家到田野做**长期的深入研究**：描述得更精确，了解更多细节，社会学的兴趣取代了制度起源的研究[1]。

我们现在先研究一下解释性的态度。在这种态度占优势的早期，表现得非常概括性，也最为天真。造成需要**解释**的原因，自然是平等主义心态与极端重视阶序的意识形态之间的矛盾。然而贵族心态在一定程度上仍存在于现代，特别是现代的早期，托克维尔即是一例。因此，也就有些人并不认为卡斯特有那么神秘，那么令人吃惊，他们至少在一定程度上是比较能够了解卡斯特体系的。这一时期的解释可分成三类。当碰

---

[1]　不同作者对这个名词所下的不同定义的历史，在此处不加以讨论。那些定义自然和我们在这里想分析辨明的各种不同态度有关。那些倾向于解释性的定义，特别是在第一阶段，常常是不完整的，常把三项主要特质中的某一项忽略掉（参看布格列，pp.4-6）。同样的情形也发生在比布格列更晚出版的著作里面，我们在讨论某一项性质相似的论点时将会看到（参见赫顿在著作中提到的一些历史上相当重要的定义或描述，pp.42-44；同时参见本书附录中有关"社会阶层"学派的观点）。不完整的定义愈来愈少被人接受，这一点无疑是一种追步，参看一些一般性的著作，如：Kingsley Davis, *The Population of India and Pakistan*, Princeton Univ. Press，1951（用 6 种性质来界定卡斯特）；或 Talcott Parsons，*The Structure of Social Action*, The Free Press of Glencoe（1949），1961（这本书 pp. 552-563 摘述韦伯著作，是有关卡斯特与印度教的极佳论述）。最近，贝利（Bailey）把 caste 定义为一种社会阶层体系（他把社会阶层定义为社会中的不同群体互不重叠，把所有社会成员都包含在内，再把各个群体一个个按高低排比），具有下述的特质：（1）各个群体是封闭的；（2）不同群体之间的关系根据"角色的总合"原则组成；（3）各个群体互相合作，不互相竞争（"Closed Social Stratification in India," *European Journal of Sociology*, IV, No.l, 1963, p.121）。

到一个无法理解的社会制度时，最容易出现的态度是将其存在归因于某些人的意志。这是主意论（voluntarist）或人为论的解释[1]。与此相反的态度是设法把它和我们熟悉的社会的某些已知特性串连在一起：卡斯特就变成某些特性的极端发展。这是特例式的解释。贵族心态对阶序并非完全陌生，因而倾向于这种解释。最后，第三种态度是把现象归因于若干情境或因素的相当独特的汇合。此即历史性的解释。这三类解释里面都分别包含许多种理论，这些理论和当时的历史情况以及印度学与人类学研究的主要方向都有关系。

13.　主意论的解释

这种解释倾向注定很强烈，而且从一开始就如此，一直持续到目前，其理由有二：首先，在 18 世纪的时候，所有社会都被视为由早先的立法者立法建立；其次，宗教层面在卡斯特体系中非常显著，而教士（婆罗门）占据有利地位。对于启蒙时期那些反教士主义者而言，"迷信"是教士们为了自私的利益所发明的。这种看法在卡斯特体系中得到了非常好的例证，卡斯特理念中可归诸不理性的部分，以及可归诸有意识的（其实是理性的）部分，全都得到了解释：前者是教士的欺瞒，后者则是教士刻意的建构。

我们只讨论此一倾向的两个例子，它们都相当具代表性。杜波瓦修士于 18 世纪末离开法国，在接触到异教时，他的态度颇像伏尔泰。他是人类学的奠基者之一，曾在印度南部住过很久（住在迈索尔邦[2]）。他设

---

[1]　布兰特（Blunt, *The Caste System of Northern India*, 1931,pp.ll-12）说明这一类型的解释的特征是，认为卡斯特起源极古，而且是"婆罗门祭司阶级人为刻意制造的结果"。他把这类解释与历史起源理论的解释区别开来，加以对比。

[2]　编注：迈索尔邦是卡纳塔克邦 1973 年之前的称谓。

法了解该地的社会与宗教，后来写过一本书，里面有极好的描述。他得到以下的结论：不论把社会"分成卡斯特"有多少缺点，其优点仍然更为重要，它乃是"印度法制的杰作"。根据杜波瓦的说法，如果任其自由，这个民族将会走向野蛮。

> 这样的一种制度可能是最具远见的智慧所设计出来的，只有如此才能在印度这个非常特殊的民族之内维持一种文明状态。

杜波瓦修士在此书开篇记载了此一制度的一项基本特征：劳动的分殊化是为了满足所有人的需要。他讲话时仍然充满了人为论的语气：

> 他们的出发点是古代立法者都共同遵守的一项基本原则，此即每个人都必须对整体有用[1]。

《大不列颠百科全书》1824 年补遗里面有一条詹姆斯·穆勒（James Mill）所写的"卡斯特"。我们不妨回忆一下这位作者的重要性：他教育出儿子约翰·穆勒（John Stuart Mill），此外还有三项成就：坚实地建立了实用主义；在关键性的自由主义时代界定了东印度公司的政策；模塑受英语教育的印度人之心灵，影响所及包括整个 19 世纪及其以后[2]。他的

---

[1] 杜波瓦修士，*Hindu Manners*，*Customs and Ceremonies*，pp.28-30（Henry K. Beauchamp 英译本，Oxford，1906）。比较 pp. 44，98-99，105（把这种制度看作不如原初完美，此乃一种印度和西方都有的传统观念）和 pp. 275-276（认为婆罗门受尊敬崇拜对婆罗门有利）。有关 *dharma*（宗教责任）的文献，如《摩奴法典》，被认为类似依照立法程序订下的法规。

[2] 《大英百科全书》中该条目署名"F. F."，不过其真正作者在书中有指出（I. xxx vm），而且广为人知。关于他所扮演的角色，参见 E. Halévy，*La Formation du Radicalisme philosophique*，II; E. Stokes，*The English Utilitarians and India*。此后的英国作家常提到（事实上是谴责）穆勒的 *History of British India* 一书对年轻一代印度人的影响（第一版，1817；关于卡斯特的类似观点：I, pp. 106ff.）。

那篇文章大致分成三部分，讨论一般认为的该体系的起源，描述该体系，最后加以批评。有关这项制度，穆勒说在古代时分布相当广（埃及、希腊、伊朗）。它和分工的历史以及有意的干涉有关：由游牧转到农业，导致分工的重大发展；此外，在那时候，有位创新者，也就是立法者，把新的组织归因于神意；教士占据最高位，这是因为那时候迷信的力量很强大，世代传承的建立是为了避免分工解体的危险（纯粹是想象的）。

和杜波瓦修士的说法做比较，即可看出立法者在这个说法中扮演次要的角色：分工是自己出现的。因此，我们最后得到的是二元论，这种二元论在下文中将再次以相似的面貌出现；到现在可说它还是以一个比较一般化的形式存在着，因为当代社会学也仍然还没有能把技术和经济层面与宗教层面的关系理清楚。

14. 卡斯特乃普遍制度的特例

从 17 世纪末以来，卡斯特的本质到底是宗教性的还是"社会性"的这个问题不断被提起。我们只看其中三块里程碑。这个问题曾一度对天主教传教士非常重要。高卡斯特的人认为葡萄牙人的生活方式非常可耻，于是有些耶稣会传教士想出一个办法，他们不和葡萄牙人来往，也不和在低卡斯特的人之间工作的传教士来往，并遵守印度习俗。这样做的目的是使高卡斯特的人改奉天主教，耶稣会士们认为，他们信了其他人就会跟进。德诺比利（De Nobili）出身意大利贵族家庭，17 世纪上半在马杜赖（Madura）很活跃地做传教工作。他用上述办法取得极关心精神生活的印度人的敬意，甚至成功地使若干人受洗。天主教的机构控告他宽容迷信，背叛真正的信仰。德诺比利的回答是，卡斯特只是西方所熟悉的等级和身份之区别的一种极端形式而已，因此基本上它是社会性而非宗教性的。就他自己而言，他完全没有必要用比耶稣的使徒更为严厉的态度来对待异教徒的习惯，他的任务是引导灵魂认识福音，而不是改造习俗。教皇格里高利十五世在 1624 年的一道训谕中对他表示支持。然而，如众所知，耶稣会的大胆政策，包括在中国和在印度实施者，后来遭受教廷的谴责（此即恶名昭彰的"仪礼之争"［The Quarrel of Rites]）[1]。

到 19 世纪末，梵文学者缪勒（Max Müller）出于相同的目的提出相同的问题，不过其历史脉络已经不同。如果说卡斯特的本质是宗教性的，那么，印度的英国政府尊重这个制度即是正确的，因为在原则上，英国政府绝不干涉和公共秩序无直接相关的事物。但如果卡斯特的本质并非宗教性，那么只要不违背公正和审慎的前提，就不妨放手采取些比较大胆的政策。和印度教徒通常想象的相反，吠陀经典实际上并没有任何有关卡斯特的记载，而吠陀经典对印度教徒而言，就是神启的全部内容。因此政府的传教士对卡斯特大可为所欲为 [2]。缪勒像德诺比利一样，认为卡斯特的起源很复杂，主要是每个社会里面都会出现的几项区分，如人的出生地位、社会情况、教育程度等，在印度合成了一种特殊的形式罢了。它和欧洲的差别在于印度把宗教性的说辞加在此一制度上面，加在社会规则上，以便婆罗门可以享有更多特权。像杜波瓦一样，缪勒认为这个制度对其情境适应得很好，而且"如果一下子就将之摧毁，［很可

---

[1]　细节与引文来源见 104.1 那一节。

[2]　缪勒，*Chips from d German Workshop*, 1867, II, pp.297-356，特别是 pp. 301ff. 308, 318, 346-350。穆多克（John Murdoch）在 *Caste, its Supposed Origin*（1887）中提到一个传教士的看法，这种看法在当时可能相当普遍。他采用缪勒的论点，把其中对卡斯特的攻击追一步发挥，要求政府在做人口普查以及辨明个人身份时，完全忽视卡斯特。较早以前，厄文（B. A. Irving）在其极为深刻的著作（*The Theory and Practice of Caste*, 1853）中，采取德诺比利（de Nobili）和一个名叫史华兹（Schwartz）的新教传教士的观点，认为卡斯特基本上是社会性的，基督教的影响会使之改变，等级的差别是自然而且必要的（pp.4, 119ff.）。同时参见 *Essays on Caste*, 1851，由数位传教士所写。

能］造成的罪恶要比好处还多"。

我们要考察的第三块里程碑是：当前的印度教徒常对西方人宣称卡斯特是社会性的，而不是宗教性的问题。此处的动机显然不同，这主要是想从某一西方的观点替该制度找到些合理化的理由，而此西方的观点通常是受过教育的印度教徒所接受的。

在 20 世纪，缪勒和德诺比利的观念几乎一成不变地重现于社会学家韦伯的著作里面。韦伯认为卡斯特是一种特殊的身份团体（status group，德文 *Stand*）或封建等级（estate），如法国王权时代的三个等级。另外还有一个类似的观念，虽然更含混却流传很广，那就是把卡斯特看作现代意义的社会阶级（class）的一个特例。美国人类学家克鲁伯（Kroeber）即持此观点，他认为卡斯特是一个有自我意识而且自我封闭的阶级。此处有两点值得注意：由于社会阶级时常是以经济特征加以界定，一个经济群体和一个身份团体在这里被混淆了；意识被化约成只不过是表象（epiphenomenon），这个看法使卡斯特的宗教理由可以轻而易举地被抹杀掉，就像缪勒所做过的那样简单。这就是"社会阶层"的理论，它把任何带着不平等的各项社会差异全都用这种理论来解释，在此意义上可说是我群中心主义的[1]。

卡斯特社会和现代社会还有另外一个接触点，它使这两类社会还是可以建立起一项延续。此即分工，或者说职业分化，这一点西方人比较容易了解，因为他可以将之视为局部和宗教无关。甚至到今天，还有不少现代外行人觉得大可把卡斯特视为行会（guild）的一种特殊发展。在这方面，最晚近的而有系统的理论由内斯菲尔德（Nesfield）提出（1885），这种理论对阶序提出解释，也是该书的优点。根据他的看法，

---

[1]　韦伯，*Wirtschaft und Gesellschaft*，II，pp. 635-637；克鲁伯，"caste" in the *Encyclopaedia of Social Science*。这些理论的进一步细节，也参见附录。

阶序格局的高低次序正好和各种专门行业出现时代的早晚成反比，越老的专业地位越低。不幸的是，这项假设与素材根本不合。比方说，教士是最晚出现的吗？不是，但他们后来却建立起霸权。内斯菲尔德虽然极愿意把卡斯特看作完全俗世性的事实，但在提出解释时还是用仪式功能以为奥援。比方说，渔人比猎人高级的原因是更高级的卡斯特需要有人为他们担水，担水工作差不多完全是渔人在做。此外，这一类理论最大的困难在于如何解释内婚制。一个行会如何会禁止与行会以外的人通婚呢？根据内斯菲尔德的说法，内婚制是婆罗门教士为了他们自己的利益而引进的。婆罗门本来只是一个专业群体，他们首先把自己变成一个卡斯特，然后其他专业群体群起模仿，因而成为普遍的情形。宗教终于还是被引进来了，结果很接近主意论："所有的卡斯特都相信双重的地位测量尺度，一个是职业的，另一个是婆罗门教的。"这样一个折中解决办法，以及对模仿的强调，使人怀疑这是不是内斯菲尔德和他的当地助手安比卡·普拉萨德（Ambika Prasad）合作之下的结果 [1]。

值得注意的是，每次把卡斯特当作西方社会也有的特征的极端特例之时，卡斯特体系的宗教面都被视为次要的。这是势所必然，因为如果对

---

[1] 内斯菲尔德，*Brief View of the Caste System of the North-Western Provinces and Oudh*，1885。有关内婚制的传入，见上书 pp.89、99、116。也参考布格列在 *Essais sur le régime des castes*，pp.39-51 中的讨论。内斯菲尔德的理论，像缪勒前举的一样，都是双重性的（dualistic）。同样的观点也见于伊别生（Ibbetson）1883 年人口普查报告的旁遮普邦部分，第 334 节，位于 caste 条目下。它表示，职业是整个制度的根本基础，教士占宰制地位是整个制度的决定因素："由于一种特殊职业占支配地位，使得职业的区分变得异乎寻常的重要。"（第 335 节）除了以出生来取代祭司功能从而成为婆罗门成员的标准这种方式以外，伊别生还注意到双重的区分方式、政治的区分方式（也就是宰制者与受支配者的区别，在这方面，伊别生可以说是近年来有关此问题之看法的先驱，参见本书第七章）以及"人为的"区分方式（像洁净等标准）。还有罗伊（Sarat Chandra Roy）在 *Caste, Race and Religion in India* 以及查托帕迪亚雅（K. P. Chattopadhyay）在 *Histoy of Indian Social Organization* 中的讨论。在最近出版的著作中，仍可读到这样的观点："社会发展的某一特定阶段的物质需要导致这种制度的产生，而其稳定化则依靠当时存在于该社会中的意识型态为其基础。"（Romkrishna Mukherjee，*The Dynamics of a Rural Society*，1957，p. 75.）

它的宗教面了解比较完整的话，两者间的不延续性就会出现。一旦不延续性出现，人们便不得不以人为论来解释（内斯菲尔德即是一例）。

接着可谈一个不久前出现，但性质完全不同的理论，其最好的提倡者是赫顿（Hutton）。这个新理论不再把卡斯特和西方制度加以比较，而是把它和所谓原始民族或简单社会做比较，卡斯特的宗教面因此得到更好的体认。在另一方面，像以前的作者那样，赫顿采用的是分子化的手段：他从体系中抽离出一长串因素，大多是简单社会已知或假定为存在的特征，然后把该体系看作由于这些特征多少带意外性的辏合所造成的。以前的理论是把它看作一种制度的**特例**，现在这理论却把它看作很多不同的特征的**结合**，结合的发生看来是历史的意外，此一理论在这一方面和下文要讨论的理论类似 [1]。

15. "历史"的解释

在这一节里面所讨论的解释多少都涉及过去的事件，有证据支持的，也有只是想当然尔的事件，但这些解释彼此很不一样。这些解释可分为三类：印欧人或达罗毗荼人（Dravidians）理论，种族理论，最后还有传播理论。19世纪的时候，对印度的学术兴趣首先以其印欧文化层面和印度古代史为主，也就是一群说印欧语言的人进入印度前后的那段历史，而这群讲印欧语的人可从他们的宗教经典吠陀经和相关的典籍里加以认识。因此，很自然地会有一个印欧民族的卡斯特理论，塞纳（Senart）在1896年提出了这样的理论。这个日期相当晚，特别是当时此一领域的主要研究兴趣已转移到较近代的历史，而且印度也已不再被认为是纯由印

---

[1] J. H. Hutton, *Caste in India*, pp. 164-165.

欧民族所组成的了。但是在另一方面，塞纳的研究方法是属于20世纪的，他先从精确的描述当代的情况着手，再往过去回溯，而且他所引发的讨论一直到现代仍在进行着。塞纳对于如何解释卡斯特的排外性特别有兴趣，他认为卡斯特的原型是和罗马的姓族（gens）相当的，是古印欧民族的亲属群[1]。

但近年来流行最广的卡斯特理论应属种族理论，其中的理由很多。在意识形态层面上，有一种倾向把整个后吠陀时代的印度文化，都看作印欧入侵者的文化和土著民族文化混合的结果。种族理论把卡斯特制度视为两个族群碰面的结果：入侵者想借创立封闭群体来维持其血统之纯净———注意此处又是主意论——或借别的比较微妙但同等有效的手段以达到相同的目的。这项解释对现代心态而言几乎是浅易明白的，因为现代心态认为种族的观念正好与卡斯特的观念相当，不论在实际上两者之间存在着多大的差异[2]。其结果是利用模拟论证法，把卡斯特比拟为被认为与之类似的现代制度（美国黑人与白人，或南非的黑人与白人）。在这里，我们发现，卡斯特看起来和现代现象又具有延续性了。这个理论，可以应用体质人类学的资料和研究佐证其说，其中最有系统的主张者当属里斯利（Risley），他宣称发现卡斯特的地位顺序与其成员的鼻型指数（nasal index）相当。此一理论引起不少讨论，不少人提出修正意见，讨论与修正一直持续到目前。我们只要指出一点，不论卡斯特的原始如何，既然每个卡斯特大致上是个完全孤立的人口单位，那么其成员

---

[1]　Emile Senart, *Les Castes dans l'Inde: Les faits etlesystème*, 1894; 前引布格列书中有讨论。有关卡斯特是起源于雅利安人入侵以前的土著或达罗毗荼人的理论，参见 Hutton, *Caste in India*, p.152 以下的讨论。

[2]　参见附录三。

的平均体质特征和其他卡斯特有所不同，这乃是最自然不过的事情[1]。

这里我们顺便提一下第三类的解释，它来自曾在人类学中风行一时的一种文化史理论，此即传播理论。这种解释也就是把一种现象的历史依其地理分布的情形追溯到一个单一的起源。在别的方面对于增加我们对卡斯特的了解很有帮助的侯卡特（Hocart），有时候似乎假定了一个类似传播论的卡斯特理论，因为他不时很大胆地把卡斯特与其他文明的制度加以比较[2]。

16. 混合式的解释

在前文，我们曾顺笔提到不少各种解释的混合。除此以外还有很多此类混合式的解释。例如缪勒觉得，起先有两个不同的种族；然后，教士与贵族彼此区分开来，同时也和平民区分开来。这就是古典时代的四个等级（瓦尔那，参照第三章）。最后，平民再依其职业区分[3]。把各种解释混合起来的尝试必然会出现，几乎是自动的，因为每种解释最多只是解释了整个体系的一面：有的解释其世袭特征及不同群体之间清晰无比的界限；有的只解释分工，或解释阶序格局，或解释其宗教面，不过最后一项解释较为少见。简而言之，这些理论都试图由部分推演出整体。还有，我们所提到过的所有理论，除了赫顿的和人为论之外，全都从我

---

[1]　有关这方面著作的目录，见 Georges Olivier, *L'anthropologie des Tamouls du sud de l'Inde*, 1961。赖斯里的理论首见于 *The Tribes and Castes of Bengal: Ethnographical Glossary*, 1891, p.xxxiv，后来又出现于 *The People of India*, p.273。参考 Hutton, *Caste in India*, pp.118-119 和 Olivier 前引著作，p.30。大致上采取这种理论，并或多或少加以修正的作者包括：Ghurye（*Caste and Race in India*, 1931, 第 5章及 p.143）、D. N. Majumdar（*Races and Cultures of India*, pp. 280-284, 291ff-306）。

[2]　Hocart, *Caste, A Comparative Study*, London, 1950, 书中随处可见。

[3]　Max Müller, *Chips from a Cerman Workshop*, 1867, p.320 以下。

们自己的文明开始讨论起，想借直截了当的方式把握住卡斯特的概念。除了我们自己的文明以外，当然没有其他的出发点，即使是借着所谓原始社会为媒介，也只是变换一下转型的步骤而已。然而，卡斯特社会与现代社会的截然区别，对现代人而言令人惊讶的区别，只能透过一个比较费力也比较新颖的方法才能了解。

17. 1900—1945 年之间

当前述的各种解释在发展的时候，20 世纪前半叶在比较、了解与分析以及对宗教地位的正确认识等方面取得不少进步。古里耶（Ghurye）、赫顿、侯卡特三个人在不同程度上都对卡斯特社会有亲身经验，他们都做比较研究[1]。侯卡特的目标是忠实于土著观点，并且据以建构其内在逻辑。他有时容许自己大胆想象一番，但该想象的依据是比以前改进很多的描述，其中宗教的地位受到全面的肯定[2]。在 20 世纪初，布格列以既有文献为基础分析卡斯特体系，对比那些他所论的局部性理论，他坚持说有三种特征存在（阶序、隔离、互依）。他也曾受引诱，想把每项特征与个别不同的原因联结起来，但最后他把三者全部一起放在洁净与不洁的对比上，而这也是我们的出发点。最后，对一般社会学甚有贡献

---

[1] Ghurye，*Caste and Race in India* 等著作；Hutton，*Caste in India*; Hocart. *Caste*。

[2] 在短短篇幅中要真正顾及侯卡特理论的全貌相当困难。他对此一制度的起源极为关切，还稍带传播论的倾向。不过，侯卡特在著作中一直维持着一种印欧文化内部比较的狭窄架构，为了进行这种比较研究，他便尽量忽略这种制度中的某些特质（内婚制）。不过，即便如此，我们该感激他的贡献之部分，还是远超过该责备他的部分。侯卡特最大的贡献是辨明两个基本要点：我们必须优先考虑宗教，才能忠实于印度人本身的观点；只有经由比较研究，我们才能掌握制度的本质。以上两点必须特别加以强调，因为他这些洞见并不经常充分明白地表现于他的著作里面。参见 *Contribtions to Indian Sociology* 中的评介论文。我们将再讨论侯卡特，见第 32 节，还有第四章及第七章。

（经济阶级与身份团体的区分，分工的本质，等等）的韦伯，在他的比较宗教的巨幅壁画上面，成功完成了西方世界与印度世界之间最为丰富，也最为明晰细腻的比较。正因为韦伯那本杰出著作纯粹靠第二手数据，所以它实为感受力（empathy）与社会学想象力下的奇迹，何况其主要论点还是从欧洲发展经验中得来 [1]。

卡斯特的各项特征里面，这些作者倾向于强调隔离这一项（侯卡特是例外，他过分忽略此一项）。以布格列为例，他假设"恶心"（repulsion）自动使得不同卡斯特的人彼此隔离 [2]。不论如何，即使是有意把卡斯特视为一个整体的部分，这些作者还是没有能完全克服把每个卡斯特当作一个小型自足社会的倾向，这种倾向在下一个时期中将会再出现。

18. 1945 年以后

从战后开始的当代最大的特色在于田野调查研究占优势，由职业人类学家对特定的群体进行观察。这是一个丰富而又多样的时期，虽然到目前为止仍未产生足以和布格列或韦伯媲美的研究成果。这些研究的范围不一，重要性也有颇大差异。它们很少以卡斯特体系本身为其研究题目，常只是研究其中的一面或与其有关的某一个社会面。就整体而言，社会学的探讨和描述取代了关于起源的空想。在这么多作品与倾向的歧异性之外与之上，还是可以就几点指出一些共识。研究者很快了解"村落"这个范畴不应该被过分强调，以前那个自足的"村落共同体"概念

---

[1] Max Weber, *The Religion of India: The Sociotogy of Hinduism and Buddhism*, Hans H. Gerth 和 Don Martindale 英译，Glencoe, 1958；关于阶级与卡斯特，见附录一；关于分工，见 p.187 注释 [1]。

[2] Bouglé, p.25 以下，等等。

受批评。特别被强调的一件事实是，每一个实际存在的卡斯特体系，都非常有可能与过去的某个小政治单位或"小王国"的疆域相当。我们将在第七章中看到，这个观念并不是以前没有人知道；不过，在本时期内，它显现了全新的重要意义。西尼瓦士教授提出的两个概念被广为应用，其中之一是"宰制卡斯特"（dominant caste），指因拥有土地而在村落里居支配地位的卡斯特；另外一个是"梵化"（Sanskritization），主要是指低阶者倾向于模仿婆罗门以期改进其身份。

此一时期的研究喜欢以现代现象、"社会变迁"和政治事实为课题。经过这一段过分强调变迁的长时期之后，我觉得有必要就这方面的研究把印度和西方做个较精确的比较（第十一章）。在此时期内，古代文献常被忽略，甚至有人抗议反对以前的作者总是喜欢引用古老的梵文典籍[1]。使用古梵文典籍的确需要有分寸，但目前有一倾向是过分夸大只靠直接观察所能取得的贡献，也过分夸大直接观察所得与古代文献内容所言之间的距离。

最后，虽然在细节描述的各方面都有进步，但还是存在不少障碍。比方说，就阶序而言（第三章），先不论及专刊，斯蒂文森（Stevenson）比布兰特（Blunt）进步，马里奥特又比斯蒂文森进步[2]，但即使如此，对阶序本身而言却仍然还是缺乏了解如故。此一时期非常流行"社会阶层"理论，这点前面已提及。就强调等级的不同而言，此一理论的确代表一种进步。不过，它却阻挡住任何对阶序的了解（参照附录一），同时又倾向于忽视或排除卡斯特的其他方面（分工等）。正如以前常把卡斯特

---

[1]　参见 M. N. Srinivas, "Varna and Caste," *Caste in Modern India*, pp. 63-69, 以及 *Caste, A Trend Report*, pp.137-138。

[2]　E. A. H. Blunt, *Caste System,* 1931（这本著作对区域的描述极为仔细，但有关原则部分却完全忽略了阶序）；H. N. C. Stevenson, "Status Evaluation in the Hindu Caste System," 1954; McKim Marriott, "Interactional and Attributional Theories of Caste Ranking," 1959。

的宗教层面化约成为表象那样，在此时期内最少有一位人类学家企图把阶序化约为权力关系（高夫，K. Gough）[1]。对村落分工的研究也显出无以从真确的角度中去了解阶序。怀泽（Wiser）是村落内分工研究的先驱，早在1931年即详细记载了北印度一个村落里面的分工情形，但他坚持把他所看到的分工看作接近于平等的"互报关系"（reciprocity），这项看法和他自己所描述的证据互相对立。不久以前，贝德曼（Beidelman）在一篇纯以二手资料为根据的论文中，就前述这一点正确地批评了怀泽的结论，可是贝德曼本人混淆了自己看出的不平等和"剥削"。他们两个人都没有能看到，卡斯特体系保证每个成员得到**与其身份相称**的民生需要（第四章）。

最后，拒绝采取全面观点，在一个结构性宇宙中坚持把一卡斯特视为"真实群体"，视为一种实体或一个个体，这些都继续出现于某些作者的著作里面。我们将简短地看看赫顿怎么完整地把这个问题提出来。最近，斯蒂文森在《大不列颠百科全书》里的一篇条目中，提出一项微妙地解决赫顿的问题之办法：把"卡斯特"看作某些社群的一种可说是无法界定的特质，也就是借此把它摆在次要地位[2]。卡维（Mrs. Karve）更简单地说，在特定时间进入其体系的社群才是真正的社群，可由其成员的习惯和体质特征辨认出来。由于这样的社群单位属于次卡斯特（sub-caste）的层面，而卡斯特本身虽然在印度社会中有名称可辨识，在这里却被化约成所谓的一个丛集（cluster），也就是几个"卡斯特"合成的丛集

---

[1] E. K. Gough, "Criteria of Caste Ranking in South India," 1959. 在 Marriott 的 *Caste Ranking* 中，把实际存在的决定因素当作发展出阶序原则的因素来研究（参见本书36节以及第三章的讨论）。

[2] Stevenson, "caste" 收在1961年版的 *Encyclopaedia Britannica*, IV, pp.973-982(同时参见 "Status Evaluation" 一文）。对他而言，卡斯特并不是一个真实社群，因此，其特征是由社会学家经过分析而区辨出来的某种社群的组织安排，社会学家经过分析之后视之为真正存在的社群：内婚社群、共食社群，等等。这种方法的结果导致一种非常繁复的描述方式，把重点放在观察研究者自定义的范畴里面，而不是放在土著自有的范畴中，这样做永远没有做综合的希望。

（如果用平常名称的话，就是几个次卡斯特合成的丛集）[1]。体系本身被视为不过是一个"积木"式的集合，其间的排列完全被忽略。不过，这是一个极端而且例外的个案；就整体而言，这个时期比较有代表性的特征是直接观察并没有中断那些西方式的、分子论的、物质论的或行为主义的观点，而那些观点导致不少混淆，卡斯特与种族主义的混淆即是一例。在这方面应该可以看到一些进步，因为这段集中深入研究的阶段从开始到现在并不算很久，还没有产生全面性的成果。

就整体而言，可以看到第一时期那无法避免的我群中心主义，在第二时期仍可感觉到其影响，而且到第三时期还没有完全消失。我们已见到其主要表现如下：把宗教的化约为非宗教的；把部分的当作整体的倾向，有时是把一卡斯特本身当作卡斯特体系，有时是只注意到某一面向（隔离或阶序）而非顾及所有层面；最后，特别是在目前，低估阶序或将之化约，没有加以考虑或没有能力加以了解。正如以上把我们的观念与印度人的观念加以对照所示，也正如下文将进一步澄清的，这一点正是绊脚石所在，正是了解卡斯特体系的主要障碍之所在[2]。

---

[1]　I. Karvé, *Hindu Society. An Interpretation*，1961（参见第 26.1 节）。

[2]　如果能弄清楚研究者自己的背景是否和无法注意到阶序有关，将是一件有趣的事。印度人不太容易忽略它，最少比和美国人更不易忽略它。在最近讨论这个问题的学者中，许琅光（Francis L. Hsu）可能是对阶序最为注意的一个，他把印度的情况与中国及美国的情况加以比较（*Clan. Caste and Club*，1963，p.180 以下）。

第二章
从体系到结构：洁净与不洁

　　由前面的讨论，我们已看到研究者很可能是把自己的偏见投射到了研究现象上去。因此，我们需要一套研究方法，以研究者与被研究者之间的关系为其基础。在一定的意义上，这就涉及社会人类学方法上的一般问题。本章前面三节的初步讨论，只局限于与本书主题最有关的部分，接下来要讨论卡斯特体系在意识形态上的原则，也就是洁净与不洁之间的对立。

21.　要素与体系

　　印度到底有多少个卡斯特？有没有办法把其中一些主要的卡斯特列举出来？能不能把卡斯特计算清楚？读者一定会问这一类的问题。我们并不想在此去试着解答这些疑问，因为这些问题大体上是没有任何意义的，这一点在不久以后将会很明显。让我们简单说明一下其中的理由。每一个实际存在的卡斯特体系大致上都局限于一个特定的地理区域。方便起见，让我们把印度想象成由数目众多的小地理区域单位组合而成，每一个小地理区域都各有其卡斯特体系，不同的卡斯特体系之间没有互婚的可能性。那么，如果要知道印度到底一共有多少卡斯特，是不是只要把每一个卡斯特体系中的卡斯特的数目（假定这个数字是恒定的）和地理区域的数目相乘就行了呢？或者是否应该把不同地理区域里面相类似的卡斯特，比方说把各个卡斯特体系中位置都是最高的婆罗门算作同一个卡斯特呢？如果这样做，等于忽略了婆罗门这个范畴（婆罗门事实上是一个范畴，是一个瓦尔那或种姓，varna，而不是一个卡斯特）本身内部的巨大差异。地位最低的贱民（不可接触者，the untouchables）这个范畴的情形也是一样的：甚至在同一个地理区域内就存在好几个贱民的卡斯特。此外，理发师也是各地都有，但他们内部也细分成好几级，而且他们在阶序体系中的身份在南方和在北方的情况又不尽相同。

实际上，如果想把各个卡斯特列举出来，就不得不从整个卡斯特体系外部着手：在一个特定的语言区域范围里面，存在着数目相当大但可以列举清楚的卡斯特的名称。把这些名称加出来并不困难，但这样做的话也就忽略掉了整个卡斯特现象的一个重要层面：因为从卡斯特体系内部加以观察的时候，每一个与某一个卡斯特名称相对应的范畴都最少再细分一次，较常见的是细分很多次；而像通婚这类事情，只发生于这些再细分的小范畴里面。事实上，这些细分是无止无尽的：远远看起来显然是同类的一群人，就近仔细看之后，会发现又细分成好多个小单位。不过，从外部去把某个区域的所有卡斯特名称列举出来也并非全无意义，因为就生活在卡斯特体系里面的人而言，不同的卡斯特之间的关系大致上也就是如此（参见 p.94 注释［1］）。稍后将举出一些村落人口中卡斯特组成情形的实例。

卡斯特从外面看起来是一体的，而其内部则是分化的。一般来说，任何特定的卡斯特都是一个复杂的群体，是由多层次不同的群体一级级的包容构成，而各种不同的功能（职业、内婚制等）和不同的层次结合在一起。归结起来，卡斯特并不仅仅是普通的意义中的"群体"，卡斯特更是一种**心态**，这种心态借着在不同的情境中出现层次不一的各种群体（皆称"卡斯特"）表现出来。因此，要了解卡斯特体系的整体，便不能从"要素"这样的概念着手，不能想借着各个构成要素的总数及其个别性质来了解整体，而应该从"体系"这个概念着手，即承认有若干不变的原则主导着由各个变动不居的"要素"所构成的外观。这一点在**卡斯特**研究方面很重要，在赫顿最近出版的研究卡斯特的著作中即可看得出来。把各个不同作者所提出来的卡斯特的定义与描述陈述一番以后，赫顿的结论如下：

> 事实是，卡斯特固然是一种类似有机体的社会体系中的一个社会单位，而在全印度境内，这种社会单位可以很容易地被辨认出来；不过，此社会单位的性质甚具弹性，要给它一个确定的定义是很困难的……[1]

赫顿的表达方式颇为笨拙。不过，他所承认的困难本身就包含着解决此难题的方法：既然这种体系的要素很难界定，我们不妨尝试去界定整个体系本身，这个体系似乎是恒定不变的，而且"类似有机体"（quasi-organic）。但是赫顿虽然注意到原子论的构想之缺点，却并没有设法找别的想法加以取代。很特殊的是，在讨论这一点时，他根本没有提到布格列的著作，而此作比赫顿的更早出现，正是以体系而非其要素为出发点。还有，在1931年印度人口普查报告（赫顿当时是全印人口普查委员会委员）的一本地区分册中，一位未署名的作者曾明白地写着："现代科学断言，除非把一项要素作为部分对于整体所扮演的功能考虑在内，否则便无法了解或评估在一个结构中的任何要素……我们的首要任务，因此，是要把整个体系作为一整体加以普查。"[2]

---

[1] Hutton, *Caste in India, Its Nature, Function, and, Origins*, Cambridge, 1946, pp. 44-45.

[2] "Some Thoughts on the Caste System," *Census of India*, 1931, X VIII, United Provinces, Part I, Report, p.541, §2.

所谓卡斯特的"体系"到底应该怎么了解呢？"体系"这个词有两个意思，一是经验性的，一是意识形态的。在一个范围确定的地理区域里发现的各个卡斯特的集合可以说是一个地理范围内的卡斯特体系。以下我们将看到有不少证据支持我们把过去的卡斯特体系看作上游具体的整体，在空间上并列分布，而每一体系正好和一个小规模的政治单位吻合。因此用此方式去考虑此问题也就相当有用。然而从理论观点而言，这种看法还是不够的，而且也不是基本的，因为那些具体的整体，即个别的卡斯特体系，经过分别考察之后，我们会发现它们彼此很近似，而且都是根据共同的原则构成的。在这种意义上，可以说卡斯特体系是一种泛印度的制度。在此一层次上，**卡斯特体系**首先是一个观念与价值的体系，一个形式的、可理解的、理性的体系，一个知性意义上的体系。卡斯特体系的这种特质使过去不少作者，杜波瓦修士即是其中之一，把卡斯特视为以前的立法者所刻意创造出来的[1]。我们的首要工作是掌握此一知性体系，此一意识形态。

---

[1]　有关此体系的经验性意义，也就是这种制度在特定有限的地理范围内实际情况的意义，可参见 David G. Mandelbaum, "Concepts and Methods in the Study of Caste" 一文，登在 *Economic Weekly*, 1959, p. 145。实际情况中的繁复多样性，明显表现于不同的大区域之间。要对这一层次的各卡斯特的组合有些概念，可参考 Hutton 的 *Caste* 第一部分中的三篇有关区域人口的简短描述。

此处区辨开来的"体系"的两种意义，在贝利（F. G. Bailey）著作中的一句话里同时出现："这两种事实都是卡斯特体系（包含印度全体的意义）的不同面向，而每个地区（也就是每一邦，或每个传统的地理区域）本身都构成一个卡斯特体系（经验性意义的体系）。"（"Closed Social Stratification in India," *European Journal of Sociology*, Ⅳ, No.1, 1963, p.108）然而他本人却在另外一篇论文中强烈反对把整个印度视为一个社会学上的统一单位。（"For a Sociology of India?" *Contributions*, Ⅲ, pp.88, 101）当然，在这第二篇文章中所提到的体系，只是指和实际上存在的各体系大致相似的一个模式，而且他有意在界定体系时把意识形态排除在外（p.116）。但这是一种很奇怪的做法，特别是如果我们考虑到，事实上印度人自己很强烈地感到，在他们的种种地域差别之外与之上，使印度人有统一整体感的正是他们的意识形态。杰出的印度社会学家西尼瓦士经常强调这一点，譬如在研究库尔格人（the Coorgs）的专刊及其他著作中，他都如此强调。贝利采取这样的观点，原因是他认为意识形态属于"文化层面"，而社会学只研究"结构"，也就是社会型态学。这种把未定问题暂作定论（petitio principii）的心态相当普遍。这种研究态度的目的是想掌握社会的本质，却把观念与价值视为不相干，自然是不可取的。

然而，巴斯（Barth）也表示了类似的观点，他写道，"如果想使卡斯特这个概念成为对社（转下页）

不过这种研究办法有个缺点，那就是把主题延伸得太广远了。如果我们对经验研究法感到满意，那么卡斯特体系就可以很方便地限于那些被叫作卡斯特的群体，以及与之对应的个人性或群体性的关系，包括在一个卡斯特内部的，和在不同的卡斯特之成员间的关系。而且卡斯特及其对应的关系也可以做广义的或狭义的两种解释：已有一段时间，研究者偏于忽略不同卡斯特之间的职业分殊和互相依赖的村落网络，其名称叫作"贾吉曼尼（jajmāni）体系"，不把它看作卡斯特体系的一面，而当成一种不同的现象。赫顿即是一例，他非常倾向于原子论的观点，提都没提到贾吉曼尼体系[1]。

反过来的情形是，我们越是强调其意识形态层面，就越不容易在卡斯特社会里区划出一个完整体现该体系的特殊领域。比方说，阶序这个非常重要的观念，并不只局限于卡斯特体系之内，还穿透亲属关系的领域：可以相当合理地假定，在印度法律的演进过程中，父子关系是模仿一种互相依赖的关系，也就是卡斯特体系里高阶者与低阶者之间的关

（接上页）会学分析有用的工具，其定义必须以结构原则为准绳，而不能以印度教哲学中的特殊性质为定义的准绳"，这就使得里奇（Leach）猜想"把卡斯特视为文化现象或结构现象皆非上策"。里奇的结论在强调结构性方面和巴斯一致，然而和巴斯不同的是，他认为印度的体系在结构上是自成一类的（*sui generis*）。里奇在他自己的著作中提及这两者的区别时似乎也时有变异。我们不打算采用这种区别，不过可以同意卡斯特体系的确在"结构"上和其他体系不一样，同时强调这体系在"文化"上也不一样，并且是事出有因的。在第104节中，将可看到巴斯所描述的史瓦特人（the Swat）之体系，正好和其作者所说的相反，而和里奇的看法相合，也就是在文化上受到卡斯特体系的影响，但在结构上和卡斯特体系不同（E. R. Leach 编的 *Aspects of Caste*, pp. 2-5 等）。如果从方法论的观点来答复里奇的问题，那么可以说所谓的"结构"研究法，也就是把卡斯特看作一种社会阶层的理论，其缺点正好是贝利（*European Journal of Sociology*, p. 116）归诸用宗教概念来界定卡斯特所具有的缺点：这种理论假定我们对卡斯特的认知已经完备，以致不需要再进行基础性的探讨。事实正好相反，如果想要在认知了解层面有所进步，想要在比较研究层面有所开展，那就必须把意识形态考虑在内。我希望本书探讨的结果能表明这种研究方法。

[1]　在类似下列著作中，对贾吉曼尼（不论是否采用这个称呼）的忽视或低估相当令人惊讶：Stevenson, "Status Evaluation," 1954; Srinivas, Coorgs,1952; Bailey, *Caste and the Economic Frontier*, 1957。

系 [1]。不过为了讨论方便，我们不得不加以割舍。像此类的事实，其范围远超出与卡斯特直接有关的观念体系，我们将在第九章再进一步讨论。

22. 意识形态的位置

我们说过首先要讨论观念与价值的体系。我们也提到过如地域或地区的因素，本身虽然在意识形态中不占任何位置，但会在卡斯特体系的具体呈现这层次产生影响。因此有必要考察这项双重性（duality）。首先，我们注意到，两个不同的面向被认知的方式不同，因此两者的差别表现了我们与对象间之关系的不同。一方面是当地人原有的理论提供我们此一观念的名称：我们所说的"卡斯特"，大抵是一个当地观念的翻译（称为 jāt, jāti，源自印欧语，可能到处都有此观念 [2]）；万一我们使用"社会阶层"的概念，那我们立刻就引进三项没有什么道理可言的判断：（1）卡斯特和社会阶级（class）是性质一样的现象；（2）阶序无法被理解；（3）在印度，社群之间的隔离和互依屈从于此类隐晦可耻的阶序格局下 [3]。另一方面，我们有可能从事实中发现当地人自身的意识中所缺少的一层面，而此发现得归功于进行比较研究，而其中最重要的是把它和我们（西方）自己的社会做隐约而又无可避免的比较。这些应该都显而易见。

---

[1] 有关亲属制度中的阶序，参见本书 53 节。在历史过程使 *patria potestas* 减弱以后，现代法律规范特别强调印度教徒的大家庭中父亲与儿子的互依关系（参考 "The notion of *sapinda* in ancient India"）。

[2] 编注：jāti 在印度本地指内婚或职业集团，在西方学术语境中涵义已变为次级种姓。

[3] 在本书接下来的讨论中，我们将发现里奇的的评语多么正确。把重点放在社会阶层也就忽略并掩盖了那些与阶序格局无关的面向，还彻底回避了整个现象的性质到底如何这个问题："这种强调卡斯特即'身份团体'的倾向，对于印度这种社会现象的基本社会学性质到底如何这个问题也就先有了成见。"（*Aspect of Caste*, p.1）

因此我们得分两阶段进行：首先向印度人学习，现存的和已逝的都包括在内，以便能从他们的眼光看事情。他们的看法非常系统，把那看法背后的原则抽离出来并非不可能。事实上，他们大体上已把这件工作完成了。差不多在公元前8世纪就已建立起权力与阶序性身份的绝对区别，这是现代研究者没有办法以自己的办法说明清楚的一点，而这点非常重要。不过，在某些方面，我们将自由地把本土或原生的卡斯特理论加以系统化、完整化。这样做的时候，我们一方面把经验性的材料加以利用，作为补充，另一方面假定人在社会中的行为方式是理性而前后一致的，特别是在这么重要的事情上面，而且假定重建他们的思想之简要原则并非不可能。我们做这些修正自然是冒着一定的危险，最基本的根基永远是人们自己怎么想和怎么信。以上所说当然并无任何新奇之处：这是民族学家或社会人类学家经常试图做的事情。然而我们的行程要更为复杂而且费时更久，虽然同时也更为确定，理由是我们的对象是一个伟大而古老的文明，而一直到最近才出现一些早产的社会学概括推论，给此一遥远的行程提供些看似有理的捷径。

然而，意识形态并不是一切。实际观察任何具体的区域整体即会发现，它的确是受意识形态左右，但也超出该意识形态之外。这里就造成了此类研究的一项基本问题。目前解决的办法有好几种：牺牲意识形态，只注意经验性的一面；反过来做；把两者绝对对立起来[1]。我们会举一

---

[1]　一个对这种现象没有第一手经验的学者宣称在几页篇幅之内首次提出这个问题。E. H. Pohlman, "Evidence of disparity between the Hindu practice of caste and the ideal type," *American Sociological Review*, 116（1951），pp.375-379. David Pocock 和我合写的文章被贝利指控为把所有社会现象都化约成了意识形态（*Contributons*, III, p.88 以下；我们的答复刊在同刊 IV, p.82 以下）。在前引的一篇论文中（*European Journal Sociology*, IV, No. 1），贝利的说法不那么粗糙，不过他的作风实在不是鼓励讨论的办法。我们在 *Contributions*, II 上登有一篇专门讨论布格列的文章，他以不同方式使用了两次。在 pp.109-110，他事实上运用了一种初步的方法，把布格列所下的一个定义视为己有："我已大致把和卡斯特有关的行为分别归入隔离、互依和阶序三个范畴里面。"他既没指出这个定义的来源，又根本不提布格列的名字。接着在 pp.114-116，他又硬指我们"用宗教来定义卡斯特"。为了达到这个目的，（转下页）

些例子来说明。先稍微提一下一个普遍性的事实：如果意识形态只是反映资料且加以完整的反映，观念与价值体系就不能指引行动，意识形态也就不是意识形态了（第7节）。在目前的例子里，我们发现每个具体的整体都可见到该原则在运作。另外，我们还发现些别的东西，它们受该原则指挥，逻辑上也包含在该原则之内，却非该原则所能解释，至少无法立刻为我们加以理解。这些即是我们称之为武力关系，政治与经济的现象，权力、地域、财产等的资料。由于在我们自己的意识形态中对此类资料已有概念，故能掌握得到它们，或可称其为意识形态之（比较性的）并存现象。有些作者选它们为研究对象，竟然没有注意到这些资料在卡斯特体系里受贬抑而起了极大的变化。那些深受现代意识形态影响的专家对此类现象抱极大期望，然而这些资料却被另外一套相反的意识形态牢牢套住。在此情形下，如果一个研究者仍旧故步自封，套句当地人的俗语，他就是把自己囚禁在一个低阶的卡斯特里面。我的想法是，不但不应该孤立考虑这些资料，反而应该把它们放在原来的位置和意识形态连接起来，因为事实上两者是伴随的。与此同时，我们了解到只有透过**如此重建出来的整体，意识形态才显得出它真正的社会学意义。**

目前的研究在这方面仍没多大进展，而在本书中也无法深入加以发挥，但最少方法本身应该如此，这是毫无疑问的。整体而言，我们的

（接上页）他引用了几句话（其中最后两句是布格列的话），将之凑在一起，使其看起来的确是一个不合格的"定义"，可是他没有提到那些引言全都取自一篇"评介"布格列的论文（*Contributions*, II, pp.31-44）。那篇论文的目的是使布格列的理论更广为人知，同时稍微加以扩充。贝利肯承认我们对于洁净与不洁的看法相当有条理，不过他接着说："这仍然是一种障碍，因为它使印度的社会阶层制度所扮演的政治与经济作用模糊不清。"可是，紧接我们那篇评介布格列的论文刊出的，即是一篇讨论侯卡特的文章，题目是"A. M. Hocart, or Religion and Power"。简而言之，可能是受逻辑实证论的影响，贝利就这么自行其是，他甚至几乎对自己在不同时期所写的论文的一贯性都毫不顾及。以前他坚持卡斯特的定义必须能把种族主义涵括在内，像美国或南非的种族主义现象都得包括在内（*Contributions*, III, p. 97）；现在，他不但认为这样的定义不够恰当（p.13），甚至要求说，为了科学研究的目的，现代印度的"卡斯特"组织必须用其他名称来称呼（见115节）。这一点我们会同意，但这种主张不就等于说美国的种族主义现象和卡斯特是两种极不一样的现象吗？

研究对象像座冰山：只有那比较容易描述的一部分进入到意识层面，受意识之光照耀的这一部分与照不到的部分却是一体的，关于其存在我们有办法察觉出来。观察到的现象有意识形态的成分和剩余的成分（the residual），我们称之为"剩余成分"以避开本体论上的先入为主之见，也表明我们是如何得知的。只要把观察得到的层面所能见到的（以 <o> 代表），和意识形态的层面或第一指涉层面（以 <I> 代表）关联起来，就能了解处于剩余层面（以 <R> 代表）的其他成分了。这可以用公式表达：R（o = i + r）。由观察（o）和意识形态（i），用减法可以得到每一个观察到的现象中那个剩余的经验成分（r）。我们这样做的时候当然很容易犯错误，特别是把意识形态应用于一个特殊具体的情况时非常容易犯错。刚开始的时候更是如此，如果我们高估自己对此体系的了解的话。还好，不同的现象或向量并非彼此独立，我们会慢慢看到这个体系里的意识形态（I）和剩余成分（R）之间关系的一般法则之若干特征 [1]。

在这里必须对本书的论证方式稍加说明。如果先描述意识形态，然后在讨论观察层面的时候又一一加以重述，那会很令人厌烦。虽然剩余的或非意识形态层面的部分要到第七章（权力与领域）时才直接讨论到，但是在我们讨论意识形态方面的时候，还是会同时把非意识形态层面中的相关成分提出来讨论。举例来说，讨论阶序（第三章）时，我们将先论意识形态，然后考察观察所见的资料，由此把剩余的成分显现出来。

---

[1] 有人会表示异议，认为我把一个复杂现象过分简单化。区别的关键是在有意识的和无意识的层面，而这种区别是一种相对程度上的区别，不是绝对的区别。这种看法是正确的，譬如政治经济层面在当事者来说，的确并不是完全意识不到。他们甚至写到这些方面，讨论利（*artha*）的文献即是一例，虽然这类作品和描写法（*dharma*）的宗教文献比起来数量相当少。正像就所有的文献加以考查，政治经济层面因素远不及宗教一样，在形成整个社会体系的意识形态（或者说主要的、优势的意识形态）的那些极受重视、互相串连的观念与价值所组成的网络中，政治经济层面几乎完全被排除在外。这种以整个制度的有意识的核心观念与价值来下定义的办法，当然免不了有些不准确与不充分的地方。然而，社会学家应该清楚注意到这种由某些观念占主导地位的现象。而且，若在实际研究中，把这两类组成要素加以区别，似乎并非毫无道理，反而能取得丰富收获。

在这里大约不需要再次强调那些政治经济方面的现象。和意识形态比较起来被视为次要，并不是出于偏见，而是为了忠实呈现出该体系为我们所察见的面貌。虽然在目前几乎是不可思议，不过，如果研究者在未来发现政治经济方面事实上是基本的，而意识形态才是次要的，也并非完全没有可能。只是我们还没有到达那个未来。目前的课题是进行全面性的描述，一种可理解的而又全面涵括性的描述。

23. 结构的概念

基于目前对阶序的了解，我们大多把卡斯特体系，即一组具体的卡斯特描绘成一个线形系列，由高而低，形成一个渐次过渡，非循环式的次序：每个卡斯特都比它的前一个更低，比它的后一个更高，而所有的卡斯特全都涵括在两个极端点之间。有人会表示异议，认为这种说法太简单，特别是那些处于中间地位的卡斯特，它们彼此之间地位的高低常常很难决定（参照 35 节以下）。此外，如果拿这一类次序表当作最原始的资料使用，也并不方便。还好，如果我们以排列卡斯特的地位的那些**原则**为研究对象的话，情况并不相同。在那些具体的次序下可以发现一个由各种对比构成的体系，也就是会发现一个结构。

目前"结构"这个词被用得很空泛。我们简短地说明一下本书使用这个词的严格意义，同时也要指出这样严格使用的条件与结果。人类学上应用"结构"这个概念的严格意义者首推列维 - 斯特劳斯（Claude Lévi- Strauss）。它是从语音学借用来的概念，就我们的兴趣而言，还得指出它和 Gestalttheorie，或形式理论（theory of form）相关，也有必要指出它和现象学也有关系[1]。人类学家研究体系所面对的困难，正和最近德布罗意（Louis de Broglie）指出的物理学上研究体系的困难很类似：

> （在量子物理中）……基本粒子的个性在互动中会减弱，互动愈频繁减弱愈厉害。一方面是根本没有完全孤立的粒子，另一方面是粒子联结组成一个体系的情形从来不会完整到使组成粒子完全丧失其个性。因此可以了解到，实相（reality）似乎是在完全自主的个性这个概念与完全融合的体系这个概念之间。

在我们研究的领域里，解决这个问题的办法是避免把两种观念混合在一起，因而只使用两套语言中的任何一套。可以这样做的理由是其中一套相应于现代心态，另一套则相应于传统心态（称之为传统心态的理由是这种心态在我们的这种社会未出现以前的社会里占主导地位）。其中一种研究法把一个体系视为由很多各自具有其本质的对象所形成，那些对象基于其本质，依照一套互动法则而彼此作用。举例来说，物体各有其质量，其相互作用取决于其质量及相对位置。这种把个体存在和关系分割、切断的想法，基本上是现代的。这种想法一定也出现于别的社会

---

[1]　这是 "Is there a structure underlying the order of castes?" 这篇论文的概要。论文未出版，曾在 *Association of Social Anthropologists* 1952 年 1 月的伦敦会议中宣读。主要参考文献包括：Lévi-strauss, *Antropologie structurale*; Troubetzkoy, *Principes de phonologie*; Köhler, *Gestaltpsychology*; Goldstein, *Der Anfbau des Organismus*; Merleau-Ponty, *The structur of Behaviour*（英译者 A. L. Fisher, 1965 年伦敦出版）。Louis de Broglie 的引言出自 *Continu et Discontinu en Physique moderne*, 1941, p.116。

　　我们的"结构"概念和芮伯朗（Radcliffe-Brown）等人的不同。他把"社会结构"定义为存在于某个社会中的"个别个人"之间的关系之总和，而社会即是由这些个别个人所组成的（*Structure and Function in Primitive Society*, 1952, pp.194, 190, 180）。他毫不犹豫地使用生物学的比喻：相对于社会整体而言，个别的人就像有机体的细胞，而有机体的生命显示出其细胞间的整合（前引书，pp.178-179 及其他）；那个"整体"是有生命的存在，有其"功用"。对芮伯朗而言，"功能"观念相应于整个体系的生理学，"结构"观念相应于其形态学。然而，"结构"这个观念却又得充当个人与整个在作用中的社会体之间所存在的鸿沟之桥梁，结果就使得"结构"这个观念显得很不明确。

里面，但是它是现代社会的典型想法和特征，因为它在现代社会发展完全，并排斥了与之相反的想法。根据另外一种研究法，构成一个体系的各个"要素"本身被忽略，只考虑关系网络本身，把各个要素视为网络关系的产品。此关系网络也就是其体系。一个音位（phoneme）所具有的质性完全得自于它和其他音位的对比，它本身并不是什么，而只是他者的他者。由于他者的存在，音位才有所意指。我们谈到结构的时候，完全是在谈这种意义下的体系。这种体系的各要素之间的互依性很强烈，强烈到如果把其间的关系一一列举出来的话，各要素就会消失得无影无踪。简而言之，这是由关系构成的体系，而非由要素构成。由一种心态转换到另一种之旅程，从结构的世界转换到实质的世界，或是反其道而行，这旅程本身无疑是把社会加以比较时的最大难题。在这方面我们倒是幸运的，我们面对的是一个高度结构性的世界。这一点值得深思一番，因为这正是我们理解卡斯特世界会这么困难的主要原因。一听到有些人群彼此隔离，把自己抬高，坚决地把自己孤立起来，我们便自认为知道要面对什么了：我们会想，这个我们懂，这就像我们每个个人一样，这些卡斯特就像我们现代人，它们是一个个自我孤立的小社会排列在一起，就像在现代社会中人人各自孤立而又排列在一起一样。然而，这种想法可以说错得不能再错了。卡斯特的孤立是透过服从于整体而孤立，像手臂的细胞不肯与肠胃的细胞结合那样。接下来我们将更清楚地看到这一点，也将看到实际在很大程度上是阶序格局要求卡斯特彼此隔离。目前我们只补充说，我们社会里的指涉点是要素，而卡斯特社会的指涉点则是整体。

结构这一观念被引进研究工作是当代社会人类学和社会学的重大事件。这个词流行得如此空泛，即足以为证。经过那么一段长时期受原子化倾向的支配，当代思想的基本问题是如何重新发现整体或体系的意义，而结构的概念是到目前为止能达到此目标的唯一的逻辑形式。这种思想倾向和计算机程序吻合，和现代数学（法国的教育制度长期忽略它）吻合，并非纯属意外。在社会人类学本身，伊凡-普理查德（Evans-Pritchard）那本 1939 年出版，研究努尔人（Nuer）的专著所引起的特殊回响，是同一个倾向的另一明证[1]。我认为此回响是由于本书独自发现了同一个概念，也由于本书对一个服膺经验主义的专业圈子之启示，而其发现者本人既是个深刻的、严谨的分析者，又对法国社会学非常熟悉。伊凡-普理查德的发现，由于是独立发现的——就我们所知是如此——就具有特别重要的意义。他分析努尔的政治与世系群体系，纯粹由此分析里面提出结构的概念。初看之下，他的结构概念要比列维-斯特劳斯从别的学科借用过来的概念狭窄一些，也没有那么新颖。对伊凡-普理查德而言，那是一个无实体性（non-substantiality）的问题，那些分群和差异的种种秩序都是相对性的，都是依照它们在行动中的情境而定的。事实上，仔细阅读的话，会发现他独立发现了"区别对立"（distinctive opposition）这项结构原则，虽然他自己所使用的表达方式大都是谈事实上的对立或冲突，而"区别对立"则是概念性的。伊凡-普理查德的"结构"通常都和经验性的情境联结在一起。在某特定情境下，A 群和 B 群对立，两群的内部团结起来对付对方。在另一种情境下，A_1 群和 A_2 群对立，而这二个 A 的分支在不久前并无区分。就是这样不断有变化……我提及这个理论，不只是基于历史的观点，也不只是为了提醒一下研究

---

[1]　伊凡-普理查德，*The Nuer*，Oxford，1940，pp.136-137："一个人不属于其他任何性质类似的团体的事实，使他在实质上成为某一个政治群体的成员……然而任何一个政治群体的成员，只要他属于群体中的一个分支（和其他分支有别，并且互相敌对），他就不自认是该政治群体的一员。"

　　大部分英语著作都免不了要引用这本书。其中的理由除了此处指出的以外，应该还有别的。令人惊奇的是，英国经验主义的反应会是比较注重各种群体的"法人"性（"corporate" character），亦即由于利益相同而使其成员有**团结感**，而较不注意分支性（segment action），甚至是在直接受 *The Nuer* 这本书启发的著作与讨论世系群理论的著作中。1980 年杜蒙附言：追一步讨论，参见杜蒙为 *The Nuer* 法译本所写的序，其英译载于 *Beattie and Lienhardt*〔eds.〕，*Studies in Social Anthropolorgy: Essays in Memory of E.E. Evans-Pritchard*, 1975。

各种社会情境中的概念形式是能取得很大的成果的，此外还有一个实际的理由。这个理论同时引介了**"分支性"**（segmentation）的概念，在以后会用得到。卡斯特体系和努尔人的政治体系一样，其群体视一时之情境而出现或消失。有时候我们看到的是一个卡斯特与另一个卡斯特（在事实上或在观念上）对立，有时候我们看到同一个卡斯特**分支**成几个次卡斯特。因此我们只用"分支"来指一个群体分成几个**性质一样但规模较小的群体**[1]。分支是结构（而非实体）的一个面向。就实体而言，我们把一切都放在同一层次加以考虑：个别的人、国家或卡斯特。就结构而言，卡斯特在某些情况中出现，在别的情况中为了比它更大的整体或更小的单位而消失。在这里，不像我们的个体宇宙，并没有任何占优势的层面。我们将看到，卡斯特的各种性质全都分别和现象的各个不同层次有关联。

24. 基本的对立

回过头来谈卡斯特。这是一个形式体系（formal system）的问题。我们首先将掌握它的诸原则，然后把它们化约成一个结构。赫顿不能作为讨论的起点，黑格尔倒可以。早在 1830 年，黑格尔在这方面就已走得比任何一个近年的作者更深入。黑格尔看到，体系的原则是根据抽象的**差异**（而事实上 jāti，也就是卡斯特，也有动物学或植物学上的"种属"[species]的**含义**）。黑格尔起先似乎是要把卡斯特看作接近于现代个人的样子，也就是我们已批评过的方式，但我们会很快发现他把"差别"

---

[1]　譬如，我们应该说一个卡斯特分支成几个次卡斯特，不然就在需要的时候说，卡斯特被划分成（divided）氏族，也就是把卡斯特看作由好几个叫作氏族的群体组合而成。我们也不从纯粹地域分化的观点来考虑分支化，虽然地域可能是各分支的一个属性。

归因于整体和阶序：这是功能殊异化的问题，不能由外界引致，并发展出普遍性[1]。

比他晚近的布格列所说的并没什么不同，只是使用比较明确的语言罢了。布格列在20世纪初所写的那本《论文》，到现在仍然像是刚写就的一样。它之所以没有取得该有的注意，理由有两个：第一，书是用法语写的，而印度人懂法文的不多，英语才是这方面的研究工作所使用的主要语言[2]；第二，这本书超出了它的时代，它偏离当时在这方面的研究中占主导地位的经验主义和唯物主义倾向，而其作者对印度又没有第一手的知识，它便被看作法国主智论的表征而已。布格列的《论文》的确提出了最好的初步定义，虽然它完全根据二手资料写成，作者本人又是涂尔干学派的社会学家。论文的主题是平等主义的观念，很小心地把讨论的对象化约成几项原则，同时没有忽略任何重要的东西。根据布格列的说法，卡斯特体系由世袭群体组成（世袭群体即各卡斯特，不过有关分支性的层面并非如此，下文将详论），这些世袭群体彼此之间的区别和关联依照三种方式：

（1）依身份的等级，即阶序；

（2）有详细的规则以保证彼此的隔离；

---

[1] Hegel, *Lectures on the Philosophy of History*：“在中国所有个人之间的平等在以前是存在的……下一步的进展造成分殊化的出现……这些分殊化的差异即是各卡斯特……但是在印度……所存在的种种差异只是职业的区别，是卡斯特……首先也是最重要的作用在于着眼于完全普遍性的方面，关于这点，人们先在宗教中理解到，然后在科学中理解到……最高的卡斯特因此也就是产生神性者，同时也是神性的显现者：此即婆罗门这个卡斯特……一个卡斯特的存在当然即先假定另一个卡斯特也存在，一般说来，各卡斯特之形成是共同生活的结果……不同的阶级（classes）无法靠外界力量凑合在一起；不同的阶级只能从内部发展出来。”

J. Sibree 英译本，pp.151-153（英译部分稍作改动，使其和杜蒙原来所引的 Gibelin 之法译本较为接近——英译者）。

[2] Celestin Banglé, *Essai sur le régime des castes, Année sociologique*, IV, 1900，这本著作后来做了相当大的增补并出版为专著，Paris, 1908，第二版, 1927。这本书的导论及书的内容大要摘评英译，见 *Contributions*，II，1958（1980年杜蒙附言：本书已有 Pocock 的英译本）。

（3）有分工及因此造成的互依 [1]。

布格列有时候会把这三项彼此分开。不过，很显然这三项实际上是并存的，把它们分开只是观察者引进的一种分析上的区分罢了。布格列自己的著作中也有些地方见及这点。这三项原则全都建立在一项基本的概念上，可以化约成一个唯一的原则，那就是洁净与不洁的对立。这项对立是阶序的基础，因阶序即是洁净比不洁高级；它也是隔离的基础，因为洁净与不洁必须分开。它还是分工的基础，因为洁净的职业必须与不洁的职业分开。**整体乃是建立于这两个对比既是必要性的又是阶序性的并存之上。**（The whole is founded on the necessary arld hierachical coexistence of the two opposites.）这也可说是一种"综合先验"对立：只为了满足我们的逻辑而将整体原子化成简单的诸要素并没什么好处。何况，除非是事后再加以重组，否则也不应加以分析。

此一事实至关紧要，因为它引领我们立即进入纯结构的宇宙：是整体统治着部分，而此一整体乃是极严谨地被认为建基于一项对立之上。何况除此以外也没有任何方法可以界定一整体，使之与一简单的集合（a simple collection）有别。如果我们大致上已遗忘此事实，那是因为我们［西方近代］的文明的主导趋势，乃是把对整体的指涉以对简单的、独立的、自足的指涉来取而代之，亦即以对个体或实体的指涉取而代之。此处

---

[1]　布格列的三项基本原则的性质并不相同，而且并非运作于同一层面：阶序原则使整体中的各个卡斯特有秩序，并且给整体提供意识形态上的指标；隔离的原则毫无疑问既是意识形态性的，也是规范性的，但粗看之下，只就其自身考虑，则是把每个群体与整体孤立起来，和上述原则正好相反；分工的原则，由于也是在原则上把每个卡斯特孤立于个别功能里面，在意识形态上和隔离原则接近。只有在实际观察的时候，才能清楚看见各个不同卡斯特之间的互依，才可看出此互依的整体取向。换句话说，各个卡斯特之间的互依性，在当事者意识中的明显程度远不及隔离性与阶序性。这或许可以解释为什么有些作者，特别是那些经验主义的作者（这很奇怪）有时候把互依性看作大致上是外在的，是整个体系的并存现象而非其构成要素。然而，在阶序性与互依性之间很明显存在着严密的关系：它们就像整体关系的两面，一个是较容易意识得到的，一个则不那么容易意识到。布格列所分析出来的三项原则之间存在以上区别，这或许可以解释为什么有时候他在自己的著作中把这三项原则当作互相独立的因素加以讨论。

所论的事实可使我们了解印度的制度，可以将之从好古者之奇珍的地位提升为人性的一种样式（a form of humanity）。这才是卡斯特这个概念的真意。

然而认识这点的人并不算太多。在下一节讨论洁净与不洁的性质以前，我们简短讨论一下专家们的猜疑与反对，因为有些读者自然也会很想加入他们的阵营。首先，我们得弄明白，我们自己并没有凭空想象出任何东西来：非常关心洁净与不洁的问题，这是印度人生活中的常数。不论其本人的偏好如何，每个观察者都不得不承认这一点。他们目前能做的最多只是把此事实淡化，比方说把它放回到"文化"里面，把它当作多少是无必要的社会添加物（参照 p.106 注释［1］）。这种态度符合一般敌视意识形态的偏见。梵文学者勒努（Louis Renou）几年前简洁地写道，不洁这个概念"最少在理论上，是卡斯特社会的基础"。赫顿也曾说过，宗教性的理论能帮助我们了解卡斯特，但并不能解释它为何在历史上一直存在。他似乎意指必须用经济因素解释才能成功[1]。这类态度非常普遍，但它只不过表示，不论黑格尔、涂尔干、韦伯和整个民族学怎么说，现代人还是对宗教在社会生活中的位置深表怀疑罢了。此外，极度关心因果关系也是一种常见的心态，不得不说明，我并不主张洁净与不洁的对比是社会的"基础"，除非所谓基础是指一种知性的意义，也就是指只有暗中以此对立为指涉基点才使生活在其中的人觉得卡斯特社会是又理性又有条理的。我认为这桩事实很重要，如此而已。

除了这项一般性的态度以外，还有一些比较明确的反对意见逐渐出现。我们将讨论其中之二。首先，有人认为洁净与不洁的区别并不足以

---

[1] Louis Renou, *L'Hindouisme*, 1951, p.79; 赫顿，评侯卡特的著作，*Man*, 1951, No. 235。"这个仪式理论本身虽然会对我们了解卡斯特现象有相当帮助，但并不能解释过去一两千年存在于印度社会中的卡斯特，"接下来的部分隐含着一项解释性的因素："个人利益的考虑。"

一个对宗教不加注意的作者（比如贝利，参考 p.97 注释［1］），关于这个问题的看法的转变，显示出这些被西方人忽视的观念对于一个做田野工作的人而言是多么重要。它们迫使贝利体认到卡斯特的"宗教理论"是有根有据的，虽然他本人表示自己比较喜欢"社会阶层"的理论。

说明卡斯特的所有区分或分支性。许琅光认为等级（rank）的标准因地理区域而异，而除了洁净与否之外，还有其他的标准 [1]，根据许琅光和北泰（Béteille）的看法，洁净度的高低无法解释卡斯特的地域性划分。关于第一点，下文将说明所有的**区分标准**实际上均可化约成一项最基本的对立，不过除了区分标准本身之外，在观察所及的层面上还有若干**因素**影响或扭曲身份高低的排比以及分支的问题。虽然这些因素本身与意识形态无关，但是在经验层面上发生作用。正如我们已说过的，只要把观察所得的结果与意识形态加以比较，这些因素的性质就会显露无遗。我们已提到过的，区分出范围较小的地域单位这一现象即是上述因素之一，而区分出来的地域单位本身又成为意识形态体系实际运作的场所，此类现象在过去也一定出现过。这就引到第二点。在目前的条件下，我们会碰见某个卡斯特内部有不少个地域性的小单位，无法以洁净度高低加以说明，正如北泰指出的那样 [2]。我们把话说得更明确一些，以免产生误解：并不是说此项基本对立是造成一切卡斯特内部区别的**原因**，而是说，一切卡斯特内部的区别全都以此基本的对立为其**形式**（form）：如果在同

---

[1]　他这些批评针对的是波寇克（David Pocock）一篇评介布格列理论的文章，登在 *Contributions*，II 上面。许琅光曾详加讨论，参见许琅光对印度，中国与美国社会的比较（*Caste, Clan and Club*，Princeton，1963，pp. 128-133）。本书此处的讨论比上述文章更明确、更完整，应该足以回答许琅光的反对意见。此处只讨论他的反对意见中最重要者。这里提一下他的另一项反对意见。许琅光宣称我的解释太过空泛：洁净与不洁的对比在别的社会中也存在，但并没有导致印度型的社会体系。我的回答是：（1）即使情况确实如此，这并不表示我们的分析出现错误，因为我们把布格列的分析稍加扩充，目的只是要从单一原则来推衍出印度式的卡斯特理论，而同样一项原则在不同的个例中本来就可能有不同的运用方式；（2）事实上，本书下面部分将说明，许琅光的断言是没有事实根据的：在印度以外的地方，洁净与不洁净的对立即使以某种方式存在，也从来没有把它应用到社会全体的例子。本书或许可稍有助于了解这项对立是怎样以及为什么在印度那样发展（见第 25.3 节，特别是第 32 节）。

[2]　北泰的批评与另一项讨论有关（他的文章刊于 *European Journal of Sociology*，第五卷，1964，pp. 130-134，题为 "A Note on the Referents of Caste"）。他举出马德拉斯的佤法（Vadama，又称"史玛塔"［*Smarta*］）婆罗门及其分支化为例。虽然他自己并没有加以特别强调，但是"神庙祭司"（梵文中称为 "*devalalaka*"）、"非婆罗门的祭司"以及"婆罗门地主"三者代表的身份并不相同。在任何一个个别地域范围之内，教派之间的种种区别以及教派内的人和教派外的人的区别，其情形也（转下页）

一地域发现某个婆罗门卡斯特的两个地域性单位同时并存，那他们之间一定是有高下之分，至少两者都自认为比另外一个的身份更高，否则就是一件非常奇怪的事情。阶序的需求异常严格，表现成为一种特别的语言现象，观察者能够把他们与各种不同的"原因"连起来。这项重要的事实在下文的讨论中将会更加清楚。讨论的重点永远是意识形态与经验层面的关系到底如何。在目前的例子中，意识形态完全不顾及地域性的因素，它加以忽略，加以涵括。目前我们只强调一点，即两者之间的关系并不是所谓纯粹"形式"的关系，而是构成性（constitutive）的关系。如果将它看成"形式"的关系，那我们就得再替"形式"找到"内容"。我们只说，意识形态是地域性经验层次的卡斯特体系的构成要素。不然的话，难道要在地域要素中寻找洁净的根源？

许琅光的反对意见里还有一点对此处主张的理论比较难堪。他的讲法可以说是，洁净与不洁之间的对立在不同群体中表现的样式过分参差不齐，所以不能把它看作此体系的普遍性原则。实际上，它不但确实差异极大，至少在印度教徒之间其感觉与反应的强烈程度有很大程度的不同（参照本书第 25 节 6 段和第 35 节），而且更重要的是以下两项事实：第一项是有些教派完全否认有所谓不洁，如林迦派（Lingayats）（他们算不算是印度教徒，要视定义而定[1]）；另一项则是伊斯兰教徒与基督教徒

（接上页）可能大致如此。在此之外还有地域性的区别。某一种地域性的婆罗门可能只存在于一定的地域范围之内。北泰指出，身份的高低和此类划分毫无关系，这是正确的。洁净与不洁的阶序格局要在特定的地理区域范围之内才能表现出来：在这里，严格说起来并没有分支的现象，除非是学贝利把分支用于地域区分，而这是北泰和我们都不赞同的。不过，一旦在特定的地理范围之内，或许是经由空间上的移动或地理上的扩张，导致两个地域性的单位（subdivisions）同时并存，两个单位之间就常会出现高低阶序排比的现象了。为了说明上的简洁起见，我跟从北泰的说法，假定地理区域和方位并不含有高低不等的意义。然而现在一如古典著作中所明示的，洁净与不洁的原则事实上把空间的诸要素都阶序化了。

[1]　编注：林迦派是中世纪印度南方兴起的宗教团体，奉湿婆为主神但否定吠陀、婆罗门权威，不奉行种姓制和童婚，演化为一封闭型宗教社团，并拒绝承认自己是印度教，故其信徒"算不算是印度教徒，要视定义而定"。

在其教义中根本没有此类观念，但他们至少在表面上都有卡斯特（参照93.2节和104节的说明）。因此，在印度世界内部的有些地方，的确无法发现我们认为是卡斯特制度的意识中心所在的意识形态，考察这些例子将极有价值，可以让我们知道，在什么样的条件下，这类制度仍可在其意识形态弱化或根本消失之后，还继续存在（事实上很需要做详尽的研究以了解此一现象）。简而言之，存在于整个社会中的基本意识形态使被观察的体系具备可理解性，但这基本意识形态与每个个别实际观察所碰到的意识形态是有区别的。我们可以说，基本意识形态分布广泛，在大多数实例中均非常有力：这并不是研究者凭空想出来的，也不是纯粹文学性或"文化性"的现象。在一些极端的个例中，此意识形态根本不存在；在很多别的个例中，它也只是以一种减弱的形态存在，而且目前的情况下愈来愈是如此。这些事实的确造成一个难题，而此难题的解决需要比目前我们在此处所能做的更精密的研究才能成功。即使如此，在我们目前所能研究到的基本层面上，这些事实的存在并不足以造成太大的疑惑。

25. 洁净与不洁

25.1 概观

我们预备用步步逼近的方式来确认洁净与不洁之间的对立的性质 [1]。首先要问的可能是两个问题：为什么把此类区别应用到世袭群体上面？

---

[1] 斯蒂文森（Stevenson）的著作是现代有关这个问题的概论中最完整的。"Status Evaluation in the Indian Caste System," *Joounal of the Royal Anthropological Institute*，LXXXIV，1954，pp.45-65. 此处的描述和他的说法有相当大的不同。其中某些细节将刊于 Dumont and Pocock, "Pure and Impure," *Contributions*，III（其中包括对斯蒂文森的论点的批评）。

如果这种对立足以说明婆罗门与贱民之间的对比，它也能够说明其他群体之间的对比吗，特别是有些群体本身又细分成那么多的群体？我们不会正面回答这些问题，只就与问题有关的一些方面做些说明。一般都同意洁净与不洁的对立以最显而易见的方式表现于婆罗门与贱民这两个极端的类别上面。理论上婆罗门是祭司，他们是所有卡斯特中身份最高者。贱民则是不洁的仆役，住在村子外面与别人隔离的区域，不能和别人共享水井（近年来有些地方已解禁）。在甘地派的改革实施以前，贱民不得进入印度教神庙。此外还有很多歧视待遇。必须指出的是，在甘地之后，情况已有些改观。而印度独立后，"不可触性"[untouchability]被宣布为非法，也就是歧视贱民为非法。这是重要的一步，但无法一夜之间把我们在此讨论的传统现象改头换面。用"贱民"来指称这一群人源自英文，它并非印度语原有的称呼：它所指称的观念的确存在，但日常用语中都是以那些人所分属的个别卡斯特的名称来称呼。要用通称的时候，平常是采取委婉的说法，其中最近的例子要属甘地所创用的"哈里真"（Harijan）一词，意指"哈里之子"，亦即上主（毗湿奴）的子民。

有的人会问，为什么要把这些人隔离开来呢？难道是因为他们习于加工处理的兽皮有股令人恶心的味道吗？提到不洁的观念时，人们常会把卫生问题说成其理由。然而，虽然不洁的观念有卫生方面的含义，但事实上卫生或不卫生不是其理由，因为它是一种宗教性的概念。在接下来的说明中，我将指认此一概念最直接的起因是高卡斯特的印度教徒在生理过程中会沾染的暂时性不洁。从这里出发，我们就可以看到，实际上或理论上专门从事此类不洁的工作，使若干范畴的人具有严重的、永久性的不洁。古代典籍的记载肯定暂时性的不洁与永久性的不洁在性质上一样。不过，不可忽略的是洁净与不洁之间的互补性，以及让这些观念有所表达的群体之间的互补性。然后就可以追溯出此一观念的各种衍生意义，也可以弄清楚各种区别的标准，以及数目相当多的群体间的阶序性身份之分配问题。最后，我们将指出一些变形与变则，并大略将印度与西方的观念做一语意上的比较。

25.2 暂时性不洁与永久性不洁

在世界上很多地区，生和死及个人或家庭生活中的其他事件被认为带有某种危险性，因此要把受影响之人暂时隔离，禁止接触，等等。这些情形中并没有不洁的概念，这些危险情况与别的情况也无特别的区分。不过，在有些地区，如美拉尼西亚的多布（Dobu）岛即是一例，人们认为违反此类禁忌会生皮肤病；有的地方则认为和守丧者接触有危险，就像触及酋长的头有危险一样（波利尼西亚）[1]。天主教也保留了一些这类概念的遗痕。比如圣烛节（candlemas，2 月 2 日）被视为圣母净化的节日；一直到最近，仍有产妇在生产后四十天之内不准进教堂的习惯，四十天后她才带着点燃的蜡烛到教堂去，由教士在教堂走廊迎接她。补救不洁最常见的方式是洗澡。印度人把那些受生产之类的事件影响之人视为在一段时期内不洁，并把此种不洁与贱民的不洁联想在一起。是以凯恩教授（Professor P. V. Kane）这位博学的法学家在其里程碑著作《印度古代法律学史》（*History of the Dharmaśāstra*）里说，如果一个人碰上此类事件，他最亲近的亲戚和最要好的朋友会因而在一段时间内成为不可触者（II，1，p.170）。

仔细比较印度教徒的死亡与一个部族中的死亡，我们首先会发现印度教徒的不洁概念很突出，和其他地区所见到的危险的概念极为不同，而危险的概念与一般性的神圣概念有关，不只是不洁。此外我们还会注

---

[1] 人类学家对这一类实例相当熟悉，其分布地区很广。Roy Fortune 在谈话中提醒我，印度的情况与此相当不同。

意到另一项差异：在世界其他地区，人们运用互补性来除掉情境中的危险性；互补性是实时的，且是互惠的，我替你家埋葬死者，你替我家埋葬死者。在印度，有时候姻亲会参与这类工作，但一般说来都是把它交给专门的人包办。正如侯卡特所说，印度南部的理发师同时又是葬礼祭司，因而极度不洁；印度各地的洗衣匠，均负责洗生育和月经期间的脏衣服，唯一的例外可能是马拉塔（Moratha）地区。在上述两个例子里面，理发者与洗衣者都是不洁的专职人员，他们由于职业而永远处于一种他们服务的对象只暂时处于其中的状态，因为后者可以借洗澡等脱离此不洁状态（事实上上述两种专职者并不真正属贱民）。因此可以看出，在洁净与不洁的对立前提下，宗教性的分工与某些职业被视为具有某程度的不洁也就齐头并进了。不过，这并不表示在其他前提下，宗教性的分工不会出现。侯卡特的研究出乎他自己预料之外地证明了这一点。他把卡斯特体系和斐济（Fiji）群岛上宗教功能的专业化做比较，发现后者以酋长或国王为中心，并没有洁净与不洁的区分。而印度的情况是，国王或相等之人的确是最主要的雇主，但婆罗门祭司的身份却比他更高，因此洁净与不洁之间有对立存在。我把下文将讨论的内容在此先加以说明，因为有必要立刻指出侯卡特在一项重要的问题上有错，必须加以纠正。

印度和部落社会的情况还有两项重大的区别。在其他地区，危险性的接触立刻对涉及的人产生直接影响，譬如使其生病之类的；对印度教徒而言，接触的后果属于不洁的问题，也就是社会身份的降低或有降低之危险的问题。这两者大不相同，虽然部落社会性的概念在印度也偶然可见。此外，高阶者与低阶者之间的关系也正好相反（高阶者在印度是洁净的，在其他地区则是神圣的）：部落酋长本人成为禁忌，也就是对普通人深具危险性；而印度的婆罗门却处于易受害的地位，很容易就被低阶者所污染。

25.3　历史材料（上）

规范性文献，宗教律法书籍（literature of the *dharma*）的主要内容之一即是洁净化（purification; *śuddhi*），而出生和死亡所造成的不洁有个专门名称阿扫乌卡（āśauca）。根据哈利塔（Hārita），他称之为外在的洁净者共有三种，分别是与家族（*kula*）有关者，与日常用品（*artha*）有关者及与身体（*śarīra*）有关者。身体方面，最主要的是早晨的卫生动作，而以每日洗澡为其高潮。根据《摩奴法典》，人身共有十二种排泄物，或十二种不洁，包括大便、唾液、左手专责的贱役（泰米尔语称左手为"脏手"）。日常用品则依照其净化之繁简（青铜器只需清洗擦净，陶器则要换新）而有区分，也依其价格高低而有区别：丝比棉洁净，金比银洁净，银比青铜洁净，青铜比黄铜洁净。这些用具并不是只因单纯的接触即受污染，而是也因为其用途而受污染，即该用具参与了使用者的活动而受污染。因此目前新衣服或新用具可以经任何人之手交给任何人而不发生污染不污染的问题。还有一种说法：一个人自己的床、衣服、妻子、孩子、水壶等对那个人本人都是洁净而不虞污染的，但对任何第二者却都是不洁净的 [1]。

和家族有关的不洁最为严重：出生（*sūtaka*）和死亡，特别是后者最为重要。出生只对生母和初生婴儿有较长久的影响，死亡则集体影响到

---

[1]　不过有一个实例与文中所说的正好矛盾。这个例子出现于安德拉邦。费斯曼（Fishman）在他的《文化变迁》（*Culture Change*，p.140）提到了柯玛提斯（Komatis）商人的习惯。这些商人要求马拉贱民（Mala Untouchables）织的布必须先浸水净化才能卖给不是贱民的一般顾客。该书作者还指出，这项事实目前对不是贱民的织布者有利，使他们在竞争上较占优势。

有关于物件的不洁这个问题，本书只稍微提了一下。进一步的细节参见斯蒂文森前引著作。传统上确实把有生物与无生物全部放入一套繁杂的分类里面，不过在我看来，这只不过是把用来划分人类的方法有系统地应用到其他事物上而已（另外一部分的理由则来自实时的或有机性的不洁，以及婆罗门的习惯和要求透过纯净与否的语言产生影响）。参见 Ketkar, *History of Caste in India*, 1909, I, 116ff. 有关《摩奴法典》中的洁净理论部分。（同时参见本书第六章）。

人际关系，是社会性的问题，不只是身体性的。死亡所引起的不洁影响所及最主要的并不是死者的家属，而是和死者有关系之人，不论其身在何处。此外，影响大小又由亲属关系的亲疏而定。这些观念的力量甚为强大，所以凯恩（Kane）才提议改革，试图改变那些他认为过时而且麻烦的习俗。他提议守丧的原则如下：死者之父亲、母亲、儿子、夫或妻，及主要守丧者（如果不是上述之人的话）等守丧十天，不洁十天；联合家族的其他成员守丧三天；其他人在一年之内听见死讯之后只要洗个澡就可以了。

　　另外还有一些规定，也具有同类的意义：月经期（或仍未有月经）的女人不可自焚殉夫，必须等四天并洗澡之后才可这么做（任何女人自焚殉夫前也都得洗澡）。如果碰到其母亲的月经期或准备婚礼时有近亲死亡，则婚礼必须延期。甚至有一种说法是一个人不洁的时候不应靠近火，不能吹气煽火。《摩奴法典》（*Manu* II, 27）有这样的记载："怀孕、出生、剃发、成年时的仪式其神圣性把再生族因精液和子宫［也就是出世］所带来的污染消除。"（"再生族"指有权举行成年礼，即第二次出生的人。）由此可见，不洁和人的机体性有关。宗教通常都是论普遍性的问题，但在这个例子中，印度教可能不知道自己所做的实际上是借强迫性的不洁规定而使宗教的、社会的人与自然对立起来。

　　根据某些作者的说法，某些功能行为或行业与不洁全然无关，或可立刻净化（*sadyah*，"当天"）。比方说，国王永远不会不洁，因他永远都不得处于不能行动的状态；习梵的学生也只有在近亲死亡时才不洁。同样的情况也可应用到举行仪式的祭司身上，甚至身份低的工人由于其工作的性质也会暂时免受不洁之影响。关于国王的规定很值得注意，显示印度人在这方面比中国人更实际。据说传统中国官吏的守丧期长达二十七个月之久（见《宗教与伦理百科全书》"净化"条：*Encyclopedia of Religion and Ethics, s.v.Purification*）。

根据典籍和习惯，不洁要怎么补救呢？沐浴，因为水具有伟大的净化力量。然而其力量也有些限制：像近亲死亡这种特殊重大的污染事件，一个人得先度过规定的守丧期，才能洗澡净化。此外，并非什么澡都同样有效。严格地说，全身穿着衣服到流水中沐浴才有净化的功能，而恒河这类的圣河更是具有最大的净化或宗教力量。牟斯所说的已得证实：水不仅具有神奇力量，而且也因它所含的或代表的灵性而具有力量。他又说，水把不同的洁净状态"加以区分"，有时候在接触不洁之前**先**洗澡。火则没有任何直接性的净化价值，它具有一些相关的功能（试炼，仪式）。剃毛发，特别是剃光头，不时与净化的沐浴连在一起，例如丧期结束时。但守丧期间或其他情况下不剃毛发，则是遵照规定的表现。此外，小孩子的头发有时会被全数奉献给某位神祇。除了某些次要的动作（割小指头放血、嚼辣椒、摸烧红的铁）和水以外，主要的净化媒介是牛的五种产品（尿、粪等）。这些净化方法也适用于卡斯特污染：到市场去或工作完毕后需要洗澡，而仪式性沐浴也使一个人重新进入其卡斯特。此外，净化与赎罪（浸泡牛的五种产品，进恒河洗澡）的距离并不甚大 [1]。

25.4 历史材料（下）

文献上关于一个卡斯特或一个社会范畴的成员（特别是婆罗门）私人生活上的种种不洁记载得很清楚。从这个观点去看，净化的仪式必须重复举行。文献上也记载此类偶然性的或暂时性的不洁如何在某些社群成员身上成为永久性的不洁。《摩奴法典》（V，85）说："当他碰过一位

---

[1] 如果要在吠陀传统中寻找婆罗门习惯的先例，自然会在和献祭有关的仪式中找到，因为这正是吠陀经典的主要内容，也因为举行献祭仪式的宗教一定要和净化（purifications）有关。因此，（转下页）

旃陀罗 [1]（*Candāla*），一个经期中的妇女，一个被除籍者（outcaste），一个产后的妇人，一具尸体……他便沐浴以净化自己。"此处三项偶然性的不洁与"被除籍者"和旃陀罗归为一类，而旃陀罗正是早期的贱民。《摩奴法典》（III，239）另外还有一项清单："旃陀罗，猪，公鸡，狗，经期中的妇人和去势者不得看婆罗门吃东西。"接着下来还有一段说上列者会使某些宗教仪式无效。我们还可以看到更多的材料，说明一个人在吃东西的时候特别容易受不洁侵害，而且上述单子上的动物均乱吃村中及其附近的垃圾和秽物。上引文献再次说明，有些身体功能上的特性与个别事件皆被视为不洁的成因，而各种不同类的不洁被搅混在一起（至于去势者为何在名单上仍有待解释）。换句话说，《摩奴法典》在古代所说的，和凯恩在今日所说的无何不同。

《摩奴法典》的年代不易确定，但最少学者同意其内容的任何部分均

（接上页）"沐浴、剪发、剃胡子，都是仪式前后要做的净化活动，而甚罕表现在以防止精力耗尽为目的的种种禁忌上"。（Renou，*Inde classique*，p.352）这说明了净化技术的连续性。如果参见 Henri Hubert 和 Marcel Mauss 的 "Essai sur le sacrifice"，就可以发现整套迪克沙（*dikṣā*，准备献祭仪式前所做的种种禁欲活动）的理论，其中一项即是净化仪式（关于印度南部与此相当的字眼，参看 *Contributions*，II，p.16）。譬如，头发与指甲都要修剪 "以便变得洁净"（前引文 p.49），这一点与现代理发师的关系值得注意。据说苏摩（soma）祭的主祭者必须用下述方法净化自己："他必须与不洁的卡斯特之人无往来，和女人也无往来；有人喊他名字时不得回应，也不能让人接触"。（前引文，pp.49-50）这里所描述的，或许可以说是一个印度教的婆罗门正在成形。值得注意的是，主祭者（sacrifier）不仅不能吃肉（他几乎要完全禁食），而且，如果他是婆罗门，那么由于要负责处死献祭的牲畜——被美称为 "取悦者"（*śamitar*）——他必须是 "低阶的婆罗门，因为他犯下杀死神圣动物的罪"（pp.68-69）。（Henri Hubert 与 Marcel Mauss 的 *Sacrifice: Its Nature and Function* 被译成英文时，英译者 W. D. Halls 创造了 "sacrifier" 这个词来译法文的 "sacrifiant"。该英译本出版于 1964 年，伦敦。我沿用其译名。[Halls 把 "sacrifier" 界定为 "献祭仪式的受益人……或是受到献祭仪式所带来的影响的人"。——英译者注。]）或许这只是本来就包含在一切献祭仪式内部的矛盾，而并不是拒斥暴力与拒食肉类的起源。不论如何，它和雅典的 Bouphonia 正好构成对比：印度的情况是有一类人由于他们所扮演的特殊角色而被赋予某种特别地位（参见 J. C. Heesterman 的新解释，根据他的说法，远在吠陀时代即已种下后来种种发展的种子："Brahmin, Ritual and Renouncer," *Wiener Zeitschrift*，VIII，1964）。

[1]　编注：旃陀罗是早期贱民、不可接触者，主要工作是处理人类及动物尸体，担任刽子手或屠夫。

不会晚于公元 13 世纪，有些部分当然更加古老。因此，我们知道在公元后的记载中，即便还没有今日所见的卡斯特体系，但最少已有专门从事不洁行业的人群了。在《摩奴法典》中，旃陀罗居住于火葬场附近，靠他人丢弃的垃圾维生。佛陀前生转世的故事集《本生经》(Jātaka) 的年代也不易确定，但这部记述性而非规范性著作的成书年代一定比《摩奴法典》的任何一部分都更早。该书有关旃陀罗的记载与《摩奴法典》大致相同。有个婆罗门在路上遇见一个旃陀罗，婆罗门说："赶快跑开，恶兆头的乌鸦。"有个商人的女儿和祭司的女儿在城门附近玩耍，不幸看见一个旃陀罗，她们马上洗眼睛，而那个不幸的旃陀罗被揍一顿。吃旃陀罗剩下的食物的婆罗门被除籍。有个婆罗门青年，肚子太饿了而和一个旃陀罗分享食物，后来只好躲进森林里绝望而死。另外一则《本生经》上的记载说国王不得和他与奴隶所生的女儿分享食物。这些例子正像费克 (R. Fick) 很久以前在他替这些文献所做的社会性解说中已说过的，表明婆罗门的洁净与不洁理论，不但早在公元前好几个世纪即已存在，而且实际上也被实行了。当人们要说卡斯特体系是比较晚近才发展出来的时候，以上明白清楚的事实便被淡化了。卡斯特体系确实是比较晚近才发展出的，然而这并不排除其基本原则早已存在的事实。

简而言之，并非今日才认为私人生活中的不洁和贱民的不洁在性质上相同，早在《摩奴法典》的作者存活的年代时已认为如此。《本生经》更显示当时某些群体已经具有强烈的不洁之感，而不可触性 (untouchability) 在相当程度上也已存在。

25.5 互补性

上文所言并非表示私人生活的不洁其形成与发展，在卡斯特世界中，和卡斯特污染完全无关。正好相反：两者是互依的，而且卡斯特在历史上的发展极可能伴随着婆罗门的发展出现有关机体生命（不论是个人的或家族的）之不洁的种种规定。因此，生命史上各个需要举行仪式的情境，甚至日常生活中的主要活动，都和卡斯特的不同等级有相对应之处。一个守丧者如果没有照规定行礼如仪，如果没有专精此道者从旁协助，就会多少一直处于不可触的状态。经期中的妇女不能烧饭给家人吃。结婚则是所有生命礼俗中唯一完全与不洁无关者，结婚所受到的重视及其他和婚礼有关的习俗，使人觉得结婚时的印度教徒暂时象征性地超越了他的地位，将他提升到了最高的程度，非婆罗门似乎一下提升为王子或婆罗门，而婆罗门则提升到神的地位。在日常生活中，婆罗门每天早晨要进行的仪式，所做私人卫生和祈祷及有净化作用的沐浴等，似乎都是使他获得新生、恢复洁净无比的生命所必需的作为，也只有这样做以后才够资格开始用餐。婆罗门进食的时候处于一种非常脆弱易受危害的状态。即使一切都无意外，他吃完饭以后的状态比未吃饭前已是较不洁净了。如果他要出门工作（近年来这种情形愈多），回家后必定要洗个澡净身。

可以很清楚地看出，贱民的不洁在概念上与婆罗门的洁净不可分。两者一定是同时建立的，或至少也是互相加强的关系，所以我们必须记得把两者联想起来[1]。不可触性这个观念不会真正消失，除非婆罗门的洁净本身也被剧烈地贬抑；这点常受忽略，但却是事实。值得注意的是，

---

[1] 婆罗门与贱民的两极对反地位应该可以帮助我们了解此处的例子和种族主义之间的距离有多大。这种内在洁净的观念已出现于经论典籍（*Shastras*）里面。Ketkar 是出身马哈拉施特拉邦（Maharashtra）的婆罗门，他写道，婆罗门对流在他们体内的血液之洁净性有极高贵的观念，不过，他们的观念和人类学家所了解的观念不一样："种族的纯净对一个婆罗门而言只不过是洁净的一部分……（洁净）是经由好几世代的洁净行为所累积得来的，其内容包括做洁净的行动，吃洁净的食物，增进他自身的神圣性，学习吠陀典籍，只和保持洁净行为的人们通婚。婆罗门之不和其他卡斯特的人通婚，与其说是对自己的出身感到自傲，倒不如说是对自己的洁净感到骄傲，这种洁净如果和较不洁净者结合将会受污染。"（*The Histoty of Caste in India*, I, p.120, n.）种族观念本身并不是造成彼此隔离的因素；相反，洁净作为隔离的目的，才导致隔离，但这种隔离在其他地方是以"种族"为其特色。

洁净与不洁的关系之发展和牛有关。牲畜，特别是牛，是受到真心崇拜敬爱的。吠陀经典上所记载的情况有些不同，但牛同样备受敬爱。吠陀经典的作者来自游牧民族，自然不会无缘无故随便杀牲畜，不过作为祭品的牲畜在祭后是被食用的，有时候也以牛献祭。印度教徒却认为即使是不得已而杀牛也构成严重的罪行，由吠陀经典记载转变成印度教徒的信仰，从这个过程可以看出非暴力观念在逐渐加强[1]。此外还有社会性的关联：杀牛被认为形同杀婆罗门，而如前所述，牛的产品是极有功效的净化媒介。与此对应的是贱民与牲畜的关系。贱民的职责之一是处理死亡的牲畜，剥皮以制造皮革制品，这一点毫无疑问是不可触性的主要特征之一。例如在恒河平原，贱民中人数最多的卡斯特是"卡玛尔"（*Camār*），也就是"制革人"，他们是农业生产的主要劳力来源。而在南部的泰米尔地区，最典型的贱民卡斯特则是"帕莱雅尔"（*paRaiyar*），就是"鼓人"（"*paRai*"意即"鼓"，英文"pariah"，也就是受鄙视者，即源生于此）。因鼓面是牛皮做的，自然是不洁净了，其结果是贱民的专业之一是做村落里面的乐团。由此可见，和婆罗门相当而半神半兽的牛，实际上成为把最高阶的人与最低阶的人区分开来的工具。牛的神圣性具有社会功能。此项特质的发展，在历史上一定是和吠陀社会转型成为印度教社会的过程同时出现的，而此一转型涉及洁净和不洁此对立原则在运作上的普遍化。

关于贱民，还有一点值得指出。他们实际被迫要离村而居，被迫从事被贱视的工作，这些特征很容易叫人以为他们不属于宗教社会范围。隔离歧视贱民的原则虽然是宗教性的，但是对立原则的根据所在，换句话说，贱民与其他人的共同点之所在，却必须要在宗教以外的领域去寻找。事实上它不得不是简单纯粹的经济与政治现实。但这样想并不正确，

---

[1] 我们将在讨论素食主义和非暴力（*ahimsa*）的时候再次考虑这个问题，见65节。

为了了解其中的事实，我们需要习惯一种完全陌生的思想。我们已看到，有些人不得不从事不洁的工作乃是为了维持其他人的洁净。两个极端都是必不可少的，虽然两者不平等。民族志上关于印度南部的记述可充分说明这一点：举行村中的仪式时，贱民的参与是不可或缺的，因为他们要担任音乐吹奏者，甚至要担任祭司。结论是，实际存在的社会乃是由两个不平等但却互补的部分构成的一个整体。有关灵魂转生的信仰也与此现象完全吻合 [1]。

25.6 标准的增加与身份的分支

到目前为止，我们只讨论了基本对立的主要形式，如表现于不可触性之上者。现在我们讨论一下本节开头所提到的第二个问题：洁净与不洁之间的对立原则不但可以说明为什么要隔离贱民，而且也可以说明为什么会有那么多的卡斯特之区分吗？传统上将整个社会划分为四个卡斯特或瓦尔那（Varna）这个问题留到下章再讨论，目前只把两类现象平行排列出来：区分身份的标准之大量增加，而这些标准全都与那项基本对立原则有关；在一大堆社群之间把阶序性的身份分配出去，甚至可以用模拟的方法说是分支化。

我们认识到，不洁的基本的、普遍的基础在于人类生活的有机层面，

---

[1]　参见 *Sous-caste*，Index，s. V. Intouchables，同时较一般性的讨论可参见 pp. 365-371；还有 *Contributions*，III，pp.33-35（ref.）。

　　转生的理论根据功德与恶德把前后世联系起来，因此使前后世之间有互相依赖的关系。至少在谚语中，人们时常把他们当世的种种不幸归于前世的种种罪过。Ketkar 提到一个玛哈尔人（Mahar），他是马哈拉施特拉邦的贱民，虽然不识字，可是记住了不少像图卡拉姆（Tukārām）与南德夫（Namdev）等虔诚诗人的诗句，对转生理论也很熟悉。他相信虽然这一世自己是个玛哈尔贱民，但这是他前世或前几世所犯的罪过造成的，而在这一世中，由于他渴望学习梵文，渴望读《薄伽梵歌》（Gita）与《往世书》（Puranas），表示在下一世他将会是婆罗门（前引书，I，p.115）。

由此发展出从事某些专业者（前面已提到过的洗衣者、理发者等）的不洁。讨论牛的崇拜时，我们见到一项区分标准，明显和洁净与不洁的区别有关，但它是古代印度社会的发明，其运用和贱民所处的情境有关。还有很多其他区分标准也是这样产生的。比方说，佛教的遁世修行伦理，特别是耆那教扬弃俗世的伦理，一定对当时的婆罗门造成相当大的压力，于是大多数婆罗门便也采取素食习惯，因此直接或间接造成素食优于肉食的想法，使素食成为洁净的象征，而肉食变成不洁的代表。到这里为止，高级与较洁净是意义相同的。也就是说，在这种意义上，就意识形态而言，洁净程度的差别成为身份高低的基础。饮食习惯的区别很重要：它与社会中的一条大鸿沟对应（不过，下文将看见此鸿沟有时被其他因素平衡）。此外，以饮食习惯的区别作为卡斯特的划分标准可以分支化，因此这项标准还有另外一项好处：如野味比猪肉洁净，因为猪是低卡斯特的人用垃圾养大的；草食动物的肉比肉食动物的肉洁净等细分。这就使得可以在肉食者这个范畴内又区分出多个不同的等级。

此外还有其他区分标准存在：婆罗门不准离婚；婆罗门的寡妇不能再婚；实施（或过去实行）童婚制。针对上述各项习俗，一个卡斯特若其习俗与此违背即被视为较低级，而婆罗门的习俗难以胜数。这些现象是不是也可以说是和洁净与不洁有关呢？对婆罗门而言，婚姻不可解除有其宗教价值，童婚（女孩必须是月经未至者）也几乎一样。而这些习俗又是因为和婆罗门有关而具有洁净的色彩。以上我只是把最常见的那些标准中的几项绝对性的标准列举出来。此外还有一些相对性的标准，例如：谁可从某个卡斯特的人手中接受何种食物？某些人的某些事是不是可由某种专门的人负责？

现在我们考虑一个卡斯特与其邻近的其他卡斯特之间的相对等级是怎么认定的问题。一般而言，一个卡斯特被视为比某些卡斯特高级，同时也比某些卡斯特低级。认定一个卡斯特的等级时可以使用不少标准，其中最少有两项是必不可缺的。举例来说，某个卡斯特的成员可能会说："我们是素食者，因此我们的等级比食肉的 X、Y、Z 等更高。但我们允许寡妇再婚，这使我们的等级不如 A、B、C 等，他们禁止寡妇再婚。"值得注意的是，这两项基本性的评断标准，在应用的时候都是把一组卡斯特的组成分子划分成两部分，其中一部分的等级比另一部分高。说"我们是素食者"也就是把自己和所有素食的卡斯特放在一类，而和所有非素食的卡斯特对立。因此，卡斯特的等级排比也就是应用一系列的这类二分标准，但最少要有两项标准存在（假定各个卡斯特的高低等级一定要排成一线形系列）：其中一项二分标准把该卡斯特与比它低级者分开，另一项标准则把该卡斯特与比它高级者分开，每项标准在应用时也同时把该卡斯特与未被区分开来的卡斯特联合在一起。

因此，在一个特定的地理区域内，即使基本的区分原则非常清楚，大家也都同意该原则适用于一切情况，要把该地区内所有卡斯特全部依照等级高低排比出来，仍然相当困难。原因是实际用来区分的标准非常多，而这些标准之间的高下关系有待评定。每个卡斯特都会想尽办法使自己的等级比其他卡斯特的等级高，但其他卡斯特不见得同意其看法。这个问题等我们讨论阶序时还会碰到。目前我们只想确立三点：（1）在人们的意识里面，所有的区别标准全都是同一基本原则的不同表现形式而已；（2）每一项区别标准都把整个社会一分为二；（3）这实际上即是阶序原则（the hierarchical principle），从 A 到 Z 卡斯特的地位高低排列只不过是该原则的衍生物而已。

在接下来的讨论中，我们将使用此项陈述：每一项和身份有关的基本性评断，都把一卡斯特和其他具有该项基本特征者联合起来，也都把该卡斯特和其他不具该项基本特征者对立起来。可以由此看出基本对立原则，被认为是整个系列那些数量繁多的具体区别标准的本质，实际上也就是整个阶序格局的基础。由此得出一项结论，如果有一定数目的群体必须要排比分类，就需要有与之相当数目的具体标准，因为一个线形的不重叠的 n 群排列，需要有 n-l 数量的排列标准才能成功。

25.7　变形与异形

　　由上所述，在不同的地区会发现地区性的差异，发现不规则现象和异形（anomalies）也就毫不足怪了。我们已说过，理发师在印度南部等级低的原因是他兼任葬礼祭司。在印度北部，理发师不必任该职，身份就此较高，成为婆罗门主持家族仪式时的帮手或仆从，成为吉祥事件的报信者；葬礼祭仪则由特别的祭司担任，其称呼为"大婆罗门"（*Mahabrahman*），但实际的身份是某种贱民。其他人都尽量避免和他有任何关系，只有在不得已要请他代表死者时才和他来往。我此处所说的印度北部，实际上是特别指北方邦（Uttar Pradesh）。其东邻比哈尔邦（Bihar）的理发师据说也是不洁的。再更往东的孟加拉邦 [1]（Bengal），理发师则又没什么不洁可言（Dalton，p. 324），可以假定他所从事的工作也应有所不同。在较一般性的层面上，对不可触性的感觉与规定的森严程度在各地不尽相同。印度南方远比北方传统，甚至可以说在其他地方已不过是习惯与礼貌的事情，在南方仍然深具宗教意义。比方说在北方邦人们就把一些事情仅看作礼貌习俗，虽然还是得遵守。北方地区，除了像现孟加拉国、阿萨姆（Assam）这些婆罗门不那么稳固的边缘地区以外，在现代以前都深受伊斯兰教的影响。例如在旁遮普，不可触性就相当微弱，只有那些被清道夫触摸过的食物不可食。德里的印度教徒会从信伊斯兰教的仆役的牛皮袋子中接水喝（据说空气把水净化

---

　　[1]　编注：达尔顿（Dalton）的书出版于 1872 年，因此孟加拉邦指的应是现印度西孟加拉邦与孟加拉国、巴基斯坦共同组成的原孟加拉邦。

了）；在旁遮普西部，印度教徒自己也会使用这类水袋子（O' Malley, *Indian Caste Customs*, p.110）。此外，使用皮鞋在受伊斯兰教影响的地区比较常见，不过皮货及皮鞋本身仍然具有不洁的特质。例如布兰特（Blunt）提道，在北方邦某些卡斯特的人们中间，如果犯戒的成员没有能力付罚金的话，就把卡斯特会议成员的鞋子放在他头上以为严惩，因为那样他即严重受辱（*Caste System*, p.124）。不过，这个例子严格说来并非洁净与不洁的问题（比方说，事后洗澡也于事无补），而是因此导致身份下降——或者只是荣誉下降——大致来说是耻辱的问题。反过来说，耆那教可能对与有机世界隔离这项原则的加强很有影响。耆那教徒遵守长期不洁状态中的禁忌——生小孩时四十天，和希伯来人及基督教徒的情形一样——而且他们，最少是教士，视尊重生命的原则优先于"外在的"洁净原则：教士不洗澡，免得杀死"水中的生命"[1]。此外，在有些地区可以看见新入教者的超级狂热，比如拉杰贡德（Raj Gonds），这原来是个部族，于15世纪左右成功地在德干高原建立王国时才信奉印度教，据说他们烧饭用的柴在烧用之前都得先洗干净（O' Malley, p.103）。在其他地方有时会发现信仰的素材，而非信仰本身。比方说，有个人属于种蒌叶（betel）的卡斯特，小心翼翼地保护种植此植物的园地，以免其受不洁的影响（Blunt, p.294）：这里所表现的是防止可能针对植物出现的危险，很像是在那些不洁观念并不凸显的社会中常见的情形。另外还有个很不一样的例子，是一本印地语（Hindi）小说中的故事。故事本

---

[1] *Encyclopaedia of Religion and Ethlics*，见"Purification"。值得指出的是，耆那教（Jainism）是一种与佛教同时兴起的教派，今天在印度仍然存在（参见 V. A. Sangave, *Jaina Community, A Social Survey*, Bombay, 1959.）。实际上，就不洁的期间这一点来说，古吉拉特（Gujerat）邦的耆那教徒似乎可与那伽尔婆罗门（Nagar Brahmans）媲美，这是一种极发人深省的情况，因为其情形类似于前面提到的创始于各个教派（特别是耆那教）的素食主义为何得以流行（最后这一点非常重要，我无法加以忽略，不过我根据我已想不起来，在本书出版时无法加注。资料来源很可能是出自 Alice Margaret Stvenson 的一本著作，但我无法查证出来，也无法提出更多的详情）。

身和不洁的观念毫无关系，讲的是有个学生，他们城市商人的儿子，走进妻子刚生产一个男孩的房间时整个人被喜悦所笼罩。他本人和他所感受的快乐不成比例，表现出来的方式深具特色：他因此而深感恐惧，因为他并不值得拥有如此的幸福与快乐。"他这样一个罪孽者，怎么能享受这样的神宠呢？**他并没有做任何禁欲行为以准备迎接此等幸福呀！**""上帝的慈悲无边"（强调为笔者所加）这种表现方式完全符合一种非常古老的模范：接受神圣的事物之前必须先经历一个转变过程（Premchand, *Kambhūmi*, p.70）。此外也有与前述情况完全反过来的例子，身份低下者害怕与身份高尚者接触[1]。下述的例子表现的是一种原始的关于危险的概念，害怕某些接触会造成直接的（而不是社会性的）危险，这个例子涉及不同的群体成员之间的接触：坦焦尔区（Tanjore district）一个泰米尔人村落中的帕拉尔（Pallar）贱民相信，如果婆罗门走进他们的聚落区，他与所有的帕拉尔人都会因此生病且陷于不幸[2]。以上所举的例子均说明不洁以及与之有关的概念之存在。

25.8　语意比较举要

洁净与不洁的对立原则似乎就是阶序的原则本身，以致它与高阶低阶的区分原则合而为一。不仅如此，它还左右了隔离的原则。我们已看到洁净与不洁对立的原则在很多层面导致孤立、退缩。时时关心洁净问题就不得不消除个人有机生命过程中一再出现的不洁，要设法和具有净化功能的媒介接触，要避免与外界的社会性的与非社会性的不洁之媒介

---

[1]　参考 Bouglé, *Essais sur le régime des castes*, pp.205 ff.; Hutton, p.58（依据 Buchanan 与 M. S. Aiyangar）; Srinivas, *Coorgs*, p.28 等著作。布格列把这些数量不多的例外看作代表一种趋向互相"拒斥"的倾向。但有关的知识太少，要如何加以解释是件很难掌握的事情。

[2]　E. K. Gough 的著作，收在 Leach 所编的 *Aspects of Caste*, pp.49-50。

接触。禁止某些种类的接触与不可触性的概念符合，因而有各种与食物和婚姻有关的规则。必须指出的是，一个群体虽然是分支化的，但它的相对洁净程度是该群体成员非常重视的特质，成员会一致设法不使它因与不洁者接触而降低。同时也得指出，每一群体都设法保护自己，不和比自己低阶者接触，但并不在乎和比自己高阶者接触。和更高阶者之间的隔离纯粹是高阶者的拒斥所造成的结果。那些特别是和避免接触不洁者有关的规则等到后面各章再讨论，以便目前先讨论特定的个别群体与整体之间的那些问题。

在结束本节之前，有必要指出我们到目前为止所进行的讨论之限制所在，也有必要指出比这更完整的一个讨论其轮廓大致如何。我们已设法重建一个基本的观念，这项观念对一个印度教徒而言确实包罗万象，非常具有整体涵括性。为了重建此观念，我们拒绝把它和我们习以为常的观念混淆，比方说把洁净的观念看作源于卫生的观念之类。我们指认出一个和我们自己的观念完全不同的观念。这个观念是了解印度社会体系必不可或缺的，但这只是印度与西方意识形态之比较的第一步而已，此处可简短地说明一下这种研究方法可能进一步发展的途径。这里面的问题有点像是从一种语言转换成另一种语言时的情况，同样的语意领域被不同的语言加以不同的分割。比如英语大致将可以吃的植物划分为水果类与蔬菜类，但是泰米尔语则把它分成"*kāy*"和"*paLam*"两类：前者指那些必须煮过或处理过才能吃的绿色果子，后者则指可以生吃的熟果子。不过，本书所讨论的例子，在不同的层次之间还存在着一个阶序性的关系。洁净的观念有点像是一把大伞，或说是有点像慈悲圣母的斗篷，里面藏着各式各样不同的东西，那些东西我们也加以区分，但印度教徒在任何情况之下都不会混淆。这就好像是用不同的理念形貌（configurations of notions）指称语意宇宙的同一个区域那样。必要的时候，可以使用功能的概念，以便从一个案例转换成另一个，比方说指出洁净的概念有卫生的功能之类，但很明显，这样做也就是退回到我群中心主义了。让我们只指出某些明显的重叠处好了。除了那些生理层面（干净、卫生），和洁净有关的礼仪在某方面和我们称之为文化或文明的东西相当，例如，比较有洁癖、会挑三拣四的卡斯特被认为比更加随便而不拘泥形式的卡斯特文明高尚。在社会组织方面，洁净的卡斯特在某方面而言等于我们所说的"明理"的、"有教养"的人。在与自然有关的方面，我们已指出，不洁也代表生物性的事物闯入社会生活。因此我们在这里发现不洁在功能上对同于在我们［西方］的社会中非常明显的人与自然之间的鸿沟，虽然印度思想似乎对此鸿沟毫无所觉，甚至加以排斥。最后，洁净的概念并非完全等于有荣誉的、有益处的、吉祥的（在上述各项性质中，不但有种种细微的差别，甚至还有些奇怪的倒反现象）：不论如何，有一点很明显，那就是在普通的价值天平上，西方直接从善与恶推衍出来的价值领域，在印度教思想中是由洁净与不洁所占据，但后者所采取的区别标准并非绝对性，而是相对性的，这一点有助于了解印度教的伦理世界。

26. 分支化：卡斯特与次卡斯特

到目前为止，我们只讨论了卡斯特的结构性的一个面向。为了讨论整个体系的一般原则，事实上我们只把卡斯特当作一个庞大鸽房里面的一个巢来加以考察。但卡斯特并不是一个个别的鸽巢，更不是一排孤立的鸽巢，而是通常又划分成好多个不同的次卡斯特，最少在初步层次上是这样，且更常见的是次卡斯特之下还有各类细分。由于分支的情形非常普遍，以致有人建议应把次卡斯特视为最重要的群体，视为"真正的"群体。梵文学者塞纳尔（Senart）似乎是首先提出这个问题的人。他关注的焦点是要对现代实际存在的情况有明确的了解。他发现，具有很多通常被认为是卡斯特所具有的特征的群体实际上是次卡斯特：比方说婚姻的对象限制通常并不仅仅是要属于同一个卡斯特，而且必须是同一个次卡斯特；具有司法机构权限的也是次卡斯特，而非卡斯特；一个地区内的次卡斯特成员集会讨论事务，有权力对其成员施加断绝往来（excommunication）的惩罚。因此，塞纳尔下结论说，应该是次卡斯特，也就是那个内婚的单位，那个内部法律的订立与执行群体才是基本的机构，而且从逻辑上来看，科学研究应把它看作真正的卡斯特。

有不少学者同意他的看法，其中较著名的是印度的社会学老前辈古里耶教授（Professor Ghurye）。他在 1932 年写道："一般而言，整个社会所认知的虽然是卡斯特，但就个别的卡斯特或个人而言，他所认知的是次卡斯特。"他进一步说："有很多理由使我们如果想对此制度有个社会学上正确的想法，就应该把次卡斯特视为真正的卡斯特。"然而，他似乎并没有真正把自己的话付诸实行，不过最近倒有人这么做了：卡维女士（Mrs. Karvé）坚决反对古里耶的另一观点：她认为卡斯特是由许多次卡斯特合并形成的，而不是卡斯特分化成几个次卡斯特。更一般性地说，她认为卡斯特是由于不同的群体融合而产生的，而不是由既存的群体分化而成的[1]。她似乎并没有注意到自己其实只是进一步发展了古里耶（以及塞纳尔）的见解，把次卡斯特而不是卡斯特当作实相。但不

---

[1] Senart, *Les Castes dans L'Inde*, Paris, 1894. 古里耶也写道（*Caste and Race in India*, 1932, p.19）："把内婚视为一个卡斯特的主要特征的话，就会把所有的所谓'次卡斯特'都视为真正的卡斯特。Gait 指出两项反对这种看法的理由（见 *Encyclopaedia of Religion and Ethics*，II，234）……这种看法和土著对此问题的感觉相反……至于印度人拒绝把次卡斯特当作卡斯特这一点，必须指出的是，这最多只呈现了问题的一面罢了。因为，假定我们把范围局限于马拉塔地区，对于外人而言，一个沙拉斯瓦婆罗门（Saraswat Brahman）只不过是一个沙拉斯瓦（Saraswat）；但对于一个沙拉斯瓦而言，同一个人更常被看作一个先维（Shenvi），或是一个沙斯提卡尔（Sashtikar），也或是一个佩得内卡尔（Pednekar）。一般来说，虽然就整个社会而言，受重视、被承认的是卡斯特，但就个别的卡斯特或个别的人而言，受重视的是次卡斯特。"（转下页）

论如何，她是真正把名称加以改变的人，把次卡斯特称为卡斯特，而用卡斯特丛集（caste-cluster）来称呼原来的卡斯特。这是一项重大的发明，因为这样的说法等于是说没有所谓洗衣匠这个卡斯特存在，而只有各种不同类的特别的洗衣匠群体（次卡斯特）存在。这种说法就整个体系而言显然是荒谬的，只有像她这样的学者所具的狭隘视野才会觉得它说得过去。因为她关心的只是各个群体的起源、特殊习惯和种族成分，这些当然是整个体系在经验层面得以建构起来的**素材**，但并不能构成整个体系本身。

另外有一派思想与此正好相反。布兰特坚持主张内婚制是卡斯特定义的要素。他基于两点理由反对塞纳尔的理论：首先，内婚在次卡斯特层面没有像在卡斯特层面那么严格（在北方邦，有些次卡斯特之间的某些婚姻是被允许的）；其次，必须采用印度社会自己的概念。他像古里耶一样强调这个名称的相对性。如果有人问某一个人"你是什么卡斯特"，也就是问"你是属于哪一个佳悌 [jāti]"，回答的人可以用他所属的瓦尔那（varna：参照第三章）名称加以回答，或答以他的卡斯特尊称或别号（caste title），或他的卡斯特名称，或他的次卡斯特名称，甚至以他所属的那个外婚群（氏族）的名称来答。以上的各个答案都是正确的，这当然和问话时的情境有关。不过佳悌（卡斯特）最优先的意义乃是出生与世袭群体，而且虽然它在大多数情形下和内婚有关，同时也指双系传承，不过有时候并不排除指称单系传承与外婚的可能性。它是一个指涉群体（reference group）：指出我所属的群体也就是指出我的本质，这需

（接上页）Irawati Karvé, *Hindu Society, An Interpretation*，特别是 p. 16、p. 19（caste-clusters）以及 pp. 28-29。认为卡斯特是由兼并或聚集而产生的，而非由分裂所产生的，这种想法并不新鲜，比方说参见 Blunt, *Caste System*, p.50："在以前，聚合可能是最普通的形成过程"；还有 p.225，北方邦的班记（Bhangis）的例子：这个名字只不过是一种职业名称（清道夫与捡破烂者），它似乎把各种不同的社群联合成一个卡斯特，而事实上其组成分子包括好几个不同的卡斯特：Helas，Lal Begis，等等（依据 W. Crooke，1896）。

要很清楚地知道问题问的到底是什么层次。有两位作者很明确地认知这些群体的结构性质。凯特卡（Ketkar）说："群体可分成好几个不同的层次等级……'卡斯特'这个名称可用来指任何一个层次的群体……一个群体到底是一个卡斯特还是一个次卡斯特，要看它是和较大或较小的单位比较而定。"（15页）奥马利（O'Malley）这位优秀但不为人知的学者则从一个稍微不同的角度说："（卡斯特的）每个分支和其他的分支之关系上均具有其'社会价值'。"这好像是伊凡－普理查德或他的学生所写的一样（参照23节），而事实上这是一位前英国行政官员，好多本方志（District Gazeteers）的作者，在一本1932年出版的通论性小书中所写的。由于奥马利、凯特卡，还有布兰特的一般观察，甚至古里耶的也包括在内，细心的读者必然已经掌握到这些群体的结构性质了。其结构性质也表现于迈尔（A. C. Mayer）指出的人类学上对此名称在用法上的变化[1]。在这些条件下，为了界定什么才是"真正的群体"而去选择某个特别的群体层次是徒劳无功的，那就像是要找出独立于社会体系之外而存在，像现代意义下的个人那样的一类社会实体，是没有用的。除此以外，要这样做，唯一的办法是赋予某些特征首要的意义（比方说内婚制、司法、特别习俗，等等），而这些特征就其与整个体系的关系而言，并没有任何足以占特别重要地位的理由存在。举例来说，如果某个卡斯特是专业性的卡斯特，其名称完全不受进一步分支的影响。同样的，即使一个卡斯特的等级是依照其某一分支的习惯而被划分的，但其等级并不只适用于

---

[1]　Blunt 前引著作，Chapter I，pp.6-8，§7-8："一个卡斯特是一个内婚群体，或者是几个内婚群体的组合，拥有一个共同的名称……"（这定义是由 Gait 在 *Encyclopaedia of Religion and Ethics* 中的定义发展出来的。）根据赫顿的说法，则塞纳尔是正确的，不过印度教徒自己的用法还是必须要加以采用。

　　Ketkar，*The History of Castein India*，I, 15：他又说："'卡斯特'和'次卡斯特'这些字眼并非绝对，其意义只是比较性的。较大的群体会被称为卡斯特，较小的群体则被称为次卡斯特。"O'Malley，*Indian Caste Customs*，p.21（同时也见最前面的部分）。A. C. Mayer，*Caste and kinship in Central India: a Village and its Region.*，London, Routledge, 1960，p.3.

那一分支，而是适用于整个卡斯特。这个情况正像古里耶在前引那段话中所说的那样：从外面，或者说从全面性观点或另一个卡斯特的观点看来，见的是卡斯特，整个卡斯特，往内部看去，它就分支成几个次卡斯特，实际上是分支成次卡斯特之下众多的地域性环节。卡斯特众多不同的特征并不是由某个层次的一个"群体"所拥有，而是各个不同分支层次的群体所共同具有。

这样的说法还是不够明确，由我们使用"群体"和"分支"这些字眼时其含义仍然相当含混足以说明。迈尔以这个问题作为他那本重要著作的一项主题，他的研究使我们可以把观念说得更明确。他写道："卡斯特和次卡斯特均各具有两个层次的定义。第一个层次是它所涵括的'总'人口，这也是大多数这一方面的文献所论及的形式上的定义。第二个层次指的则是**实际发生作用**的卡斯特群体与次卡斯特群体；这个层次里我们讨论的就纯粹是地域性的关系了。"[1] 不同卡斯特之间的关系实际上存在于一个村落的范围之内：一个理发师受雇用是以他作为一个理发师的身份被雇用，而不是以理发师的卡斯特之下的某个次卡斯特成员的身份被雇用。因此"实际发生作用的卡斯特群体"也就是在个别村落里的某卡斯特的成员全体。卡斯特内部的关系正好相反，主要的是次卡斯特内部的关系。例如一个人以某个次卡斯特成员的身份离开一个村落去结婚或寻求公道："实际发生作用的次卡斯特群体"对应的是由好几个村落组

---

[1] Mayer 前引著作，p.151。这本专刊首开先例研究"多卡斯特"村落中的一个聚落（以前的著作研究的都是单卡斯特村落，除了仆佣，全村人都属于一个卡斯特，像我自己的 *Sous-caste* 一书的研究对象即是一例），而又同时把研究范围扩大到村落之外（这一点和很多专刊的情形不同）。该作者因此能采取一种比较统合的观点（见他的导论，pp.3-10）。布兰特（*Caste System*，p.10）已经明白把那些名义上的卡斯特与实际发生作用的群体区分开来；*zāt*（或 *jāt*）指的是把卡斯特视为一个整体，而 *birādari* 或 *bhāīband*（兄弟）指的是"住在某个特定住宅区的一群卡斯特弟兄，任何和卡斯特有关的事情都一起行动……就人数而言，它所包含的成员只是整个 *zāt* 的一小部分，然而就性质而言，它却是能够行动的 *zāt*"。

成的一个区域，其范围可能会比整个次卡斯特的分布区域小得多（一个次卡斯特分布的区域等于是有亲戚关系的人所构成的范围）。正像我们试着要做的那样，迈尔很小心地把理论与实践分开，把意识形态和观察所见者区分开来，两者兼顾而不顾此失彼。同样的，而且也正因如此，他比其他先驱更清楚地提出各层次的"相对性"，把卡斯特分支特质的各种形式的功能都提了出来。我们可以把他的分析摘述如下：他说明卡斯特理论，在实际发生作用的层次上如何与地域因素结合在一起，也说明这是卡斯特的分支性格使然，使不同的功能可以分别系于不同层次的现象[1]。

就目前而言，我们暂时满足于下述观念：在卡斯特（及其对外关系）的层面和在卡斯特分支（及卡斯特对内关系）的层面之间有延续性存在，关于次卡斯特的其他方面等以后再讨论[2]。

---

[1]　作者在做推论时异常小心。他指出，特定的功能并不是一成不变地和某层次的分支结合（p.160）。我们可以同意迈尔的说法，主张村落内部的关系一般说来即是不同卡斯特之间的关系（个别次卡斯特在当地群体其内部的关系除外，那是属于父系亲属之间的关系）；而卡斯特内部的关系则永远是次卡斯特内部的关系（除了那些极少见的同一卡斯特的不同次卡斯特之间的关系），而且把很多不同村落的成员串联起来。这本著作有不少与此有关的宝贵资料（譬如 p. 49：那些人可以一起用餐的规则适用于特定的村落里面，访客必须遵守）。但是，正如括号里面的种种例外情形所显示的（我们可以指出，从另外一个村子来的人能够受雇做工），和地域因素有关的行为模式与和卡斯特**原则**（不论是绝对还是分支的）有关的行为模式这两者之间并非完全吻合。在迈尔在诠释布兰特的某一段（p. 9）中，他似乎主张卡斯特与次卡斯特具有不同的性质，属于不同类别的群体。事实上，这些特质有的是外部的，有的是内部的，彼此互补。我宁可说两者并不是两个群体，事实是那个有些人想要发现的"真正的群体"，是由卡斯特、次卡斯特等组成，而又受地域因素影响的一个复杂整体。我并非同时属于两个不同的群体，我是属于一个复杂的群体，在不同的层次有不同的面向与功能。

[2]　有关卡斯特分化的萌芽，以及分化后的不同名称的性质在一特定地区的表现，可参见布兰特前引书，p.38 以后。该地区目前属于北方邦。作者把分支（次卡斯特）和外婚单位（氏族）合并在了一起。

第三章
阶序："瓦尔那"理论

31. 阶序通论

我们已论及阶序，但尚未加以界定。之所以必须以阶序为讨论的出发点，理由有二，两者彼此相关：首先，阶序是整个体系的各个组成部分有意识地用以指涉整体时所采用的形式；其次，它是此一体系的性质中被现代作者所忽视的一面[1]。

就现代意识而言，阶序指的是一个**发号施令**的阶梯（a ladder of command），较低级的梯阶被涵括在较高级的梯阶之内，有规则地层层上升。比方说"军事上的阶序制度"（military hierarchy），指的是人工创造的层层节制的服从体系，从最高的总指挥到最低的大兵。因此它也就是一种有系统的梯阶式的权威体系。印度的阶序当然和分等、分级有关，但其本身既非权力也非权威；分等级与权力及权威必须加以区别。在我们自己［西方］的传统中也可以做这样的区分。《小牛津辞典》（Shorter Oxford Dictionary）对"hierarchy"这一条的描述是："（1）天使的三个等

---

[1] 我们以阶序为出发点，理由有二：首先，我们是从整体而不是从部分出发，其次，我们是从较易自觉意识到的部分（阶序），而不是从较难意识到的部分（分工制度）出发。和同一层次的其他面向比较起来，此种意义下的阶序是最根本的。其基本性表示它与我们自己有一种关系，因此，根本上而言这是一个方法学的问题，而非本体论的问题。我们的目的是超越那些现存而我们认为不完全、不充分的观点，而不是要对这种现象的真相到底如何做决定性的论断。要做出那样的论断，就一定要与我们自己以外的社会做过比较才行。

级……（2）神圣事物的统治或管辖……（3）教士们依顺序排列所形成的组织。（4）依照等级、次序、类别一个接着一个排出高下的一群人或是一些事物。"[1] 可见这个名称的原始意义与宗教性的等级有关。在此我们将沿用此一意义，并使它更明确一些。我们必须承认，一旦把发号施令的观念摆在一旁，宗教性的事物观就不得不把各种存在物依其高贵程度加以分类。然而，宗教这项因素并不是不可或缺的，因为还有其他原则也适用于此。每当有人要判断一个整体的各个组成部分与该整体之间的关系时，即使该评断像柏拉图的《理想国》那样是哲学性的，也是如此。因此，我们把阶序界定为：**一个整体的各个要素依照其与整体的关系来排列等级所使用的原则**（the principle by which the elements of a whole are ranked in relation to the whole）。当然我们知道在大多数社会里提供整体观的是宗教，因此分等常常是宗教性的（本书《导论》第 7 节已说明此类整体观的必要性）。

这里所讨论是一些对我们而言已全然陌生的概念，因为我们［近代西方］平等主义社会采用的是与此相反的概念，正像托克维尔所指出的那样。在现代，阶序已变成"社会阶层"（social stratification），也就是一种羞于谈起的阶序或是一种无意识的、受压抑的阶序。很多印度知识分子也都已无法理解阶序的概念，因为他们接受的是欧洲传统的教育，受

---

[1]　比起实证论的《利特雷法语辞典》（*Littré*，同条目），《小牛津英语辞典》在这一点上更合逻辑："（1）教会这封建等级中不同层次的高低次序；（2）不同的天使合唱团的高低次序；（3）依此推论，指权力、权威，等级。*Grand Larousse* 引用 Bossuet：教会权力的神圣的高低排列次序，依照上天的阶序来排列。"同时参见 *Grande Encyclopédie* 的相关条目（早在拜占廷帝国时代，即已引申用到政府组织及整个社会组织上面）。

现代政治观念影响已超过一百年以上[1]。结果，阶序一点都不意外地成为卡斯特体系研究者的绊脚石，早期的研究者如此，较晚近的亦然。

一旦把阶序独立出来，视之为纯粹的宗教价值的问题以后，自然就得讨论它和权力之间的关系如何产生[2]，也得讨论如何界定权威的问题。在前一章里，我们把阶序和洁净与不洁的对立联系起来。而我们自然认识到，此项对立纯粹是宗教性的，并没有透露给我们任何关于该社会中权力的任何信息。在这方面，我们必须应用传统一项印度理论，虽然它并没有直接讨论**严格意义**下的卡斯特，即"佳悌"，但却和卡斯特极有关系。这项理论即是瓦尔那理论（the theory of the varnas）。不论如何，讨论卡斯特就不得不提到瓦尔那，印度教徒自己也经常把卡斯特归到瓦尔那上去。研究瓦尔那的理由很充分，即使对古代的印度人亦然，研究之后再探究清楚瓦尔那与卡斯特之间的关系，特别是从阶序与权力之间的关系这个角度加以探究。如此我们就可考虑一些地区性或地方性的卡斯特分等的实例。

---

[1] 以下即是现代印度作者对这个问题之缺乏了解的一个例子。在一本很慎重的著作里面，K. M. Kapadia（*Marriage and Family in India*, p.159，第八章的开头）发现，古代典籍把结婚的目的依照其重要性高低排列如下：宗教职责（*dharma*）；生育后代（prajā）；取得快感（*rati*）。他认为，"性……是结婚最不可取的目标"，又说，"与其说结婚是为了性或为了生育后代，倒不如说是为了取得一个合伙人以完成一个人的宗教责任"。不把生育后代看作职责的一部分这种看法是极有问题的，这是完全的误解。像其他很多例子一样，上述条列所显示出来的是一个阶序性的整体，其中位置最低的一项（快感）和更高级的目的比较起来较受限制，然而也正因为它和更高级的目标有关联而显得神圣。很明显，生育后代是职责的一部分，而生育后代即意含快感在内。快感并不是"比较不可取"，它亦可取，只是在一种比较次要的地位上。像 Kapadia 这种依据现代个人主义者观点的解释，把原来一体的资料原子化了，因为他们看不到古老典籍的作者们所感觉到的需求：依照与最高的、永久目标之关系来理性地把所有一切秩序化。

只要再添加一定的我群中心主义，前述观点就会变成 Kardiner（*The Individual and His Society*, p.447）的话了："缺乏此类（社会）流动，像卡斯特制度那样，在理论上必然强化了想赢取声望所带来的焦虑；然而实际上，这种焦虑却最终消失，代之而起的是听天由命和屈服无为的态度。"

[2] 关于阶序与权力分配的区别，见 Parsons，"A Revised Theoretical Approach to the Theory of Social Stratification," p.95（引言见本书第 7 节），还有 p.108、p.128 和 p.665 注 l。

32. 瓦尔那理论：权力与祭司

除了洁净与不洁的阶序之外，印度的确还有另一个阶序存在，这就是传统上的四大瓦尔那的阶序。瓦尔那指的是"颜色"或"封建等级"（*estates*，指法国大革命以前旧社会所用的那个意思），一共有四个范畴：地位最高的是婆罗门，也就是祭司；其次是刹帝利，也就是战士；再其次是吠舍，现代用法中指商人；最后是首陀罗，指仆人或穷人。这只是初步的说明，我们会进一步把这些类别在历史上不同时期的实质意义加以说明。除此以外，实际上还有第五个范畴，即贱民，他们被排除在分类表之外。瓦尔那体系和佳悌（卡斯特）体系之间的关系很复杂。印度学家有时把瓦尔那和卡斯特搅混，原因是古典文献讨论的均只限于瓦尔那。塞纳尔把两者区分清楚之后，我们再也没有理由把两者混淆起来了[1]。

另一方面，近年来的人类学著作似乎又过分忽略瓦尔那体系的重要性，即使是从严格意义下出发的卡斯特之观点，还是有其重要性。然而，近年来的研究偏向于把瓦尔那的分类看成不过是一项残留特征，认为它与当代社会实相无关，如侯卡特所述[2]。和我们年代较近的作者却指出瓦尔那理论在现代仍具有一些功能（参照 33 节），但很少人对此加以研究。在这方面，我们得先注意到瓦尔那阶序的构成方式和卡斯特阶序的

---

[1]　塞纳尔（Ross 英译），pp.114-119。他的研究以现代卡斯特为出发点，可以说是当代研究低估瓦尔那的倾向之创始者。在他看来，（古典的）瓦尔那代表古老的（吠陀时代的）名词，描述一种当时的现实情况，而目前的现实情况已大不相同，这些名词也就与现实脱离了。与塞纳尔同时代的奥登堡（Oldenburg, 1854-1920）对于民族学比较清楚，在这方面的想法就没有这么截然二分（参见他依据 Fick 的著作对塞纳尔著作所做的批评）。韦伯在其著作 *The Religion of India*，*The Sociology of Hinduism and Buddhism*, Glencoe，1958 里面，仍然常常把 *varna* 译成 *caste*。

[2]　"这种说法，常常有人不断告诉我们，和现实情况毫无近似之处，四个卡斯特的体系（原文如此）纯粹只是一种掩饰。"（Hocart，*Caste*, pp.23-24.）

构成方式甚为相似。

由于侯卡特的研究，特别是由于杜梅泽尔（Dumèzil）的研究，我们知道瓦尔那阶序并非线形的次序，而是一系列的二分或包容（inclusions）。四个瓦尔那分成两组：最后一级，也就是首陀罗这一级自成一组；其他三级组成一组，即再生族（twice-born），指这三级的人都有权举行成年礼，也就是第二次出生，并有权参与一般性的宗教活动。这些再生族又一分为二：第三级的吠舍与其他两级相对立；婆罗门与刹帝利，再一分为二，彼此互相对立。我在其他著作中已指出，最先提到的最后这一点是《梵书》（Brahmanas，成书于公元前 8 世纪左右；参照本书附录三），这是关于吠陀经典的评论文集。我们在此只须说，首陀罗的使命就是服侍他人；吠舍的任务是放牧牲畜与农耕，是祭牲的"供应者"，正如侯卡特所说，负责管辖动物；婆罗门和刹帝利则管辖"一切生物"。我们在后面将进一步讨论这两个最高阶者之间的团结关系以及两者的区别：刹帝利可以像吠舍一样要求举行献祭，但只有婆罗门能负责举行该祭仪。因此国王没有任何神圣的功能。在此我们可以见到，此一阶序所依据的一系列二分对立，在形式上有点近似卡斯特的阶序，而且其性质基本上也是宗教性的。不过，它并没有那么系统化，而且其原则也不一样 [1]。

我们似乎可以把这个后期吠陀社会（Vedic Society）的四级区分看作把一个第四阶级加到原来既有三个阶级之后的结果。原来的三个阶级，相当于印欧民族的社会功能三分化（杜梅泽尔的说法），也相当于《梨俱吠陀》开头几部所说的三分级：婆罗门—刹差—维斯（brahman-ksatra-viś）[2]，或祭司的原则、统治的原则及氏族或百姓的原则。首陀罗要到《梨俱吠陀》的一首晚期赞歌中才出现，似乎是指当地原有的民族（像陀沙

---

[1] 细节方面以及引用文献，见本书附录三。其排列方式和卡斯特的排列方式完全相同。换句话说，婆罗门与刹帝利合在一起，统治着整个社会，和所有其他社群形成对比。

[2] 编注：ksatra 指统治阶级，viś 指务农之众。

[*dàsa*] 和陀湿尤［*dasyu*]）以被奴役者的身份进入社会里面[1]。婆罗门是祭司，刹帝利是国王阶级的成员，吠舍则是农民，而首陀罗是没有人身自由的奴仆。这个分级法的形式在所有文献中一成不变，一直维持到现代，虽然各个范畴的内容有些变化。特别值得指出的是，后来才出现的各种印度教的经典文献中用以区分个人及其在社会中的功能时，所使用的唯一的概念架构就是这个：即使实际的群体在这些文献中所记载的情形并非像这个概念架构所说的那样，有时候甚至在该架构中处于暧昧的地位，但该观念架构仍然还是这些文献中所用的唯一概念架构。这些文献成书的年代很可能也就是严格意义下的卡斯特体系正在发展中的年代，但这些文献还是总以瓦尔那来指称那些卡斯特，而且还完全掩饰掉第五范畴，也就是贱民的实际出现：每一文献都重复其他文献所言，"并没有第五个瓦尔那……"这样的做法实际上只不过是把既存的架构加以应用而已：贱民被排除于瓦尔那体系之外，正如首陀罗被排除于再生族的体系之外。

　　我们可照凯恩教授[2]的研究，看看古典文献如何规定各个瓦尔那的职责。对于首陀罗的规定很单纯：他们唯一的职责即毫无妒意地服从与服务（*Śuśrusām anusuyayā*，《摩奴法典》，I，91）。再生族的共同责任有三项：学习、献祭、施舍（gift）（*adhyayanam ijyā dānam*，《乔达摩法

---

[1]　为了给瓦尔那制度提供种族性的解释，有些戏剧便以瓦尔那的原义——肤色作为其主题，同时还利用吠陀经典中土著被形容为肤色很深的记载。但这只能解释再生族与首陀罗之间的区别，而无法说明首陀罗以外的三个瓦尔那之间的再区分。参看 Hocart, *Caste*, pp. 27ff.；西尼瓦士（"Varna and caste"）。还有其他人认为瓦尔那是既有的世袭群体，每个群体从事某些特别保留给该群体的职业。然而，事实上这种情况一开始就是社会功能的问题，可以说，一个社会组织要界定其成员的属性时便不得不如此。凯特卡令人信服地说明了针对此处所讨论的问题，属性性质的身份（attributive status）是如何重要（前引书，pp.45ff.）。根据《摩奴法典》（I. 28-9），这些不同的社会功能"在创世的时候即已分配妥当"。

[2]　P. V. Kane, *History of Dharmaśāstra*（*Ancient and Mediaeval, Religious and Civil Law*），II, No.1, pp.19-179, etc.

经》，*Cautama*，X，3），也就是研习圣典、举行献祭、捐施给婆罗门。他们的收入来源不一，要看所**选择**从事的职业而定。婆罗门可以教学、司祭、接受奉献；刹帝利可保护一切生物；吠舍可从事农耕、商业、畜牧、放贷（《乔达摩法经》，前引部分）。《摩奴法典》的说法有些不同，但含义相同：婆罗门有三种职业可任其选择，但刹帝利不可从事该类工作；即再生族的共同职责（*dharma*）[1] 可异于他们赖以为生所从事的行业（*ājivanārtham*）（《摩奴法典》，X，76-7，79）。婆罗门从事的六样事功（上引书，X，75;I，88）只有三样为所有再生族共有（I，88-90）。该法典的第一段韵文列举了这六样事功，在此有必要原样翻译出来，以便了解婆罗门的行为事功如何构成一个整体。此观念表现于成双成对的文字中："教他人学习并自我学习，为他人献祭并自我献祭，施与并接受……"（在X，75 又一字不改地重复一遍）。看得出来，古代想法的精华已保存下来：由低而高的身份依序为服务、经济活动、政治统治、担任祭司。与此同时又依据严谨的逻辑，各种任意选择之收入来源全都被置于宗教目标之下。表面上看来这样的想法似乎有矛盾存在，即和其他再生族相较之下，婆罗门大多从事与其职责无关（任意选择）之活动，即使选择教学和献祭，亦是从事服务业，虽然是宗教性的服务。

瓦尔那体系把不同类的再生族视为性质大致一样。除此以外，它和卡斯特体系最大的对比恐怕是它非常强调各个瓦尔那的功能，而并不怎么强调出生。

古典印度教里还有一些与瓦尔那阶序有关的细节是值得注意的。婆罗门的确享有特权，而且明载于典籍之中。他不可被加害（杀婆罗门和杀牛一样，是最严重之罪），此外有不少刑罚均不能加诸其身：不可打，

---

[1] 编注：*dharma* 意为"正法"，同指宗教义务、律法、社会职责、为人之道，根据上下文选择恰当的涵义，此处译为"共同职责"。下文有译为律法、义务等的情况，也是出于这个原因。

不可加铵铐，不可罚款，不可放逐。博学之婆罗门（śrotriya）在理论上不必缴税。此外，有关无主失物的法律也优待婆罗门。一般说来，无主失物大多归国王所有，但如发现者是婆罗门，则他可保留其全部或一部分。另外，如果一个人没留遗嘱就死了，财产要归国王所有，但婆罗门例外（这里似乎有点功能混淆的情形）。

在吠陀时代，婆罗门的特征是担任司祭的功能。到了印度教时代，献祭已日渐不受重视，逐渐被其他仪式取代，此时婆罗门的最大特征为洁净。此外，在古典时代已有婆罗门瓦尔那本身产生分支的趋势，管理大众神庙的婆罗门受其他婆罗门鄙视。目前，婆罗门世系身份的高低视其服务对象的卡斯特地位而定（《旁遮普人口普查报告》，1911，I，310；*Panjab Census Report*），身份最高的婆罗门是那些不替任何家族或公共神庙服务的人。

一般而言，瓦尔那的阶序表现于各个瓦尔那所受的待遇。婆罗门可免受许多刑罚即是显示其身份之一例。通常而言，婆罗门虽享有特权或可免刑罚，但在另一方面，也会因其身份而受更严重之制裁：婆罗门当小偷被捉到，罚得要比别人更重，这可说是贵人之负担。但有些规定的细节不太容易解释。举例言之，《摩奴法典》规定，首陀罗不可搬运婆罗门的尸体（V，104），这一点无法从洁净与不洁的原则得到合理的解释。不仅如此，从《乔达摩法经》和极裕仙人（Vasistha）[1]以降，都会发现不少看来不合逻辑的规定，而那些规定后来又传播甚广。这些规定里面，有很多事情在相同情况下却规定瓦尔那的身份越低，要遵守不洁状态的时间就越长。比方说，近亲去世，婆罗门守十天，刹帝利守十二天，吠舍守十五天，而首陀罗却守三十天。甚至到目前，在正统教派占优势的

---

[1] 编注：极裕仙人传为"极裕仙人法论"（*The Vashisshta Dharmashastra*）的编纂者。杜蒙此处应该是指"极裕仙人法论"以降。

地方，情况还是这样（不过最长的不洁时期已缩短）。依照整个体系的逻辑，情形应该正好相反才对：因为不洁的威力比洁净更强大，越需要重新取得更高洁净度的人，和不洁接触的结果所造成的影响应该是越严重才对。或许我们仍然没有进入这个体系的堂奥，也或许是婆罗门在这方面把一项本该造成更严重失能的情况转变成为造成更多特权了。后一看法由一些其他事实得到佐证。很多规定都符合前述方式，比方说水要深及身体的哪一个部位才能达到相应的净化目的（《摩奴法》II，62），但死胎造成的不洁净却相反：祭主（*Brihaspati*）（*Āśauca*，34-35）规定婆罗门净身十天，刹帝利七天，吠舍五天，首陀罗三天。在第八章中，我们将看到关于服丧的规定亦类似。

我们说过，古典文献以瓦尔那之称谓所描述的应该就是卡斯特还在雏形时的情况。古典文献中虽然也有 jāti（"佳悌"，即卡斯特）这个字眼，但一般是与瓦尔那一词混用（《祭言法论》*Yajnavalkya*，II，69，206 等处是例外），而且据凯恩所说，佳悌的观念把重点放在出生，而非功能。此外，有些专门指称群体的名称，比方说 25.4 节提到过的旃陀罗（*Candāla*）即是一例，另外还有其他群体的名字，有的和前者地位相同（居于村落之外，《摩奴法典》，X，36，51），有的地位比前者更高。虽然佛教经典文献很早就已证实受贱视的卡斯特和受鄙视的职业之存在，但是如果规范性的印度教文献要提到那些四个瓦尔那以外的群体的名称，通常会把那些群体说成不同瓦尔那的人通婚所生的后代。这种"杂婚"所生的理论在有些文献中说得很详细，提及不同瓦尔那的人混种生出许多不同类别的人，彼此之间的身份亦有高下之分。一般研究者都同意这种"瓦尔那通婚"理论事实上把真正存在的佳悌和瓦尔那联系了起来，但实在很难想象如何把这些人放置进瓦尔那体系里面。至少其中身份最低者根本不在四个瓦尔那之列，但文献经典却一再重复说"并没有第五个（瓦尔那）"，有关的记载一般倾向于把这些人和首陀罗放在一起。早在帕尼尼（Panini，公元前 500 年）的著作里面就因此而把首陀罗分成两种，其中一种是"被排斥"（niravasita）的首陀罗（excluded Shudras）。此后的文献中，像"最末的""除外的"等说法渐渐增加，甚至"不可触者"（aspṛśya）这字眼也出现了。长久以来人们在理论上不愿承认的，最后不得不正视：首陀罗已经取得权利，他们事实上已经成为宗教社会的成员，而那些仍然被斥在外者已构成第五种，即贱民[1]。

此外，和瓦尔那有关的一点，即婆罗门与刹帝利之间的关系，值得在此加以强调。他们之间的关系很早以前就已建立，一直到今天仍然维持其作用。此即祭司和王权的绝对分别。和其他社会比较，国王丧失其宗教权限：他不司祭，而只能请人司祭。在理论上，权力最后受制于祭司，虽然在事实上祭司还是俯伏在权力之下[2]。身份和权力以及精神权

---

[1] 正像首陀罗的例子，可以确定的是，那些属于吠舍的人们其身份也渐有改变。这些改变应该被明确地指认出来，其历史应该加以追溯，看看它们和那些在这里只是简短提到的一般性社会流动是否有何关系。在一本最近完成的著作中，R. S. Sharma 试图理清首陀罗自身的演变过程（*Shudras in Ancient India*）。这是一本内容丰富的重要著作，立论严谨、引证清楚。但是，尽管这本书的作者一心一意要寻找变迁的轨迹，但事实上可能根本没有变迁存在（把首陀罗看作印欧社会的产物，是入侵的印欧社会成员中那些身份降低者所形成的，这似乎毫无理由。事实可能正好相反，首陀罗更可能是有一部分土著人口加入形成者）。他的论点大致上是错误的，因为他把一个范畴（首陀罗）当作一个独立自存的单位加以研究，好像它与整体无关——这是我们时常碰到的错误的又一实例。事实正好相反，下述情况对于首陀罗身份的演变是非常重要而且必要的：在四个瓦尔那之外还有另外一个范畴的人出现，这群人在理论上长久以来不被承认，但在事实上取代首陀罗成为被排斥在外的范畴；因此首陀罗这个范畴在原来的瓦尔那体系中属于被隔离在外的一群，正像在卡斯特体系里面，贱民是被隔离排斥在外的一群那样。对于《摩奴法典》时期的情况，人们大致上还会觉得它相当吸引人。根据 Sharma 的说法，那个时期首陀罗的身份正在提升，取得不少新权利，然而在理论教条的层次上，却一再重述首陀罗种种受限制的情形，到了几乎是戏谑的程度。如果这种说法和实际情形吻合的话，这种现象出现的原因应该和印度教与各种异端教派的竞争有密切关系，因为，甚多首陀罗被异端教派同化吸收，这一点已很明显地暗示首陀罗身份的提升受惠于异端教派的兴起。

[2] 我在别的著作（本书附录三，第 1 节）中讨论过这一点，是从其在"政治的"领域之意义这个观点加以讨论的，但在此处也很值得简要重述一下。这类研究常常欠缺比较观点，有一本研究吠陀经典的权威著作即是一例，这本著作认为"世俗人物篡夺圣职"（Renou and Filliozat, *Inde Ctassique*, I, 375）。把国王基本上看作世俗人，这实在是对王族的观念有很奇怪的想法。事实上人类学家也常犯类似的错误，只不过在表现方式上含蓄一些罢了。经典著作 *African Political Systems*（Evans-Pritchard and Fortes, ed., Introduction）即有这种倾向，书中把国王的宗教功能化约成为仅仅是政治上的功能。

威和世俗权威因此而完全区分开来。《梵书》这批文献把这一点说得非常清楚，而且，不论有多少持相反论调的说法存在，宗教权威和政治权威互相分离的原则一直都存在，到现在也还是一样。比如说，照经典之规定有权者和有钱者必须负起施舍的责任，这项规定绝非徒具虚文。国王一向都供养婆罗门，赐予他们土地，正如经典所规定者那样，有时候奉献土地给神庙，有时建立婆罗门居住聚落。在这方面和西方天主教之类的传统有很大的不同，印度从来没有出现过精神性的**权力**，也就是最高的精神权威同时兼有俗世政权的权力。在印度，精神上的最高权威从来不以政治的方式表现出来。

因而在瓦尔那理论里面，我们发现身份和权力两者分开[1]，这正和阶序的通论所认为必须如此者一致（参照 31 节）。此一事实本身比卡斯

---

[1] 身份与权力两者的区分这一点特征，使我们可以把印度在这方面的发展与简单社会之间的关系理清楚，并能把其中一些重要特征显示出来。前面已提到过，侯卡特把印度的制度与斐济的酋长制度（chieftainship）加以比较。斐济的制度以酋长为中心，有相当程度的宗教分工。就印度而言，身份与权力的区别这项因素必须考虑在内，侯卡特所提的权力关系，必须放置到布格列所说的身份差别关系上面。不将社会分成两个半偶族（moities）的这种制度是否同时也具有图腾制度，与该类部族社会比较起来，斐济的制度是以分工来取代互补性，从而也重视神圣与世俗之间的区别与界限。和斐济的酋长制度比起来，卡斯特体系不仅把身份与权力分开，即把祭司与国王分开，而且同时在实际行为中用洁净与不洁的对比取代神圣与世俗的对比。粗略地说，圣界被分成两种，洁净的与不洁的，而这两者以前被认为是属于同一类的。但必须即时记得的是，在酋长制度及其他例子中，那些在卡斯特体系中被视为不洁的情况都会被认为是危险的；但在卡斯特体系中，这些情况并不具任何危险性，只被认为是具**社会屈辱性**而已（参见本书第 25.1 节；也参见 *Contribution*，III，pp.29ff.）。此外，由于身份与权力的区别较为明细，印度分工制度之发展比斐济程度更高，也更重要。然而最重要、最不可忽视的是以下两种现象之间的关联：（1）在身份阶梯的最高层以祭司取代国王；（2）加上洁净与不洁的对比，以及因此对比的引入而带来的种种新现象。洁净与不洁的对比代表的是一种仪式主义的观点：历史上这一点是源自吠陀仪式，再延伸入整个社会生活的各个层面，它代表的是通向神圣的手段而非神圣本身。这种观点出自祭司的创造乃是很自然的，而在前述两类现象之间可看出一种逻辑关联存在。祭司与王族的区别，身份与权力的划分，使阶序得以纯粹的形式出现，但也很自然地容许与宗教有关的事物出现更进一步的分化。

我们因此经由一种意想不到的方式得到关于卡斯特体系起源问题的一项相当可能的假设：雅利安人未入侵以前的印度，其社会应该是类似斐济的制度，就像侯卡特所认为的那样；而婆罗门教，由吠陀经典时代的发展出发，把国王的身份置于祭司之下，应是用一种严格的阶序将原来的制度涵括在内，同时加以发展，并使之更为明确。

特出现的年代更为古老，它对后者而言是非常必要的根本条件，因为只有在身份和权力分开时，阶序才能以一纯粹的形式展现。下一节将进一步讨论这一点。但注意到这些还不够，我们还必须记住这两项原则，虽然彼此完全不同而且严格划分，但当它们与整体社会中的其他构成范畴相对立时，它们还是结合在一起的。这两项原则即是"两种力量"，早在《梵书》里就有记载，而根据《摩奴法论》，由管辖统治"一切生物"的人们为其代表。王族屈从于祭司，也因而分享其精神权威。

33. 卡斯特与瓦尔那

我们必须设法指出佳悌（即卡斯特）和瓦尔那（即范畴或封建等级）之间的关系之主要性质。更明白地说，要把直接观察得到的卡斯特体系与古典瓦尔那理论之间的关系说明清楚。这项工作很有必要，因为古典文献几乎只谈及瓦尔那，而且到目前为止，印度教徒在谈论卡斯特时也还是一直使用瓦尔那的名词和观念。

首先，两者之间的转变是颇可理解的，这不仅是因为瓦尔那具有的传统权威，也因为我们已提到过的这两个体系之间的同构型：两个体系都是结构性的体系，两者也都以婆罗门为最高位，不论是当作一个瓦尔那也好，或是某个卡斯特或次卡斯特也好（一个地域之内的次卡斯特可被视为婆罗门瓦尔那在当地的代表）。其次，瓦尔那体系提供了一个全印度都适用的模型，而且和数目众多的卡斯特、次卡斯特等比起来，这个体系显得简易得多。因此，瓦尔那体系的模型有助于区域与区域之间的比较，正如西尼瓦士所指出者[1]。马克思的理论也具有类似的特质：一方面是资产阶级与无产阶级的对立，像他的政治著作中所讨论的那样；另一方面是他在历史著作中所描述的那些非常复杂的社会阶级的实况。人们倾向于把某个特定区域内那么多的卡斯特划归入古典的四个瓦尔那（还有第五个无名的一类）。不过，不同的地区还是有些特殊的情形。比方说在印度南部，婆罗门与首陀罗之间几乎没有任何卡斯特存在；战士的卡斯特被划归首陀罗之列，他们对于自己被如此划分也毫不介意。

因此，瓦尔那提供了一个很方便的分类办法，这办法和洁净与不洁的标准不一样，但却可以补充这项相当复杂的标准。现代交通日益发达，19世纪晚期以来政府每十年举行一次人口普查都登记卡斯特，1901年的普查更是想把各省的全省性卡斯特的身份高低弄清楚，这些是不是都增加了瓦尔那的重要性呢？西尼瓦士认为如此。很多卡斯特自然利用这些人口普查的机会，想借公共权威之认可提高自己的身份，而想这样做的都是利用瓦尔那体系的划分，借些出版品来增加说服力[2]。在此瓦尔那被用来作为社会上升流动的工具。不过，提出要求自认如此是一回事，别人是否接受则是另一回事。何况，这种情况实在是少见的例外（参照第七章）。

瓦尔那和佳俤（卡斯特）的观念不但不是完全属于不同性质，而且还互激互荡，两者之间互相渗透的情况值得注意。目前流行的瓦尔那观念已受卡斯特影响，人类学家心目中的瓦尔那观念也不例外。比方说，常有人说刹帝利早已不存在，而拉吉普特人（Rajputs）在现代虽然行使

---

[1] Srinivas, "Varna and Caste"（重印于 *Caste in Modern India* 一书中）。他坚持四个瓦尔那提供给实际上存在的地域性卡斯特体系一项共同的指涉架构，也就是一种比较上的工具。但是他同时主张这两种现象性质相当不同。既然性质不同，那他前面所提的那一点又怎么可能呢？根据 Gait 的说法，四个瓦尔那代表的是这种社会组织的外观（*Census of India*，1911，India Report，p.366，转引自 Blunt, *Caste System*, p.8）。到目前仍偶尔会见到有人主张卡斯特乃是瓦尔那再细分所造成的结果（A. R. Desai, *Social Background*, p.223）。

[2] 譬如韦伯所提到的那本有趣的小册子：A. C. Das, The *Gandhavaniks of Bengal*, Calcutta, 1903。

刹帝利的功能，但他们并不是真正的刹帝利。他们也认为，在古代印度承袭王位的不同朝代之统治者身份各个不同，承袭刹帝利的崇高地位是反常规的。这是假定世袭比功能更重要，这点在卡斯特的确如此，但瓦尔那则不然（前述 32 节）。就瓦尔那而言，任何一个稳定的政权掌握者，只要他同时屈从于婆罗门的宗教权威，即算是刹帝利。不仅如此，这些范畴也并非严格内婚的群体。而且刹帝利在这方面可能一直比较松弛。瓦尔那体系中权力所占的特殊位置具有特别而且持久的后果：首先，不符合婆罗门理想的多妻制及肉食习惯，一直到最近都保存于刹帝利以及比较低的阶层里面；其次，由于其职能和武力（force）[1] 有关，变成国王比变成婆罗门要容易，因此，刹帝利和贱民这两个层次是外人加入卡斯特社会比较容易入手的层次。

反过来说，把卡斯特体系说成受瓦尔那理论的影响是不够的。首先，至少已假定洁净与不洁的理论存在于祭司与王族这两个瓦尔那之间的关系中（参看 32 节，25.1 节）。洁净与不洁的对应的确是宗教性的，甚至是仪式性的。然而这种理想型的阶序要存在，单单把通常（在印度以外的其他地方可能都是如此？）混淆在一起的身份和权力加以区分还是不够的：纯粹的阶序之发展，要不受任何阻碍，还必须要把权力视为绝对低于身份才行。两者分开而且使权力低于身份这两个条件很早就存在于婆罗门与刹帝利之间的关系中。

其次，我们还得说，为了完整地处理权力的问题，卡斯特理论就得要暗中或必然要如此利用瓦尔那理论。依照洁净的原则，一个素食商人的身份在逻辑上应该要高于肉食的国王才是。但实际情况却非如此。要了解此一事实就不得不利用瓦尔那理论。在瓦尔那理论里面，国王屈从于祭司，权力位于身份之下的结果使他们两者之间建立起团结一致性，

---

[1] 法文的 *force*，法文的 *pouvoir* 意为合法性的武力（71 节）则英译为 power（权力）。——英译者。

使他们联合起来与其他一切社会职能对立。这是很微妙而且很重要的一点，值得进一步加以讨论。

34. 阶序与权力

　　大多数当代作者的看法与前述者不同。前代的作者里面，除了少数有贵族倾向者把身份高低视为理所当然，大多数把阶序忽略了，不认为它是整个体系的主要特征。不过，比较杰出的唯物论作者设法用这个体系中的其他特质来解释阶序（如内斯菲尔德）。当代作者里面，只有高夫试着要继续进行此项得不到别人感激的工作[1]。目前，阶序或者说是某种优先次序的存在，某种身份的高低等级，通常是不得不加以承认的事实，并且被设法从外面加以认识（"社会阶层"），从而留下一些剩余物，无法为被视为理所当然、明明白白的权力与财富等基本概念所化约。这

---

[1] 我们称之为贵族倾向的理论，可以下者为例："地位的高下等级、秩序与规则性，这些对任何一个社会的健全存在都是不可或缺的。卡斯特制度只不过是这种现象的例子之一而已，它只是发展到过分细微的程度罢了。"（B. A. Irving, *The Theory and Practice of Caste*, 1857, p.4.）

　　高夫在其所写的论文 "Criteria of Caste Ranking in South India"（*Man in India*, XXXIX, No.2, 1959, pp.115-126）中，试图把喀拉拉邦（马拉巴海岸）的卡斯特高下差别化约成她所谓的"奴使关系"（"relationships of servitude"），指称很广泛的现象，从半封建似的关系中的那种人身依赖，一直到真正的奴役关系。但这种假设无法解释南布迪里婆罗门（Nambudiri Brahman）的身份为什么高于国王，不论后者是否是刹帝利。在这种意义下，该文后来讨论的双重性也存在于此。然而米勒（Miller）却说明，在此处所讨论的这一带地区，国王们只管辖有限的地域，只有婆罗门能超越这些有限的小地域，将之联合起来（"Caste and Territory in Malabar," *American Anthropologist*, LVI, No.3, 1954, pp.410-420）。这种联合可以说是象征性的：高夫称之为"仪式性"的等级高低排比，它并不仅是武力关系的一种表示方式，反而修正与限制那些武力关系及其影响。穆克吉（Ramkrishna Mukherjee）在 *The Dynamics of Rural Soceity* 一书中，试图要于他在孟加拉发现的三类主要经济阶级与该地区的卡斯特体系之间找出一种统计上的吻合。他所提出的三类阶级中有两类被认为是英国的殖民统治所造成的。然而，在此以前是否没有卡斯特存在呢？与此研究采取完全相反观点的是 Marian Smith 的研究，"Structured and Unstructured Class Societies"（*American Anthropologist*, LV, No.2, 1953, p.394），她清楚认识到阶级的现象从属于卡斯特现象，该文说："印度社会是以卡斯特建构起来的，而不是用阶级建构起来的。"

项未得到解决的双重性，甚至从来没有被适当地重视过，一直悬挂于当代作者的脖子上，好像一副重担[1]。

研究某一特定区域中各个卡斯特身份高低的学者，通常把"极端的"身份等级和"中间地带"的身份等级分开讨论。那些极端的情形中洁净与不洁的区别甚为明显，被说成没有中间地带那么值得重视：因为以中间地带的情形而言，权力的因素甚为重要。这一类作者得出的结论是他们的范畴足以解释整个体系：在最后的分析中，权力（与财富）的分配是和（仪式性的）身份高低一致的；那些"极端的"情形自然被视为例外，因为贱民的地位问题，以及——特别是——祭司的身份高于地主或统治者的问题，不那么容易解释。通常，他们强调那些在很大程度上祭司必须在物质上依赖当地权势所有者的情况，但愈是强调祭司在物质上的依赖性，他们所宣称的权力（与财富）大致和（仪式）身份符合的说法就愈是站不住脚。简而言之，如果在原则上看到阶序性身份并不能明确证实某种经济政治情况，他们就认为前者不值得重视。只要描述一番这种态度就等于是加以评断了：这种做法使我们不得不抱有疑问，我们的任务到底是为了替我群中心偏见找些似乎如此的例证呢，还是进行科学研究？这里有一个例子：

> 政经地位和卡斯特的仪式性地位之间有高度的相关性。这表现于一项普通原则上：取得财富与政治权力的人通常会在仪式性地位上有所提升。说卡斯特群体中的等级体系展现了其对村中生产资源的不同控制，意义即在于此。不过，两者之间的相关性并非完美，

---

[1] 这种双重性（duality）表现于名词的使用上面。这些作者不断地谈"仪式性身份"与"世俗性身份"，然而就土著的观点而言，而且就采用"身份"这概念的原意来说，身份只有一类，也就是"仪式性"身份。西尼瓦士至少还提供给了我们"宰制卡斯特"（dominant caste）这个概念，如果好好加以界定的话，它是个有用的概念：宰制卡斯特大致上在比较有限的地域内行使王族的功能，而"宰制"与"身份'是对立的，一如事实对立于权利，宰制卡斯特对立于当地的婆罗门卡斯特（参见 74.2 节）。

原因是卡斯特体系的最高与最低两端均具有一种**奇特的顽固性**……在此两极端之间，仪式地位多依其在村落社会里的经济地位而定。[1]

这一段引文里面有一个令人觉得特别可爱而值得圈点的表达方式：卡斯特体系的一项基本特征竟然变成社会等级两个极端的一种"奇特的顽固性"（peculiar rigidity）。我们为什么比较喜欢另外一种研究方式，也就不必多说了。

对我们来说，上述引文中的两个极端情况却是最重要的。我们必须从熟悉的观念中跳出来，因为我们容易把重要的放在中间，把别的放在边缘，但这里的问题是阶序，也即是观念的问题，是社会学的问题。在这里，涵括者比被涵括者更为重要（that which encompasses is more important than that which is encompassed），正像整体比其部分重要，或者正如某一群体在整体中的位置决定该群体的组织。我们的研究方法和上游者不一样，正如我们已说过的，研究要分两个步骤进行：首先，要研究意识形态，这可以很容易地掌握整体架构；其次，在"中间地带"发现其实际要素——权力，一个无法直接用洁净理论解释的因素，届时再依序考虑此一因素[2]。

从知识论的观点来看，此一争论具有范例的价值，因为胶着于权力层面的结果使人无法了解印度体系的基本特征，即权力居于次要地位。我们将马上看到，权力的次要性在知性层面被视为绝对如此，在实践层

---

[1] 此处所讲的是奥里萨邦一个僻远小村的情形，那里的土地很便宜：F. G. Bailey, *Caste and the Economic Frontier*, pp.266-267. 特别要注意的是，一般意义上的"证实"在此处是被颠倒过来使用的。在文中我们只讨论到"权力"（有合法性的武力，和控制土地关系密切）。动产和珠宝的情况是另外一回事：英国人的统治使这些得到解放（参见本书75节，以及本书附录四第2节；及"The British in India,"p.1113）。

[2] 根据 Raymond Apthorpe，我将阶序视为一种"涵括性"的关系，参见后语。——1980 年注。

面则有所妥协。必须明白指出两种不同的研究方法的区别：我们可以从意识所得到的观念出发，从整体着手然后再研究其组成部分；同时指明一件重要而未被注意到的事实，即在印度，权力在很早的时候就已是属于世俗性的。否则就从行为着手，但其结果不但无法说明整体，也无法在印度概念与西方概念之间架筑桥梁。

研究阶序与权力之间的关系的两种办法已如上述。对我们来说，目前提出这个问题是因为它涉及瓦尔那与卡斯特之间的关系。在没有研究实际观察得到的身份高低等级之前，我们先承认，在实际观察得到的情况中，权力的确占据着洁净与不洁的阶序在理论上所无法认可的地位。粗看之下，它似乎正是意识形态与实际观察碰面时通常会出现的那个"剩余的"成分。那我们就必须加以注意，越正确越好地辨识其性质，并以此为足。然而，当一个国王或王族的一分子，一个肉食者，居然位于一个素食商人或农夫之上的时候，这就不是洁净性高低的阶序被扩充的问题了——如果是的话，那是很好处理的——而是整个阶序原则都因此被破坏了。遇到这种情况，我们是不是要说意识形态在身份阶梯的"中间地带"是虚假的呢？或者我们必须承认，一旦把极端的情况辨认清楚，就会发现另有一项外在因素在此与原来的意识形态抗衡呢？

首先我们必须指出，阶序虽然很重要，但它，或者是其具体而不完整的表现形式（身份等级），并不足以涵盖一切。阶序并没有涉及权力以及权力分配的问题。不过，既然它事实上既不攻击也不抵消权力，那么难道它本身不会以某种方式反映权力吗？其实不然，一般而言，意识形态本身并不是原材料的复制品，而是将原材料加以组织排列或是提供某一导向，而且对于某一事物具有意识这种行动本身就经常表示挑选某一层面而放弃其余层面：要清楚明白地看见某些关系，就不得不暂时对所有其他关系视若无睹。因此，如果要使用同一项原则将全部材料排列出高低，权力和身份在此处所具有的这类互补性质，的确会造成真正的矛盾而难以自圆。在我们研究的例子里，权力的确存在于社会，而且那些以阶序架构进行思考的婆罗门对此心知肚明；然而阶序格局却无法明白承认权力本身具有地位，承认就会使自己的原则发生矛盾。结果是它必须给权力一个位置，但又不能明说。它必须对此视若无睹，否则足以导致自毁。换句话说，一旦依据阶序的原则，使国王屈服于祭司，那就必须把仅次于祭司的高位给国王，使国王居于祭司之下，同时在其他人之上；否则就等于绝对否认国王的尊严，否认他扮演的功能有任何用处。婆罗门典籍的作者们大致上感觉到了这一点，这可由他们如何把王权放在宗教律法理论中加以考虑看出端倪。如兰加（Lingat）在他那本完善的论宗教律法（dharma）与世俗法律关系的著作中指出，在这一传统中，国王常常像是一种表达神意的工具，衔接宗教律法的理论世界和凡界的现实。婆罗门作者们虽然订下了律法绝对性，但他们很明白律法的超越性质，也知道根本不可能照其原样一字不改地应用于现实世界。国王在这里以最高审判官的地位扮演了重要角色，成为以他的顾问们为代表的婆罗门智慧与现实世界的实况之间的桥梁，所以宗教律法高高在上地规定了一切，但并不需要负责执行统治实务，也就不致造成自毁性的后果。

　　这样我们就看到，前选的矛盾之存在有其体系内部的理由。剩下来的就是要了解这项矛盾怎么会被接受的问题，而我认为这里正是需要考虑瓦尔那理论之处。瓦尔那理论从一开始就认为第一、第二两个瓦尔那是"两种力量"，以特别的方式结合在一起，必须主宰整个世界。这样的看法使国王在某种程度上可以分享他必须为其服务的绝对崇高性。另外值得指出的是，这些古典作者自身并没有自相矛盾，因为他们的著作所讨论的仅止于瓦尔那，即使我们假定他们心中真正考虑的乃是卡斯特社会。就此意义而言，把洁净的阶序看作一项特别社会原则的乃是我们。在古典文献作者的心目中，一考虑到政府统治或俗世事务，他们便不断引用瓦尔那理论以为自己想法的外援。因此我们就更不能错误地把两种看法划分开来，更有理由要认识两者之间未曾讲明的关系在实际身份等级上面的反映。因为在实际的身份等级上，权力关系**在次要的层次**上一定程度地制衡洁净原则，而在**主要的或非分支化的层次**上仍屈从其下。

一如圣母玛丽亚的斗篷宽宏广大，可以容得下各种罪人，洁净的阶序也一样容得下种种差异，包括与它本身矛盾者在内。这里是一个涵括者（that which encompasses）与被涵括者（that which is encompassed）之间存在互补性的实例，而这种互补性对外在观察者而言可能是一种矛盾。在借一些实例来熟悉这种现象以前，必须强调，我们在脱离"宗教的"与"政经的"的二元论，脱离唯心与唯物、形式与内容的二元论之道路上已迈出第一步。让我们也立刻承认，受我们批评的研究倾向对我们有相当大的帮助：由于它一面倒地强调权力，使我们不可能忽视它。

另外还得记住，到目前为止，我们只指出了权力侵入阶序的领域。在第七章将会对权力本身加以讨论。

35. 地区性的身份等级（1901 年人口普查）

现在让我们看看现代文献对阶序的描述与分析。除了那些很专门的著作，任何一本关于印度的社会学研究都不得不讨论阶序的问题。有些著作更是专门论述这个问题。我们将首先看看赖斯里之作，这是一份刊于 1901 年的人口普查报告，试图以当时英国统治下的印度各省为单位，理出其阶序 [1]。他的事功值得赞扬，虽然经验显示出该项工作的限制与缺点，但它至少有一项优点，即把一个普遍原则在各省的实际运作情况所产生的巨大差异凸显出来。赖斯里的工作目标是要以当地人的公共意

---

[1]　H. Risley, *Census of India*, 1901, Calcutta, Govt. Printing, 1903, I, pp.537 ff.; II, App.2.

见为基础，建立一套按等级次序排列的卡斯特分类表。使用的区别标准包括：被问到的那个卡斯特属于哪个瓦尔那；婆罗门接不接受该卡斯特成员提供的水；是高阶婆罗门还是其他婆罗门，又或是自己的祭司替他们司祭；是否实行童婚，禁不禁止寡妇再婚；职业；理发师或其他专门行业者是否为其服务；能不能进入某些神庙；能不能使用小区共享的水井；是不是被限居于特定区域；是否遇见高阶者时要让路避开。这些标准里面，有些是绝对性或直接性的（如婚姻、职业方面的规定），有些则是相对性或间接性的（涉及婆罗门、理发师等另外一个卡斯特的成员的态度），两类混在一起。实际上还有其他的标准，凯特卡即推荐了一些别的标准：可以用婆罗门接不接受对方供应的饮水、煎过或煮过的食物为基础，依高低次序排列高阶卡斯特；低阶卡斯特的相对身份，可以依他们对水、陶罐或对青铜器的接触会不会造成污染来排出等级[1]。

　　这项研究调查最主要的成果是证实了印度北部和南部（当时的孟买省与马德拉斯省）有极大的不同。北部婆罗门会从较低的卡斯特手中接受饮水和某些食物（视那些卡斯特的职业与食物习惯而定），南部的高卡斯特则只从自己的卡斯特甚至只从自己的次卡斯特成员手中接受饮水。在马德拉斯省（其实就是其西部的马拉巴海岸，亦即今日的喀拉拉邦），不但接触贱民会遭到污染，甚至靠近他们也会被污染。大体而言，南部对不洁似乎要远比北部更敏感[2]，不过，下文将对南部某些特别严

---

　　[1]　Ketkar，*The History of Caste in India*，I，pp.23 n（有更深入的细节）。

　　[2]　换另一种说法，阶序原则在印度南部实践得更为彻底。这点可由马里奥特的 *Caste Ranking* 一书得到佐证，第 37 节将再讨论到。在这本著作中，他探讨印度五个地区身份排比繁复的不同程度，整理出五种不同的类型，包括印度河流域和孟加拉地区那种很粗糙的类型（把卡斯特简单划分成两到三个大类），一直到喀拉拉地区那种"单线"类型。虽然马里奥特的比较研究引证非常丰富，但对其中关于地区的定义，以及统计方面的研究等必须采取保留态度，参见 Cohn 所写的评论，刊于 *Journal of the American Oriental Society*，LXXXII, Na3, 1962, pp.425-430。关于他所分类的科罗曼德海岸类型（马德拉斯邦），见本书 p.157 注释［1］。

厉的规定做些保留性的说明。此外，由这项研究调查也可看出关于食物和饮料的标准相当重要，规定特别严格。在第五章讨论隔离的时候将研究这方面的有关规定。那些依序淡化的隔离规定给阶序提供了很明确的区分标准。

几个负责整理身份次序表格的省级委员会所使用的标准并不一样，不过我们以孟加拉省[1]和马德拉斯省为例，可以看出，他们使用的那些把所有卡斯特加以归类的主要范畴数量虽然不一，但全都是以一系列的阶序性对立为基础。孟加拉省首先是（1）婆罗门，其他的再一分为二：婆罗门接受其供应水者，与不接受者。其中第一类再分为受高阶婆罗门服务者与受低阶婆罗门服务者而受高阶婆罗门服务者还要更进一步加以区分，并使用不同类的标准。孟加拉省的第二类（2）是拉吉普特（Rajputs，王族与武士组成的卡斯特）和受其同化的各个卡斯特。第三类（3）是相当洁净的服务性卡斯特之"九分支"。这里第二类是和第三类之间的区别标准好像是政治经济性的，关于这一点我们会再加以讨论。第四类（4）是那些婆罗门接受其供应之水，但只有低阶婆罗门为其司祭的几个卡斯特。在此以下的都是婆罗门不接受其供水的卡斯特，其区分如下：最低的是食牛肉者，最高的是不食牛肉者，其间又有些不很明确的区分，于是就出现了第五类（5），"受贬斥者，教派信徒"；第六类（6），食肉者，食禽鸟类者（这是一个庞大的类别，占全人口一半）；第七类（7），食牛肉者，制革业者，等等。

当时的马德拉斯省面积非常大，北部包括说泰卢固语（Telugu）的地区（今日的安得拉邦），南部包括说泰米尔语的地区，西部还有沿岸地区。前面已指出，接不接受水这个标准在这里无法适用。这里最主要的区分标准是会污染者和不会污染者。不会污染者可依照瓦尔那体系分为：

---

[1] 编注：此"孟加拉省"今已不存在，为保障作者描述的准确性，未修改。下同。

（1）婆罗门；（2）刹帝利，不存于此地区；（3）吠舍，很少见；（4）洁净的（sat）首陀罗（占人口三分之一左右）。会污染者或因接触而造成污染，不接触也造成污染。接触才污染者大致上等于不洁的首陀罗，又依照什么样的婆罗门肯受其雇用这个标准分成三类，此即上文（5）、（6）、（7）三类，加起来占人口三分之一不到。那些不接触都会污染者（在较不严格的行政区内相当于贱民），有一类不食牛肉（8），另外最少有三类吃牛肉，包括部族民（9）、占人口七分之一的几个卡斯特（10），最后还有一类根本不承认婆罗门（11），等等。

借上游两省的例子均可看出婆罗门作为指涉标准所占的重要地位（他们接不接受水；他们受不受到污染，以什么方式受污染或不受污染；他们是不是以司祭身份为其服务）。这是一项相对的或间接的标准，其重要性高于食物或职业这类绝对的标准（职业在该项研究所讨论的层次上居次要位置，该研究的目的是用有限加几个类别把一个大地区的所有人口分等级）。

赖斯里自己强调，很难在当时的行政省区单位里取得当事各方都同意的看法，因为当时的省不但面积广大，而且一省常含有好几种主要语言区。他取得的分类结果是妥协的产物，把几个不同的分级标尺混杂使用，每个标尺实际只适用于比较小的区域。最近又有人强调，即使是在一个小地区的范围里面，想把中间地位的几个卡斯特排列成一个无例外的线形地位系列也非常困难。这项困难常常被说成现代情况造成改变的结果，但谁也不敢保证情况并非一向都是如此。赖斯里的贡献没能更大一点的第二项原因，在于他像其他很多人一样，相信阶序是由线形次序所组成的。他看不出来整个次序只不过是一种阶序性对立造成的，甚至只是其副产品：就原则而言只有一个，但该对立原则的应用却依照情况、地区等因素而产生各种变化和分支[1]。

在这里或许应该讨论一些特别的特征，初看之下这些特征很容易被当作阶序最明显的表现。我们前面已大略提过绝对标准与相对标准的区别，前者源自卡斯特生活方式本身的特征，后者则是其他卡斯特对某卡斯特的态度。此外还有第三种，或许不能算是标准，但至少是几样有标准性质的特征，可粗略称之为**强加的特征**（imposed features），通常包括

---

[1]　正如 Mandelbaum 在考虑比较问题时所写的一段非常清楚的话："有一套排比高下的标准这件事是相当一致而无多少变化的，有变化的是各项特征的某种结合，人们往往加给它不同的解释。"（"The World and the World View of the Kota,"McKim Marriott, ed., *Village India*, p.241.）

让我们简要地提提南印度一项奇怪的特性，那里卡斯特区分成左手卡斯特和右手卡斯特，赫顿在其最近出版的著作中讨论了此一现象（pp.9, 59ff., 143；他书上的参考书目应该把 Dubois 的著作加进去），侯卡特（*Kings and Councillors*,pp.267 ff.）、韦伯（*The Religion of India, The Sociology of Hinduism and Buddhism*, Glencoe，1958，p.296）和马里奥特（p.149 注释［1］）也都提到了此现象。

这种现象实际上已经消失（依照 T. V. Mahalingam，*South Indian Polity*，1955，pp.91, 173, 189-190 中的历史文献），因此目前无法实地观察到（1980 年加注：这句话讲得太大意了，Brenda Beck 在 Kongu 一带发现了这种现象的实例。不过，其模式或许和传统模式有别）。让我们提一提其中的一些特征。这种左手右手之区分贯穿整个阶序格局，譬如：两个主要的讲泰米尔语的贱民卡斯特中，Paraiyar 属于右手，而 Sakkiliyar 属于左手。两者之间因仪式上的权限问题引起争论而受到现代观察者的注意。有些卡斯特本身又划分右手与左手。还有，所有的手工业者均属左手一类，而婆罗门、国王和好几个"首陀罗卡斯特"（Dubois，p.25）则是中性的，既非左手也非右手，处于评断者的地位。先不管对其起源的猜测（二部组织，父系与母系，等等），我们只探讨这方面有关的已知部分以及一般有关左手与右手的问题。首先令人联想到的是国王召开会议，与会者分坐国王左手边与右手边（Hocart, *Caste*, p.66; Dumont, *Sous-Caste*, p. 288; Sardesai, *New History of the Marathas*, I, pp.223-224, Shivaji 与其内阁）；有关古代斯里兰卡的情形，见 Geiger，*Culture in Mediaeval Ceylon*, p.139（武官在右手，文官在左手）；古典文献：B. P. Mazumbar, *Socio-Economic History of Northern India*, p.21 所引的 *Śukranītisāra* 和 *Mānasollāsa*。在这方面，不同的地区很可能有很大差异，就像在交错而坐的情形下，身份相近的卡斯特，有的在右手边，有的在左手边（或者是同一群血统纯净者与混血者分开，或者是有姻亲关系的嗣系群彼此分开）。这项假设符合土著自己的态度，把 Thurston 记载的有关起源的传说加以比较即可看出这点：一位国王，在评断手工艺者（Kammalar）与农民（Vellalar）的争议之前，先让两者"分坐于两边"（III, 117）。

其他联想也是可能的：手工艺者与婆罗门对立，所以他们的妇女把衣服左右边倒反过来（Thurston，见前书）；密宗的或血腥的崇拜方式据说属于左手边，异于正统的崇拜方式。还有一种观念，是以一种仪式上的倒反来超脱卡斯特的区分：一个 Madiga（属贱民）妇人化身为女神，净化了自傲的 *Reddi* 与富有的 Komati，妇人的唾液有净化能力（Thurston, IV, 292）。最后，这些现象中有些是可以共餐者之间的结盟之痕迹，像迈尔（见下文）所描述的那样：Kammalar 和 Beri Chetti（左手的居中评断者）（Thurston, III, 113）。

对低阶卡斯特的限制处分。就是这类特征，使那些讨论卡斯特的著作，把印度南部，特别是喀拉拉邦当作等级划分狂的天堂。但深入分析就会发现这类特征多半乃是权力造成的，而不是由阶序原则推衍出来的。以最低阶的卡斯特在理论上必须和高阶卡斯特保持的距离这个特征为例。把各种看来是不同来源的文献加以比较，可以发现这是一个非常系统化的标尺（比方说，排列赫顿前引著作 pp. 69-70 的数据，即可看出）。但这并不是当地的习惯，而是一项形式的**规定**（regulation）。事实上早就可以猜出真相乃是如此，因为照其规定，普拉扬（Pulayan）这个卡斯特的成员必须与南布迪里（Nambudiri）婆罗门保持九十六步之距，但南布迪里婆罗门的成员又怎么会知道对方是否越过了九十六步距离的雷池呢？和这种情况很类似的还可举一例。我在喀拉拉邻近的廷内维理区（district of Tinnevelly）看见一个贱民背上有挨打的伤痕，原来是他穿拖鞋穿越一个武士卡斯特（马拉瓦，Maravar）的村落，因此挨打。那个村子的人自己也穿皮制拖鞋，打人从来不能使打人者免除污染或变得洁净，很明显那个村子也并没因这个贱民而被污染，村人只是想借机维护其欺压贱民的传统而已。同样的情况可能也适用于大多数和衣服有关的规定，以及赫顿（前引著作，pp. 70-74）讨论的那些关于奢侈的禁令。不论是不是王族制定的，这些规定当然也可能是记录和固守习惯性的特征。即使是正规的标准，在最后的分析中，自然也还是该体系的产物。不过，尽管这些都是事实，还是有必要把那些从阶序原则推理导出并且被承认为习俗的特征，和那些凭借权力强加上去，而且与阶序原则彼此矛盾的特征区别开来。举例来说，如果我们以前假设的没错，婆罗门确会人为地把每个瓦尔那守丧期的长短颠倒过来，那么该项特征便是权力原则造成的，而不是阶序原则应用的结果，虽然它被视为阶序之表现已有几百年之久。或许有人会有异议，说我们此处的讨论把权力赋予婆罗门，但是他们在仪式的领域内的确分享某些有效的权力，丧礼即是一例。

36. 一个地方性的例子（印度中部）

为了正确了解阶序原则在卡斯特体系中的表现方式，很明显需要研究某个特定区域内实际存在的卡斯特如何共存的真实情况。此外，关于每个卡斯特的成员能不能从谁那里接受哪一类食物或饮水，而不会造成不洁的规定，确实是记录与观察阶序原则的各种表现里面最为方便的一种。我说"记录与观察"，原因是单单把被访问者所说的规定记录下来是不够的。记录之外，还必须知道那些被视为理所当然的原则是否以及是在什么情况下被实际应用。在研究这些问题的第一阶段，人们常常只是问报道人，然后把他们所说的规定记录下来，就算大功告成了。但是，像"我可以，或不可以从某某处接受饮水"这个规定，如果报道人在其一生中根本未曾有任何机会实际面对这个问题的话，他所回答的会具有任何意义吗？从这观点看来，正如马里奥特正确指出的[1]，各种不同的场合有各种不同种类的合适食物：面粉饼或米饭（视区域而定）是家庭日常主食，只有身份特别低的仆人才能接受"别人供应的此类食物"，这个层次的食物是服务用的。而用黄油煎的食物（或与此相当者）则是宴会用的：它比较洁净，或者说对不洁比较具有抵抗力，使更多数的卡斯特可以接受，因此可以用于邀请邻居的宴会。如果受邀者包括高阶者，那最好找个高卡斯特的厨子。另外还有一些食物是旅行时食用的，这一类食物因其成分或准备方式而具有较高程度抵抗不洁的力量，可以在最好不要煮东西吃的情况下食用。最后，如果把食物送给高阶者（比方说婆罗门）作为报酬，那就要送生的食物，因为生的食物免于污染，而且婆罗门可以自己煮来吃（*sidha*）；马里奥特正确地把这种食物称为礼物类

---

[1] McKim Marriott, "Interactional and Attributional Theories of Caste Ranking" (*Man in India*, XXXIX, No: 2, 1959, p.97). 这篇论文使我用"互动"将食物加以分类，将在 37 节中加以讨论。

食物。我们的目的并非研究食物（参看第六章），只是要对此一问题做某种程度的了解，以便能把此类规定用到卡斯特身份排比上面。

有位学者在这方面做过一项很好的研究，那就是迈尔那本研究位于印度中部南马尔瓦（Southern Malwa）的一个村落的著作[1]。这项研究或许不算完美，然而这个现象的确非常复杂，正确地把实际情况记录下来也相当不容易，迈尔在这方面成功了。不能责怪他没有更深入地分析这个现象，因为读者尽可自己去做。那个村落一共有 23 个卡斯特，他们之间的关系可由三个方面加以研究：使用同一支烟斗；供应叫作"卡恰"（kaccā）的普通食物；供应叫作"帕卡"（pakkā）的完美洁净食物。在印度西北部，身份相当的几个卡斯特的男人喜欢聚在一起轮流抽水烟斗（hukkā）。轮流抽水烟斗这种事在印度南部是不可思议的，因为嘴唇要接触烟斗，而且唾液会黏着在上面。即使嘴唇与烟斗嘴中间用布或手隔着，还是不可思议。在这个村子，烟斗用陶土制成，没有长管子，使用时在嘴唇和烟嘴之间放一块布。在南马尔瓦，可以彼此接受饮水的诸卡斯特的成员大致可以一起抽水烟斗，限制并不很严格。p.163 的表 1 b 把抽烟斗的资料列了出来。除了 4 个卡斯特（迈尔表中的第 4 类，本书 1 b 表中的 E 类）和贱民（表中的 F 类）以外，高卡斯特的成员可以和其他所有卡斯特的成员一起抽水烟斗，包括 3 个低阶卡斯特（表中的 D 类）成员。在某些情形下，必须用另一块布置于吸烟者与烟嘴之间。简而言之，12 个到 16 个卡斯特的男性成员可以在一起抽水烟斗。首先，这种现象一和其他地区的情况比较起来就显得非常特殊；其次，这种现象表示除了不可触性（untouchability）的划分标准之外，这里还存在着另外一项比它更高的划分标准，而且相当重要。此外，低阶卡斯特有的不在一起共抽水

---

[1] Mayer, *Caste and Kinship*, pp.33-40 ff. 此处所描述的情况是根据他的材料加以分析的结果。他使用的范畴名词都只做了最小的改动，一切改动均加以说明。

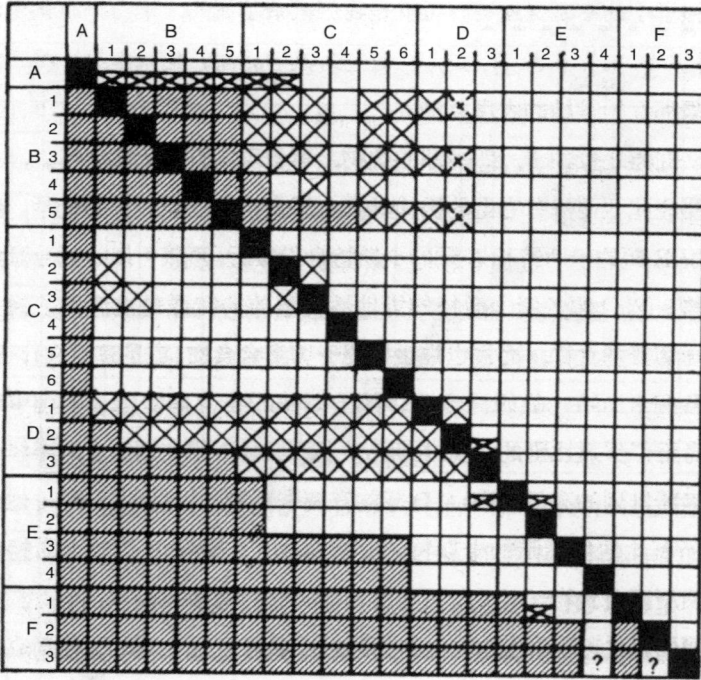

■ 代表一个卡斯特，横格表示该卡斯特可以接受哪些卡斯特供应的某类食物，直格表示该卡斯特供应的某类食物会被哪些卡斯特接受。

▨ 代表卡恰食物，即普通食物。（译案：英译本误绘以空白格）

⊠ 代表帕卡食物，即洁净食物，宴会食物，完美食物。

⊠ 代表该卡斯特的部分成员可以接受或提供对方帕卡食物。

⊡ 代表情况不甚明确。

A	婆罗门	C1 木匠	E1 毕拉拉
B1	拉吉普	C2 铁匠	E2 米那
B2	郭沙因	C3 农夫	E3 那特
B3	制烟草者	C4 园艺工	E4 鼓手
B4	制陶者	C5 百拉吉	
B5	理发者	C6 裁缝	F1 巴来巴巴吉和织工
		D1 乳品工	F2 皮革匠
		D2 榨油者	F3 清道夫
		D3 牧羊者	

表 1a　一个马尔瓦村庄中依照食物交换所示的身份排列（取材自迈尔，《卡斯特与亲属关系》，pp. 33–40）。

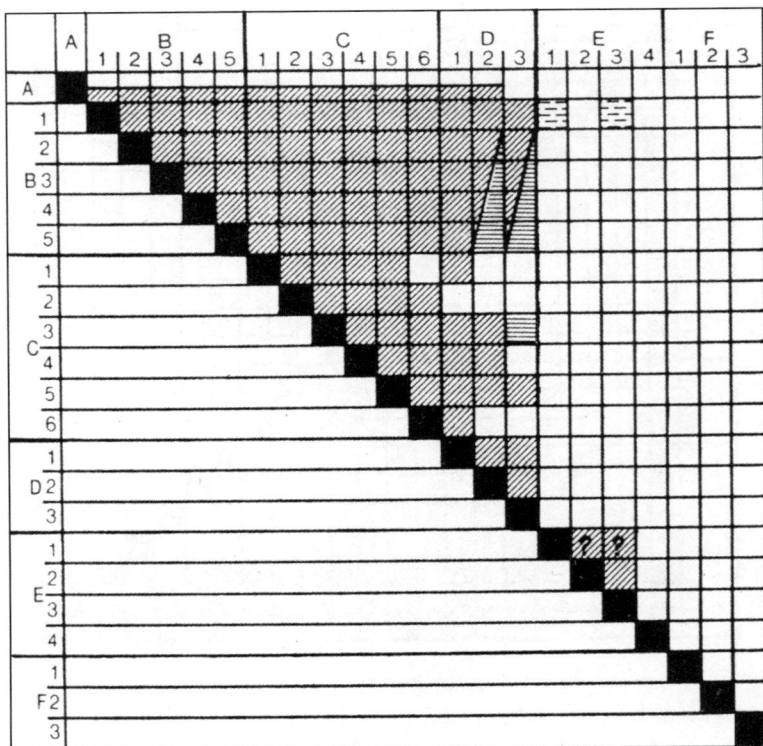

- ■ 代表一个卡斯特，如图 la。横格表示该卡斯特肯跟哪些身份比它低的卡斯特，在什么情况下共享烟斗。
- ▨ 与所有成员均可共享烟斗。
- 目 抽烟斗之前得先把烟嘴与嘴唇间的布换掉。
- ▨ 只和部分成员共享烟斗。
- 目 只和少数几个成员共享烟斗。
- ◿ 和部分成员共享烟斗，得先换烟嘴和嘴唇间的布。

表 1b　共享烟斗，与图 1a 同一地点。

烟斗（如贱民，但他们没有此项习俗，因此并不算例外或特殊），有的则只和比他们低一两级的卡斯特成员共抽（如表中 E 类的两个卡斯特）。

关于食物的部分，为了能看得较明显，我们重新排列了迈尔的数据。关于宴会用的食物，也就是帕卡食物的资料不甚重要，因为在这个村子，宴会用食物的用法并非依照其真正的功能。例如，有个宴会上竟然混用普通食物和宴会食物，也就是只把宴会食物当作美食而已，否则那些接受宴会食物但不能接受普通食物的人就不能参加这样的宴会了。所以我们要讨论的重点是卡恰，即普通食物。有两点值得注意：我可以从什么人那里接受卡恰，以及什么人会从我这里接受卡恰。这两方面并不一定有关联，因为我自己可能不很在意从谁那里接受卡恰，但我可能有某些特征使别人拒绝从我这里接受卡恰。重要的是其他人对我的共同看法，而不是我对他们的看法。因此，我们把下面这项标准作为区分卡斯特等级高低的根本标准：**有哪几个卡斯特从某个卡斯特那里接受卡恰食物**？依照这一标准，我们画出 p.161 的表 1 a，把受研究的卡斯特排在表格的对角线上面；那些从该卡斯特接受卡恰的卡斯特排成纵线，由左上角至右下角形成一个阶梯状；该卡斯特从他们那里接受卡恰食物的各个卡斯特则排成横线。

依照我们选用的主要标准排列的结果，和迈尔原书所提议的排列次序有些不同，此即他原来的第 2 类，即被划分成表 1 a 中的 B 和 D 两类。其他部分都一样，他的第 3 类即是表中的 C 类，他的 4 类即是表中的 E 类，第 5 类变成表中的 F 类（也就是贱民）。单就和卡恰食物有关的而言，可以看出表中的 B 类有点特殊，和其他各类不一样：除了 F 类以外，其他各个卡斯特只愿从很高阶的卡斯特那里接受食物，但是 B 类却在表上形成一个实心的正方形：B1、B2、B3、B4、B5 在一起吃普通食物！B1 实际上是拉吉普，也就是村中的宰制卡斯特，在此可算是王族卡斯特，而B 类的 5 个卡斯特可以说构成了迈尔所谓的"联盟的卡斯特"。他们可以在一起吃普通食物实在令人注意，因为其中包括身为服务者的卡斯特，如B4实际上是制陶者。他们也从B类以外的一个卡斯特，即木匠的卡斯特（Cl）那里接受食物。更特别的是B5实际上是理发师，由于为别的家庭服务，他们从C类的4个卡斯特那里接受普通食物，而C类的各个卡斯特却深具排他性。从别人那里接受普通食物而别人拒绝接受其普通食物，通常表示这个卡斯特的身份较低。在此情形下，我们会认为B类的其他卡斯特会设法把自己和B5这个卡斯特区别开来，以维持自己的身份，但实际情形却非如此。甚至还有D3这个身份更低的卡斯特也毫不区别地从B5那里接受普通食物，就像他们也从B类的另外4个卡斯特那里接受普通食物那样。还有，C类的6个卡斯特只接受婆罗门给的普通食物，但是D3、E1、E2这3个卡斯特却认为他们的身份比理发师更低（唯一的例外是Cl木匠这个卡斯特，只有D3认为他们的身份比理发师低）。C类的6个卡斯特都是素食者，而B类都是肉食者。因此，在这个个案里面，肉食者的混杂性比素食者的分别性更为公众接受（不但较低阶的卡斯特如此认为，甚至婆罗门也如此认为，他们只从C2以上的卡斯特那里接受帕卡，即宴会食物）。在这个例子中，洁净与不洁的整个原则显然被扭曲了。这种扭曲的方式，我认为是到目前为止所发现的一个特例，独一无二。欲了解此中的道理，就必须记住B类各个卡斯特全都团结在掌握权力的Bl这个卡斯特周围。此外，他们中有些还是邻近一些村子中的宰制卡斯特。这就是我们已暗示过的权力分享洁净性的例子，虽然后者在理论上否定它。换句话说，这就是第一、第二两个瓦尔那互相团结的表现实例。

研究和比较帕卡，即纯净的食物，可发现两点：（1）如上所说，这种食物在此地并没有完全扮演其宴会用食物的功能，不然，照常理B类卡斯特和C类卡斯特身份接近，应该可以一起分享此类食物；（2）C类各个卡斯特的排他性最重要的特征是他们不但几乎拒绝一切普通食物，而且也几乎拒绝一切宴会食物（这是荒谬的），而B类各个卡斯特一般而言接受 C 类卡斯特的宴会食物（C 4 这个卡斯特的身份似乎远比别的 C 类卡斯特低，但我不想在细节上大肆修改原作者排列的高低顺序）；D 类 3 个卡斯特的行为则属平常，他们接受所有比自己高阶的卡斯特的宴会食物；E 类和 F 类的卡斯特几乎不使用宴会食物。

简而言之，这项研究的主要收获是 B 类与 C 类之间的两相对立，他们的行为必须放在一起来考察。面对那些"联盟的卡斯特"，也就是那些联合在权力周围的卡斯特表现出来的团结和高度的不在乎，C 类各个卡斯特似乎刻意强调素食者的清高和自满，其程度到了连婆罗门这个卡斯特的成员都不怎么把他们当真。这项研究的原作者告诉我们，B 类卡斯特很豪奢，任意邀请别的卡斯特成员参加他们的家庭庆典，可以跟他们在这方面一比的是 Cl 木匠这个卡斯特。相较之下，C3 农夫这个卡斯特的人则非常吝啬：一方面，除了自己卡斯特的成员以外，他们几乎谁也不请；另一方面，他们又采取清教徒的高姿态，如果受人邀请的话，他们坚持只接受生的食物，拿回家自己煮。这是他们在面对当地 B 类卡斯特时，想尽方法强调自己的身份所造成的结果，可由在别的村子里面和他们同卡斯特的人是属于"联盟的卡斯特"得到佐证。

我们已看到，在实际的情况中，权力如何胜利压过洁净的原则。这是一种相当普遍的现象，只是表现的方式没有这么奇特惊人罢了。这也正是我们在前面一直不厌其烦地指出，瓦尔那理论会替这种可能性开路的理由所在。

37. 属性还是互动？

近来有不少著作渐渐对阶序的种种表现加以注意，接下来将讨论马哈尔（P. M. Mahar）所做的一项研究，继而深入讨论马里奥特的著作。

马哈尔的研究是为了弄明白我们已讨论过的迈尔的著作所研究的问题的另一个面向。她的研究不是从互动中进行观察，而是做访谈。她的著作首次尝试依照斯蒂文森的分类，设法在一个村落的范围内（参看第六章）有系统地理出各个卡斯特彼此造成污染的标准，然后再依照该标准把村中卡斯特之身份高低排列出来[1]。她取得的成果远比许多专家（尤其是与她研究的北方邦西部地区有关的专家）常表示的怀疑态度要好得多，也清楚得多：村里的 22 个卡斯特中，最少有 16 个可以毫无疑问地归入 15 项等级，而其间的大分类又非常明显。马哈尔所得到的线形次序，虽可由相应的研究加以进一步补充，但其中有个不幸的缺点，就是她并没有告诉我们每个群体的性质如何，我们所知道的只是其名称，以及由名称推想出来的理论上该从事的职业而已。

　　马里奥特的著作是关于阶序的理论研究，以他在北方邦西部的一个村子观察所得为根据。他这项很详细的研究尚未出版，不过研究的结果使他认为，卡斯特身份排比的全面发展，即它的"繁复"至极，必须依靠几项条件。他的第一本书，1953 年出版的《卡斯特等级划分》（*Caste Ranking*），前面已提过，其目的是求证这项假设在印度五个地区的适用情形。马里奥特的结论是，产生一个明确又繁复的阶序有一项必要条件，此即各个卡斯特之间必须各依其功能进行高频率的互动[2]。在 1959 年所发表的一篇很可观的论文《卡斯特等级划分的互动理论与属性理论》

---

　　[1]　Pauline M. Mahar, "A Multiple Scaling Technique for Caste Ranking"（*Man in India*，XXXIX, No.2，1959，pp.127-147）. 这项研究的进行很有技巧，对材料的处理也极见功力。不同性别的 18 个人分属 11 个不同的卡斯特，对有关村落中其他 21 个卡斯特要回答 13 道问题。如果在这篇细节非常丰富的研究报告前面能加上一篇有关该村落及其卡斯特的简论，会更为美好。

　　[2]　Marriott 在 *Caste Ranking* 中所提到的 4 项条件为：（1）一个小地区（每个村落）中有相当多的不同卡斯特；（2）不同卡斯特常常各以其功能与别的卡斯特互动；（3）一个卡斯特里面的成员的行动相当类似；（4）与具有不同体系的邻近地区隔绝。

（"Interactional and Attributional Theories of Caste Ranking"）[1] 里面，他把上述论点加以系统化。我们必须摘述这篇论文，并加以讨论。它代表此类研究的一大进步。略去细节方面的不同意见不谈，先简述其优点所在，然后再就本书的研究方向来讨论他提出的观点有哪些方面仍嫌不足。属性与互动的对立有一部分颇像我们提到的绝对标准与相对标准的区别。马里奥特所说的属性理论（the theory of attribution）指认卡斯特的等级来自于其生活方式的特征，依照洁净原则分其高低。马里奥特对此理论加以批评，并轻易指出这项理论的代表人斯帝文森的研究之不当（p.93，参照 p.110 注释 [1]）。不必全盘接受马里奥特的说法（pp.94-96）也能清楚地看出属性理论的不当。马里奥特以他自己的互动理论和属性理论做比较。互动理论"依照卡斯特之间的互动结构排其等级"（p.96）。这句话相当含混，不过在强调卡斯特与卡斯特之间的关系，而非个别卡斯特本身这一点上可以对之表示赞同。在此马里奥特有一项坚持值得称许（就像里奇那样，见 p.94 注释 [1]），他坚持说互动有两种："一是仪式化的给予和接受食物，一是给予和接受仪式性的服务。"换句话说，他提供机会使我们再次强调，互依和职业专门化乃是卡斯特体系的一部分。此外，他还坚持食物的交换也是卡斯特体系的一部分。事实上，马里奥特似乎是在追随侯卡特的脚步，虽然他并没引用其著作，特别是当他提到村人如何自己判断等级高下以及当他重新强调各个卡斯特互相进行仪式性服务的重要性时。下面这句话必须记住："职业乃是一个卡斯特对另外一个卡斯特服务的行为。"（p.98）（我会说职业乃是一个整体内的各个卡斯特对该整体所做的服务。）同样，不洁乃是社会性的，而不是内在的属性（p.98），这是正确的。此外，我们已充分应用了他提议的把食物用作划分等级的标准了。

---

[1] "Interactional and Attributional Theories of Caste Ranking."

然而，当马里奥特宣称卡斯特的等级划分可以化约成为（付出的及得到的）服务数量和质量之间的关系时，我们就无法同意了。如果照他所说的，国王的身份就要比婆罗门高了。奇怪的是，马里奥特认识到了宗教的重要性，因而他和我们已批评过的其他人不一样，可是他仍然面临和其他人完全一样的难题："最高与最低两端部分"的难题。在解释婆罗门的身份时，马里奥特马上又回到"属性"理论去了（虽然他确实想替这个理论找到一项补助性的功能）。同样的，当他设法替每个瓦尔那找个特别的"升级方式"的时候，他就把阶序忘记了，而阶序在这方面还是适用的：的确可以提出一个"刹帝利模型"出来，和婆罗门模型并列，然而前者只是一个隐藏的模型，一个有些见不得人的模型。至于吠舍的升级模型更是如此，以致到了无法准确描述其内容到底是什么的地步。

　　不论强调互动的基础就其本身以及作为对一面倒的属性理论的反动而言如何稳固，我们仍然不得不承认，在最后的分析中，两者同时存在。我们也已经看到马里奥特自己如何试图把互动涵括在属性里面。阶序原则是依照每项要素**和整体的关系**赋予它一个等级与爵性，然而，虽然马里奥特是在研究卡斯特等级划分的问题，却无法掌握阶序原则本身，似乎也无法把握以整体为取向的原则。读他的第一本著作时，有时不得不怀疑他是不是像其他人一样受引诱，企图把阶序原则化约成那些被认为是展现阶序所必需的条件。我们能同意阶序和分工的确是紧密联结在一起的，但却是透过它们与整体的关系才联结起来的。这就表示要有相当程度的隔离，也就是各有其属性。"互动"并不能取代整体的意识形态取向。

第四章
分 工

卡斯特体系由其组成群体的专业化和互相依赖所构成。专业化的结果使那些群体彼此隔离，但是以整体需要为取向。此项与整体的关系，需要不停地加以强调，使分工和阶序联结起来。它同时也使印度的社会分工形式与现代的经济分工形式截然有别，后者以个人利益为取向，而且最少在理论上是以市场去调节整体。

前面已提过，过去的研究把重点放在卡斯特的行业方面，倾向于用劳动性（而非宗教性）的分工解释卡斯特，认为卡斯特可能是由行会（guilds）演变成的。我们也说过，20 世纪 50 年代的著作有一点很奇怪，似乎相当忽略分工这一方面，特别是不甚注意分工在村落社会的表现形式，即通常被称为"贾吉曼尼"的体系（*jajmānī* system）（第二章第 21节，以及 p.95 注释［1］）。对于其他方面的关注（如洁净与不洁，等等），本身是合理的，却同时任意地把卡斯特与村落一分为二：有一倾向，将卡斯特看作一个独立的实体，而卡斯特与卡斯特之间的关系则以他们通常的实际背景，即村落为指涉对象。这种做法没能持久：卡斯特之间的互依性质很快就被接受，而且它不再被视为卡斯特外部的现象。研究这个领域的社会人类学，我认为它早期表现的此项不当，暴露了我们将碰到的两个主要难题：从注重部分转化成注重全体，以及从注重那些我们通常称为宗教性层面与非宗教层面之分转化成注重其间的关系。

41. 卡斯特与行业

卡斯特与行业之间有一定的关系，但并不只是单纯的对等（identity）。因此在一定的范围之内，一个人也可以从事一种自己的卡斯特成员传统上并不从事的职业。此外，卡斯特体系很明显并非单纯或完全是一个行业体系，卡斯特并不是行会。卡斯特与行业的关系造成了不少困难和误会，特别是如我们在第一章所看到的，很容易会把卡斯特体系看作纯粹劳动性的体系，而把其宗教层面视为次要[1]。如果我们能像侯卡特那样，承认卡斯特和行业是借宗教的中介而联结在一起的话，上游的困难和误会将立刻消失，这一点明显可由理发师和洗衣匠这些仪式性专业看出来。因为一旦假定各项行业的相对洁净性之重要，就很容易了解为什么近似的行业可能取代或附加于某卡斯特原来从事的传统行业，唯一的条件是较新的行业不比原来的更为不洁。但是这项解释还有一项重大困难：只有在少数例子里面，宗教才能明确地解释卡斯特与行业之间的关系。有一些宗教上处于中性的行业，其从事者从属于好几个不同的卡斯特[2]。

不过，事实仍然是，就一般性的相对洁净程度而言，那些被认为是

---

[1] 卡斯特与行业的关系的一般性质，在以前的著作中已讨论得相当详尽，在此我们只需简述一下。有关这方面的文献，不妨参见布格列的 *Essays* 的第一章。在那一章的结尾，布格列写道："在印度文明里面，决定每个群体等级的，主要是宗教的观点，而非经济上的倾向。"（p.50）这个小心翼翼的论点是我们此处讨论的起点。在此处也不准备引用古代资料。简要重述自布格列以来有关这个问题的讨论以后，我们将试着加以解决，办法是直接讨论经由长期深入研究村落地区的制度所得的结果。

[2] 有关行业的相对洁净程度之比较的问题，参见 O'Malley, *Indian Caste Customs*, p.122。我们应该注意，根据侯卡特的说法，印度南部与斯里兰卡的习俗是一样的，理发师是葬礼祭司；而在印度北部，理发师不担任这项职务，身份就比较高。洗衣匠被认为不洁，主要原因是衣服和床单被生产或月经所污，而当事人不能自己动手洗此类衣物（但在马哈拉施特拉邦并无此禁忌，原因不详）。关于理发师与洗衣匠，参见字典上的解释：Risley（*nāpit, dhobā*），Ibbetson（*nāi*）关于印度北部把死亡视为不洁，参见玛哈婆罗门（*Mahabrahman*）的例子（Blunt, p.248）；婆罗门被称为 *Gayawals of Gaya*，死人的圣地，见 Vidyarthi 的 "The Extensions of an Indian Priestly Class"；也参见 Crooke and Risley 有关（转下页）

行业本身的特性与和行业无关的特性比较起来，前者显得重要许多。如果一个卡斯特的行业具有强烈的宗教性特质，例如制革业者，那么不论该卡斯特在其他方面如何改进，身份还是提升不了：在现代，如果他们想洗刷污名，只能干脆设法完全终止从事该项引起他人贱视的行业。[1]

马里奥特所举的一些例子并不是十分明确，不过有一点他倒是切中要害：同样一项工作，如果是在家中自己偶然做做，就不像把它作为专业那么具有污染性。穆克吉（Bh. Mukherjee）把孟加拉的两个从事捕鱼的卡斯特的身份做比较以后，指出凯巴尔塔（Kaibarta）这个卡斯特的本行是农业，只捕些鱼自己吃，而南马斯达（Namasudra）这个卡斯特则是以捕鱼为生。穆克吉认为，后者卖鱼，因此身份比前者要低。不过，或许是因为以捕鱼为专业和以农业为专业（捕鱼只是为了吃鱼）才是区别的关键所在。如果是这样，那么就完全可以理解了：专业活动和整个体系有直接关系，而另外一个卡斯特的捕鱼活动只是其诸多特征中的一项而已[2]。

（接上页）"*Dom*"的解释。侯卡特将制陶者描述成祭司（事实上制陶者有时的确扮演祭司的角色），想借此扩充解释，他同时指出，陶艺工人的主要工作也是在塑造神像。他把这一观点概括化，强调各种工艺的巫术与宗教层面（p.152及其他）。参见 Hutton, p.164。"工具与武器崇拜"（Blunt, p.294）据说也相当普遍，每种行业在一年中的某一天祭拜该行业的工具，祭拜的日子通常是在"除十节"（Dasahra）（也就是北印度的"十日庆典"或与之相当在九月、十月之间的庆典节日（*ayudhapūjā*）。但是，"崇拜"这样的字眼容易引起误会。特别值得指出的是，这些祭典是群体本身的活动，而不是群体与整个社会的关系之表现。关于这类行业的庆典活动，不同行业之间的差异极大，有的根本不具有任何宗教性内容。在42.3那一节中，我们将进一步加以讨论。

[2] Marriott, "Interactional and Attributional Theories of Caste Ranking," pp.94-95; Bh. Mukherjee, "Caste-Ranking among Rajban shis in North Bengal," p.208. 这种推论也适用于不洁的商品以及食用以后会导致身份下降的食品：负责处理、准备此类商品食品所受的污染程度，要比真正食用它们程度高。譬如说制造椰子酒（toddy）的人要比喝椰子酒的人的身份低（西尼瓦士说这些人被视为不洁的原因是只有低卡斯特的人才喝椰子酒，参见 Marriott 所编的 *Village India*，"The Social System of a Mysore Village," p.21）。此外，我们的资料仍然相当不足：我在一次意外的机会中听一个采椰子的人（马德拉斯邦南部的 Tinnevelly District）说，为了采椰子，他得爬椰子树，树皮粗糙，把他的肌肤都弄粗长茧，这令他觉得很不光彩。马里奥特也提道，关于不同行业之间的洁净度高低的排比到底如何，到目前为止仍鲜为人知。譬如说榨油工人认为他们身份低的原因，是榨碎谷物即等于杀生，（转下页）

今天的北方邦是印度各邦中人口密度最高的一个，位于恒河河谷西部。布兰特（《卡斯特体系》，p.233）在很久以前便研究了该地的卡斯特，他随即指出，除了少数例外（一个部族，4 种高阶的伊斯兰教徒和一些教派性的卡斯特），每个卡斯特都可和一种专门行业，或是几种相关的专业对等起来。他特别指出几个功能性的卡斯特，传统上和一个行业关联在一起。照他所说，他们的行业先于其卡斯特而存在，或造成该卡斯特的建立。这类卡斯特和其他一些虽然历史颇久却只是意外和某项行业连在一起的卡斯特，在性质上不一样。后者可以拿阿喜尔（*Ahir*），即放牧者这个卡斯特为例，名称显示他们和公元 1 世纪的一个叫作阿毕拉（*Ābhira*）的部族有关。布兰特把行业分成 12 大类：（1）农业，其界限不太明确，持有土地的人（我故意避免用"所有权"［ownership］一词）和耕作土地的人不容易区分，虽然有几个卡斯特是土地持有者，像拉吉普特（*Rājpūt*，国王之子）和布因哈尔（*Bhuinhār*，或 *Bhūmihār*）（源自 *bhūmi*，土地），另外还有几个卡斯特专门种某些农作物（此处所谓专门，不表示他们不种别的，也不表示别人不种他们所种的作物）；（2）农业工人，这是一个相当模糊的范畴，包括某些专门的功能，还有一些部族出身的卡斯特；（3）畜牧业，这个行业的传统关系很严格（牧牛者和牧羊者明显区分开来）；（4）有学问的行业，组织严格，有时还区分各种专门的功能；（5）交通与小贩，组织严密，专业分工细密；（6）狩猎（原住部族等）；（7）捕鱼和航运（一种受贱视的行业，有 3 个卡斯特）；（8）商业与工业之（a），传统但没明确界定的功能，例如班尼亚（*Baniyā*），即商人（吠舍）；（9）商业与工业之（b），特殊化的功能；（10）食物饮料商业（9 和 10 纯粹是功能性的）；（11）耍把戏者和演

（接上页）这种说法大约有事后合理化的因素在内。这种理由似乎难以成立，最少在目前看来是这样。同样的情形也适用于犁地的人，参见 p.175 注释［1］。如果目前正在印度各地进行的深入性的、细节性的田野工作能多注意这方面的问题，将可在这方面提供给我们不少资料。

员；（12）专业罪犯和乞丐。

这个分类相当任意，它并没把那些带有最强烈宗教印记的专业卡斯特提出来。不过，有一件事实非常明显：绝大多数专业都是宗教性的，而且他们大都界定得相当明确，只有商业和农业方面的算是例外。商业方面，除了那些和食物、饮料等宗教性强的有关部分之外，界定标准一般都不明确；农业方面，那些和农业劳动有关的，都界定得不甚明显。这些必须要记住。我们稍后将跟随布兰特的脚步，看看卡斯特的成员实际从事理论上属于他们的行业到何种程度。

布兰特的研究只涉及卡斯特的传统行业，并没论及其名称，古里耶则从语言的角度研究了这个问题 [1]。他注意到卡斯特的名称常常是行业的名称，不过除此以外也有其他的名称：民族或部族的名称、教派的名称以及涉及其他特征的名称。他又指出次卡斯特的名称则非如此，不以行业或其他的特征而是以地理区域为名。或许可以下结论说，行业乃是卡斯特名称的来源之一，可能是从外者的眼光去看一个卡斯特时，所看到的最具特色的特征。然而用行业来称呼卡斯特是外表超过实际、配属性大于实在有效性的做法，因为并非一个卡斯特的所有成员全都要从事该行业，甚至有时候一个卡斯特的某些次卡斯特会采用另外一种行业名称为名。比如说，根据布兰特的研究，北方邦的卡哈尔（*Kahār*）卡斯特，其行业可算是捕鱼者、携水者、替妇女服务者；又如卡地克（*Khatik*）这个卡斯特，可归类为泥水匠、制绳者、水果商或腊肉商（贝康瓦列，*bekanvāle*）。可以说这里面包括两种不同的例子：一种是，各种不同行业足以造成身份的差别，可能会引致隔离，比如其他几种卡地克的成员可能已不再和那些贩卖腊肉（屠猪者）的人通婚了；另一种例子是，行业的差别可能只是一种区别的标签，彼此之间的差异与身份高低

---

[1] Ghurye, *Caste and Race in India*，第二章。

无关。让我们以制陶者的几个卡斯特的分支化来研究其行业：除了制陶罐者和制陶瓦者之间的区别以外，难道真的必须把有的人以牛为交通工具，有的人以驴子为交通工具这样的差别看作和行业差别有关吗？有的人用大轮子，有的人用小轮子，有的人用石头，有的人用手塑陶（布格列；古里耶）难道真的足以造成不同行业的差别吗？这些细节上的不同，应该只是那些原已不同的群体以之作为其区别的符号而已。

布兰特对职业改变做过特别研究。这是一个微妙的问题。在和职业有关的程度之内，大致上可以说，在卡斯特的层面上它只造成一道裂痕，在次卡斯特的层面才真正造成隔离，如果新行业与旧行业之间的身份差距相当大的话[1]。布兰特使用官方人口调查的资料，采用统计研究法，想看看那些具有特别行业的卡斯特中有多少成员真正从事该行业，以及在各个不同行业里，有多少人属于传统上从事该类行业的卡斯特。最重要的职业当然是农业，90%的农业卡斯特成员从事农业；有43%的非农业卡斯特成员也从事农业，而42.2%从事其传统行业。布兰特用现代经济变迁的理由来解释，为什么有那么多原来不是农业卡斯特的成员改从事农业。他接受当时广为流行的看法，认为古老手工艺（纺织）的没落，使那些靠手工艺为生的卡斯特成员不得不转行从事农业。这有一部分无疑是正确的：有些手工艺行业消失了，而且可耕种的土地面积也增加了，这主要是增加灌溉设施造成的。然而，我们有什么证据足以断言这是全

---

[1] 有关这方面的变迁（新卡斯特的形成，依附于一个既成的卡斯特，以及新的次卡斯特的形成，等等）参见布兰特前引著作，pp. 236-238，252。被视为这一类的例子里，只有很少数证据齐全，在那些少数的例子中，相对身份都是最显著的考虑因素。值得注意的是，在提到第二点的时候，布兰特很明白地提及一个例子，好几个来源不同的群体聚会组成一个卡斯特，原有各个群体均成为该卡斯特的次卡斯特。有关这个问题的一般情形，我们将在第九章讨论其中随着时间而变易的方面。1931年的人口普查报告中（第一部分，p.399，转引自 Cox, *Caste, Class and Race* 一书，p.61）有这样一段："（目前）有一种倾向……对于那些已经不再从事原来属于贱民之行业的贱民，接触污染的规定已渐不严格了。"

新的现象呢？除非我们像布兰特一样，认为以前曾经有个时代，卡斯特与行业完全吻合，否则便难以承认这是全新的现象。但那样的假设没有任何根据。必须要记住的一点是，农业——这么含混地界定它，实在不能算是一项真正的行业，而更像是一种劳动——对大多数卡斯特而言是一种宗教上属于中性的劳动（虽然高卡斯特的人不愿意使用犁）。而且从非宗教的观点而言，它是一项值得尊敬的职业。任何人只要能直接或间接使用土地——这点很重要——不论是用什么方法从中获利都不会造成什么害处。前面已看到，各种农耕行业和卡斯特之间只存在着相当松懈的关系[1]。此外，布兰特也发现，虽然不少手工艺的稳定性渐渐减弱，但仍然相当坚固，特别是村落里面的专门手艺，这些行业常带有宗教的标记：76% 的清道夫，75% 的金匠，60% 以上的杂货店业者和烘谷者，60% 的理发师和洗衣匠，50% 的木匠、纺织工、榨油者和制陶者都从事其传统行业。这些行业稳定到这个程度非常值得注意，因为他们的工作机会实际上相当有限，有的还苦于工业带来的竞争（如榨油者、纺织工，不过纺织并没因此消失）。这些事实使我们要回头看看农民和专业者在村落里面互相依赖的现象，下一节将讨论这个题目。我们可以从以上的讨论中，先初步下结论说，卡斯特和行业之间的关系主要是身份的问题，其中占重要位置的是祖先传承下来的行业，至于实际从事的行业，只要不是过分低下以致造成矛盾就可以了。而且，这个体系可能一向在这方面具有一定程度的变通性，因为那些村落中的专业，不论是仪式性的或是别的，早已构成整个体系的强固核心。

---

[1] 宗教律法文献对高阶瓦尔那能从事的种种可获大利的行业有所规定，特别是关于婆罗门瓦尔那。遇到各种无法避免的情况时，又有种种例外的规定（意外情况包括大灾变，*āpad-dharma*）。关于婆罗门不得自己使用犁的规定，参见《摩奴法典》第十章，84 节：犁伤害大地及生活在泥土中的生物。但这种说法很奇怪，使人觉得是事后合理化的说法：事实上，这本来是一种职业偏见，却用"非暴力"的道理来解说，显露出受耆那教义影响的痕迹（参看本书 65.2 节）。

专业性的卡斯特，或更正确地说，这些专业卡斯特的地区性或地方性的群体，常常表现出很严谨的同行间的团结。在这方面，他们和我们（西方）中世纪的行会颇为相像。他们的特权或垄断几乎从来不受挑战攻击，不过他们以防止同行成员相互竞争的方式加强其地位，也团结起来支持那些和雇主发生冲突的成员（加以杯葛，甚至设法使其他卡斯特也加入杯葛）[1]。

42. "贾吉曼尼"体系

42.1　一般说明

印度村落社会中所有卡斯特之间都存在报称与还报关系（prestations and counterprestations），这些义务和权利形成的体系一般被称为"贾吉曼尼体系"（the *jajmānī* system），几乎遍存全印度。在很大程度上这是一个和金融经济体系形成对立的自然经济体系。它同时也使印度村落本身或其最邻近的小地区构成一个封闭自足的经济单位，基本的物资和各种专业服务均可在其中得到满足，不必外求：这就是长久以来一直被称为"村落共同体"（village community）[2]在经济方面之所指。

真正属于这种体系里面的成员，并不一定使用"贾吉曼尼"这个名称，甚至可能连"贾吉曼"（*jajmān*）也不用。不过，"贾吉曼"常常被

---

[1]　关于同业间的团结，参见布兰特前引著作 pp.244-246（还有 p.143 和下面一段）。譬如，在艾哈麦达巴德，一个银行家的屋顶要翻新，这银行家与糕饼师争吵过；糕饼师同业者说服制瓦者不供应屋瓦给那位银行家，参见 Hookine, *India, Old and New* 一书，p.194（1896 年在艾哈麦达巴德调查所得）。

[2]　举例来说明，马克思把"村落共同体"称为"生产整体"（Wholes of production, *Produktionsganze*）（参见 Dumont 的 *La civilisation indienne et nous*，pp.79-80）。

受雇者或随从者用来称呼其雇主（employer）或保护者（patron）。"贾吉曼"是个很有意思的名称。它源自梵文 *yajamāna* 这个反身份词，意指"主祭者"（sacrifier）：要别人替他完成一项献祭的人。与之对应的是"司祭者"（sacrificer）。可见就语源上"贾吉曼"指的是雇请婆罗门替他司祭的家主[1]，其宗教意味非常重要，而且到目前仍是如此，虽然已经没有人真正举行吠陀祭仪了。有本印地语（Hindi）词典给"贾吉曼"所下的定义为："要婆罗门替他举行宗教性（*dhārmik*）仪式的人，以金钱等为报酬。"（注意此定义中，婆罗门应邀举行祭仪后，邀者就得付报酬作为还报。）而"贾吉曼尼"的定义则是："在婚礼等场合担任家族祭司（*purohit*）、理发师、帮手（*bāri*）等角色的特权（privilege; *adhikar*）。"这个定义值得特别注意的是，适用的场合是家族仪式，尤其是婚礼。参与此类仪式是一种特权，即使所谓特权不过是帮忙准备些仪式所需的用具，例如制作一种用叶子编成的杯子之类。我把"*adhikar*"译成特权，不过它同时也指责任，这是成套的，即每个家族都有自己的家族祭司、理发师等，当事者双方不能随意地逃避这种关系，以致此种权利义务关系甚至可以作为借债的担保（布兰特，p.260）。布里特（*brit*）这个名称有时也用来指这种关系。名称可能不同，甚至不存在，然而观念本身却无所不在。用来指称受雇者的名称有很多，不过这些各负专门职责的人和雇主之间的关系，与其说是主雇关系，倒不如说是随从者（client）与保护者（patron）的关系，因为他们之间存在的是人身关系：印地语叫作

---

[1] 关于"sacrifier"（主祭者）与"sacrificer"（司祭者）的区别（法文为"*sarifiant*" / "*sarifi-cateur*"），来自 Hubert 和 Mauss 的著作，由 W. D. Halls 英译（主祭者指"献祭仪式的受益者……或受献祭仪式所影响者"）。Nesfield（p.48）使用"*yajamān*"这个词来指雇用专门系谱学者（*bhāt*）的人，而后者本人等于司祭的祭司。"*yājya*"这个词在梵文中的意思很接近"*yajamāna*"：在史诗中的 Harivamsha 那一段里面（史诗第五章，733 节）把国王与其精神导师之关系说成 *yājya-upāidhyāya*（*sambandhād*），意即"（存在于）献祭为之举行的人与精神上的教师（之间的关系）"（这一解释是根据 Muir 的 *Sanskrit Texts*, I, 377 而来）。接下来的定义则根据 *Brhat hindī koś*, Banaras, Smmvat 2013。

"*prajā*"（亦指"生物、后代、依附者"）、"*paunī*"、"*kām karnevālā*"（工人），等等。值得注意的是，所有这些名称大都是印度北部通行的。

虽然宗教意味非常浓厚，然而"贾吉曼"这个名称也可用来指任何依照整个体系规定的办法雇用别人的人。与之相对的那些名称，比方说普拉贾"*prajā*"，也可用来称呼任何被他雇用的人。即使进行的工作并不具有任何宗教仪式的意义，也是使用**同一套语言**来表达。

那么，被称为贾吉曼尼体系者背后的原则是什么呢？首先，它以世袭传承性的人身关系来表达分工制度：每个家族都有一些从事专门行业者负责家族内各式各样的专门工作。其次，它依照习惯传统来规定报称与还报：平常性的工作用实物做报酬，而且不是每尽一项义务就给报酬，而是分摊在全年之内给，因为这对一项农业社会中的永远性关系是相当自然的——每天提供一些食物，收获季节时给一定数量的谷物，在重大年节时给礼物（常常是现金）。最重要的是在家族重大仪式时也给礼物。每逢家族庆典时，也是该家族的普拉贾取得最优厚报酬的机会。贾吉曼和普拉贾之间这种有限但有效的团结关系另有其基础，可由一些事实看得出来。在印度，有不少地方会分配公有地给村落中那些公认的重要仆人，分配者一般是他们的保护者[1]。

分工制度是卡斯特体系的构成要素之一，而贾吉曼尼可能是了解卡斯特体系分工制度的最佳途径。举具体例子最能生动掌握个中道理，因此接下来我们将简述研究贾吉曼尼体系的第一本非正式专刊以之作为例子。赫顿的著作并没提到这本书，这也是我们简述其内容的理由之一。此一体系并非无人知晓，只是常常被放在"村落共同体"这个名称下加

---

[1]　前面所讲的各种专业卡斯特的同业团结的情况适用于此处的情形：卡斯特大会使其会员的权益会受到雇主的尊重，参见 Blunt, pp.243 ff。

以讨论，布兰特的书提到过它[1]。不过，第一个详细地描述此一体系的人是一个叫作怀泽（Wiser）的美国传教士，他描写的是 20 世纪 20 年代末在北方邦西部一个村落观察所见的情形。

42.2 一个实例

卡林普（Karimpur）村位于恒河和朱木拿（Jamna）河之间的大平原上，人口 754 人。村中的宰制卡斯特是婆罗门，人数最多。全村一共有 24 个卡斯特，组成 161 个家族，其中婆罗门家族就占了 41 个，同时掌握村中绝大部分土地权利。怀泽的著作明细列出所有的报称与还报。首先，村中的 *kām karnevāle*，"工人"和专业者享有种种特殊权利，包括给他们保留地、免租耕种。负责在胡里（*Holi*）节点燃篝火的婆罗门有 2.33 英亩土地，种花者有个果园和一小块地，木匠、清道夫、榨油者和裁缝，以及洗衣匠，分别有 1.34、1.15、0.86 和 0.41 英亩土地。这些地的面积不大，不过代表这些人在村落中扮演的正式角色，而且此类安排颇为普遍。我们将把其他的人按关系分成几类。这些关系自然都是永久性的，

---

[1] 关于"村落共同体"的典型描述，以马哈拉施特拉邦为例，被描述为拥有 12 位公职人员（*bālutedār*），即已讨论到此处称之为贾吉曼尼的现象。英国殖民官员有时把其中细节记录下来，比方说，Gooddine 有一份详细的研究，于 1852 年在孟买出版（*Report on the Village Communities of the Deccan*）。布兰特所著的 *Caste System*，p.242 以下也提到此一名词，比怀泽的 *The Hindu Jajmani System*，Lucknow 1958（第一版出版于 1936 年）还要早。怀泽这本简短著作的优点是以一本小专刊的形式描述此一制度的细节，当时这类深入研究仍属罕见，观察者的注意力并没用到这类基本事实上面。到目前为止，这本书仍是此类著作中唯一的个例，虽然不少专刊中有单独篇章讨论此一现象（见 p.153 注释［1］）。怀泽所研究的村庄与迈尔所研究的不同（本书 36 节中已引述过迈尔的著作），不同的地方在于，宰制卡斯特与身份最高的卡斯特，在迈尔的村庄里分别是拉吉普和婆罗门，而在怀泽的村庄中，两者都是婆罗门。这种情况并不算少见，特别是在比较富裕的地区（参见 E. K. Gough 阐于马德拉斯邦坦焦尔区的例子，"Caste in a Tanjore Village"，收于 E. R. Leach 所编的 *Aspects of Caste* 一书）。这算是角色区分不清楚的例外情形，但也只是就整个卡斯特全体而言的角色不分，因为在卡斯特内部，两种不同的角色，即身份最高者和宰制者，还是有所区别的。

是人际（或家族之间）的，而且代代传承。我们将把依附者（A）和商人与制造者（B）分开。每个卡斯特都依由高到低的次序用1到24的数字代表。

A1类：有长年服务的功能，也有定额谷物权的依附者。每年两季收获时，有6种专业者从其雇主家得到打好的定额谷类。6种专业者分别为：婆罗门（1），木匠（8），理发师（9），携水者与抬轿者（10），制陶者（14），洗衣匠（17）。其他人如果到收获场地去，也可抱一大束谷物回家，打好后重约1.4到2.8磅，这是主人绝不会拒绝的一项施舍。

A2类：担负祭仪性功能，举行祭仪后得报酬的依附者。每年的主要节日，每家的受雇者（或受照顾者）都得到礼物。有些专业者在家族祭仪中扮演重要角色，可得到很好的报酬，特别是遇到结婚的时候。A1类的人也大都属于这类，此外还有些新成员（黑体字表示）：婆罗门（1）；**系谱家**（2），同时担任传递消息的工作；**种花师**（5）；理发者（9）；携水者（10）；洗衣匠（17）；**制篮者**（18）；**清道夫**（20）；**伊斯兰教乞丐**（21），无固定功能；**伊斯兰教女舞者**（24）。

以上两类构成整个体系的核心。在注[1]里我详细说明了理发师的功

---

[1] 值得一提的是，村中唯一的理发师和他儿子并不能替全村所有人理发，有些人得从村外请理发师来（有两位）。洗衣匠也一样。这种情形并非罕见，因为村庄的界限结构并非绝对性的，有些专业人员的工作范围经常超出单一村庄的范围。春季收成的时候，理发师可从每个雇主那里得到7磅大麦，14磅玉米；秋收的时候，得到7磅到10磅半左右的玉米（整个的玉米），一车小米（亦即7磅的米谷与稻草）和7磅稻米。如果雇主并非农民，则每年要给理发师10磅谷物。这样的报酬要用哪些服务项目来交换呢？像村中长老等重要雇主，一星期刮两次胡子，另外36个婆罗门雇主和卡雅斯塔（Kayastha）雇主每星期刮一次胡子；其他人则视个时间对理发师较方便而定。他每星期刮一次腋窝并剪手指甲，每两星期修一次脚趾甲；每个月或有特殊情况时剪一次头发。理发师还在人家家里有重大仪式时扮演重要角色。每当有婚礼举行，他与妻子可以连续忙两周。除了三餐，他们还可得到一套衣服，并在8个不同仪式中各得一卢比。遇有出生、初次剪发、成年礼时亦复如此。理发师在葬礼中也担任某些角色，不过没有报酬，只有在丧礼第10天和第13天吃一顿丧礼席。在印度北部，理发师是个受人敬重的专业人员，不过印度南部的情形并非如此。理发者是传递好消息的人，丧亡的消息则由贱民负责。不过，理发师又是把火葬之火带到葬礼现场的人，这点倒是有些矛盾。

能和报酬详细，以之作为例子。

接下来还有一类，其人身性的依赖程度比前两类更高。这一类人和仪式或庆祝性的专门工作无关，纯粹是农业劳动者（季节性的临时工不算在内）。这个村落里有两个国家指派的警员（watchman），由低卡斯特的人担任，还有一些带信者及放牧者，这些人不考虑在内。除他们以外，另有一些人受雇工作，按日或按月计酬。他们实际上是受个别雇主左右的"非自由"工人（笔者 1969 年加注：我用"unfree"［非自由］而不用"tied""bond" labourers［受束缚的奴工］的字眼，是依据 D. and A. Thorner 的用法。只有这个抽象和负面的表达方式足以包涵此处论及的全部实例。参看 D. and A. Thorner，《农业上的雇主与雇工关系 》（"Employer-Labourer relationships in Agriculture," *Land and Lobour in India,Bombay*, Asia Publishing House, C. 1962, pp.21-38，原刊于 *Indian Journal of Agriculture Economics*，XII，2，1957，pp.84-96）。没有得到雇主同意不得替他人做工，经常是以此形式来还债。其中有 14 位经常按天计酬工作，44 位偶然按天计酬工作，只有 3 位按月计酬工作（工资是每月 5.6 卢比，外加每天一顿饭）。

A3 类：农业劳动者，依附者的第三类（按卡斯特示其人数，经常性的农业劳动者以（经）表示，偶然性的以（偶）表示，最后一个数字表示该卡斯特一共包括多少个家族）。

种蔬菜者（6）2（经）加 10（偶），共 26 家；木匠（8）0（经）加 6（偶），共 8 家；携水者（10）3（经）加 13（偶），共 19 家；放牧者（11）3（经）加 1（偶），共 6 家；编席者（18）3（经）加 3（偶），共 7 家；制革者（19）4（经）加 4（偶），共 8 家（在恒河平原，制革者，也就是卡马尔［comars］卡斯特成员，是最主要的农业劳动力，因为他们人口众多）；清道夫（20）1（经），共 8 家（一个送信者，一个警卫）；伊斯兰教乞丐（21）1（经）加 5（偶），共 8 家；梳棉者（23）1（经），共 1 家；

来自另外一个村落的一个牧牛者按月计酬受雇。

接着讨论我称之为商人和制造者的类别。人身性的雇佣关系只适用于第一类。

B1类：制造业匠人，替有人身关系的固定雇主服务，事后留下一部分产品作为报酬：烘谷者（12）和榨油者（16）。

B2类：制造业匠人，按照通行价格取得现金报酬：金匠和银匠（4）；裁缝（13）。

B3类：零售商，包括种蔬菜者（6）、放牧者（11）、生意人（15）、卖玻璃环饰的伊斯兰教徒（22）。

说明：A类的专业者，比方说犁匠，也会在B类中出现，条件是他们所做的工作不和犁直接有关，像制造牛车之类。这类工作均另外按件计酬。另一方面，即便那些看来是买卖的关系，商品的价格也并非是商业性的。比如说，婆罗门只要付上一个安那（anna，十六分之一卢比）就买得到的牛奶，其他人却得付一个半安那的价钱。对象的身份也反映在价格上面，这些现象正表现了整个村落中人与人间的人身关系。

怀泽把整个体系描述成大致上是对称性的：每个卡斯特中的每个成员，除了身份最低的几个卡斯特以外，轮流扮演主人和仆人。如怀泽指出的互相交换服务，某匠人受雇于几个婆罗门，同时他又以家长身份雇用一个婆罗门来为自己举行家族祭仪。这类互报关系（reciprocity）的确存在，但仍是一种阶序性的关系，怀泽因过分把这种体系理想化，竟很奇怪地看不到这一点。不过，他提到理发师并不替清道夫剪头发。而在婆罗门之间，那些从事农业者和专业者之间，不仅身份有高下之别，而且表现出很强烈的差异。这个村落的婆罗门事实上分成7个不同的等级。41家婆罗门中，只有3家担任祭司。第一级婆罗门有3家，其中一家任祭司，替第二、三级婆罗门服务，但他自己和其他两家第一级婆罗门却从邻村请一位身份更高的婆罗门来替他们服务，这完全符合整个体系的规则，维持了权力和身份分开的一般原则。第二家任祭司的婆罗门属于第三级，替低阶的婆罗门服务（另外也替34家高阶婆罗门中的5家服务，这个例外原作者没加以解释），也替少数非婆罗门服务。第三家任祭司的婆罗门属于第六级，替其余非婆罗门服务（除了清道夫和伊斯兰教徒）[1]。最后，必须指出有些卡斯特只接受服务但并不替别人服务。包括那些拥有土地，又不替别人工作的婆罗门（41家中有36家属此类），还有会计师（3）、种稻者（7）及从事商业的卡斯特——金银匠（4）、种蔬菜者（6）（他们在理论上有自己的贾吉曼）、放牧者（11）和零售商人（15）。

由此可以看出，即使身份中等的专业者按照互报关系彼此提供各种专业服务，就这点而论整个体系就并非平等：首先，等级划分非常明显；其次，也最重要的是，有两种对立的功能存在——雇主（保护者）与专门行业的受雇者（受保护者），而且只有那些支配了最重要的财富与权力来源——土地——的人才能盛大地展示整个体系的各种特质。简而言之，这种体系确实保证他们能得到各类专门行业者的服务，在另一方面也间接保证了专门行业者能得到生存所需，因为他们拥有若干有限但实在的权利，可分享土地的产物及他们主人的财富。

---

[1]　除了不同等级婆罗门之间的相对关系，以及他们服务对象的不同等级的区别以外，还有身份甚低的印度教徒，不论婆罗门还是理发师都不替他们服务（这一点在其他著作中也有人提及，譬如前引 Gough 的文章，收在 Leach 所编的 *Aspects* 一书中，p.24。此处的例子中，只有捡拾破烂者（清道夫和清理粪池的人）属于此类。令人吃惊的是，此处的其他贱民，如卡马尔（即处理皮革者），可以享受上列服务。原来这些低卡斯特的人把为他们理发的人、为他们洗衣物的人视为比自己的身份还低（Gough 上引著作）。

42.3 讨论

贾吉曼尼体系近年来引发了一场有趣的讨论。这项讨论说明了正确对待阶序如何困难，因而同时对我们根深蒂固的思想习惯提出了挑战。会有人质疑这个体系是否存在于印度大多数地区，但持怀疑态度者并没有提出什么根据[1]。除此以外，讨论的焦点是如何评价。我们已指出，怀泽有些过分把它理想化了。他认为这个体系不只给穷人提供保障，而且经由强调中间那些卡斯特的情况，将整个体系说成一种平等性的和谐，这个看法就整个体系而言很不合适，但却相当接近19世纪早期那些浪漫主义行政人员所描绘的田园诗似的"村落共同体"之形象。

贝得曼（Beidelman）对这种体系做过一项极具文献价值的比较分析，可惜他做那项分析时仍是学生，对此体系并没有第一手经验[2]。他正确地批评怀泽，正像我们所做的那样，但更进一步指出：贾吉曼尼

---

[1] Harper 所写的题为 "Two Systems of Economic Exchange in Village India"（*American Anthropologist*, LX1，1959，pp.760-778）的文章中，含有一项非作者原意的反讽在内。Harper 以他在迈索尔邦的实地观察所见，认为贾吉曼尼及其意义并不见得是全印度都有的。然而，他却又说主人或雇主在他所观察的地方被称为 "*yejmanru*"，但这个名词只不过是 "贾吉曼" 的（Dravidianized）而已（参考泰米尔语，*ejamāN*）。Harper 相信他所看到的是个性质很不同的体系，他以那个地区的名字将此种体系命名为 Malnad。事实上，这个制度很可能只不过是一种变型，是把原来的一些特征加以特别强调而造成的模式。在 Malnad 地区，宰制卡斯特是哈维克婆罗门（Havik Brahmans），他们靠种槟榔为生，获利极丰（印度各地盛行嚼槟榔，但只有某些地区产槟榔）。这种商业产品取代了谷类食物的生产，其结果是所有佣人全都以现金支付。基于此，主仆之间的关系便较具契约性质（作者非常强调此点，乃至强调得太过分）。因此，当村中的理发师死后无后代可继承其业时，哈维克婆罗门便会从别处找来一个理发师，订下明文契约，在理发师结婚的时候给他 600 卢比，理发师则需服务 5 年。值得注意的是，这项 "契约" 的性质非常特殊。在那 5 年期间，这位理发师就像其他地方的理发师一样，接受那些种稻米的人以谷物来换取他的服务。5 年后婆罗门也付报酬给他，不过是付现金。作者告诉我们，在讨论这个问题的时候，婆罗门每次都不太情愿地接受理发师的条件 "而没有决定……要找……另外一个理发师"（像他们在以前那个理发师死后所做的那样）。在这段文字中，不就表示婆罗门不太喜欢以订契约的方式来解决这类事情吗？在其他地方，作者承认贱民是非自由工人（他称之为 "永久契约工"）。像其他作者一样，Harper 一心想把他能称之为经济关系的社会关系放到最主要的地位，因而犯了错误。

[2] T. O. Beidelman, *A Comparative Analysis of the Jajmani System*, Locust Valley, N. Y., 1959.

体系造成权力分配不平等，代表一种"剥削"与"强迫"的形式。"仪式"层面是次要的；政治经济层面，其中以土地关系为最重要，才是基本而重要的。换句话说，阶序就是"剥削"。这是教条而又盲目的唯物主义，其极端的程度使得倾向于同类看法，但却比较有经验的学者高夫（Gough）不得不向贝得曼指出他夸大其词。虽然贝得曼得到的结论和怀泽正好相反，但他同样不了解阶序。为了了解阶序，必需讨论贝得曼的批评者奥伦施泰因（Orenstein）的看法[1]。奥伦施泰因的批评相当强烈，他攻击贝得曼没有看出该体系不只是生产工具的不平等分配，而且还有其他方面：它在掌握生产工具者和没有掌握生产工具者之间建立了互相依赖的关系，这种关系最终对后者有利。富有者在一定程度上依靠贫困者，这是"仪式"层面的功劳。这个看法自然没错。这个体系造成不平等，但同时也如怀泽所说的使低阶者有一定程度的安全保障。不过，不必像奥伦施泰因那样认为此一体系不但不是所谓的"剥削"，而且是一种"功能性"的体系，对社会团结有贡献。讨论到这里就得再讨论一下"宗教性"层面和"经济性"层面之间的关系。我们在讨论侯卡特的宗教性解释及其应用上所面临的难题时，把两者之间的关系视为待解决的问题。以卡马尔卡斯特，也就是制革者为例：在理论上，由于他们负责处理死牛，制作牛革，因而是贱民，但事实上他们是恒河平原人数最多的一个

---

[1]　E. K. Gough, "The Hindu Jajmani System"（*Economic Development and Cultural Change*, IX, No. 1, Oct. 1960, pp. 83 ff.）；参考 D. Pocock（p.186 注释［1］）；H. Orenstein, "Exploitation and Function in the Interpretation of Jajmani"（*Southwestern Jonrnal of Anthropology*, XV III, No.4, 1962, pp. 302-315）。N. K. Bose 也注意到不平等与"经济调适"之间的关系（"Caste in India,"*Man in India*, XXXI, 1951, pp. 108-109）。

　　晚近出版的有关著作中，有些是专刊中的专章（Lewis，第二章；Mayer; Majumdar, *Caste and Communication in an Indian Village*，第五章），此外还有专著，包括：Opler 与 Singh, "The Division of Labour in an Indian Village," 1948; N.P.Gist, "Occupational Differentiation in South India;" N. S. Reddy, "Functional Relations of Lohars in a North Indian Village;" F. Barth,"Ecological Relationships of Ethnic Groups in Swat, North Pakistan;" N. Patnaik, "Service Relationship between Barbers and Villagers in a Small Village in Rampur"。

卡斯特，大部分人都是非自由的农业劳力，因为制革只能维持他们之中少数人的生活。我们能不能因此像很多人所说的那样，说"仪式"理论只不过是把他们所受的"剥削"合理化？大卫·波寇克（David Pocock）写的一篇论文就是以贾吉曼尼关系[1]为架构讨论这个问题。他做出一项分别，一种他称之为宗教性的专业——就他而言，只有这些才是真正的贾吉曼尼——另一种称为经济性的假专业，表达时他用的是宗教性专业的语言（在假专业中，他又区分出两种，包括非自由工人的人身依附和真正的手工艺，后者在不同程度上参与了商业经济）。毫无疑问，这项区别在分析上有其用处，而且怀泽列举的那些实际情况中也多少可看见此一区别。但如果把焦点置于整个体系，那么这种区别就像是在回避问题，而非解决问题了。如果要采取经济观点的话，要把各个方面都包括在内，设法都以经济的观念加以说明（比方说，需要指出身份的高低事实上是用数目表现在牛奶价格的差异上，宗教则表现于婆罗门收入的高低等）。实在不容易看出如何能有效地将各种事实分配于宗教和经济这两个如此不同的范畴里面。波寇克避开了这个难题，他使用的办法是区别何者必须依赖当地的政治经济条件与何者不然。比方说，地主和非自由农业工人的关系即依照当地政经关系而定（但是，非自由的农业工人同时具有"制革"者的身份，一个一般性的范畴）。

"原始经济"这个名称使用得相当普遍，但却没有人替它下个定义以作为一般应用的基础，以便可以用这个很现代的名称去称呼各种性质很不一样的社会。我们对经济的定义到底是应该采用牟斯所使用的市场与价值的定义，还是要像《人类学调查手册》（*Notes and Querries*）所下的需要与效用的定义呢[2]？采用前一个定义似乎过分狭窄，只适用于少数几

---

[1] Pocock, "Notes on Jajmani Relationships"（*Contributions*, VI,1962，pp.78-95）.

[2] Mauss, *Manuel d'Ethnographie*,1947; *Notes and Queries on Anthropology*, London, Royal Anthrop. Inst., 6th ed., 1951,p.158.

个学科。不论如何，初看之下，分工当然一定会有个经济层面。假定我们置身传统印度的一个打谷场，我们将看到农夫是如何分配其收成的：他会先量出一些交给"国王"，亦即对该片土地拥有权利的人，然后量出替他做家祭的婆罗门该分得的一份。这样一份分量下去，最后可能会分一份给属于贱民的犁田者。我们看到的这个景象，不正像一个市场吗？各种不同性质的报称不都是用同一个单位加以衡量吗？这不就是把那些关系化约为一个共同的要素，一个远超出宗教范围之外的要素吗？这样不就可以讨论各种报称的"价值"了吗？

我认为采取这个看法是错误的，把两种现象用这种方式结合在一起，是用一种模糊的外在相似性掩盖两者之间深刻的差异。马克斯·韦伯看到了这一点[1]。在一个市场里面，所有的买者和卖者都是一样无差别的，每个人都各自追求其利润，而各种不同的需要无意识地受调整，受市场机制的调整。但此地讨论的情形却并非如此：不但大部分关系都是人身关系，而且那些关系之所以是人身关系，是因为整个组织在相当大的程度上是有意满足所有进入此一关系体系的成员之需要。实际上，在这体系中所测量计数的可以说是互相依赖这项性质。虽然宗教性的报称和"经济性"的报称混杂在一起，它却是在一个被规定了的秩序，也就是宗教秩序中进行的。每个成员的需要被认为是不一样的，视阶序而定，视其卡斯特而有不同，但不应该因为这项事实而掩蔽掉整个体系乃是以

---

[1]　在 *The Theory of Social and Economic Organization*（Henderson 与 Parsons 合译）中，韦伯把各种不同的分工加以分类，市场经济里面的分工属于具有独立的与自主的因素那一类：行动者代表自己，为自己利益而行动。印度村落中的情况则与此相反，分工所含的因素虽也是独立的，但却是由他人瞩意的：他们满足社会中其他成员的需要（p.228），这一类型的分工后来又被称为"造物主的礼拜仪式"。马克思早已用类似的方式强调两点：产品是为了让整个社会的成员即时消费，并不变成商品；"规定或制约社会分工的法则，其运行方式具有像自然法则一样无可抗拒的权威"（《资本论》，英译本，Moscow，1954，I，Sec. 4，Chapter 14，p.358）。

整体为其取向这一点 [1]。因此，我们应该说上游打谷场分配谷物的现象根本和市场不同，理由是有关当事者之间是互相依赖的。如果仔细一点，看到那个农夫把他收成谷物的相当数量都分给了各种不同的人，我们应该会觉得我们面对的并不是现代经济里个人所组成的世界，而是面对一个合作农场，其主要目的是保证每个人得以比照其社会功能而取得生计所需，这样的结果是到了几乎要把每一片土地的产品全都加以分配的地步。前者的指涉点是追求其本身利润的**个人**，后者则指涉**阶序性的整体**。如果把现代社会主义的主张加进去，我们可以做出下述的系列：

（1）阶序性的整体：大致上有意识地分配资源；

（2）无政府状态的众多个体：外在地和自动地调配资源；

（3）调配性的众多个体（或）平等性的整体：有计划地调配资源。

简而言之，比起民主社会，应该认为卡斯特体系的"剥削性"更少。如果现代人看不到这点道理，不认为如此，那是因为他除了平等已无法想象正义还会有其他意义。

这项讨论的结论是，贾吉曼尼体系无法用我们所称的经济学概念去理解，因为它建基于对整体的指涉，而这项隐含的指涉所指涉的整体其性质是宗教性的，或者可以说是某些终极性的价值。那些在其他情况下单纯是经济性的层面全都臣属于此指涉坐标。这个体系以同一套称呼表达我们加以区别的现象，这样的表现方式并非不合适，也不是作伪，更不是一种表面现象，而是整个现象的本质本身使然。在这里，就像在其他方面，"权力"被涵括，被限制，以其他的事物为其指涉标准。然而权力并非不存在，也不是它如果没有被如此涵括将会表现出来的样

---

[1]　参见怀泽 p.42："当贾吉曼付现金的时候，他心里所想的并不是等价交换，而是现金加上其他方面的方便（如土地，等等）会使 'Kam Karnewala' 生计所需有依靠。"

子[1]。这种情形可能造成困难，但如果抛开这种情形，就等于放弃要了解我们的研究现象的希望。不过，最后分析起来，此处的现象在我们的社会里有大致相当的例子。比如，知名艺术家的作品有时候会以好几千镑的高价出售，原因是我们同意把所有的产品、物品，甚至是那些目前渐渐具有宗教价值色彩的物品全都化约为以经济上的一项共同指标来估价。如果这些作品被有些群体宣称为自己不可变卖的共同财产，那么买卖这些作品就等于冒渎神明。

43. 结论

把贾吉曼尼体系视为传统印度社会分工的基本形式之后，我们现在设法简述其特征。

简而言之，卡斯特有两种：拥有土地者和无土地者。在每个村落里，土地归一个（或几个）卡斯特拥有。此处故意用这种不明确的说法，在第七章将会比较明确地讨论这个问题。拥有土地的卡斯特也就是"宰制卡斯特"，享有经济权力（因为控制生产工具）也享有政治权力。在更广大的地理范围内它居于从属的地位，比方说从属于国王，但在村落的范围内它扮演的正是国王在大地域范围所扮演的角色。对这些宰制卡斯特

---

[1] 此处令人想起一度相当流行的一种看法：卡斯特的出现使分工制度的发展中断，在此以前则有助于分工的出现（例如穆勒在《大英百科全书》中"caste"那一条提及的，本书 13 节引用过）。这里牵涉到韦伯称之为"他人做主"的因素。从另外一个稍微不同的角度去看，有专业性行业存在这项事实，要如何与一般流行的印度人将人与物的关系视为人与人的关系之象征这样的事实并存调和呢？在一门特殊的技术里面，和某物的关系是某个特别的卡斯特的事情，而卡斯特与卡斯特之间的关系，则是人与人之间的关系。譬如有些卡斯特以农业技术出名。在理想的层面上，或依照属性，各种功能的专业化是依照各人的能力而定。还有，如果我的观察没错，专业化本身（即使婆罗门也是如此，如果我们把异端敬派的影响考虑在内）是被当事者视为一种限制的。

而言，他们的卡斯特与他们的行业之间的关系是模糊的。因为最后分析起来，宰制卡斯特扮演的功能可以用武力取得：传统意识形态中被当作刹帝利这个瓦尔那所专有的功能，实际上很多卡斯特都能够行使。

其他卡斯特则全部都是依附性的。概而言之，其成员透过他们与宰制卡斯特成员的人身关系，直接或间接地取得生存所需。那些人身关系建立在他们所能担任而且是宰制卡斯特所需要的功能上面。在那些处于中间地位，从事农业劳动（农夫，佃户等）的人当中，卡斯特与行业之间的关系相当薄弱。而对那些从事专门行业的人而言，大部分专门行业都具有宗教意义，他们的卡斯特和行业的关系是强烈的。那些非自由的劳动者大多是贱民，其卡斯特与行业之间的关系也是强烈的。

针对以上所言，大家意见一致。平常所说的权力在这个层次上也都适用，不过我们不能忘记这些关系的人身性，以及与之有关的被广为接受的整套观念。举例言之，那些观念给我们通常以现代模型去了解的经济权力设下了相当严格的限制。不过，事实上宗教价值在这个层面上并没有凸显出来，而且也不是最为重要的，这可由以下事实得到证明：只要条件和环境有利，不管是哪一个卡斯特都能够在一个地区内成为宰制卡斯特。这项事实在另一方面显示出了权力本身的贬值，因为权力是瓦尔那理论的一部分，也是洁净之阶序的前提。

但以上所说的显然只是整个现象的一个方面而已。宰制者和依附者全都在同一套观念体系下生活，受其影响，而此观念体系中被我们分析出来并指称为"权力"的事物实际上是被涵括的。就目前的观点而言，把权力加以涵括的重要观念是对整体的取向，此一取向即使是无意识的，仍然决定了最细致的态度，因为它控制专业化和互相依赖。在参与其中的那些人心目中，这个取向使他们各自所处的地位合法化，看来正好是严格意义下的经济现象的反面。一个经济现象先假定以个人为主体，这里的情形则正相反，一切都导向整体，导向常被称之为"村落共同体"

的整体，亦即成为一种必要的秩序本身的一部分。这种具有秩序等级的整体的看法，认为整体中的每个人都有其特定的位置，基本上是宗教性的。在此整体观点中，能发现各种在我们看来于宗教成分上差异相当大的功能与专门行业。难怪在广为接受的宗教语言中最具宗教意味的那些专门行业与卡斯特之间的关系最为牢固，一直到今天，此类关系仍然最为稳定。把此类关系称为最严格的贾吉曼尼可以说非常正确，但同时不可忘记它们只是其他关系的模型。和我们在讨论洁净与不洁的意识形态时，已看到它如何成为表现很多其他事物的工具一样，在这里所讨论的关系，其普遍性的模型也是假借宗教性的关系，和贾吉曼尼这个名称在语源学上的意义本为宗教性是一样的。一个人雇一个婆罗门，一个系谱家、一个理发师，同样也雇用木匠及身为贱民的非自由工人：可以说每个例子都是根据同一个模型而来。换句话说，"宗教性的"在这里成为一种普遍的表现方式，而这是完全合理的，如果我们已知整个取向乃是宗教性的，知道宗教的语言就是阶序的语言，而且清楚如我们所见，阶序必然建立于洁净与不洁的问题上。

在最后的分析中，分工所显示的并非没有必要地把宗教和非宗教的（或"经济的"）工作并列在一起，分工乃是互相依赖的宗教性基础，同时也是它的宗教性表现。分工还更进一步从宗教中推演出互相依赖。

我们应即刻说明，这项结论并没有解决所有的问题，甚至只就贾吉曼尼体系内部而言，值得研究的项目也还有很多。但把真正的问题之所在找出来，把假的问题抛开，也是上述讨论的收获。

此外要指出的是，贾吉曼尼体系并不能涵盖一切，在本章快结束时强调此一事实有其必要。甚至在村落里面，现金也扮演一定的角色，这种情形以前即是如此，目前更是大势所趋。此外，还有其他形式的专门行业，包括大规模（整村的纺织工）产业和城市化的行业，我把这些都略去不论，因为在我看来，就目前我们所具有的知识水平而言，和卡斯特体系这个方面有关的主要答案，均包含在平常的村落以及贾吉曼尼体系里面[1]。

---

[1] 有一种非常特别的，甚至可以说是反常的现象，涉及 5 种重要的特殊工艺；有时候被包括在同一个卡斯特里头，很值得研究（在印度南部：*Rāñcālac* 5 种手艺者联盟"包括金匠、铜匠、木匠、石匠与铁匠，参见 Hutton，p.10）。他们是"左手的卡斯特"，自认为与婆罗门身份相当，在自己人之间通婚。不幸的是，目前尚未有深入的研究出现（不过，可参见 Srinivas 的简短陈述，特别是在"The social System of a Mysore Village，"pp.7, 23-5），而较早的文献（Thurston，*Castes and Tribes*，s. v.）需要加以小心地诠释。印度教古典文献中有关这方面的陈述，参见 G. Dumézil 的"Métiers et classes fonctionnelles chez divers peuples Indo-Européens"（*Annales*, Économies, Sociétés, Civilisations, 13e année，No. 4，Oct. -Dec. 1958），pp.718-719。Pocock 最近也提出一项解释（前引书）。

第五章
婚姻规定：隔离与阶序

通常认为卡斯特的特征是内婚制，即以自己的群体成员为结婚对象。正如大多数著作中所说的，这种婚姻规定似乎是隔离原则（principle of separation）的具体表现之一：不同卡斯特之间禁止通婚以彼此隔离，正像禁止不同群体的人彼此接触和共餐一样。在某个分支层次上，卡斯特规定实行内婚制以保证其自我延续。每个人均属于自己父母所属的卡斯特，或是次卡斯特等更小的群体。这种看法就统计上而言已经足够，但就理论而言未免过分简单，失之狭隘，而且会造成无数例外情形。正像在其他方面那样，这里也需要阶序原则：它在一定意义上把隔离原则涵括在内。我们将先看看婚姻在此一社会中的重要性，把婚姻和卡斯特联系起来的种种规定，还有婚姻和亲属的关系；然后我们将简述强调内婚制的通行观点；最后希望可以得到一个比较一般性的结论。此外还将提到卡斯特内部的细分和通婚的关系，也将讨论古代梵文文献如何从瓦尔那的观点看待婚姻。

51. 婚姻的重要性

婚姻是印度教徒的社会生活中最重大的事件，在其宗教里也占极重要的地位。婚姻在社会生活里面的重要性可由好几方面看出来。它是家族仪式庆典中最重大的一项：在很多社交层次上，是卡斯特的成员及其他人以最大数量聚集在一起的最主要场合。它也是最花钱的场合，所以印度农民负债的最主要原因是嫁女儿，即使是穷人也不得不为了尊严而花一大笔钱[1]。对很多卡斯特而言，婚礼一定要请婆罗门祭司到场，理发师、洗衣匠和其他卡斯特的成员所提供的专门服务也必不可少，对这些人都要很大方地给予报偿。婚礼包含了一大套各式各样的仪式和复杂的报称（prestations）[2]。最后，每个卡斯特的婚礼自然都各有其严格的规定，其中有些习俗具有提升其阶序身份的作用，像童婚、禁止寡妇再婚，甚至不得离婚等都是。婚姻很自然地成为卡斯特领域和亲属关系领域之间最主要的联系。因此像通奸这种行为所受的处罚非常严厉，尤以发生于不同卡斯特成员之间者为然。婚前性关系也被严禁，对各个卡斯特的成员都是如此，这和部族（tribes）中的情况不同[3]。

我译成"童婚"（infant marriage）的这个制度指的是远在当事人能同居之前就举行结婚仪式，往往在新人很年轻的时候就举行，尤其对女孩子更是如此。这项习俗是高阶的象征，过去流行于婆罗门和其他高阶卡斯特之间。我说"过去"，是因为社会改革者早已强烈反对这种习俗，认为此习俗对现代心灵而言无可忍受，同时缺乏任何明显的宗教基础。不过，它实际上是种源远流长的习俗：根据古印度宗教律法文献，童婚的目的是要在女孩子到达青春期之前就举行结婚仪式，不能遵守此一宗教

---

[1]　关于这一点，印度教徒与邻近的部族社会或信仰佛教的人群之对比非常强烈：对后两者，葬礼或者说守丧与祖先崇拜才是最重要的，参见 B. Pignéde, *Les Curungs*, 1966，还有赫顿及其他人所写的有关那伽人（Nagas）的专刊。有关印度教徒的婚姻，参见杜蒙，*Sous-caste*, pp.215, 225。

[2]　有关"部族与卡斯特"的辞典里面有很多关于婚礼的描述（参见最近 Brenda Beck 对泰米尔邦一个地区的描述，牛津大学未出版的论文）。关于报称，参见杜蒙前引著作。

[3]　O'Malley（*Indian Caste Customs*, p.95）提到 Buchanan 所举的发生于马拉巴的例子（一个南布迪里婆罗门男人与一位夏南［Shanan］卡斯特［椰子酒酿造者，身份极低］妇女通奸，结果男人双眼被弄瞎，女人的近亲被杀或被逐），此外比哈尔邦和尼泊尔也有此类例子。

律法规定的父亲会遭到超自然力的惩罚。随着时间的推进，女孩子举行结婚仪式的年龄不断降低。从现代人的角度看，最令人惊骇的结果是有些年轻的"寡妇"居然从来就没有和她们的丈夫同居过[1]。

婆罗门的婚姻通常只有一次（单偶婚）而且不能解除。我说"通常"，是因为必需有个儿子的责任使久婚不育的人有成为例外的根据，久婚无子的男人可以娶另外一个妻子。婚姻不能解除则表现于没有离婚（最多只能分居）和禁止寡妇再婚。婚姻不得解除所造成的不良后果大多由女人承担。此外，寡妇还得过一种悔罪式的生活，至少直到最近仍是如此。那些王族卡斯特的情况则有点不同：他们实行阶序性的多偶婚，不过寡妇也是禁止再婚的。萨蒂（sati，德妇，贞妇）这项习俗的实行者主要是这几个卡斯特的成员：丈夫死后，（最少他的）原配要把自己烧死在丈夫的火葬堆上（有些婆罗门也实行这项习俗，英国人统治印度后，很快就强令禁止了）[2]。

有的书上说所有卡斯特都禁止寡妇再婚。即使把这种说法看作大致性的概说，也非常不正确：事实上，绝大多数的卡斯特，全部人口中的绝大多数，都允许寡妇再婚。有相当一部分人甚至认可离婚，而且让女

---

[1] 试图解释此一风俗的各种理论，不论是本地的或外来的，参见 Blunt, *Caste System*, pp.75 ff.。有关这方面的律法文献，参考 Kane, *History of Dharmaśāstra*, II,No.1, pp.443 ff., 以及 Jolly, *Hindu Law aud Custom*, B. Ghosh 译, Calcutta, 1928, 第 17 节。此处只简略指出：（1）这种习惯与女儿而不是和儿子在家庭中的地位有关，同时也和妇女在亲属关系中的地位有关，这一点下文将进一步说明；（2）婚龄有降低的倾向，其原因不只是和上攀婚（hypergamy）（本书 54 节）有关，也和此婚俗的声望价值有关（会因此而导致竞争及竞相出高价）。英国政府想借法律的压力进行改革（《童婚限制法》，又称为 *Sarda Act*，通过于 1929 年，但没多少影响），也想方设法希望用说服方式加以改革。因此，北印度的王族卡斯特——拉吉普特人在 1888 年创立了一个组织，想进行改革（婚姻费用依照其收入加以限制，婚龄定为男子最低 18 岁，女子最低 14 岁，禁止多妻制，参见 O'Malley, *Indian Caste Customs*, pp.98-99）。后来的一些现代组织（参见本书 113 节）也常常限制结婚的最低年龄。

[2] 关于"萨蒂"（英印语称为"*Suttee*"）在 1829 年被 Lord Bentinck（1774-1839, 1828-1835 任印度总督）明令禁止，赞成禁止者包括开明的印度人，参见 E. Thompson, *Suttee*, 1928; Kane, *History of Dharmaśāstra*, II, I, pp.624 ff.。

儿在青春期之后而不是之前结婚。不过这里有一点区别：真正的婚姻，也就是女人的第一次婚姻——**首次婚**（primary marriage）——在印度各地都是唯一的（但不一定全是不可解除的）。区别在于有些卡斯特允许妇女在首次婚的对象死亡或离婚之后，再结一次比较不光彩的婚姻，我们把这种婚姻称为**再次婚**（secondary marriage）[1]。不过有些卡斯特禁止这种婚姻。和禁止妇女二次婚正好成为对比的是续嫁夫兄弟婚（levirate），或者该称之为拟似续嫁夫兄弟婚（quasi-levirate），这项习俗相当普遍，它允许寡妇嫁（再次婚）丈夫的弟弟（兄长通常除外）[2]。

此处不拟多谈亲属关系。关于婚姻在亲属关系体系中的地位，印度南部（说达罗毗荼语的地区）大异于印度北部（说印度雅利安语的地区，但马拉塔语地区的情形则居于两者之间）。在南部，婚姻占据枢纽地位，以之为基础的姻亲关系极为重要，和血亲关系几乎不相上下。北部的情形则不同，粗看之下姻亲在北部亲属关系中的地位居于次要，几乎和我们（西方）自己的文化一样。不过虽然如此，印度北部与南部却都有外婚群体。北部禁止近亲结婚，婆罗门更把此项禁忌加以繁富延伸，以致最少在理论上，此项禁忌扩大到令人觉得他们是在互相比赛的程度。有一项很详尽的研究显示，姻亲关系在北部非常重要，相当于南部的联姻关系（marriage alliance，这是姻亲关系的扩大和持久化），不过北部印度的姻亲关系受"雅利安"正统教条压制，未能以直接明显的方式表现出

----

[1] 婚姻的种种区别，参见 53 节。各习俗在北方邦的分布情况，见 Blunt，p.64。

[2] 严格说起来，"续嫁夫兄弟婚"指的是寡妇有义务改嫁给她死去丈夫的弟弟，目前的趋势似乎将此一名词的意义放宽，包括义务性的和自愿的两种。但此处讨论的例子中，并不含有任何义务性，参见 O'Malley，*Indian Caste System*，p.93。在低阶卡斯特中发现的此类婚姻（参见 Blunt，前引书）必须和古典的 "niyoga" 区分开来；在 *niyoga* 制度中，如果丈夫死时无子嗣，死者的弟弟会和嫂嫂同居直到后者生出儿子。古典著作中讨论此习俗的地方颇多，规定也相当详尽（《摩奴法典》关于这一点的说法不一致，而这种以前被认为可行的习俗，有人认为不适合当今时代，因为当今时代是黑暗时代（kali yuga）；参考 Nesfield 书 p.53 所引的 *Parāśara* 的文献；还有 Kane 前引著作，II, I, pp. 599 ff.）。

来。北部还有上攀婚这项因素存在（接下来将会讨论这一点），并禁止近亲通婚，在南部由于联婚关系所造成的那些仪式性角色与报称，也同样存在于北部。北部的达罗毗荼层面（the Dravidian aspect）变得不完整，被排除于意识之外，不过仍是事实上发生的那些现象的基础。因此，把卡斯特和亲属关系视为两个各自独立的领域乃是不正确的：两者因为婚姻所占的重要地位而联结一起，婚姻的重要性在卡斯特里面非常明显。至于它在亲属关系中的重要性，从结构的观点来看，有时候明显易见，有时则隐晦不明[1]。

52. 内婚制：通常看法及其限制

西方常识里的"卡斯特"意指一个"封闭的"群体，具有永久性、排他性、自足性的特质。A 卡斯特的男人娶 A 卡斯特的女人为妻，所生子女也属 A 卡特。此一事实以各种不同说法表现，比方说一个群体自我再生产，代复一代，或说只从自己群体中找继任者，等等。这个看法分析起来是两项不同的性质混杂在一起：一个人在自己群体中找结婚对象（内制），或该说是一个人不能和自己群体以外者结婚；继嗣（descent，群体成员身份的传承）以父母双方为准。其中第一项使卡斯特和部族社会不同，也和大多数容忍与群体以外的人结婚者（虽然事实上大多数人都是群体内婚）不同。第二项使卡斯特和氏族不同，氏族的继嗣是单系

---

[1] 有关婚姻本身以及婚姻与亲属关系等方面的细节，可以在许多出版的著作中见到，比较值得一提的是 Blunt 的 *Caste System*，pp.43，60 ff.。关于印度南部与北部的姻亲关系，参见我的著作，*Hierarchy* 和 Sous-Caste；*Le Deuità Rampur*；"Marriage III,North Indian in Relation to South India"（*Contributions*，IX）。关于婆罗门禁止"*sapinda*"这种分布相当广但作用不见得多大的关系，参见"Marriage II1"，里奇支持亲属体系与卡斯特体系范围大体异质的论点（*Aspects*，pp.7-8）。

的，或是父系或是母系继嗣。氏族和卡斯特一样，都以婚姻法则为基础：一般而言氏族是外婚的，其成员有义务和氏族以外的人结婚；卡斯特正好相反，依照继嗣方式，他们有义务和自己群体里的人结婚[1]。顺便提一下，和那些分裂成几个不同氏族的部族社会比起来，卡斯特社会代表了一个更复杂的体制，因为每个卡斯特中都通常会有外婚氏族或相等的东西。

认为卡斯特体系界定了内婚群体大致上是正确的，但是这样的说法实在过分简单，不是真相的全部。首先，也是最重要的是不可忘记虽然一般而言卡斯特能自足的再生产，但是从阶序的观点来看，并考虑到社会分工，每个卡斯特都高度依赖其他卡斯特。如果卡斯特的内部组织，特别是在婚姻方面，没有明显表现这些互相依赖的性质，那将是很奇怪的。不仅如此，我们已看到，一般说来内婚的单位并不是整个卡斯特，而是卡斯特下文和卡斯特性质一样的分支，这个分支才是禁止和群体以外的对象通婚的单位[2]。即使如此，通常还是倾向于把这个体系的严格程度看得要比实际情形高许多：通常，人们相信触犯内婚原则会马上遭到除籍的命运。然而，在有些情形下，X卡斯特的男人娶Y卡斯特的女人，所生的子女仍会被视为正常并合法。而更常见的是X的男人和Y的女人生育子女并不导致他或孩子们被排除出X群体之外。这其中起作用的最

---

[1]　想要把卡斯特化约成为氏族，或者想用氏族来解释卡斯特的一切努力，也因此而徒劳。即使在一个卡斯特体系里面可以同时找到卡斯特和氏族，使我们有时认为是正好看到其中一项正被转换成另一项，结果仍是徒劳。

[2]　如果要想维持"内婚制"这个名词的全部意义，它必须用来指称一个群体（分支），在其范围内成员可以和任何成员通婚，但却不能与较大群体（卡斯特）的成员通婚，虽然照较广义的说法而言该卡斯特是"行内婚制"；我们将把前者称为"内婚单位"。

这样的想法对"外婚制"并没有偏见，外婚制通用对象是规模最大的群体，规定不得与之通婚（比方说，外婚氏族这整个大群体是个外婚单位，而不是以氏族中的世系群为外婚单位）。至于婚姻禁忌方面，必须把适用于一个群体所有成员的禁忌（如外婚制）和只通用于个人与近亲关系（如乱伦等）的禁忌区别开来，后者依照个人的亲属关系而有所不同。

重要的原则实际上是身份：对某些违反常规的事情，惩罚方式是剥夺其身份，而内婚制存在的最基本理由乃是维持一个群体的身份于不堕。简而言之，卡斯特之所以会自我再生产乃是阶序原则的应用所造成的。阶序原则把各个卡斯特及其分支按等级排出高下，但此一原则并不是只安排到内婚群体为止，它还相当有效地渗透整个内婚群体内部，因此行内婚制婚姻双方的身份并不一定完全一样。最后，当我们谈到内婚制或内婚单位时，我们把自己放在规则或法律的层次，也就是应该如何的层次上考虑问题，但实际呢？实际上，人们通常不是在整个内婚单位里面寻找自己的结婚对象，而只是在其中一部分范围中寻找，这个范围常常是区域性的[1]。

如果仅把印度教徒的婚姻规则视为简单明白的内婚制，那就不得不把很多实际都视为例外。但如果再加上两项一般原则，大部分的例外就不再是例外了，这两项原则是：（1）内婚制是阶序的衍生原则，而不是基本原则；（2）第一次婚姻必须和其后比较自由的婚姻区别开来，同样也要和非法结合区别开来[2]。

53. 婚姻与同居的阶序

首先，我们要再次强调一下，婚前性关系和通奸均被禁止。其次，第一次婚姻使一个未婚身份的人变成一个已婚身份的人，才是唯一真正而且完整的婚姻。由于这项改变身份的仪式对女人更为重要，因此男人的情况和女人有些不同。对女人来说，我们将把她们的第一次婚姻称为

---

[1] 关于法律规定与实际情形的关系，参见 Mayer, *Caste and Kinship*, 本书 26 节。

[2] 由于一般性的著作主要是讨论内婚制，因此接下来所要做的系统推论工作，虽然是以这些著作中的事实为依据，却不免偏于作者个人的取向，也含有相当程度的假设性。

首次婚。婚姻一旦完成，有时是无法解除的，即使丈夫已经死亡（高阶卡斯特）。有时则不然，可在丈夫死后或离婚后另外结婚，这次新的婚姻也是合法的，不过不那么光彩，花费较少，更没有什么复杂的仪式。我们将这种婚姻称之为**再次婚**。再次婚的地位较低，也因而比较自由，有时甚至比首次婚自由很多。对男人来说，如果他在第一次婚姻中育有子女，特别是儿子的话，那么这第一次婚姻就成为**正式婚**（principal marriages）。但男人可以或是在第一次婚姻不孕的情况下，或是自由地（像王族卡斯特等的成员即可如此）娶其他女人，这次婚礼的形式有时候是**完整的婚礼**（如果女方是第一次结婚），有时是**次等的婚礼**（如果女方结过婚）。因此，对男人而言，除了正式婚外，还有**补充婚**（subsidiary marriages），而他的妻子之间也就有身份高低的阶序存在。

在婚姻方面，我们有很好的理由说它有两种对立的模式：一种是婆罗门模式，除非不孕，它是单偶制；一种是王族模式，是一夫多妻制（行补充婚的妻子可能比行正式婚的妻子身份低，所生的儿子也比照其母亲的身份按顺序排高下）。中级卡斯特的多妻制通常是姊妹共夫（sororal）（这种例子很有限，和其他地方一样受限于经济因素）。必须强调的是，上述的例子全都是谈婚姻，亦即合法的两性结合，不仅仅是把当事者结合起来，而且是透过当事者把两个家族或小世系群结合起来。除此以外，已婚男人如果有经济能力，还可拥有一个或更多的同居女人（concubines）。这类关系只要双方同意即可，不过所生的都是私生子女，儿子没有继承权（或只继承一小部分）。简而言之，除了我们（西方）社会中合法婚姻与非法结合的区别，还有另外一项区别，主要是身份或阶序层面上的，以便把首次婚及正式婚和其他结合分别开来 [1]。

---

[1] 关于婚姻与其他男女结合的阶序，参见 Dumont, "Marriage, Ⅱ," *Contributions*，Ⅶ，或法文著作 "Mariage Nayar"。

此项区别的用处可由尚巴尔（Chambard）所描述的印度中部马尔瓦（Malwa）地区的例子看得很明显。他发现那里的一个中级卡斯特有一种看起来好像是"妇女拍卖"的习俗，顾客可以廉价向其所有者购买妇女。印度居然有此例子，的确叫人吃惊（因为那非常有名的"买卖婚姻"就像同样出名的"抢夺婚姻"一样从来没有人发现过实例）。我们必须说明的是，这里涉及的是**再次婚**：这些妇女都经历过完整而严肃的结婚仪式，结婚以后，丈夫把她们"卖掉"，或该说是把她们遗弃给别人，取得金钱作为报酬。这自然是很极端的例子，但它仍是再次婚之自由的具体表现，并不影响以上关于首次婚所说的一切。不过，有一点是例外：在这个例子中的首次婚能用一种意想不到的方式将其中止 [1]。

印度北部和南部有项重要的差别。在南部，两种不同婚姻之间地位的差别都有明确规定，关于所生子女也是同样明确规定其地位顺序。在北部，两者之间的差别大致仅止于结婚仪式和结婚对象的荣耀，不影响所生的后代 [2]。

这个体系在一定程度上的伸缩性可由私生子的处境看出来，虽然这方面的研究仍不够充分。我们大致上可说，除籍的惩罚只适用于那些身份差别太过明显的例子，而对私生子的处理方式大致视环境与情况而定。私生子的地位远低于合法子女，这是普遍原则。至于实际差别如何，环境情况的因素有很大的影响，表现的方式和强烈程度均无定则。比如孩子会不会在卡斯特内处于较低地位，该地位是否传给其后代？或者，与这名孩子的一切关系，甚至是与其父亲的关系是否会全都中断，使他归

---

[1] J.L. Chambard，"Mariages secondaires et foires aux femmes en Inde Centrale"（*L'Homme*，l，No.2，May-Aug.，1961，pp.51-88）.

[2] 见本书前页注释［1］，以及 Dumont，"Le mariage secondaire dans l'Inde du nord"；Blunt，*Caste System*，pp.72ff.，提到再次婚嫁只限于以丈夫的弟弟为对象，等等（参见前述"续嫁夫兄弟婚"那一条）参见 Williams, *Oudh*（ Census of 1869,I,p.93 ）Elliot, *Supplement to the Glossary of Indian Terms*,I,p.5.

属于母亲的卡斯特（如果像通常情形那样，母亲的卡斯特比父亲的低）？由于没有定则可循，地位优势或财富，甚至地点，还有该卡斯特的情境，是否和身份接近的其他卡斯特间隔相当一段距离等因素都各有一定的影响。这是一般的情况，由于数据太有限，其中有些概括论断可能会有些大意。不论如何，我们可以确定的是私生子一定不在少数，特别是在王族或其属下之间。这类事实的存在促使我们认识到，此处所论的体系并不像我们的成见所想的那么严厉，那么不具伸缩性[1]。

54. 同等婚与上攀婚

婚姻所呈现出来的身份上的种种差别还不仅如上述。讨论其余得首先区分两种模式。第一个模式，首次婚与正式婚的双方身份必须相等（男人的补充婚对象之身份可以比他稍低，而女人如果是再次婚的话，其身份已经因此而比较低了）。这种模式的主要婚姻，我们将称之为同等婚（isogamy）。就目前所知，印度南部普遍实行这种婚制，结婚的对象常常是我们（西方）称之为近亲者，特别常以母舅的女儿作为结婚对象。这

---

[1] 在印度北部，私生子常被叫作 *"dhakrá"*（意指不同卡斯特成员混血所生者，见 Blunt 的著作，p.49, p.53）或是 *"golá"*（用于拉吉普特，见 Blunt 前引著作）。O'Malley（*Indian Caste Customs*, pp.94-95）提及在奥里萨邦，国王或富有的地主结婚时，新娘有很多女佣陪嫁（数目会高达 50 名），她们是嫁妆的一部分；这些女佣自成一个卡斯特，称为 Shagirdpesha。在王公贵族的家中，有一群数目不少、地位甚低的卡斯特成员，如卫士、男佣女佣、姨太太等，是相当普遍的情形。

在论及北方邦的拉吉普特人时，Crooke（*Tribes and Castes*, IV, p.221）注意到他们包含"两个社会身份不同的等级：一个是与有合法嗣系的女子以传统方式结婚所生之子女；一个是与低卡斯特妇人非正统结合所生之子女"。参见 J. Tod 所著 *Annals and Antiquities of Rajasthan*, I II, 第 4 章（1920, I, pp.207-209）。和贱民有染的例子，可参见 Srinivas 所写的"Caste Dispute"一文，登于 *Eastern Anthropologist*, VIII, p.157 提道，与贱民有染应受的惩罚男女极不相同：陶器受污染的时候便被丢弃（比喻女人），铜器受污染则可加以洗净（比喻男人）。值得同时指出的是，这种态度和一般都以为婚姻中男方的身份要比女方稍高比较好，反过来的情形比较不好，两相呼应。

种婚姻模式需要对婚姻对象的家族之地位很清楚。这就需要，至少先前需要，把内婚单位局限于一个地域，人们彼此直接或间接认识，对于非常规的婚姻和私生子有种种惩罚，以免群体的身份受影响。换句话说，同等婚模式会造成卡斯特内部群体一再分化[1]。

上攀婚在 19 世纪末期被用来指印度北部有时会出现的婚姻，但并不是普遍如此[2]。这是第二种模式，婚姻双方的地位有些差异，妻子的家族地位比丈夫的家族地位稍低的情形被视为正常，一点都不会影响后代的身份。这自然是专指正式婚，内婚原则还是没被排除。这种婚姻中的女子嫁入的是一个身份较高的家族（往上嫁），因而被称为"上攀"婚。有三点值得指出：（1）并非所有女方家族地位比男方家族低的婚姻与结合都可被称为上攀婚。结婚双方地位的差别若在一定程度之内，对第一次婚姻而言可被忽略的。这个名称甚至含有女子的家长有责任（最少是受强烈鼓励）要替女儿找个身份稍高的对象这种意义。（2）由于女人一般被视为低于男人，这个模式对当事者而言似乎相当自然。（3）更重要的是，这个模式最符合婆罗门古典意识形态及普遍的意识形态，他们把女子结婚看成施舍处女，把处女作为礼物送出（gift of a maiden, *kanyā dān*）。礼物原本被视为善行：送礼物给婆罗门是在积德，用没有价值的材料交换精神性的物资。处女更是一种很特殊的礼物，特别是如果送礼一方没有接受任何报酬，那么这种行动就是非比寻常的善行，是施舍，是积大德。女子在这里大体上被视为与物品无异，而且送新娘的时候实际上也附送物品，并尽最大可能办最豪奢的宴会。行上攀婚的时候，由

---

[1] 参见 Hierarchy，第一部分：*Sous-caste*, pp.141 ff., pp. 265ff.。

[2] 参见 *Contributions*, VII, pp.86ff.。布兰特提及北方邦："所有的印度教徒实际上都倾向于上攀婚。"我自己也注意到（在 Gorakhpur 区），即使是那些事实上并不施行上攀婚的卡斯特，这种婚姻形式仍然是存于其心中的一种意识，一种语言，因而具有相当大的影响力。参见 Karvè 的 *Kinship Organization in India*，p.156 对马拉塔地区的描述，该地的情况似乎是印度北部"上攀婚"制向印度南部"交表婚"制转型的中间模式。

于男方家族身份较高，对礼物的要求就更为放肆，好像是只有在接受现款的情形下才肯和身份较低的家族通婚似的。但这正好符合礼物交换的一般模式：一个人把女儿和物品送给高阶者，其目的不是为了精神上的行善积德，而是为了取得类似的东西，即通婚带来的声望或其他方面的好处 [1]。

不论如何，和同等婚比起来，上攀婚使内婚单位允许结婚者之间有一定程度的地位差距，同时也造成某种程度的不稳定，因为一个人可以娶个和自己身份相同的妻子，也可以娶个身份稍低一些的对象。这件事实可能是有些内婚单位会那么庞大的原因，像恒河平原某些庞大的内婚群体，在印度南部根本无法想象。

在形式上可将义务性的上攀婚与选择性的上攀婚做一区别，但是我们既有的有限材料使以上的区分并没有什么意义。首先，假定有一个卡斯特，其内部没有分支，而是形成好几个氏族，每个都分布于相当广的地区。这是文献所载的拉吉普特（*Rājpūt*）这个卡斯特（或者应该说是其

---

[1]　关于这一点，我们不采用 O'Malley，*Indian Caste Customs*，p.9 所提到的看法。在那里他用"婚姻市场""新郎身价"等名词来描述高卡斯特的上攀婚，用"新娘身价"来描述低卡斯特中的上攀婚。他所描述的是孟加拉的情形，到目前为止，有关这一地区尚无深入的研究报告，不过我们可以假定，孟加拉的情形和别的地方大致相同，都存在着报称的**交换**，在这种交换里面，只有某一方的报称是物质性的。

这里应该提到古典著作中所列的 8 种婚姻（*Kane, History of Dharmaśāstra*, II, I, p. 516）。对 8 种婚姻的分辨，其要点是婚姻乃礼物与婚姻乃买卖之间的对比，除非明白了这一点，否则很难了解这些分辨到底是什么意思。我相信其中主要的一点是正统派与非正统派对报称理论的不同看法。婆罗门的理论把婚姻看作礼物，各种报称（如金钱或礼品）只和新娘有关，必须由女方送往男方。我们在下文将看到，这种理论大致上和事实吻合。但是婆罗门又想出另外一种买卖婚姻的理论，与前述理论成对比。当然，这种买卖婚姻实际上根本不存在，不过这种看法可用来说明存在于身份较低的卡斯特之间，报称是男女双方互相交换，而不是单由女方送给男方这项事实。古代诸法论的婆罗门作者，在这一点上和现代有些人类学者倒很相像。他们一看到结婚礼物主要是由女方送往男方，就说是"新郎身价"，礼物由男方送向女方就说是"新娘身价"，这样的看法对印度的情形来说实在没什么根据。

次卡斯特之一）的情况 [1]。如果这些氏族之间的关系具有严格阶序（在理论上也的确要如此），一个人就不能和同一个氏族的人结婚，因此不能和地位相等者结婚，也不能和地位比自己高的女人结婚 [2]，那么可行的婚姻便是义务性的上攀婚了。另外还有一个模式，它的实际例子相当多，在这个模式下被分等级的并不是氏族，而是具有次卡斯特的性质但却没有次卡斯特之名的群体。很奇怪的是，这些等于次卡斯特的群体全都以数目表示。一个人可以在自己所属的那个群体里找结婚对象（同等婚），也可以在该群体外找对象，因此，此处的上攀婚是有选择性的。我们将举个例子加以说明。

很早以前即有人指出，无论是义务性上攀婚还是选择性上攀婚，很大程度上它们是一样的，内婚群体中地位较低的群体其男性会过剩，因为女子偏好与高阶者通婚；而地位较高的群体则是女性会过剩，除非大量实行多妻制，否则无法补救。上游第一个难题的解决办法是让多余的男人与其他卡斯特的妇女以不光彩的形式结合。至于第二个难题，过去是用杀女婴来解决（英国政府成功禁止了此项做法）。因而拉吉普特这个卡斯特有如下特征：高阶者杀女婴，低阶者违反内婚制的规定，有权势的人实行多妻制。

---

[1]　迈尔（*Caste and Kinship*，pp.154-155）发现，在马尔瓦的拉吉普特卡斯特里面又细分出 3 个不同的次卡斯特。Cole（*Census of India*，1931，XXVI〔App.〕pp.134-141）所写的"The Rajputs clans of Rajputana"没有提到这方面的事实，这或许是因为该出版物具有官方性质。Rivers 则很合逻辑地认为上攀婚的习俗源自拉吉普特人（"The Origin of Hypergamy," *journal of the Bihar and Orissa Research Society*,VIII,1921,p15）。

[2]　下嫁婚（Hypogamy）是上攀婚（hypergamy）的反面。身份的差距偏往相反方向（女方身份高于男方）。这种情形并非完全不存在，不过到目前为止仍无详细的描述。下嫁婚大致上存在于孟加拉，有关的资料不太清楚，而且相当矛盾（参看 Risley，*Tribes and Castes* 在该项目下的描述，*Kaibartta*）。有关为何偏好上攀婚的其他解释，参见 Nesfield，p.55，及下面一条注。

55. 几个实例

让我们举些实例来说明上游的讨论，首先是和首次婚及再次婚的差别有关的例子。如果不把这两种婚姻区别开来，有一种婚姻方式会构成不符合内婚制的例外。为了使妇女取得（再次婚）婚姻上的自由，或者使妇女得到与人自由结合的目的，有几个群体把首次婚变成一种仪式形式。有时候把妇女以此种方式嫁给神祇，嫁给物体，嫁给水果，或者嫁给一个结婚仪式举行完毕后从此不相往来的男人：例如南部的提婆达悉（Devadasi）也就是神庙中仪式性的妓女；在某几个行政区内的巴沙维（Basavi），要使她们的父亲能有个儿子的女孩；马拉巴（今喀拉拉邦）的那雅尔（Nayar）女孩，目的是为了维持母系认亲关系；尼泊尔的内瓦尔（Newar）女孩，原因不明（但是在这样偏远的地区也发现这种例子实在很值得注意）。在上述例子中，举行完仪式性的婚礼以后，提婆达悉成为妓女，巴沙维和那雅尔女子则与他人结合，在其中扮演通常是男人扮演的社会角色（延续单系继嗣），而内瓦尔女子可能是再和身份较低的男子结合。

那雅尔的例子非常特殊，值得简短地进一步讨论[1]。那雅尔之中身份最高者的女子首先得大事铺张地嫁给一个南布迪里婆罗门，日后在后者亡故时，她和她的子女必须替他守丧。不论该那雅尔女子与该南布迪里婆罗门男子是否同房或是否举行离婚仪式，他们之间的婚姻关系几乎都是在婚礼结束后就立刻中止。随后那雅尔女子会和其他男人结再次婚，

---

[1]　进一步的细节见 "Marriage II," *Contributions*, VII。关于那雅尔的 *tāli* 仪式（首次婚）和 *sambandham* 仪式（再次婚）的性质，已有不少讨论。简单地说，我在上引的文章里面曾积极提出一项到目前为止尚未被普遍接受的假设。参见 Nur Yalman 所提的另一种理论，刊于 "On the Purity of Women in the Castes of Ceylon and Malabar"（*Journal of the Royal Antropological Institute*, XCIII, partI, Jan-June 1963, pp.25-58），还有 *Contributions*, VII, p.81, 注释［3］中的简短讨论。这种形同欺骗的首次婚，在男人当中也有类似的情形：要和寡妇结婚的单身男人，先和一棵树结婚，再把那树砍倒，然后与寡妇结婚（O'Malley, *Indian Caste Customs*, p.93）。

对象的身份最少和她相当，不论是南布迪里婆罗门或是那雅尔人。问题是首次婚的对象是人而不是物体，而且他不但属于高阶的卡斯特，同时也属于高阶的瓦尔那：他是一个婆罗门，而那雅尔人只属于首陀罗这个瓦尔那。就男人的正式婚而论，这真是一项严重错误的联姻！但加以仔细观察，则根本不是这么回事：从阶序的观点看来，这样的婚姻只与婆罗门不相称，对那雅尔女子而言，这样的结合是最荣耀的（这也是它之所以存在的理由：使她能得到一个最高阶的丈夫）。对那女子本人，对那雅尔人而言，这毫无疑问是婚姻；但对南布迪里婆罗门祭司而言，这并非婚姻。南布迪里婆罗门中只有长子才结婚，对象当然是南布迪里女子，而其余儿子的地位则如同其他地方对待私生子：他们没有继承权，最多只能和那雅尔女子同居，所生的后代也都成为那雅尔人。至于那雅尔女子首次婚的那个对象，那个扮演了“另一半”的南布迪里婆罗门，他只把该婚礼视为一种仪式，他在其中扮演南布迪里婚姻中父亲所扮演的角色（即把 tāli 系在女子脖子上），那是一个生命礼俗仪式，根本没有丈夫在场之余地。这个例子事关紧要。认为印度教徒的婚姻全都遵照内婚制原则的人，会因这个例子使该原则动摇。试着反过来说的话，我们可以把内婚制看成各卡斯特拒绝和身份太低的人通婚的法则所造成的。大家都不肯和低阶者通婚，自然也没有办法和身份高出许多的人通婚。从此观点出发，因为这项仪式对南布迪里婆罗门并不构成婚姻，他们也就可以参与，而使得这整场闹剧得以上演。从这个例子也可以看出为什么必须把阶序原则视为首要，而不应把隔离原则或布格列所说的“排斥”原则视为首要 [1]。让我们进一步观察，正好和有些作者所假定的相反，南布迪里和那雅尔之间的共生关系和上攀婚毫无关系，虽然人们将

---

[1] 我在这里并非宣称隔离甚至排斥的因素完全不存在，我甚至不否认它们还可能是独立的因素。在这里，我只是想提出一项普遍适用的法则，一条没有例外的公式。

此名称加在他们身上：他们之间的确存在着平常上攀婚当中女方身份低于男方的情形，但这项差别并没因为婚姻的建立而被遗忘；相反，这项差别仍然非常显著，而且和整个制度极有关系。因为这整个制度的根本正是在替后代找个最高阶的社会父亲（social father，*pater*）和生理父亲（physiological fathers，*genitores*），再加上要在一个父系环境中维持母系认亲关系等因素[1]。

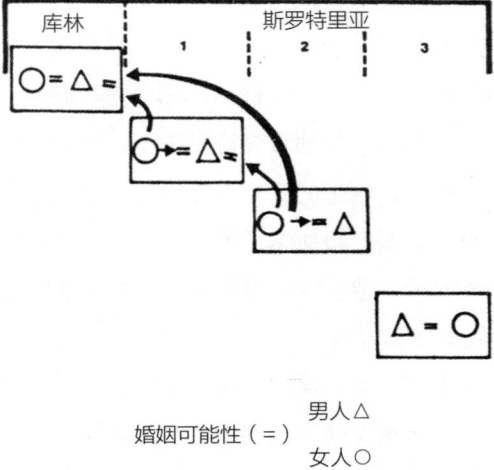

婚姻可能性（＝）   男人△

女人○

图 2   孟加拉拉尔里婆罗门之上攀婚

讨论上攀婚可以孟加拉国的拉尔里（*Rarhi*）婆罗门这个古典例子来说明。拉尔里分成两个次卡斯特，库林（*Kulin*，意即"［好］世系群的"）和斯罗特里亚（*Srotriya*）。库林的身份比较高，斯罗特里亚女子很喜欢选库林男人为丈夫，于是在以前，一个库林男子可能娶好几打斯罗特里亚女子为妻，每次结婚都得到一大批礼物。他们当然没有能力养这

---

[1]   同样的、也应该把上攀婚及下嫁婚和那些偶尔出现，以提升身份为目的而与高阶卡斯特结婚的例子区分开来（Gait，*Census*，1911，I，I，p.378）。

么多妻子，于是那些妻子留在她们父母家中，丈夫偶尔去拜访（这种情形很像再次婚后那雅尔女子在自己家中接待她们的丈夫，不论他是否南布迪里婆罗门）。更有趣的是，每次库林男子到妻子家去的时候都要求对方付报酬。这样所生的后代通常在母亲家中成长。后来高等法院规定丈夫必须扶养妻子以后，这个制度便一蹶不振了。让我们看看此中细节。斯罗特里亚共有三个分支，其中最低的那个分支实行内婚，两个身份较高的分支把女儿嫁给高阶者（甚至排斥与此相反的关系）——位置最高的那个分支只和库林及自己的成员结婚，位置其次的分支则和库林位置最高的分支以及自己的成员结婚[1]。图 2 显示，如果每个群体人数一样，而且先不考虑库林男子的多妻制的话，库林的未婚女子数量会不断增加，斯罗特里亚身份居中的分支其未婚男子人数也将不断增加。这里只有最低的一个分支实行内婚制，而其他三个（一个是次卡斯特，另两个是次卡斯特的分支）都实行有选择的上攀婚。这一类情况，使一些人下结论说卡斯特比其分支更遵行内婚制，但这样说仍嫌不够充分，要把这里面的所有安排化约成内婚制这样单一一个原则是不可能的：有一种想得到高阶丈夫的倾向，在无法如愿的时候，该群体便自己封闭起来。我们特别强调了物品的交换（以女儿及金钱交换名望）。

我们在前面提到过一种把卡斯特下的分支以数字表示的例子。此种表示方式共有两种。第一种将高阶者以较高的数字表示，比方说阿伽瓦人（Agarwal，分布于古吉拉特邦和旁遮普邦的吠舍）有 "20"（高阶者）和 "10"（低阶者）。两个分支都实行内婚，这些数字应该本来是 "20/20"（身份完整）和 "10/20"（身份降低）。后者事实上是完整身份的下降，因此在两个分支中都发现有相同的外婚群也就毫不足怪。分成 20 和 10 两

---

[1] 这里是采用 Risley 的说法，Hutton 的 *Caste*, pp.47-48 中加以引用（同时参见他的参考书目；根据 Bhattacharya, *Hindu Castes and Sects*, 1896, pp.37ff. 的说法则不太一样）; Karvé, *Kinship Organization in India*, p.116。

个分支与分成外婚氏族各有其功能，两者并不重叠（布兰特，p.49）。

　　另外一种正好与第一种相反，其分布较广。马哈拉施特拉邦有此例，北方邦也很常见。在前者，马拉塔卡斯特的氏族分成五个由高到低的等级，以由低到高的数目字表示：5，7……直到96。数目字愈来愈大是因为每一级均把它前面的各级包括在内：理论上共有96个氏族，地位最高的第一级5包括在第二级7里面（也就是第二级事实上包括两个氏族）。卡维（Karvé）用几个同心圆来表示它，半径愈小的同心圆身份就愈高。这些群体并没有名称，可能也相当不稳定，其性质是次卡斯特而不是外婚群。5这个群体的成员事实上可在内部成员中找到结婚对象，妇女则是不得不如此，因此5的男性成员只从身份较低的群体中娶走女人，但拒绝把女人嫁给他们[1]。

　　在北方邦也发现同样的数字安排法，不过数字较小者并没有被包含在数字较多者里面，至少现有资料所显示的情况如此。有关的文献均相当古老，就其记载判断好像是有上攀婚，但那些记载颇复杂而且相当混乱[2]。我将拿我曾研究过的沙珠帕里（Sarjupari）或称沙瓦里亚（Sarvariya）婆罗门为例。这个群体可以称为是一个卡斯特，也可称为一个次卡斯特，这随人而定，看他是把婆罗门仅当作瓦尔那还是同时也当

---

[1]　Karvé,*Kinship Organization in India*, pp.157-158.

[2]　在北方邦，Khattris 是 21/2，4，12 及 52（Blunt，p.46），Sanadh Brahmans 是 3 1/2 和 10，Sarasvati Brahmans 至少在旁遮普实行上攀婚，是 5，8，12，52; Kanaujiya Brahmans 的情形相当不清楚，被定为 6，5（或许是 "*pañcādari*"？）以及私生子（参见 Crooke，*Tribes and Castes*, III, 124; Elliot, *Memoirs*, I, 146; J.Wilson, *Indian Caste*, p.152）。关于 Sarvariya，参见 Crooke, IV, pp.293ff. 及 Buohanan in Martin, *Eastern India*, II，pp.451-452。

　　在北方邦，上攀婚与由西到东的空间阶序性结合，造成一种奇特的现象，引用 Blunt 的说法（p.46）就是："在两次人口普查报告（1901 和 1911）中可明白看出，首先，那些不居住在其出生地区（districts）的人大部分是女性；其次，这些女性改变居处的主要原因是婚姻；最后，改变居处的一般方向是由东向西迁移。一般说来，在一个散居各地的卡斯特里面，身份较低的支系（分支）住于本邦的东部，身份较高者住于西部。结论是，因结婚而迁移住所的方向和上攀婚制有相当关系，这说法看起来是正确的。"

成卡斯特。这个群体的分布范围局限于该邦的东部，他们的名称具有地域性含义，指"在沙珠河（River Sarju）东岸"，不过他们目前分布的领域已不再局限于该地。人们常说，而且也刊印成章，说他们是 3 ½ 家，13 家，100 家，和 25000 家"。这里面的"3 ½"和"13"很难理解，而"家"可能不是指氏族，而是指地域性的父系群，可以说是一种地域性的世系群及其后代，即使迁往他地仍算在内（这个群体像其他群体一样有分支，分成两个支派）。研究结果证实，身份属于"住在某地的某种人"这样的范畴，比方说"兰普尔的提瓦里"（Tivari of Rampur，提瓦里是卡斯特内的一个头衔，兰普尔是地名）之类，其身份都与前述的整体模式无关。这一点就很多方面而言都很重要。首先，这个卡斯特人口众多，大约有两百万人；其中高阶的那个分支人数很少，而低阶的分支人口数目众多，涵括整个卡斯特的大多数人，可是在理论上仍是一内婚单位。而且，其成员真正的结婚对象事实上取自小得多的范围。还有，只有较高层的人执着身份之高低。他们一共使用 12 种头衔，包括提瓦利，杜别（Dube），等等，甚为平凡。这么少量的名号自然并不足以区别某人的身份。这些到底算不算与"身份"有关呢？最受关注的是防止原有通婚关系逆转。另外，嫁女人的群体身份低于接受女人的群体这项原则也很重要。前述所谓的"身份"，事实上和婚姻以外的范围无关，也没有影响，因此实在应该把它看作某种尊严或声誉上的问题，尤其因为尊严或声誉易于分割，分别由各个地方性或地域性的小群体拥有。在这样的情况下，我们就很想要把这整个模式看作在某个时候发展出来的合理化说辞，后来因为渐渐缺少说服力而大致被人忘掉了。该项合理化说辞硬给一个原本就易于解体的尊严或声誉阶序派上"整体"模式。想据此而更进一步推论的诱惑很大，因为进一步推论就可以解释为什么以前的记载那么混杂，而且互有出入。举例来说，在一则传说里面，孟加拉国王巴拉尔森（Ballal Sen）要明白规定几个卡斯特的身份高下。这则传说中最重要的一点在于，和上述拉吉普特的理想模式一样，身份或与之相当的事物并不是派属给卡斯特的各个分支，而是派属给**外婚群体**。和拉吉普特不同的地方在于，拉吉普特宣称把所有的氏族都阶序化了，而孟加拉传说的例子只想把地域性世系群阶序化[1]。这一区别值得加以强调：一方面，身份属于卡斯特及其分支（这些分支有时候被称为几个外婚群体的集结）；另一方面，身份按比例分配于各地域性的外婚群体。换句话说，在这类人数庞大的卡斯特内部，上攀婚使他们得以区分各种身份不同的群体，而不必害怕影响整个卡斯特的一体性。身份的差别便不仅是分别派属于不同的内婚群体，而且也分别派属于不同的外婚群体。正因如此，极为关心身份的印度人才能轻易由一种群体转换到另一种群体，而且会在必要的时候把两种群体都称为"佳悌"，原意为"出生""出身"，指的却是卡斯特及其分支[2]。

56. 结论

就整个信奉印度教的印度而言，近代的内婚制只是阶序原则在不同层次上所产生的平均且一般性的结果而已。这项结论实际上包括下述几点：

（1）一个群体在面对身份比自己高的那些群体时，之所以选择隔离或自我封闭，根本原因在于身份较高的群体本身要和身份低者隔离（如那雅尔的例子）。

（2）非法结合产生的子女通常身份较低，但不会被排除于群体之外。

---

[1]　Blunt（p.46）指出，拉吉普特各个氏族的相对等级都有明白规定，但他又说其等级依不同的区而有差异。因此，很可能涉及氏族之下的地域群，其身份的高低是依照通婚关系来决定，同时通婚关系也依照其身份来决定。

[2]　关于古吉拉特邦的 Patidars 的上攀婚，参见 PocoCk，"The Hypergamy of the Patidars"。

同时，婚姻的阶序性很严格，对女性首次婚的规定极严，但可用虚假的结婚对象完成婚礼，再次婚则可能非常自由。整个制度大体上是将一个群体的身份维持住，除此以外，也可以制造一些身份较低的人，归属于身份较低的群体。

（3）阶序表现于上攀婚者，贯穿整个婚姻和亲属制度的核心。它不但软化了卡斯特分支的内婚制，把严格的内婚制转移到较高层次（卡斯特）上面，而且在某些例子（如拉吉普人）中，它甚至使该群体最底层的内婚制完全崩溃。

我必须再次强调，目前这方面的专家并不赞成我这项解释。然而此一解释和目前仍被接受的解释比较起来有些什么长处，应该是显而易见的。比方说，此一解释使我们了解，再也不能把卡斯特和亲属关系看成两个彼此密不透风的部门了。最重要的是，这项解释不但把上述两个领域结合在一起，而且因此得到比较合乎事实的结论，不至于还认为卡斯特社会成员必须自动遵守各种严格无比的规定，否则就有被除籍的危险。事实上，不遵守规定就可能被除籍的观念所想象的情况根本就违反了卡斯特社会的基本精神。卡斯特体系最关心的是把各种各样的人间情况都包容在内，排列成一个阶序格局，而不是要排除或惩罚那些不符合其理想的人。我确信，从我主张的观点去看，很多看起来似乎奇怪的事情都会变得可以理解。我们且举北方邦的一个实例，以说明在次卡斯特的等级排比和相互关系都十分复杂的情况下，前述的安排并非少见。

我们要讨论的是 1911 年人口普查时住在考普尔（Cawpore）区的丹奴克（Dhanuk）卡斯特。布兰特和赫顿两人都认为这个卡斯特很奇怪[1]。

---

[1] Census Report 1911, XV, United Provinces, Part I,Report,p.366; Blunt，*Caste System*，p.128; Hutton，*Caste in India*，p.46. 赫顿的摘要有一部分只是接近事实而已，甚至布兰特的描述也有一个错误的地方。此外，赫顿倾向于把上攀婚看作一种例外现象，认为它是互相交换式的通婚与完全终止通婚关系的过渡，这种看法影响了他的著作。丹奴克是一个服务行业的卡斯特。

它一共有 5 个次卡斯特，彼此间的关系依区里不同地域而有所不同。就其所处的社会大环境而言，认为他们实施某种上攀婚的模式应该是个合理的假设。基于此一假设，我们画一个图，由左到右的水平次序代表身份之渐次降低，由上到下的垂直次序代表次卡斯特之间隔离程度的增加。数字则依照枚举次序（1 表示朗巴尔沙 ［Laungbarsa］ 次卡斯特，等等）。

从图 3 可看出，由比较小的数字代表的那几个次卡斯特的身份并非一成不变：图中第一行的 3 的地位比其他三行的 3 要低；上两行的 1 地位比 2 高，但在下两行则是 2 的地位比 1 高。这些是这个例子中，次卡斯特彼此身份高低没有定论的例外情形，这些例外情形并不严重，只要注意到整个丹奴克卡斯特相当小，次卡斯特之间的等级划分免不了要受各地域群体的行为因素影响，出现这种情况不难解释。

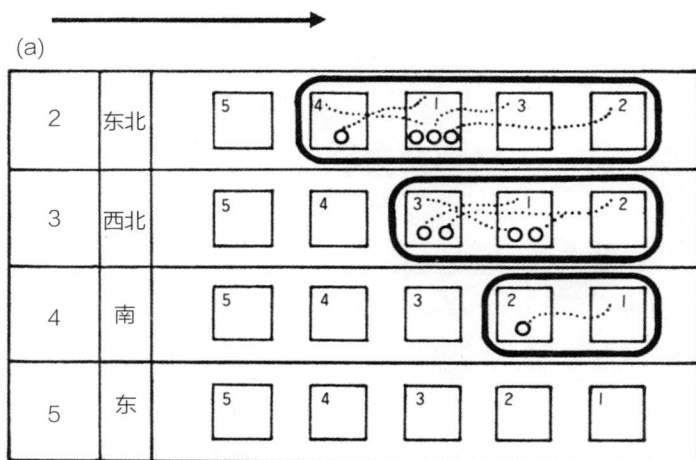

（假想的）地位逐渐降低的次序

(a)：不得彼此通婚的分支（次卡斯特）的数量

┈┈○：女子可嫁入另一个分支

图 3　北方邦考普尔区丹奴克卡斯特之分支

结论是这样的：近代所造成的最常见的变迁是同一个卡斯特中不同次卡斯特的成员彼此通婚（参见 p.343 注释［1］）。对于这个现象，如果我们承认内婚制并非必须一成不变地和某个层次的卡斯特分支连接在一起，而且内婚制乃是阶序原则的衍生现象，本身并非一项独立原则就会比较好了解了。

57. 古典理论：婚姻与瓦尔那

一般说来，这方面的作者对古典理论的看法有两种：一种认为古典理论的描述对象和当代现实情况很不相同，甚至视之为人为捏造的产物；另一种看法则认为古典理论描述的情况比现存现象更具弹性。事实上，两者之间的区别显而易见（古典理论讨论的是"瓦尔那"而不是佳悌）。尽管可以证明，我们此前提出的对现代情况的概括看法，使我们和古典著作之间的距离缩短许多，但这并不表示古代典籍中已无题待解。为了论其重点，为了掌握这些典籍的精神，此处并不拟将"混种者的"种类名称列举出来：据说这些人是瓦尔那不同的人结婚或结合所生的后代，各有名字以表示其民族来源或其特殊行业，但也可能是真实的卡斯特之名。我会依据目前学界的研究成果，在适当时候就其中几点提出一项可能仍嫌急躁的解释[1]。

首先，我们可以承认一项原则，它认为人们最喜欢的婚姻至少是与同一个瓦尔那的人通婚。关于不同瓦尔那的人之间的婚姻或结合，古典著作主要就两项观点加以讨论：从婚姻出发（例如《摩奴法典》，III，12

---

[1] 基本的资料来源还是 Kane（*History of Dharmaśāstra*, II, 1, pp. 51ff.）。同时参见 Kapadia，*Hindu Kinship*，还有 *Marriage and Family in India*。

ff.），以及从此类婚姻或结合所产生的后代，也就是从所谓"混种者"出发（同前，x，6-39）。此外还有一些不那么重要的观点，譬如不同瓦尔那的母亲所生儿子的财产继承权之优先次序（同前，IX，151 ff.）之类的问题。

依照"混种"理论，这些瓦尔那不同的男女结合所生的后代可根据其父母的身份高低分成两类：父亲身份较高的结合称为**"顺生婚"**（*anuloma*），意为"顺毛而梳"，也就是"顺应自然"（在一般观念中，女人的身份低于男人）；父亲的身份低于母亲的结合则称为**"逆生婚"**（*pratiloma*），也就是"逆向梳毛"的意思。不论是哪一种，子女的身份都低（见下文讨论），但顺生者的身份要比逆生者高[1]。这到底只限于结婚所生子女，还是各种结合所生子女都算在内，文献并没说得很明白。这些古典文献的作者在其他地方论及婚姻时，都忽略了上述区别，但实际上是把逆生婚式的结合排除于婚姻之外。顺生婚式的结合可以算是婚姻，虽然他们并非一致赞成此种婚姻。这点由财产继承方面的规定也可看出：只有男人与同等身份或较低身份的女人所生的儿子才有继承权，而继承权的有无可视为结合的合法性之有无的标准。

至于婚姻法则方面，古典作者的说法相当暧昧，而且互相矛盾。它一方面说或隐约意指婚姻双方必须属于同一个瓦尔那，另一方面在别的地方又承认事实上并非所有子女都由此类婚姻所生，甚至典籍中就已经有些规定，承认某些类别的不同瓦尔那之结合也可算是婚姻。这不是由于某典籍在写作时习俗有变，因为所有的典籍都展现出此种矛盾。比方

---

[1] 在顺生婚与逆生婚之间，就抽象的可能性考察，有一值得注意的结构上的差异。顺生婚指的是男人娶身份较低的瓦尔那（或者概推到卡斯特）的女人为妻，这会破坏整个群体（或世系群）的地位，因此其群体必然会加以禁止或加以限制。逆生婚正好与此相反，对自己的群体或世系群有利：父系世系群可因此而提升其地位，而把女人"给出去"的世系群地位却也并不因此直接受到影响，还可能会得到物质上的利益。或许这是古典著作的作者所以会有那种态度的一项理由？

说《乔达摩法经》规定瓦尔那内婚，也在其他地方提及"混种者"的存在。同样的，《祭言法论》规定男人只能和同一个瓦尔那或只低一级的瓦尔那的女人结婚，但在讨论"混种人"的时候，却提到各种可能的顺生婚之结合。《摩奴法典》里面有些段落相当典型（II, 12 -15），比如可能有这样的情形：第一段建议再生族的男人优先娶同一个瓦尔那的女子，如果欲火难禁，那就再娶瓦尔那较低者；第二段指出，女人可以和同一瓦尔那的人结婚或嫁入较高的瓦尔那，逆生婚就被否定了；最后一段规定婆罗门或刹帝利不得娶首陀罗女人，理由之一是所生的后代会下降成为首陀罗（《摩奴法典》（17）不但谴责此类婚姻，也谴责和首陀罗女人发生性关系）。这类规定在其他文献中也可见到。把这些和当代实际情形，甚至把它和其他文献中的规定（参看贺努，Renou）连起来看，我们的了解就会倾向于认为正妻，亦即拥有完整身份的子女之母亲，必须和其丈夫属于同一个瓦尔那。不过，除此以外男人可以娶身份较低的妻子，只是所生后代的身份也较低。这和儿子们的阶序相当：正子（也就是合法又顺生的儿子）由同等婚所生，身份高于余子，或为合法或为顺生。再生族娶首陀罗为妻常被看作一种违反宗教律法的享乐（《极裕仙人法论》XVIII, 18），而且这也并非只是和情妇同居的问题，因为《极裕仙人法论》中载有此类婚姻（没有按照吠陀仪式），只是并不赞同（同前，I, 25-6）。其他文献中甚至有关于此类婚姻的仪式之直接记载（《摩奴法典》，111, 44）：首陀罗女子只能碰丈夫服饰的边缘，等等。我们在前面已看到，《摩奴法典》禁止第一、第二两个瓦尔那的人采用这种婚姻。这里我们就看到可能发生的和受赞同的婚姻之间是有区别的：对理想模式的规定很清楚，但实际产生了不少较低劣的习俗。对于后者，不同经典的作者态度并不一致，甚至在同一经典的前后也有歧异：《摩奴法典》一度谴责逆生婚这种结合，也指出实际上的情况可能如何，以及最好不要如何（参见《摩奴法典》，III, 155, 规定与首陀罗结婚的婆罗门不得享有祖先祭［śrāddha］）。因此必须把这些古典文献中和宗教律法有关的规定与真正具有法律性质的规定区分清楚，尽管两者之间实际上联结在一起，而且同样都受婚姻与结合，妻子与儿女之间身份高低的问题所左右。很明显可看出，婚姻的高低区分共有三类：（1）同一瓦尔那的婚姻，这对再生族非常重要，他们借此维持世系群的地位（万一丧失地位就可实行一些补救方式），首陀罗男子则只能采用这种婚姻；（2）再生族男子可以和身份较低的再生族女子结婚；（3）再生族男子和首陀罗女子结婚，这种婚姻实际上存在，但不受鼓励。看得出来最后这种婚姻令古典作者感到难堪，特别难以解决的是，一个再生族男子到底受不受未经诵念经文祝福的婚礼的约束？或者这所谓的婚姻只不过是要约束首陀罗女子，其身份在原则上还不如一个同居女子？这里面的问题颇难解决，首陀罗女子所生的儿子在合法性和财产继承上的种种不明确性也充分说明了这点。《摩奴法典》有一处（IX，152-153）规定，如果一个婆罗门有 4 个儿子，其母亲分属 4 个不同的瓦尔那，财产分配就应该按照其母亲之瓦尔那分别为 4、3、2、1 之比。这等于摩奴用财产继承多寡来表示身份阶序，这样做等于承认首陀罗女子所生的儿子具有合法地位。但在别的篇章，首陀罗女子的儿子却没有任何继承权，只能拥有父亲生前送给他的那些财产。关于（正子之外的）余子的身份高低问题，有些作者把首陀罗女子的儿子放在最后，居于第 13 顺位。在这个问题上面，不得不怀疑这些古典著作中的出现某些难题另有其他原因。或许就像目前一样，当时存在两个不同模式：婆罗门实行同等婚，而刹帝利实行有等级之分的多妻制？如果情形确是如此，那么整个阶序格局就得一方面接受刹帝利的习俗，一方面视其为低于婆罗门习俗，同时还要让婆罗门也能享有刹帝利所享受的特权。很多难题或许就是这样产生的。不过，我们甚至毫无把握说在当时（哪个当时？）的实际情况和经典所规定的情况之间有密切的关联。会不会这些法典的作者把卡斯特的实际行为全部翻译成瓦尔那的语言，用瓦尔那语言加以表达呢？我们所能做的只不过是设法把这些著作所呈现的整个概念架构重建出一部分罢了。

第六章
有关接触与食物之守则

61. 在整体中的位置

对于像内婚制那样似乎是因为卡斯特之间彼此隔离而造成的诸特征，本章将继续并完结其探讨。不过，作为其中有一项，正义或者说是卡斯特内的权威，将留到第八章再讨论，因为内在权威和外在权威的讨论很难分开进行，而外在权威又和权力（第八章）关系密切。粗看之下，如果把有关婚姻、食物，及直接与间接的身体接触之规定，全都放在隔离或禁止"接触"这个笼统的项目下一起讨论，似乎相当合理。这也是大多数著作采用的办法，但这是错的。前面已讨论过，就婚姻而言，隔离被涵括在阶序之中，是后者的衍生现象，本身并不构成一项个别的基本原则。同样，在讨论阶序原则的种种具体表现形式时，必须把食物及其他间接性的身体接触考虑在内，而且先前已述及那些和食物有关的规定甚至允许不同卡斯特之间有若干关系存在。凡是对西方人而言出自隔离原则的，其实都与互依及阶序有关。我们将要简短讨论的这些规定之所以这么复杂，主要是因为这些规定准许某些关系，同时禁止其他关系，也因为它们因此与阶序及分工均有密切关系。

基于我们所下的初步定义，我们在心中已深深觉得隔离是卡斯特体系的一项普遍原则，但我们必须避免过分强调它。分析到最后，隔离是整体组织化之后的结果。正像我们已简短提过的那样，它是一项结构法则的特例：对于位在一个整体中的某群体，它与整体的关系优先于而且决定它本身的特殊性及它内部的一致性[1]。而在另一方面，每个牵涉到接触的媒介都各有其具体特征，支配着有关规定的细节。食物的问题也一样，而且是一个特别重要的问题：只把它当作间接身体接触的特例无助于增加了解。和食物有关的规定实际上与婚姻法则的联系更为密切，不过还是得小心，别把两者的相似性过分夸大。

接下来先简短讨论一下身体接触与不可触性，之后我们将重点置于讨论食物。

62. 接触与不可触性之简论

提到禁止接触，虽说它一般限于直接与间接的身体接触而不把食物包括在内，但实际上不过是把许多事实用一种粗略而且表面的方式放在一起讨论罢了。我们必须避免将卡斯特关系的这个面相孤立出来，并要找个特殊原则给予解释的企图，那样做会陷入一种机械式的研究法，一如对此有独到见解的学者斯蒂文森（Stevenson），他认为婚姻、食物和饮

---

[1] 以小群体为实验研究对象的 Bales 及其合作者，提供了这一方面的资料，见 R.F. Bales 与 P.E. Slater，"Role Differentiation in Small Decision Making Groups，"1956。和家庭中的情况类似，小群体中会出现两种"领导人物"：一种负责该群体的对外关系（"工具性"功能）；一种负责群体内部关系（"表现性"功能）。在泰米尔邦的村落也可发现类似的情况，那里有两种神，一位是负责土地的神（Aiyanar），另一位是掌管瘟疫的女神，负责群体的集体健康，请参见我的论文"Définition structurale d'un dieupopulaire tamoul，"1953（不过在该文里面我并没推出此项结论）。在西班牙安达卢西亚（Andalusia）村落的道德观念中也可发现类似的情形：男性权威（针对该一地区及整个国家）和女性谦逊（Vergüenza）（指的是家庭美德以及亲密关系）（J. Pitt-Rivers，*The People of the Sierra*，1954，p. 158）。在 Tarascon-sur-Rhône 地区的民间宗教中也可发现类似的情形，圣玛莎（St. Matha）代表基督教，也就是与外界的关系，而圣玛莎所征服的传说中的 Tarasque 代表的是当地的价值。圣玛莎与 Tarasque 的关系即代表本地社会与外界的联系。根据我的分析，结论非常明显，见 *La Tarasque*，Paris，1951。

料之所以受重视，是因为它们是特别严重的接触形式。斯蒂文森区分外在污染和内在污染，认为前者可以用物质方式补救（洗澡，把东西擦洗干净等），后者由饮食或和女子发生性关系造成，照他的说法，由于无法用上述方法补救也就比较严重。但这种说法只能解释一小部分事实。斯蒂文森所假定的那些观念可能确实存在，但稍作分析便可明白他的说法还是企图把一种迥异的信仰和观念世界化约成现代人对清洁与卫生的特殊观念。关于女人，他所说的非常典型，怎么可以不顾与她的身份和社会角色有关的种种问题，而仅论及性关系本身呢[1]？

事实上，现在要讨论的问题和卡斯特等级及分工的关系非常紧密。正如我们已说过的，讨论这个问题时得充分考虑马里奥特的"互动"理论。有关接触和不可触性的事实并未涉及卡斯特永久性不洁的问题，但它们仍和个人生活中的不洁或和对象的洁净性有关，与不洁的关系有着次要的关系。如果我们没有忘记接下来将要涉及的事实，那么关于这方面的讨论就应该可以满足于几个简短的重点了。一般来说，阶序的重要性并未被给予应有的重视：洁净与不洁的理论仍在起步阶段；大多数研究者对这些宗教层面的事情没太大兴趣，而有关的事实（各地差异颇大，并有许多细节性的问题）却需要花很大精神才能精确记录。就目前而言，比较重要的方面都已在讨论暂时性的个人不洁如何转变为卡斯特的永久性不洁、阶序标准的增加以及卡斯特等级排比的时候提到过了[2]。

以凯特卡为例，在依照低阶卡斯特接触陶罐、青铜罐、神庙庭院和居住地区会不会引起污染而排列其身份高低时[3]——指的应该是孟加拉

---

[1] Stevenson, "Status Evaluation," 参考上面注。Nur Yalman 的论文 "On the Purity of Women in the Castes of Ceylon and Malabar" 表现了比较安全的关于妇女方面的见识（在p.206的注释［1］中已引过）。

[2] 看前面 25 节，和 35-7 节。

[3] Ketkar,*The History of Caste in India*, I, p.24. 根据 Murphy, *In the Minds of Men*，pp.63-64，Rad-hakamal Mukerjee 运用一种衡量社会差距的表格，得到下面这个社会回避程度表（依严重性由低至高排列）："（1）不可坐于同一地板上；（2）不可一起用餐；（3）不可进入厨房；（4）不可摸到金属罐；（转下页）

国的情况——他似乎是依照接触媒介的性质来衡量污染程度。但问题并非如此简单。在前述两种媒介中，据说如果婆罗门用的陶罐被相当不洁的卡斯特之人碰触过，就得丢弃换新的[1]，但如果是青铜罐的话洗干净就可以了。第三和第四种媒介中，据说某些卡斯特没有走进神庙庭院的权利（如果问题在于污染，应该有办法除掉这种不洁，喀拉拉邦即有此类例子），而贱民不能住在村落里面，必须自成一个小聚落。简而言之，我们知道（35节）凯特卡使用的是适用于某个特定地区的若干标准，那些标准并不一致，其目的只是为了提出一个标尺，从而把各个卡斯特归成几个按地位排列的大类。要讨论以地点为媒介的污染问题，那不妨从厨房着手，因为它是一座房子中最易受污染影响的地方，这明显是因为食物易受污染，也和进食者易受污染有关；不止如此，厨房也是某些灵魂所在的地方（主要可能是祖先，在若干部族社会中也确实如此，参看 *Contributions*，III p.38）。

对于那些被认为不洁而必须禁止或避免的各种接触，它们的标尺在各个家族或家庭中的情况不同，一般说来乃是实际生活中卡斯特之间有等级性互动的表征。这一点可由前面已提过的马哈尔（Pauline Mahar）的著作中清楚地看出来，这本著作也是我所知道的唯一一份对此问题作详尽研究者[2]。马哈尔在其访谈问卷中列出13项和接触有关的标准（其中

——————————

（接上页）（5）不可摸到土罐；（6）不可在庆典中混杂；（7）不可进入屋子里面；（8）不可有任何形式的身体接触。"但是这个表的内容并不明确，（1）与（2）的次序不明，（6）在朝圣场合可不遵守，而（8）的具体意义是什么呢？

[1] 斯蒂文森认为，陶罐子孔比较多，因此比青铜罐更难净化。同时陶罐比较便宜，容易取代。有时候，要进行某些庆典的话，会把全部陶器换过一新。值得强调的是使用方面：任何人都可碰触新罐子（参见25.3节）。

[2] Pauline M. Mahar, "A Multiple Scaling Technique for Caste Ranking"（*Man in India*, XXXIX, No.2, 1959, pp.127-147），参见p.166的注释［1］。该文所提到的标准中，有两项被问的人所做的回答不一致。可惜问得不够详细。其中一项是"你能否自他手中接受水"，而这一点在有关的文献中占很重要的位置（见64.3那一节）。

两项和食物有关）。通过这 13 项标准，她不但取得各个卡斯特身份等级的资料，而且取得了关于接触的某些标准或方式的资料。尤其值得注意的是，所有报道者都把 13 项标准中的 6 项排成相同的次序。它们可依照接触程度的增加排列如下：（1）碰你的小孩；（2）碰你；（3）用你的烟斗（但使用另外的烟嘴）抽烟；（4）碰你的青铜器皿；（5）拿油煎食品（帕卡，*pakkā*）给你吃；（6）拿煮过的食物（卡恰，*kaccā*）给你吃。另外还有 5 项其他标准和上述有关食物的标准排得很近。例如碰到盛水器，进入煮东西的地方，碰陶罐等被视为接近污染度最高的层次。

且不论这项研究的价值如何，也不论我们能从中学到什么，这项研究的局限性在于它只把原则陈述出来，而没有研究那些原则如何实际运作：不论是进入厨房还是碰触罐子，我们都想知道在什么情况下会产生此类问题，这些禁令与只有某些卡斯特能提供但不得由其他卡斯特提供的家务服务之间又有什么关系。且从别的地方举个例子来说，如果所有的脏陶器都经常由卡哈尔（*Kahar*，一个洁净的卡斯特，携水者）负责清洗的话，那就没有人有必要去碰青铜用具了。狗舔盘子或碟子也并没造成污染（我自己在北方邦东部看到的例子）。此外还必须把一般性的接触和特别的接触区分开来。比方说，平常可以自由进出房子的洗衣匠，为什么当他在婚礼前去装饰房子的时候就会造成污染呢？有一种解释是当他做净化工作时就不会造成污染，比如他进房子去收脏衣服；当他去装饰房子，由于他是在摆设他所提供的纺织品，这时候他是一个世俗性的行动者，因此会造成污染[1]。为了了解这方面的问题，了解我们一度大事讨论的原则与人们实际生活中的现实之间的关系，需要根据合理的假设进行深入的研究。

---

[1]　这例子取自西尼瓦士的著作 *Coorgs*，讨论部分来自 *Contributions*，III，p.20。分类的细节如下："理发师服务的各个卡斯特里，必须根据理发师是否同时负责修指甲而加以区别；而为之修指甲的人群，又得据是否为之修脚趾甲做进一步细分。"（Ketkar，前引著作，I，p. 26）

关于不可触性（untouchability）的问题，情况也差不多一样，近来已有不少谈论此问题的著作 [1]。让我们把在其他地方已讨论过的几点再次一起提出，以便在不回头讨论原则问题的前提下，也能感觉到我们目前所知仍相当有限（参看 25.1 节）。我们将依照最常用的方式界定不可触性，此即把最不洁净的群体隔离于分开的小聚落或特别的居住区里。这是印度各地都有的特征，一如此特征与宗教性职能之关联（肢解死亡的牲畜并食其肉，制皮革，清理垃圾和粪便，养猪和吃猪肉）。这里有个问题：洗衣匠虽然和一种很严重的不洁有关，但他们并没被排斥在村子外面；理发师也没有被排除，甚至还在印度南部的葬礼中扮演重要的仪式角色。这是不是与他们提供的人身性服务有关呢？如果他们被归入贱民（不可触者）的话，就无法替主顾服务了。然而，北方邦的洗衣匠就被划入了贱民的范畴。

除了上述的一般情况，不得不注意到地区性的差异。粗看之下，印度南部要比北部严格很多，使人产生一种印象，在南部与宗教息息相关的，在北部只不过是礼貌罢了。但这个看法必须附带若干修正说明。南部的互相依赖之感的确比较显著（贱民在家族庆典甚至在神庙中演奏音

---

[1] 这方面最出色的著作包括 Bernard S. Cohn 所写的论文集，讨论的是北方邦东部一个村落里的卡马尔（Chamar, 制革者）卡斯特。同时也参见 G.S.Bhatt, "The Chamar of Lucknow"（*Eastern Anthropologist*, VIII, No. I,1954,pp. 27-41）以及 S.Fuchs,*The Children of Hari*,Vienna, 1950, 还有 "The Scavengers of Nimar District in Madhya Pradesh"（*Journal of the Bombay Branch of the Royal Asiatic Society*, XXVII, No.I,1951, pp. 86-98）。

在 Berreman, *Hindus of the Himalayas*, p.212 所引用的一篇未出版的著作中，Cohn 写道，当 Thakur（即地主，宰制当地的拉吉普特人）说卡马尔是不可触的，意思是他不能从后者手中接受食物或饮水。还有，卡马尔使用过的用具和煮的食物都因为被其接触过而受污染。Bailey, *Caste and the Economic Frontier*, p.123 及 p.126 指出，奥里萨邦的贱民不可以担任去米壳的工作。这一点似乎是例外情况，因为通常没煮熟的食物并不受污染影响（新东西也不受影响，不过参见本书 p.114 注释 [1]）；因此高卡斯特的人雇用的贱民为数不多，因为去米壳一般是贱民妇女的工作（我在北方邦东部所见到的是由卡马尔妇女担任此项工作），参见 Wiser 前引著作，p.33。

乐，扮演祭司类的功能，明显表现出各个群体间的互依性）[1]。毫不奇怪的是，在南部同时也可发现他们特别强调维持距离，以和互依相对照，甚至把种种限制强加于极度不净者身上。在喀拉拉邦，关于保持距离的规定就是强加上去的，并不具有维持高阶者洁净性的功能。在北方邦，这类事情并不显著，在该邦西部的贾特（Jāt）农民如此（因为他们不那么注重宗教，很早就有人指出了这一点），就是在较重视社会阶序的该邦东部也是如此。然而，我们已提到过，该地的葬礼专家，也就是由贱民充当葬礼祭司的"大婆罗门"（Mahabrahman），令当地人从心中深感宗教性的恐怖，唯恐避之不及。接下来我们将借用布兰特一个关于北方邦贱民的图表，来说明这个问题并不限于礼节层面。

在卡马尔（Chamar，制革者）、多姆（Dom，葬礼中的制篮者）、多比（Dhobi，洗衣者）和其他卡斯特之间，不但彼此竞争身份高低，而且互相视为不可触的。似乎由于来源不同，各种污染的性质也彼此不同。25个低阶及贱民的卡斯特中，只有少数几个不认为这3个卡斯特不可触：有7个卡斯特不认为卡马尔不可触，多姆则有8个，多比有9个，而相较之下有13个不认为班记（Bhangi，清道夫）为不可触。可见，3个卡斯特就是最不洁者。三者之中，卡马尔女性常常担任助产士，卡马尔的不洁又正好和崇敬母牛形成对比。就25个低阶卡斯特而言，布兰特探讨5个贱民卡斯特中（上游4个，以及和多姆有亲属关系的一个）有几个是被他们视为不可触的。他所得到的结果排列得相当整齐：有1个新兴卡

[1]　以目前所知道的为根据，我把印度南部与北部做一粗略的对比。关于音乐在南部的功能，见 Dumont, *Sous-caste*, p.354；互依关系的一般情况，见 Srinivas, *Coorgs*，特别是 p.199; Mala 和 Madiga 贱民都是村落女神的祭司，参见 Whitehead, *The Village Cods of South India*, 1916 以及 Elmore, *Dravidian Gods in Modern Hinduism*, 1915，索引中各项。

各卡斯特不可接触者总数		Bhangi（班记）	Chamar（查玛尔）	Dhobi（多比）	Dom（多姆）	Dharkar（达尔卡）
（5）	BASOR		▨	▨	▨	▨
（4）	BHUIYA		▨	▨	▨	▨
	BHUIYAR		▨	▨	▨	▨
	KHATIK		▨	▨	▨	▨
	MAJHWAR		▨	▨	▨	▨
	BHAR	▨		▨	▨	▨
	BYAR		▨	▨	▨	▨
（3）	BIND		▨	▨	▨	
	DUSADH		▨	▨	▨	
	DHARKAR		▨	▨	▨	■
	BAHELIYA	▨	▨		▨	
	BAJGI	▨	▨	▨		
	BHOT	▨	▨	▨		
	GOLAPURAB	▨	▨	▨		
	KHANGAR	▨	▨	▨		
（2）	BANSPHOR		▨	▨		
	BHANGI（清道夫）	■		▨		
	CHAMAR（制革者）		■	▨		
	KHARWAR	▨				▨
	AUDHIYA	▨	▨			
	DANGI	▨	▨			
	GHARUK	▨	▨			
（1）	AGARIYA		▨			
	DOM（制篮者）			▨	■	
	GHASIYA			▨		

▨ 纵排的卡斯特对横排的卡斯特而言是不可触的　　■ 自己的卡斯特

图4　5个贱民卡斯特中哪些对25个低阶卡斯特而言是不可触的（北方邦，cf.Blunt，p.102）

斯特将这 5 个全部视为不可触， 6 个卡斯特把其中 4 个视为不可触， 8 个卡斯特把其中 3 个视为不可触，7 个卡斯特把其中 2 个（有的如卡马尔把多姆与多比视为不可触，有的把卡马尔与班记视为不可触）。最后，有 3 个卡斯特只把 5 个贱民卡斯特中的 1 个视为不可触。此外，从图表中可以看出，这种表面相当混乱的情况其实很有规律。这一点特别值得注意，因为表格反映出的情况在这个面积相当广大的邦很普通。其中一部分原因是某些卡斯特互认为亲戚，比方说多姆和那些据说是由他们产生出来的几个卡斯特即是如此。不论如何，这说明即使是处于最低地位的卡斯特也极度关心身份的问题 [1]。

由上面的简述已可看出，布兰特是依照该地区 1901 年人口调查的做法，以相对于某一个卡斯特而言来界定不可触性，而我们则把不可触性看作一种绝对性的特征，或者说把它和没被隔离的卡斯特作成对比。此外，布兰特也没有提出明确的划分标准。

关于不可触性的一般问题，现代读者大概会问下面的问题：作为北方邦的非自由劳动力，为什么代表农业生产劳动力绝大部分的卡马尔会被看作不可触？这难道不是把对他们的剥削和压迫加以"合理化"吗？首先，我们不知道为什么卡马尔的人口远多于当地其他贱民的总数。其次，这个问题可以用比较科学的方式来提：贱民的身份在宗教上的表现和贱民在实际生活中近乎农奴之间到底有什么关系？在此先简单说明一部分，其他的留到讨论宰制和权力时再详细说明：这些卡斯特在宗教上极端低下的地位表现而且涵括了他们在俗世上紧密依赖着宰制卡斯特，也就是说，身份最低者遭受着最强烈的支配。或者说，两个身份最高的瓦尔那之间的阶序性团结在这里表现为在物质上最受压迫者同时也被视为最不洁净。

---

[1] 在戈勒克坡区的一个村庄里面，卡马尔不能接触多姆；他们说自己不能从其他贱民手中接受食物或饮水，也不能从多比和穆斯林手中接受食物或饮水（我自己的访问）。

63. 食物通论

准备及消费食物有许多规则，此外还有一些和水及烟斗有关的规则。布兰特列举 7 项和下述问题有关的"禁忌"：和谁一起吃；谁准备的食物；吃哪种食物；遵守哪些仪式；从什么人那里接水喝；和什么人共享烟斗；使用什么工具（布兰特，p.88）。其中有些规则和卡斯特没有直接关系。先讨论和食物有关的一般性信仰与观念，我们或许可以找到一些能与非卡斯特社会做比较的地方，进而增加我们的了解。正像一般的洁净与不洁的观念，我们将发现，特别是在煮过的食物方面，印度的一些特征在别的地方也能找到；同时我们会发现，这些观念在印度曾经历过一种相当特殊的方式而更形繁复。举例来说，某些乳制品被用来烹制能抵抗污染的食物，因而使卡斯特之间产生经由普通食物不可能产生的关系。

让我们首先在亲属关系的范围内举个例子。在上攀婚的社会环境中，如前所述，父亲在女儿结婚时把女儿**给**对方，同时还**给**身份较高的对方家族不少物质礼物。在一个有记录可查的例子中，这种情形表现得极为明显，食物扮演了双重的象征角色[1]。一方面，为了完全符合给礼物的模式，新娘的父亲骄傲地表示不接受任何交换性的礼物，唯一的礼物是女婿家族的荣耀，因为对方家族的身份较高。有的甚至说，新娘的父亲（或大哥）不得在婚后接受新郎家的食物，甚至不得接受饮水。食物在这里乃是最起码的礼物，加以拒绝完全是象征性的。这是一种单方面的拒绝，因为女婿可以自由自在地到岳父家吃东西。我们需要再次讨论婚礼，这一地区的婚礼有一项常见礼俗，即使不是上攀婚也有。新娘的家族送些早点给新郎吃，但新郎得拒绝半天，要新娘的家人一再请求以后才吃，

---

[1] 北方邦东部，*Sarvariya Brahmans*，参见 "Marriage III," Contributions，IX。在这一章里面，那些既有著作中并不清楚的各点，我都引用我自己一本尚在出版过程中的著作。希望这点能得到谅解。

这就表现出新郎的地位高。和低阶的人一起吃东西，新郎甚至可要求对方送礼。这项要求是预料中就会发生的，但新郎所要求的有时可能太过分，比原来讲好的还多，这就会造成长久的讨价还价。

可见姻亲间的共餐并非通过婚礼即刻建立，反而一直维持着不稳定的状态。或许这类习俗昭示的观念乃是不同世系群的家族，虽然通过婚姻结合起来，但其本质毕竟有别，因此他们的食物在开始的时候也应该不一样？当然还有其他因素需要考虑在内。但就目前这点而言，我们免不了要想到一些印度以外的类似例子，比方说，努尔人的女婿一开始也不能从妻子的家族那里接受食物，必须婚后过相当一段时间才可以 [1]。

现在我们讨论和家族里自己要吃的食物有关的规定。这不仅仅是避免和污染媒介（即使是同一个卡斯特）接触的问题，也是一般性的预防问题。就婆罗门来说，吃东西的人本身必须洁净（先裸体洗过澡），还得避免发生任何不洁的接触。自己一个人或是少数几个人，在厨房中洁净的角落（caukā）或房子中靠近厨房且不会受人打扰的地方进食。任何意想不到的接触都会使食物不适于食用，这样的接触不只来自低卡斯特的人（有时连其影子也不行）或动物，即使是家族中的其他人也不行（尚未为进食而净身的女人、小孩、男人）[2]。用平常方法煮过的食物被认为最易受污染，正在进食的人也极容易受污染。依照古典文献，一个人吃完饭后要比他吃饭前更不洁净。虽然这些规则对非婆罗门而言没有那么

---

[1]　Evans-Pritchard, *Kinship and Marriage among the Nuer*, pp.99 ff.

[2]　在同一项调查中，有一件事实说明这里所讨论的某些面相已变成纯粹的礼节：家中有丧事的时候，一个 10 岁左右的婆罗门男孩跑去住在同一卡斯特的邻居家中。就在那家的男人们坐下来准备用餐的时候，男孩故意用手去摸一个盘子。这些人就站起来，准备离开。但其中一个人说除了那小男孩以外并没有他人看见，因此他们还是坐下用餐。小男孩把这件事说给他妈妈听，他妈妈命令他不准对任何人重提这件事。如果要找一个最严格、最复杂的例子，可见 Blunt 前引著作 p.97 关于 Nagar Brahmans（古吉拉特邦土著）的描述。

严格[1]。但仍然导致这样一个结果：事实上，除了和自己身份一致的人，人们简直就不能和其他任何人一起吃东西，通常主人也不和客人一起吃。另外，吃饭也不是我们习惯中那种聊天说笑的场合，而是一种高度技术性的行为，准许发生误差的范围相当狭小。"吃东西"这件事在心理上和语言上都相当被强调，这里有两个例子：一般说来，月经期中的女人不能准备东西给别人吃；在比较重大的场合，不论是哪个卡斯特，煮东西的人必须和吃东西的人一样洁净，婆罗门因此成为最受欢迎的厨子，做厨师工作的婆罗门甚受尊重，人们以敬语称呼他（像"梵学者"［pandit］之类）。有的婆罗门是替低卡斯特服务，如果是丧礼的话可能会找别人替他主持仪式，但自己一定亲手准备丧宴的食物。

日常食物在准备过程和进食过程中都得非常小心地对待，它们像正在吃东西的人一样容易受污染。因此，日常食物就不能轻易由一个卡斯特的人提供给另一个卡斯特的人吃也就不足为奇了。尽管出于对不洁问题的极度关心而导致和食物有关的事情和卡斯特制度过于紧密地结合在一起，我们还是可以设法去了解为什么煮过的食物具有这么特别的性质。有关于此有不少理论。前面已提过的斯蒂文森的机械性理论显然只能解释整个现象的一部分：如果食物成为一种强有力的污染媒介的原因是它会被消化成为进食者的一部分，那么煮过的和未煮过的食物之截然有别（不必煮的成熟果子谁都可任意吃），以及进食者的洁身规定，就令人无法理解了。赫顿则利用泛灵观念解释不同东西之间或东西与人之间的"感应"（participation）。此外，他也特别提到"灵物"（soul-stuff）的观

---

[1]　从婆罗门的观点来看，Pramalai Kallar 是一群相当不守正统的人。他们日常生活的种种规则都变得极不严格，给人一种非常世俗化的印象。不过在这些人里面还是可以发现平常的种种预防行为，尤以祭司为然。他们是普通人，但对与圣界接触所带的危险性相当熟悉：他们拒绝参加不是在自己房子里举行的宴会（怕用具不洁，或煮食物的妇女不洁），而且在举行重大仪式的前几天，他们只能吃规定的食物，吃的时候不能用手碰食物，不然就是只吃糖、水果和牛奶（Sous-caste，p.343）。

念。这样的比较方向较为正确，更接近这些习俗背后的观念，但"灵物"观念本身则颇有问题 [1]。

为了比较，不妨提一下波利尼西亚的情形。波利尼西亚社会强调酋长权威（Chieftainship）和"社会阶层"（stratification），却根本没有洁净与不洁的差别，他们只有"禁忌"（forbidden sacred, *tabu*）的观念。接下来讨论的内容，其根据是穆斯未出版的关于波利尼西亚的罪与赎的讲稿资料 [2]。波利尼西亚人认为，煮过的食物会污染森林。丧宴的食物要按照食用者的不同等级和其神圣禁忌的不同程度分开来煮。吃具有重大禁忌的人所吃剩的食物会致命。禁忌者由别人喂东西给他们吃，他们的手不能碰食物。处理尸体的人只能用牙齿"啃食"（牟斯）食物，不得用手碰食物。食物（*kai*）导致罪与死，水（*wai*）则可消除这些危险（Fornander）。就某种意义而言，煮东西是最基本的罪，因它冒渎事物，破坏其本质（牟斯引用的是 Mariner Martin 和 Hocart 关于汤加的资料）。用煮过的食物之名称呼一个人更可构成很严重的污辱。

以上所述的许多特征均可在印度找到相近的例子，应该可以对这些现象做出一般性的解释。首先，食物被煮过以后就留在煮食物者的家族。它有点像是被使用的东西（罐子、衣服），但更为亲密，甚至在未被食用前即已如此，食用消化只是整个过程的一部分。食物在煮过之后变成禁忌，其中原因可能是食物被煮就是从自然界进入了人文界，有点像是生命礼俗过程中的"边际状态"，参与者已不属于前一阶段，但尚未进入下一个新阶段，因此容易受恶质影响。在印度，这些生命礼仪都和不洁有关，表现为某种有机体功能侵入社会生活。食物也是和有机体有些关系，

---

[1]　Stevenson 前引著作，Hutton, *Caste*, p.161 以下。Crawley 指出，某些人类特质会经由食物传递，甚至一起用餐也会有同样的结果（*The Mystic Rose*, 4th ed., 1932, p.129 ff.）。

[2]　法兰西学院的课程以 Rober Hertz 于 1936 年所写但未出版的著作等为出发点。根据听众的笔记。煮东西的办法是使用热炙的石头。

就像排泄，虽然其间有区别，但前者即使不是真正的不洁，至少也是非常容易被不洁感染[1]。为了消除不洁需要先洗澡，但这还不足够，因为洁净者面对不洁者时毫无力量，只有神圣者才能消除不洁（因而会有下文将要讨论的，圣牛的各种产品之用途）。

　　各种食物的一般阶序之所以有趣，是因为其中的主要类别和差异使每个卡斯特的日常食物都具有阶序性的价值（布兰特所说的"食物禁忌"，斯蒂文森所说的"食品回避"），这些分类和区别有很古老的历史（崇敬母牛，食牛肉者的不可触性，肉食和饮酒者不如素食高尚，参见65节）。但食物的分类主要是以人的分类以及人群之间的关系为指涉基础，其本身不是因某种普遍性的洁净与不洁之分而造成的一项基本而独立的事实[2]。要解释种种分类的细节相当困难，比如有些人说婆罗门不吃西红柿是因为里面有种子，即有"活生生的"东西，但婆罗门不吃大蒜、不吃洋葱又怎么解释呢？此外，食物分类有很大的地区性差异，好比有的婆罗门不吃肉但吃鱼（孟加拉国），有的婆罗门有时吃肉但绝对不吃蛋（北方邦东部）。只有研究当地人的历史才能理解这类特质。就目前的观点而言，食物分类构成一个由绝对性标准构成的架构，使各个卡斯特可以依照这种架构分阶序区分彼此。如果某地区的素食者与婆罗门之间的竞争并不明显，或者有些婆罗门自己已接受某种比较低下的地位的话，他们就会吃肉[3]。

---

[1]　吃东西用右手。在南部特则强调唾液的不洁，所以残留食物以及作为盘子使用的叶子也不洁（参见 Sous-caste）。在古典著作中，整只牛的各部分，除了嘴部以外，都被视为神圣（Kane, History of Dharmaśāstra，II，2，p.775）。进一步的细节，参见登在 Contributions，III 的 "Pure and Impure"。

[2]　这一点必须同意马里奥特的看法，把重点放在"互动"，而不是"属性"上面。

[3]　进行食物分类时要考虑到和悔罪、禁欲有关的因素（或者该说是各种禁欲表现，所举的例子即属此类）。除了受苦与洁净以外，原始的或多少受鄙视或被遗忘的食物也与此有关，比如各种 vrat，主要由妇女奉行，类似为了还愿而进行的守夜仪式（我自己在北方邦的调查）。

64. 食物及饮水与卡斯特关系

64.1 共餐与通婚

很早就有人注意到共餐和通婚经常一起出现：婚姻双方通常可在一起吃东西，婚礼更是同一卡斯特（或次卡斯特）成员聚集在一起的主要场合，以致在中级及低级卡斯特中间，婚礼与丧礼同时是成员开会，评断争讼或颁布规定的场合。但人们太喜欢把其中一项化约成另外一项。塞纳（Senart）认为，共餐的规定不那么严格，依地域而有不同，通婚则是基本的。赫顿认为，既然男人可以拥有低阶卡斯特的情妇，而且只要不吃她准备的食物就不会降低自己的地位，那么共餐就比通婚更为基本。然而情妇并非妻子，婚姻不能化约成性关系加上共餐。布兰特把这两方面及有关规则放在一起考虑，但他认为婚姻的重要性在历史上更为优先。斯蒂文森则指出，共餐圈和通婚圈并非完全一致[1]。实际上，正如布兰特曾正确强调的，最重要的问题在于到底是谁准备食物。以前的作者似乎把共餐当作严格的"能在一起吃东西"的意义，或者是像有些人说的能"坐在同一排"吃东西。广义上说，最少在印度北部，不同的卡斯特可以同时在宴会中吃同样的食物，不过如果身份差别太大则各自分开来吃（参看 36 节，迈尔的研究：64.4 节）。

实际上，接受食物和通婚各有其重要性，而且各有严格的规定。在同一个卡斯特中，两者平行但并非完全一致。不过最重要的是，食物和

---

[1]　Senart, *Les Castes*, p.39; Hutton, *Caste*,p.62; Blunt, *Caste System*, p.89. 斯蒂文森前引著作 p.52 以后提到好几项有关的事实，较值得注意的包括：一个人可以自高阶卡斯特的人手中接受某些食物（但是 Blunt 认为这与共餐无关）；在内婚群体里面有某些禁忌（例如 63 节所述的那些）。不过，这是属于另外一个层面的问题。举一个通婚与共餐并不一起出现的例子：Risley 提到 Agarwal 卡斯特（西北部的吠舍，对食物的规定非常严格）各分支之间通婚，但并不在一起进餐（*People, of India*, p.153）。

婚姻的不同之处在于它不但涉及卡斯特内部的关系，而且涉及自己的卡斯特以外的关系。关于这点我们将加以讨论，以印度北部特别是北方邦（恒河平原西部）为范围。

64.2 平常食物与"完美"食物

不同卡斯特之间给受食物的规定因食物的种类而有不同。对于生食似乎没有什么限制，马里奥特把生食称为礼品食物。替低阶卡斯特主持祭仪之后，婆罗门通常会受赠各种不同的食物，每样一点点，有点像是准备一顿全餐（*sidhā*）所需的材料。对于煮过的日常食物，限制最为严格，这种食物依地区而有不同，有的以煮过的米饭为主，有的以不用油脂煮熟的面粉薄饼（查帕地，*capātī*）为主。这类食物在印度—雅利安语言中叫作"卡恰"（*kaccā*，印地语），意即不完美的食物，容易受污染，一般而言只给亲戚、内婚群成员或身份极低的仆人吃。介于这两类食物之间的是"帕卡"（*pakkā*，印地语），"完美"的食物 [1]，用奶油（*pūrī*）煎的薄饼加以同样方法制作的蔬菜（注意奶油是母牛的产品，具有保护功能）。此外，烤过的谷类、在热砂中烧炙的米（*lāvā*）也是洁净的食物。稍后我们将讨论"齐乌拉"（*ciurā*，米处理过以后再用杵捣碎）和达喜（*dahi*，即酸奶酪，既洁净又容易保存，可以拌齐乌拉一起吃）。这样"完美"的食物价钱较贵，举行庆典、不同卡斯特的人一起宴会以及日常吃点心和旅行时都可以吃。

---

　　[1]　参见前面 36 节（Mayer 著作）与 37 节（Marriott 著作）；卡恰和帕卡原意指生的和熟的，不过此处的意思并非如此。由此引申出来的意义被用得相当广泛，前者用来表示危险不定和不完美，后者表示稳固与完美（这是另外一个带有阶序意味的观念）。提炼过的奶油被视为很重要，这也是为什么不时会因怀疑或事实上发现奶油被掺杂质时，而出现集体性的情绪激动（H. Sumner Maine, "India," 收于 Humphrey Ward, *The Reign of Queen Victoria*, I, p.447; Lord Ronaldshay, *India, a Bird's-Eye View*, 1924, p.209 ff.; 参考 p.272 注释 [1]）。

布兰特具体讨论了这两种食物在北方邦的区别，共研究了 76 个卡斯特的情形。在这 76 个卡斯特中，有 36 个禁止食用非自己内婚群成员（或身份等同于父亲的精神导师，guru）所准备的卡恰，只有 10 个卡斯特愿接受由自己的卡斯特成员、精神导师、糕饼师傅[1]，或卡哈尔（*kahar*，携水者）准备的帕卡。有 16 个卡斯特只接受由上述各种人和婆罗门（有时候拉吉普也可以）所准备的卡恰，而有 13 个卡斯特只接受那些人所准备的帕卡。最后也是最重要的，虽然只有 18 个卡斯特肯接受上述各种人以外者所准备的卡恰，但肯在同样情形下接受帕卡者则多达 45 个卡斯特。由此可见，因为帕卡的存在，煮过的食物可由一个卡斯特提供给其他卡斯特的范围也就扩大许多。

64.3　饮水与烟斗

北方邦关于饮水的规定和帕卡的规定类似，但仍有些区别："高卡斯特的人肯让低卡斯特者斟满他的水杯（*lotā*，饮水用具），但不肯用后者的水杯饮水。"（布兰特，前引书，p.98。）在这个例子中，作为一种私人用具，水杯的拥有者仅为此高阶卡斯特，但在使用时却不排斥低阶卡斯特，这也解释了为什么本身具有净化能力的水，一旦被另外一个人拥有，就会变成对别人造成污染之物。一般说来，人们采取皇家（*à La régalade*）饮水方式喝水，即嘴唇不碰触盛水器，因此婆罗门是可以倒水给贱民喝的，不过后者必须双手捧着接水。服务行业的卡斯特要供水给他们的主人："每个卡斯特都接受巴海斯（Barhais，木匠）、巴里斯（Baris）、拔尔本贾（Bharbhunjas）、哈拉瓦衣（Halwais，烧烤师傅和糕饼师傅）、卡哈

---

[1]　烘干谷物得经过烘干工作者（Bharbhunja）的火炉处理，糕饼（最洁净的一类由牛奶与糖制成，不掺杂面粉）则由 Halwai 制造。

尔和那衣（Nais，理发师）等卡斯特所供应的水。"这一点对禁令的实践很重要：只要有卡斯特在服务时也供应水，就可以拒绝某些卡斯特所供应的水了[1]。

其他地方的情形和北方邦颇有不同。我们已知道，1901 年人口普查的作者们已不得不承认南部和北部在这方面有很大差异：南部婆罗门拒绝接受别的卡斯特供应的水（本书 35 节）。此外，南部似乎没有相当于帕卡的食物习俗，那里的卡斯特较自我封闭。

在北方邦，一般人几乎只有和同一卡斯特成员在一起时才抽烟。抽烟牵涉的问题相当复杂：嘴唇与烟嘴接触（把双手置于其间以为中介，共享一根香烟时也如此，或放一块布，使情形稍为改善）；水烟斗或水烟袋中的烟被水凉过。前面已提到过，别的地方更为自由，一个人几乎可以和所有能一起饮水的人抽烟，虽然还是得注意一些必要的事项[2]。不过，需要说明的是，水烟斗并非到处都有（很多地方是没有的），普通烟斗的情况也是一样。

64.4　事实细节

《人口普查报告》是一本很用心的著作，但关于食物和饮水方面的资料并不充足。一般而言，每个卡斯特的研究对象都会被问到能不能从某个卡斯特的人那里接受某一种食物或饮水的问题。观察者和研究对象毫

---

[1]　关于贱民不得使用其他卡斯特所使用的水井所带来的问题，值得提到的是目前农村发展机构（社区发展处，等等）为贱民另外开井。有一口井的确方便很多。但有个地方受开明思想影响，已允许贱民使用附近的一口井，那么，另外开井的做法事实上等于反对歧视贱民的斗争倒退了一步（我个人的观察）。这令人想起美国种族隔离主义者的格言：美国黑人应该"隔离而平等"（"separate but equal"）。

[2]　参见 36 节。Shore，*Notes*，I，533 提道："很多部落（卡斯特之误），允许另外一个人用手围着自盛烟草的斗吸烟，但却不容许同一个人碰到水烟斗盛水的部位。"

无疑问都关心阶序和隔离的问题，后者会立刻回答。但如果观察对象说
"我不接受卡马尔的卡恰"，那么他到底是什么意思呢？如果他说"我可
以接受婆罗门的卡恰"，这又是什么意思呢？人们很想知道这类问题实际
上会不会出现，以及在其一生中是否有出现的可能、会出现几次。另外，
同样的问题还可能出现各种不同情况。旅行中遇到的食物和饮水问题值
得一谈。且先不论旅行中可能出现的情况本身，也不谈现代餐饮业（城
镇上的餐馆和小吃店仍常由婆罗门所开）。短程旅行的话，高卡斯特的人
在旅途中只吃一顿便餐，等回家洗过澡后才真正吃一餐。长途旅行时，
旅行的人或其家族成员自己做饭吃（因此英国军队中的印度兵有很久一
段时间各自煮东西吃）。饮水的情形稍有不同，很明显，必然可能从某些
卡斯特成员那里接受其供应的水（例如北方邦的卡雅斯塔［Kayastha］，
只拒绝贱民与穆斯林供应的水），这一点和我们讨论的主题关系更为密
切。此外涉及食物、饮水规定的还有家族庆典和其他场合中的宴会。在
下文中将可看到，为了使这类聚集了不同卡斯特成员的宴会顺利进行，
人们用尽了各种方法。

　　简而言之，和取用食物有关的情境及关系必须从社会学的角度加以
研究，前述讨论遵循的即是这种观点。马里奥特更提出，要把日常及服
务性的食物与宴会及旅行食物分开。举例来说，一个卡雅斯塔研究对象
（北方邦戈勒克坡尔区）宣称，**理论上**他"愿意"和任何卡雅斯塔卡斯
特成员一起吃东西，也"能够"或"经常"和婆罗门、刹帝利一起吃东
西，但**实际上**他从未和亲戚以外的人一起吃过东西。他还说曾经有一次
和一个刹帝利一起吃饭，那是在选举的时候（值得特别注意的是，这是
现代才有的情况）。至于婆罗门，他曾和两个婆罗门家族一起用过餐（一
次是在他自己的村子里，另一次在别的地方），都是家族庆典的场合，分
别是剃发礼和成年礼。在葬礼场合，他自然也曾和这些人一起吃过帕卡
食物。

关于宴会成为共餐的主要场合这一点不妨多说两句，不幸的是有关文献并不多。我们已提过迈尔的著作（36节），据他所说，在他研究的那个印度中部地区，帕卡食物的用法并不合道理。北方邦戈勒克坡尔区的拉姆普尔村的情形则相当不同（根据我的调查），借完美食物社交的方式在此地高度发展，在这类场合，厨师的卡斯特相当重要。在该地，丧礼结束时要举行各种宴会，16个婆罗门先吃，他们吃完后丧家守丧期正式结束。食物是由婆罗门烹煮的完美食物（帕卡），担任厨师者很可能是丧家的家族祭司（*purohit*）（他在必要时会请另外一个婆罗门替他主持丧礼），跑堂侍候者也都是婆罗门。不过，死者家族的卡斯特也是一项因素，高阶婆罗门可能不愿意在身份太低的卡斯特（比方说铁里，*teli*）家中烹煮食物。那样的话，该家族可能没有办法找到足够婆罗门来吃那顿重要的丧宴。16个婆罗门的丧宴结束后是米饭之宴，参加者包括家族成员、外地来的亲戚（他们会赠送达喜和齐乌拉等完美食物以备宴会上食用）、住在当地的内婚群成员（并非所有人都参加），还有在场的乞丐、遁世者、流浪汉之类。米饭之宴结束后才是真正不同卡斯特的成员一起参加的宴会，任何送尸体到火葬场去的人都可参加。食物是由婆罗门准备的完美食物，以便大多数人都可以吃。不过，高阶卡斯特可能还是不吃（卡雅斯塔在铁里家中连这种场合的食物也不吃）。另外，在宴会用餐时还要特别安排好座席，使身份相近的卡斯特与别人分开坐，以迎合在场者的心理（比方说几个不同的贱民卡斯特可能分别用餐）。

现在应该可以比较清楚地看出，《人口普查报告》中的规定在相当程度上是纯理论性的，因为在平常情况下根本没有共餐的现象，而一旦产生能否共餐的问题，一般所做的安排使人们能和依照严格规定所能想象者更大范围的人们一起共餐。拉姆普尔村的例子可能是范围扩大的个例，因为我们已提过当地对不洁的感觉比较薄弱，不过它仍然显示，有必要修正我们从人口普查时代所承袭的旧观念。

有些婆罗门拒绝享用普通的食物，坚持主人给他们一份生食自己煮来吃，其中原因除了有点故作纯净，和个人口味也可能有些关系[1]。除此以外，我已稍微提到，并非一个次卡斯特在当地的所有成员都必须参加家族宴会，他们也可能去参加陌生人的宴会[2]。此外，有时候共餐的界限会划分于外婚群的内部：同一村落中的父系亲属可能因吵架而宣布不再一起共餐，并不少见[3]。说到这里，我们已经离开那个认为共餐单位就是内婚单位的理论很远了。上述例子很特殊，但它还是提醒我们，不要轻信那些实际上因问卷产生的一般性推论；更重要的是，它提醒我们，并不是被研究的人们，而是研究者本身设法要把整个体系的各个不同面相归属于某个特定的单一层次，而事实上正如我们所见到的，它们是在不同的层次上出现。

65. 素食主义的历史

65.1 从吠陀到《摩奴法典》

印度教徒一直认为素食是比较高尚的饮食方式，在当代印度，素食更成为有关食物与身份的重要规范之一。素食主义常被当作印欧民族侵

---

[1] 这种态度令人想起一个古典观念，认为除非事先有所预防，否则不应该一起共餐，Kane，*History of Dharmaśāstra*，IV，p.493，参见前引书，II，p.759，里面有关 *śrāddha*（丧宴）的描述，所描述的是印度西部 Rigvedin Brahmans 的情形。

[2] Rampur 的两个 Chamar 的次卡斯特可以在一起吃卡恰，但必须是由男人煮的才行（个人的观察）。

[3] 我不能说这项分裂是持久性的。古吉拉特邦也有类似的例子，但和身份有关，参见 Pocock，"The Hypergamy…，"p.106。

入印度时土著民族的原有习惯。这种说法极不可靠，理由有好几项。首先，素食主义显然不是一种"原始"习惯，而是高等文明的产物，世界各地分化程度较低的社会都没有素食的习惯。甚至在印度，一般民众和部族社会也没有历史久远的素食传统。其次，即使印欧民族到来之前的印度人有素食习惯，也很难想象被征服者把此习惯强加于征服者身上。最后，传统上只有婆罗门，而非刹帝利成为素食主义者。实际上，古典著作中的情况和一般所相信的极不一样，最近艾斯朵夫（Alsdorf）在一本著作中讨论了这个问题，在此将摘述其要点：（1）从吠陀时代到印度教时代，活物献祭与肉食的演变；（2）非暴力（*ahimsā*）观念，或者说"没有杀生意念"的观念之发展，以及耆那教与佛教的素食主义发展；（3）前述事实之间的关系；（4）对母牛的崇敬[1]。

　　放牧在吠陀时代印度人的生活中扮演重要的角色。像很多游牧民族一样，他们很可能只在具有很好的理由，比方说是举行献祭时才宰杀牲畜，也只吃祭典中宰杀得来的肉。换句话说，当时的印度人对牲畜持有一种宗教性的态度。这一点毫不奇怪，也是后来发展出对母牛的崇敬之缘由。吠陀经典早已把母牛尊奉为宇宙的象征、万物的母亲、食物的来源，等等，母牛是"最适合献祭的圣兽"（艾斯朵夫）。祭仪文献中有不少这方面的记载，从中可以发现母牛的5样产品被宝爱（认为其有益并具有净化功能）的观念之出现，这个观念日后更是大为发展。与此同时，在《家庭经》及《律法经》中也有记载，举行某些仪式时可杀母牛，比如祭祖、接待尊贵的客人（这种客人被叫作"勾格那"［*goghna*]，意为"杀牛者"，这是梵文语法学家帕尼尼［Panini）的说法。）。在某一特定的

---

[1]　L. Alsdorf, *Beiträge zur Geschichtevon Vegetarismus und Rinderverehrung in Indien*, Mayence, 1962. 在这里及其他地方，我举历史上的例子，目的只在一些特殊论点上面以古鉴今或以今照古。至于一般性的架构，参见我那篇论遁世修行的文章（本书附录二）。

献祭中则要杀公牛 [1]。

　　为了简洁起见，让我们直接讨论《摩奴法典》里面的规定。正如艾斯朵夫指出的，《摩奴法典》所述的情况颇不一样。肉类在祭祖时仍具原有价值（III，247 ff.；第 271 段稍有疑点，似乎提到了母牛的肉）。《摩奴法典》在有关食物的复杂规定（v，7ff.）中，把准吃和禁吃的东西全都列了出来，强调献祭（或至少是简单的敬神仪式）与食肉的关系，并为献祭与肉食辩护（30，39）。另一方面，《摩奴法典》第 53 段中赞美素食，把不食肉所积的功德视同举行一百次马祭。艾斯朵夫也说"在献祭中杀生不算杀生"（39），但他立即（44-45）又赞美不杀生（ahimsā）。整体而言，素食主义这项新理想在《摩奴法典》中已相当有影响，作者不得不注意到其中的矛盾，并试图加以协调。艾斯朵夫还引用了伟大的史诗来佐证《摩奴法典》中所见到的这种情况。

　　稍后，到了诠释经典著作的时代，素食主义已确立，经典中关于献祭和肉食的记载便成了令人尴尬的部分。当时使用一种目前仍然有

---

　　[1]　Alsdorf 前引书 p.63 以下和 p.18；Kane, *History of Dharmaśāstra*, II 1, p.628, 及 II, pp.2, 772 以下。关于 *Madhuparka*（即待客仪式）的记载中也提及肉类；在早晨及晚上对火的祭仪中则没提到肉类（《阿休瓦拿耶那家庭经》等，参见 Kane, II, pp.545, 681）。艾斯朵夫不认为献祭与肉食的联系和吠陀宗教有关，因为他所看到的证据比吠陀时代更晚（是在圣传文献［Smitri］里面，成为抵抗 *ahimsā* 攻击的手段之一）。不过事实可能正好相反，可由《爱达雷亚梵书》6，8 中看出（Kane, p.773）牛、山羊、绵羊是献祭动物，和其他不可食用的肉类成为对比。

　　aghnyā 这个词（或许是指"不能杀者"），在吠陀经典中被应用于母牛身上，这一点引发了一些困难。艾斯朵夫采取 H.P. Schmidt 提出的一项解释，这项解释后来被原作者放弃了，不过它在讨论献祭心态上面的确相当吸引人。根据这项解释，"*aghnyā*"的意思是"不能杀的，便保留为献祭之用"，把"杀"与"献祭"相对照，就像《摩奴法典》所讲的那样（*Manu*, V, 39, 并见下文）。要了解这项对比，得注意到"献祭"这个动词的一种变化是"*yajati*"，也就是一个人借着一个牺牲（工具词类）而替某人（与格名词）"尊礼"某神（目的格）：这和"杀"是很不相同的。另外一种解释和前项解释同时被提出，提出人是 Kane 和 W. Norman Brown（"The Sanctity of the Cow," 1957；法语译文见 *Annales*. 1964），他们认定只有不具备经济价值的母牛才被用作牺牲，而只有其他的母牛才被冠上"*aghnyā*"这一词（页码以法译本为根据：pp.646-648，663-664，索引）。艾斯朵夫指出（p.68），这种说法等于假定"把最有价值的动物有系统地从众神那里偷过来"。

效的办法来解决这个问题：献祭和肉食的习惯被宣布为虽然符合宗教律法，但已不可再实行，因为它们"为人所厌恶"，不然就是说这些习惯已不适合目前颓堕的历史阶段，不适用于当前的黑暗时代（*Kali yuga*）[1]。

65.2　不杀生观念的发展

为什么这些习惯会变得被人厌恶呢？《摩奴法典》最晚在纪元初年左右就已经提到的"不杀生"（非暴力）的观念又从何而来呢？吠陀时代结束之后到底发生了什么？需要说明的是，有两件事同时发生：一方面是一项非同寻常的理论方面的发展，另一方面是社会本身由瓦尔那社会转变成卡斯特社会。遁世修行者（renouncer）和两种伟大的救赎宗教在此时出现，前者指一种抛弃社会生活、全力寻求己身之救赎的人，后者即佛教和耆那教。让我们先描述一下不杀生和素食主义的发展。不杀生（*ahimsā*）对我们当代人而言并不陌生，因为甘地把它当作政治武器，并把此名词翻译为成英文 non-violence（非暴力）。更好的译法可能是"不伤生"（non-harming），但最确切的翻译应该是比耶杜（Madeleine Biardeau）所译的"无杀念"（absence of desire to kill）。比耶杜的翻译从字源学上说正确的，而且就历史发展过程的了解而言也很重要，下文将

---

[1]　见血的献祭仪式"令人厌恶"：Mitakshara on Yajn，II，p.117（牺牲一头不孕的母牛，杀一头公牛请客人），Medhatithi on Manu，IV，p.176（牺牲公牛，吃牛肉）。黑暗时代：Krtyakalpataru（Alsdorf，p.43 以下）。

见到这一点 [1]。

不杀生一词以及对杀害任何生物的犹豫早已显现于吠陀经典中，这或许只是一个献祭行为必然要面对的两难问题 [2]。《歌者奥义书》里有一些更明确的说法："除了在神圣祭典的场合，智者不伤害任何生物……"当时，相当于后日遁世修行者的思想家们渐渐用内在的献祭 [3] 取代吠陀祭典中的动物献祭，以此获得"不杀生"及其他四种良好质性。

艾斯朵夫根据佛教和耆那教经典所算出来的年代次序相当有意思。佛陀不愿支持禁止食鱼吃肉的主张，他认为僧侣自己不杀生即已足够，因为他们心中真的相信不该杀生。换句话说，遁世修行者有自己的理想和道德标准，但他无意将之强加于俗众身上。耆那教也是后来才禁食肉禁饮酒，不杀生的信念因此才得到高度发展。就连水，也因为其中有生物，所以必须先由别人煮开，僧侣才能喝 [4]。一般来说，不杀生在佛教僧院规矩中不那么重要，而耆那教则非常重视不杀生的观念，并把它和

---

[1]　更明确的说法是，甘地把西方世界的非暴力观念（托尔斯泰等人的观念）与印度的 *ahimsā* 结合起来（甘地出生的地方受耆那教义影响极大）。"*ahimsā*"的字眼 "*hims-*" 相当于由 *han-*.（攻击，杀）所变化出来的希求语气动词。参见 M. Biardeau, *Théorie de al connaissance*, p.105, n. 1, 106, 109, 以及 "*L'Inde et l'histoire*," p.53。令人惊讶的是，像 "*ahimsā*" 这样有力量的观念，在关于印度教的某些经典著作中竟然只占那么小的篇幅。Renou, Filliozat et al. 所著的 *L'Inde classique* 一书只花了三到四句讨论这个观念，连一整段的篇幅都没有（那几句出现于 I, p. 1204 论婆罗门教的食物；II, p.2247 论贸易和 II pp.2450, 2485 论耆那教的誓言）。

[2]　参见 Kane, p.779n. 1864, p. 775。Hubert 与 Mauss 坚持使用 sacrificer 的名称（*samitar*，"讨好者"），同时强调牺牲是在献祭场所以外窒息而死的这项事实（*Sacrifice*, pp.32-33）。J. C. Heesterman 最近修改了吠陀献祭仪式的古典说法，同时试图把以后的时代里具特征性的性质追溯到吠陀经典（"Brahmin, Ritual, Renouncer," *Wiener Zeitschrift für die Kunde Süd-und Ostasiens*, VIII, 1964, pp.1-31）。

[3]　参见 Rhys Davids 在 *Encyclopaedia of Religion and Ethics* 所写的 "*ahimsā*" 那一条。此处的译文参照 Kane, p.775。

[4]　Alsdorf, pp. 6-14（此处所举的例子和其他例子）。关于这一点有两种解释。从他所承认的发展过程来看，艾斯朵夫似乎认为素食主义的观念是从外界强加上去的，而不是本来就存在。事实正好相反，我们发现它从一开始即已成立，不过在形式上受人们深深感受到的俗众与僧侣之间的明显差别所影响而改变。结果，这种理想观念在俗众中大为流行，而使得僧侣的素食主义愈演变愈加严格绝对。

基本教义联结起来。不杀生的观念和转生与报应等教义之间的关系已有很多人讨论过，其间的联系几乎是无法避免的，如果承认遁世修行与转生信仰有密切关系的话，就更是如此。不论如何，不杀生乃是遁世修行者所持的"一项信条，从而使他得以在行动上达到最大程度的不造因，而能完全无挂无碍以得救赎"（比耶杜）[1]。

简而言之，这些观念虽有助于遁世修行，但和《摩奴法典》有矛盾。这表示素食主义可能是强加给印度教社会的信念，而开其端者乃是遁世修行的教派，特别是耆那教与佛教。毫无疑问，这两种救赎信仰只是一种相当广泛的运动之表现而已：尽管不杀生的教条来自更远的地方，分布地域也广大得多但确实是遁世修行者把这个观念付诸实施并应用到食物上面，把它当作一种比婆罗门教的献祭更为高尚的价值提供给印度教社会。艾斯朵夫的著作强烈指向上述方向，但是他却不愿意做出这样的结论。那么他是怎么解释印度教接受素食主义这一事实呢？根据艾斯朵夫的说法，当时的印度有过一场范围广泛的精神运动，只是在各种"异端教派"中得到了特别有利的表现机会而已[2]。他以阿育王的不杀生观念严格说起来并不属于佛教信仰为例，来支持其看法。即使是这样——这点仍有争议——也还是无法证明婆罗门教的非暴力信仰和耆那教的几乎一样，因为经典中记载的并非如此。毫无疑问，我们同意素食主义的本质很容易融入洁净与不洁的观念里面，对吃素的印度教徒来说，吃肉

---

[1] M. Biardeau, "L'Inde et l'histoire," p.53. 关于转生，参见 Crooke, "Hinduism"（*Encyclopaedia of Religion and Ethics*,694 a）。Kane（II, 2,p. 776）反对转生信仰的出现与 "*ahiṃsā*" 的观念出现于宗教律法文献之间有一段时间间隔这种说法，然而他未免过分低估了后者的保守性，同时也间接赞同了 "*ahiṃsā*" 观念另有起源的说法，参见本书附录二论遁世修行与转生的部分。

[2] Alsdorf,p.49, "...Fine gemeinindische Geistesbewegung, die freilich bei ihnen besonders günstige Vorbedingungen traf..."; Ashoka:p.53.D. D. Kosambi 注意到素食主义的历史起源，不过他赋予这种现象一种唯物主义的解释（认为是由游牧转变到农耕的结果）："Early Stages of the Caste System in Northern India"（*Journal of the Bombay Branch of the Royal Asiatic Society*,XXII, 1946, pp. 33-48）。

等于吃尸体。但我们也不得不注意到，就像古代婆罗门教一样，现代大众化的印度教也认可食用献祭的肉类。艾斯朵夫没把这一点考虑在内。如果他像以前的研究者那样错误地认为素食主义（及不杀生）是原始的（ur-indische，前印欧时代的印度）特征，那是因为他没有能从社会学角度来考虑一种情况—— 一种在印度已存在千年以上的情况——即婆罗门教和各种教派彼此互相影响。印度到底有多少种精神权威呢？只有两种：婆罗门及他的传统；遁世修行者及其教派。有创意敢发明的力量有几种呢？只有遁世修行者一种。但他所面对的正是最善于有效整合与综摄的婆罗门，因此最后总是前者被后者吸收。在大众心目中，这两种不同"灵性"之间彼此在竞争，为了竞争他们就必须要做得比对方更为彻底，也就是说遁世修行者会把教条更加严密化，而就社会生活的范围而言，婆罗门便需要在对手所强调的事情上面做得比他更进一步[1]（我们不可忘记，刹帝利在传统上一直都是肉食者）。简而言之，为了不使竞争者在作为精神领袖这一层面上占上风，婆罗门也就不得不实行素食主义。

因此，最自然的办法是同意雅各比（Jacobi）的说法，即不杀生本来只是修行者的信条，后来在耆那教和佛教的影响下才成为一般性的信仰。事实上，《政事论》只要求苦行僧素食（pavivrājaka, I, 3），而麦加斯梯尼（Megasthenes）的说法也是这样[2]。

让我们回头讨论艾斯朵夫对崇敬母牛的起源的看法。这里的历史问

---

[1]　在其他地方（25 h）我们提到过目前存在于古吉拉特邦 Nagara Brahmans 和其邻居耆那教徒之间的清教徒式竞争。N.K. Dutt 曾写道，"素食主义很可能根本不会像实际上那样成功"，如果耆那教和佛教不出现的话（Origin and Crowth of Caste in India, 1931,I,p.204）。

[2]　Arthashastra, 1923 的编者 Jolly 在该书 p.25 的序。Megasthenes（参见 Kane，II，p.777）相信第一个卡斯特是哲学家的卡斯特，后来分裂成婆罗门和 "Sarmans"（śramana，修行者），同时说其成员不吃动物性食物，也不发生性关系，这样生活 37 年以后才开始食用动物的肉。Kane 提出一项可能性很高的说法，他认为上述婆罗门指的是婆罗门学徒（brahmacārin），单身汉，后来年纪大了才转变成一家之主，这和我们所知道的情况符合；把他们归并入遁世修行者是很自然的。

题在于从吠陀传统（敬爱动物，以动物为牺牲祭神）转变为印度教传统（尊崇动物，杀母牛等于是杀婆罗门，母牛的产品具有很大的净化价值）。我们已看到，母牛的五种产品很早就被重视，后来特别强调其洁净性乃是预料中的事；不杀生的观念一定占了优势才有办法解释此一转变[1]。但这足以说明为什么特别崇敬母牛以及把母牛和婆罗门等同吗？这里我们所看到的是一种类似素食主义发展那样渐次强化的过程，不过还得考虑其中的社会情境：洁净与不洁的对立在社会脉络中被应用成为婆罗门与贱民的对立，后者负责处理死牛尸体，而前者则是洁净的典范，一如母牛（参看前面 25.4 节）。

---

[1] 前面引用吠陀时代的情况为例（见 65.1 节以及 p.242 注释 [1]），同时提到过 W. Norman Brown 最近写的关于这个题目的论文。较早一点的文献包括 Crooke, "The Veneration of the Cow in India," *Folklore*, XXII, 1912, pp.275-306（在这篇文章前面提及参考比较文献；p.303 提到以奶油作为动物牺牲的替代品）。关于 *ahimmsā* 的角色，参见 Alsdorf, p.68;Norman Brown, p.660（法译版）。

第七章
权力与领域

71. 导论

从现在开始，我们将假设已经把卡斯特意识形态的各面相讨论完毕。依照我们预定的方法，接下来要讨论的将是卡斯特社会中实际存在但并没直接表现于意识形态的事物。但其实我们并没有把意识形态的各方面讨论完毕，因为尚未讨论卡斯特政权方面的问题。而在讨论卡斯特政权之前，必须先把本章的主题讨论完毕才能顺利进行。

我们先暂时把范围局限于社会组织方面，那么要讨论什么呢？从我们自己（西方）的社会观点来看，可以事先肯定地说，要讨论的是意识形态似乎忽略了的事物。这些事物很接近我们称之为政治经济的范围，是和宗教范围相对立的部分。讨论卡斯特意识形态时，我们已对卡斯特社会的某些方面加以描述，并在该描述中碰到了某些特质、要素或因素，它们全都已经超出意识形态本身的范围。意识形态并没有将这些特质或要素以其本然的面貌给予认识，而是用其涵括一切的语言将它们包裹了起来。

一开始，我们就已不得不指出一项事实，那就是实际存在的卡斯特体系均在一特定有限的地域范围内，都包含在一个特定的空间架构之内，而理论上的卡斯特体系则和地域或空间架构毫无关系。我们在讨论分支与阶序以及讨论贾吉曼尼体系（其运作以村落为单位）时，也同样碰见特定的地理范围和空间架构这项因素。就贾吉曼尼来说，我们强调整个分工以整体为取向，并把这点视为最基本的事实，也是一种最后分析起来乃是宗教性质的事实。但我们同时也指出，分工所导致的互相依赖里面含有非宗教的与宗教的面相，而分工的主轴——宰制卡斯特——所扮演的角色只是被默认为如此，而非明白地被视为当然如此。最后，研究严格意义下的阶序本身，而不论及命令或权威所含的权力因素的问题（这些问题将在下一章中讨论），也就是只讨论实际呈现出来的身份等级问题，我们发现了权力化约成为整体性的身份优势之后，暗中使自己在不同层次的裂缝中成为和身份等同的事物。虽然在瓦尔那理论中，祭司与国王之间的关系正是如此，但是在我们此处讨论的卡斯特意识形态中，这种关系只是隐含性的。从这个观点，我们已承认权力的确存在，而且是存在于整个观念与价值的架构中，局限于该架构之内，而又在一定程度上扭曲该架构[1]。

领域、权力、村落中的宰制，全都来自于对土地的拥有权。这点我们在前面已被迫承认，现在就直接加以讨论。此前，我们的讨论大致上是依循布格列的脚步，现在开始则要多利用近年来的研究成果，因为这方面的问题是近年来研究者最关心，而且在研究者之间对此类问题有相当一致的看法。因而我们的讨论将相当简短，把重点放在如何将此一局部性的范畴放置于整体之中。这里涉及层次变换的问题，会引起一些名

---

[1] 让我们再强调一次，我们所碰到的困难与争论，都是环绕着一项两难困境所造成的，要么是权力必须被包容在卡斯特理论中，如本书试图做的这样；要么就是得把卡斯特理论放到权力的观念以及政治经济关系下理解。像贝利 "Closed Social Stratification in India"（*European Journal of Sociology*, IV, No.l, 1963, p.118）即认为卡斯特可放到政治范畴里去："换句话说，卡斯特并不是一项招收培养政治经济群体成员的原则，它也不是统治不同政治群体**之间**的关系的原则。不过，它倒是这类群体**内部**的一项组织原则。"这是研究方法不同造成的问题：在经验层面上，领域有效地把各个卡斯特涵括在内，这一点很快即会再加以讨论。在概念的层面上，观念或表征把并没有被直接表征者全都涵括在内，这一点是我们一直试图要表明的。不论如何，经验研究法是对印度文明的一种错误理解，等于把 *dharma*（宗教职责）混淆到 *artha*（实际利害）里去，参看本书附录三第 10 节。

词使用上的困扰。首先得界定我们所谓的"权力"是什么。我们所讨论的将限于政治权力，同时把政治范畴界定为"在一定的地域内合法武力的独占"。因此，权力也就是合法的武力。这项定义在目前可能会让人觉得相当局部，但好处在于它很接近印度的概念：权力大致上即是吠陀经典中的 *kṣatra*，也就是刹帝利（瓦尔那）之道（"刹帝利"的原意是"帝国之人"）；它指的是在阶序上屈从于大梵（*brahman*）和婆罗门瓦尔那因而成为合法的武力。因此，接下来我们将依序讨论领域架构、土地权利、村落及其宰制者，最后对经济性研究法做些简评。

72.　领域架构："小王国"

当代人类学著作经常强调，实际存在的卡斯特体系在过去乃是存在于一个范围相当有限的地域之内。在这样的地域范围内，社会人类学家发现了他们误以为会在个别村落范围内发现的现象（参见 74 节）：一个范围不甚大的社会整体，以特定的地域为其界限，自给自足；一种有点像是他们通常研究的部族社会，而且和国家的存在所灌输给我们的领域观念不相违背。社会人类学家常常特别强调卡斯特体系必须有个范围有限的空间地域，并强调此因素所造成的后果。一旦各个实存的卡斯特体系的共同意识形态被认识，如我们在前面所做的那样，领域的因素当然就值得重视。但不可忽略的是，领域上的分割这件事实和意识形态本身关系密切。实际上的情形是：（1）意识形态忽略领域的因素本身；（2）一个意识形态如果含有领域因素，对其加以重视显然会有助于领域的统一以及政治的统一；（3）卡斯特意识形态，正如有时为人们所指出的那样，设定而且支持政治上的分离性（参见 *Contributions*, IV, p. 8）。

这种领域的分离性并非完全是新现象。赫顿的著作中引用过杰克逊

（Jackson）一篇写于很早以前的文章，其中即已论及这一点。不过，首先清楚指出这一点的应该是米勒（Eric J. Miller），他在 1954 年所写的一篇关于马拉巴（在喀拉拉邦）的短文中写道："与一个严格的卡斯特体系必然相关的变项之一是地域分支化（territoriai segmentation）。"[1] 他发现马拉巴有一种小地域单位叫"那德"（nād），由几个村落（dēsam）组成。"那德"在印度南部是通用的名称。他说："对低阶卡斯特而言，酋长领地（chiefdom，nād）即是其卡斯特内部社会关系的极限，而他们与别的卡斯特之间的关系则局限于他们所居住的村落。"（p.416）只有高阶卡斯特的内部组织才会遍及整个那德并超出那德的范围，不过仍在王国（kingdom）的范围之内。唯一超越政治领域的是南布迪里婆罗门[2]。这种阶序与领域之间的关系和两者之间的互补性很调和。米勒又指出，文化上的一致性和地域分支的界限相当吻合，其层次又依各个卡斯特而有所不同。

　　即使是把这个现象简单地说成每个"小王国"都各有多少相异的卡斯特体系，它还是包含很多面相[3]。我们先谈国王在卡斯特事务中的权威。卡斯特的"地方性阶序"彼此有别这一点已被强调过，而且事实上

---

[1] Eric J. Miller, "Caste and Territory in Malabar"（*American Anthropologist* LVI,No.3,1954）,p.410;参见 Bailey, "Closed Social Stratification in India"（*European Journal of Sociology*,IV.No.l,1963）, p.123; Jackson，"Note on the History of the Caste System," 1907，引在 Hutton, *Caste*, p.104："我们将会看到这种情况，如果每一个古老的部族王国都各有他们自己的祭司、商人、手工艺者，等等。"在 Enthoven 的著作中也有类似的评语：关于卡斯特的起源，"功用，宗教和政治领域之影响占非常重要的位置"。（*Encyclopaedio of Religion and Ethics*, in Lingayats 这一条目下，Vll7, p.70a）参见 Gait："古时候……每个王国的卡斯特成员通常只和自己卡斯特的对象通婚，因此而形成个别的次卡斯特。"（*Encyclopaedia of Religion and Ethic*，caste 条目下，III，p.232b.）

[2] 参见西尼瓦士（*India's Villages*, 1955, p.8）："由于其仪式上所占的地位，婆罗门既属于村落的一部分，同时又不是村落的一部分。"（参见他的 *Caste in Modern India*, p.15）

[3] 我们在前面已看到，马里奥特提出不同的体系之间必须有地域上的明显分野这项条件，才能发展出完整的身份排比（p.166 注释［2］）；我们也曾看到，迈尔研究过意识形态与地域因素或空间因素结合的现象（36 节），B. S. Cohn 也强调"小王国"的重要性（"Law and Change"，等等）。

每个小王国在人口组成和历史等方面都有其特殊性，由此而产生的差异不仅在卡斯特（与次卡斯特）的数目、名称、功能上有明显的表现，而且分等级的标准本身也有所不同。其中最具影响力的因素包括该地婆罗门的定居历史，有哪一个或哪几个种类的婆罗门，过去还包括耆那教与佛教在该地流行的程度[1]。同样的，在小王国之内，其国王或酋长享有一些足以和婆罗门对抗的权力、（给依附者的）保护力以及影响力。在 36 节讨论的玛律瓦村，那些和握有权力者结盟的卡斯特之间可任意共食的现象即是一例。这也有助于解释为什么王族的一些生活习性（肉食，多妻制），虽然和婆罗门模型比较起来被认为不高尚，却不但一直存在，而且长久成为某些卡斯特模仿的对象[2]。对比之下，在穆斯林入侵夺取的相当广大范围内不再有国王，一定是如某些作者所指出的，增加了婆罗门的影响力。因为在那种情况下，婆罗门就没有足以制衡他们的力量了（本书附录四）。

前面已提到过，和专业有关的卡斯特常常用该行业的名称作为卡斯特之名，但其下的次卡斯特通常以地域或地点的名称为名。依照卡维（Karvé）的说法，每个各居一处的次卡斯特来源均不同，卡斯特只是这

---

[1] 斯蒂文森，前引著作，p.49，第 2 节；波寇克，在 "Difference in East Africa:a Study of Caste and Religion in Modern Indian Society"（*Southwestern Journal of Anthropology*, XIII, No.4, 1957, p.290）里提道，建立一个地区性阶序的条件之一，是该地区必须有一个婆罗门卡斯特，以作为仪式行为的模范（参见 *contributions*, I, p.32）。关于地区与地区间的差异（上述以及 35 节所提到的），参见赫顿的著作，也参见欧马雷，*Indian Caste Customs*, p.166。

[2] 举例来说，看杜波瓦修士所写的："在某个行政区深受鄙视的次卡斯特，常常在另一个行政区深受敬重，只要他们的行为比较合宜，或者是担任比较重要的职位。因此一个王国的统治者所属的卡斯特，不论在别的地方身份低到什么程度，但在统治者自己王国的领域，总是属于最高者之一，而且每一个成员都分享到一些由其领袖所反映出来的尊严。"（*Hindu Manners*, p.23）

很久以前即有人指出，有很多卡斯特的再细分群体都被冠上各个拉吉普特氏族的名称（Blunt, p.38 以下）。布兰特提到，其中的少数例子可能是认亲关系所造成的，不过此处所讨论的卡斯特主要是"功能性"，或是服务性的低阶卡斯特，他们很可能是因为其祖先曾经依附于某个拉吉普特氏族，而以该氏族的名称为名。

些来源不一的群体因为外表的某些特征而造成的一个"丛集",马哈拉施特拉邦的制陶者即是一例(参见 26 节)。不过,他们毕竟还同样都是制陶者。

而依据穆勒的说法,英国的统治使传统性的地域分割现象消失;或者用西尼瓦士的说法就是"打开魔瓶使里头的精灵跑了出来",最少使分布较广的卡斯特能在大为广阔的范围内团结起来,这方面的社团目前相当多(参见 113 节)[1]。毫无疑问,有不少卡斯特或次卡斯特利用这个新形势把势力扩展到传统范围之外。以北方邦的婆罗门为例,各个卡斯特分布的范围很广,有时在同一行政区内会有几个不同的婆罗门卡斯特并存。不过,仔细观察其人数分布,就会发现大致上每个卡斯特的大部分成员均集中于其目前分布范围中心的几个区内,所以不同卡斯特的集中区域并没有重叠之处。这就好像每个群体是一滴油,滴下去之后分散开来,只在边缘部分与邻近者交错。虽然每个卡斯特集中分布的范围不见得都构成一个严格意义下的政治单位,但这些实际分布的情形至少和前述假设不冲突,即过去那种地区性分隔在近年来的确变得比较复杂。

从这方面的讨论可得出一项结论:不可过分拘泥于米勒发现提出的理论。在动乱以及政治分崩离析的时代,虽然会有战士穿插往返于不同的地域,但是小王国的分隔化必定达到最高点。不过,在印度的历史上,分崩离析的时代与政治统一的大邦国时代是循环交替的,后者存在的时候,一些政府官员或商人的卡斯特便会四处迁移流动。喀拉拉邦(那种一直相当孤立)的情况是例外,而邻近的泰米尔邦虽然并不像恒河平原一样是人口流通移动的管道,其政治史和当前人口构成仍足以说明小地域单位之孤立性经常受到干扰与破坏。应该说各个地区均有一种自我封闭的**倾**

---

[1] Srinivas, *Caste in Mordern India*, p.160. 关于喀拉拉邦的情形,M.S.A. Rao 曾指出,在 Iravas 这群体兴起的宗教改革封于各个卡斯特的地域性统一相当重要("Caste in Kerala," *Sociological Bulletin*, IV, No2, 1955, p.125)。

向，此倾向足以使各个地区性体系彼此不同，但不足以使它们免于外来的影响和变乱（此外还有饥荒和人口再增加等因素）。要讨论这个问题的历史本身就需要写本专著，在这里只能将其中几个片断串联起来[1]。

73. 王族及其他人对土地的权利

目前，讨论权力与领域自然就要讨论最广义的土地所有权问题。土地是最重要的财产，也是唯一被公认的财富，同时又和控制人的权力紧密相关。以上至少是一直到最近的情况，在任何复杂的传统社会中，情况也大致如此[2]。

19世纪和20世纪的著作中虽然有许多论及土地权利的问题，但却很少将它与卡斯特体系放在一起讨论。因为其中有些面相已经在本书其他部分讨论过，而且下文也会再讨论，所以这里的讨论将尽量简短[3]。先

---

[1]　除了米勒与西尼瓦士（"The Dominant Caste"）对南部（及历史文献）的研究以外，参见 B.S. Cohn, "Political Systems in Eighteenth Century India: The Banaras Region"（*Journal of the American Oriental Society*，LXXXII, No.3, July-Sept. 1962, pp. 312-320）。Cohn 提道（p.315），地方宰制者臣服于贝拿勒斯的国王，后者又臣服于 Nawab of Oudh，形成一个连锁，而各种不同的统治功能是与不同层次的权力相结合的。在这里，就像一般与卡斯特有关的一样，存在着一个结构性的面相。米勒早已提过，这应该使那些把"小王国"及其孤立性看得过分严密的人提高警觉。同时参见 A. M. Shah, "Political System in Eighteen Century Gujaret"（*Enguiry*, Delhi, I, No. I, 1964, pp. 83-95）。

[2]　动产与金银等财富得到真正的解放乃是相当现代才出现的，参看 75 节。

[3]　*Dumont, La civilisation indienne et nous*, pp. 22-24; *Contributions*，VII，pp.94-97. 由于目前已几乎看不到王族的功能，人类学著作中有关这方面的资料文献极少，这也是对这项功能的主要面相分别加以讨论的理由，要具有整体性的观点就必须把大量现代历史文献用社会学眼光加以整理综合（这类工作的第一篇报告，参见本书附录三）。在近代以前，研究土地权的唯一文献是当时留下的碑文，那些碑文仍待完整的、有系统的研究整理。目前人们常常以"封建制度"来指称权利的层层叠加，指称我们所论的层层依赖的锁链。如果我们采取韦伯的论点，把忠诚契约（contract of fealty）看作封建体系的必要因素，则由于印度的制度中根本不存在这项因素，导致我们就得避免使用这个名词：我们应该讨论职俸（benefice），而非分封（fief）；该讨论从属关系（subordination），而不是隶属关系（vassalage）。

前论及的许多问题全都互相关联：印度的国王是不是土地所有者？他在古代是神还是仆？在印度的"村落共同体"（village communities）中是不是有集体所有制，亦即一种类似共产主义的制度？把国王视为被指定来维持公共秩序的服务人员，这个观念源自于王族功能和政治范畴世俗化之后所做的合理化解释，古典文献对此世俗化过程曾一再加以强调讨论。至于"村落共同体"的问题，如果有，也只是宰制卡斯特或世系群共同掌握土地权罢了（参见 74.1 节）。用"土地所有权"的概念会造成误解，因为事实是同一土地上面同时存在着几种互补性的权利，比方说"共同体"的权利和国王的权利就是并存的。令人感到相当惊讶的是，大多数英国行政官员处理这个问题时，都以西方一般的哲学概念为依据，而不是以英格兰法律的特殊观念为出发点——后者实际上更接近印度的实况。

正如在打谷场上谷物分配的情况所表现的，对于土地的收成，有一系列来源各异的权利存在，因此在农民与国王之间有一条相当长的中介锁链，代表各种相互重叠的权利，不但彼此互相依赖而且其细节也会起变化。只有当国王肯放弃自己的那一份权利，同时把其他权利全都归于一处，比方说像某些宗教性的土地奉献，才有真正的土地所有权出现。但即使是这类情形下，将所有权割让恐怕在原则上也是不可能的。

简而言之，一片土地并不专属于某一个人，不论其为个别的人或集体的人身代表；每片土地上都有和各种不同功能相对应的不同权利，表现于能分到一份收获或从其耕种者处得到某些报酬。特别是国王的那一份，不但不是他维持秩序的薪资，反而表示他对所有土地具有一种全面性的权利，虽然该项权利只局限于分享一部分税赋。卡斯特之间的互相依赖在此表现于各种互补性权利的存在，而属于国王的权利和属于耕种者的权利只是有时异常复杂的权利锁链中两个主要的环节而已。

简而言之，整个卡斯特体系和我们称之为土地所有权的现象形成明显对比。在此范围内，实际的情况几乎可以从整个体系的一般性特征中先验地推论出来。既然土地这种东西在复杂的传统社会中是最重要的，而且和政治权力有密切关系，也就可以预想得到，卡斯特体系无法把它与个别的人或个别的功能串联起来，而一定会把它和整个体系中整套各式各样的功能联结起来。如果实际上对习惯法之类的权利有所界定，也必然是些彼此互补的片面而局部性的权利。当然其中会有最突出的权利，但它仍然是一种屈从于价值观念，因此也臣服于其功能的权利。不仅如此，整个体系还不承认武力，除非是受制于武力：一旦受武力侵犯，它的确毫无防卫能力，这也正是它的致命伤。除了王族的恩宠，暴力侵犯也能随时改变各种名义，会附加一些新的权利，改变看似相当稳定的各种权利关系（但不影响到其间的互相依赖性）。在历史上，印度一定常有某时某地宰制者沦为佃农，而佃农又沦为人身依附者的情况[1]。整个卡斯特体系便是借着"权利"的分支析离以及权利的不可靠性，而降低土地拥有被我们视为当然的重要性。这里的确具有某种集体主义的特性，但其性质远比先前的研究者所想象的要细致得多。

74. 村落

社会人类学对印度的研究所取得的最稳固、具体而又有用的成果是宰制（dominance）这个概念，或者该说是宰制卡斯特（the dominant caste）的概念。为了充分了解这个概念的意义，有必要简述与印度村落有关的若干观念之历史。

---

[1] Baden-Powell 的经典性著作把这一点讨论得非常清楚，但他的著作近来颇受忽视：*The Land Systems of British India*，Oxford，1892，3vols。

74.1 "村落共同体"

长久以来，"村落共同体"不断受到讨论，19世纪初以降，它的意义历经相当大的变化。第一个阶段是19世纪前30年英国行政官员们的描述，其内容甚为令人所知（韦克斯［Wilks］，《第五报告》，埃尔芬斯通［Elphinstone］，麦卡夫［Metcalfe］等）。他们把村落描述为一个"小共和国"，自给自足，有自己的行政人员，各帝国之兴衰都未曾影响其存在[1]。当时描述的重点特别强调政治上的自治，在此描述下，印度好像一条蚯蚓，而村落则是身上的环节。这些描述里面包含了一些区域性特色（如麦卡夫描述的德里地区贾特［Jāt］卡斯特之村落），有些是一般性的特征（如贾吉曼尼），有些则是理想化的想当然耳。当时正是浪漫主义时代，其中一些伟大的行政家具有今日我们会称之为父兄式的呵护心态，要和那些主张改革的官僚及功利主义者的种种想法抗衡，设法维护既有的制度。把整个情况理想化可从他们淡化村落与中央政权的联系（国王及其代表收取田赋，有些村落共同体有官派的村长）这一点看得出来，更可以从他们根本不提及不平等的面相这一点看得非常清楚，不过这或

---

[1] R.C. Dutt 收集了不少这一类的描述，*Economic History of India*,I, pp. 118，141，346，386。更追一步的讨论见 Dumont, *La Civilisation indienne et nous*, p. 36 ff.; D. Thorner, "Marx on India and the Asiatic Modes of Production," 还有 Dumont, "The Village Community," 以上两文都刊于 *Contributions*, IX。当代人类学家有时候粗心大意地引述这些过时的描述。比方说，贝利在一本讨论奥里萨邦的著作中以麦卡夫的描述开场，而在其他著作中又否认印度有任何具有社会学意义的一体性（*Contributions*, III，p.88 以下）。如果他再看看麦卡夫的报告，就会发现那本报告只讨论德里一带的情况，Percival Spear 很细心地指出了这一点，虽然麦卡夫非常强调各个村庄的社会异质性（*Twilight of the Mughuls*, p.117 以下）。麦卡夫那段有名叙述的前后部分很少为人提起，但颇值得注意。记录的时间是1830年。目的（和 *Fifth Report* 一样）是为了反对一种叫作"ryotwari settlement"的个人土地税的施行。麦卡夫觉得这种制度很好，但是不应该在印度北部各地毫无例外地施行，并给出如下解释："理由是我很尊重村落共同体的结构，我担心让村中每个个别的地主或耕农直接负责交税，可能会毁灭原来的社会结构。""为什么会这样呢？"他又说，"我觉得整个村落共同体很容易受破坏……易被任何内部的骚扰所破坏；最具有破坏力的，我觉得是诉讼，它会把村落共同体毁灭。"（*Minute in Report from Select Committee*，1832，Evidencee, III, Revenue, App. No. 84, p.328 以下。）

许是当时还把不平等的现象视为正常的缘故吧。不论如何，等到平等的大旗到处张扬时，"共同体"的概念仍然大行其道。

到了维多利亚时代，由于当时认为原始民族及印欧民族史前时代均曾有过共产主义阶段，而使"村落共同体"又有了一些新的意义。马克思把重点从政治上的自主自治转移到经济上的自给自足。虽然马克思最后将土地所有权归给国王，因而各个共同体只是共同拥有土地，但他认为这些社群（共同体）即是"生产单位"，构成了一种特殊的分工方式。缅因（Maine）实际上并没有把印度村落共同体当作印民族原始公社的残留，不过他的推论的确是指向那个方向。值得特别注意的是，这两位作者所依据的原始资料完全一样，但却都没注意到其中最重要的因素。事实上，马克思引用坎贝尔（George Campbell）的著作，而缅因最主要的材料也是得自坎贝尔，虽然他本人后来也到过印度。而坎贝尔在其著作中明白指出，共同所有权见于宰制者，其他居民则屈从于其下[1]。马克思忽略了这一点；缅因则拒绝接受这一点，因为他未能利用在印度的居留以改进他对这方面的了解。在这方面，就像在其他方面一样，欧洲学术界命运多舛。在那些有集体所有权的例子中，其拥有方式其实和两件事实有关：一者是亲属关系，或者该说是宰制群体的世系群组织；一者是此一群体的团结性，以应付其他可能对其地位提出挑战者或足以腐蚀其地位者。

最后是第三阶段，印度民族主义者，以第一时期那些英国人的描述及他们的种种顾虑与说辞为依据，自己制造出田园诗一般的村落共同体，

---

[1] George Campbell，*Modern India*，852，p.85："在民主要素存在的地方……（共同体中的）有产者都是平等的，而且自认为是村庄的主人，是村庄所拥有的土地的主人，也是其他居民的主人……"参看"The Village Community form Munro to Maire," collected Papers 第 6 篇。涂尔干在一篇书评里面也表现了同一类态度，他宣称要纠正 Baden-Powell 一项实际上很可观的贡献。这一类心灵硬是需要把"共同体"的性质看成原始的，而不是历史的与结构的（"B. H.Baden-Powell, *The Indian Village Community*（London,1896），"*Année Sociologique*, I 1894，pp.359-362）。

把它当作世俗的、民主的制度——它不是有村民大会，那个鼎鼎有名的"潘恰雅特"（panchayat）吗——并认为是英国的统治把这个原有的制度破坏无遗。

我们在下一章将进一步讨论被称为"潘恰雅特"的大会。现在我们先问，村落"共同体"有这么多次转生投胎的经验，我们从中可得到什么教训呢？首先，应该把事实的真相放在宰制的情境中去了解，武力和征服这些不安的来源所占的位置必须得到承认。然后，村落的情境并非独立于地区性的政治情况之外："专制"常常在某种程度上反映于村落的头人制度，它不但代表与政治力量抗衡的地方利益，同时也代表政治力量对地方利益的压迫。最后，我们了解所谓"村落共同体"的概念乃是一种不能全面适用于印度的西方观点，因为在印度，阶序和宰制无所不在，而且它和土地的关系并不是如以前所假设的那么密切。与此同时，我们也要认识到社群团结（communal solidarity）（比方贾特）、村落外婚制（在北部）以及泰米尔邦在朱罗王朝（chola）时期的村落会议等，都分别代表相当程度地区性的发展[1]。

74.2 宰制卡斯特

社会人类学开始对印度村落进行深入研究的时候，有些作者似乎深受"村落共同体"的吸引：他们认为，村落即使并非完全独立于其环境之外，最少也是个可以划分孤立出来的单位，一般研究的重点放在其一

---

[1] Shelvankar 在他的 *The Problem of India*，London，1940 里面有一段中肯而观点明确的历史概述。关于朱罗王朝时期，参见 p.276 注释［1］。我们还可以加上一些其他例子，使村落从一个有限的观点去看变成一个单一的单位，比方说从共餐的规则去观察即是一例（Mayer, *Caste and Kinship*，见前面 36 节；也见 "Local Government Election in a Malwa Village," *Eastern Antropogist*, Xl, 1958, pp.193-194）。

般性质而非其个别特性上面，放在地域基础而非卡斯特意识形态上面[1]。使用"宰制卡斯特"这概念的主要贡献，是把卡斯特再次放在前台，因此赋予模糊的"村落团结"观念具体的内涵，也就是把印度村落从其社会学上的虚空状态中拯救出来。这个概念的另一个贡献是在村落中解析出我们目前关注的非意识形态面相。我们没办法观察一个王国，但在村落中可以观察到王国的缩影：看到王族功能的原则。选用"宰制"（dominance）这样的字眼以和身份（status）相对比，选得也很恰当，至少在我们此处所讨论的含意中是如此。进一步研究这些概念的话，宰制的概念借用自非洲人类学（一个地域群体中的"宰制世系群"），最先把它使用于印度的是西尼瓦士（Srinivas）。在一篇1955年出版讨论迈索尔邦一个村落的文章中，他把宰制卡斯特定义为：

> 如果一个卡斯特在人数上超过其他的卡斯特，同时又拥有最大的政治和经济权力，就可以说它是一个宰制卡斯特。如果一个庞大而且有权的卡斯特在当地的卡斯特阶序中位置不是很低的话，就更容易成宰制卡斯特。[2]

---

[1] "Village Studies," in *Contributions*，I（引用书目），讨论地域因素所占地位的部分在 *Contributions* III，p.92以下，IV p.880。其他著作包括：S. C. Dube, *Indian Village*, 1955; K.S.Mathur, "Village Studies in India"（*Man in India*,XXXIX,No.1,1959,pp.45-52）; I.Singh, "A Sikh Village,"M.Singer, ed., *Traditional India*, 1959, pp. 273-297）; Karvé and Damle,*Croup Relations in Village Community*, 1963。人类学家喜欢研究村落，有一部分原因是他们在寻找一个完全的而又小规模的群体，也就是多少和一个"部落"接近的社会单位，以便对一个复杂的社会进行深入研究。他们很早就认识到，固然在做某些类的研究工作时可以将村落孤立起来看待，然而严格地说村落本身并不构成一个社会。西尼瓦士（*India's Villages*，1955，p.11）说："完全自给自足的村落共和国是个神话。"但这并不表示完全否认过去村落曾在很大程度上是独立于外部世界的，生活必需品方面如此，必要的服务方面也一样。参见Opler, "The Extensions of an Indian VilIage"（*Journal of Asian Studies*, XVI, 1957, pp.5-10）。

[2] "有武力并居宰制地位的地主"这个范畴是Baines提出来的，见他的 *Ethnography*（Castes and Tribes），1912，33节，p.42。引用西尼瓦士的那段话来自"The Social System of a Mysore Village"（Marriott, ed., *Village India*），p.18。

这个定义相当不明确，需要进一步讨论。在印度村落中，事实上一个（或多于一个的）卡斯特甚至到最近都还对村落的土地或其中的一大部分具有强势的权利。所谓"强势的权利"指的是相对于其他村民而言，因为国王的权利比该权利还更高一级，位于村落层次之上。举例来说，就村民而言，对村落土地拥有全面权利者（不论是本来就拥有，还是通过征服或分配而取得）有别于那些只有弱势或"外来"的占据权利，而为前者所容忍者（《杜蒙文集》第六篇，注17，20）。我们在前面已提及缅因等人认为的最足以支持"村落共同体"概念的共同拥有这一特征，事实上只是具有强势权利者的共同拥有而已，亦即宰制卡斯特或世系群之内的共同拥有。正如坎贝尔所强调的（前引书），"村落共同体"的概念实质上是指这个群体。

　　西尼瓦士的定义还包含了人数多少这项标准，这有些令人意外。一个宰制土地的卡斯特难道也必须是人口数量最多才能在各个方面都"宰制"吗？有件值得指出的事实是，如果我们具有足够的资料，通常看得出来一个村落中人口数量较多的卡斯特以宰制卡斯特居首，其次是提供最大部分劳动力的卡斯特（通常是贱民）就好像在理论上与实际上和土地关系最密切的卡斯特最有可能增加其人口数量似的。但这一事实并不足以把人口数量作为宰制的标准之一。西尼瓦士在另外一篇论及同一个村落的文章中[1]解释道，同一个卡斯特在不同村落中的身份有时会视他们可以推出多少人参加争斗而定，如果人数太少，就连婆罗门也会觉得不安。赤裸的暴力成为决定因素之一丝毫不令人意外，但它并不足以

---

　　[1]　此处不讨论等级（rank）的问题，本书其他地方已解释过了。宰制，可以直接或间接使用武力，间接使刹帝利受尊崇。

　　M. N. Srinivas, "The Dominant Caste in Rampura"（*American Antropologist*, LXI, 1959），pp.4-5. 有不少人不同意以人口数量多少为衡量标准之一，较著名的例子是 A. C. Mayer, "The Dominant Caste in a Region of Central India"（*Southwestern Journal of Anthropology*, XIV, 1958），p.425。

说明在支配土地时占优势的卡斯特必须人口众多，因为他们通常能吸收一批依附者。人口数量在现代的确也有一定影响力，例如在选举的时候。不过即使是选举的时候，宰制卡斯特也可以从其依附者处得到比自己的卡斯特成员更可靠的票源，因为人口众多的卡斯特内部通常会出现派系对立。在同一篇文章中，西尼瓦士另外提出一项宰制的标准，此即教育水平。但这是现代环境中的因素，如果要把它当作一项标准，那就还可引进其他的如外在关系等标准了，特别是和城镇的关系，还有其成员的企业能力等，也就都可以算在内了。

在一定的程度之外，我们就不能同意西尼瓦士的说法了，因为他似乎不仅自相矛盾，甚至要把这个概念中有价值的部分都推翻掉。当他谈到那些在人口数量和土地掌有上都极有限的婆罗门具有"仪式上的宰制"（ritual dominance）时（前引著作，p.2）似乎就是如此。这令人想到那些把"身份"（status）概念也做相同应用的一些作者，他们在不愿以身份观念来探讨仪式之余，还用"世俗身份"（secular status）这个概念来称呼宰制、权力，等等（参看34节，以及p.88注释［2］）。照这个说法，"身份"和"宰制"之间就不再有什么基本性的差异，只是指同一事物的两个不同面相。我们宁可维持两者间的基本差异，如我们前面的讨论已指出的，这项差异即使不存在于卡斯特理论之中[1]，也至少存在于瓦尔那理论本身。

迈尔将宰制这个概念加以扩大，除了村落他还加上两个其他层次，即小地区和小王国。三个不同层次中的宰制者不一定是同一社群，不过其间有若干关系，最少在他所举的例子中是如此。在迈尔以及科恩

---

[1]　把"宰制"这一名词延展用到宗教层面，比把"身份"延展用到非宗教层面，更难说得过去。在目前的看法中，把两个不同的层次划分清楚是非常必要的，在所使用的名词上面就要区分清楚。但我们也注意到，在一定条件下，权力会暗中变得与身份同等。在那种情况下，可以说有的身份是直接的身份，有的则是间接的（作者称此处讨论到的为"世俗身份"），并可以据此说（前一条注的例子），宰制蕴含着间接身份相当大的优势。

（Cohn）[1] 的分析中，可以看出一项相当明显的命题，那就是村落层次上的宰制功能和较大范围内的王族功能具有同质性，亦即宰制卡斯特在村落层次上扮演着王族的功能。其中比较主要的特征包括：（1）对土地具有相当突出的权利；（2）有权力将土地赋予别人并雇用其他卡斯特的成员作为农业劳动者或从事特殊行业，也有权力拥有一批依附者，而拥有武装力量更是不在话下；（3）具有裁夺正义之权：宰制卡斯特的领袖通常受托裁夺其他卡斯特内部以及不同卡斯特之间的争端，也能对比较次要的违犯律条的事件进行惩罚（见 82 节）；（4）一般而言，他们同时独占权威：如果国家挑选的村长不是宰制卡斯特的领袖，他会成为他们的傀儡，除非他本身具有一些非常特殊的能力；（5）两者之间的同质性相当强，以致宰制卡斯特常常也是一个王族卡斯特，或和王族卡斯特有联盟关系的一个卡斯特（迈尔），或者一个具有类似特征的卡斯特（肉食、多妻制，等等）[2]。宰制卡斯特与婆罗门之间的关系一如国王与婆罗门之间的关系。婆罗门本身可以就是宰制卡斯特，正像他们也可以成为国王一样。但在此情形下，他们就丧失了原有的卡斯特特征，必须由其他担任祭司的婆罗门替他们服务（参见怀泽，也参见 42.2 节）。

74.3 "派系"

还必须简单讨论一项和宰制有关的现象，这个现象就像宰制一样，是现实存在的，和理论完全无关。印度的村落通常划分成各个派系。人们早已注意到村落中各种争执、竞争和法律诉讼所占的重要地位。我们

---

[1] Mayef 前引著作；Cohn, "Law and Change"（*Economic Development and Cultural Change*, VIII, No.1, 1959, pp.79-93）。

[2] 关于这几点，参见 Park and Tinker 合编的 *Leadership and Political Institutions*, 1959 中的各篇文章，特别是 Hitchcock 所写的 "Leadership in a North Indian Village: Two Case Studies," pp.395-414。

前面也已引用过麦卡夫（Metcalfe）对这个问题的考虑（参见 p.257 注释［1］）。就印度而言，提出派系这个名称，以及对此现象首先做有系统研究的是刘易斯（Oscar Lewis）和他的合作者。他们研究了一个靠近德里的村落，这个村落划分成几个大致永久性的竞争群体，其中较有力的几个都包括部分宰制卡斯特的成员，同时也包括吸收自其他卡斯特的依附者。这个现象最值得重视的一点是宰制卡斯特或世系群分裂成两个或两个以上的派系，而分裂的界线不一定依照世系的界线。各个派系利用一切机会来伤害对方，有时只是引起摩擦，有时则诉诸法律。就算这些派系不是故意惹是生非，至少也使既有情况变得更加严重。刘易斯把派系成员都列了出来，而且把这些派系之间的关系说明得相当清楚：他们之间不但有敌对关系，也有同情及中立。我们怀疑他或许过度强调了这些关系，使它们看来很严格，实际上却可能没那么界限分明，各种关系的变动性也较大[1]。此外，最重要的恐怕是他所举的这个具有客观分裂证据（不同的派系分开来抽烟）的例子可能是局部性的个例，一如贾特农民在许多方面是印度一般现象中的例外。不论如何，即使一般而言真实情况更具有变动性，没那么稳定，刘易斯所指出的仍然是一个相当重要的事实。此一事实也已为其他运用同一概念所做的研究所证实，特别是狄农（Dhillon）的研究：他参加刘易斯的上述研究之后，又用同样的方法研究德干高原的一个村落，并发现若干有趣的差异（如姻亲关系在

---

[1]　Oscar Lewis, *Village Life in North India*, 1958，第 4 章（还有更早的，Lewis 和 Dhillon, *Croup Dynamics* in a *North-lndian Village. A Study of Factions*, Delhi, 1954）。这类事情与态度一般说来必然是秘密性的，因此所能得到的陈述很可能是勉强逼出来的，所得的资料也就会互相矛盾。刘易斯率领的一大群人工作时间短，工作方式也没多少技巧，他们是否能真正取得有关如此不易捉摸的事实的真实资料，是很值得怀疑的。笔者 1969 年补注：Pitt-Rivers 提醒我，在刘易斯把 "faction"［派系］这个观念应用于印度研究以前，该观念在分析北美印第安人的著作中已不时被使用。

南部所扮演的角色）[1]。而最具一般性的事实是，在一个村落的宰制卡斯特内部，都存在着并非依照传统原则所产生的派系，而一个人属于哪个派系大致上依照其利益而定。简而言之，除了由卡斯特、世系亲属关系和地域性关系所造成的群体和区分之外，还有一项重要的**实际存在**的造成群体与区分的因素。这就引出了各种问题。其中较重要的包括：这一现象是不是以某种我们仍不清楚的方式与传统性组织有关？它是否如某些作者所言，是一种现代事实，由于近代以来把村落社会插置入一个政治和经济的整体而对之产生强大影响所造成的？很显然，近代的变迁增加了不少引起摩擦的原因，但这并不表示这个现象是最近才出现的。我们在这里只简单指出一点，顺便作为转到下一章的准备。就形式的观点而言，这件事实似乎和权威的一项特征有关：我们在以后的讨论中将看到，在这个体系中，一个人只有相对那些受宰制或低阶的卡斯特之成员才具有无可争议的权威。在某一身份特定的群体内部，权威常常有好几个中心，而不是单一集中的。素为人知的一件事实是，除了官派的职务很少看见独大的头目或领袖，因为权威与影响力通常由两三个长老分享。

75. 经济的问题

我们能不能在研究完卡斯特体系政治上的衍生现象之后，进一步研究其经济上的衍生现象？我要在这里对能不能把经济这个范畴运用于传

[1]　H. S. Dhillon (et al.), *Leadership and Croups, in a South Indian Village*, 1955; "Firth (etal), Factions in Indian and Overseas Indian Societies" (*British Journal of Sociology*, VIII, 1957); Beals andSiegel, "Pervasive Factionalism" (*American Anthropologist*, LXII, 1960, pp.394-417) (Namhalli, Mysore); McCormack, "Factionalism in a Mysore Village" (Park and Tinker, eds., *Leadership*, 1959, pp.438-444); Inayat Ullah, "Caste, Patti and Factions in the Life of a Punjab Village" (*Sociologus*, VII, N02, 1953, pp. 170-186); Park and Tinker, *Leadership and Political Institutions*.

统印度这个问题提出质疑，也要问及与此有关的动产和金银等财富，以及货币和商业在印度社会中所占的位置之问题。提出问题并不等于提出答案，但它可以引发一些怀疑并建议一些值得研究的题目。

首先，我们必须记住一项基本的但常被忽略的事实，那就是即使在我们（西方）的社会，也只有到18世纪末才把经济视为一个特殊的范畴，一个和政治有别的范畴。[1] 就印度而言，还有另外一项事实，虽然其中的许多面相已为人所知也受到研究，但它的全盘意义和基本特征却常常被忽略，那就是英国对印度的统治以一种现代式的政权取代了传统性的政权，从而使动产与金银等财富得到解脱，因为现代政权的基本任务之一就是保障财产安全，这是一个和以前的政权比较之下，出于财富的原因而自己放弃一部分权力的政权。把土地变成一种可以买卖的商品只是此项改变的一部分。在今日印度，毫无疑问已有一个可以正确地称之为经济的活动领域，但是使这个范畴得以出现存在的是英国的统治[2]。然而，有不少作者在毫不迟疑地讨论传统印度的经济时，甚罕界定他们所谈的经济是什么意思。我们在讨论贾吉曼尼体系时已碰到类似的问题，但问题并不仅限于贾吉曼尼体系。有些作者似乎意识到了此中的困难，因为

---

[1]　从重农主义者（Physiocrats）到亚当·斯密之间的演变，从亚当·斯密到汤森（Townsend）与马尔萨斯之间的演变，是这方面的典型。参见 Karl Polanyi, *Origins of Our Time: The Great Trans-formations*，1946. pp.76, 77。

"一个自我调节的市场（要能存在），就必须在制度上从社会中分离出一个经济的领域与一个政治的领域……当然，如果没有一个可以保证财货的生产与分配的体系，社会根本无法存在。但这并不表示已有独立分开的经济制度存在。在大多数情况下，经济秩序只是社会秩序的功能之一。不论是在部落时代、封建时代还是重商主义时代……的社会都未曾存在过一个分开独立的经济体系。19世纪的社会把经济活动孤立起来，赋予它一套特殊的经济动机，这是一个非常重大的变易。"

[2]　挑选几项资料，就可以多少明白在英国势力开始渗入印度的时候，印度商人所处地位之低落以及财富毫无保障的现象。François Bernier 把17世纪德里的情况描述得很清楚：富人把财富藏起来，贵族一声令下即可鞭打手工艺人（金匠）（*Voyages*，1830, I, pp.149, 221-226, 311-312, 319）。我们同时也可附带指出，莫卧儿政权过去经常对其治下各邦总督施以酷刑，常怀疑他们隐瞒欺占税收（Spear，*Twilight of the Mughuls*）。（转下页）

他们并没把政治和经济区分开来。不幸的是，对他们而言，界定"政治经济"范畴的是一个意义非常模糊的"权力"概念。但是"权力"这个在当代政治学中扮演中枢地位的概念，在此却如此含混，没有办法肩负起它的任务。不过，这种研究方式也有一项优点，那就是我们在印度传统中可以发现对应政治经济范畴的东西——"利"（*artha*）这个范畴。[1] 事实上，在这一章里面，每当我们谈到"政治"的时候，我们都先假定了它已含有一些隐性的经济要素。以宰制概念为例，它就包含"财富"、支配土地的权利以及政治权力。但是，就像很多其他传统社会，这个社会的主要特征在于政治和经济这两个面相紧紧结合在同一现象中，两者之间没有任何区别。甚至可以说，就像宗教在一定方式下把政治涵括在内一样，政治本身也把经济涵括在内。两者之间的区别在于政治经济的范畴和宗教分开，有各自的名称，而且前者从属于后者。但经济却并没有和政治分开，而是无区别地被涵括在其内。事实上，虽然印度教典籍中关于王权的记载与讨论没有像关于祭司的那么多，我们还是可以根据这些典籍对印度王权加以研究。但如果要更往前进一步去讨论商人的问题，这些典籍就几乎哑口无言了，我们也就不得不把问题化约为简单的事实性的问题：王族的权力在多大程度上对商人的财富提供保障？或者反过来问：在多大程度上商人的财富听任王权随意宰制？接下来就得去

（接上页）杜波瓦修士在其著作（*Hindu Manners*，I，pp.34-35；II，p.659）中提到迈索尔邦在其政府专制统治下，动产完全没有保障。我们可以说这种情形乃是伊斯兰教政府统治的特色之一吗？可参见在其统治下马拉塔人受剥削的情形，再想一想 Elphinstone 所写有关马拉塔人的精华地区的情形："财产得不到保障的结果使他们对未来毫不关心，把好几年省吃俭用所得一下子全花在婚礼或其他庆典上面……其结果……可在整个农业人口负债与穷困的情境中感觉得到。"（*Report on the Territories*，1838，p.8.）在这一段话中，我们看到 Elphinstone 对马拉塔农民的不安全感以及非理性的经济行为大感惊讶。经年战乱会不会是其中一部分原因呢？这种战乱连年不断的情况在印度各个地区几乎是经常可见的历史事实。国王与商人之间的传奇性冲突载于 Das，*The Vaisya Caste*，I，*The Candhavaniks of Bengal*，p.99 以下，Max Webber 曾在 *Religion of India* 的 p.88 中详细引述过这项记载。

[1] 关于"利"（*artha*）的观念及其"经济"构成因素，参见本书附录三第 12 节。

探究在不同历史时期和这方面有关的事实有哪些。这项工作相当困难。根据一项粗略的考察，其情况在不同的时期与不同的地区皆有极大的差异 [1]。只有在政治统一的时期，在那些范围相当大、警力相当充分的王国里，国王才能够顾及王国的财富问题，借鼓励商业来增加他本身的财富。这些起伏不定的变化是可以预期的，因为整个意识形态对这一方面未置一词。

由此可见，对传统印度到底有没有经济这个个别的范畴提出质疑并非毫无根据。整个卡斯特体系在"经济"上的衍生现象中最主要的一项正是在于上述的不确定性。然而，这只是此项讨论的结论之一。韦伯认为印度的商业发展与某些特别的教派，特别是与耆那教有关，这似乎是正确的。似乎这种意义下的经济史事实上蕴含于异端教派的历史之中，这些方面的问题将在第九章加以进一步讨论。

---

[1] 参见 D.D. Kosambi，*An Introduction to the Study of Indian History*，1956，pp.162 ff。关于货币流通情况的变易，或许有人会觉得奇怪，我没有在这一章简述或讨论韦伯在《印度宗教》中关于刹帝利的论述，他所描绘的历史画面也包括存在于受祭司支持的世袭权力与富有的商人阶级或正在壮大的"布尔乔亚"阶级之间的长期斗争（韦伯前引书，p.77 以下）。老实说，不论我本人有没有评断他这项光辉的历史重建工作的资格，也不论韦伯的解释多么出人意表而且异常深刻，我还是觉得就他所使用的那么有限的材料而言，他所建构起来的那套假设显得过分庞大，觉得他的整个工作在相当大程度上是虚构性的（韦伯一般只列出使用的参考资料的大概）。更切中要点地说，在解释所掌握的材料时，韦伯使用的是源出于西方的一般性概念所组成的架构，那些一般性概念大多出自欧洲中世纪的观念。虽然提出结论时韦伯指出西方与印度存在深刻的差异，但他已事前假设两者的动力是一样的。在这一章，我们已提出一个可以比较大刀阔斧去探讨这个问题的大纲。

第八章
卡斯特的治理：正义与权威

81. 从权力到权威

　　大多数卡斯特有统治的机构，即使是那些并没有统治机构的卡斯特也对其成员具有权威，可用一种非正式的、分散式的方式约束其成员，比方说开除或驱逐。但有关的还不止于此：不但卡斯特之间的争执需要较高层的权威加以裁决，即使是内部的争执也常诉诸高阶卡斯特成员的仲裁，而且我们将看到，对其成员施以除籍的惩罚也得经官方正式认可。当一个村落里受宰制的或依附性的卡斯特要求宰制卡斯特中有地位的成员帮忙仲裁一项争端的时候，他们也就是承认了后者作为仲裁者或法官的权威。在这里就由权力问题转变成为权威的问题。如果武力由于遵循婆罗门理想而变得合法，亦即权力，那么上举的例子中，权力也由于有人顺从而取得司法权威。这样，经过认定且在一定程度上内化于顺从者的内心之后，权力就在一个特定范围之内与最高的权威——宗教的权威平等：正如婆罗门在宗教事务上具有权威一样，宰制者在司法事务上具有权威。因此我们就看到了两个对立原则，身份与权力之间的一种次级性并立平行，正如我们在身份高下的认定中已看到过的。这也正是为什么在讨论卡斯特内部权威之前，必须先讨论权力和宰制的理由。

　　单就正义而言，古典著作写得非常明白：在精通宗教律法的婆罗门专家之顾问下，国王拥有全面性的主权来衡量正义。或许可以进一步说，立法的权威属于婆罗门，国王则拥有司法和行政权。一般而言，法论（Dharmashastras）中王权所扮演的角色，几乎是解决一项重大难题的奇迹性的手段，它是把两项除此以外无法调和的领域——武力和法律，理想和事实——既加以区分又将之结合的枢纽[1]。得特别感谢国王，他们使婆罗门得以超脱，不必掌管这个世界。既然国王的主要任务是维持瓦尔那体系，防止瓦尔那之间的混合，自然就对卡斯特具有权威。这项权威的双重性在司法上的种种认可方面可再次看到。国王颁布惩罚，而婆罗门则提出赎罪的方式，有时是针对同一罪行。其间的区别并不是非常明显，至少有些界线相当模糊的地方。接下来我们还会碰到现代有关最严重的宗教罪行的赎罪方式。就卡斯特的统治而言，还有一项古典特征值得一提：经典著作规定国王有义务尊重各个群体、世系群、公共组织等的礼仪和习惯，甚至也得尊重异端教派的习惯。同样的，目前宰制卡斯特依照各个卡斯特自己的习惯裁决其争端。

因此在研究卡斯特内部统治的细节之前，有必要先看看在多大程度上卡斯特是受外界统治的，不论是国王还是被承认的宗教权威的统治。由于王族的功能在村落层面也有其代表，讨论完国王的司法权我们将转移到宰制卡斯特在村落范围内的情况，不过，这就必须讨论到一个半神话性的、被视为正义化身的事物之存在问题，即所谓的村落大会（village assembly）。最后我们将试图刻画权威的全貌。

---

[1]　关于正义和国王的角色，参见下列权威性的著作：Robert Lingat, *Les Sources du Droit dans le système-traditionnel de l'Inde*，有 Derreff 的英译本。

82. 卡斯特事务的最高权威

国王既然是至高无上的法官，传统上他可以说是自己亲理重大事务，裁决对各个法庭（不论是否依循习惯法）所做判决的上诉。反过来说，他也可以把案件交付给习惯法庭裁决。通常有个由精通宗教律法的婆罗门组成的小组协助国王，他可将权力托付给其中的一个成员[1]。

在有些例子里，国王自己亲自干涉卡斯特的阶序，重排其高下等级，或是认定某些卡斯特或次卡斯特之间的身份高低（后者通常出现于实行上攀婚的情况，参见 55 节）[2]。国王有时甚至提升一个卡斯特的身份，或是把某人由一个卡斯特改成属于另一个卡斯特。在北方邦，根据内斯菲尔德（Nesfield）的报告，传说有不少个别人或整群人由此被改造成婆罗门的例子。国王在除籍惩罚及取消此项惩罚中所扮演的角色相当重要，且有事实可证。国王不但可以宣布一个人为除籍者（在科钦［Cochin］，除籍得经国王许可才生效），甚至可宣布整个群体为除籍者，巴罗达（Baroda）即是一例。欧马雷也举过奥里萨邦一个令人甚为惊异的例子。让被宣布为除籍者重回卡斯特常常需要国王的认可，这项权利在莫卧儿统治时期也存在于国王手中，甚至有一段时间存在于英国政府手中。值得指出的一点是，上述例子大都来自遥远的地区或多山区域，这些地区的卡斯特处于相对流动状态，而且传统组织仍然存在。这种情况与北部

---

[1]　关于马拉塔王朝的法律制度，得感谢 T.V. Gune，*The Judicial System of the Marathas*，1953。顺便一提，马拉塔国王的政府制度（事实上该说是以婆罗门为朝臣［Brahman Mayors of the Palace］的政府制度）虽然部分是受莫卧儿人的影响，在其他方面则似乎是印度教学者想复兴印度教的结果。

[2]　这里只作简短讨论。欧马雷所写的 *Indian Caste Customs* 精彩的第三章的主要内容，可在赫顿，*Caste*, pp.82-86 找到（欧马雷曾在奥里萨邦服务过，当时该地的封建君主仍持有这些功能）。1911 年人口普查的结果对这一章很有用：卡斯特的治理是调查项目之一，欧马雷使用过这份资料，布兰特也使用过其中关于北方邦的资料（见他的著作，pp.127ff.）。国王同时兼任自己的卡斯特之领袖这样的例子先不考虑在内，因为国王所属卡斯特的分布范围可能超出其王国的领域之外（比方说，克什米尔的大君［Maharaja］对其邻近英国殖民管辖地城内的拉吉普人还是具有权威）。

平原地区形成对比，在北部，伊斯兰教征服的结果使印度教徒失去其国王，正如伊别森（Ibbetson）所指出的旁遮普省的情形，他们只受婆罗门的影响。

在国王的控制之外，卡斯特也有受宗教控制的例子：克什米尔的宗教律法大会（Dharma Sabba）在王族的神庙中集会，会上评断卡斯特事务，甚至具有宣布驱逐成员的权力。一个婆罗门，一个精神导师或一个教派的成员，常常协助甚至取代卡斯特法庭，即潘恰雅特（panchayat）。宗教在杀母牛事件或使除籍者重新入籍这类事件中占有一定的地位，这倒不足为奇。在后者的例子中，办法是宣布一项具有净化功能的赎罪手续。此处应简单指出，在这类角色上，教派的成员和婆罗门都可同样主持其事[1]。

我们可以像赫顿那样，指出此类功能的报酬很高（如曼尼坡之例），而且过去国王的司法与今日的官方法律之间的连续性也需要加以强调。不论英国法律带来哪些新奇的东西，就其具有官方法律正义的角色而言这些东西其实毫无新奇之处。不过，如果卡斯特或村落在英国统治以前真的是自给自足，如一般时常假定的那样，那么英国的法律制度就的确是新奇的事物了。甚至那些如雪片一般飞往人口调查机构的各种陈情书函，目的是为了取得官方对陈情者所想取得的身份的认可，也足以证明权力在这个范畴内所具有的权威[2]。

---

[1] 见 Blunt，pp.118，122，127（dharmādhikarī，喜马拉雅各行政区的头人或负责宗教律法情事者）。坎恩提到在 Shivaji 统治时期发生的一些例子，其中各种争执由婆罗门裁决，也由吠檀多派的领袖 Shankaracarya 仲裁（Hisory of Dharmaśāstra，II,2，p.971）。Lord Ronaldshay 报道的（pp.209-213，摘述于 O'Malley，Indian Caste Customs, p.121）1917 年加尔各答因奶油被掺入杂质而引起的事件，表现了婆罗门如何与有关的各个卡斯特联合扮演各自的角色以解决争端，同时也指出犯罪者会遭受其所属卡斯特的惩罚（除籍），以及婆罗门给无意中食用这些奶油的人提供赎罪清除污染的办法。

[2] 在这些方面，王权有其限度。据说有时候大众意见并不遵照国王的裁决行事；"马哈拉施特拉邦的 Sarasvat 婆罗门成功地在白沙瓦的法庭证明自己的婆罗门身份，但公共意见不以为然，结果他们没有如意取得和其他婆罗门相等的地位。"（Ketkar, The History of Caste in India, I p.22）

我们应该想象国王的司法功能分布于那些地域性的支配锁链之中，从他身上散布到他在地方的代表身上，或散布到受他统治的地方性国王或头目身上。正如欧马雷所指出的那样，从君主到地方性或地区性的头目，再到村落宰制者身上，这里有其连续性。土地的掌握者在其有限的小地区内不仅像当地领主那样拥有司法裁判权，还收取各项罚款以及婚姻等方面的权利金。这些功能中，只要是受英国政府承认的，全都延续了下来，比方说北方邦的柴明达尔制度（Zamindari system）中的大地主（Zamindar）一直存在到 1951 年印度独立才被废除。

83. "村落潘恰雅特"

有关印度现代史的著作经常会谈到村落会议或村落大会，通常以"村落潘恰雅特"加以称呼。我们将在后面讨论潘恰雅特这个词（见 84.1 节）。现在只简单地说，传统上这个名称被用来称呼任何以执行正义或进行仲裁为目的的会议，不论规模大小，一概称为"潘恰雅特"。简而言之，它是一种很广义的习惯法庭，而在卡斯特的潘恰雅特中，它不但具有审判权，而且具有行政甚至立法权。"村落潘恰雅特"则很少有人加以界定，不过，特别是在 20 世纪的印度文献中，它常常与"村落共同体"的概念连在一起，后者我们已加以批评了。依据这项广被相信的观念，"村落共同体"大致上是以其"村落潘恰雅特"为主要机构。经济学家安斯提（Vera Anstey）的说法颇可作为为此一信仰的代表：

> 很早以前就有人指出……英国统治的最大恶果之一就是村落潘恰雅特的地位和权力衰落。以前，这些机构控制村落生活，在群众

之间形成坚固的联系 [1]。

　　类似的观念可以在所有或者几乎是所有的文献中看得到。人们深信此一制度存在，以致要着手去找它。1911 年人口普查的调查员受鼓励要对此一制度进行调查，结果他们最后只能承认在整个印度这么广阔的地方根本找不到"村落潘恰雅特"的踪影。布兰特告诉我们北方邦的平原没有，而孟买的调查报告甚至干脆说那只不过是神话 [2]。这要怎么解释呢？有些人会说，潘恰雅特以前必定存在过：如果现在连点影子也找不到，那是因为英国的统治把它摧毁了，不然又要怎么解释有一段时期人们肯定该一制度确实存在呢？另外还有一个解释，如果该解释要具有全面性的说服力量，就需要先全面研究有关文献，对之进行历史研究。发生的这一切，本身已深具启发性：一项信仰反过来构造出其信仰的物件。这项信仰把古老永恒的印度看作一种"村落民主制"（democracy of villages），为了使它具有民主制度的资格，"村落共同体"当然就不得不有个代议机构。于是"村落共同体"就被赐予一个代议机构 [3]。如何赐予呢？那就是在完全天真无知的情况下，把很多异质的事实排放在一些确定是正确的资料四周，以取得所需要的一致性和一般性。我们将简短地指出整个过程是怎么完成的。

---

[1]　O'Malley, ed., *Modern India and the West*, 1941, p.263.

[2]　Blunt 前引书，p.147, n. l; J Matthai, *Village of Local self-Government in British India*, 1915,p.19; Tinker, *The Foundations of Local Self-Government in India, Pakistan and Burma*，1954，p.94. 以上各位作者都引用了 1911 年孟买人口普查："造成这个神话的原因很可能是一个村落往往由同一个卡斯特的好几个家族所组成。"换句话说，村落中一个卡斯特的大会被称为村落大会。这是那些简单的"单卡斯特"村落的情形，在这种村落中除了少数服务性的贱民卡斯特成员，村民属于同一个卡斯特。

[3]　*The Report of the Study Team on Nyaya Panchayats*（司法大会），这是 1962 年的一份官方报告，常引用 R.K. Mookerji，*Local Government in Ancient India*，其中有如下说辞："潘恰雅特的起源得在民主制度中找……是由古代自主的村落共同体发展出来的……""村落大会在村中具有无上的权威""古老的村落大会的最重要功能之一是执行正义"，等等（pp.6, 7, 9）。

首先，这些文献中有相当大部分都忽略了卡斯特潘恰雅特（caste panchyat，卡斯特大会）这个记载最详尽的潘恰雅特的存在，以致"村落潘恰雅特"的意义显得相当含糊，好像是在讨论村落的司法问题似的。其次，每当在村落中的宰制者支持下找专家集会以仲裁或判决村落内部争端的时候，便可以在上述较确定的意义范围内说那是村落的潘恰雅特，不论仲裁的事件是受宰制的卡斯特之内部事务，还是不同卡斯特间的事务。这个意义下的村落会议，我想也就是蒙罗（Munro）和埃尔芬斯通（Elphinstone）等人的著作中所提到的村落潘恰雅特的主要意义，而他们两人这方面的著作一再地被引用。这些 19 世纪早期的伟大行政家很希望村落层次的任何争议都能尽量在村落会议中加以解决，免得还要通过官方正式的法律机关做出决定[1]。

再其次，值得注意的是，人们集会解决村落的公共事务时，不论是抽税还是村落行政的一般问题，这些事务**主要**是宰制卡斯特的事情。因此，把这一类集会称为宰制者的会议而非村落会议比较恰当。不论此类集会有时是公开举行，也不论宰制者是否依照当地传统或情况而取得受宰制者的代表之合作，就实际作决定的权力而言都是相当次要的问题。最后，也是第四项，我们不能因为村落行政的职能经过正式规定，就自己想象村落行政在运作上独立于王权或中央权力[2]。这方面的所知材料显示实际情况正好相反，一切都依赖于，到目前也仍然依赖于和中央权

---

[1]　这种意义的改变在 R.C. Dutt 对这些文件的解释上已表现得很明显（*Economic History* I, esp. pp.151, 321,351）。在这里我不得不非常简略地只讨论最主要的论点。关于 Elephinstone 所研究的地区之情形，见接下来的注释。

　　Coupland 是近年来写概论著作的作者中少数几位做此类区别的作者之一："在印度南部有个古老的习惯，由村长召集村中的长老开会，会议名称为潘恰雅特，以裁决村人之间的争执。""这些村庄中的潘恰雅特和比较普遍的卡斯特潘恰雅特性质不同，两者必须区分开来。后者的成员是同一卡斯特的人，所裁决的也只限于与卡斯特有关的问题。"（*India,A Restatement*，1945，p.76）

[2]　由于 Cune 的著作（*The Judicial System of the Marathas*，1953，pp.58-61），使我们对于白沙瓦政府统治下的村落议会（称为"*gota*"）有明确的描述。其成员包括三类：（1）Watandars，（转下页）

力建立一个令人满意的关系上面。目前或许已经可以看得出来，是如何由于把各种不同的议决性集会混在一起，同时又尽量利用对"村落共同体"的理想化，而建构出一个神秘性的东西出来，导致有些人说它确实被见过，又有些人说它根本不存在。此外还有一些稀有但很可观的历史文件，像 12 世纪时朱罗王国的石刻，记载乌塔拉美鲁尔（uttaramerur）村的大会和特殊集会的会议记录。这类文献使我们更能了解在对抗外来侵略的过程中，爱国理想如何建立起村落民主的高贵面貌，这些可贵的东西又如何在现代遭受破坏摧毁[1]。

（接上页）村庄的行政人员及随员，以村长（Patel）为首，由政府指派，负责收税（村长也可审理案件、进行判决，进行这些工作时会得到协助。我们已说过，村长的权威是否实际存在，要视他是否属于宰制卡斯特或至少得到宰制卡斯特的承认而定）；（2）Mirasdars，即宰制者；（3）Uparis，客人或受雇者，可参与会议，但无权发言，也无权投票。这是一个特殊的个例：宰制，还有其与王权的紧密关联在这里表现得很明显。关于宰制者及村长等的详情，参见 Robertson 报告的摘要（前引著作，pp.384ff.）。值得注意的是，这种村落议会后来不再存在，其司法功能被潘恰雅特取代（前引著作pp.39 ff. 55, etc.）。关于地方性的司法与王权司法的关系，见本书 84 节。

[1] Uttaramerur 的石刻被到处引用，参见 K.A. Nilakanta Sastri, *The Colas*, 1955，索引中的有关项目，或者见 *Studies in Cola History and Administration*, 1932; Appadorai, *Economic Conditions in Southern India*, 1936。在前面引用过的著作中，Tinker 明确讨论到不少论点。其中特别值得注意的是，他写道："印度卡斯特体系……经由卡斯特大会的权威，使一个人习惯性地首先认为自己是某个世袭卡斯特的一分子，然后才自认为是某个地区的居民……（p.19）（村落会议，也就是潘恰雅特）往往不能代表村落全体：其成员可能只是该村落创始家族的代表，或婆罗门及高阶农民（p.19）。虽然印度的村落政府从来不是西方意义的民主政府，但是在某种意义上仍然可以说所有的村民都参与了村庄的公共事务。老式的潘恰雅特，不论是卡斯特的审判裁决机构，还是一个司法的或行政的机关，平常进行讨论的时候，只要有兴趣任何人均可列席。在场旁观的人虽然不是整个讨论过程的一部分，但是构成了一种'合唱队'。"（p. 20）由上面的描述，我们终于又回到真正的印度了。

虽然近年来的人类学著作还有说"村落议会"仍然存在的，不过大都语焉不详。刘易斯说在德里附近有一个这类潘恰雅特，不过他承认这个组织完全受贾特卡斯特的支配。事实上，这个组织似乎只是宰割卡斯特自己的潘恰雅特（值得注意的是，现代村落议会是由法律规定组成的，称为法定的或官方的潘恰雅特）。Beals 毫不犹豫地宣称在迈索尔邦有村落潘恰雅特，并且说其来源很早（其文章见 Marriot 所编的 *Village India*, p.89）。但在他所说的迈索尔邦，印度人类学家西尼萨瓦士只发现卡斯特潘恰雅特，其中由宰制卡斯特所组成者很可能会被误以为是广义下的村落潘恰雅特（"The Social System of a Mysore Village,"收在前引书中，pp.18ff.）。贝利很详细地说在奥里萨邦的边远地区有村落潘恰雅特存在，并说其源始可追溯到英国殖民统治以前，不过他并没有对其组织的实况提出进一步的描述（*Caste and the Economic Frontier*, pp. 107, 191ff.，还有第 12 章）。

先不谈村落行政的问题，只讨论司法的问题，我们可以下结论：在英国建立其殖民统治的前夕，除了少数例外的情况，印度的村落并没有永久性、制度性的村落大会，有的只是各种卡斯特潘恰雅特罢了。村落中有宰制卡斯特的潘恰雅特，也有应需要而举行仲裁和评断的会议，但这些会议是临时的，具有暂时性的性质。只有在政府的鼓励和认可下，才能有真正的村落大会存在。

84. 卡斯特的内部统治

84.1 "潘恰雅特"：名称与实际

如果一个卡斯特内部有最高权威存在，那么它应该就是其卡斯特大会（或更明确地说，是卡斯特中一部分人的大会）。这样的大会通常在文献中被称为"潘恰雅特"，很可能事实上人们也常使用此一称呼。但这个词本身的含意要比上述意义更广。"*panchayat*"这个词源自"*panc*"（印度雅利安语），意即"五"，因此原来指的是一个小型委员会，而不是人数众多的大会。这也是为什么布兰特假定在北方邦它指的是指导大会的委员会，因为其成员有时正好是五个。实际上，它的意思是指几个有头有脸的人物的集会，大约是四五个人左右[1]。这样的委员会不但指导大

---

[1] 近年来的作者明白或隐约地都把潘恰雅特定义为名人或长者的集会，即使是卡斯特潘恰雅特也是这样的定义（Carstairs 收在 Srinivas 编的 *India's Villages*, p.68 的文章说 Udaipur 的 Bhils 是"卡斯特的负责人"；Gough 收在 Marriot 编的 *Village India*, pp.44-45 的文章说道，"选他们自己的领袖"；较一般性的有 Lewis, *Village Life in Northern India*, p.26："一群被公认的领袖集会……"；Srinivas 收在 Marriott 编的 *Village India*, p.18 的文章中没有加以定义，不过所谈的都是关于长老集会；Mayer, "The Dominant Caste in a Region of Central India," pp.408-409："调停人""头人""领导人物"；Bailey, *Caste and the Economic Frontier*, 村庄"议会"。关于卡斯特内部治理，N.K. Bose 所编的 *Data on Caste, Orissa*, 1960 一书，我知道得太晚，来不及加以讨论。

会（如北方邦者），而且常应邀出面解决争端。此外，还有一些群体把各种不同的集会、委员会或大会区分得非常清楚（参见杜蒙，*Sous-caste*，p.268）。由于卡斯特大会所具有的权威，它是此类集会中最庄重严肃的一种。这些集会不只带有司法性质的功能，因为一方面它们可能单纯扮演仲裁角色，但在另一方面，卡斯特大会可能还具备行政或执行的功能，甚至是立法的功能，因而可以改变习俗，例如决定不再容忍寡妇再婚或修改通婚的规定之类。

对于"潘恰雅特"这个名称，我们首先应了解的乃是它为一个**多元的权威**（plural authority），是习惯与和谐的维护者，有争执时请其仲裁解决，有时调解，有时则宣布何种行为违反习俗。它主要由少数几个头人或专家组成，开会时可能有些旁听者列席。在人们心目中，从最小型、最短暂的一直到关乎整个卡斯特的最高层、最正式的集会在内，这类集会的性质有基本共同点，不过我们还是必须把不同类的集会做个区分。特别是那些涉及不同卡斯特的会议，像由当地的宰制者评断某个卡斯特内部的纷争之类的会议。

近年来的著作中比较少见到关于卡斯特大会及卡斯特内部集会方面的论述。因此我们就从布兰特在 1911 年人口普查后对北方邦的卡斯特大会的描述着手加以讨论。接下来的描述引自他的著作，在有些地方加入一些概括性的推论[1]。

---

[1]　Blunt 前引著作，pp.104-131，Hutton，pp.86-96 加以摘要。M.N.Srinivas 出版有好几篇研究报告："A Joint Family Dispute in a Mysore Village"（*Journal of the M.S.University of Baroda*, 1952, pp.7-31）; "A Caste Dispute among Washermen of Mysore"（*Eastern Antropologist*, VII, No3-4, 1954, pp.149-681）; "The Case of the Potter and the Priest"（*Man in India*, XXXIX, No.3, 1959, pp.190-209）。这三篇文章最近被集结出版：*The Study of Disputs*, University of Delhi，没印出版年代。同时参见我的 *Souscaste*，pp.284-312（这是一篇很有细节性的报告，我在这里引用只是为了说明某些论点），还有 B.S.Cohn："Law and Change"（Chamars 的组织严密而且深具社群精神）。Lewis，*Villag Life in North India*，应该谈到很多（"派系"潘恰雅特，等等），但很不幸地没有详细谈。其他作者只提出简略的注释，比方说 Carstairs 提道，在 Udaipur 存在"好几个彼此毫无关联的非正式潘恰雅特"（p.37）。

84.2　卡斯特大会（北方邦等地）

　　布兰特首先区分三种情况：没有大会组织的卡斯特；有永久性大会（也就是有永久性成员的大会）的卡斯特；只有非永久性大会的卡斯特。高阶的卡斯特，那些"再生族"的卡斯特，通常没有卡斯特大会的组织，其卡斯特的权威呈分散状态，决定要实施除籍或采取杯葛行动的是"公共意见"，而且执行得相当有效。布兰特称为非永久性的潘恰雅特者，则是只有在有罪者的请求下才召开的大会：也就是有罪者在未经正式手续的情况下遭到拒绝往来的待遇，他便在大会上陈情，对公共态度表示不服，以期大会正式判罚则并从而恢复原有关系。此类集会实际上相当少见，能确定此类集会确实召开过的卡斯特只有少数几个。简而言之，这是一种前述情况与下述情况之间的过渡形态。在北方邦，一共有104个卡斯特具有永久性的潘恰雅特，其中有88个卡斯特是专业者（66个）或低阶者（22个）。这一点值得注意。

　　在这些有永久性潘恰雅特的卡斯特里面，其组织中有一个或更多永久性执事，负责把违犯情事通知大会组织的成员，必要时负责召开大会（p.106）。这些人同时也必定是委员会的成员。大部分情况中还有一个首领，有时是世袭性的，有时由选举产生，通常是终身任职，他担任大会的主席，此外还可能有几位大致负有专责的头人，或者是几位委员会的成员，也是世袭或由选举产生，他们被称为"潘恰"（panc），意即"五个（之一）"。大会的主席称为"沙潘恰"（sarpanc），也有其他称呼。不过，有个单一的主席似乎并非必不可少的条件。在其他地区，甚至那些很活跃、很有组织的大会也都没有大会主席（Sous-caste；西尼瓦士在他的"Joint Family Dispute"一文中提到有两个头人轮流主持会议。）

　　大会有时候特别召开，有时候，甚至可能比较常见的是在原告的要求下于家族典礼（婚礼、丧礼）的宴会场合，有很多成员会在场时就顺便召开；或是在区域性的朝圣大典时召开，有时候代表好几个地方的大会可能共同集会讨论如何改革他们这个次卡斯特的习惯这类关系重大的议案。

在正式大会中集会的那一群人通常被称为"兄弟会"（fraternity, *birādarī*），每个家族的家长都有权利在兄弟会中发言；在北方邦，大会通常由一个委员会主持，委员会通常有 5 个成员；在少数情况下，会议由推选出来的代表主持。我们已强调过，北部的大会一般都和一个次卡斯特在某个地域单位内的成员分布相当。次卡斯特实际上是个理论上的单位，而不太像一个实质的单位：理论上一个人**可以**和同一卡斯特的任何成员结婚（或者是和一个卡斯特下再细分的单位内的成员通婚，其细分的层次有时比次卡斯特更低，比方说次次卡斯特）；但实际上一个人的结婚对象常常是比次卡斯特更小的群体，在地域上范围更小的群体之成员，而这个更小的群体也是和卡斯特内部有关事务相关的实质群体（迈尔，前面 36 节所论），这个群体的成员才是参与大会的人。这纯粹是经验事实层面的问题，当这样的小群体和同一次卡斯特下其他同性质的小群体会合时，他们并不自己构成一个个别的单位。不过，这些小群体之间并非彼此熟悉。他们即是布兰特所谓的"小队"（independent local section）[1]。既然大会的地域范围纯粹是经验事实的问题，也就并不固定，具有相当的伸缩性。举例来说，像洗衣匠这种专业卡斯特的大会，由于其成员在每个村落中都只有几个，所以涵括的地域范围就要比大量聚居于一个小地区内的农民卡斯特大会广阔得多。因此，迈索尔邦的洗衣匠大会所管辖的领域非常大（两个区？ Srinivas, "Caste Dispute"）也

---

[1]　在那些例外中，布兰特提到的大都是理发师，他们自己有一个健全的会议组织；还有拉吉普特人，他们有一个由同一外婚氏族成员组成的地域性会议组织。根据刘易斯（pp.135, 144-145），贾特也有氏族会议的组织，不过由于这个例子是由好几个村落的一个宰制氏族所组成的组织，其性质能否算是村落组织不无可议之处。

就不足为奇了。布兰特在北方邦所研究的卡斯特大会，不仅仅是规模最庞大的，而且也是所有能实际举行的大会中最正式也最有权力的。高夫（Gough）提道，在南部（泰米尔邦坦焦尔地区）有些佃农的潘恰雅特只局限于一个村落之内的成员，因为宰制卡斯特严格控制着村落里面卡斯特之间的关系（文章收在马里奥特所编的 *Village India*，pp.44ff.）；这种大会可能与其他涵括地域较广的大会并存。不同的层次可能皆有大会存在，不管是一个在地域上分散的卡斯特（杜蒙，*Sous-caste*）还是在一个地区内的宰制卡斯特（贾特：刘易斯），都可能如此，而且，在某些特例中，某个层次的大会可能在另一个层次也推代表参加 [1]。比方说在旁遮普邦，各个不同层次的大会就代表了不同数量的村落，层层升级 [2]。

84.3　司法程式

前面已提到过，大会的司法范围并不限于卡斯特内部的正义。它也可以宣布规定，甚至具有控制功能 [3]。它也维护其群体的行业利益，和第三者抗争，近似维护某项传统特权。布兰特发现大会很少就工作技术作出规定，他把这点归因于近代所带来的改变。在另一方面，大会非常注意贾吉曼尼关系的维持，惩罚那些企图夺走其他成员的雇主的人，或那些非常失职的人，也会抵制那些在他们看来并不具备充分理由就要其成员中断服务或另找别人顶替的雇主：在这方面整个群体非常团结，也是所有成员都会非常团结的少数情形之一，会全体一致支持那些行业权

---

[1]　一个村落，好几个村落，以及 Panikkar 的 *nādu*（Thurston,*Caste and Tribes* 中的有关条目）和 Iluvar 的 *nādu*（O'Malley，p.40；Hutton，pp.87-88）。

[2]　Lewis, *Village Life in North India*, pp. 29-30, 参见 Marriott, "Village Structure and the Panjab Government: A Restatement"（*American Antropologist*, LV, No. l, 1953），p.141；O'Malley, p.40。

[3]　Blunt，p.104；O'Malley，p.43；刘易斯：半立法性的功能，以及（p.29）举行庆典的许可（这应该是社区裁可的极限了）。

利受到威胁的成员。有时候是其成员和雇主之间的权利义务互惠关系的性质到底应该如何的问题引起争议，有时候则是一个卡斯特本身的特权受到威胁，卡斯特大会便运用终止提供其他服务的手段来间接维护其特权。为了使另一个卡斯特的成员让步，卡斯特大会有时可能以取得其他卡斯特的支持，一致行动以达目的。以下是上述各种情形的三个实例（布兰特，pp.243-246）：

> 理发师拒绝在他们的婚礼上跳舞的舞娘。
>
> 在郭拉克普尔（Gorakhpur），一个农民怀疑卡马尔（制革者，常被怀疑下毒毒死牛以取得皮革）把他的牛毒死，设法要使他们无法继续工作；他命令他的佃农把那些无缘无故死亡的牛的皮革全都划破。卡马尔就命令他们的妇女停止担任接生婆的工作以为报复。最后，农民让步。
>
> 在古吉拉特邦的艾哈迈达巴德，一个银行家和一个糕饼师傅有争执，前者想给自己的房子换瓦重修的时候，糕饼师傅的同业者和制瓦者取得协议，后者同意拒绝供应瓦片给银行家。

根据杜波瓦修士的说法，此类卡斯特团结一致的行动有时甚至会和国家的权力相对抗 [1]。在现代，卡斯特的团结有时表现于相反的方面，一致决定反对某项传统习惯，例如停止继续从事那些被认为有损尊严的工作（参见 17 节）。

---

[1] "在另一方面，卡斯特的权威常常是一种限制滥权的力量，一种限制这个国家的专制统治者时常滥用权力的组织。常常有这种情况：由于卡斯特下令，整个行政区的商人把店全关闭，受雇的农业工人离开工作的田园，手工艺者离开工作场所，其起因有时只是同一个卡斯特的成员受到小小侮辱或受到小小的勒索；受害者及因此不满的人便一直采取此类反抗行动，直到伤害得到补偿，迫害者得到惩罚为止。"（Dubois, I, Beauchamp 译文，p.33; 参照甘地的消极抗拒行动。）

纯就其内部而言，卡斯特大会，或甚至是一般地说潘恰雅特确实"有一定程度的司法权，得以调查及惩罚违反习惯的案件"。（布兰特，p.104）但是前面所引布兰特所举的那些例子也显示，其中有些属于民事而非刑事案件，目的只是为了解决群体成员间的争执而已。近年来的著作大都很强调这一点。我们几乎可以说，各种潘恰雅特最主要的功能即在于解决争端，不管是采取仲裁方式还是采取判决方式（参见前引高夫的文章，收在马里奥特编，*Village India*，pp.44-45）。但是单单这样并不够，因为毫无疑问，卡斯特"会要……使其所有成员都履行责任"。欧马雷同意杜波瓦修士的说法，用非常巧妙的语言强调这一点 [1]。卡斯特的正义确实有两个面相，这点我们将在下文再加以讨论。

布兰特列举出各个大会所处理过的案件。他的例子大多数涉及共餐、婚姻和道德（离婚、通奸、偷情）、交易，以及印度教特有的犯罪行为（杀牛）。除了像与婚姻有关的方面以外，以上的例子大都是争议性的而并不是违规（offences）性的，因此想从理论上去界定卡斯特潘恰雅特的司法权限或许是错误的：既然另有官方正式法庭的存在，大会管辖范围就限于实际发生的事务而已。传统的大会自然就主要是裁决那些并没有诉诸正式法庭的纷争，不过在另一方面，布兰特说"潘恰雅特绝少侵犯法官的司法权限"（p.116）。一般说来，实际情况在不同的时空有相当大的差异，许可权的划分并非如他所说那么清楚（参看 85 节）。另有法庭存在对潘恰雅特许可权的限制是依实际情况而定，并没有在理论上有任

---

[1] 此一说法取自 Bailey, *Caste and the Economic Frontier*，p.195。"对大多数印度人而言，道德观念运作的领域以卡斯特为范围。这种道德观的某些方面从欧洲思想看来或许是奇怪的，不过不可否认的是，卡斯特在灌输与维持自我克制的原则上很有价值。限制恶德、维持正当行为的准绳，主要依靠卡斯特的组织，在身份较低的卡斯特中间尤其如此。如果取消低卡斯特的人所具有的卡斯特尊严观念，就等于把他毁掉整个德性的基础。正如杜波瓦修士所指出的……如果一个卡斯特的成员犯错而没受到惩罚，会使整个卡斯特蒙羞，这就保证卡斯特的组织会维持正义，维护其尊严，并使所有成员都尽其该尽的职责。"（O'Malley, pp.178-179）不过此处所说的"道德"或许该改成为"伦理"比较合适。

何明白的划分或规定。

我们在此无法详细讨论司法程序的种种细节，比方说宣誓、试炼及支持这些做法的一般性宗教罚则，等等 [1]。此处可以简单扼要地说，从我们握有比较充分资料的那些例子加以判断，赫顿所说的颇带轻视意味的话，认为潘恰雅特的断案审判非常简单、不正式，也"很少遵循证据原则"，似乎说得太过分了。以北方邦来说，布兰特指出，现代官方法庭对此有相当影响，不过潘恰雅特还是有自己不尽相同的证据法则和判案方式（采无异议或由投票决定，通常在小组委员会中是全体无异议一致决定为定案，在大会中则依据多数决定案）。

从其他有关的资料来判断，我们有理由怀疑正式投票决定或许是晚近才袭自西方的决议方式。迈尔在描述地方选举时说及当地人不喜欢举手投票可能引起的分裂：事先在幕后做各种谈判和妥协，但在选举投票时喜欢表面上一致无异议地决定。他又说"潘恰雅特的理想模式是除非无异议否则不做决定，不论那种无异议是真正的还是只限于表面"，这正好完全符合卡斯特潘恰雅特的决议模式。刘易斯也提到"传统上那种取得无异议的判决的模式"[2]。

现代官方法庭对潘恰雅特的影响自然是有，而且为人所知，但是也得同时注意到过去王族司法模式的影响，在北方邦，这种影响表现于大

---

[1]　关于发誓与受试炼，见 *Sous-caste*；Gune, *Judicial System*, 等等。大会通常在神庙附近举行：Srinivas, "Dispute among Washermen"；Gough, 在 Marriott 编的 *Village India; Sous-caste*。

[2]　Mayar, "Local Government Election," *Eastern Anthropologist*,XI, p.201; Lewis, p.27. 参见 Mayer, "Associations in Fiji Indian Rural Society"（*American Anthropologist*, LVIII, 1956, pp.97-108）。这一点在今天已广为人知，其性质主要是隐含的，而非明示的一致同意，只是不存在抗议、相反意见，或明白表示反对之意而已。比方说，迈索尔邦的说法是"长者同意这项判决"（Srinivas, "Dispute among Washermen," p.168）。因为不同意见的存在将导致无法一起举行仪式（*Sous-caste*, 等等）并且会使潘恰雅特本身陷于瘫痪：这是当代的一项重大不满。当然整体事实是重要的，而且与这些具权威的席位的性质有关，也和其大体上是协调而非强制的性质有关。参见 Y.V.S Nath, "Bhils of Ratanmal," *Economic Weekly*, 4, Dec., 1954, p.1360："其目标并不是把争执的责任派到争执的一方身上，而是为了取得妥协"，这一点是所有研究者都同意的。

会的执事之名称上面[1]。

84.4　除籍

　　卡斯特大会所能做出的最严重惩罚是拒绝往来，但这样的判决可能需要最高权威的认可才能生效。拒绝往来的惩罚也是从社会学角度看来最有意思的一种判决，它好像是"一种社会性的除籍……使受罚者等于死人"，这是杜波瓦修士的话（I，p.36；Beauchamp，p.38）。实际上拒绝往来有各种程度上的差别，其他作家也注意到了这些差别；杜波瓦也区别了各种不同的严重程度，有的根本没有重返其卡斯特的可能，有的则很容易就可赎罪重返卡斯特的怀抱，最严重的可能是对吃牛肉之类行为所做的惩罚（pp.37-38，43；Beauchamp，pp.38-39，43）[2]。西尼瓦土（在"Caste Dispute"一文中）说，拒绝往来可能是永久性的不可挽回的惩罚，比方说如果婆罗门和一个贱民妇女同居，但也可能是暂时性的，只到受罚者赎罪重返社群为止。据欧马雷所说，拒绝往来有的是终身，有的是定期，有的则是到赎罪式（*prayaścitta*）举行完毕为止（p 75）。他又说，暂时除籍的惩罚有时根本没有付诸执行，有时只要违犯者改过即叮缓期执行[3]。

　　布兰特举了不少例子，但说得不够详细，没有几个记述完整的个案，这或许是近来少见除籍惩罚的缘故。不论如何，除了上述所论到的之外，

---

[1]　关于这一点，见 Srinivas，"Dispute among Washermen"；关于第二点，见 *Sous-Caste*，pp.287 ff.

[2]　下面的事实似乎表示在这方面有些进展；1921 年的反抗行动后被 Moplahs 强迫改信伊斯兰教的印度教徒，后来用母牛的 5 种产品回归印度敬信仰（O'Malley，p.84）。文献中没说明他们被迫改信时是否同时被迫吃牛肉。

[3]　同样的情形，参见 *Sous-caste*，pp.298，310：只要承认法院的权威，就可以不惜妥协，这是另一个例证。

还有些差异值得一提。例如赫顿除指出前述区别外，另外还提到停止共餐（他是说停止共用烟斗和饮水，实际上等于停止共餐）以及停止提供专业服务（p.93）这种惩罚方式。但是在北方邦，上述两项惩罚并不一定有关联。事实上，大会固然有决定排斥成员的权威，但是有没有权威要求违规成员的服佣者（servants）做出任何决定则不无疑问。宰制卡斯特的大会自然有此权威，但其他卡斯特想对其成员采取全面性的拒绝往来之行动，如果没有该卡斯特以外的权威的支持认可，到底能不能有效执行很有疑问。杜波瓦认为拥有该权威者是"精神导师（guru）或至少是部族的头目"，他说由亲属，也就是由地方群体所决定的拒绝往来并非是不可更易的最后决定，前面（82 节）已提到国王可能干涉。如果没有经过这类外在高级权威的认可，地方群体可以拒绝与违犯者共餐，但是原来替他服务的那些人还是继续提供其服务[1]。

因此，这种惩罚也有各种程度的不同，不论永久性还是暂时性的拒绝往来的惩罚都如此。此外，还有一些和需要经过正式决定才实施的惩罚无关的类似于抵制的行动。

受判定拒绝往来的人本身常常在表面上看起来并没受到太大影响，但是一旦他要替子女安排婚事的时候，就会想尽办法消除该项惩罚，以便重返卡斯特群体的怀抱，使他本人及其子女都同时为其卡斯特所接受。像西尼瓦士（在"Caste Dispute"一文）所提到的例子，即和一个身份有问题的妇女要替他儿子举行婚礼有关（参看 Sous-caste，p.311）[2]。

---

[1] 值得注意的是，要令除籍的手段有效，必须同时没收其财务：欧马雷举出 Molony 所提的例子，有个富人根本无法被判有罪，因为他买通了一些假证人证明他无辜。有罪的人也可能迁移到另一个地方去住：搬到一个他所属的卡斯特并没有大会的地方去，比方说一个年轻的婆罗门可以和一个贱民女子同住于另外一个村庄，两人同时在田园工作（本人在北方邦看到的实例）。

[2] 别的社会性死亡的例子和除籍大同小异，常常以葬礼来作象征（像南布迪里婆罗门那样）；譬如，扬弃俗世的人（参见附录二，18）或者是那些被带到恒河圣地去死的垂死者，被溺入水中后嘴里灌满河水和河泥，但活了下来，加尔各答近郊有这类人组成的社区。他们丧失原来的卡斯特（转下页）

至于重返社群（reintegration），前面已说过，常需要宗教权威甚至是王族权威的认可。它通常包含赎罪仪式和净化仪式（到恒河朝圣，用母牛的5样产品净身）两个方面，同时由违犯者举办宴会请卡斯特大会成员（通常也请婆罗门）之后才算大功告成。宴请"兄弟会"成员的方式非常普遍，已成为较轻微的犯案者所受惩罚的一部分或全部。一般而言，卡斯特正义的执行方面，赎罪和惩罚本身的关系非常密切；这是很自然的，我们将会看到，因为卡斯特正义最主要的目的就是要预防或补救整个卡斯特身份的下降。

84.5 卡斯特司法的一般特征

> 卡斯特潘恰雅特的司法权限很广，凡该卡斯特成员认定其卡斯特的利益或荣誉需要对某成员采取惩罚行动以资维护者皆适用。（赫顿，前引书，p.89）

上述说法说明了除籍这种惩罚的性质：一个和不洁物质或人有深长的接触而成为不洁的人，由于那种赫顿称之为"传染"（contagion）者，危及的不只是他的家族身份，也危及他所属的整个群体之身份，因此他必须和其他成员隔离，正像腐败的肢体必须割除一样。这是一种安全措施，也是一种惩罚[1]。赫顿提及"荣誉"的问题是正确的，因为有些事

（接上页）身份，因为他们是被恒河女神拒绝而重还人世的（O'Malley, *Indian Caste Customs*, p.85）。事实上，仪式把这些人变得与死者无异，变成就社会性而言的已死之人，他们只是肉体尚存，正好和遁世修行者情形相同。

[1] 不仅仅是犯罪者本身，连他的近亲都可能被除籍。因为具有身份者，与其说是个人，倒不如说是整个家族，甚至是整个群体。不过，个人会因为自己的行动而危害到整个身份，因此必须防止他们做此类行动。重提一下迈尔的评语：兄弟会的会议所要维护的不仅仅是兄弟会本身的身份，也是整个卡斯特的身份。

情如果不是抱不赞成态度的邻人拒绝并视若无睹的话，其实是可以不用在意的。而且，必须严肃地做个决定，和该卡斯特"是否居所集中一处"（前引书）并无太大关系，反而是和该卡斯特所居住地域是否有身份相近而彼此竞争的卡斯特，是否有相当严格的高阶卡斯特等因素关系密切[1]。这就可以解释为什么被人用拖鞋敲打或伤口生虫这类事情会受惩罚：这些都是些轻微的违犯情事，但足以影响整个群体的身份。杜波瓦（II，461；Beauchamp，pp.658-659）认为很是惊讶的事情也就可以理解了，比方说违反公共秩序或侵犯他人，像谋杀或盗窃这样严重的犯罪行为，由于不危及卡斯特的身份，反而被认为比违反食物规定这类事件更无足轻重。

　　但这些都只代表卡斯特潘恰雅特的司法或半司法行动的一个面相而已。它也常处理其成员间的争执，特别是那些和群体身份并无直接关系的争执，而处理此类争执的时候，正像我们和其他当代作者所强调的那样，它都表现得相当有耐性，相当有弹性，尽力谋求**调解**。为了使这一方面的行动和本节前面所引的记载彼此调和，我们是不是应该说，卡斯特内部成员的和谐对卡斯特比较有利呢？这样说显然并不足够。采用结构研究法，在这里可以使我们取得更进一步的了解。卡斯特正义是双面物：其中一面对着外部，这是刑罚的正义；另外一面则对着内部，这是仲裁和调解的正义，以取得群体和谐的重建，同时**维护潘恰雅特的权威**。值得注意的是，其权威在维护群体的身份方面的确强而有力，但在另一方面却相当脆弱。有些严肃无比的语句，如"潘恰雅特的声音即是梵天的声音"或"卡斯特的国王亦是卡斯特"常常被引用重述。在我们此处讨论的范围内，这些语句都有明确的意思，前者是表现与前述权威之两面相有关的一种虔敬的期望：对维护我们的身份的潘恰雅特在其他事务

_____

[1]　参见一个分布地域范围很广的卡斯特，其司法的性质非常不婆罗门式（比方说一点都不强调与般牛有关的罪行等，*Sous-caste*，前引著作）。

上面我们也需要服从；后者则隐约承认卡斯特内部的权威在相当大程度上来自国王的权威及一般性的外在权威（参见 85 节）。简而言之，卡斯特想要，或在过去想要成为它自己的国王（最高权威）。

目前我们暂且强调潘恰雅特脆弱的一面。首先，如我们已说过的，很多高阶卡斯特并没有大会组织；其次，即使是在同一个社会层次、同一个地区，各种大会，或更广泛地说，各种潘恰雅特的行动和权威也均有颇大的差异。目前的情况是很多人都抱怨潘恰雅特缺乏效力，并把它归因于近代的腐化，而观察者则将之归因于现代影响（英国的统治，等等）。这都很可能，但毫无疑问并非真相的全部：有不少相当好的理由显示潘恰雅特的权威一直都是视外在环境因素而有所变化。不论如何，我们很想说，潘恰雅特的妥协性格正好表现了它的智慧，特别是在那些和群体身份无关的事情方面，它知道自己的脆弱[1]。

85. 司法机构之间的关系：权威通论

当代观察者指出，负责正义的机构一共有三种：卡斯特潘恰雅特、宰制卡斯特的潘恰雅特和官方正式法庭。我们先讨论前两种机构和最后一种之间的关系。根据高夫的研究，坦焦尔地区的婆罗门同时也是宰制卡斯特，一直到最近都还能制止将村落中卡斯特之间的事务送请警方处理，即使发生刑事案件也都自己解决，但是遇到婆罗门自己内部的一些事情，由于他们没有潘恰雅特的组织，至少有一段时期要诉诸官方机构解决。西尼瓦士对迈索尔邦的情形则毫无保留地表示，把事情诉诸官方

---

[1] 我曾对比（Pramalai）Kallar 卡斯特中潘恰雅特占据重要地位，但是在（Kondaiyam Kottai）Maravar 卡斯特中根本没有这种组织的现象。深入的调查发现，前者的潘恰雅特之权威和宗教有关，而且更重要的是，和王权有关（*Sous-caste*, pp. 151-152, p.296, ）。

正义机构而不找宰制卡斯特解决，被认为是不好的，是破坏村落的团结。针对西尼瓦士的说法，迈尔在论及马尔瓦的时候表示他并没发现人们把诉诸官方机构视为坏事。刘易斯讨论德里地区的情形时表示，不同派系间的很多争执均诉诸官方机构，特别是那些严重的事件都透过官方机构解决。如果争执和土地权利有关，那倒是很好理解，因为保证土地权利的是国家机构。杜蒙发现，对于和卡拉尔（Kallar）卡斯特有关的刑事案件，国家机构的处理成效相当有限（有一个案例，官方司法机构受欺瞒，后来，卡斯特大会自己集会审判犯罪者，参见 Carstairs）；卡斯特内部的争执经常找警察来解决，诉诸法庭即表示决心摧毁对方，在卡斯特内部求取解决则表示想取得仲裁而已。贝利说奥里萨邦早已取消村落组织审判刑事案件的权利。有一个卡斯特并不属于当地的社群（"甘贾姆的酿酒者"，the "distillers of Ganjam"），他们一律找官方法庭解决争端。根据比尔斯（Beals），在迈索尔邦，直到最近人们才开始诉诸官方的机构。

那么，在传统的正义中，卡斯特潘恰雅特和诉诸宰制者的判决之间的关系又是如何呢？卡斯特的内部事务受哪一个管辖呢？在单卡斯特的情况中（例如卡拉尔），除了佣人就只有一个卡斯特，它同时也是宰制卡斯特，上述两种司法机构也就合二为一。高夫似乎觉得内部的事情仍由卡斯特自己解决，但有时诉诸宰制者以求解决应该也是相当正常的，特别是村落的秩序受到骚扰的话，因为宰制者要负责该地的司法。根据西尼瓦士，受雇者通常可以诉诸其雇主（比方说联合家族内部发生纷争时），或者是请后者重新考虑某项决定。由于身在当地，宰制者对实际情况的了解要优于卡斯特的机构，因为后者负责的地域实在太广。迈尔则说，诉诸宰制者以求解决的争端不多。刘易斯提到的情况相当复杂（贾特这个卡斯特有派系的潘恰雅特，还有氏族的潘恰雅特）。在贝利研究的例子中，卡斯特潘恰雅特负责的地域太广，和他称之为村落潘恰雅特的机构比起来，等于并不存在。

简而言之，各地的差别很大，无疑和当地的情境与历史有关。不过，还是可以概括地说，传统正义的运作，除了是宰制的一种表现之外，其性质倾向于仲裁和调解，而官方的正义机构则是欺诈和阴谋的工具 [1]。

我们能不能对卡斯特体系中的权威问题作一般性的结论呢？我们先讨论了阶序，接着讨论政治权力，在这一章里面我们也就能了解上述两种因素结合成命令或权威，而这项结合在司法层次最容易了解。权威这范畴自然把宗教及其对立面这两个作用于整个社会的方面都包括在内：宗教权威操在婆罗门手中，此外一部分权威还操在各个教派的代表手中（参见第九章）；俗世的权威则操在国王的手中，他是最高法官，同时也是宗教律法的执行工具。因此，自古以来被认为很明显的一共有两种制裁：由王族正义所宣告的处罚和由婆罗门所决定的赎罪方式。在村落的层次上，宰制者很自然地在小范围内扮演王族的功能。他们不但对受宰制者掌握支配权力，受宰制者在诉诸他们以解决其内部争执的程度内也承认了他们的权威。

各个不同卡斯特之间的权威分配也就相当简单，而且为人熟知。至于同一社会层次内部的权威这个问题则比较复杂。实际上，构成一个群体的次卡斯特有长老，常常也有大会，甚至可能有大会主席，但是最重要的观念却是集体权威或权威多元并立，在小范围基础上，一个村落中的卡斯特群体也有一些具影响力的人物对同等身份的其他成员行使权威。即使如此，还是必须有足够数量的成员，而如果那是个宰制卡斯特的话，我们会面对一种很特别的现象，这种现象有很多作者都提到过，我们在论及派系时也提到过：此类权威或影响是多元的，而不是单一的。一般

---

[1] Gough，收在 Marriott 所编的 *Village India*，pp.44-45; Srinivas 前引书，pp.18-19; Mayer, *Caste*, p.174, 及 "Dominant Caste," pp.408-409; Lewis, *Village Life in North India*, p.135 以下；Dumont 前引著作；Carstairs，收在 Srinivas 所编，*India's Villages*，p.69; Bailey, *Caste and the Economic Frontier*，pp.185, 203, 208-209（酿酒者）；Beals 所写的文章，收在 Marriott, *Village India*，p.89。

而言并没有一个唯一的领导者，不论是明显的还是不明显的，唯一领导都不存在，真正存在的是好几个多少在互相竞争对立的领袖。一个世系群的长老拥有很高的尊严，但也正因如此，他往往并不熟悉日常事务，对那些比较年轻的人游刃有余的讨价还价手段和阴谋计划都比较有隔阂。还不只是这样，几乎到处都存在着相当程度的权威之支离化。这是不是近代各种解体性的影响所造成的现代现象呢？我们宁可相信现代化只不过是把事实凸显出来了，因为这种现象之存在可以找到结构性的解释：它可被视为是阶序的必然影响之一。阶序原则再加上宰制，造成受一个卡斯特遵循的权威集中于身份比它高一级的卡斯特手中，或是集中在宰制卡斯特手中。同样的，其必然影响之一是很难在身份相等的人们中间形成权威。不论依赖的倾向有多强，也不管由亲属关系和世系群所产生的权威如何，一个人的权威在身份相等的人们中间很难散布。在这个层次上，非常可能只有通过与外界的关系，特别是与外在权力的关系，才能作为权威的真正基础。这样我们就可以看出"卡斯特的国王亦是卡斯特"的说法里面含有多少一厢情愿的成分了。这里可以看出国家所挑选的"村长"的处境，他的权威要落实必须靠某些当地条件的配合，也就是说只有在当地的宰制者把他看作他们与政治权力之间的联系时才能成功。此外当然还有其他形式比较复杂的影响力，特别是在现代，村落与外界之间具有各种新式的政治、职业和经济关系的情况下，更是如此 [1]。

---

[1] 这里所讨论的几点，可在 Park and Tinker, *Leadership and Political Institutions* 中找到不少很好的研究和例子。在 Pramalai Kallar 里，Madura 国王颁予其中一个世系群头目的爵位，使他在自己人中建立起权威，形同"国王的代表"，负责内部的司法权。此处的内部权威只是国王权威的反映（*Sous-caste*, p.138 以下）。

第九章
并存现象与衍生现象

91. 导论

本章将重提或指出一些和我们所描述的社会体系共存的一些现象，先不断言这些现象只是与此一社会体系相随并存（concomitants），还是这个体系的本有含义衍生之结果（implications）。在社会组织的层次上，这个意识形态体系的第一类衍生或并存现象是"政治经济"（"politico-economic"）方面的；这方面的现象已在第七章加以讨论，并将之描述为在逻辑上多少已涵括于原来的基本观念体系之中。在这一章里将论及其他方面一些性质颇不相同的现象，这些现象包括：首先，一个超越于社会之外的社会制度，遁世修行（renunciation）以及教派（sect）乃遁世所形成的社会形式；其次，文化上的衍生现象，有容忍、模仿、时间概念；最后，和社会群体本身有关的一些异时性衍生现象（diachronic implications）。观念的确会影响实际事件，阶序衍生出身份群体因分辨而隔离的倾向。不幸的是这方面的研究目前尚未深入，因此我也只能指出某些实际上的或意识形态上的关系，希望更进一步的研究将视本章所论者属于人群体系的动力学，而此前所描述的则是其静力学的方面 [1]。

---

[1] 布格列在其 *Essais* 中研究了这个制度的衍生现象，特别是与法律、经济、文学有关者。这里所讨论的几个面相有点是任意挑选的，决定因素毫无疑问是我们对卡斯特体系的看法，而非该体系的内在因素。意味我在 *La Civilisation indienne et Nous* 里很明白地表达出了这种观点，我强调这个（转下页）

92. 遁世修行

　　卡斯特社会最令人惊异的并存现象是在此社会中，存在着一个全面否定卡斯特体系的制度，就在卡斯特体系的身边。一个人可以遁世修行，对社会世界而言形同死亡，逃避我们此前描述的整个严密的互相依赖之网络，像西方社会理论中所说的以成为他自己为目的。不过，在遁世修行者的例子中，他是与社会生活本身完全割离。这是为什么我把这样的人，这样的遁世修行者，称之为一个"遁世的个人"（an individual-outside-the-world）。

　　以上看法来自于对印度各种宗教加以全面观察后所得的结论。我在一篇论文中（本书附录二）指出，只要引进"世俗人"（man-in-the-world）和"遁世的个人"这对简单的对比观念，就能够对印度为什么会有那么多的宗教和玄思运动取得一个统一而且有秩序的观点，同时也能了解这些运动的先后变迁与发展。读者可阅读该论文，因此这里只需简要谈谈卡斯特体系和遁世修行的关系[1]。

　　有的人会表示异议，说遁世修行者离开他的社会位置后，就象征性地已不存在于此世了。这是正确的。但是他还要靠施舍度日，而且他

（接上页）制度中人与人的互依性，把它和现代的个人观念做对比。从心理方面对此一现象做具体描述的看法，可见 G.M. Carstairs 的专刊，*The Twice Born*，1961（虽然其内容颇有争议，但仍相当有价值）。

　　[1]　大概并不需要提醒读者，在韦伯的宗教社会学里面，俗世的与出世的（*weltlich/ausserweltlich*）之对比所占的重要位置。在这里，只将他这项对比视为和其他两项对比相当：婆罗门遁世修行者，卡斯特互依／个人。参见本书附录二，p.410 注释［1］。

　　比较遁世修行者和现代个人观念，或许有人会觉得惊讶，因为遁世修行者的目标不正是要想办法抹消自我吗？但这种抹消自我的尝试本身正好赋予自我真实性，一种在卡斯特世界中前所未见的真实性。不妨再引用一下尼赫鲁有关此类问题的看法："神秘主义者试图把自我从自己身上抹去，在其努力过程中通常变得极度迷恋自我。"（*Toward Freedom*，p.243；转引自 Cox，*Caste*，p.39）。当尼赫鲁写下上面那段话的时候，他心里想的会不会是导师甘地呢？

　　在"Vinaya et droit laïque"里，Lingat 研究了在泰国法律中两个不同世界之间的渗透性，例如佛教僧侣的誓言并非不可反悔，因此僧侣可以重返俗世生活。

向世俗人说教。因此他事实上并没有逃出互补关系之外，并没有**真正离开社会**。那么，他又怎么可能发展出独立的思考方式，怎么可能会有个人主义式的思考方式呢？答案很简单：实情既然是这样，便不得不承认一项事实，即使因此而不得不在这件事情上承认，当事者所想象的要比外在观察者将之描述为实际发生的情形更为重要，承认观念比行为更重要。还有，前述的反对意见是基于一项误解：离开社会只是抛弃社会所赋予的既存角色（某个卡斯特的成员，某个家庭的父亲，等等）而选择一个社会中没有可与之相当的普遍角色（ universal role）；离开社会并不是切断与社会成员的一切实际关系。很自然，在社会学家看来，遁世修行者还是在社会**里面**，这是指社会仍然模塑着他的种种人际关系，但遁世修行者是那种离弃其社会角色，以进入一个既是普遍性也是个人性的角色的人。这是关键性的事实，不论就主观观点还是客观观点而言都是如此。

那么，如果我们把社会与遁世修行者并置在一起，就会有一个含有两个大为不同的事物而彼此平衡的整体：一方面是严格互依的世界，把个人完全忽略；另一方面，则是一个中断互依关系，使个人得以存在的制度。分析到最后，整个体系并没有忽略个人，但如果仅止于描述卡斯特体系，就会使我们相信个人完全被忽略了。我们很怀疑，如果没有遁世修行这个对立现象存在，卡斯特体系有没有办法存在那么久。和西方做比较的时候，这一点非常重要：我们所讨论的并不是一种森严固态的对立，并不是一方面只有个人，另一方面只有集体人（collective man）。实际上印度两者都有，只是其分布方式很特别。那我们只要在西方社会中找出作为集体存在（collective being）的人（这一点毫不困难），就能够在比较印度和西方时，**采用（A+B）的组成部分在分布与强调上的差异**这种方式，而不是提出 A 和 B 两者的对比。

追溯卡斯特社会和遁世修行者的历史也可以看出两者之间的互补性

质。和卡斯特社会比较起来，吠陀社会可以说相当个人主义。在吠陀时代末期所出现的《奥义书》里面，可以看到以普遍性的存在为探讨主题的哲学思辨之发展。这些哲学思考是那些退出俗务以专心思考此类问题的婆罗门和刹帝利所留下的记录。从这个时期开始到卡斯特社会的转型期，可以提纲挈领地用一项双重运动加以概括：一方面，在婆罗门的导引解说之下，社会变成越来越稳定于严格互依的几个社会分类，其分类的主轴是洁净与不洁的概念；另一方面，以前那个时代中的个人主义哲学家渐渐演变成印度教或其他教派中的遁世修行者。

　　对某些人类学家而言，这些现象都属于"文化"而非社会方面的现象。但是我们在本章所提出的这项区别使我们在了解当代印度时不致陷入重大的错谬，也不会碰见极大的困难。更进一步地说，我们目前仍然才刚刚开始辨认出，卡斯特的种种价值观念长久以来如何一直在遁世修行者及其教派的影响下而变得具有相对性。我最近写"在教派义理的光照之上，卡斯特的等级秩序虽然看起来好像是俗世之务，却还是受到敬重"这段话时，心中所想的是一个北方邦的村民所说的话。在这本书里面我一直在强调卡斯特诸观念的宗教本质与质地（texture），这样做的最主要原因是**对我们**（西方人）而言有必要如此一再强调，以便我们能够用我们（西方）自己非常不同的社会概念去了解这些观念。这样做了以后，也就更是不得不指明，在印度，这些观念在多大程度上和以怎样的方式失去了其绝对的、宗教的性质。那种绝对的、宗教的性质乃是这些观念的起源，也是其一贯完整性（coherence）的依靠，但是当这些都已经因为更优越的宗教形式——就印度的观点而言更优越——之流行发展而贬值、被腐蚀的时候，卡斯特体系本身却仍然强健有力，越来越严格硬化，并且分裂开来成为世俗生活的组织形式。不幸的是，在目前的研究状况下，还无法明确掌握追求个人救赎的宗教如何把基本的卡斯特价**值相对化**。我们在接下来论及教派的这一节里面将对此问题稍加讨论，在 104 节以后论及其他宗教如何变得像教派一样时也会稍加讨论。

要把遁世修行看作一种"纯粹文化性"的制度实在很困难，因为它产生出一种非常重要的社会群体：教派。教派具有盎格鲁—撒克逊人类学里面那个非常重要的研究主题——"法人团体"（corporate group）所具有的一切特征，它有个首脑（chief），同时对事物拥有各种权利。我们已在本书前面的讨论中提及教派与其代表，现在正是对其性质稍做了解的好时机。

93. 教派及其与卡斯特体系的关系：林迦行者之例

我在其他著作中已简要指出在宗教形式的领域中，遁世修行与俗世印度教之间的互动（本书附录二，第 2 节）。就社会群体而言，教派与卡斯特之间也具有类似的互动现象。那些具有遁世修行特征的印度宗教团体通常都被冠上"教派"的称呼，但这个称呼所指的现象和基督教使用这个称呼时所指的那些现象之间没有任何必然的相似性。印度的教派是一种主要由遁世修行者所组成的宗教团体，这些修行者都历经相同的救赎纪律而入教。另外还有一些成员则是未遁世的同情者，以团体中的一个遁世修行者为其精神导师。如果采取最广义的说法，可以把佛教和耆那教都算作这些教派的例子。在理论上，一个世俗人信奉教派乃是他个人的事情，他仍然不能摆脱卡斯特的习惯，信奉教派只是添加于遵从卡斯特习惯之上。而教派虽然把那些习惯和规定加以相对化，而且从个人主义式的宗教观点对世俗宗教加以批评，但还是尊重那些习惯和规定。此外，教派是从遁世修行扬弃俗世发展出来的，它有权力从任何一个卡斯特中吸收成员，不必顾及卡斯特的界线。

由此可见，在理论上卡斯特成员的身份和教派成员的身份分属两个不同层次。两者只有在某教派不但拒斥其他教派，同时也拒斥卡斯特价值观念，并强迫其平信徒（members-in-the-world）也鄙视那些价值的时候，才会引起冲突。我们了解，这样的态度就违反了整体的精神。如果这样的态度只是偶然出现，就只有在例外的情况下才会留下影响，不过，更容易受注意的是，教派具有渐渐类似卡斯特的倾向：由于信奉教派有可能是父子相传式地信奉下去，使得卡斯特群体发生和教派相互吻合的分裂，不论教派是群体分裂的基础还是仅为分裂的表征。分裂的两部分看起来好像是两个次卡斯特，彼此之间并不经常禁止通婚，例如在古吉拉特邦有些商人的卡斯特就部分是印度教徒而部分是耆那教徒[1]。信奉教派像所从事的行业一样也可能成为某个卡斯特与其他卡斯特的区分基础。以上所讨论的现象中，教派只是在卡斯特既有的已知划分标准中又添加了一项而已，但这还不是与真正的"教派卡斯特"（sectarian castes）有关者。

有时候整个教派会败坏成为一个卡斯特。让我们假定有一群遁世修行者吸收妇女，也允许男女结合，把成员的子女视为自己的子女而一直绵延下去。这样的群体就像是一个新卡斯特，唯一的区别是它也从外面吸收成员。如果从外面吸收成员的行动终止，那么它就是一个真正的卡斯特了。这类教派卡斯特的特征是：其成员的子女都经过入教仪式成为教派成员；原来的救赎戒律至少有一小部分会因此而代代传承下去。印度北部有些这类卡斯特，比方说北方邦的沙德（sadhs）即是一例。有的教派卡斯特会在自己的成员中物色禁欲的遁世修行者（如北方邦的郭沙

---

[1]　古吉拉特邦的印度教耆那教卡斯特，参见 Nesfield，*Brief View*, p.118; Sangave, *Jaina Community*, pp.72, 315。

因［Gosains］）[1]，甚至会物色中层教士，以取代婆罗门替该卡斯特或有同样信仰的其他卡斯特服务，他们也可能负责管理神庙。这样也就可以想象，在一定的程度上，可能会出现一个小型的地方性卡斯特体系，以教派取代婆罗门信仰。实际上最少存在着一个这样的体系，也颇为有名，我们将以之为例来讨论。

这就是"维拉悉瓦"（Vīraśaiva），意即"英勇的湿婆信徒"，这个教派的社会发展经历非常丰富而且特殊。他们又被称为"林迦行者"（Lingāyat），因为其成员身上带着一具小"林迦"（linga），湿婆的象征。他们大多集中于目前的迈索尔邦，在该邦北部的一些行政区（如达尔瓦，Dharwar），其人口占相当大的比例。从社会观点来看，这有点像是一个特别的卡斯特体系，不过其中有项明显的例外，在这里教派成为一个庞大的指涉群体：在这地区的人或是林迦行者，或是印度教徒，彼此界限分明[2]。

林迦行者有3个主要的社会层次：（1）高阶的层次由2个卡斯特组成，江伽玛（jangama）和班古伽（banjiga），前者是教士，后者有些是商人，两者之间实行上攀婚（教士可从商人中娶妻，不用回报）[3]；（2）中间的层次，有70个左右从事各种职业的"卡斯特"，每个都实行内婚制；（3）低阶的层次，等于印度教中不洁者或贱民的卡斯特。两个较高层次

---

[1]　关于北方邦的沙德、郭沙因等，参见 Blunt，Caste Systems，pp.132-133。值得注意的是郭沙因举行两次入教仪式，一次是进入教派的仪式，另一次是成为遁世修行者的仪式。同时参见 Crooke，Tribes and Castes 有关各条。

[2]　关于林迦行者的社会组织，见 Enthoven 在 Ecyclopeadia of Religion and Ethics 所写的"Lingayats"条目（以 Bombay Census Report of 1901 为依据；同时参见 Enthoven，The Tribes and Castes of Bombay），还有 Thurston，Castes and Tribes；关于宗教方面，见 Bhandarkar，Vaiśnavism, Śaivism,pp. 131-140, Farquhar，An Outline of the Religious Literature of India，特别是 pp. 259-265；Dubois，Hindu Manners, I, p. 116，等等。附加注：Mc Cormack，"Lingayats as a Sect," 1963（讨论定义的问题：关于韦伯那一部分必须修改，参见 Hinduismus and Buddhismus，p.20）。

[3]　这是一个简化了的看法。根据 Thurston，p.251，第一层次分成 7 个分支，可用上攀婚，甚至还可以经由入会仪式而提升身份。大致上来说，我们的摘要应该看作暂时性的。目前尚未出现任何深入的描述。

的成员构成严格意义上的林迦行者，他们随身携带林迦，是严格的素食主义者。而最后这个层次中的社群成员并不是素食主义者，现在已不被认为是严格意义上的林迦行者了，不过林迦教士还是会替他们主持各种仪式（但不吃他们准备的食物，这些教士替真正的林迦行者主持仪式后会和他们一起用餐。从这一点可以看出林迦行者在相当大的程度上违反了印度教关于共餐的规则）。

从江伽玛这个"卡斯特"里面产生了两种宗教工作人员。第一种是严格意义下的江伽玛，他们替这个教派的成员主持仪式，就像婆罗门替印度教徒主持仪式那样[1]。他们住在修院（maths）里，每个村落都有一个。这个教派有 5 个传奇性的大师，各有一个大修院，每个江伽玛教士都归属其中的一个。他们也是平信徒的精神导师，因此平信徒都间接和大修院有联系。这些特征，像修院、精神导师等，都和遁世修行有些关系，不过这个教派又另外有真正的遁世修行者，被称为"维拉克塔"（virakta），意即"割离激情者"，他们另有自己的修院。不论是在个人生活中或是在向平信徒进行宣教[2]，他们的主要工作仍是修炼"虔信"（bhakti），也就是对神的恩慕。和虔信相呼应的教派哲学是一种有条件的一元论：信徒修行的最高点是和他的上主合为一体，而不只是一种焦点模糊的与神界融合而已。

班达卡（Bhandarkar）强调这种组织很像婆罗门的组织，维拉悉瓦的仪式很像正统婆罗门（如师摩多［Smārta］派）的仪式。其中最具特色的是很多生命仪礼：入教仪式（有点像是"受洗"），选拜一个精神导师的仪式，成为教士的仪式[3]。还有同样清楚，但属于遁世修行这个方面

---

[1] 依照 Dubois 前引著作中的陈述，大多数教士是禁欲的；但在 Bhandarkar, 104 节中所提的，教士则都是已婚的。

[2] 参见 McCormack, pp.63-64，还有 Farquhar, p.262。

[3] Bhandarkar, 102 节及 105 节；Farquhar, pp.261-262，等等。

的特征，法格尔（Farquhar）坚持这是林迦行者的基本特征。他认为这项特征是受耆那教影响而造成的。在12世纪或稍早这个教派刚出现的时候，乃是以反对耆那教、复兴湿婆信仰为目的，这也是他们那么强调素食主义的原因所在，这项特征一直留存到目前。

他们的礼拜仪式是每个人个别礼拜，礼拜的物件只有湿婆神一个，但包括他的两个化身：一个是每个信徒随身携带的小林迦，另一个是信徒的精神导师或教士，叫作江伽玛，原意为"行走之林迦"（walking linga）。此外还有其他值得一提的特征，其一是他们否定不洁，甚至那些我们称为立即性或人身性的不洁，比方说由死亡所导致者，他们也一律加以否定，而且他们宣称所有人一律平等。"找得到林迦的地方，他们说，也就是神的宝座之所在"，杜波瓦修士如是说。因而使有些人（恩妥宛［nthoven］是其中之一）认为这个教派的源始是一场反对卡斯特制度的运动。但这教派的源始，从其典籍和刻石所载者仍未能完全理得清楚。就目前所知的而言，下任何结论都是徒劳无功。否定不洁与社会阶序对遁世修行者确实是非常自然的，因为他们原本就是超越现实社会之人。所以目前只要假设那些遁世修行者向世俗人宣传他所发现之真理的时候，把适用于他们的真理说成是绝对真理，但他们并没有消除卡斯特其他特质的意图，只是满足于把卡斯特从宗教性的事实贬斥成为纯粹的社会性事实[1]。由于它在该地区的成功（几个不同卡斯特的成员均有其信徒），也由于周围印度教的压力，这场修行者的运动逐渐稳定下来，成为一种类似改革派的婆罗门教。

林迦行者这个教派一方面没有不洁这概念，而我们在前面的研究里面认为不洁之概念乃是卡斯特意识形态的基础，在另外一方面却又有很

---

[1]　根据杜波瓦修士，林迦行者的观念中，只有人人平等是他们特有的，其他观念如否定不洁观念、不信灵魂转生、主张素食主义、赞成寡妇再婚等都和印度南部其他信奉湿婆的宗教群体一致。

近似卡斯特的群体，这就给我们所采用的研究方式提出了一项严重的难题。大致言之，我们只好说林迦行者的群体并非卡斯特，不然就得找出他们是用哪些特征来取代我们认为不洁之概念在卡斯特体系中所扮演的功能。首先我们可以指出当地环境以印度教最占优势，这一点在我们以后论及穆斯林和基督教徒的时候会再讨论（102-104 节）。印度教和维拉悉瓦教派紧密纠缠在一起，其信徒常混合住在同一个村落中（近年来往往成为竞争对象），替他们服务的专业者也常是同一批人。但除此以外还有另外一个面相值得注意。我们发现，林迦行者的小规模且不完全的卡斯特体系是以教派为其分等的主轴，因此也就是以遁世修行为其基础，不论是直接的还是通过教派自己的教士为中介。这是一项很特别的性质，使其和印度教的卡斯特有所区别。我们或许可以这么说，卡斯特和遁世修行之间的这项互补性，以某种方式取代了洁净与不洁的互补性。换句话说，因为他们有专心追求虔信的遁世修行者，也有在他们之下，但分享了遁世修行者信条和尊严的教士，才使林迦行者能免于不洁。与此同时，他们又倾向于维持卡斯特的区分，因为事实上江伽玛教士的界定标准本身就已经表现出这一特征了[1]。

94.　容忍与模仿

人们常常提到印度人或印度教徒的容忍。这项特征在社会生活中

---

[1]　这项假设在 Miss Parvathamma 一本尚未出版的专刊（*Religion and Politics in a Mysore Village*）中得到佐证。该著作详细描述了林迦行者生命中各个不同阶段所要举行的仪式。有江伽玛教士在场是举行这些仪式的必要条件。他要把林迦给予初出婴儿，在坟场他还必须把脚放到死者的头上。有不少描述明显说明他超越了不洁。我们可以说只要他在场不洁即消失无形，即失败。与其说不洁并不存在，倒不如说林迦行者对不洁无所惧。只有通过这样的看法，这项看似奇怪的习俗才能得到理解。简而言之，活在俗世的人可因为遁世修行者所掌握的真理而永远不受不洁的污染。

的对应现象很容易即可见到。对很多卡斯特来说，他们的习惯和风俗可能彼此不同，但可以生活在一起，这也是把他们分成等级，使他们彼此隔离的律法所允许的。我们在西方会表示赞同或加以排斥的事物，他们只给它冠上一个等级。我们可以假定整合比较松弛的社会所允许的内部变异也比较宽，但我们此处所讨论的现象比这还更为根本。在阶序格局里面，一个群体为人所认知的那些差异，那些使该群体与其他群体有别的事物本身，被转化成为该群体整合于社会所依据的原则。如果你吃牛肉，那你就得接受被划归为与贱民同一类，而只要接受这项条件你的行为就会被容忍。但如果你坚持认为吃牛肉或其他的习惯应该被视为无关紧要，或者你又要吃牛肉又要坚持和素食者身体接触，就会造成重大风波。印度教虽也主张正统思想（orthodoxy），但更重视"正统行为"（orthopraxy，斯塔尔［Staal］的说法）。印度教的这一特征对了解遁世修行者、他们的"救赎苦行"及他们的教派都很重要 [1]。

卡斯特阶序还衍生出另外一项和这种意义上的容忍有关的特征。世界各地当然都有模仿他人，特别是模仿较高阶者的倾向。但这种倾向在印度所表现出来的极端程度可能是别处所不及的。当代著作常称之为"梵化"（Sanskritization），也就是模仿婆罗门，实行婆罗门式的或和婆罗门有关的特征。对于"梵化"这个名称，各种赞成和反对的意见差不多

---

[1]　关于容忍，参见 J.F.Staal，"Ueber die Idee der Toleranz im Hinduismus"；很多作家指出，所谓的规范与行动而不是信仰有关，参见 O'Malley, *Indian Caste Customs*, pp.19-20; Bouglé, p.170。

引一段 François Bernier, *Voyages* II, p.122 中的话就可以把此态度的对比表现出来。关于多久沐浴一次，Bernier 把他和博学的婆罗门讨论的经过说明如下：

"当我告诉他们，寒带的人根本无法在冬天遵行他们的律法，这就表示该律法不过是人们创造出来的，他们的回答相当有趣：他们并不宣称自己的律法举世到处都适用，神只为他们而订下这些规章，这也是为什么他们不能接受外国人成为他们的宗教信徒；他们完全不是在宣称我们的宗教是假的，只是说我们的宗教或许对我们极有用处，上帝可能创造了好几条不同的通往天堂之路；但是他们不能同意说，由于我们的宗教适用于全世界，因此他们的信仰就免不了只是奇谈或凭空的创造。"

（参见 *La civilisation indienne et nous*, pp. 21,26 ）。

都已有人说过。它之所以流行是因为既表达了模仿倾向的力量，同时也表达了模仿的方向。但是其缺点之一是名称本身取代了解释，而且它把模仿第一个瓦尔那和模仿第二个瓦尔那孤立开来，也把它和模仿有声誉的外国人（也就是时下的"西化"）孤立开来，而事实上后面两种模仿都存在。最后，这个名称并没告诉我们模仿的内容到底是什么，也没说明如果这个倾向已存在数千年之久，为什么所有的印度教徒到目前还没有全面"梵化"[1]。

我们在下文讨论到异时性的影响时会再碰到这个现象。模仿者所借用的是一种社会性的符号（social sign），而不是一些和宗教、手艺等有关的特征。因此我们将此类模仿称为**外表的**借用（extrinsic borrowing）。借用的时候赋予借用的特征一种意义，通常原有的实际特征并没因此消失：新的（有声誉的）特征只是添加在原有的特征上面而已。而且，由于大众的层次和学者的层次之间普遍存在着结构上的同质性，前者向后者借来的特征只是添加另一个复本而已。此外，模仿的物件有两个极端：一个是婆罗门，另一个是国王[2]。这也可以解释一旦外国人在俗务上占取优势的话，也会成为模仿的对象的原因；同时也可解释，不论是

---

[1]　关于梵化，见 M.N. Srinivas，"Sanskritization and Westernization," 1956，同时参见他的 *caste in Modern India*，pp.42-62；对上述看法的批评，见 J.F. Staal，"Sanskrit and Sanskritization," 1963。

[2]　关于模仿，参见 Dumont, *La civilisation indienne et nous*, pp.108-110；*Sous-caste*, p.416；"A Remarkable Feature of South-Indian Pot-Making"（*Man*, 1952, No. 121），p.83。Opler 注意到，借用别的文化要素"并非经常以技术的进步为目的"（"Selective Culture Change," pp.126，130）。关于婆罗门和王族这两种模式，它们都受低阶卡斯特特模仿，参见 *Contributions* I，p.33；前述的 36 节；一个人既可谈婆罗门化，也可谈刹帝利化。S.K. Srivastava 甚至提出今天 Agra 地区婆罗门的反梵化（Desanskritization）和刹帝利化。也有人提出模仿的典范其数量和 4 个瓦尔那相当（Marriott, "Interactional and Attributional Theories of Caste Ranking," *Man in India*, XXXIX, No.2, 1959, pp.99-101）。

甘地自传中有关食物的描述是个模仿宰制者的好例子（*The Story of My Experiments with Truth*, M. Desai 英译；pp.32-36，55-56，64-67，76-80）。甘地出生于一个素食吠舍家庭，少年时期很想借吃肉来得到和英国人同样强健的体魄，虽然他心里很厌恶肉类。在甘地准备到英国去的时候，母亲要他答应不可以吃肉。他心不甘情不愿地答应了。不过，一直到后来他发现一本提倡素食主义的英文书，并与一群英国素食主义者交往，知道欧洲也赞同他的本土思想以后，才开始坚定不移地奉行（转下页）

不是有禁令或其他不利的因素存在，梵化的过程在很多领域中会一直处于有待完成的状态。在伊斯兰教统治的时代，还有在现代和西化相当的过程中，梵化必定都趋于强固化：高层者变成现代化的同时，低层者则倾向于"梵化"[1]。

95. 异时性的衍生现象：累积

从较长期的观点考察印度社会史或文化史的任何一个面相，会发现同一个现象：范畴、群体或要素之数目由于不停地累积或添加而不断增加。此一事实和容忍及模仿有关，更一般性的则和阶序及互补性有关：新的范畴、社群或要素被分派等级而不是被排斥，互补性则可以把外来的要素加以最松散、最浮泛的整合。这个过程在实际上有各种不同的形式，必须加以区别。但所有这一切的目的都是把外来因素加以整合以保证其某种形式的恒久性。

单就社会群体而言，我们已看到若干（服务性的）卡斯特显然是由各种异质的社群演变成为次卡斯特所形成的（卡维）。还有，一个外来的群体要进入一个地域性的卡斯特体系只有两条管道。一条是由贱民的管道加入，甚至到目前仍然可以看到有些群体正处于由部族变成贱民卡斯特的过程之中。把这种过程说成是该社群不必改变其习惯和信仰是不正确的[2]。因为它虽然可能保留原有的大部分特征，但很显然的，由于它

（接上页）素食主义。这个实例很典型而且普遍：泰戈尔和威韦卡南大在印度大受欢迎赞美的原因来自西方对他们的肯定；贝山夫人对印度传统的肯定，对很多欧化的印度人而言，提高了印度传统的权威性。

[1] Srinivas，前引著作，p.51 以下，p.60；Aiyappan，*Iravas*，p.1 有关贱民企图梵化，参见 117 节。

[2] Srinivas（*Contributions*，III，p.4）和 Karvé（*Hindu Society*）似乎都假定一个部族可以变成一个卡斯特而不必改变其价值观念。在意识形态方面接受印度教的宰制，但在外表仍维持独立的情形，可以举 Saoras 为例（*Contributions*,III,pp. 61,66,74）。

第九章　并存现象与衍生现象　｜　305

同时也接受其群体居于从属地位这件事实而使该群体本身大受影响，这还不包括在此状况下所发生的种种借用模仿现象在内。另外一条进入卡斯特体系的管道属于宰制者的层次：大小王国都可用武力征服，人们也常提到入侵者的改信（conversion）[1]。在村落的层次上，类似的情况也直接或间接地在发生。其结果一言以蔽之即是取得对土地的一种优势权利，迫使前此的其他土地权利都居于劣势。这是同一块土地上会累积那么多种权利的原因之一，而耕种土地的人必须满足这些权利的所有要求。

就大的社会范畴而言，其历史过程可以很简单地加以描述：印欧时代的三种功能在吠陀时代变成四种瓦尔那，办法很可能是把当地原有的民族的一部分加入第四个瓦尔那。然后，贱民又形成第五范畴，一个在理论上长期不予承认的范畴（参见 32 节）。最后，近来由于甘地派的改革，贱民取得了进入印度教神庙的权利（"进入神庙法案"，Temple Entry Acts），因此造成贱民的局部社会整合之后，第六个范畴的出现。过去，非印度教徒、基督教徒、穆斯林等均被划归为与贱民一类，现在真正的贱民取得了进入印度神庙的权利，而非印度教徒在事实上形成了另外一个范畴，仍然被排除于印度神庙之外。

从文化的观点来看，模仿或者说外表的借用，也就是借用高阶者的某些特征来作为社会符号而非功能性特征，所造成的结果在最简单的例子中只是把各种特征累积在一起而已。前面已举过这方面的例子。但是，如果这个过程发生于智识现象上面，外表的借用必然会造成某些内在的

---

[1]　在一篇很出色的论文里面，Surajit Sinha 描述了一个刹帝利化或"拉吉普特化"的实例，主角是一个部族（Bhumij）中的宰制世系群。在这个实例中，值得注意的是婆罗门要求他们以拉吉普为模型（所以这是一个素食的模型）。Sinha 提到连普普通通的 Bhumijs 人（p. 55）都在模仿拉吉普特（"State Formation and Rajput Myth in Tribal Central India," *Man in India*, XI.II, No.1, 1962, pp. 35-80）。

修正[1]。19 世纪时，新印度教（Neo-Hinduism）的出现即是一例。新印度教是知识分子对西方社会和政治的挑战之反应。他们想拯救印度教，结果创造了一个相当不同的事物：外表是保存下来了，但同时却也对印度人民活生生的宗教和西方价值本身都有极深刻的误解。一言以蔽之，印度教仍然原封不动，不过是创造出了一些新教派罢了[2]。我们有很好的理由相信，在很久以前，婆罗门就曾采取同样的方式面对耆那教和佛教的挑战。这两个教派都实行素食主义，其遁世修行者受到很高的崇敬。婆罗门的精神领袖地位因而受到威胁，被迫向这些教派学习，因此采取素食主义。甚至很可能是遁世修行者与婆罗门之间的竞争才使素食主义变得愈来愈严格。不论如何，素食成为一项基本性的婆罗门特征[3]。这当然并不仅仅是外表借用所造成的结果，因为对肉食感到厌恶和不洁的观念是和谐的。然而我们已提出理由认为这项假想的借用现象只不过是整个印度教在重新融合种种"外教"过程中的一个插曲。这正是从外面看来是"停滞不前"的印度历史过程的发展模式。在这种意义上的确是有停滞的现象，因为内在原有的被迫屈从于外表借来者之下，也就是说，

[1] 与内在的借用及外表的借用相关的，是"进步的累积"与"胶着性的累积"之间的区别，参见 H.Moore，"Cumulation and Cultural Processes"。*American Antropologists*, LVI, No.3, 1954, pp.347-357。有一个特别明晰的例子是一个南方肉食群体的信仰，整体看来这种信仰建基于两种神灵的对比上面：肉食的神灵（在这方面和其崇拜者很接近）与素食神灵（向高阶的卡斯特借用的）。其中的一半代表这个群体，另外一半代表此群体向整个体系的屈服，也借此得到其合法性（参见 *Sous-caste*, pp. 370-371）。这和雅利安要素与达罗毗荼要素杂陈并列的情况是不一样的（C. Fürer-Haimendorf 所写的书评把这点弄错了，见 *Sociologus*, IX, 1959, pp. 79-83）。在肉食者与素食者的对立中，每个要素都因为与另一要素有关而被转形：肉食神灵表示屈服以后便被赋予神明的位置，这种屈服行为就改变了其存在的本质。

[2] 关于 19 世纪的智识运动，参见我的 "The British in India" 一文，收于 *The History of Mankind: Cultural and Scientific Development*, Vol, 5, *The Nineteenth Century*, ed., Charles Morazé pt. 4（New York: Harper Row, 1979），pp. 1084-1144。

像梵社这样的运动，的确具有教派的特征，而雅利安协会与宗教教派的区别恐怕只是在表面上，一些不重要的形式而已。

[3] 关于素食主义的历史根源，参见 65 节和 p.125 注释［1］。

最后分析起来，阶序因此而得以其纯粹形式存在下去。如果这个观点正确的话，我们就学到一件基本的事情，那就是，阶序事实上是以其反面——遁世修行者——为其发展的顶峰！

96. 稳定与变迁

这个体系有一项必然衍生的现象非常重要，必须简要讨论一下，此即它和时间的关系。一般认为传统社会是稳定的，是以神话取消"活过的"时间，以神话把"活过的"实相转化入永恒思想的层面；同时也是以生命仪礼取消"活过的"时间，以生命仪礼把时间之流分划归类成一系列的稳定状态，好像是用仪式之水闸把河流分成几段[1]。神话以一切事物的起源为指涉点，而一切事物刚刚起源的那个时刻正是时间还不存在的时刻。而且，和这个无时间的模型相较之下，所有一切在时间里面发生的事情全都只是一种败坏的过程而已。

传统社会的这项特质在此处所讨论的例子中达到极致，且用异常华丽的方式表现出来：四个时代（*yuga*）代表世界步步败坏的过程，而目前这个黑暗时代（the *Kali* age），在它和神圣时代之间共经历过三个转变时期。在解释经典的著作中，古代经典所记载的那些已经不再施行的习惯，也就是当代偏离了吠陀经典的部分，全部都用"卡里瓦贾"

---

[1] 参考 Robert Lingat（"Time and the Dharma," *Contributions*, VI, 及 *Les Sources du Droit*）所做的分析，特别是波寇克 "The Anthropology of Time-Reckoning," *Contributions*, VII, 中关于生命仪礼的分析。当后面这位作者把社会动力学引进他的著作，并谈及某些人类经验中的事实，比如变迁的经验会对社会构成威胁时，我就看不懂了。这是 Radcliffe-Brown 的态度的复活。对波寇克来说，一个社会能够长存是一个奇迹，社会永远处于危险之中，但是把人视为个人这种现代观念，以及因此把社会看作一种社团的想法，虽在传统社会中毫无地位，却又不被认为在传统社会中构成"威胁"。

（*Kalivarjya*）即"黑暗时代禁止实行"的观念加以解释[1]。因此，对传统印度心灵而言，就价值观点而言，一切事物均无改变。或许实际上一切事物都在改变，但这些改变只是使其偏离模范，也因而丧失了意义。

印度文献和印度文明对时间、事件和历史的忽视，使历史学家的工作异常艰难，而且可能也对印度历史的社会学研究造成一定的无法逾越的障碍。不过，问题是在这样的条件下，到底有没有一个在意义上近似于基督教文明史或甚至中国文明史的印度文明史可言呢？由此可见，我们此处所讨论的这项特征所引起的问题有多大。这一点在其他地方已讨论过，此处将不再多加申论。我最近曾写过："如果历史是一个社会展现其本质的运动的话，那么在一种意义上有多少个社会（或多少种社会）就有多少个性质相异的历史。"事实上，寻找印度文明的基本常质（fundamental constants）——遁世修行，王族的特殊位置，阶序及其在此所论及的衍生现象——相应地也就找到了历史发展的某种观念，某种形式[2]。

在此我只能指出其中的一个面相。在传统印度，意义（significance）只和社会与真理之常模，亦即宗教律法有关。结果是所有其他的一切，因其不具任何意义，可随意改变。俗世性的事物确实因而屈居于精神性的之下，并被包含在其中。但是除了和精神面有关的方面，国王在事实上并不屈从于祭司，利（*artha*）也并不屈从于法（*dharma*）。因此，在

---

[1] Lingat, *Les Sources du Droit*.

[2] 这段引言来自 *La civilisation indienne et Nous*，p.111（参见本书附录二和附录三的结论部分）。该书第二章是专门讨论此一问题的，Biardeau 写了一篇评论（"L'Inde et l'Histoire"）。参见笔者 "The Individual as an Impediment to Sociological Comparison and Indian History"（此文所论比前文更详细）。这种制度的意义在一般意识形态层面上和我们有什么关系（"自然"的观念，没有"个人"的观念）在上引著作中已有所指陈。还有一项主要的衍生现象尚未得到研究：空间的观念。这里提到过地域和土地占据的地位。除此以外还有很多。特别值得一提的是，已开垦和有人居住之地与野生空间（森林，丛林）之间构成了明确的对比，村庄与隐居地（*āśrama*），也就是离弃社会的遁世修行者的住所之间存在明显的对比。

我们称为政治的层面上，一切都可能发生，甚至在违反宗教律法的情况下发生；或是更重要的，在相当尊重宗教律法的情况下发生。像朝代是否稳固之类的问题被认为没有什么价值，也无法引起任何知性思辨的兴趣：在典籍中根本不讨论这个问题。如果有强者以可疑的方法肆行其统治，只要他大方地供养婆罗门，顺遂其意，那他就不愁没有跟班走狗。基本上，这种毫不在意是因为利益既然受宗教律法统辖，就好像安上了一具不会腐朽的轭：没有被污染的危险。从这个观点来看，印度历史的基础也就是此项不明言的协议，此项武力——不论由刹帝利还是其他人执掌——与教士之间的互相掩护。在这里，史诗中那些冗长、教训式的对话就完整地呈现出了其意义：这项协议必须灌输给王族，因为这是一项对于王族可能具有的野心非常不利的协议。

　　简而言之，由于把刹帝利之道（*Ksatra*）涵括入婆罗门之道（*Brahman*），由于把利益置于宗教律法之下，印度就注定要处于政治持久不稳定的情况之中。目前印度看来是对各种现代政治观念全面开放的时候，更必须牢记这一点。这里自然令人很想要进一步做概括推论：一个社会的稳定不正代表其价值观念的稳定吗？只有价值观念以外的事物才会改变，不正代表稳定吗？有人会表示异议，说这里所提出来的假设很难检验，而且最重要的是，最重大的问题是价值的改变以及把改变视为一项价值。不论如何，价值规范的稳定与事件的发展之间，所想的和所发生的之间，必然有某种关联。

97. 群体动力学：分裂、累积与社会流动

　　和形态学之同时性的结构面相对应的是异时性的一面，而且后者有一部分可自前者推论得知。我们已顺便讨论过这方面的现象，不过，即

使有重复之嫌，还是值得把那些散见本书各处的论点集合起来综论一下。在第二章及其后的讨论中，我们已看到不同的特征和不同层次的群体联结在一起。例如，身份主要从外部赋予，如给予一个地区内的整个专业卡斯特，但是内婚单位和在一起开大会者却只是那个卡斯特的一分支，比方说是一个次卡斯特在某个地方的成员，就会造成一些可以预见的异时性的后果：不但群体之间会同时具有分裂和（混合或者该说是）累积的两个倾向，而且分裂和累积会在不同的层次里发生。不过，在我们开始讨论异时性的一面时必须特别警觉到，我们是由纯粹结构的讨论转而讨论更为复杂的东西，也就是讨论一部分是由其结构性质，一部分是由每一实际情况都具有的并存事物所共同组成的整体。不仅如此，一旦把印度社会和我们的现代社会做比较，就必然要讨论各群体的流动——既然他们被认为处于直线系列的卡斯特阶梯上——而这个现象很有必要从此处所提出来的观点加以考察。

布格列提出一个彼此"拒斥"的理论，说彼此隔离的群体就像是带相同电极的分子，这或许可以解释他们容易分裂的原因。事实上，我们已看到，在相当大的程度上，隔离似乎是高度阶序化的必然结果：由于每个成员都小心翼翼地注意自己的身份，他就要避免任何思虑不周的接触和婚姻。阶序作用于卡斯特上的强烈程度使人觉得内婚群具有由分裂而隔离的强烈倾向。一旦内部发生任何足以危及其身份的情况，它就应该分裂。而除籍只是当危险性很高而且集中于一个人或少数几个人身上时，代表此一现象的特殊个例。如果一个群体中比较进取的一部分觉得和比较保守的部分断绝关系有助于提升本身的身份，情形可能完全一样。但是，由于身份的认定是和整个卡斯特全体连在一起的，一个群体只变成另一个次卡斯特并不足以改变其身份。它必须变成另外一个卡斯特：或者形成一个新卡斯特，或者加入一个既有的卡斯特。为了满足这一点，体系中必须有位置存在，或者在当地就有，或者如传统上所见的在离当地不太远的地方。传统上而言，这个体系里面可以营生的位置有两类：专门化的职业和农业。更明确地说，可以变成宰制者（使用武力，我们已看到这在以前是最重要的社会流动方式），或者找个接近宰制者的农业或专业位置。让我们再次指出，在实际经验的层面上，只有宰制（或者至少和宰制相当接近）才容许一个群体毫无顾忌地自由行动，展示他们急于取得的身份的种种象征，使别人承认他们已取得该身份。卡斯特体系的顶端部分是二分的，而且其中定制化的一支，亦即和阶序身份有关者，比较不易受变迁影响；另外未定制化的一支，亦即和宰制有关者，较容易改变。以前的研究者一直没有注意到此一事实。结果，人们为了在社会上往上爬升而改变其习俗，也就是婆罗门化或"梵化"的现象，其重要性近年来可能被过分夸大了。人类学家讨论这个问题的时候，他们心中想的是现代的事实——这点在最后一章将进一步讨论——而非传统的事实，这是一方面；另一方面，人类学家常常忘记一件事实，那就是人们宣称自己的身份如何如何是一回事，别人是否承认又是另一回事。迈尔所描述的那个身份等级划分的例子（见36节）显示，光靠夸大清教徒式的习惯并不足以和宰制抗衡。因此，让我们再重复一次：宰制者随时准备使用武力，又必须赢得一群依附者的拥护，他们才是传统体系中可能最具社会流动性的一群人。宰制一个相当大的地域甚至就可能取得刹帝利的身份。此外，印度各地都发现有一些和权力与军队有关的卡斯特，必要的时候他们便偷窃或打劫。这证实，在赤裸裸的事实层次，赤裸裸的暴力最为有力。

在内婚群体的层次，分裂最为重要，混合很可能极为少见（但低阶卡斯特中可能有被排除出高卡斯特者加入的情形）[1]。布兰特以他在北方邦的记录为基础列举了各种分裂的情形。但他的资料必须小心看待。在

---

[1] 这一事实在 Cox, *Caste, Class and Race*, p.8 中提到过。

那些有彼此不同的次卡斯特的例子中，如果可能的话必须把其区分的记号及其合理化的说辞和区分的实质及造成该项分裂的理由，这两个不同的面相分别清楚。因此，我们必须把那些荣耀的来源之传说和那些观察者可以见得到的事实分开。前者常出现于低阶卡斯特，也符合一切事物都在逐渐败坏的想法，后者则是现代的情况而且有根有据。因此次卡斯特的那些地域名称也就不见得表示他们曾经迁移过居住地点。对比之下，那些布兰特认为是由于改变职业或由于习俗的婆罗门化（禁止寡妇再婚，改采素食主义）而造成次卡斯特分裂的例子，有很多似乎是真实的。因为和私生子的世系群（bastard lineage）通婚而造成分裂（布兰特很客气地称之为涉及不洁所造成的改变），这很可能是事实，也很可能只是方便的合理化借口 [1]。他也提到因为财富增加而引起分裂，以及因意见不合、信奉不同的教派、有部分人改信别的宗教而造成分裂。对于最后的这个例子，有必要弄清楚其实际情况，因为它也可能是不同群体经由累积合并而加入同一个卡斯特（见下面的讨论）。一般而言，由分裂而形成一个新的次卡斯特本身已是卡斯特内部的一种流动，因为其结果是改变了因分裂而出现的那个次卡斯特的成员之身份，不论是上升还是降低。让我们强调，分裂这项流动原则是阶序性的，绝对不是一项简单的假设性的互相拒斥导致一个次卡斯特一分为二。以行业为例，只有在新行业和旧行业相比较之下足以造成身份的显著升降，才会出现分裂。此外，还必须注意到把这些都看成自动发生的：在大部分例子中，情境很可能是项决定性的因素。

　　分裂也能更进一步发展，最后以混合结束。改变行业，特别是如果因此造成身份下降，可能会导致新卡斯特的出现（但在这里，也必须注

---

[1]　在讨论上攀婚（第55节）的时候，曾提到过这种婚姻制度使得身份不同的人仍可属于同一个次卡斯特，而如果身份完全对等才能通婚，则一有身份上的差别便会导致分裂。

意当事者的合理化说辞）。然而，根据布兰特，一个与原来的卡斯特分裂的次卡斯特可能会依附于另一个既存的卡斯特："这很可能是功能性卡斯特形成的方法。"内斯菲尔德同样认为专业性卡斯特是由个别群体结合所形成的，而最近卡维很强烈地主张这种看法[1]。卡维举了不少新事实为证，显示出在群体体系既有的位置中，不同人群加进来占据同一个位置。她的例子是马哈拉施特拉邦的制陶者卡斯特，这个卡斯特由好几个次卡斯特所组成，每个次卡斯特大致聚居于特定的地域，彼此分开。这些次卡斯特的来源不同，而且，根据卡维的说法，除了身份一样，没有什么共同的地方。共同的身份是社会赋予他们的，亦即制陶者的身份，最后这一点和卡维所想的正好相反，并不是不值重视的。由此可见，在卡斯特这个层次，混合的确是一项值得重视的现象，就像在次卡斯特（或该说是理论的或实际的内婚单位）的层次上，分裂值得重视一样。伊斯兰教的统治和接下来英国的统治，都很可能改变了社会流动的某些面相，但这方面的讨论最好留到下一章论及真正现代的事实时再说。

---

[1]　Blunt 前引著作，　pp. 51 ff., 236-238; Nesfield，*Brief Views*, p.108; Gait，"Caste,"（*Encyclopaedia of Religion and Ethics*, III）p.233 a; Karvé,*Hindu Society*, pp. 26 ff. ，等等。在 1911 年的人口普查报告中，快被承认为某个卡斯特的社群被称为"混合而成的次卡斯特"（Gait）。

第十章
比较：非印度教徒以及印度之外
有没有卡斯特？

101. 导论

剩下来的是比较的问题，将在本章和下一章中讨论。首先也是最重要的，我们现在该回答这个问题：印度之外有没有卡斯特？人们常谈及日本或马达加斯加的卡斯特，有时甚至谈论美国的卡斯特。和这些广义的用法比较起来，我们在本书中对卡斯特一词的用法，至少到目前为止，可能会令人觉得非常狭隘。我们在前面所做的是想了解印度这种特别形式的内部关系网络，在此形式中，观念与价值、社会群体与社会事实结合在一起构成了一个结构性的整体。但有人会反对说，如果我们坚持只有在出现上述形貌时才谈得上卡斯特，那就没有办法将卡斯特这个词应用于社会群体的分类了。有些人甚至会说我们是自限于印度学，使比较研究成为不可能。对这些意见，我们可以这样回答：如果是为了分类，那根本没有必要使用"卡斯特"这类具体名词，与其任意使用"卡斯特"一词而使它丧失内容，倒不如用个抽象名词或创用新词以为范型更为妥当。但是问题不止于此，毕竟我们已把卡斯特和印度教的洁净与不洁之信仰勾连起来。如果在其他地方发现有些群体在各方面都很近似，只是没有这项与宗教信仰的勾连，那么，这些信仰不就纯粹只是意外的吗？即使是在印度本土的各宗教里面，我们也看到林迦行者这样的教派，他们不承认不洁，却又分成几个必须称之为卡斯特的群体。我们相信有办法解释这个现象，但是印度的穆斯林和基督教徒又要怎么说呢？如果他们也有卡斯特——一般都认为他们有——那么他们这些并不信仰印度教的人岂不是证明，即使是在印度内部，卡斯特和印度教信仰同时出现于印度教徒身上乃是纯属偶然？

我们将先讨论这个问题，然后再讨论和印度以外地区的比较这个更为一般性的问题。我们的做法是从理论的观点出发，只考虑若干相关问题：以前面的研究为基础，指出做比较之用时整个体系中的一些基本特质；同时，我们还要把这些特质与时下流行的"社会阶层"诸概念做对比。这样做会有助于我们将印度之外的类似事实置于同一观点来看待。

102. 基督教徒与卡斯特

和穆斯林比较起来，印度的基督教徒人口较少，也并没有那么明显地分成不同的社群，而是散于实际的社会阶梯的各个部分。这方面的资料远没有我们所希望的那么完整。首先要问的是一个不易解答的问题：印度社会占最多数的印度教徒赋予基督教徒的是什么样的位置？我们先论欧洲人，再论信基督教的印度人。

欧洲人的情况显现出一项难题。即使一般人都知道他们吃牛肉又喝酒，像印度的英国公务员过去很可能就是如此，但目前他们并没有因而被简单地视同为贱民。为什么呢？有很坚实的理由使我们认为，这是印度人变得习惯于对英国势力表示屈服的结果，就像以前对伊斯兰教势力屈服那样。有封传教士写的信提道，在 19 世纪，和英国未统治印度以前的传教士比较起来，泰米尔地区传教士的处境改善了许多。信中说他们"在生活方式、食物和衣服方面享受极大自由"。这些好处有其相对应的部分：政府成为"伪装与被迫崇敬"的对象，同时也是"内在而真正鄙视"的物件，而这样的态度对传教士并不会表示欢迎[1]。

印度人改信基督教者的情况有些不同，因为我们可假定他们自动自发地避免采取会激怒同一卡斯特的印度教徒的生活方式。如果信奉基督教如同信奉一个具有特定信条但尊重社会习惯的教派，就不一定会造成紧张氛围。只有当基督教徒不再接受某些习惯，或是他的交往圈子已不再尊重印度教徒所设的限制，又或者卡斯特的负责权威下了规定，改奉基督教者才会被排斥于通婚范围之外，甚至被除籍。有了我们前此讨论者为基础，我们相信此处的情况也会因社会阶层不同而有差异：对婆罗门而言的严重情况，贱民可能毫不在意。即使材料有限，我们还是可以看出印度教徒的反应有很多种。同时我们也可假定，信仰一个由欧洲人传入也仍以欧洲人为代表的宗教，等于间接与权力攀上关系，这在某些情况中能够平衡改变信仰所造成的负面后果。此外，低阶卡斯特改信基督教的人数特别多，这或许也可解释为什么改信并不一定造成内婚群体的分裂，虽然造成分裂可能是最常见的情况[2]。毫无疑问，贱民之所以

---

[1]　J. Bertrand, S. J., *Nouvelle Mission du Maduré*, p.93. 我们已见过权力在**一定限度上**与宗教具有同等力量的情况。在这里，那些程度都被逾越了，因为真正执掌刹帝利之道的人，其习性与贱民无二，而且他并不承认婆罗门身份较高。这就导致出现一种心理上的紧张，其性质由 Father Bertrand 指出，和 N.C.Chaudhuri 所指出的对待伊斯兰教统治者的情况正好符合（参见 *La civilisation indienne et nous*，p.85，注 38）。"实际上，穆斯林与信基督的欧洲人都是征服者，并不是贱民。"（K. K. Thakkar, *Journal of Social Work*, XVII, No.l, June 1956, p.45）在欧洲人与改信者之间，还得留一个位置给那些非常特殊的混血儿及其后代，他们被称为"欧亚人"或"盎格鲁印度人"。关于这些人以及他们如何适应独立以后的印度，见 Grimshaw, "The Anglo-Indian Community"（*Journal of Asian Studies* XVIII, 1958, pp.227-240）。

[2]　关于这个问题的资料很有限。参见 *Census of India*，1911，XV. UP.Part I,Report （E. A. H. Blunt），特别是 p.107, pp.144-149, p.352，以及 *Ceusus of India*，1931，pp. 547-548。根据 R.S.Wilson, *Indirect Effects of Christian Missions*，1928，改信基督教的人不再是贱民，至少在理论上如此，实际上或许并不尽然。这得感谢欧洲传教士（pp. 21-23）。关于安德拉邦的一些日期明确的资料，可在 Fishman, *Culture Change*, 1941 一书中 pp.140, 146 找到。赫顿在 *Caste* 一书 p.147 所提到的情况（在某些印度教神庙中，非印度教徒所受的待遇要高于印度教贱民）现在已被倒反过来，印度教（转下页）

改信多是因为那是一个有权力者所宣扬的平等性宗教。但在实际上他们的社会情况并没因改信而有所改善，不论是在印度教的环境中或是在基督教环境中，情况都一样[1]。

喀拉拉邦有相当大比例的人口信奉基督教，其内部也分成好几个很近似卡斯特的群体，因此应该是个讨论的好例子，可惜除了一些很一般性的描述之外，我们并没有更好的资料。根据传统，叙利亚基督教徒[2]（the Syrian Christians）可追溯到基督的门徒圣多马（St. Thomas），他们因殖民历史的发展而分成好几个派别，彼此可在一起共餐，但每个派别大都实行内婚。甚至年代较晚近的天主教徒，也分成四个群体或卡斯特。贱民出身的基督教徒似乎也有自己的教堂[3]。

为了显示卡斯特体系在基督教环境中如何有力地运作，我将简述一个相当为人熟悉的例子，即泰米尔地区（主要是马杜赖［Madura］的天

（接上页）贱民得以进入神庙，欧洲人则不准进入；甘地的新印度教给印度教的定义加上了一层政治色彩，结果创造出比原来的印度教贱民地位更低的一个范畴，其成员是那些不信仰印度教的人。

[1] 用这种办法，贱民改信别的宗教当然会引致对社会权利的要求，不仅是改信者本人提出要求，仍然信印度教的亲人与邻居也提出要求。这令人想起泰米尔邦南部的那达尔（Nadars），19世纪的基督新教在那里异常活跃（请参见 Thurston, *Caste and Tribes* 和 Shanar 著作中的有关部分），还有喀拉拉邦和他们相等的人，也就是 *Iravas* 或 *Tiyars*（Aiyappan, *Iravas*, pp. 151 ff）。这项结果与民主理念造成的一般性影响及印度教的改革等结合在一起，参见我的 "The British in India," 前引著作（见 p.307 注释［2］）。改变宗教信仰常常和"现代化"齐头并进（教育、现代职业、空间的迁徙），值得思考的是，或许是因为后面的那些因素才使得改信别的宗教的同时有时会带来社会地位的提升，特别是在一个基督教的环境中，借着同化于一个身份较高的群体而提升地位。

[2] 编注：指喀拉拉邦的一个印度基督教派，受到叙利亚的影响，礼拜时会用叙利亚语。他们又被称为圣多马基督教徒（Saint Thomas Christians）。

[3] 关于叙利亚基督教徒的历史，见 *Encyclopaedia of Religion and Ethics*, Syrian（Christians）的条目（McLean 所写）；关于他们的组织以及喀拉拉邦基督教徒的概况，见 L.K. Anantakrishna Ayyar, *Anthropology of the Syrian Christians*, p.60（叙利亚基督教徒分成较高地位的南方人和较低地位的北方人，两者不通婚），pp.215，258-259。

主教会 [1]。这是一个极端的例子，因为这个地区对有关卡斯特的事物特别严格。这样的结果是在传教士中间造成了令人意想不到的社会区别。这些区别自然首先由印度教的环境造成，从传教士企图自卡斯特阶序的各个不同层次吸收信徒时就渐渐有影响，后来则在当地所形成的基督徒社群中存续了下去。

诺比里（Robert de Nobili）于 17 世纪早期定居马杜赖。他采取印度习俗，把自己变成一个出身高贵的遁世修行者，完全和葡萄牙人及负责在沿岸渔民社群（圣查维尔［St. Francis Xavier］所吸收的帕拉瓦［Paravar or Paravas]）传教的神父断绝来往。其他神父因其习惯和交往圈子而被高卡斯特印度教徒视为粗俗无礼，所以诺比里用前述的办法去避开这种印象。后来他成功地找人传授自己印度典籍，使高卡斯特对他感到好奇并产生兴趣；他还成功地使那雅卡尔（Nayakkars）——国王的卡斯特——和婆罗门信奉天主教 [2]。从此以后，传教士们分成两类：一类是"传教的婆罗门"（missionary-Brahmans），或称"传教的遁世云游者"

---

[1] 在这里我们不能摘述这些教会的历史，也不能叙述"马拉巴仪式"（Malabar rites）事件（这是一项由诺比里开创的大胆政策，修改基督教仪式以适应当地原来的习俗）。关于宗教仪式之争的一般情形（与中国有关），应该参见：S.Delacroix（Mgr），*Histoire Universelle* des Missions Catholiques 4 vols, Paris, 1956-1959, II；关于印度方面，参见 Mgr Amman 所写的"Malabares（rites）"一文，收在 *Dictionnaire de Théologie Catholique*，IX，2，1927，pp.1704-1746。马杜赖传教会是耶稣会办的，不过在 1774 年到 1836 年间不属于耶稣会。关于第一阶段的情形，参看 J. Bertrand, S. J.*La Mission du Madure*,4 vols., Paris,1847-1854，这一著作是这里讨论的主要根据。有名的 *Lettres édifiantes et curieuses* 包括在 17 世纪末设立的法国耶稣会传教所寄出的信件。等到耶稣会被取消，"Missions Étrangéres"便进入取而代之：A. Launay，*Histoire des Missions de l'Inde*（Pondichéry, Maïssour, Coïmbatour Paris, 1898,5 vols.）耶稣会在 1836 年重回马杜赖：Bertrand, *Lettres... de la Nouvelle Mission du Maduré*, two vols., Paris-Lyon, 1865。

[2] 我们在本书开头（第一章 14 节）提到过诺比里解说他采取某些土著习惯的理由，他把卡斯特习惯的性质说成社会性，而不是宗教性的。诺比里的推理方式严格照他隐含的前提推论下来，在那前提下，印度教徒的习惯中只有与基督教相当的部分才算是宗教性的。其中最重要的是，宗教是关于精神上的存在，而且是每个人的事情，因此和印度的教派有关，而和卡斯特无关，参见 Bertrand，II，p. 151 以下从诺比里自我辩白的备忘录摘录的内容。

（missionary-Sannyasis），他们过得像是高卡斯特的人，并在高卡斯特之中活动；另外一类则是"传教的潘达拉姆"（missionary-Pandarams），在首陀罗与贱民中间工作[1]。从传教士的信件中可看出，他们觉得这两种传教士之间有彼此互补之便："高阶"传教士的存在对"低阶"传教士的工作有相当大的用处[2]。但是在后者之间，首陀罗与贱民之间的分界又显现了出来：传教士只有在不得进入帕里亚（Parias）的房子之条件下才能继续在首陀罗中间工作。两者之间的分界也在礼拜仪式中表现了出来，帕里亚可以在同一场礼拜举行时在场，但必须停留在另一建筑中[3]。虽然罗马教廷一开始倾向于赞成遵从高级文明原有的社会习惯或对之让步妥协（迷信和偶像崇拜除外），但是对于基督徒在教堂内也要维持此项歧视还是感到很不自在。经过相当大的努力之后，终于把两者都聚在同一个屋顶下做礼拜，虽然各自有特别区域，用墙或一道障碍彼此隔开[4]。传教士因为职责所在不得不进入帕里亚的房子，特别是去给信徒喂最后的圣饷（1704 年教皇使节的命令），但这带来了很大的困扰，传教

---

[1]　这个名词本身含有某些难题。首先，诺比里说明他自己并不是一个婆罗门，而是一个贵族（用类比的方法，等于是一个刹帝利），一个遁世修行（Sannyasi）的贵族。他身上戴着一条特别的带子，类似"再生族"所戴的圣带；他似乎后来才发现遁世修行者并不戴圣带，而且大部分教派中人都不戴，他也就不再戴了（Bertrand II, pp.3, 20, 102，特别是 p.110 和 p.164）。还有，pandāram 这个泰米尔名词可用以指出身较低的遁世修行者，以和出身较高或出身婆罗门的遁世修行者 Sannyasi 对比。问题是遁世修行者并不担任祭司的角色，而只负责教诲与指导。pandāram 同时也指祭司，此时是和婆罗门做对比的。传教士既是遁世修行的人，又是祭司，具双重身份，这也就是为什么对他们的称呼摇摆于"brame"与"sannvasi"之间（前一个名词似乎比较通行，参见 Bertrand, II, pp.25n., 236, 284, 394，等等；见 Thurston, Castes and Tribes, Pandaram 那一条）。

[2]　Bertrand, II, pp.394, 324; III, p.190.

[3]　"Brandolin 神父在 1725 年向教皇提出一项计划，建议让古老的马杜赖教会的教堂均有自己的本堂神父"，Bertrand, IV，pp.434-435 和 Mémoires historiques，pp. 460-461。

[4]　教皇格里高利十五世在 1624 年颁布的训谕中大致上对诺比里有利，但他同时还加上了"我们祈求那些对他们的高贵身份深以为傲的人……不要在任何方面鄙视那些出身较低的人，特别是在教堂里的时候……"（Amman，前引著作，1715 年）。其后的发展，参见 Amman 的著作关于 1738 年的记载，同时见 A. Launay, Histoire des Missions de L'Inde（印度传教史），I, pp. 98-101 和 II, pp. 290-291 （转下页）

士宣称这项决定会使首陀罗离开教会。最后的解决办法是，除了"潘达拉姆"（当时被称为婆罗门或遁世云游者的传教士已消失），另外选派特别的传教士给帕里亚。但很快人们就了解到这样做会使教会阶序本身造成分裂，等于是向卡斯特精神投降，因此又不得不恢复原来的政策，结果造成一场困难的斗争，首陀罗信徒再次于基督教教友中只占很微小的比例[1]。

结论是，我们从这个例子中看到卡斯特体系彼此隔离的原则在改信基督教后继续存在。很多习惯自然也是如此。比方说参加丧礼后洗澡的习惯，虽然受到教会攻击，但还是存在，这表示不洁的感觉至少仍残留了一部分。即使信奉一个一神论的平等主义宗教已经有好几代，仍不足以使作卡斯特体系基础的基本态度完全消失。如果我们了解此类转型有多么缓慢，而且考虑到基督教徒在印度教的环境中一般居于少数，上述现象就没什么好奇怪了。简而言之，这个例子显示出卡斯特态度的韧性：它们在整套信仰的一部分被改变之后仍然存在，而一个输入的宗教信仰，在其意识形态未能衍生发展之前对它们也无能为力[2]。

（接上页）（基督徒在 1844 年的 Pondicherry［印度东南部的法国领地］宗教会议以后向罗马抱怨）。和我们的时代较接近的，见 Suau，*L'Inde tamoule*，1907，p.73（一间教堂的照片，有两个分开的本堂），Hutton，*Caste*，p.106。1883 年，传教大会宣布教堂中的隔离政策是一项严重错误，期望把教徒隔开的做法能被废除，不过"为了避免更严重的罪恶"对隔离还是容忍的。

[1] Bertrand，IV，pp.437 ff.。参见 Amrnan 前引著作，里面有 1704 年教皇使节的宣告（Decree of the Legate）以及关于马拉巴仪式争论后来的发展，一直到 1744 年教皇本笃十四世的谕令 *Omnium Sollicitudinum* 为止。

[2] 关于基督徒混合习俗的情况，有一本相当有价值的著作：Carl G.Diehl 关于南部路德会的研究（*Church and Shrine*，Uppsala，1965）。关于自称在印度西岸定居长达 2000 年的犹太人其内部分成几个阶序性的内婚社群，见 Strizower，"Jews as an Indian Caste," *Jewish Journal of Sociology*,1959,pp.43-57；参见 Mandelbaum，"The Jewish Way of Life in Cochin," *Jewish Social Studies*, 1959, pp. 423-460。

103. 穆斯林的卡斯特

伊斯兰教和基督教一样，也具有平等主义色彩。原则上，穆斯林的情形和基督教徒相似，两者的差异表现在两种宗教流传时间的长短及其宗教性格上，也表现在伊斯兰教对印度的重大影响上（尤其在印度北部），甚至在信徒的数量上：穆斯林并不是一个无足轻重的少数群体，而是一个庞大的少数群体，特别是在印度和巴基斯坦分裂以前更是如此。关于穆斯林与卡斯特体系的关系，很可惜，我们所知的并不充分。但这个世纪里那些影响这两个宗教共同体的重大政治事件为我们提供了一个指涉架构，可以将我们在此特别感兴趣的问题放进去讨论。在另一项研究中我曾指出，19 世纪和 20 世纪，这两个社群的关系逐渐改变乃是源自两项事实：两个社群的社会异质性以及伊斯兰教丧失统治权力后对两者关系的影响[1]。简而言之，这两个社群因为价值观的对立形同陌路，虽然现实中两者唇齿交错一起生活，但其结合却建基于暗中的彼此妥协。对印度教徒来说，长期以来他们在广大的地区上不得不接受一些不承认婆罗门价值观的政治主子的统治，他们还能做调适，连最贫穷的穆斯林村民都没有将之视同贱民。事实上，穆斯林在社会上的地位远高于只按印度教价值来衡量所该有的情况。为什么会这样呢？当然是因为那些价值被一种性质大不相同的因素平衡抵消，那项因素即是组织化的武力，而从印度教的观点来看，武力是一项不合理的因素。就穆斯林的观点而言，他们已做了不少而且在继续让步以求共存，那些让步因环境和时期而有所不同，但都是真正的让步[2]。这样共存的结果确实对两个社群均有极深刻的影响：印度教徒丧失政治权力影响其宗教与政治间的均衡关

---

[1] 下面叙述的摘节自本书附录四。

[2] 举例来说，1857 年兵变时，英王特别注意到穆斯林并没有在 Idul-Zuha 节杀牛以为庆祝（Spear, *Twilight of the Mughuls*, 1951, pp.195-196, 207）。

系，可能因而极大地改变了印度教[1]。而卡斯特的影响在穆斯林中间也确实感觉得到，这点我们将加以讨论。粗看之下，可能使人觉得这是两个社会的文化共生现象的一面而已，但即使假定其基本价值观并未受到影响，这点可由政治运动看得出来，上述看法仍嫌不足：两方面的社会确实都受到了影响，但影响所及的层次低于其整体认同以及该认同所依据的基本价值。因此这个例子在社会学上很有意义，值得我们深入探讨。

首先，关于印度教徒把穆斯林摆在其社会阶序中的什么位置，这方面的资料相当有限，即使是人类学著作中也很少，但这倒一点都不足为奇：面对赤裸事实时理论常显得不足[2]。穆斯林在过去和现在都分成好几个身份不等的群体，此一特点很像是印度教体系的翻版。我们将摘述文献上关于北方邦的资料来加以说明，下文即是印度与巴基斯坦分裂造成入口迁移以前的情况[3]。穆斯林分成两大类：一类是阿须拉夫（Ashraf），他们是贵族，据说都是移民的后代，内部又细分成4种；另一类是平民，他们承认自己是印度本地改信者，也分成很多个群体，和卡斯特很相似（1911年时，贵族人口有250万，平民则多于400万）。阿须拉夫分属4个"部族"（tribes），或该说是"据说血缘相同的部族群"（布兰特）。其中头两个部族——沙伊雅德（Saiyad）和夏依克（Shaikh），理论上均来自阿拉伯，并拥有头衔；另外两个是巴丹人（Pathan，大致上是阿富汗人）和莫卧儿人（Mughul），都是民族的名称。前两者是小群小群

---

[1] 参见附录四，及文中相关部分。

[2] 有关于穆斯林在一个迈索尔村庄中的情形，西尼瓦士（*Village India*, p.22）写道："他们属于另一个宗教，这使他们的阶序身份含有太多不确定因素。"西尼瓦士并没有把他们放入他所做的该村各个卡斯特的阶层高低次序表里面去。

[3] 北方邦：参见 Nesfield, *Brief View*, pp. 122 ff., 以及 Blunt 上引著作第 10 章, Ghaus Ansari, *Maslim Caste in Uttar Pradesh*, 1960; 细节见 Vreede-de-Stuers, "Le mariage-chez les... Ashraf," *Orient*, p.25。这些范畴在孟加拉并非完全一致，参见 A.F.A.Husain, "Pakistan," 收在 Lambert 与 Hoselitz, *Le Rôle de L'épargne*, p.305; Gait 在 1911 年人口普查报告中关于孟加拉的部分, pp.238-249; Nazmul Karim, *Changing Society in India and Pakistan*, 1956, p.120 以下。

的穆斯林慢慢迁移进来所形成的，地位大致上和识字的婆罗门相当。其中，沙伊雅德是先知的女儿法蒂玛和阿里所生的后代，1911年时有25万人；夏依克人数较多，有130万人，他们承认这是其他穆斯林加入的结果。莫卧儿人和巴丹人分别为6万与96万人，相当于印度教的刹帝利。在1911年人口普查时，因为很多改信伊斯兰教的拉吉普人宣称自己是巴丹而使巴丹人的人口数目增长许多。看得出来这些类别并不是严密的，不过还是得把当事者自己宣称的说法和这些群体对当事人的想法加以区别。阿须拉夫的各个群体并没有实行我们所用的严格定义下的内婚制。不过，实际上人们很喜欢在一个小群体中找对象，这种群体叫"婚姻圈"（*biáhdarī*，marriage circle；穆斯林如平常所知可以娶父亲之兄弟的女儿）；在结婚圈之外，还区分了5种不同层次的身份。在此范围以外并非完全不能通婚，不过那会违反宗教律法，必须付出代价，即身份的降低，而这种婚姻通常是女方属于低阶者。可见，虽然有社会流动，但是能保持身份的婚姻在原则上更好的观念还是存在。简而言之，虽然阿须拉夫并没有完全被卡斯特征服，但却受到卡斯特精神污染，例如他们没有共餐方面的禁忌。大致上，虽然穆斯林的习惯彼此不同，但禁止共餐的规定从未出现，除非是在穆斯林与印度教徒之间，或在身份差别非常大的穆斯林（比方说阿须拉夫与非阿须拉夫）之间。

非阿须拉夫一共有3个不同的身份层次：（1）高卡斯特的改信者，主要是拉吉普人（被接受成为阿须拉夫者除外）；（2）相当于印度教手工艺卡斯特的专业群体，种类很多，其中以鸠拉哈（*Julāhā*）人数最多，他们在理论上是纺织者；（3）贱民政信者，仍维持原来扮演的功能。这些社群似乎都是印度教意义下的内婚群体。他们保留的许多印度教习惯前面已经提到过，其中有些和婚姻有关。然而，穆斯林的婚姻主要是一项契约，所以和婚姻有关的规定确实因伊斯兰教规定的影响而大为改变。

104. 史瓦特的巴丹人之例

在一本研究史瓦特（Swat）的巴丹人的杰出著作中，巴斯（Barth）提供了一个少见的例子[1]。印度河上游遥远的河谷一带（以前称为"西北边省"），除了少数无关紧要的要素，并没有印度教徒，可是当地的人口却分成几个很像卡斯特的群体。群体之间由一种等于贾吉曼尼体系的关系连在一起，按照身份分等级，婚姻大多是内婚。印度教模型的影响非常明显，最低阶的卡斯特（理发师，洗衣匠，等等）被认为不洁。但是巴斯更进一步指出，他认为这是一种文化现象，而他的主要工作是说明这些借来的特征在当地社会扮演的功能。在另一方面，他认为从社会学的观点出发必须给卡斯特下个很广的定义，把它从印度文化赋予的存在理由分离出来。因此，巴斯的结论也就是，他发现了一个不是以仪式为基础的卡斯特体系，而是以分工和握有土地者与其他人之间在政治领域内的对立为基础的卡斯特体系。在巴斯的分析中，他只用阶序这项原则来认定卡斯特。他认为，亲属关系体系是内婚制的指涉架构，经济"体系"是职业专门化的指涉架构，政治"体系"是宰制的指涉架构，而他研究以上各种不同"体系"之间的一致性（congruence）。

为了简洁起见，我们只讨论他所采用的方法的不明确性和基本矛盾性。如果宗教影响是这个社会体系有许多印度教特征的原因，那么研究时却不考虑印度教的影响，又提议卡斯特必须以一般性意义加以界定，就令人困惑了。里奇显然见及这点，因为他在一本收进巴斯的研究论文集的序言中断言，不能把结构（主要是指社会组织意义上的结构）和文化分开（前引著作，p.5）。这里触及一个一般性的问题，它是因为把社

---

[1]　Frederik Barth，"The System of Social Stratification in Swat, North Pakistan，"收在 Leach 编的 *Aspects of Caste*，pp. 113-146 中；参见编者导论，特别是 pp. 4-5。在这里我们只能简述一下这部很可观的著作应该受到的详细评价，我们常在课堂上做这项工作。参见本书次页注释［2］的补充。

会学分析和文化史之间的区别做了字面意义的解释所造成的。简而言之，这种看法认为，不论其历史如何，所有的社会体系都具有相同程度和相同种类的内部一致性，因此在接受结构功能分析（structural-functional analysis）上**成功的机会相等**[1]。我认为实际经验证明这项断言是错误的。如果是一个相当稳定而孤立的体系，要将其严格意义下的结构分析出来并不太困难，但如果是那些从其他来源已证实为经过文化混合而产生的体系，或者曾在不久前受过各种影响并经过转型的体系，那就可能会很困难。在必须把文化史和社会学分析并用的例子中，如果我们把两者完全分开，那就永远不可能有机会明白社会事实之间的交互关系具有一定程度的**可塑性**（plasticity）。

还有，在此处讨论的例子里，很奇怪的是巴斯在某些论点上过分夸张了史瓦特的巴丹与印度教印度的相似性[2]。就我们的观点而言，两套特征之间的关系应该颠倒过来：这并不是卡斯特体系，而是一个保护者与依附者的体系（a system of patronage and clientele），它同化了像是卡斯特的以及侯卡特式的"礼拜"仪式（Liturgies）。这样的解释，还

---

[1] 把社会学分析与文化史分开，这是芮伯朗所创始的，不过他可能不会采取此地列举出来的各项说法，因为他把一个社会体系的稳定性看作应用他所推荐的分析方法的条件之一（*Structure and Function in Primitive Society*, 1952, pp.192-193）。

　　在这里我们当然并不是要把芮伯朗的结构观念引进我们的分析，更不是要把他饱受批评的功能概念引用进来。和我们目前的讨论有关的是有些作者坚持"反功能"也存在。

[2] 像我们一样，巴斯试图把阶序上的区别化改成几项标准，每项标准都把社会体分成两半（p.141："相对的阶序性位置……"）。他对阶序的描述（p.138）可能会造成一种印象，令人以为洁净这个标准在这里就像在其他地方一样，把其他标准**涵括**在内。事实上，这样的描绘是需要纠正的，因为把"圣徒"与婆罗门相提并论是毫无根据的。事实上，在巴斯研究的巴丹人中，**身份**与**权力**之间并不存在基本性的差异，"祭司"的身份比宰制者更低；"圣徒"的宗教本质以宰制的面貌表现出来；而在印度教，刹帝利的宰制却被迫去寻求一个宗教性的面貌来表现。最基本的对立并不是洁净与否的问题，而是"保护者"与"依附者"（宰制者与受宰制者）之间的对立。**在宰制群体中**，还存在一层**次性**的区分，这是存在于圣徒与 Pakhtuns 之间的差异。只有在体系方面的下层（以及在"依附者"之间），印度教中的洁净标准才产生作用（分为高阶的手工艺人，低阶的手工艺人和不洁的服务专业人员）；在这里等于把**断了头**的印度教体系放置在另外一个体系下。

使我们能够了解此混合现象的性质，因为两者混合的基础在于两个原始体系部具有巴斯称之为"角色累积"的原则（the principle of "role summation"），不过我宁可反过来把这个两者共有的基础称为政治的层次与经济的层次**缺乏分化**。

105. 非印度教徒的卡斯特：结论

现在把以上所说的摘述一下。在此摘述中把林迦行者（93 节）算为非印度教徒，因为他们并不信仰奉行以洁净与不洁为原则的宗教（但我们同意可把他们算入印度教的范围，以便和起源于外国的宗教有所区别，条件是要把遁世修行**及其一切发展**都包括在印度教的范围内）。我们已下结论说巴丹人没有卡斯特体系，但这个例子仍深具启发性，它指出了一旦穆斯林不必和印度教徒紧邻而居最可能采取的发展方向。林迦行者和穆斯林的社群体系很像是其邻近及环绕他们的印度教体系的翻版。喀拉拉基督教徒的情况可能也是这样。但是我们详细讨论过的基督教徒的情况却相当不同，他们是在一个地方性的基督教社群中表现了印度教整体性的区分（婆罗门与首陀罗之别，首陀罗与贱民之别）。

林迦行者和穆斯林这两个例子很类似：一方面，印度教意识形态上的合理化并不存在，或至少已相当薄弱且在理论上已被否定（林迦行者否定不洁，穆斯林主张信徒平等）；另一方面，其社群体系又都起了变化（北方邦的阿须拉夫不严格实行内婚制，林迦行者的身份和权力之间并没有分离，两者都松弛了共餐的限制）。因此我们必须下结论，这些社群**虽然在他们的观念或价值中对卡斯特加以改变，但他们至少还有卡斯特。**他们的卡斯特只是弱化或不完整，并非完全不存在。

之所以会这样，是因为他们和印度教的环境很接近，而印度教徒不但一般而言占优势，在个别地区也占优势。所有的事实似乎都指往同一个方向，不论是改信基督教者的态度，还是史瓦特地区的独特模式，又或是林迦行者的自相矛盾（这种自相矛盾只是表面上的，因为遁世修行者虽然否定卡斯特体系的基本原则，但并没提出可取而代之的选择）。因此我们渐渐了解到，卡斯特体系作为一种印度的制度，在印度教的环境中具有全面一贯性和完全的活力，在那些信奉其他宗教的社群里则以多少被冲淡了的形式继续存在。换句话说，**在印度环境里**，意识形态上的诸特征可能在某时期消失或在某地区消失，但构成卡斯特的其他特征仍然会存在。在印度教的环境中，一个非印度教群体不能被视为独立于其环境之外，也不能被视为靠自己可以真正组成一个教会，不论其本身的价值观如何强烈地强调这点，并往这方面推进[1]。如果我们先追述一下印度教徒和穆斯林的分离这幕很可能具有示范性的戏剧，然后再思考卡斯特体系功能上的完美，将会比较容易了解这种复杂而充满社会学张力的情况。

从终极价值的观点来看，回顾过去百年来印度的政治发展（参见本书附录四），穆斯林和印度教徒组成了两个截然有别的社会。不仅如此，两个社会在相当大的程度上彼此联系，并透过此联系而互相影响。因此，这种**联系**就超出了价值的领域和以之为基础的相当简单的社会学描述的范围：我们面对的是**分成**两个群体之后的人们的**再结合**，这两个群体彼此贬低对方的价值，但仍然联系在一起。关于这项联系的研究极为有限，但此项联系显然对印度教社会有极深刻的影响，也创造出了一个非

---

[1] 更明确地说，为了抽离出一个可以理解的模型，在理论上（根据一般的观察）不得不假设一项意识形态，但这种假设上必要的意识形态必须和在个别的情境中碰到的意识形态区别开来：我们并不宣称任何地方都必然会有这个完整的理论性的模型。这也并不是制度残存的问题，不是一个已经丧失其特殊功能或已丧失原来促使该制度出现的功能的制度仍然残存的问题。问题是，在更一般性的层面上，我们对各种社会现象之间相互关系的掌握很可能仍然不充分，不足以掌握那些没有很明确地凸显于受研究对象心目中的事情。

常特殊的伊斯兰教社会，一种我们尚无能力道出其特色的混合社会。目前，只能说在其终极的或伊斯兰教的价值中，还有可由实际行为所推想的其他价值存在。我们几乎不知道应该如何描述这种情况，原因很简单，因为社会学仍然没什么进展：连对终极价值的地位都还没有恰当的认识，又怎么能期待它可以令人满意地描述一种高度复杂和精细的现象呢？

不论如何，我们还可以再讨论一点。印度的穆斯林大多数是改信伊斯兰教的印度人后裔（这一点与理论并不相干），他们内在的紧张与纷扰有没有可能避免呢？如果伊斯兰教——或基督教，或维拉悉瓦教派——提议或建立一个异于卡斯特体系的社会体系，就有可能避免。但这正是他们都没有做到的事。这也是为什么我们可以说这些社群受"印度教的影响"，也可以说"心理倾向"的恒久性，因为每一个穆斯林、基督教徒或林迦行者身上多少都有些印度教徒的味道。这里所凸显出来的是我们描述的这种非常繁复完整的**社会秩序**在功能上的价值。事情的发展就好像外来宗教所带来的信息类似于印度教徒只要信奉某教派也能找到的那样，只是一种使社会秩序相对化的信息，并不能摧毁或取代它。这一点在基督教的例子中表现得最为明显。它并没有将其信徒转移进入一个新社会，而是把自己局限于与卡斯特体系中令它觉得特别惊骇的一些特征进行搏斗，而且是一项相当艰难的搏斗。但它并没有宣称要取代整个制度，维拉悉瓦教派的遁世修行者也是如此。

106.　可资比较的基本特征

为了采取全面观点，让我们回溯一下研究步骤。我们先从布格列的定义下手，把洁净与不洁的对立看作卡斯特体系中三个明显的面相共有的意识形态原则，然后下注，赌阶序是最为人们意识得到的一个面相。

我们因而弄明白了阶序的纯粹形式，可以说是阶序的理想型，而后来的分析证明赌对了，也使我们可以测试这个体系的内在一致性。第一个步骤，我们把这个被比拟为"慈悲圣母的斗篷"的涵括性意识形态所包含和隐匿的一切东西，那些使它具备真实的社会学意义的一切东西，全都挖掘出来。在这之中，第一项也是最重要的一项是权力，或宰制，我们也逐步认识了它和身份以及阶序之间的真正而完整的关系。权力和身份的直接关系是前者屈从于后者，权力再暗中与其他一切较量，妄图与身份同等。我们觉得这个形貌已解释了整套观察所见的事实。

如果想用比较的方式来刻画卡斯特体系，而且只准使用一项原则，那我们应该选哪一个呢？我们可以继续选择洁净与不洁的对立这一项，这不只是由于它本身，而且是由于它的普遍功能；我们也可以选阶序，因为就意识形态而言它乃是一个未掺入其他外来质素的纯粹形式。但这样做就会一直停留在意识形态的层面，我们能说的也不过是其他社会有或者没有这些特征，或在这些社会中它被其他特征所取代，但取代的方式却很难确认，如此而已。身份与权力的关系更适合特征的比较，因为它既涵括了整个意识形态的一项主要特征，也涵括了相对的经验事实。虽然组织的方式各有不同，但所有的社会都以某种方式表现此一关系所代表的社会素材。比方说，我们几乎可以说我们（西方）的社会正好做了相反的选择，使身份屈从于权力：在意识形态上是平等主义的，在很大程度上把权力置于首位，至少当代政治学是这么说的。

在这里我们还看到，阶序上这种特殊的权力与身份之割离（disjunction）可以解释（而且我们觉得是因果性的解释）这个体系的很多特质。在其历史发展成立的过程中，具决定性的一步很可能是在婆罗门与国王的对立中前者取得了宗教功能的垄断权，因此产生了两项基本事实：一是阶序的纯粹形式之出现与维持，通常阶序和权力多少以混合的形式存在；二是阶序的形式采取的是洁净与不洁的对立。后面这点可进一步加以说明：祭司占最高地位引进了一种仪式主义的观点，其方向以圣界的**媒介**为指标，而非以圣界本身为指标；而且造成洁净与不洁的割离，同时又把俗界视为无关宏旨。洁净与不洁的对立因此也就是纯理型阶序**必然的**意识形态形式。

我们也承认在分工中有一个非意识形态的剩余面相。分工实际上环绕着宰制的功能。此一核心是既存的，将之涵括在内的意识形态并没有能力创造出该一核心。这点也正是侯卡特用斐济的例子为出发点所要强调的，但他没有见到印度体系如何完全去除了一小宇宙的神圣性，将之涵括在一个不归国王管辖，而是归教士管辖的大宇宙里。所以侯卡特的理论被包含在一个经过扩充与简化后的布格列之理论里面。我们也顺便大胆地说，上述讨论使我们对这一体系的历史源起有一个看法。我们假定雅利安时代之前的印度有侯卡特型的头目制度，其中各个"世系群"分别负责服务性的专门行业，由具有强力禁忌威力的头目支配。印欧人引进了身份与权力之割离，使侯卡特型的体系转型成为卡斯特体系。就目前所知的历史知识而言，上述历史演变的假设相当合理，但这只是我们研究工作的副产品。更重要的是，卡斯特体系的特性可以被刻画出来以资比较，虽然无疑只是局部性的刻画，但也已足够，此即我们所说的身份与权力的割离。如果找得到这项特征，我们才能说该社会的确有卡斯特；如果一个社会缺少此一特征，即使它是由固定而封闭的身份群体组成，我们也要求采用其他名称加以归类。

107. "社会阶层"学派：卡斯特与种族主义

以上所论和当代社会学中一项流行很广的看法南辕北辙。讨论"社会阶层体系"（system of social stratification）的人有两点假设：（1）可以从整个社会中分析或抽离出一个"社会阶层体系";（2）这种"体系"可以用群体形态学的特征完整描绘出来，而不必去管每一项行为下都有的意识形态。因此，"卡斯特"这个词就被用来指称任何永久固定而且封闭的身份群体。在他们看来，几乎什么地方都有"卡斯特"，甚至现代社会也有，南非和美国也有。根据这种标准，美国的"肤色隔离"就的确可以视同一种卡斯特现象。很难想象出一个比这更离谱的错误解释了。在附录一里，我证明种族主义实际上是卡斯特社会中直接表现为阶序的那些东西在平等主义社会中的一种矛盾性的再呈现[1]。社会学上流行的看法没有认识到阶序的本质、功能和普遍性，这可由他们从自然科学借用"阶层化"（stratification）这个名称看出来。分析到最后，这个名词不仅表示采用了平等主义看法来探讨留存于平等主义社会中的**阶序之残余**（residuum of hierarchy），而且也用同一看法来看待非平等主义社会**中实存的阶序**。幼稚的平等主义，对其他意识形态的成见，还有宣称要在此基础上立即建立起一门社会的科学——这些都是自以为是的我群中心主义之要素。让我们强调一下最后一点。这种肤浅社会学最恶劣的错误在于，基础研究才刚起步就给人一种工作已经大功告成的印象。希望本书已说明，基础研究其实才刚开始。不能因为只把卡斯特一词用于一套一般性的分类中就以为已经知道卡斯特是什么了。那样做是为了当下讨论的方便而牺牲科学的发展，因为社会学仍然处于设法知道它到底在说什么的

---

[1]　参见附录一。有时候会听见有人主张任何人都可任意自己界定他对某一名词的意思。如果是这样的话，那么这里批评的这种倾向值得赞赏，因为它指出了卡斯特与种族主义共有的性质。但是这样做并不需要什么科学：现代常识早就知道这一点了，而社会学家提供的不过是提供一项合理化的理由。在这方面，只有把常识抛在后面的时候，科学工作才真正开始，开始提出传统社会与现代社会的比较问题。同样都是定义，却有好坏之别。

"社会阶层"这个术语颇有问题，但并非所有使用此一概念的作者都带有我们批评的倾向。比方说我们引用过帕森斯著作中的一段话，他也使用此一术语，但他却是真正对阶序有认识的一位学者（p.19）。

阶段 [1]。我群中心主义的错误了解时常把研究现代的社会学简化成一种随波逐流的教义问答（a conformist catechism），与此对比之下，社会人类学则打开了一条通往真正的比较社会学之路。

108. 印度之外的卡斯特？

让我们假设读者看过本书附录一以后，同意那些认为平等主义社会中也有卡斯特的观点是错误的。但他可能还会觉得，在传统社会中一些类似的事实，比方说马达加斯加或日本社会中所见的，应该还是可以用卡斯特一词来称呼。不必论及细节问题，此处只指出其中两点区别。第一点应该很容易就能得到同意：要谈卡斯特，那个社会就必须有一个卡斯特**体系**将所有社会成员均包括在里面。一个社会里有个被称为贱民的卡斯特（日本）、一个铁匠兼乐师的卡斯特、一个定居或暂居的外国人的卡斯特，或一个社会中把"卡斯特"与氏族混为一体（马达加斯加），这是一回事，整个社会的所有成员分属各个卡斯特则是另外一回事。因为

---

[1] 很多名词被过度使用，语意过度延伸，以致变得内容可疑，意义也跟着消灭了（像"图腾""禁忌"，还有目前的"结构"）。在"卡斯特"这个名词的使用方面，表现出了两种相反的态度，或可称之为"分类式"与"范例式"。第一类主要是利用局部观点对社会实相加以分类，经常把局部性观点提升到"体系"（system）的地位（如"政治体系"等）。第二类则主要着眼于全部社会事实的内在一致性上面。第一类很少注意到极端的、有限的个例，也很少全盘考虑实际情况，其目的是建构现象的不同类别。第二类正好相反，它全力用专刊研究的方式，积极地探究最有系统、发展程度最高的形式，目标是每次至少把社会实相中的一个基本面相挖掘清楚。第一类态度很少对意识方面的事实加以注意，研究进行的方式类似自然科学。第二类态度则试图在了解人类的全貌上引进科学性的严谨，认为每个整体的全貌既是普遍性的，也是独一无二的。这种态度所欲探讨的区域中已存在很多观念，来自牟斯、韦伯，甚至涂尔干（全面社会事实与具特性的个案、理想型、关键性实验的意义）。

真正的卡斯特必须是整个社会由一整套的卡斯特所组成[1]。

此外，还必须强调我们的研究所发现的原则。要决定一个社会是否有卡斯特体系，必须要问：身份和权力是否完全割离，类似婆罗门与刹帝利之间的关系是否存在？虽然这个问题看起来似乎不太恰当，但它使我们可以在探讨东南亚受印度的影响时建立一个标准。从文化，甚至从社会观点来看，这项影响相当深远，但是在中南半岛和印尼等地区似乎**都没有**发现国王完全丧失其宗教权威和功能的情形。这一点和当地原有社会及其所受佛教影响的事实吻合——在佛教占优势的地方国王都比婆罗门更具宗教权威。不论如何，事实就是如此，无法动摇[2]。

斯里兰卡的例子更有意思，因为它在很多方面都和印度相当接近。很多作者讨论过斯里兰卡的卡斯特，并指出其程度比印度温和很多。一般而言，整个社会组织，特别是辛哈利人（Sinhalese）方面，对每个人的选择均相当开放，雷恩（Ryan）称之为社会的"整合相当松懈"。我们已提到过，坦比亚（Tambiah）针对我们替侯卡特（Hocart）的理论提出辩护。侯卡特的理论对**斯里兰卡**而言的确适用。有很多著作，特别是皮耶利（Pieiris）关于康提王国（Kandian kingdom）末期的著作[3]，所描述的是一整套以国王为中心并表现科层制（bureaucratic）的"仪式"，一看就和我们今日所知的印度体系不同。婆罗门（神庙祭司）的人数很少，辛哈利人如此，甚至斯里兰卡的泰米尔人也是如此，佛教是优势宗教。一言以蔽之，斯里兰卡具有卡斯特的一切特征，唯一不同的是其强度较

---

[1] 参考 Bailey，"Closed Social Stratification in India，" *European Journal of Sociology*，1963，p.101。Nadel 认为他在非洲不少地区发现了发展程度不一的卡斯特："Caste and Government in Primitive Society，" *journal of the Antropogical Society of Bombay*，VIII,8,1954，pp.9-22。

[2] 参考 Robert Lingat，"L'Influence juridique de l'Inde au Champa et au Cambodge d'après l'épigraphie，" *Journal Asiatique*，1949，pp. 237-242。

[3] W. H. Gilbert，"The Sinhalese Caste System，" *Ceylon Historical Journal*, II, 3-4, 1953; Brice Ryan, *Caste in Modern Ceylon*, 1953; Ralph Pieiris, *Sinhalese Social Organization*, 1956.

低，而且没有我所强调的重要的割离：国王仍然同时是群体性宗教（对比个人性宗教，也就是佛教的救赎戒律）和政治经济生活的中心[1]。

因此我们发现，祭司的优越地位是印度特有的，无法外销，外销的只是类似卡斯特的东西，而非真正的卡斯特。受其影响的国家所接受的仍然只是侯卡特所描述的王族"仪式"而已。此一事实进一步强化了我们的分析，甚至我们的历史假设。

---

[1]　这里所说的当然无损辛哈利社会的有趣性，该社会是大量历史文献的描述对象，也是自侯卡特以后，很多杰出当代研究报告的对象（Leach，Tambiah，Yalman）。有人或许会反对说，谈斯里兰卡社会的卡斯特是很方便的，不谈卡斯特倒很困难。然而，毫无疑问，大家都会同意，任何用词上的困难都不应该成为认识基本社会学事实的障碍。

第十一章
比较（完结篇）：当代趋向

111. 主题

本章讨论的主题是卡斯特体系的现况。我将先摘述一本权威著作所述的近日演变情形，再介绍近年来有关此一问题的讨论，然后将从卡斯特社会与平等主义社会的整体比较来看此问题，这也将是本研究的结论。

关于"社会变迁"的文献非常多，在此无法全面讨论。那需要整本著作才说得清楚，而且需要不少评论，尤其是批评性的讨论，并区分其价值之后才能为功。坦白说，这方面的著作大都令人失望，它们经常高估变迁，批评者要做的工作不但要证明这些著作的确有此错失，而且还要说明其理由 [1]。因此我们不得不把讨论局限于和卡斯特有关的现代变迁中一些概括性的问题。

---

[1] 这个问题已有大略讨论："The British in India" 前引书（见 p.307 注释［2］）: *La civilisation indienne et nous*，第 3 章；*Contributions to Indian Sociology*，Ⅶ，1964，p.13 and pp.33 ff.。除了文中所引的著作，还有不少值得一读的著作，使我们认识到本问题的一般性质: K. P. Chatto padhyay ed., *The Study of Changes in Traditional Culture*; K. P. Chattopadhyay, *Some Approaches to study of Social Change*; T.S. Epstein, *Economic Development and Social Change in South India*; N. Karim, *Changing Society...*; McKim Marriott, "Technological Change," "Social Change," 参见 *India's Villages*, pp.96 ff.; M.Orans, "A Tribal People in An Industrial Setting"; M.S.A. Rao, *Social Change in Malabar*; D. Thorner, "The Village Panchayat as a Vehicle of Change," E. Shils, *The Indian Intellectuals*。

即使如此，还是需要先初步讨论"社会变迁"，以便勾绘出变迁这个观念给结构主义者所带来的问题，并且可以避免误解。从1780年到现在，印度社会**内部**发生的有据可循的变迁可以列成一张相当可观的表。拿农业与土地权为例，让我们先简单地将那些大多证据齐全的各点列出来，必要的时候也列出时间与地点。人口增加了，以前劳力不足而耕地过多的情况变成既有劳动力过剩而可耕地不足。土地所有权被创造出来，而某些社会范畴和土地权利的关系因此而大变。国家的年度地赋（"土地的贡赋"，和"税"不完全一样）变得相当高昂且无法逃避。通货增加了，快速交通工具和大型运输系统也得以建立。重商经济的比重和自然经济相较增加了不少。食粮和经济作物在国家与国际市场上的重要性增加了。放贷者致富，只要法律未加制止，他们便迫使佃农离开原来耕种的土地。以上事实足以说明，变迁的确发生了。

困难之处在于如何评估这些事实。现代心灵相信变迁，很容易会夸大其程度。此外，社会学中各种不同研究倾向的追随者之间，以及社会学者、经济学者和历史学者之间谈的"社会"，并不完全代表同样的东西。我们将看到，目前社会人类学家对此社会变迁的性质到底是质的改变或仅是量的变化，是进步的还是退步的等问题的答案分歧很大。有一点倒是可以确定：作为整体架构之社会并无改变。卡斯特仍然存在，不可触性的习俗仍然有效，即使法律上宣布它非法。研究专家对这些都无异见。因此，我们可先做一个初步的结论：社会**内部**（in）确实已有变迁，但社会**本身**（of）仍无改变。这点和马克思预言的印度社会会崩溃、世袭分工会消失正好相反。他曾写道：

> 英格兰摧毁整个印度社会的架构，到目前为止仍未见任何重建的迹象。（《纽约每日论坛报》，6月25日，1853：转引自《论殖民主义》，p.33）

铁路所带来的现代工业将废除世袭分工，它是印度卡斯特的基础。(同前，8月8日，1853；同前，p.80)

依照我们的想法，我们不得不面对一项事实，即预期中的技术经济变迁与社会变迁的联系并没有得到证实，卡斯特社会消化了被认为必导致其崩溃的事物。这件主要的事实，连很常见的那些高估变迁的说法也无法加以掩饰[1]。

这样够不够呢？另外还有一个问题，我们稍后将看到；社会人类学家为此分裂为两种倾向：有的抓住现代事实，除了变迁什么也看不到；有的则设法从结构或功能的观点掌握传统社会，只见到稳定，别的一概视而不见。显然必须将这些互相竞争的局部观点结合起来。这就必须把卡斯特社会与现代社会做比较。这样做可以描述其互动，也就是用比较确定和比较精密的方式来追踪并测度变迁，而不是用模糊的、充满争议性的"社会变迁"这样的标签。

这个问题可从另外一个角度来看。说社会**本身**并没有全面性的变化，大致上就是说没有革命或整体改革：一种社会组织形式只能被另一种取代，而不会改变；一种结构只有存不存在的问题，并**不会**变化。如果我们可以说，**到目前为止**，已经发生的那些变迁并没有使人**看出**我们认为的该社会的心脏，有生命的核心，已经改变，然而谁敢说那些变迁并没有在暗中累积其侵蚀行动，而使卡斯特的秩序有一天会崩溃，像被白蚁从里面咬坏的家具那样？谁敢否认，说不定观念和价值早已大大改观，

---

[1] 最近，*Ramkrishna Mukherjee* 表示很想不通，为什么英国在印度长达两个世纪的支配统治，曾给旧有的经济和社会生活敲响丧钟，却偏偏无法摧毁卡斯特体系（p.60）。读者能够解释他失望的原因所在：所有的变迁都仅限于政治经济的有限层面，而我们已解释过那些范围既和整个价值体系隔绝，又被整个价值体系涵括：在我们的社会中直接关联的地方，在印度社会中却存在着互补互依的关系，使得整个体系能容忍各种新奇事物，而且其体系的本质不受这些新奇事物之影响。

只是因为我们的概念和研究方法都太粗糙，再加上我们对**此一体系先前的状态**，比方说莫卧儿统治初期的情况，并没有明确的了解，才使我们见不到体系的变迁？这里就发生了一个问题：如何更深入了解各种社会体系的可塑性（plasticity），以及意识形态与其他面相的**真正**关系可能有哪些变异性。基本上只有透过比较，我们才能知道一个社会体系中非意识形态的各个面相，因此上述考虑就使我们要设法做比较，并因此放弃原来的狭隘论点（社会**内部**的以及社会**本身**的变迁），提出和卡斯特体系**有关**的变迁这个问题。

提出这个问题，我们马上就能了解在目前的知识状况下，它并非绝对没有答案。印度人那种自己的社会在腐化败坏的想法固然有其主观上的根源，但或许他们也不是在凭空想象。从恒河平原文化的混杂性质和德干高原地区的比较已可看出其端倪，随兴所做的观察也透露出一些特征，19 世纪初期以来艺术风格的败坏即是一例 [1]。我们开始着手建立的理论架构，使我们可以透过与其他有观察为据的情况做比较，能多少有个概念，知道这个体系在哪些方面已经开始松懈。而且，不仅在林迦行者或穆斯林中间可以看到这一点，甚至经由为人熟知的印度北方关于不洁的想法已比较薄弱这一事实也可看得出来，虽然它在一定程度上可能是教派勃兴和伊斯兰教影响的结果。

112. 古里耶所描述的变迁

社会学家和人类学家并不像其他人那样一厢情愿地认为，卡斯特在

---

[1]（我个人的观察）收藏于勒克瑙博物馆中的 17 世纪珠宝与来自同一地区（*Gorakhpur district*）的现代珠宝的比较。

现代影响下已趋式微，有一天将完全消失。虽然社会学家与人类学家的想法有些不明确，不过最近他们中间发生了一场极为有趣的争议。为了对此争议有较好的了解，我们将讨论古里耶教授（professor Ghurye）在1932年提出并完成于1952年的有关卡斯特组织变迁的一般性研究[1]。这项研究的结果本身相当重要，一方面在于它是印度本土学者的研究；另一方面，也更重要的是在于它开创了一种研究倾向，古里耶教授曾担任孟买大学相当活跃的社会学系系主任，影响了不止一代的印度研究。

要摘述古里耶并不容易，因为他的叙述颇为散漫；讨论卡斯特的部分一共有两章，刊于1952年版中，一篇题为"卡斯特与英国统治"，评论英国统治的后果；另一篇为"卡斯特与民族主义"，目的是激起大学生的热情。从那些有时互相矛盾或意义分歧的细节中——固然不该从这些表达得并不完整的看法中去做偏离事实的判断，但从古里耶的文章中确可看出他对婆罗门教有某些偏爱——最后出现了一个引导性的观念。接下来我将先把其中一些散乱的细节整理重述一番。

古里耶最大的优点是他使人注意到社会运动中受忽略的某些面相，主要是所谓非婆罗门运动（non-Brahman movement）的活动和宣言。此运动于19世纪中期由浦那（Poona）的花卉商普列（Phule）发起，后来由同样来自马拉塔地区的科哈普尔王子（Maharajah of Kolhapur）为代表。此运动一直发展到20世纪，表现于选举方面和就业方面对少数社群和被认为落后的卡斯特加以特别照顾（1917年的蒙塔古—切姆斯姆德宣言，Montagu-Chelmsford declaration），特别是在南方（正义党，Justice Party）和稍后的达罗毗荼协会（Dravidian Association，*dravida kaLagam*）。贱民运动也一样。

古里耶指出，非婆罗门攻击阶序（p.193），因此和洁净有关的观念

---

[1] Ghurye, *Caste and Race*，1932; *Caste and Class*，1952; 第7章和第8章（引用的是后一部著作）。

比以前削弱了不少（p.209），食物饮水方面的规定也宽松了许多，特别是在城镇里。新行业所提供的自由表示，卡斯特已不再决定一个人从事的职业。但另一方面，除了少数细节，内婚制的力量仍然毫无减轻迹象（p.186）[1]。

古里耶讨论的这段时期最大的特色即是城市的发展，而在城市中卡斯特仍顽强存在。各个卡斯特有自己的住宅区，保留房子给同卡斯特的人居住，而其中不乏慈善动机。他们成立自己的合作社、银行、产房和医院（p.201），有自己的社团（pp.189-191）。这些都代表团结的新形式以及卡斯特"意识"，有的人甚至谈及"卡斯特忠诚主义"（caste patriotism）。

特别值得强调的是卡斯特社团（*sabhā*）。这些社团日益常见，其成员"包括说同一语言的整个卡斯特的所有成员"，而相形之下以前的卡斯特潘恰雅特涵盖的地区要小得多（照古里耶的说法，只限于村落或乡镇的范围）。这些社团的功能包括为卡斯特的一般利益及在阶序中的地位效力、提供就学奖学金、帮助较穷困的成员，有时候也立法决定某些习俗。古里耶强调这些目标以前大多由临时性的群体负责，以达到单一特定目标为限[2]。单就城市的卡斯特而论（p.193），社团有助于提高其成员的竞争能力，特别是取得数量不多的有收入的职位和工作。他下结论说：

---

[1]　这几点经常被指出。比方说和专门职业有关的有 E. K. Gough 在 Leach 编的 *Aspects*，pp.32-33 中说的：在喀拉拉邦，卡斯特"成为选择职业的一项限制性而非决定性的因素"（没有人选择从事一项传统上被看作属于低阶卡斯特的职业），关于食物的法则一般说来放宽了不少，内婚法则则没多大变化。古里耶的著作（pp.202-203）报告了一项具启示性的例子：改革家倾向于把希望寄托在大学身上，因为在校园里，受过教育的男女可起而反对卡斯特。但是，在孟买，"一个相当庞大的卡斯特，其成员的受教育程度相当高，生活过得很好，一般说来观念也很进步，他们很快就发现大学生活可能带来的危险……五六年前，此卡斯特自己建造了一个青年活动中心……在那里，同一卡斯特的青年男女在一起玩耍，互相认识，发展友谊，进而结婚……"

[2]　关于那些称为 *sabhā* 或 *samiti* "代表会议"的社团组织，参见 1911 年印度人口普查报告关于卡斯特治理的专门研究部分。布兰特写的关于北方邦部分，欧马雷写的关于孟加拉的部分，（转下页）

卡斯特的社群面相 (community-aspect) 变得更为广泛，多样而且永久。个人的利益愈来愈由卡斯特设法满足；卡斯特团结的感情目前很强烈，可以说是货真价实的卡斯特忠诚主义。(p.192)[1]

古里耶把过去理想化，但当他写道"强烈要求而引起争执与对立取代了以前的要求与接受间的和谐"时，他很有力地强调**竞争**已成为现代的事实。古里耶提出警告，婚姻方面的改革不宜太快速。现代化人多还止于同一卡斯特的各个次卡斯特之间的通婚。可以想象，地位相近的卡斯特之间的婚姻藩篱或也会被取消，但其结果必引起灾难，因为最后是

（接上页）后来分别被他们收入自己的著作中，前者收在 *Caste System*, p.130，后者收在 *Indian Caste Cuustoms* 一书，pp.174-175，还有 *Modern India* 一书，p.161。这些组织像西方社团一样举行年会。Ahirs 的组织出版月刊，发行于此印度。这类组织的目标是改善其卡斯特的地位；他们关心的主要是教育和现代式的社会改革，如提高结婚年龄等，后面这一点正好和模仿高卡斯特的情形相反。1931 年的人口普查报告中关于北方邦的部分 p.544 以下提到了 1911 年到 1931 年这 20 年间的发展。见 Rudolph and Rudolph 所写的 "*Political Role of India's Caste Association*"（*Pacific Affairs*, XXXIII, 1960, pp.5-22），这篇文章包括一段关于马德拉斯一带的 Vanniya 卡斯特的专论。参见 Bailey, "Closed social Stratification in India," *Eurpean Journal of Sociology*, Ⅳ, Nol, 1963, p.122, 以及他的 *Politics and Social Change*, Orissa in 1959, 1963, p.122（以奥里萨邦的榨油者为研究对象）。

[1] 在这段摘述里面，我没有把英国殖民政策所造成的互相矛盾的影响考虑在内（pp.161-172）。一方面，英国统治者消除了法律之前的不平等（不过和神庙及贱民有关的不平等，要等到甘地以及 1951 年的宪法颁布才做到消除法律上的不平等），同时也使卡斯特的力量被削减，因为其司法力量已被取消（这一点目前已得到同意，甚至被夸大）。而在另一方面，古里耶批评英国人间接强化了卡斯特的组织，因为每隔 20 年一次的人口普查中过分注重这方面的问题，特别是 1901 年 Risley 想在每一个邦都找出各个不同卡斯特地位高低排列的次序，这件事产生了极不好的影响。这项误用了智识上的好奇心之措施，可能引发了卡斯特对地位的要求，也是后来的卡斯特组织的来源。事实上，这位作者没有提到英国人很小心地不去碰和卡斯特有关的宗教问题，而只管引进一些最起码的平等概念，一些英国人认为在法律与政治领域中不可或缺的平等概念。我们的分析说明这种算计是正确的，但他们所引进的平等观念是否真的弱化了或威胁了卡斯特是值得怀疑的。由甘地引进的宗教平等观念（让贱民也有权进入神庙）则与此有别，这一点我们将加以讨论。

古里耶在他的结论里面，把目前的情况和过去的情形做比较，把过去加以高度理想化，成为一个虚构的以"村落共同体"为特色的过去，与之相比的现在则相当不可取。他描述当前情况时，描述工作本身相当好，但并没有能坐实现在和过去之间的变化与差异，只是表明了作者发现的事实和他构想中的虚相不大相同时的失望之情。在这项比较的结论里，古里耶说那种（神秘的）"村落共同体"已经被卡斯特团结取代了（p.193）。

把许多小群体结合成几个数量有限的大群体，彼此之间怀有敌意，互相排斥，非常危险。

简而言之，虽然古里耶的表达没有理想中的那么明确，但他还是触到一项很重要的现象，可称之为卡斯特的实体化过程（the substantialization of caste）。事实上，把上述提及的许多特征放在一起，表示的是一个流动的结构性体系转变成了一个由自足而坚固的群体构成的体系。前者强调互相依赖，没有具特权的层次，没有坚固的单位；后者的各个单位则性质大致相同，互相竞争，卡斯特变成一个像是集体性的**个体**（指本书所界定使用的意义），像是一种实体[1]。

有时候，古里耶被我们称之为婆罗门"忠诚主义"的情怀导入歧途，这可由他把过去理想化看得出来，比方说，他在有些段落中感叹部分卡斯特不再雇请婆罗门为祭司："连最终极的……婆罗门的司祭权……在这个划分精细的社会中的社会团结的枢纽，也被一个个的卡斯特陆续加以忽略。"他渐渐令人觉得，如果他对卡斯特的"忠诚主义"表示叹息反对，那么不只是因为他反对卡斯特，而更是因为他对一个理想化了的过去相当留恋。古里耶似乎相信可能达成一种转型，可去掉卡斯特但保留婆罗门思想和互相依赖。虽然他是个比甘地更敏锐的观察者，但是他对未来与过去的关系之见解并不比甘地更符合现实。我提及这一点，是因

---

[1] 古里耶注意到的各种变迁都指向同一个方向。阶序与不洁的弱化，城镇中关于食物的规矩渐渐松散，代表的是整个体系所依赖的宗教层面渐渐没落。是否可以共餐这项标准渐渐不受注意，而能否通婚这项标准仍然强固（在卡斯特的范围内是如此，次卡斯特范围或许已比较宽泛），形成明显对比。这一点似乎证实了把通婚视为比共餐更重要的人的看法，但是这样主张的人只不过是表现了他们的现代心态罢了。不同次卡斯特成员之间的通婚，其性质就像古老的地理单位瓦解以后，同一区域中不同次卡斯特互相混杂：这里的变化和卡斯特本身没有多少关系，而和地理区域的变化关系较大。除此以外，还必须考虑到和食物有关的那些变化所产生的环境：在家庭中，规矩是很严格的，这种情形和婚姻的情况并无不同，在这里也可发现比较自由的行为和正统的行为并存于人们的日常生活中。这一切现象都在提示，以前以宗教为基础的卡斯特**体系**，已渐渐变成一种好几个封闭社群的集合体了，越来越近似于现代的社会阶层（stratification）观念。

为其他不少人和古里耶抱持同样的态度，也因为这是一种纯粹婆罗门式的态度，而印度被称为自由主义的政治倾向全都沾染了此种色彩[1]。反婆罗门的阴谋和计划虽然有其煽动群众及使用暴力的一面，但仍不失为反卡斯特斗争中值得肯定的力量。当然，作为一个外国人，说这样的话并不需要什么勇气，但也还是有必要说出来，而且还得补充说，由此推论，拥有达罗毗荼大会及地方社团的马德拉斯邦可能比印度其他各邦在迈向取消卡斯特体系的大道上已走得更远（我应该指出，最近去了马德拉斯一趟后，已打消不少我在此处所表示的天真想法［1969］）。最重要的是，可以下结论说通往废除卡斯特体系之路最可能的方式是透过卡斯特的行动，而一项卡斯特行动只有观其内容如何才能决定它的结果是有助于削弱还是加强卡斯特体系。认识不到这一点则是陷于传统印度思想方式之中。再没有什么会比安倍卡（Ambedkar）和贱民运动的失败更令人叹息的了。因为在今天的印度已经很明显，和甘地的意见正好相左，贱民除了靠自己永远得不到最终的解放：比他们高阶的政治人物的**善意**是不够的。

113. 补充

此处可顺便讨论孟买学派的一些判断，他们都相当温和审慎，既表

---

[1] 甘地被一个婆罗门极端主义者暗杀以后，马拉塔人中激起了反婆罗门行动，人们的反应在古里耶看来是一种该受谴责的、偏执的卡斯特本位之行为。但问题是，如果报复也算极端偏执的行为（难道甘地的谋杀者不是主要的极端偏执者吗），如果在这起事件中的确出现了反婆罗门情绪，那么，卡斯特在整个事件中所占的比重又要如何计算？更确实地说，这到底是退步性的还是反动性的表现呢？马哈拉施特拉邦的婆罗门成为报复的牺牲品，因为他们被视为甘地谋杀者的同伙，这很明显是基于卡斯特的认定，但这种认定在这个社会中并非完全说不过去。不过，一个低阶卡斯特居然敢站起来惩罚被认为有罪的上级，正可以说是解放的明证，是进步的现象。说卡斯特能够被消除而不必给婆罗门带去任何痛苦是一种幻想。他们会受苦是无可避免的，他们受的苦可能是不公平的，但是在甘地宣称赞同的大变化里面，婆罗门是一定要受苦的，因为他们处于将要被消除的阶序之顶峰。

现了古里耶的正面影响又展露出自己学有专精。在一篇发表于 1955 年的论文中，德塞（I.P.Desai）与达姆列（Damle）详细列出了变迁与稳定的方面，目的是强调变迁的局限性，强调变迁并没有改变整个体系。他们指出，变迁所涉及的不过是行为上的多样性受容忍的程度放宽了，但传统意识形态则维持原样。卡帕迪（Kapadia）评估学生意见调查时也表示了同样的看法（1962）：在共餐和通婚方面的变化并不是主动拒斥传统规定的结果，他们并不抗拒那些会有利于不同卡斯特之间通婚的因素——不同卡斯特通婚实际上仍殊少发生——但是此类婚姻并不能得到社会的支持与接受。以学生为对象所做的研究颇有启发性，特别是夏尔（B.V.Shah）在巴罗达（Baroda）所做的一项最精确、最诚实的研究 [1]。他的研究结果显示，出身高卡斯特，出身社会中最现代化的阶层，在大学中受西方观念全面冲击过的年轻人，基本上仍然是保守的。只有很少数人宣称他们反对联合家庭，反对传统婚姻，而且这些反对都还只属于理论上反对而已。大多数人希望努力达成的革新，只限于改变传统体系的一些细节。不管是称许他们明智，或是批评他们懦弱，这些年轻人的意见表示，个人主义价值已不再对卡斯特构成威胁。知性上的成长已不再同时带来对整个体系的谴责 [2]。卡斯特价值涵括并包容了现代思潮。安全感的获取与古老的忠诚战胜了想取得独立的冲动。在此，现代教育

---

[1]　A.R.Desai 只是袭用古里耶的见解，再加上一项肤浅的乐观评价罢了（*Social Background*, pp.235-236）. I. P. Desai and Y. B. Damle，"A Note on Change in the Caste," *Ghurye Felicitation Volume*, p.268 以 下；K .M .Kapadia，"Caste in Transition," *Sociological Bulletin*, XI，1962, pp.77, 86 以 下。Fishman 注意到（*Culture Change and the Underprivileged*, pp.147-148）一些很特别的例子："如果真确地加以观察，会发现这些例子只不过是因为社会强制所造成的特殊情况带来的压力使卡斯特法则一时松弛了而已，并不是卡斯特偏见永久性弱化的例子……"关于调查学生的态度所得的结果，参见 Kapadia 前引著作；B. V. Shah, *Social Change and College Students of Gujarat*, Baroda, M. S. University, 1964。

[2]　以孟加拉为例，19 世纪初的情况与此不同。当时的态度正好相反，像 N.C. Chaudhuri 这样阅读孟加拉文艺复兴（Bengal renaissance）作品而成长的作家，会大肆抨击知识水准的堕落。据他的说法（*Autobiography*），自从甘地出现之后，传统价值重新获胜，知识水准便一直往下跌。类似的想法说明了印度知识分子一定程度上的自我封闭。

与社会政治转型无法推翻传统体系得到了最好的证明。一位学者最近曾对此加以说明，认为传统体系与现代因素之间已渐渐达到"均衡"和"和解"。"在个人生活层面，他可能会借现代教育来提升自己的传统地位，在家族方面，有些成员可能会维持传统的角色，其他成员则进入新的行业。"[1]。事实上，发生的并不只是"均衡"，实际上新的是在向旧的低头：对个人而言，教育是手段，传统地位才是目的；对家族而言，由于传统上是联合家庭，所以能把旧的和新**的都涵括**在内（一个家族把新的因素如此涵括在内，自然免不了引起一定程度的变化，但变化真相如何却极不容易探测出来）。

上述关于教育与现代职业的讨论，似乎可概推到其他一切被视为现代化的因素上。以城市化为例，有人即指出它并没带来"经济发展所需的社会变迁"（乔都里，Sachin Chaudhuri）。德塞与达姆列发现城镇生活在内容和精神上大致无异于村落，甚至称之为"虚假的都市化"。兰伯特（R.D.Lambert）最近对变迁由城镇扩散到村落的想法表示怀疑。除了大都市和钢铁城市这类最近出现的少数例外，大致来说是工业迁就、适应传统环境，而非改变传统环境适应工业[2]。

以上事实不应被视为绝对是负面的，也没什么值得惊讶。新旧结合在一起乃是天经地义的。这些事实的意义在于对那些认为现代化一发生

---

[1]　K. Chandrashekharaiyah，在 *Sociological Bulletin*，Ⅸ，1962，p.63。

[2]　Sachin Chaudhuri 的文章，收在 R.Turner 所编的 *India's Urban Future* 一书中，引文见 p.225；Desai and Damle，前引著作；R. D. Lambert，"The Impact of Urban Society upon Village Life,"在 Turner 所编的书的 pp.117-140，不过参见 Ellefsen，"City-Hinterland Relationships,"前引著作，pp.94-116。还有，要看由于接近大城市（孟买市）来带给一个村庄的种种变化的实例，见 N. G. Chapekar，"Social Change," *Ghurye Felitation Volume*, pp.169-182; R. D. Lambert, *Workers, Fatories and Social Change in Poona*, Princeton, 1963；参见 Pundalik and Patwardhan，在 *Sociological Bulletin* XI，1962，pp.68, 72（波那大水灾以后关于卡斯特的态度），V. A. Sangave，"Caste Organization in Kolhapur," *Sociological Bulletin* XI，1962；有关印度都市化的特征及对有关文献的评价性书目，见 B. F. Hoselitz 所写的文章，收在 R. Turner 所编的书中，见 pp.157-191 及 pp.425-443。

就会把卡斯特社会冲击得土崩瓦解的想法构成挑战。那些想法来自于看清两组价值无法共存的现代人，他们认定和西方社会的现代价值有关的一切必然会自动成为破坏传统印度价值的有力武器。然而，事实证明这两种形态的社会之间的互动采取了一条和他们想象中截然不同的道路。

114. 卡斯特在巩固自身？

在一篇发表于 1957 年的论文级别的著作中，西尼瓦士承袭了他的老师古里耶的想法，不过比后者更为悲观 [1]。在论文中，西尼瓦士特别强调米勒（Miller）说明过的一点：卡斯特在当代丧失其原来有限的地域基础（那些"小王国"）之后，自由地往更大范围的地域扩散："神魔已自宝瓶中跑出。"西尼瓦士在其论文中讨论了自印度独立以来卡斯特在政治上所扮演的角色，其中有些资料取自其他人的研究结果。他的结论如下（这是从另外一篇著作中摘下的）：

> 一般而言，过去一百年来卡斯特团结意识大大增强了，与此相应的是生活于同一地域内的不同卡斯特之间的互相依赖之情减少了许多。（卡斯特主义与扫除不可触性研讨会报告，*Report of the Seminar on Casteism and Removal of Untouchabilily*)

---

[1] M.N. Srinivas: *India's Villages*,《导论》(1954)："Caste in Modern India" (1957)；参看 *Caste in Modern India*， pp.15-41；*Report of the Seminar on Casteism* (1955)，p.136。别的作者也表达了类似的看法。比方说 Aiyappan (*Sociological Bulletin*，Ⅳ，No.2，p.179) 认为卡斯特在新的方面被强化了（被政治强化）；B.Kuppuswamy (*Journal of Psychology*，XLII，1956，p.172)："一般的观察显示，教育的结果是增强而不是削减了卡斯特意识。"

这段话的字面意义是有问题的。所谓"团结意识大大增强"指的主要是政治藩篱的消失与交通的进步，使实际上的卡斯特群体在**空间**上扩展不少。而所谓"相应的"改变是假定在任何特定的一刻，群体中的团结意识有个理论上的定量（德赛［A.R.Desai］也有类似想法，参照 *Contrib.* VII，p.33）。事实上，卡斯特社团（*sabhā*）很少干涉村落的日常生活。西尼瓦士引用贝利的著作作为对外关系弱化村落内部整合的证据，但贝利所讨论的并不是村落以外的卡斯特"团结意识"的问题，他研究的主题乃是**受宰制的卡斯特**如何从现代政经体系获取利益的问题，而非宰制卡斯特的情况 [1]。

根据西尼瓦士，不同卡斯特之间的"紧张" [2] 态势也增加了（南部反婆罗门运动，受教育阶层竞争有限的现代就业机会）。这些"紧张"被

---

[1] 根据 Miller 的说法（"Caste and Territory in Malabar," *American Antropologist*, LVI，No.3，1954，pp.410-420），宰制卡斯特可能一直都比低阶卡斯特具有更广泛的对外联系。把这些情况应用到村庄的层面上并不会对村庄本身造成什么改变。对于村庄与外界的关系的性质，西尼瓦士则不太敢确定。在 *India's Villages* 中，他承认所谓完全独立于周围环境的村庄社区的想法只是神话（pp.9-11）；然而在他选入该文选的内容中，西尼瓦士又采用了 Metcalfe 关于此问题的著名说法（p.23）。在 *Caste and the Econmic Frontier*，1957，贝利关心的是重商主义经济和政治组织对村庄的影响。他使用的方法、公式和推论或许不无可议之处，但该书有三种人发财的结论是可以赞同的：首先，酿酒卡斯特在当地把所赚的钱投资到土地上，提高了自己的阶序性地位（改善的程度可能比该书作者所希望的少）；其次，外来的商人（Ganjam 的酿酒者）也购买土地，不过大体上他们仍处于当地的集体之外；最后，贱民卡斯特的主要成员，由于他们在取得公家机构工作方面受到政府的优待而能取得相当多土地，不过他们想提高地位的努力都碰到一项"不可触性之障碍"——身份比他们高的社群对此加以报复，方式是取消贱民卡斯特在宗教仪式上能扮演的角色。简单地说，整个村庄在官方制度许可的范围内尽量拒斥贱民卡斯特（p.224："他们渐渐移出该村庄的社会结构之外"）。最后，我们在讨论古里耶的论点时，已经指出了由结构转变到实质这种趋向。

[2] 在"紧张关系"这个名目之下，联合国教科文组织曾应印度政府的要求，在 1953 年左右进行过一项针对印度教徒与穆斯林之间的敌意的研究，还有南部婆罗门与非婆罗门之间敌意的研究。特别参见 Gardner Murphy, *In the Minds of Men*。同时参见以下研究与民意调查：R. K. Mukerji, *Inter-Caste Tensions*, 1951; K. Prasad, *Social Integration Research, a Study in Intercaste Relationships*, 1954; B. Kuppuswamy, "Attitudes to the Caste System, "1956; Vakil and Cabinetmaker, *Government and the Displaced Persons*, 1956; Vakil and Mehta, *Government and the Governed*, 1956; B.S.Guha, ed., *Studies...among the Refugees*, 1959。

解释为加强卡斯特团结的表记。这个想法代表持有进步观点的人一种偏爱婆罗门的偏见，此一偏见我们已在前面见过，在此又呈现出来。他们把反婆罗门运动看作坏事，而事实上反婆罗门运动才正是整个体系弱化的证据。新的行动领域（政治，特别是选举）的存在再次被解释成加强卡斯特的"权力"（西尼瓦士，《现代印度》，p.23）。波雪（N.K.Bose）很客气地指出，这只说到问题的一面，而在另一方面，也就是经济领域里，由于一种全然陌生的生产体系与经济关系的侵入卡斯特已被严重弱化了[1]。

简而言之，西尼瓦士的优点在于他承袭了古里耶的衣钵，指出卡斯特并不是在消失之中。他看见卡斯特很有弹性地适应新条件，扩展新的活动领域。他把这些现象解释为个别卡斯特的强化。此外，他至少隐约之间把这些事实解释为卡斯特**体系**的强化。然而卡斯特体系不仅仅涉及个别卡斯特内部的团结，而且还包括卡斯特之间的互相依赖和阶序。论及卡斯特团结时，还得讨论是多大程度的团结，还有个别团结的增强是否造成体系的弱化等问题。至于互相依赖，西尼瓦士也承认是弱化了，而阶序则更是反婆罗门运动直接攻击的对象。

---

[1] N.K. Bose 在 Singer 编的 *Traditional India*，pp.191-206。西尼瓦士对所谓的"非婆罗门运动"（以前马德拉斯邦的正义党，达罗毗荼协会）的态度，不只令人想起古里耶和其他作者的态度，也令人想起国大党中的自由主义者和尼赫鲁的反"宗教社群主义"态度（他反对让信伊斯兰教的少数团体有自己的议员，理由是自由主义民主理论中的那些抽象原则，参见本书附录四；参见 Rudolph and Ruldoph，"Political Role，" p.10 讨论的大体类似的观点）。对这些知识分子来说，认识既存的种种对立并不是解放的先决条件之一，而自由主义者的态度分析起来似乎是要忽视卡斯特，结果却又让卡斯特充分表现出来。反婆罗门运动毫无疑问是一种广义的卡斯特运动，不过还是有必要把运动的形式（也就是其表现方式）和运动的内容（也就是其用意与其结果）区别开来：该运动到底是反对卡斯特体系，还是支持卡斯特体系？如果一项运动的结果是降低婆罗门的尊贵身份并且取消他们实际上对行政工作形同独占（在今日的马德拉斯邦）的情况，就表示把卡斯特体系削弱了，这一点古里耶至少在其著作的一段中提到过。卡斯特在选举中以及在一般政治中扮演的角色与西方模型相反，但同时是自然的，在目前阶段也是不可避免的（Rudolph 前引著作）。此外，和传统的体系比较起来——如果我们肯抛弃村落共同体的神话——这是一种进展，而且毫无疑问是相当可观的进展，有点像一种真正的新发明。

以前有不少古吉拉特邦的人暂时到东非就业赚钱，波寇克（D. Pocock）曾对其特殊处境做过研究。他的结论是，在那些自我放逐者之间有卡斯特，但无卡斯特体系："不同的卡斯特仍然存在……但卡斯特体系不存在。"他要表达的意思很容易理解，不过，人们仍忍不住要问，一个体系不存在之后，其组成部分是否能继续存在。他发现东非的印度人社区中，原来的阶序已被一种非结构意义的差异所取代，这种看法是比较细致的。简而言之，像古里耶一样，波寇克觉察到由结构到实体的转变已在发生，上引那句话的正确解释应是如此 [1]。

115. 从互依到竞争

里奇对西尼瓦士关于卡斯特体系的看法提出质疑。卡斯特以互相依赖为基础，而非彼此竞争，"一旦彼此发生竞争"即违背卡斯特传统。如果竞争取代互相依赖，卡斯特即死亡。贝利在最近发表的一篇文章中将此看法加以进一步发挥 [2]。他宣称，村落里的卡斯特体系已经改变了，

[1] David F. Pocock, "Difference in East Africa, "*Southwest Journal of Anthropology*, XIII, No.4, 1957, pp.289-300; 参见最近出版的 O.M.Lynch 的论文，收在 Balaratnam 编 *Antropology on the March*, pp.198-199 中（在城镇里面没有卡斯特体系）。在这里，结构主义者可以心满意足地引用亚里士多德的著作：

"我们现在就进而论述城邦，城邦［虽在发生程序上后于个人和家庭］，在本性上则先于个人和家庭。就本性来说，全体必然先于部分；以身体为例，如全身毁伤，则手足也就不成其为手足，脱离了身体的手足同石制的手足无异，这些手足无从发挥其手足的实用，只在含糊的名义上大家仍旧称之为手足而已。"（*Politics*, 1253a）

（编注：本书译自英译本《阶序人》，而根据英译者注释，杜蒙在原书中使用的引文来自 Trieot 的法文译本，其内容和标准英译本不尽相同。英译者将其改为 Jowett 所译、Ross 所编《亚里士多德全集》版本。在此简体译本中，编者将这段文字的译文替换为读者较为熟悉的商务印书馆 1965 年初版《政治学》版本，译者为吴寿彭，见中译本 pp.8, 9。）

[2] Leach 编，Aspects of Caste, pp.6-7; Bailey, "Closed Social Stratification in India"。D. Mackenzie Brown 清楚地指出竞争的观念"和印度的观念形成明显对比，印度观念包含各种不相互竞争的卡斯特，他们全都承认同一来源的政治权力以及政治道德"。（Park and Tinker, *Leadership*, p.13.）

因为其成员可以在村落之外找到发财致富的手段，所以村落中的低卡斯特拒绝接受与雇主之间的主仆式关系，而直接与以前的雇主竞争。此一结论的根据是贝利自己的观察（参看 p.348 注释［1］）。不过，他的断言可能过分夸大，我们不应据此太早加以概推。

简而言之，根据贝利，卡斯特体系已从"有机"体系转变成"分支"体系（segmentary system）。他所谓"分支"，指的是涂尔干所称的机械性的（团结）；用本书的语言则可称之为从一个结构转变成多个实体的杂陈并置。那些被称为"卡斯特"的群体仍继续存在，但这些群体已处于一个不同的体系之中。贝利认为，如果把印度行政单位的邦作为整体单位去考察，情形将更加明显：运作范围之扩大使原来对比于次卡斯特只具有"范畴"意义的卡斯特，因为卡斯特组织（社团等）的出现，变成实质的"群体"，卡斯特成为彼此竞争的利益群体，成为"政治性的单位"。在此情形下，卡斯特已非身份群体，而应该用别的名称来称呼此类新群体。

古里耶的著作也提到卡斯特彼此间的竞争，里奇与贝利则不但指出竞争的存在，同时视之为表示整个体系已在转型。他们论及的新竞争实际是**不同卡斯特之间**在政经层面上的竞争，因为竞争本身在传统体系中并非完全不存在 [1]。目前，似乎的确处于转型之际，最少在一个活动领域中是如此，处于从卡斯特世界转型到现代世界的过渡阶段。

---

[1] Srinivas, *India's Villages*, 1955, p.6: "非农业的，也就是各个服务行业的卡斯特成员之间存在着强烈的竞争"；"这种独占结合同时也分化了享受该独占的人们"，在一些非专业性行业中，不同卡斯特成员之间的确存在相互竞争的现象，比方说碰到要争取同一块土地来耕种或是要向地主争取受雇从事农业工作的时候；不同卡斯特之间也会为身份高低而竞争。

116. 初步结论

从以上论及的两个相对立的看法中可得到两点结论。首先，竞争取代互相依赖只是整个现象的一面，即其行为面。就这点而言，可以说卡斯特已接受平等的概念[1]；或就意识形态观点而言，结构似乎已向实体让步，每个卡斯特变成一个个体，彼此对立。我们所拒绝的那些现代看法，如克鲁伯的看法（把卡斯特视为阶级的极致），或卡维的看法（把卡斯特视为建构社会的一种自成一格的成分）也含有部分真理[2]。换句话说，卡斯特现代化的结果似乎把它变成现代人想象的卡斯特的样子。这也并没什么值得特别惊讶的，因为不论是现代观点还是卡斯特的现代化，全都是一个转型期的问题，都是知性上或实际上从一个体系转变到另外一个体系。

---

[1] 在这方面的表现有时候异常夸大，态度也极端，表示这种观念还是相当勉强的。因此知识分子的纯粹主义才常受到批评。下面是另一项事实。把甘蔗送到恒河平原的制糖厂是用生产合作社用最严格的平等原则加以规定的。这种组织很有用处，因为种植者越早把甘蔗送到糖厂越有利，而送甘蔗的时期相当长。接到运送单的是整个村庄，然后再划分为三类（大、中、小生产者）依照比例同时分配。如果有人因特殊原因（比方说办婚礼……）要花一大笔钱，会特别允许他额外交送一批甘蔗。轮到谁、能交多少甘蔗全都要照种甘蔗者姓名的字母排列次序记在本子上，没有作假之处。即使那一天村庄并不交甘蔗，所有的人也还是要在早上六点集合，并进行相当冗长的讨论。即使是把不识字者数量众多这个因素考虑在内，并考虑到他们没有能力查对记录本，以及记录本是由以前的大地主（Zamindar）保管，而大地主自己也大量种植甘蔗，免不了要照顾自己的利益，整件事情最值得注意的是：村民无法适应这种新制度，因为他们并不真正信任这个新制度。村民始终认为，再三要求及使用压力会对订单数量的分配有所影响。因此他们采用繁杂无比、极费精神的公平分配办法，而办法过分复杂，导致合作社运作不良，结果给种种不当做法大开方便之门（个人访问调查）。

[2] 德里大学的北泰博士书面回答贝利，声援西尼瓦士的论点 *European Journal of Sociology*，1964，I，pp.130-134）。他正确地提醒贝利注意社群体系的分支性质（segmentary nature）。北泰似乎在主张，像卡斯特这样一种社群，其内部与外部并不具有什么基本上的差异；同时他实际上重新引进对传统卡斯特的结构观点，但却忽略了现代以来渐渐减弱的正好是其结构性的一面这项事实。仔细加以分析的话，我们会发现两位作者都对这类体系中空间所占的重要性认识不足：贝利的缺点具体表现于他把分支的观念从概念层面转化到物质的地域性层面；北泰则跟随西尼瓦士的脚步，错误地把一组卡斯特在空间地域上的扩张视同结构上的互依，好像两者是"团结"这一个属下文的两个种似的。

另外一个我们不可忽视的结论就是这所谓的现代化，不论它多么真实，都仍然处于未完全的阶段。它只涉及社会生活的政治经济领域。为了估量其整体性的影响，我们还得弄清楚此一政经领域在整个体系中所占的位置。就本书所强调的传统观点而言，此一领域并不管辖社会生活的其他领域，也毫无自主性，并非独立于其他领域之外。相反，政经领域涵括在宗教性脉络之中。我们认为，洁净与不洁的对立乃是整个卡斯特体系的核心，即使这个核心已有弱化的趋势，前述的政经领域被涵括于宗教脉络之中的情形仍然没有改变。它正是卡斯特体系可塑性的秘密所在，也是那些确实存在的变化之意义相当不明确的原因所在。一切变化似乎都表示，这体系只容许变迁发生于次要领域。此一事实使我们要同时拒绝上述两种对立的看法：我们的结论是，他们所举出的事实既没有证明卡斯特体系得到强化，也没证明卡斯特体系已发生转型，只显示在次要的领域发生了一些变化。为了了解事实的确如此，必须把里奇所倡议的比较加以发展。否则我们将会像西尼瓦士那样只注意到新形式如何延续并强化老内容的现象，或是像贝利那样，只看到现代的如何取代古老的，也就无法确实指出变迁的方面，甚至根本无法描述变迁。

117.　变迁清单之拟定

　　我们可以先把和卡斯特体系多少有些关系的主要变迁列举出来，包括意识形态方面及经验事实层面的变迁。

　　在意识形态层面上，最主要的事实是在法律和政治上插入一个平等主义的要素，但并没有在阶序性整体架构上有相应的主动性改变[1]。此外还有一股改革的冲力，与前述要素结合起来，其范围包括宗教的现代化——新印度教——和某种程度的风俗习惯的改革（特别是不可触性）。在中级的层面，大致属于经验事实，不过也有意识形态的味道，还有一个我称之为外国皇家模范的因素：一如以前的国王，作为统治者的英国人成为模仿对象（"西化"），虽然英国人并不实行婆罗门的价值（不过他们会自觉地不去故意违反那些价值）。最后，在经验事实层面上有三件基本事实：现代职业的存在与发展（从宗教观点看来这是中性的）以及城市的发展；地域的统一和新的空间上的流动性；经济活动的解放与市场经济的发展。

这些现象性质繁杂，有些是故意促成的，至少先假定会被一部分人或被动或热情地接受，其他的则是外界强加的，甚至是直接源自西方的宰制有意无意造成的，且带有它自己的技术与价值。这些必然在不同程度上以不同方式影响了卡斯特体系。

上述各种因素造成的互动也可依其形态加以分类。我们且将之分为三类：拒绝、杂陈（传统的与现代的特质快乐地并存）与结合（把传统的与现代的紧密结合成新的混种形式，其取向具有暧昧性）。大多数人会很快同意，卡斯特体系对小心翼翼的英国统治的反应方式所含的**拒绝**（rejection）成分极少。不过，在意识形态层面，1857 年的反抗被视为针

---

[1]　关于印度宪法中的重要一面，参见 A.Alexandrovicz, "La liberté religieuse dans la Constitution de l'Inde"《印度宪法上的宗教自由》, *Revue internationale de Droit Comparé*, 1964, pp.319-330。最高法院曾在其主席的反对之下通过一项很特殊但也相当典型的决议，"认为禁止以除籍（excommunication）作为处罚手段是对宪法第 26 条所保证的宗教机构自主性的一项无理干涉"。（p.8）

为了促进落后社群的进步，在公务员的任用甚至高等院校新生的录取方面，对他们采取部分优待的政策。Ghuryé, A. R. Desai, K. M. Kapadia（*Sociological Bulletin* XI, 1960, p.87）（古里耶赞成优待贱民）全都对这种办法加以谴责，认为会助长卡斯特精神（也常常有人说这种政策会降低录取水准）。然而如果取消这种纠正性的办法，所有的公务员职位都会落到高卡斯特成员手中，更会助长卡斯特精神。

对想象中要破坏整个社会秩序的企图之激烈反应。

杂陈（mixture）似乎随处可见，初看之下似乎是最普遍的反应方式，与本书第95节所说的卡斯特社会具有强大的整合或添加能力也符合。就整体而言，政治经济方面所处的次要地位及其孤立性（相对于主要价值观而言），使得现代平等主义能插入旧体系之内。同样的，新职业所提供的自由与职业上的宗教性规定同时存在（村落中的仪式专业人员相当稳定）；与此类似者，如最大地域范围层次上的竞争与村落层次上的互相依赖并存，空间的流动性与婚姻基本特质的维持并存，西化与"梵化"并行，偶然到镇上拜访时放宽饮食规定与在家中维持传统规定并存。改革的压力首先是一种没有多少实际效果的有限现象，只有雅利安协会（Arya Samaj）在旁遮普邦和北方邦有广大的群众基础，不过即使是这个改革组织的目标仍然深具乌托邦性质：他们鼓励贱民放弃受人贱视的职业，但实际经验显示此一做法不切实际。同样的，一般而言贱民想借"梵化"提升其身份也是徒劳无功[1]。有不少卡斯特借人口普查的机会提出各种关于其地位的大胆断言，但这些宣称很少在其所处环境中得到承认。就经济方面而言，虽然各种新做法很容易被纳入体系之中，但整体上，重商主义或资本主义心态并没有成功取代传统心态，追求声望、奢豪性、非生产性的消费仍大行其道。

至于**结合**（combination）的现象，到目前为止仍没有人就此方面做系统性研究。不过，大量关于传统社会与现代政治方面的文献显示，卡斯特在选举中及在广大政治生活中的角色，乃是很有技巧地应用新条件来

---

[1] 这种办法会导致一般性的经济损失，此外，贱民不再处理死亡的动物、不再从事皮革加工工作大体上无法真正执行。这项建议是北部的雅利安协会提出的，也只在北部出现。关于这一点有大量人类学著作都讨论到。参见 Blunt, p.334 以下；Srinivas, "The Dominant Caste," p.3；Cohn, "The Changing Status of a Depressed Caste," 等。

替传统的主从关系服务[1]。印度教徒与穆斯林之间的冲突（终于导致国土的分裂），乃是宗教占主导地位的传统政体与国家制度组合之后的政治形式（即社群主义，communalism）之表现（附录四）。

　　有件微小但却深具特征的事实在现代法庭上被用来作为获取传统特权的手段。在泰米尔邦有不少纠缠多年的讼案，争执焦点在于大庙祭典之后的荣誉排行分配中谁应比较优先。马德拉斯邦也提供另外一项非常有趣的反应（不幸的是，我无从得知1950年以后这方面的发展情况）。马德拉斯邦是传统性极强的地区，此地保守势力对贱民应有进入婆罗门神庙之权利的运动反应如下：首先，他们对此甘地派运动表示抗拒，但改革被强制执行，各邦也通过赞成改革的法律（"神庙进入法规"，*Temple Entry Acts*，马德拉斯在1947年通过）。接着，在马德拉斯素食者之间掀起一阵清教徒运动式的反应，此反应在独立之后蓬勃发展，内容包括禁止在大庙附近杀牲献祭，而这是食肉卡斯特常做的事情。有些行政区（如丁地古，Dindigul）禁屠，甚至不准穆斯林屠宰动物。最后，在1950年9月，马德拉斯邦议会（当时仍未分裂成讲泰米尔语与讲泰卢固语的两个邦）决议以法律全面禁止杀牲献祭（甚至村落、卡斯特或亲属群体中的私祭亦然）。事实上，该邦绝大多数人都举行此类献祭，这样的法律要如何执行实在不可思议，而如果民主是正常运作的，怎么会通过这样的法律也令人无法理解[2]。但这一切事件的背景甚为明显：贱民一旦进

---

[1]　Srinivas, *Caste in Modern India*,1962；Park and Tinker, *Leadership and Political Institutions*；Myron Weiner, "Changing Patterns," *Pacific Affairs*,XXXII,No.3,1959,pp.277-287；Bailey, *Politics and Social Change*, "Traditional Society and Representation"（*European Journal of Sociology*, I, 1960，pp.121- 141），以及 "Politics in Orissa," *Econmic Weekly*, Aug.-Nov.,1959。

[2]　譬如 Alagar 的神庙，位于马杜赖附近，是农民常去朝圣的中心之一，低阶甚至中阶卡斯特时常在神庙门外宰羊为牺牲，他们在那座外门附近供奉"黑神"（十八层的 Karupu，等等）。1949年，在新法律通过以后不久，我看到其附近一个屠宰场举行的献祭仪式，牺牲动物的头通常归神庙管理单位所有，他们拿头来卖钱。禁止一切动物牺牲的法令所以会通过，原因是食肉的议员不敢抗议，结果便是没什么人出面反对这项法令。

入神庙，高卡斯特者的洁净以及他们对崇拜与神明的观念立即受到威胁。因此，唯一的解决办法是强行改革贱民的习俗，迫使他们不再成为引致不洁的媒体。保守势力的反应还不只是这样，他们甚至想强迫每个人都奉行素食主义。这是相当重大的事件：传统的阶序性容忍被一种现代心态，也就是一种极权主义心态取代——单一而严苛的实体取代阶序性的结构。此一事实极为重要：平等主义脱离它被容忍的有限范围之后，造成了一项深刻的改变，引致宗教性极权主义的威胁。

上述讨论虽不完整，但引进了常被忽略的比较观点，使我们感到有做一般性比较之需要。

118. 阶序性社会与平等性社会：一个比较性的简图

以上特别是上一节所讨论的，使我们不得不从印度与西方互动的观点考察现代变迁，同时也要从比较这两个不同形态的社会的观点来考察该一互动本身，目的是要从此一观点重建一个整体性的比较模型。这项工作是必要的，值得欢迎，我们可借之完成尚未讨论到的部分。事实上，我们已经不断地把现代西方形态的社会拿来作为比较的对象：我们已指出，在一个社会中被明确表达出来并且大加颂扬的一些观念，在另一个社会中反而会被视为次要且加以忽略。现在我们要面对面比较这两种类型的社会，办法是借图形的形式，把意识形态和非意识形态的剩余物加以区别，不使之混淆，但又全涵括在内。我们将以图来表示，把我们研究所得结论以速记方式浓缩于其中，以便一瞥之下就看到整体的形貌。这个图形免不了是粗略的拟似，但仍有其用处。我们在讨论中所用的名词都出现在图上，不过它们所代表的确切意义在图中无法看出，图中要表现的是这些名词的浓缩力量以及它们在图中的**位置**（图5）。

两者基本的全面性对比在于作为主要观念与取向的客体不同：在左图（1），被视为整体的是社会（"整体主义"），在右图（2）则是个人（"个人主义"）。在图中我们不采用社会与个人这样的标签，而用集体人（Homo Major）一词以表示图（1），把人视为集体存在，把人视同社会；而图（2）则以个体人（Homo Minor）为称呼，以表示把人视为个体[1]。

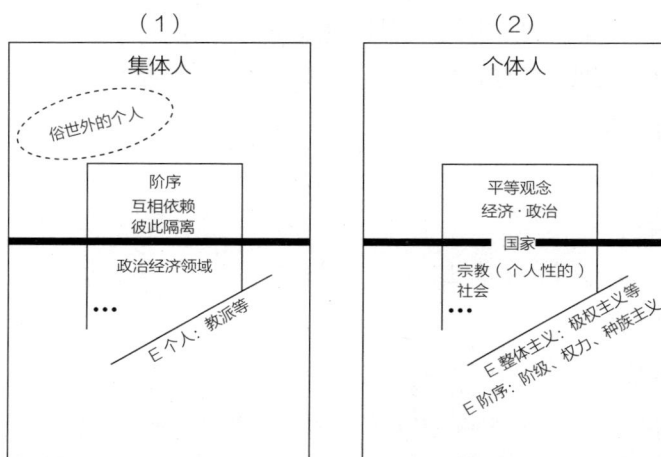

图 5　阶序格局与平等格局之对照

为了将此基本对立的一些特殊面相大体放置于相当的位置上，我将采用以前讨论过的卡斯特的基本特征作为比较的主要项目：身份与权力之间的阶序性割离，将用水平线条表示于图（1）中：横线以上的是阶

---

[1]　也可以把集体人（homo major）与个体人（homo minor）的对照性质画成圆形图：在图（2）中央放个人，个人的四周放那些由个人观念衍生的现象。但这样的话，必须把图（1），即集体人部分的基本要素（那些涵括者，如整体、阶序等）放在图的边缘。两个图的读法需要朝相反方面读，一个从中央往外读，另一个由边缘往中心读。比较起来，倒不如把两个图中对应的特质放在对等的位置上更为方便。

序，以下的是政治经济领域，等等[1]。这种办法也符合我们所主张的要把基本价值及观念与其他加以区分，把意识形态的与非意识形态的分开，把较具现于意识中，较被重视的与不太表现于意识中，不太受重视的部分分开。这条水平横线也可视为意识的界线。我们将把此界线上面的称为**实质**（substantive），以 S 代表；以下的称之为**虚质**（adjective），以 a 为代表，虚质之物可以说是受重视的观念的主要"并存与衍生现象"[2]。

为了比较，在图（2）中也同样划条水平线，把基本观念（S2）和其衍生物（a2）区别开来。阶序已放在 S1 的中央，在其下应加上：**互相彼此隔离与依赖**，其含义是本书前面所界定的意思。同样，在 S2 中，平等原则占据与阶序相当的位置，伴随现代社会中占优势的活动领域：**经济**，还有**政治**，其意一如在此社会中所认为者（参看 119 节）。在 a1 里面我们写上：**政治经济领域**，就目前的目的而言我们不再添加其他特征。而 a2 要放些什么呢？这得看看有何要素，既对应于图（1）里面的要素，而且占据相当于 a1 的位置，即相当程度上存在于观念中但并没有被放在最显眼地位[3]。它也就包括：**国家、个人性的宗教、社会**。这些要素所占的位置变化性颇大。作为一个"集体性的政治个体"的国家有权利在 S2 中占一席之地，然而它又被一种意识形态的形式，即国际主义所否定，

---

[1]　以下所讨论的，我不会坚持使用和前述分析使用的完全一致的分析办法。譬如，此处所指的分析方式包括所有出现于瓦尔那和出现于卡斯特的阶序性的对立面，还有各种区分标准的应用，等等。

[2]　一般说来，水平面的轴或"关键"都是相对的、任意定出来的。可以视目标而把它定高一点或定低一些，也可视情况及要观照的范围而变化。这里我们把它定在最高点，不过也可以把政治经济面引进里面，放在一个次要的位置，以便把所提到的其他含义都能放进 a 里面去。

[3]　此处用来做比较的原则可以表示如下：所有社会都含有相同的"要素""特征"或"因素"，这些"要素"的每一项都可在 S 或 a 中加以定位，性质会因其所占的位置而大为改变。最后提到的这项条件自然就把各项"要素"的"实在性"去除无余，在此条件下，$\sum S + \sum a = Con\ s$ 这个集和 a 这个集的总合是一个常数。这实际上等于是说，在任何一个社会都会以一直残剩的方式（在 a 里面）发现对等于在其他社会（的 S 里面）加以区分、说明表现出来或加以稳定下来的东西。

因为国际主义至少一度是相当重要的 [1]，这也是为什么我们把国家放在那个特殊位置。至于宗教到底要放哪里，的确需要采取比较观点才能决定：它被归为从属于个人之下（此外，它还可能变成哲学）。至于社会，当然属于"剩余项"的一部分：社会只不过是个人的集合并列而已，理论上属于一门特殊学问探讨的范围。S2／a2 之间的关系就像是 Sl／al 之间的关系，性质互补（把阶序从 S 排除掉等于把社会与个人都纳入 a），但它同时也表示个人直接衍生出国家和个人性的宗教。

我们已将若干主要观念和事实陈列出来，并加以比较。为了使这两个图完整，可以设法在每个图中寻找与另一图的价值所表现者相对应的特征：在图（1）里有没有个人存在？图（2）里有没有整体主义与阶序存在？我们早已发现印度有俗世外的个人之存在，即修行者，他们既身处社会之外，同时也在社会之上。但他们又透过教派影响社会，这点无法在图中表示出来 [2]。在图（2）中则有超级国家主义和极权主义代表整体对个人主义的原子化之反动，而且随处都可发现阶序的遗迹：在社会阶级中，在和"权力"观念有关的一些现象中，最后，还在种族主义中。在图（2）中没有任何事物的位置相当于图（1）中遁世修行者所占有的：社会确实在宗教以及在哲学中被超越了，但其方式在最后分析之下全都仍属于个人主义式的超越。

这点有必要加以强调：我们所画的图只是为了帮助比较的记忆道具而已。它并不是什么抽象公式，不必考虑实际资料即可借以推论出"理论"上的结论。看过这本书整个论证过程的读者或许会觉得这个图显得

---

[1] 关于国家所占的位置的初步比较，参见附录四。

[2] 参见附录二第 5 节。毫无疑问，在其他地方也可发现个人观念的蛛丝马迹（比方说《法典》中关于妇女在婚姻与家庭中的地位）。还得注意有关文献里的本质主义逻辑（本书附录二第 1 节及 14 节）。Heesterman 将这种倾向追溯到更早的时代（"Brahmin, Ritual and Renouncer," *Wiener Zeitschrift für die Kunde süd-and Ostasiens*, 8, 1964, pp.1-31）。

单薄，令人失望，希望我们添加更多的细节，或多添加些血肉。如果是这样，那就让这样的读者去谴责好了，我们所提供的只能是个处于实验阶段的图，其中未完成的部分在我看来乃是很重要的。我想，如果我把其中到处可见的问号都加以抹杀，那就违背了本研究的基本精神[1]。

119. 结论

上一节的图把两种表面上看来无法比较的社会形态放在一起，同时坚决维持其各自的特征，维持彼此的差异。我们的结论将从不同的方向加以观察：从右到左考察以了解印度对西方冲击的反应，从左到右考察以回到我们的出发点。

就互动研究而言，我们有个一般性的架构，是通常的"社会变迁"研究所没有的。不过这一架构丝毫没有取代研究之意，所以我们的结论只不过是一个绪论罢了。用图可以重现或发现三项普遍事实：

（1）在卡斯特体系中，由于职业和身份的关系纯粹由职业的宗教面引起，其余的则视权力而定，因此中性的城市性新职业得以涌现，而那些真正和卡斯特体系有关的职业（村落中的专门职业）所受的影响极小。最多也不过是贾吉曼尼关系变成局限于纯粹宗教性的和私人性的服务，

---

[1] 以上讨论，包括帮助记忆用的图表，可以和一种常见的观点加以对照。这种观点主张，如果不以一个人定下的观点为依据的话，就没有办法对整个社会做整体性的研究（譬如说 Berreman, *Contributions*, VI, p.125）。我们既没有把印度社会硬性横摆在"社会阶层"那种研究观点上面，也没强用"社会控制"的理论加以分析，同时拒绝使用只存在于分析者脑袋里面的这个或那个政治、经济体系去硬套——这些体系作为体系只存在于分析者脑海里面，只是为了满足尚未成熟的分类之需要而设的。固然任何考虑都免不了和某一特殊观点有关，即使在维持个别性质与整体的关系时，也是如此，然而此处所讨论的整体主义与个人主义之间的基本对立，至少就我们的观点看来，是全面性的。那个水平平面的轴或"关键"到底有没有在图表中占着特殊位置呢？就印度而言，答案是否定的；就西方而言，答案是肯定的，最少在目前所作的比较所能决定的范围之内是如此。

其他一些原受贾吉曼尼关系所制约的职业则脱离该项制约。

（2）在卡斯特体系中，政治经济层面相对居于次要的地位，而且相当孤立。因此，在此范围内可以接受新事物，而且实行这些新事物对整个 S 构成的妨碍相当轻微。英国政府的印度政策对宗教和传统社会秩序不加干涉（p.342 注释［1］），同时在政治经济层面引进了一些最少量的改革和新事物，这些都与此形貌相当和谐。这项形貌的负面影响很快即可看出：王族们的反应并未得到社会的支持，婆罗门也没有把 1857 年的反抗转化成为一场圣战。不以土地为基础的资本之出现以及商人与高利贷者，所引起的只是地方性的反应。如果不是太赶尽杀绝的话放高利贷的人甚至颇受尊重。

（3）最后也是最重要的乃是一项受忽视的事实，即处身俗世之外的个人之存在和其悠久历史对印度社会中个人主义思想的扩散起了决定性的作用。让我们重温一下遁世修行者对眷恋此世的心态所造成的影响（引进选择与爱的宗教，把群体性宗教相对化，引进主体性的道德观念）。一般人的心态因而早在受西方冲击之前，甚至早在伊斯兰教入侵之前，就已深受与阶序相对立的要素影响与渗透。西方人在没有忙于和权力有关的事情的时候，看起来不但像个异教王子，而且像是一个特殊的修行者（sannyasi）。他执着于真理，有一些不甚高远的理想如学格（scholarship）等所表现的无私精神，或是他的人道主义，他对社会进步的关心，以及他对一般性道德原则的关心，在印度教徒群众的眼中都令人想起遁世修行者所特具的品质，特别是在 19 世纪。且让我们看看印度本土迎面反击西方挑战的人物。甘地本人像极了修行者，这是很显然的。罗易（Ram Mohan Roy）表达了宗教上对政治社会问题的关心，就像是一个重回俗世的修行者。更有甚者，英国的统治很可能复兴了遁世修行的心态，因为只有透过此一心态印度人才能接受新精神。巴维（Vinoba Bhave）即是一个应用传统的俗世心态进行农村改革的修行者。

简而言之，印度社会开放接受西方影响的主要理由有二：首先，从印度的价值观看来，西方设定的影响范围是个相当中立的领域；其次，使西方的影响发生作用的精神本身对印度而言并非全然陌生。

现在让我们从另一个方向来看看上一节的图，目的不是想知道作为一个卡斯特成员的人在作为个人的人看来是什么样子——可以说这方面是本书讨论的主要内容——也不是为了看看比较两者在多大程度上有助于了解当代印度史——这方面刚才已有所讨论——而是为了问问我们自己，看看作为一个卡斯特成员的人能给作为个人的人提供什么样的教训，能在什么方面帮助我们（西方人）了解自己。这就回到了我们的出发点。在导论中我们曾给这个问题提出一项假想性的答案，以使读者具有社会学的视野。我们提出了有关个人的问题，借卢梭、托克维尔、涂尔干、帕森斯的帮助，指出在我们自己的文化里面，把人视为个体之存在的理论是片面的或受涵括的，一旦把他的社会本质有效而且多少明朗地认识到之后，情形即显然如此。

但是从此一观点来看，目前工作的结果只是替我们勾绘了一项新的工作：要把观点倒反过来，借着与纯粹的阶序性社会之比较去了解平等性社会，此一著作可称之为《平等人》(Homo, Aequalis)。我将以本书已讨论过的及其他研究所得结论为基础，简要地说明该项研究的内容。

在西方历史过程的某一阶段，人开始视自己为个人。这并非是突然发生的，虽然这一点其实无关紧要，不过我们也许可将人作为个人这个想法的出现过程从传统社会中作为集体存在的人追溯出来。但是人开始视自己为个人并没有马上使人们就此丧失作为社会存在的本质，此一现象在很多方面都表现了出来。首先，一个人所想象者，就某一观点而言也就为真：把人视为（基本上）个人的社会已不再完全是以前那个把人视为集体存在的社会。同时，这项新引进社会生活中的实质存在并未全面性改变整体社会生活。我们早在开始的时候即指出，这个理想上自主自立的个人在事实上乃是所有人中依赖性最高的，紧密地嵌入一个前所未见的分工体系之中。同样的，我们也同意托克维尔的观点，认为个人主义的民主只有在涵括于一个更具全面性的传统意识形态中的时候才能生存（viable），而该意识形态常是宗教性的，或许也可能有其他性质。这一点可换用另一种方式加以说明：如果所有的社会都具有同样一套"特质"，并依照各社会对那些特质的看法加以大幅模塑，那么一种新的个人主义"实质"的形成将导致作为其必要对应的"虚质"（adjective）的出现，而该虚质现象的具体内容应该可以借比较的办法预测出来。

就目前的实况而言，以上所言在不是很确定的意义下可说是真实的。但是不论如何，这就要认识阶序乃是一项具有普遍性的必要存在；我们必须了解到，阶序必然以某种方式显现出来，在与之对立的观念占优势的情况下或许会以阴暗的、丑恶的或病态的方式表现出来。以美国为例，这是一个最极端个人主义的环境，废除奴隶制度几十年后出现的是种族主义，这实在是一种奇怪的，但能够理解的现象；社会身份的差别被否认，其结果是以体质特征为基础的歧视涌现出来（参见附录一）。极权主义的现象或许也可从这个观点去解释，这并不是套用公式，而是借最吻合事实的分析加以解释。

且举个比较明确的例子以为结束。我将摘用我自己讨论个人在现代政治理论中的位置的研究[1]。霍布斯、卢梭、黑格尔这三个政治思想家可以相提并论，三个人都重要，但都有如悖论一般，他们常受鄙夷。通常的讨论都没能指出三个人之间的基本共同点，也没弄清楚霍布斯和他的两个继承者之间的延续性。从我们的比较观点来看，非常明显：这三个哲学家的共同点在于他们和同时代的大多数人正好相反，从一个显然

---

[1]　"The Modern Conception of the Individual, Notes on its Genesis and that of Concomitant Institutions"（现代的个人观念，其起源及并存的制度），*Contributions*, Ⅶ, 1965。

是或事实上是极端个人主义的基点出发，却在研讨过程中把整个前提颠倒过来，迫使个人去承认自己是个社会人——在政治层面上是个公民，这种情况把事实真相掩盖了起来。这三个思想家的杰出之处在于他们为了使现代意识形态与社会现实之间能和谐一致，全都超越了现代意识形态，因此让人觉得难以忍受。自由主义者认为政治领域是受抽象规范管辖的特殊领域，把它与整体社会领域之间的关系视为不是系统研究所能穷尽的范围；而霍布斯、卢梭、黑格尔则正好相反，他们用政治语言来思考整体社会。换句话说，他们采用现代个人的语言，而非社会语言来讨论整体社会，这样的讨论自然是不可能的，但这三个人所处的时代强迫他们这么做。他们的伟大之处就在于他们并没有表现出任何退缩之意。这些哲学家为什么可能具有危险性是很容易理解的，但如果据此而要谴责这三位学者，事实上等于宁取愚鲁而厌恶聪明。现在读者已能够明白为什么从比较的观点来看，还有不少对此类问题加以根本性的再思考的余地存在了，也可以了解**阶序人**（*Homo hicrarchicus*）确实能帮助**平等人**（*Homo aequadis*）理解自己。

后语
迈向阶序理论的建立

现在我们将暂时忘掉印度，或者该说是以印度所教给我们的，关于涵括者（the encompassing）与被涵括者（encompassed）之间的对立，作为出发点，尝试进一步加以厘清。即使我们无法提出一个阶序的理论，最少可往这个方向迈进。

我们得时时记住我们对阶序有厌恶之感。此一厌恶感不仅可以解释我们想进一步了解阶序所碰到的困难，而且提醒我们面对的是一种像禁忌一样的事物，一种明确的不以为然。这就需要小心从事，采取迂回战略，避免任何挑衅说法或不圆熟的判断。不论如何，这是我的想法。由于孤立无援，我决定慢慢前进，让有关的证据收集得多一些，基础稳定一些，期使整个视野变得更为明确。

在这篇后语里也是一样。既然目前无法进行一项持久的研究，我决定避免做任何题外的征引，割舍那些诱人的类比，那些和生物学、美学、数学或神秘主义有关的插语。我将限制自己，只求简要提出我在《阶序人》写就之后所进行之研究的成果，而且只以那些已出版者为限 [1]。再声明一次，我的目的仅在于为建造一座其他人迟早会关心的建筑贡献一

---

[1] 我将引用最近在 *L'Homme* 18, Nos.3-4（1978-12 月）发表的一篇论文，此后引为 "L'Homme"，英译刊于 *Social Science Information* 18，No.6［1979］。此外，我也将提及较早以前发表的另一篇论文，"On Putative Hierarchy and Some Allergies to It," *Contributions to Indian Sociology* n.s.5（December, 1971）中的一些细节，后者在引文中以 "CIS1971" 表示。

砖一石，而不是要建立一家之言。

我相信，阶序基本上并不是一串层层相扣的命令，甚至也不是一根尊严依次降低的存在的锁链，更不是一棵分类树，而是一种关系，一种可以很贴切地称为"把对反涵括在内"（the encompassing of the contrary）的关系。

我找到的最佳范例是《圣经·创世纪》第一章第二节用亚当的肋骨造夏娃的故事。上帝先创造亚当，他是一个未分化的人，"人类"的原型，这是第一步。第二步则从亚当身上抽出另外一种不同的存在。亚当与夏娃面对面，这是两性的原型。一方面，这项奇特的手术改变了亚当的性质，使原本未分化的变成一个男人；另一方面，出现一种既是人类种属的一员，又和该种属的主要代表不同的生物。亚当这个完整的个体，或者我们（西方）语言中的"man"（人，男人），把两种合而为一：既是人类种属的代表，又是这个种属中的男性个体的原型。在第一个层次上，男与女是同等的；在第二个层次上，女人是男人（或人）的对立物或反面。这两种关系显示出阶序关系的特质，此项特质以涵括未来的夏娃之原料，是来自第一个人亚当身上为其象征，真是十分适切。此一阶序关系，就其最广义者而言，即是一个整体（或一个集合）和其中的一个要素的关系：该要素属于那个整体，因而在此意义上与那个整体同质或同等；该要素同时又和那个整体有别或与之相对立。这就是我所说的，"把对反涵括在内"的意思。

亚当与夏娃的故事如此令人意想不到，而与当代观念又如此相背，或许值得进一步说明。让我们先从语言学方面说起。法语和英语中指称整个人类种属之代表和指称与女人相对的男人时均使用同一个词。换而言之，这两种语言都把"女人"视为较低一级。我们知道这完全不是非此不可，因为与英、法语邻近的语言，如德语，即分别使用两个不同的词。不过，英语和法语这种用法倒相当有趣，因为它把两个不同的层次混在一起，立刻涉及"涵括"的关系。此类安排并非例外，而是经常出现于词汇之中。前面我只提及《创世纪》的大略。《创世纪》还指出亚当与夏娃的结合，"二人成为一体"（《创世纪》第二章 24 节）。这点相当重要，它指出只有透过第一层次的指涉才能达致第二层次的统一。这是整个问题要点所在，也是当代心灵，或者说现代一般心灵，倾尽全力而又徒劳无功要加以掩盖的要点。尽管卖力宣称两性平等，但你愈使两性平等，就愈破坏两者之间的统一（夫妇或家庭的结合），因为**两者结合统一的原则在两者之外，而且正因为如此，必然使他们彼此之间有阶序性的关系**。我得即刻加上一句，以上所述只不过是个不完整的实相罢了。在某些方面使一个层次低于另一个层次的阶序原则，同时也引进多层次的关系，使整个情况倒转过来。家庭中的母亲（比方说印度家庭），由于其性别可能在某些方面显得地位较低，然而就家庭内部的关系而言仍占支配地位。就平等主义观点而言，可以说传统社会中因为有这类倒转情况存在而显得比较可以忍受。平等主义心灵见不到这些，因为它无法关照一个以上的层次。如果迫使它去考虑好几个层次，它就把他们全放进同一个模式。

　　亚当与夏娃的讨论到此可告一段落了，我们回过头来讨论本书原来的论题，现在从抽象的层次加以讨论。涵括者与被涵括者的关系这个观念是阿索陪（Raymond Apthorpe）给我的。时间是我在牛津大学教书并指导他写博士论文的时期，该论文极有创意但仍未出版 [1]。关于两类之间各种可能的逻辑关系，阿索陪进一步发展了斯特宾（Stebbing）和尤勒（Euler）之研究：加上交互关系的范域（the universe of discouse）这项因素，以分占不同相对位置的圆圈来呈现。他共提出四种情况，在此我只

---

[1]　Raymond Apthorpe, "Social Change: An Empirical and Theoretical Study"（Ph.D diss., Oxford University, 1956）. 据该论文作者写的简介，论文的摘要曾发表为 "Nsenga Social Ideas," *Mawazo*, Journal of Makerere University, Kampala, I, No.l, June 1967；订正刊于 No. 2，December 1967。

用其中两种。此外，他的目的是使互动的形式与这些逻辑形态相互对应，这与我要讨论的没有直接关系。在阶序性的情况中，根据阿索陪，一个类别（高级者）涵括另一个类别（低级者），后者则又把前者排除在外。

让我们假定有个交互关系的范域，以一个长方形来代表，分成两级或两类，彼此间毫无重叠，占满整个长方形的所有空间。可能的情形有两种。第一种如下图1，长方形划分成两个并排的部分，形成两个较小的长方形 A 与 B。A，B 两类即构成整个交互关系的范域。就这整个范域而言，A 和 B 可说是彼此互补，也可说是彼此对反，意即彼此排除，而此外又没有第三种可能性存在。就第一个观点而言，是就其构成来看整个交互关系的范域（结构观点）；就第二个观点而言，见到的是两类中的一个及其与另一个的逻辑关系，或者说考虑的是两类之间的关系，整个交互关系的范域只是其关系的当然背景（实质观点）。

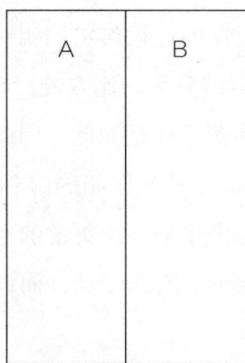

图 1

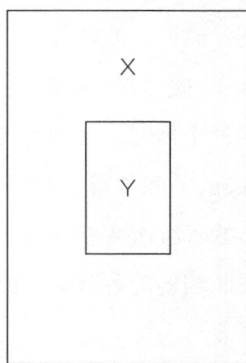

图 2

第二种交互关系的情形如上图2，这是阶序性的，X 类与整个交互关系的范域相当，而另一类则是在第一类里面，正如 Y 这个小长方形含在 X 里面：Y 属于 X，同时又与之有别，正像夏娃与亚当那样。我觉得最清楚的表现方式是把两个层次分隔开来，然后再结合在一起。在较高级的层次上有统一，在较低级的层次上有分别，正像第一种那样有互补或对反。而阶序即是把与不同层次有关的性质结合起来。在此定义下的阶序，互补或对反即涵括于较高级层次的统一里面。但是如果我们混淆两个不同的层次，就会出现逻辑上的大混乱，因为会同时出现同一（identity）与对反（contradiction）。此一事实毫无疑问地促成了现代思潮远离阶序概念，使现代心灵压抑此概念或将之中立化。同时它也令人想起一个极可观的邻居，即黑格尔将障碍化为工具的努力，试图利用矛盾对反以达成更高级的理解。我们将趁此机会把这两种模型比较一番。

一方面是"结构"（structure），另一方面是"辩证"（dialectic）。主张辩证法的人毫不迟疑地视"结构"为无结果的徒劳。区别性对反（distinctive opposition）确实"产生"不出任何结果，即使我认为应该加于其上的阶序性对反（hierarchical opposition）也一样产生不了。它们都是静态的；我们的对反、互补和两极对立全都无法透过"发展"加以超越。然而，的确有一个时间性的过程与它们相对应，即**分化**（differentiation），此过程倒可能产生深远的后果，比方说，当生物的生殖器官分属不同的个体时，亚当与夏娃的例子即是如此。因此，认为"异时性"（diachrony）和"辩证性"（dialectic）意思相同显然是错的。然而，分化确实并不会改变整体格局，因为那是一次决定的形态。在阶序格局里面，彼此相容的各部分可能在数量上有所增加，而并没有改变整体的规则。

黑格尔以矛盾为基础的格局的运作方式则有所不同。透过否定及否定之否定，它能够综合出一种前所未有的整体。事实上，黑格尔思想最深层的动机即在于自未分化的实质中产生一个分化了的整体，也就是自实质中得出整体。阶序格局的情况则正好相反，整体先就存在，此外并没有实质。我们这项比较的要点在于两者均有两个层次，其中一个层次超越另外一个。对黑格尔来说，超越是由综合所产生，而非原先即存在，这正是他的主要目标——虽然在绝对精神的层面上，实情并非如此。

在我看来，此处所界定的阶序性对反，亦即涵括者与被涵括者间的关系，或是全体与部分的关系，在结构思想中的不可或缺性并不少于以前的区分性对反或互补性的关系。实际上，令人吃惊的是，这一点在以前竟然如此不受瞩目。或者说，如果我们以前竟然不知道阻碍此项认识的力量竟然如此巨大，确实令人惊异。

在讨论二分对立分类（dualist classifications）及自赫兹（Hertz）以降已成经典的左右对立的一篇文章中（*L'Homme*，pp.101-109），我已试图说明此一必要性。我们注意到，此项对立一直被视为一般的两极对立之一，而忽略作为其构成要素之一的**对整体的指涉**（reference to totality）；左与右之存在纯是就人体而言（我的右即是我的影像之左）。"右手占上风"的问题是个假问题，或最少是把问题提错了。左右手的问题必然要以整个人体为其指涉基准，本身就必然会造成其中一手显得比另一手重要。双手无法在任何情况中平等，理由是它们永远都是从一个界定它们、组织它们的整体角度受审视。

这表示，双手的相对**价值**由它们与整体的关系所决定，蕴含于它们彼此的差别之中。也就是说，双手之间的相对价值和它们的区别是分不开的，并非一方面是简单的对立观念，另一方面又有一项附加其上的价值。所有真正的二分对立（duality）也均是如此，比方说部落组织中的两个半偶族（moieties）：此处的分化同时也是价值的分化。它和纯粹差别性关系的不同在于阶序性关系含有价值的层面。

然而这样的讨论仍嫌简单，我们非把它更复杂化不可。我们已说过，"阶序即由这两个不同层次的命题合组而成"，此一说法有一项前提："阶序预先假设（两个）层次之区别。"在某种意义上，它也是此一区别本身。作为现代人，我们倾向于把一切事物都置放于同一层面。如果可能的话，我们希望干脆与阶序毫无瓜葛。然而，一旦用此概念，我们必须牢记它本质上即是双面相的（two-dimentional）。只要提到高级与低级的关系，我们就必须习于指明此项阶序关系本身所处的是属于哪一个层面。它不可能是指一项经验的全部（虽然虚假的阶序会做此宣称），因为那就是否认该阶序性面相本身，其存在条件必须先以价值区别各不同情境。阶序因而含有全面倒反的可能性：在高层次中属于高级者可能在低层次中变为属于低级者。左可能在一种可称之"左的情境"中成为"右"；此外，在将之结合在一起的复杂的互补性中，两个半偶族中的任何一个都可能一会儿处于高级一会儿处于低级，彼此轮替。

我们可能会好奇，所有这一切在平等主义的意识形态中会变成什么样子。现代人并不是不做价值判断，只不过对人、事、物均给予不同的价值。我们不免奇怪，怎么能够使自己如此不受制于阶序，不受制于形同其形式原则的整体与部分之对立。我们使用的方法之一正是独立于**各种价值**之外的，分别考虑**各种事实**的那项绝对性的区分。同时我们也注意到，将其对立而涵括在内是经常发生的，虽然表面看起来并非如此。我对经济思想研究所得的结论即是如此（参看《从曼德维尔到马克思》，*From Mandevelle to Marx*，索引：阶序，涵括之实例等）。我们注意到，每当某个观念显得重要时，它即具有涵括其对立面的能力。此处且举几个例子。在古典政治经济学中，财货（goods）则将劳务（services）涵括在内；在亚当·斯密的著作中，劳动（work）涵括了交换（exchange）；在马克思著作中，生产涵括了消费，此处涵括的意义与亚当涵括夏娃的意义完全相同，而且和黑格尔思想中的国家（state）涵括公民社会（civil society）或需要的体系（system of needs），也仅有微小差异。因为上举各作者的目标基本上均是反阶序的，这些例子应足以说明要完全避开此处所讨论的对立其实并不容易。

或许社会学就只有一条法则，或可称之为"帕森斯法则"——即使帕森斯及其同事并没有如此称呼它，因为他们会觉得这样的说法太过粗陋。此一法则即是每一社会次级体系（social subsystem）都先受它所属的体系（system）规范。此处的"次级体系"和"体系"的意思全是相对性的（参见 Talcott Parsons, Robert F.Bales, Edward A. Shils, *Working Papers in the Theory of Action*, Glencoe, 1953）。在别的研究领域中不难找到与此项命题相应的情形。在不同层次上去界定"体系"，以及由此产生对于"不同的层次"及其阶序的认定，的确也并非没有困难。然而，要找一些简单的例证来说明这项原则却并不困难，这项原则告诉我们的，简而言之，是为了掌握、了解某一层次，就必须检验该层次与比它更高的层次之间的关系，也就是必需**超越它**。而与此正好相反的是现代思想。现代思想主要的及持续不停的努力，毫无疑问，一直而且目前仍然是针锋相对地反对一切形式的**超越**，这一点黑格尔也在其著作中提到过。"帕森斯法则"显得孤立无援这项事实，它与现代意识形态的主流形式之对立，正好是赋予它真实性（authenticity）的保证。

简而言之，不论要面对的问题是要使价值与观念重新结合，还是需要认识到社会生活的核心有**超越**（transcendence）之存在，对立面之涵括，或者是事实上与前述者同义，以整体为取向（the orientation to the whole），全都深值注意，因为这些都是对现代意识形态的主流之挑战。

附录一
卡斯特，种族主义与"社会阶层"

—— 一个社会人类学家的省思^[1]

献给 伊凡－普里查德

阿隆（Raymond Aron）教授在他最近的一篇论文中说，社会学"几乎看不到任何批判性的、比较性的、多元性的理论"^[2]。我在印度研究卡斯特以后，想将卡斯特体系与别的社会体系做比较，但看到卡斯特如何被放进美国发展出来的"社会阶层"（social stratification）理论后，我的确与阿隆教授颇有同感。简单地说，这里面的问题是这样的：除了印度，到底有没有卡斯特存在？到底可不可以讨论印度以外的卡斯特？特别是卡斯特一词能不能用于美国南部黑人与白人的区别上？有些美国社会学

---

[1] 本文原以法文刊于 *Cahiers internationaux de Sociologie*, Paris，XXIX，1960，pp. 91-112。这篇英译取自 *Contributions to Indian Sociology*，v，1961。本文的想法是在替联合国教科文组织出版的《社会科学词汇》（*Vocabulary of Social Sciences*, Unesco）写"卡斯特"这条目时引起的。卡斯特一词是否可略为延展，例如用于东南亚的社会，此处略而不论。文中只考虑是否可广为延伸的问题，因而不得不将社会学研究法与人类学研究法对立比较，虽然有些草率。

[2] Raymond Aron, "Science et conscience de la société ," *European Journal of Sociology*, I, I, 1960, p.29.

家的答案是肯定的 [1]，这和该词的日常用法相符；但多数对印度有经验的人类学家极可能给予否定的答案 [2]。看起来这好像只不过是名词选择的问题：要么接受前一种办法，采取较广义的定义，虽然或许因而需要区分一些亚型（subtypes），比方说有些作者把"种族卡斯特"（美国）与"文化卡斯特"（印度）加以区分；要么就是拒绝延伸应用卡斯特一词，只把它限用于明确界定过的印度型现象上，另外找其他的词来指称别的型。这是理想中的情况，但在实际上，人们对此名词的某些用法已是既成事实，或许只有对这些用法的明显含义加以批判，才能打开一条路，得到一个较好的比较观点。因此我将先着手批评在美国通行的用法，希望借此显示社会人类学在这方面能如何帮助社会学。我将把重点放在两个方面：首先，这些作者对印度体系的看法如何；其次，相对于一些相关概念（如"阶级"），也相对于他们常将这类事实置其名下的"社会阶层"这个大范畴，他们给予"卡斯特"这一概念何种地位。最后，我将提出一个初步的架构以供真正的比较研究之用。

---

[1]　这种倾向——被其唯一一个有系统的反对者 O.C. Cox 称为 "the Caste School of Race Relations"（种族关系的卡斯特学派）——似乎占尽上风。另外还有一种比较温和的倾向，把卡斯特这个名词应用到研究美国的专刊上，这些倒并不带有比较上的偏见（密利等人即是例子，见下文）。至于通行的字典，除了说明这个词本来的意思以外，同时也说明其引申意，比方说 *Shorter Oxford English Dictionary* 的 "caste" 这一条："维持自己群体的社会特性，或传袭特殊权利的一种阶级。"

[2]　然而，近年来那些对印度体系熟悉的作者中，有一位在斯里兰卡做过研究的社会学家却坚称印度和美国有根本上的不同（Bryce Ryan, *Caste in Modern Ceylon*, New Brunswick, N.J.1953, p. 18, 注），而 F.G. Bailey 则事先断定印度与美国的比较必须在"卡斯特"这个名称之下进行（*Contributions*, III, p.90）。Morris Carstairs 不那么武断，不过他追随 Kroeber 的定义（见下文），接受美国人的习惯用法，因为他觉得这个观念要比"种族"的观念更好（*The Twice-Born*, London, 1957, p.23）。在此以前，有位印度作者 Ketkar 提出美国社会可用种族与职业为标准加以阶序性划分，并提出一项共有十个社群的分法（这种分法实际上却是以移民母国为划分根据）。他并没有使用卡斯特这个名词，不过他很得意地强调某些他认为很像印度体系的特征。（Shridar V. Ketkar, *The History of Caste in India*, I, Ithaca, N.Y. 1909, pp.100n., 102n., 115n.5.）关于这个问题的一般性质，在最近出版的下述著作中有讨论：E.R. Leach（ed.）, *Aspects of Caste in south India, Ceylon and Northwest Pakistan*, Cambridge, 1960（Cambridge Papers in Social Anthroplogy, No.2）特别是 p.5。

1. 卡斯特乃阶级的一种特例：克鲁伯

克鲁伯（Kroeber）对卡斯特下过一个定义，而我要讨论的整个社会学上的趋向正是与此定义有关，因此他的定义通常被视为具有古典性。

在他为 1930 年版的《社会科学百科全书》（*Encyclopaedia of Social Sciences*）"卡斯特"条目所写的一文（Vol. III，1930.254b-257a）中，克鲁伯枚举卡斯特的特征（内婚，世袭，相对等级）之后说道："**卡斯特因此是社会阶级的特殊形式之一**，至少就其趋势而言是存在于每个社会的。不过，卡斯特与社会阶级有别，其分别在于卡斯特深深融入社会意识，以致习惯与法律试图将不同卡斯特严格而且永久地彼此分隔。**社会阶级是让各卡斯特体系在不同的时代与地方独立成长出来的原生土壤……**"（黑体为笔者强调）。

在同一篇文章中，他认为"卡斯特体系"不仅出现于印度，而且也在中世纪欧洲和中世纪日本出现过。不过，他也隐约承认，后两例中的卡斯特是不完全的：卡斯特组织要么只存在于社会中的某一部分，要么就是像日本的"拟卡斯特体系"，其分工制度与宗教的整合并不明确。

对我们而言，最重要的一点是他把"卡斯特"看作"阶级"（class）的一个特例。为什么会有这样的看法呢？可能主要是受了"人类学的普遍性"这观念的影响，正如华纳（Lloyd Warner）在表示支持克鲁伯的定义时所说的那样 [1]。其次是因为"卡斯特"既严格又少见，而"阶级"则比较有弹性，更模糊也更常见。但这只是搁置问题罢了，因为若要采取此一观点，就必须明确界定"阶级"，而这是一件远比界定"卡斯特"

---

[1] Lloyd Warner（Dir.），Deep South, *A Social Anthropological Stuty of Caste and Class*, Chicago, 1941, ed., 1946, p.9. B. S. Ghurye 的立场和克鲁伯很接近："印欧文化的特色之一是具有界限分明的身份团体；就比较观点而言，印度的卡斯特体系只不过是表现这种普遍现象的一个极端特例（如不可触性等现象）。"见 *Caste and Race in India*，NewYork, 1932, pp.140, 142.

更为困难的工作。不用担心，我们毕竟都对"阶级"相当熟悉，对"卡斯特"则相当陌生……在这里我们也就碰到此处所讨论的作者们视为当然的我群中心主义（sociocentricity）之核心了。事实上，如果我们想了解为什么所谓的"阶级"会比较常见，如果我们只是考虑概念的清晰性，那么大可以把这个命题倒反过来，大可以用印度的卡斯特体系作出发点，因为它提供的是一个清楚明白的形式，在其他地方所能看到的则是渗水模糊化了的形式。克鲁伯的定义把一个社会对自己的意识化约成一种次要现象——虽然他还是认为此意识也有一定重要性："它们深深融入社会意识之中。"这个例子显示，这样做只是使自己陷入语意不清的泥沼。

2. 卡斯特，封建等级，与阶级的区别

人类的一体性并不是要我们把多样性任意地化约成统一性，它只是要求应该能够从一个特殊性移转成另一个特殊性，而且应该尽一切可能的努力，发展一套可以充分描述每一个特殊性的共同语言。此项努力的第一步在于认识差异。

在克鲁伯给卡斯特下那个定义之前，韦伯（Max Weber）曾经把"阶级"与 Stand（"身份团体"，status-group，或大革命之前存在于法国的"封建等级"，estate）截然划分，前者与经济有关，而后者与"荣誉"或"社交往来"有关[1]。韦伯把阶级界定为经济团体已受到批评，不过这个定义有不致过分模糊的优点。即使承认我们社会中通称的社会阶级包含上

---

[1]　Max Weber, *Wirtschaft und Gesellschaft,* II, pp.635-637. Cox, *Caste, Class and Race*, p.287 有加以讨论，另外 "Max Weber on Social Stratification," *American Sociological Review*，II，1950，pp.223-237 也有讨论；同时参见 Hans Gerth，"Max Weber vs Oliver C. Cox"，*American Sociological Review* ibid.，pp.557-578（讨论犹太人与卡斯特）。

述经济与荣誉两个方面，但就比较的观点而言，把这两个方面加以区别却是必要的，这将在下文看得出来。和克鲁伯一样，在韦伯看来，卡斯特代表一个极端的例子，但韦伯认为是身份团体变成卡斯特，当其划分不只受习惯与法律而且受仪式（接触会产生不洁）之保障。此项由身份团体到卡斯特的演变是起源性（genetic）的，还是仅仅逻辑性的？我们也注意到，在此处所讨论的《经济与社会》（*Wirtschaft und Gesellschaft*）一书中，韦伯以为个别卡斯特在一定程度上有它自己特殊的仪式和崇拜的神祇——这是西方常识的错误之一例，认为凡是能够区分的必定都有所不同。论及卡斯特的起源时，韦伯提出另一项因素加以说明，此即据说的族群（ethnic）差异。依照这个观点，卡斯特属于封闭共同体（closed communities，*Gemeinschaften*），实行内婚，相信其成员同一血缘，在社会（*vergesellschaftet*）中与其他封闭共同体一起生活。整体言之，卡斯特被视为身份团体与族群共同体辐凑而成。这里就出现一个难题。韦伯似乎认为 *Gesellschaft*（社会）与 *Gemeinschaft*（团体）大有区别：在社会中，一个据说是族群的团体，一群"贱民"（Paria people），因为担负一些不可或缺的经济功能而被忍受其存在，像中世纪欧洲的犹太人那样；在团体中则有各种身份团体，在极端的例子里还有卡斯特。如果我没有了解错的话，难题出现于其结尾的一句话，那句话想借两者间一项人为的转换来加以调解："Eine umgreifende *Vergesellschaftung* die ethnisch geschiedenen Gemeinschaften zu einem spezifischen, politischen *Gemeinschaftshandeln* zusammenschliesst"（斜体为笔者的强调），可以译成，"族群来源不同的各共同体在组成同一个社会的**过程**（societalization）中彼此包容，最后在政治行动的层面上把他们结合成为一个新型**共同体**"。其中的每个组成团体都承认一个有关荣誉的阶序，彼此间的族群差异同时转变成为功能上的差异（战士，祭司，等等）。不论此处把阶序、族群差异和社会分工结合在一起是如何的出色，我觉得韦伯的失败或许正是因为他把"族群"的考虑添加到一个阶序性的观点上面，想借此把卡斯特体系起源于种族差异这个流行的想法和西方社会里犹太人或吉普赛人所构成的共同体的特殊处境相提并论。

剩下来的就只有深具分析价值的经济团体与身份团体之间的区别。在身份团体里面，还可以像索罗金那样[1]再更进一步区分，把"等级"（order）或"封建等级"与卡斯特分开。举例来说，大革命前的法国教士不能从其团体内部再生绵延，因此属于开放的"封建等级"。

3.　美国的"卡斯特"

在用"卡斯特"一词研究美国黑白隔离的学者中，两个最有名的学者在著作中表现了一项共同的矛盾。他们的目的都是要把阶级差异与"肤色界线"（colour line）加以区别，但他们又都认为卡斯特乃是阶级的特殊而且极端的形式之一，而不是一个自成一类的现象。我们已提到过华纳接受克鲁伯的定义，认为阶级与卡斯特属于同一类，但华纳又从一篇刊于1936年的文章开始一直坚持说，白人与黑人虽然是两个"卡斯特"，这两个团体又依照一项共同原则划分成几个阶级，上层阶级的黑人从阶级观点来看要比下层阶级的白人更高级，但从"卡斯特"观点来看

---

[1]　Pitrim A.Sorokin, *Society, Culture and Personality*, *Their Structure and Dynamics*, New York, C.1947, p. 259（把"等级"或"封建等级"看成一种淡化了的卡斯特，参见前面有关阶级和卡斯特的讨论）。Max Weber 也区分开放的与封闭的身份团体（*Ces. Aufs. z. Religioussozioltgie*, II, ed., 1923, pp.41-42）。有一本最近出版的著作认为"社会阶层"有两种主要的类型，一种是卡斯特型，由"等级"或"封建等级"所组成；另外一种是开放的阶级型，其间的对比正好和帕森斯所提的特殊主义——普遍主义的对比相当（Bernard Barber, *Social Stratification, A Comparative Analysis of Structure and Process*, New York, 1957）。

则比下层阶级的白人更低级 [1]。密利（Gunnar Myrdal）也表示，"卡斯特因此可以说是绝对僵硬的阶级之极端形式"，在此意义上，"卡斯特"代表了"正常的美国社会结构与美国人的信条（American Creed）的一个残酷的变态"。[2] 此处"**残酷的变态**"这种说法有其必要，以便纠正前面一句所提的阶级与卡斯特基本上是同一类的说法。换而言之，阶级与卡斯特之间所谓的基本属于同一类，似乎只不过是因为一旦把平等视为常态（norm），任何形式的不平等看起来就都一样，而所谓的一样又只不过是因为他们都被视为偏离常态的变态罢了。接下来我们将看到，密利对这一点完全清楚，而且很用心地加以解释。然而，如果有人想要从比较社会学的观点去描述这些不同形式的不平等，而且更进一步发现很多社会都有一种他们视为常态的不平等，那么，被认为存在于卡斯特（译案原文误植为阶级）与美国式歧视之间的共同性也就毫无意义可言了。这点我们所论及的作者们的著作也都足以为证。

　　此处所讨论的两位作者各以大不相同的方式主张"卡斯特"一词可以应用于美国。对密利而言，选用哪一个词纯粹出于实用上的考虑。他认为应该用一般通用的词，而且不必设法避开选用一个词本身所隐含的价值判断。在三个可资选择的词里面，"阶级"不适当，"种族"（race）会给主观借口和偏见提供一种似乎客观的表象，剩下来只有已经有人使用于此意义的"卡斯特"一词了。使用这个词时，可以像民族志中的用法一样，不必考虑它在印度和在美国到底是不是指称同一事实，没有责

---

[1]　W. Lloyd Warner, "American Caste and Class,"*American Journal of Sociology*, XLII, 1936, pp.234-237.

[2]　Gunnar Myrdal, *An American Dilemma,The Negro Problem and Modern Democracy*（由 Richard Sterner 和 Arnold Rose 协助），New York and London, c.1944, p.675; 还有 p. 668: "我们使用的'卡斯特'和'阶级'这两个名词，在科学上很重要的一点差别是**团体之间的流动性方面有很大的不同。**"（他强调）使用"卡斯特"这个名词的理由与此相同（因为实际上的方便，而不表示和印度的情况有何近似之处），也可参见 Westie and Westie, *American Journal of Sociology*, LXIII, 1957-1958, p.192, n.5。

任去探究两地的相似性到底如何 [1]。事实上，密利倒是丝毫不反对"卡斯特"一词所带的谴责意味。"种族"一词带有虚伪的合理化味道，"卡斯特"则带着谴责味道。这正好符合密利所描述的美国价值观念。美国人的意识形态是极端的平等主义。"美国人的信条"要求自由竞争，从社会阶层的观点来看，它代表平等与自由这两项基本规范的结合，同时也接受竞争所造成的不平等 [2]。由此导出美国社会中地位差异的意义，把阶级视为"限制自由竞争所造成的结果"，而"卡斯特"更代表对自由竞争的极端限制，直接否定美国人的信条，在每个白人的良心中造成矛盾，它完全是因为种种偏见所造成的体系而得以存在，它应该完全消失。

这些都很好，而密利欲凭借它建立真正客观性的激进态度，也具备非常坚实的基础。特别是他能出色地指出，只有从它与价值观念的关系（这是克鲁伯和华纳所没见到的）中才能了解阶级与卡斯特之间有所谓的基本关联性。但是，是不是因此就有必要不顾科学依据地使用"卡斯特"一词呢 [3]？如果只用"歧视""隔离"去讨论这个问题，不提"卡斯特"，是不是就会使其效果减少呢？即使如此，难道为了鼓吹行动就能牺牲比较吗？密利并不关心比较。不仅如此，正因密利只有在被他研究的社会

---

[1] 前引著作 pp.667-668，密利在一条注里提到 Charles S. Johnson 的反对意见："'卡斯特'代表一种变易不了的、稳定的体系，不能表现美国黑人与白人关系中的紧张与摩擦。"密利的答复是，他不相信如 Johnson 所说的那种具有无从变易、稳定性质的卡斯特体系实际上存在于世界上任何地方（pp.1374-1435, n.2）。密利也说过（p.668），今日的印度社会根本不存在美国社会学家远远的旁观常会看到的那种"稳定的均衡状态"。密利这个想法中含有平等主义教条信念在内。以上文字发表时，他对印度已有第一手经验，不知道他对印度的看法是否有所改变？是否仍然会使用"卡斯特"一词来描述美国的现象？

[2] 前引著作，pp.670-671。这里可发现对华纳一派人的一项有趣的批评：根据密利的说法，学者必须注意到"流行的民族理论"中所含的那种极端平等主义，然后才能理解为什么这些作者常常会夸大美国的阶级与卡斯特划分上的那种牢固不易性，以及为什么他们的著作会引起这么大的注意，大到和其科学上的创新价值不成比例的程度。

[3] 在简述过这些想法以后，我们还很意外地发现了一个相当狭隘的关于概念在科学中所占地位的想法："概念是我们创造出来的工具，除了我们的用法不表任何其他形式的实相。概念的目的只是帮助我们想得清楚、观察得正确而已。"（密利，同上，p.667）

具有和他本人同样的价值观念时才能客观，难道他不是在逃避比较性的理论吗？

华纳和密利不同。华纳认为同样意义的"卡斯特"一词可应用于美国南部，也可应用于印度。这见之于华纳和戴维斯（Allison Davis）所做的一项"比较研究"[1]。该研究简述了他们的美国研究的结果，对"卡斯特"加以界定，并有两三页讨论印度的卡斯特。虽然这份报告中关于印度的部分是根据好几个出色作者的著作所写的，但并不具说服力。他们过分强调该制度在时空上的变易性，以致说"一个印度的卡斯特体系这样的说法并不正确，因为事实上有好几个不同的体系存在于印度"。

大体言之，他们把卡斯特视为阶级的一个变种，和阶级的差别在于它禁止上下流动。其中心论点为：在美国南部各州，除了黑人所遭遇的种种障碍以及无法装成白人以外，白人与黑人既不能通婚，也不能共餐；印度不同卡斯特之间的情形也是如此。这是同一类社会现象。"因此，对比较社会专家和社会人类学家而言，这些是同样的行为方式，必须使用同一个语词称呼之。"（华纳与戴维斯，1939，p.233）

以上的说法有其好处，它把问题表达得很清楚，所以如果我们不同意，也就可以很简单地说出理由。理由之一可能很容易被接受：在"行为模式"或"社会现象"的标签下，华纳混淆了两件不同的事情，把某些特征（内婚、流动性与禁止共餐，等等）的集合和一个社会体系互相混淆；因为一般谈到印度的"卡斯特"，指的显然是其"卡斯特体系"。他没有追问把考虑到的各项特征加在一起（而把没有考虑到的排除在外）不足以界定一个社会体系；事实上似乎根本没有体系不体系的问题，只是印度卡斯特体系的若干特征而已；而依照华纳的说法，那些特征已足以界

---

[1]　W. Lloyd Warner and Allison Davis, "A Comparative Study of American Caste," 在 Edgar T. Thomson 编的 *Race Relations and the Race Problem,* Durham, North Car., 1939, pp.219-245；关于印度部分，见 pp.229-232。

定该体系。在此，实在是有个**选择**的问题，没有必要同意 [1]。

我将指出不同意的理由。一般都承认，或最少在社会人类学范畴内承认，个别特征必须要放在它与其他个别特征的彼此关系中来研究。我认为这就有个重大的后果：一项个别特征，如果不是孤立地考虑，而是看它在一个体系中的具体位置（也就是有时被称为其"功能"者），那么依据它所占的位置可能会有一种完全不同的意义。这就是说，从社会学观点来看，这项特征**实际上已经不同了**。以一个社群的内婚制为例，不能因此就说这个社群是"封闭群体"，因为就社会学而言或许这项"封闭"性并非到处都一样。就它本身而言是一样，但就它本身而言但不足以构成一项社会学上的事实，正如它最早并不是一项被意识到的事实。这就无可避免地要论及意识形态，这是华纳和其他人的行为主义社会学所忽略的：他们隐约认定，在必须从其交互关系中去理解的各项特征里面，意识形态上的特征的地位和其他特征并不能相提并论。然而，涂尔干（还有韦伯）的努力有很大一部分正是在于指出意识形态上的特征实与社会生活其他方面具有相同的客观性。当然，这并不是主张意识形态必然是社会事实的终极实相或它足以解释社会事实，而只是指出它是社会事实的存在条件。

内婚制的例子很清楚地说明了社会事实如何被某种研究方式扭曲。华纳和戴维斯视之为行为性而非价值性的事实。照这种看法，社会事实等于是一个部落纯粹由于环境迫使才无法与别的部落通婚，而不是因为具有反对通婚的偏见才在事实上实行内婚。但是如果情形相反，内婚是一项价值性的事实，我们就没有理由要把它在分析上与其他价值性事实分开，特别是（但不尽然是）当人们自己赋予它合理化的解释时。只因

---

[1] 做这项选择的办法在原则上是很清楚的：在刻画印度卡斯特体系时，只列出那些被认为在美国同样可以找到的特征，再说这些特征虽没有在美国构成一个完整的体系，但却是一个被称为"阶级和卡斯特体系"（class-and-caste-system）的一部分。

为把这些完全忽略不管，才会把种族歧视与卡斯特体系混为一谈。有人或许会说，也可能经过分析之后会发现两个外表上相似但意识形态不同的社会事实之间存有紧密的亲缘关系，当然有这种可能，因此我们更要坚持指出目前我们离那一步仍很遥远。目前的工作是把社会事实就其实际情况加以研究，不必硬给它加上科学上没有根据的歧视，一如这些作者所攻击的美国社会中存在的歧视。重点在于，拒绝让意识上的事实占有其正当位置会使真正的社会学比较成为不可能，因为它是一种我群中心主义的态度。为了从外面观察自己的社会，就必须对其价值及其后果与含意有所认识。这常常是困难的，但如果把价值忽略掉就变成根本不可能。这可由华纳身上得到证实，在他的概念架构中，阶级与卡斯特所具有的基本同类性乃如以上所论源自它与平等主义的规范之间有一项未受怀疑的关系，但华纳却把它当作行为看待。

考克斯（Oliver C. Cox）曾出色地对"种族关系的卡斯特学派"加以批评 [1]。运用同样的资料，他以其可敬的洞识力发展出一幅远比华纳自认满意的图形还更为真实的卡斯特体系图。虽然我们并非完全同意考克斯的观点，但别忘了他纯粹是根据二手甚至三手数据（布格列的数据即是一例）进行研究。考克斯理解的极限正好明确显示出我们最根深蒂固的西方偏见。他最大的不足之处主要在于卡斯特体系的宗教根据（洁净与不洁）方面。理由是西方人认为社会独立于宗教而存在，而他几乎无法想象并非如此的状况。另一方面，考克斯了解到不应该讨论个别卡斯特，而要讨论整个体系（pp.3-4），而且它并不是一种种族的意识形态："……虽然个人出生时承袭其卡斯特，但他与卡斯特的认同被认为是基于某种心理的与道德的传承，而不是基于任何基本上是体质的先定。"（p.5）

---

[1] Oliver C. Cox, "Race and Caste,A Distinction," *American Journal of Sociology*,1944-1945,pp.306-308，特别是 *Caste, Class and Race,A Study in Social Dynamics*，New York，1948，内文所引出自此书。

他又写道（p.14）："社会不平等是该体系的主调……（对不平等）有项基本的信条或假定前提……和斯多葛派（Stoic）的人类平等之教条正好对立。"每次想强调印度与美国的差异时，考克斯都击中了重要而且无可争议的要点。我不想进一步发挥他对华纳及其同派的批评。我们已看到他指出其中要点：印度的体系是一个以不平等原则为基础，具有内在一贯性的社会体系；而美国的"肤色障碍"却与其平等主义体系彼此矛盾，可以说是该体系的一种疾病[1]。

用"卡斯特"一词指称美国的种族隔离，使有些作者为了同时顾及意识形态上的差异，而提出一项次要的区别。早在 1937 年，多拉德（John Dollard）即已写道："美国的卡斯特是钉在生物因素而非文化因素上面的。"[2] 在 1941 年一篇题为《卡斯特社会的通婚问题》（"Inter-marriage in Caste Society"）的论文中，戴维斯（Kingsley Davis）讨论了印度、纳齐兹（Natchez）和美国南部社会，他问道：既然卡斯特划分等级是要靠卡斯特内婚制才能维持，在这些社会中怎么会出现不同单位的成员彼此通婚的情形呢？他的答案要点如下：必须要把"种族的卡斯特体系"和"非种族的卡斯特体系"分别清楚，混种会对前者造成严重的问题，对后者则不会。印度的上攀婚依照布兰特（Blunt）给北印度之情形所下的定义为：较高阶的次卡斯特男性与同一卡斯特但较低阶的次卡斯特女性结婚，可以说是造成"垂直团结"（vertical solidarity）的因素之一，也是以声望交换财物的手段（Blunt，1931，p.386）。最后一点实际上是其正的上攀婚极重要的一面，丈夫及儿子的身份或声望并不受妻子或妈妈相对较低的身份影响。两种"卡斯特体系"之间的另一差异是，

---

[1] 考克斯的观点似乎没有什么影响。不过索罗金提及他的论文，并采取了与他近似的观点：白人与黑人的关系确实含有某些卡斯特关系的因素，不过两者有基本上的差异（Sorokin，1947，p.258，n.12）。

[2] John Dollard, *Caste and Classina Southern Town*, New Yok,c. 1937ed., 1940, p.64; Kinsley Davis, "Intermarriage in Caste Society," *American Antropologist*, XL,III,1941,pp.376-395.

种族型的体系只把两个社群互相比较对立，而在另一种体系中则有数量相当多的"层级"存在。戴维斯最后指出，印度卡斯特体系源自种族这项假设仍未被证实，而且，不论真相如何，印度今日的体系已和种族无关（同上，n.22）。很奇怪的是，这些居然并没使戴维斯考虑到使用同一名词去指称差异这么大的这些事实很不合适。正像卡斯特对其他人而言是阶级的极端个例，对戴维斯而言，不论内容如何，卡斯特都是阶层化的一种"极端形式"（an extreme form of stratification）。这就使我们要探讨一下"阶层"这个范畴的性质到底如何。

4. "社会阶层"

"社会阶层"（social stratification）的说法值得注意，因为在美国有大量研究在此名称下出版，也因为它引起的理论方面的讨论相当多。但是，它实际上并没有给我们此处讨论的主题引进任何新事物。我们所碰到的只是前此已碰到过的那种心态，不过，此心态在此遭遇种种困难。正如普法兹（Pfautz）对 1945 年到 1952 年间出版著作所作的评介书目中说的，它讨论的基本上是"阶级"的问题 [1]。不过，韦伯提出的区分已广被接受：社会阶层又可依其不平等的基础是权力还是声望，又或者两者的结合而分成几类，至于阶级则通常被认为意指权力（政治的与经济的）的阶序，卡斯特及"封建等级"则是声望的阶序（普法兹，1953，pp.392-393）。不过，我们注意到，华纳和其他人的社区研究之结论认为身份的阶序是依照声望高低而非依照权力大小来排比的。让我们强调此

---

[1] Harold W.Pfautz, "The Current Literature on Social Stratification Critique and Bibliography," *American Jonrnal of Sociology*, L.VIII, 1953，pp.391-418. 这是从一个完全普遍性的观点去讨论（转下页）

处所使用的"阶序"（hierarchy）一词，之所以被用于此处，似乎是为了区别"社会阶层"这个类下文的各个属。但它们乃是两个极不相同的概念："社会阶层"一词所暗示的拟似地质学上的无法逾越性应不应该以价值问题的考虑取而代之呢？

《美国社会学评论》（American Sociological Review）曾进行过一场理论论战，该论战所透露出来的某些社会学家的成见和隐含的假定相当有意思[1]。争论的起点是1945年戴维斯与摩尔（Wilbert E.Moore）联合发表的一篇论文。戴维斯曾在1942年提出阶层研究的基本定义（身份、层级，等等）。在新的论文中，两位作者讨论了社会阶层的"功能"。那些被称为社会阶级的显而易见的不平等，怎么还可能存在于一个以平等为公认规范的社会里面呢？戴维斯与摩尔提出的假设认为这是一种类似市场的机能造成的结果：在一个分殊化的社会中，必须有报酬上的不平等，如此，那些比较困难或重要的职业，以及需要长期训练的特殊技术或责任重的工作，才会有人有效率地从事。巴克莱（BuckLey）表示反对，他说戴维斯与摩尔混淆了真正的社会阶层与纯粹而简单的分化：阶层的问题并非或并非只是知道在出发点上原本有可能平等的个人会发现彼此处于不平等的位置（"成就的不平等"），而是由于层级（stratum）或阶层这些词汇通常被认为意指永久性、传袭性、"先赋性的"不平等，（还要）

（接上页）社会阶层的理论，而不是从阶级的观点去讨论，参考 Talcott Parsons，"A Revised Theoretica Approach to the Theory of Social Stratification," R. Bendix and S. M.Lipset, ed., Class, Status and Power, A Reader in Social Stratification，Blencoe Ⅲ., 1953。这篇著作虽然贴着同一标签，却和此处批评的对象不同类；如此普遍性的观点把这个字眼习惯上具有的那些意思都消除掉了。其论点是由对价值的讨论引出的，而阶序是由此必然产生的所以也成为讨论的对象。整个概念架构追随的是帕森斯的一般理论。

[1] Kingsley Davis, "A Conceptual Analysis of Stratification,"American Sociological Review,Ⅶ, 1942, pp.309-321; K. Davis and Wilbert E. Moore, "Some Principles of Stratification," A.S.R,10, 1945, pp.242-249; W. Buckley, "Social Stratification and Social Differentiation," A. S. R. ,23, 1958, pp.369-375; K. Davis, "A Reply to Buckley," A.S.R.,24, 1959,p.82; Dennis H. Wrong, A.S.R. , 24, pp.772-782. 此处没有讨论的其他有关论文可在 Buckley 和 Wrong 的文章之参考书目中找到。

发现不平等的状态是如何维持的。戴维斯在答复巴克莱的文章中承认他们的观点不同，同时表示，批评者的敌意似乎是针对他欲对不平等做功能性的解释。在我看来，戴维斯提出不平等的问题是对的，他的错误在于——这点巴克莱似乎也暗示了——他选择在不平等最微弱的地方而非在其最强烈也最明显的地方提出这个问题。不过他这么做倒是符合我们此处讨论到的传统，它隐然以平等为规范，上述争论和"不平等"一词的用法均足以显示这一点。

在一篇最近的文章中，若恩（Dennis H. Wrong）评述了这场争论的始末。他指出戴维斯与摩尔理论的限制，并从戴维斯所写的另一篇文章中引出一段话再次显示他假定社会阶层有功能上的必要性，比方说他举出清道夫在一切社会中的身份均甚低（他心中想的是印度）[1]。最后，若恩要求对不等主义的理想与社会其他方面之间的若干关系进行研究，比方说极端的平等或流动引发的不良后果（p.780）。他似乎把平等与不平等看作两个对立的趋势，要从功能层次去研究。若恩也提到乌托邦主义者，他说"从历史跃向自由"并不容易（同上，p.775）。

因此，我们可以说美国社会学的这一支流起了些变化。社会阶级方面的研究大量增加以后，就不得不引进价值和那个充满价值的语词——"阶序"，就不得不去挖掘西方社会赞同的事物的功能（与反功能），还有西方社会不赞同的事物（不平等）的功能（与反功能）（后者因不受赞同而用中性的，甚至是有谴责意味的"阶层"一词来称呼）。但被拿来与平等主义的规范相对立的却并不是如阶层一词所暗示的某种剩余物或某种沉淀物，又或某种地质上的遗存，而是实实在在的力量、因素或功能。这些全都被规范否定，但仍然存在。要表达这些，"阶层"一词根本

---

[1] 在写作本文的时候，我很不幸地没能参考戴维斯的书，*Humnn Society*，New York，1949，曾被若恩引用；该作者当时也正在研究印度，应该是很值得参考的（参见 K. Davis, *The Population of India and Pakistan*，Princeton, 1951）。

就不足为功。福特（Nelson No Foote）在一篇就这方面的系列研究所写的序中说："美国历史的辩证主题……是阶序与平等这两项原则之间的对位法。"[1] 社会阶级或"社会阶层"的"问题"在我们的社会学家看来乃是源于平等主义的理想与一大堆事实之间的矛盾：前者为所有的学者所接受，也为他们所属的社会所接受；后者显示了区别与分化，即使是在西方社会中也趋向于具有阶序性，而且趋向于变成永久性或传袭性的不平等或歧视。正如阿隆所说："在阶级问题的核心中，我看见分化的事实与平等的理想之间自相矛盾。"[2] 我们（西方）的价值观念以及意识形态拒绝或忽略这些真相，以致它们显得不甚明确（美国的情况更是如此）。为了能较正确地了解这些真相，把注意力转移到那些赞成而且强调这些事实的社会应该是会有好处的。这样做的话，我们也就由"阶层"转移到了阶序。

5. 印度的阶序

此处无法详细描述卡斯特体系。我将只简单指出其主要特征，然后讨论其中几项与此处论题最有关者。布格列的定义可以作为我们的出发点：整个社会分成数量相当多的永久性团体，这些团体既有专门职业又形成阶序，而且彼此隔离（在婚姻、食物、身体接触等方面）[3]。这三项特质的共同基础可以说是洁净与不洁的对立，这种对立是阶序性的，意

---

[1] Nelson N. Foote, "Destratification and Restratification," Editorial Foreword, *American Journal of Sociology*, LVIII, 1953, pp.325-326.

[2] *European Journal of Sociology*, Ⅰ,1（1960）,p.14.

[3] Célestin Bouglé, *Essais surle régime des castes*, Paris, 1908, p.4. Bouglé 文章的英译，还一篇有对他的书与 Hocart 的书的联合书评，讨论权力的问题，登在 *Contributions*, Ⅱ, 1958。

即彼此要隔离，在职业上，和该项对立有关的职业要专业化。这项基本对立可以无止境地细分成许多等级层次。整个体系之概念上的真实性见之于此一对立，而不在于依循此对立所形成的各团体——这足以解释这些团体的结构特征，所以若非从不同的观点加以观察，卡斯特与次卡斯特其实并无区别，完全相同。

因此，阶序于这个体系里面在原则上是毫无争议余地的 [1]。不幸的是偶尔有一种趋向存在，把问题混淆了，他们不仅谈论宗教（或"仪式"）性的身份，而且谈论印度人自己也会加以考虑的"世俗"（或"社会"）性身份，然而后者是以权力、财富等为其基础。印度人当然不至于分不清富翁与穷人，但是，正像专门研究者似已日渐了解的那样，有必要把两种非常不同的事物区分开来：一是身份的衡量（或称"宗教性的"），即我所称的阶序，与权力的事实绝对无关；一是权力（不论是经济的或政治的）之分配，在实际上非常重要，然而却和阶序截然有别，而且从属于后者。有人会因此而问，权力与阶序之间的关系又是如何呢？印度社会对这个问题的解答正好非常明确 [2]。阶序的顶峰是婆罗门，即祭司；国王的权力须经婆罗门承认才具有神圣性，如果未经婆罗门的神圣化手续，国王的权力就会沦为完全依赖暴力（这是由身份与权力的二分对立而来的）。自古以来，婆罗门和刹帝利（或国王）间的关系就是固定不变的。婆罗门在精神的或绝对的方面至高无上，但在物质上则是依附性的；国王在物质上是主宰，但在精神上则是从属的。两个较高级的"人生目的"，法（*dharma*，普遍秩序或与之符合的行动）和利（*artha*，私人利益或与之符合的行动）也具有类似的关系，两者之间构成的阶序关系使后者只有谨守前者所设定的范围才算正当。再如献礼物给

---

[1]　Talcott Parsons，前引著作。

[2]　下面摘录自我写的关于古代印度的王权观念一文，将刊于 L. Renou and J. Filliozat, *L'Inde Classique*, III。

婆罗门，一件最能积德的行动，其理由可以说是经由这种行动把物质财货转换成价值（参照前面提及的上攀婚，把女人给予身份较高的人可以得到声望）。

这里所表现的权力与身份之分离，完美地说明了韦伯所做的分析上的区别。它具有极大的比较价值，因为它代表了一个纯粹的形式，它符合一个"理想型"的构想。它有两项特质特别突出：第一，在印度，任何整体均依阶序性枚举其组成成分这种形式来表现（国家或王国等都是例子），阶序即表示一个整体在概念上的整合，也就是该整体的知性的凝结剂；第二，如果加以推论，依此处为阶序界定的意思并依其语源，可以说它从来就没有和赤裸的权力联结在一起，而是一直都与宗教功能相连，因为宗教是普遍真理存在于这些社会中所表现的形式。举例来说，如果国王具有最高的地位，也就是在一般最常见的情形下，很可能他的地位并非来自其权力，而是来自他的功能所具有的宗教性质。不论如何，从等级地位的观点而言，情形正好和一般假定者相反，权力并不是最基本的要素，并不是先拥有权力，然后再把宗教尊严招引至其身边，或是再从宗教尊严中取得支持与合理化。

在阶序原则中可以看到——透过它在印度所显现的纯粹形式——和西方社会不同的诸复杂社会所具有的一项基本特质，以及可将这类社会视为一体的一项原则：这是一种概念或象征上的统一，而不是实质上的统一。这就是阶序的基本"功能"：它表现了此社会的统一，又将它与被它视为普遍性的事物联结起来；该普遍性事物即是一套有关宇宙秩序的想法，不论它是以上帝还是国王为其媒介。也可以说，阶序是借着该社会的价值观念整合社会。在这个层面上寻找社会功能很可能会碰到种种阻力，也令人迟疑，但除此以外，有人可能还会说有些社会并没有阶序，或者说有些社会里的阶序没有扮演上述所言的角色。确实，像在部族社会，虽然并非完全没有不平等的现象，却可能并无国王，也没有依等级高下排比的秘密会社存在。但那都是相当简单的社会，人口少，社会分工也不复杂。

6. 现代革命

剩下来的就是现代西方型的社会，这些社会甚至把平等原则明载于其宪法。如果只考虑价值观念而不考虑实际行为，此型社会和前面所论者的确有巨大的区别。此项区别是怎么造成的呢？有没有可能加以简单说明呢？过去的社会中有绝大多数相信自己建基于事物的秩序上面，包括自然秩序与社会秩序：他们认为自己的习惯风俗都是模仿或依照生命与世界的原则而设计的。现代社会则希望自己是"理性的"，希望脱离自然以便建立一个自主性的人间秩序。为了达到这个目的，只要掌握人的真正情况，就可以从而推衍出人间秩序。理想与真实之间没有鸿沟：像工程师的蓝图一样，表征将创造实存物。在这一点上，社会——以前是各具其特殊性的人（man）与大自然之间的媒介——就此消失不见了。剩下来的就只有一个一个的个人（human individuals），问题是如何使这些个人彼此调适。现代人将要规划一个自己一定会满意的秩序。霍布斯（Hobbes）替此项理性思想所找到的根源并不是某种理想，因为理想难免受怀疑，而是最普遍的激情，人类行动的共同发动机，最真切无疑的人类实相。个人成为一切事物的标尺，成为一切"理性"的根源；平等主义原则即是此项态度的结果，因为它符合理性，又是最简洁的观点，虽然它最直接地否定了古老的阶序格局 [1]。

---

[1] 关于霍布斯、人造的社会及所谓"理性的"乃是根据人（个人）的现实情况设计出来的而不是由理想的秩序所引发，参见 Leé Strauss, *Natural Right and History, Chicago*, 1953,Chapter 5; Élie Halévy, *La formation du radicalisme philosophique*, 3 vols., Paris, 1901-1904, I, pp.3, 41, 53, 90; III, pp.347-348，等等。

和那些相信自己合乎自然的社会相反，这里是一个希望自己合乎理性的社会。"自然"的社会是阶序化的，其理性在于将自己建立为一个整体，一个处于另一个更广大的整体中的整体，它对于"个人"毫无意识；然而"理性"社会只承认个人，也就是认为普遍性或理性只存在于个别的人身上，将自己置于平等标准之下，对自己是个阶序化的整体毫无意识。在一定的意义上，"由历史跃向自由"的一跃已经完成，我们活在一个落实了的乌托邦。

在这两个适于直接对比的形态之间，也许还应该指出一个中间形态，自然和习惯在其中彼此有别，而社会习惯常常要受评断，其标准是一个只有理性才能了解的理想模型。不过，不论由第一型转变到第二型的中介形态可能如何，现代革命已将这两型——实际上是同一幅双连画（diptych）的两面——截然分隔，所以比较社会学的中心课题最可能在于我们要怎么用同一套语言来描述两个如此正面对立的"选择"，我们要如何同时解释那场转变了现代社会价值观念上的革命与"人性论上的一体性"（unity of anthropology）？拒绝承认这项变化而把一切都化约成"行为"当然是行不通的，但是，一如我们谈一般性的"社会阶层"，把其中一型社会中的模糊混淆延伸到另一型社会上去，这自然也是行不通的。不过，我们要指出，虽然这幅双连画的一面模糊不清，但另一面却十分明晰。我们可以尽量利用在其中一型的社会中明白意识到的，以便解读在另一型社会中所没有意识到的。

7. 从阶序到歧视

我们可以把上述比较观点应用于美国种族主义现象。很显然，作为一个阶序化的整体，社会并不会在自己希望只是一堆个人的集合的那一天开始就突然不再是一个社会，不再是一个阶序化的整体了。特别是要做种种阶序性区分的趋势还是继续存在的。这是一个方面，而另一方面，一般认为种族主义是个现代的现象（有时候人们试图分析种族主义出现的经济原因，但比较有关也比较可能的意识形态上的联系却被忽略了）。那么，最简单的假设是认定种族主义是一种扮演旧功能的新形式。这就等于说，种族主义代表的是原来在阶序性社会中较直接而自然，但以不同方式表现的事物在平等主义社会中的重现。区别既然被视为不正当，就会产生歧视。镇压以前的区别方式，得到的结果是种族主义意识形态。这个看法能不能表达得更明确，且加以证实呢？过去的社会知道一套身份的阶序带来各种特权和障碍，包括奴隶制度下奴隶完全丧失法律权利在内。美国的历史正好说明，种族歧视紧跟奴役黑人的奴隶制度被废除而出现（我有时不免奇怪，为什么没有人从社会学观点对这么重要的一项转变进行更有系统的研究，不过，这可能是因为我对这方面的文献所知有限吧）。[1] 以前的主人与奴隶之区别被白人对黑人的歧视所取代。提出种族主义为何出现的问题本身就已经包含一部分的答案了：从本质上说，原来的区别是法律上的，压制法律上的区别就鼓励了将种族特征转变成为种族主义歧视的内容。除非能把区别本身完全克服，否则不可能有别的结果。

一般而言，种族主义当然有更为复杂的根源。除了内在的身份差别，传统社会还有一项外在区别，也带着阶序的意味，此即把"我们"和别

---

[1]　参见密利，前引书，p.581 以下，"Jim Crow Laws"（歧视黑人的法律），等等。对废止奴隶制度的反应是慢慢发展出来，而非一下子出现的。歧视改以简单的隔离这样的面貌出现，使用的口号是"隔离而平等"。关于内战以前的情况，密利也做了相当切中要点的历史陈述，不过他并没对该情况加以分析。分析的话会有不少收获，比方说杰弗逊与林肯的宣言（参见 *Times Literary Supplement,* July 22，1960，pp.457-458，根据 J. W. Schulte-Nordholt, *The people That Walk in Darkness*, London, Burke, 1960）即很值得研究。P. L. Van der Berghe 最近出版的几篇论文在相当程度上满足了我的愿望。参见其中最近的一篇："Apartheid, une interprétation sociologique de la ségrégation raciale," *Cahiers internationaux de Sociologie*, XXVIII, nouv. Sér. Teannée, 1960, pp.47-56。根据他的说法，隔离已经取代以前的礼仪成为表现社会距离的方式了。这种变化正好符合由奴隶制度到种族主义的转变。

人分开。此一区别通常是社会性与文化性的。对希腊人而言——对其他人也一样——外国人就是野蛮人，对"我们"的社会与文明而言完全陌生而且奇特，因此可以奴役他们。在现代西方世界，不仅公民在法律之前自由平等，而且最少在大众心态里面也发生一项变化，从道德性的平等原则变成所有人基本上相同的信念，因为人不再被视为一个文化、社会或社群的样品，而是自存自为的**个体**[1]。换而言之，文化中心主义不能再用对文化差异的认识把不平等合理化。但是，人们发现在某些情况中，势必要承认阶序性差异仍然存在，这时候的差异即被认为是和身体特征、体质、肤色或"血液"有关。这些体质特征在过去被认为是区别的标志，现在则成为区别的本质所在。这要怎么解释呢？可能有必要指出我们"西方人"是二元论（dualism）的宗教与哲学的继承人：物质与精神、肉体与灵魂的区别渗透了整个西方文化，特别是大众心态。整个平等主义与人人相同的心态即是此项二元论中的事物，好像一旦个别的**灵魂**平等与相同，区别就只能存在于**肉体**上面。不仅如此，歧视是集体性的，就好像只有体质特征基本上是集体性的，而心智方面的特征主要是个体性的（因而把心智上的差别归因于体质形态的不同）。这样分析是不是异想天开呢？其实，这只不过是在强调现代个人主义与平等主义有基督教这一古老渊源罢了：个人之外只有其他和他一样的个人（包括他的敌人在内，敌人不只被视为客体，也是主体），而且他相信所有的人个别去看都平等。同时，对他而言，如果强调某一类人的集体低劣性符合他的利益，他就会把这项集体低劣性说成那类人在体质上异于他自己及他所属的同一类人造成的结果。一言以蔽之，平等的宣言把一种主要是社会性的区分方式瓦解了，但原来的区别方式混杂着体质性、文化性与

---

[1] 由于从"平等"到"完全一样"的转变主要是在大众心态的层面出现，而非出现于大作家的著作之中，便使得这种转变的性质很不好掌握。不过，我预定要更仔细地研究平等主义与种族主义之间这项特殊的互补性。

社会性的特征。为了重新肯定不平等，深藏的二元论就要求把体质特征凸显出来。在印度，遗传是身份的属性之一，而种族主义者则把身份归属于"种族"。

以上所说的可能会被认为是抽象知性的一种任意性的看法。然而，密利的著作最少证实了此项假说的一部分。他根据美国的实际资料，发现平等主义与种族主义之间有项密切的关联：首先，他指出启蒙时代的哲学趋向于忽略内在天生的区别；其次，在大多数地区，特别是在美国，基本上是道德性的"天赋人权"这种信条渐以一种生物性的平等主义为其基础——人"天生平等"。在1830—1860年间形成了替奴隶制度辩护的一种意识形态：由于谴责奴隶制度者是以人天生平等之名进行的，拥护奴隶制度的人便提出种族不平等的教条来反驳。大约是在1877年之后，种族不平等的教条被用作歧视的借口，当时美国北方放弃了强迫同化的政策，而种族歧视已形成势力。密利的结论发人深省："在某种意义上，种族不平等的教条可以说是启蒙时代的异果之一……种族教条几乎是在道德信念上深信平等主义的人民的唯一出路，如果他们并不准备遵照其信念过活。一个不那么激烈信仰民主的民族很可能会快快乐乐地活在一个卡斯特体系中……种族偏见，在某种意义上，是平等主义的函数（变态）之一。"[1]

如果是这样，我们或许可以怀疑若要打击种族主义，单单重提平等主义的理想是否有效——不论它是如何尊贵，甚至再加上科学对种族偏见的批判。更好的办法该是避免把道德性的平等原则转变成为所有人都一样的观念。我确信，在目前平等可以和承认差异结合起来，只要那些差异在道德上是中性的。人们必须要有可以把差异概念化的工具。文化、

---

[1] 密达尔，前引著作，p.83以下，引文见p.89。密利也讨论生物学上对人的观念之演变：智人（homo sapiens）被看作动物界的一属；同时参见 p.591："在其合理化过程中一再提到性与婚姻的问题……这在某种程度上是白人的一种不理性的逃避心理，不愿意公开为自己要求社会身份上的差别。"

社会等多元论概念的传播显然是正确的答案，可以作为个人主义的制衡，给个人主义设定其范围[1]。最后，如果阶序化倾向仍然存在，如果肯定现代理想不足以使它消失，而是透过一个复杂的过程，有时候反而使它变得凶恶而又病态，就应该注意那些利用它的敌对意识和利益了——但这已超出我们的论题。

打断从比较的观点去界定种族主义的尝试，我想在此简单说明要进一步进行比较而必须了解的一项结构关系。事实上平等与阶序并不是像只考虑价值观念时可能会令人以为的那样机械性地相互对立：对立中不被尊崇的一端仍然存在，两端彼此涵括，彼此支持。帕森斯在其研究的开端即指出，身份的区别本身已假定身份相同者之间的不等（前引, p.1）。反过来说，如果平等受到肯定，那么肯定的只是一个团体内部的平等，与其他团体可形成阶序性的关系，比方说希腊各城邦之间，或现代世界中英国的民主与帝国主义，后者即带着阶序性的色彩（譬如，19 世纪下半年在印度出现种族主义的萌芽）[2]。平等主义的理想常常会毁坏此项结构关系，其结果就是目前最常被放在"社会阶层"名义研究的现象。首先，结构关系被倒反过来：平等涵括不平等，而不是被涵括于一个阶序之中；其次，产生一系列的转型，可以把这些转型综述成对阶序格局的压抑，使人意识不到，代之以各种各样不平等的网络，种种事实上存在而权利上不应如此的不平等，数量上的和程度性的不平等，而非品质上与断层性的不平等。这也是界定社会阶级为什么会这么困难的部分原因。

---

[1]　参见 Claude Lévi-Strauss, *Race et histoire*, UNESCO,C.1952。

[2]　马基雅维利提到过，任何一个"共和国"想扩大势力范围，而不愿意维持其小而停滞的局面的话，即应该学习罗马，把保卫自由的责任交给人民，而不是像斯巴达与威尼斯那样，把该项责任交给伟人。（*Discourses on the First Decade of T. Livy I*,Chapters V-VI）

8. 结论

最后做个一般性结论。比较社会学需要的概念必须能解释不同社会替他们自己挑选的价值观念。社会选择其价值观念的后果之一，是社会实相的若干层面得到清楚而有意识的说明，其他层面则被置于暗处。为了表达某个社会自身没有表达出来的社会实相，社会学家不能凭空创造概念。如果他这么做，就只不过像"社会阶层"那个例子一样，把他自己社会的偏见既浮夸又隐晦地翻译出来而已。因此他必须向相同的层面得到表达的那些社会求助。如果真觉得需要有个"不平等"的一般理论，那么它必须是以那些对不平等的概念赋予意义的社会为其中心依据，而不是以那些虽然具有某些形式的不平等但却选择否定不平等的社会为其中心依据。它必须是个阶序格局理论，包括受尊崇的或直接而简单的阶序格局形式，和不受尊崇或受鄙视的，或复杂的、混合的、表面上的阶序格局形式（需要说明的是，正如帕森斯[1]首先指出的，这样的理论只不过是探讨整个社会体系的一种特别方式而已）。这样做的时候，当然不能把一个社会的价值观念强加于另一个社会，而要设法把各种不同类型的社会相互对照[2]。设法不只从一个社会自己的观点而且也从其他社会的观点去观照它。至少从社会人类学的观点来看，这不仅是客观比较的公式，而且也是了解每个个别社会的条件。

---

[1] 参见 p.386 注释［1］。

[2] E. E. Evans-Pritchard, *Social Antropology*, London, 1951, p.129.

附录二
印度各宗教中的遁世修行^[1]

  我们最该感激弗雷泽（Sir James Frazer）和英国人类学派的一点，可能是他们拆除了原始宗教、古代宗教和当代民间宗教之间的藩篱。《金枝》（*The Colden Bough*）仍是表现"人类一体"理念的一块里程碑^[2]。

  和人类一体这一假定有关的演化理论虽然已被抛弃，但人类一体这一假定本身却仍然是社会人类学发展的基本前提。"社会人类学"一词可能是弗雷泽所创用。不论如何，他在 1908 年于利物浦讲座时，即选用社会人类学为名。过去半个世纪以来，当然发生不少变化。人类学已从原来的主智倾向走向社会学研究^[3]。它发展出来的"个别社会的"专刊研究

---

  [1] 这篇文章最早刊于 *Contributions to Indian Sociology*，IV，1960。评介文字包括：A.K.Saran，*Eastern Anthropologist*, XV-1，1962, pp.53-68；我的回答 ,*ColL.Pap*, pp. 142,159-161; J. F Staal, *Journ. of the Amer. Oriental Soc.* 81, 1961, pp.147-149; J. C. Heesterman, *Bijdragen tot de Taal...*, 119-3, 1963, pp.244 ff.; M. Biardeau, *Revue historique*, 475, 1965, pp.53ff。

  本文是由 1958 年 10 月 30 日在牛津大学发表的**弗雷泽演讲**扩充而成的。注脚都是新加的。我向提供意见的人表示感谢，特别是 F. J. Staal。法文版刊于 *Archives de Sociologie des Religions*, no. 7, janvier-juin 1959, pp.45-69。有关本文英译，我要向 D. F. Pocock 和 R. G. Lienhardt 表示谢意。

  [2] 这是牟斯早在 *Année Sociologique* 第一期（p.161，评 Jevon 的 "Introduction"）中即说过的，他在 1897 年再写道："否认人种的不可化约性即是假定人类的统一。放弃历史方法后，剩下来……就是人类学方法。"（*Revue de L'Histoire des Religions*, t.35，评 Steinmertz 的 *Strafe*, p.31）。现在收入 V. Karady 所编辑的 M. Mauss，*OEuvres*，3vols，1968 中的 vol.1，p.110、vol.ll，"La religion et les origines du droit pénal d'après un livre récent"（"依一本近作论刑法的起源与宗教"），pp.651-698 中——这是今日人类学家的一座方法论灯塔——p.653。

  [3] 参见弗雷泽的 "The Scope of Social Anthropology," Psyche's Task,1913,pp.159-176。牟斯写道："主智论只关心相似性……科学的描绘则要考虑相异之点，因此必须具备社会学方法。"（*Année Sociologique*，vol.1，loc.cit.）

和弗雷泽的比较研究似乎南辕北辙。不过，我们也愈来愈明了，比较研究并非如某些人所说的，只不过是累积相当数量的专刊之后再做形态学的分类而已。事实上，比较研究与专刊关系密切，每一部描述性的专刊都在很大程度上向当时的比较研究看齐，再反过来对进一步的比较研究有所贡献。不仅如此，甚至是在精确分析的层面上，特别是在宗教领域，人们发现距离相当遥远并分属不同文明体系的民族之间，不时会出现令人惊异的相似现象。虽然在描述性的作品之外，自弗雷泽以降的比较宗教研究并没有什么进展，不过，他的理想仍然是未来发展方向的指标，实际上也应该如此。

因此，为了向弗雷泽表示纪念和敬意，今日的专门研究者或许可以尝试划出一个区域来做比较研究。从人类学成立及转向社会学以来，我们最少学到一点：透过关系（relations）之体系的逐渐澄清，表面上的多样性可被简化而且理出个秩序来。因此我将尽量把讨论放在关系层面。

想在这次演讲中对印度各宗教做一般性的讨论，可能会被认为太急躁。事实上，和印度宗教有关的大量文献已经被研究了一百五十多年，成果也相当可观。就西方来说，人文主义对之表示好奇，古代语言学有对比的训练，有时候甚至有些天才人物也会致力于这项工作，想重建并了解一个异国的心态，他们努力的结果也曾被一再综述总结过。然而，就拿印度教来说，到目前为止，仍很难把它的主要特质有条理地陈述出来。印度教的复杂性和内在多样性似乎使此一工作陷于徒然。我们读到的是，最鄙陋的迷信与最崇高的哲思比邻，毫不相类的信仰和仪式混杂一道，婆罗门正统派和一大堆别的教派并存 [1]。面对这样的情况，难怪

---

[1] 举例言之，Barth 在 *Religions de l'Inde*（*OEuvres*, vol.l,pp.140-141）中写道："各教派性的或新婆罗门主义的宗教……虽经各种努力，企图……使之达成某种统一……却一直不断拒绝任何系统化的努力……多样性乃是（印度教的）本质，而多样性的真实表现即是教派。"

"……教派性的统一（sectarian unity）……是唯一真实的统一：为了不致迷失于无止境的（转下页）

有的学者想从多重来源的观点加以澄清。有人认为符合婆罗门经典文献的部分才算印度教,而把大众的宗教行为看作性质与来源都极为不同的"魔鬼崇拜"[1]。另外有些人则方便地采取印度教中最有说服力的哲学倾向之一,却忽略该哲学在整体宗教现象中的位置,也忽略围绕该哲学的真正宗教性的发展。在今日印度,我们还有时会看到某种经过改革的印度教,一种贫瘠化的、改造得面目全非的印度教。

上述种种对比、种种不同的形式里面,有一项决定性因素是印度教与基督教之间的对抗(confrontation)。不过,科学上的比较并不采用

(接上页)细节或不重要的枚举中,我们只好停留在一般概括性的层面,假借一些范畴来进行探讨。"Farquhar 写道(*The Crown of Hinduism*, 1913, p.216):"印度教的世界理论中的永久性要质包括:上主是真实的,俗世毫无价值;唯一的上主是不可知的,其他神明亦不容鄙视;婆罗门和他们的吠陀经典是唯一的宗教权威,卡斯特是神圣的制度,赏罚的主要工具;人类命定在生死中轮回,因为一切行动均导致再生;逃离俗世是觉醒者唯一可行的尊严之路,是避开感官和转生的唯一一希望所在。"(值得注意的是上述各点彼此之间没什么关联。)Risley 引用一些别人对印度教所下的定义,如 Sir Alfred Lyau 的,"乃所有接受婆罗门经典的人之宗教","一团乱七八糟的迷信",然后加上他自己的定义:"多少经过哲理化的泛灵信仰掺杂了形上学的巫术。"(*People of India*,ed., 1915, p. 233)参见 E.A.H. Blunt, *The Caste System of Northern India*,1931,pp.292-293。

[1] 传教士 Bishop Calddwell 在 19 世纪中期提出婆罗门信仰与魔鬼崇拜一分为二的想法,他是 *Comparative Grammar of Dravidian Languages* 的作者(参见《印度社会学集刊》[*Contributions to Indian Sociology*], No.III, p.57)。较近代的 Bankim Chandra Chatterjee 在一篇死后出版的未定稿(*Letters on Hinduism*, Calcutta, M.M. Bose, 1940)中也采用了同样的方法。他的目的是在某些西洋人对印度教大事谴责之后设法替印度教申辩。其论文的第一部分相当锐利,将某些通俗的崇拜仪式排除于印度教之外:"崇拜树干和石头,崇拜大树荫下染上黄颜料的石块……这些可一语加以否定。它们不属于印度教……在印度教经典中没有它们的地位……广大的印度教信徒并不接受它们。一个村落崇拜的偶像在其村落范围之外毫无意义。入流的印度教徒完全否定它们。"Bankim 提出了一个值得注意的问题:他认为那些谴责印度教的欧洲人混淆了真正属于宗教性的一面与并非宗教性的一面,虽然他们能轻易地把西洋宗教与道德或政治分清楚。撇开价值判断不谈,做比较时应该使用对等的标准是无可置疑的。如果我们要对印度教采取全体性的看法,不把有文献根据的宗教与俗众的"迷信"加以划分的话,那么也要如此对待西方的情形。而且,如果社会学家决定采取这样的方法,他就不得不承认到目前为止仍未有人这样做过。在另一方面,对等的处理并不表示用同样的方式处理。Bankim 也说过,印度的宗教现象并非像西方那样独立分开,而是和其他现象融合在一起(这一点或可解释为何西方人会有所误解)。我们得附带说明,对他而言,印度教并非单一宗教,而是含有好几个宗教,它们除了根源一样之外,也具有共同的梵文经典及其他典籍。

此类任意性的划分方式 [1]。科学比较志在认识相似点以及——更为重要的——相异点。即使未曾明言，此种比较仍见于所有讨论此问题的严肃著作中，显示出印度宗教和基督教比较之下所具有的若干主要特色。这些大致都为人熟知，但其中有两个难题：第一个难题发生于人们想把隐约之间感觉到的加以明细的陈述之时；第二个难题来自于上述的那些主要特色，它们就像流沙中的河流，时隐时现，在河流消失于沙粒中的地方，需要加以辨识与了解。

此外，有一项事实相当有利于对印度教采取一个统一的看法，甚至可以把佛教和耆那教也包含于其中：今日所见的如此多种多样甚至彼此对立的倾向，在其形成过程中其实是彼此互为影响的。足以代表此项交互影响的一个现象，是正统派印度教一直持续不断地逐渐整合——或用一种我比较赞成的说法，不断地添加——各种起源于异端教派的要素 [2]。印度社会和宗教一方面产生许多在很大程度上被视为异端的运动，另一方面又不断把以前被视为异端的新要素吸收入正统之中。我们必须设法了解的是，这双重的运动以一项共同基础为前提，而我们最少已知道这

---

[1] 这里我使用"对抗"一词，以把它和"比较"分别开来。"对抗"指的首先是印度教与基督教如何接触的历史事实，其次是其结果：一种彼此竞争的态度，特别是在道德层面上，还有综摄主义的倾向，特别强调相似性而忽略相异性（参见笔者的《论文集》，p.10）。两者都是基于固定见解的态度，而非科学性的比较。

[2] 此处的"印度教"是采取通俗用法，指目前那些非穆斯林、非基督徒、非琐罗亚斯德教徒、非耆那教徒、非锡克教徒的印度人之宗教信仰；也是指上述例外之外，卡斯特社会成员的宗教。但我并没有把那些所谓的"低级"宗教行为排除于印度教之外：印度教不仅仅是有文献为据的婆罗门教。卡斯特社会的印度教常被看作和部族社会的泛灵信仰截然不同，但是部族宗教常常在一定程度上参与、渗入印度教（这方面有一个实例，可参见《集刊》，No.III，p.60sq.）。就历史发展而言，我们可以说印度教的完整建立是在各种大异端学说开始衰退的时期。此处的正统、异端的意思和西方宗教史上所指的有些不同，这点在本段文字中也应看得出来。就社会而言，禁止等于鄙视，受谴责的仪式等于是较低级的。不过任何宗教本质上都偶尔会采取比较绝对的态度，印度教亦不例外。论及各种新生事物的累积添加时，Burnouf 在他的《薄伽梵往世书》的导言（p.cxi）中写道："除了这些由教派（bhakti）精神所引进的新生事物——这些是很容易辨认出来的——古老的印度体系的应变方式常是添加而非取代，他们保存远古时代要素的忠实程度是极为少见的。"

个共同基础的社会层面：任何教派一旦否定卡斯特就无法在印度土地上长存[1]。以释迦为例，长久以来人们知道他虽然超越了卡斯特，却并没有攻击卡斯特，也没有改造它。

我将尝试从社会学观点把印度学（对古典印度文献和历史的研究）的研究成果做一综合，以概括介绍印度教和吠陀时代之后的各宗教。事实上，我曾对一个小规模印度教群体直接进行过研究，并得到几项原则，这些原则似乎可应用于较广大的范围。我将从这些原则着手，从而将古典印度学发现的种种丛结、运动或倾向，与社会，也与彼此相连[2]。在我看来，只有从宗教与社会的关系中才能研究宗教本身——而非那些以宗教为名的哲学思想——而不致在宗教实际上跨进玄想领域时硬把宗教与玄想分割开来。将西方对宗教与哲学的区分法应用于印度是一件困难的工作，已有长远的经验足以为证，所以我将采用另一种区分方法，一种印度人的区分方法。借着在原则上把不同层次的经验和思想区分开来，我希望澄清某些复杂性，消除某些表面的矛盾。

以前我曾提议，印度教的秘密或许存在于遁世者（renouncer）与世俗人（man-in-the-world）之间的对话中[3]。与其证明此项想法所根据的二

---

[1] 举例来说，如果——是否如此仍难断言——创建维拉悉瓦教派，又名林迦行者（Vira shaiva or Lingayat）的人原意是想消除卡斯特，那么这个教派的发展史显示卡斯特被重新引进其中（Farquhar, *Outline*, pp.262-263; Thurston, *Castes and Tribes, s.v.* Lingayat）。从 Chaitanya 这样的巴可达（*bhakta*）之行传中可以发现对卡斯特规定让步的证据，特别是在食物方面（M.T.Kennedy, *The Chaitanya Movement*, Calcutta, 1925, p.119; 57, 61, 164）。

[2] 如果所述的仅限一般公认的现象，便不再提供详细的数据来源。读者可参考：L. Renou 与 J.Filliozat, *L'Inde Classique*,2 vols., Paris, 1947,1953; J.N. Farquhar, *An Outline of the Religious Literature of India*. 后者的参考书目和照年代先后进行的论述非常有用。至于一般性介绍的著作，我要特别提到 L. Renou, *Religions of India*, London, 1953（Jordan Lectures, 1951）。我接触到这本著作时已来不及好好利用其资料，但我希望我文中所论不致太偏离这个伟大的印度学专家所认为已确立的事实。目前做描述的难题之一是比较宗教学仍没有任何一般性的指涉架构可资应用。对每一项印度教的教义，实在有必要逐条指出与之相应的基督教教义，但事实上我在这里只提供这方面的几条简短注脚。

[3]《论文集》，pp.12-13。

分法，我们宁可把它当作一项假设，如果它能使我们对整体现象的现状与其历史上的发展取得一个简单而且一贯的观点，这项假设的提出也就有其道理了。我想，我们将看到遁世修行这一观念——或更适当地称之为遁世修行这一**制度**——所扮演的中枢地位，在下文的分析中将愈来愈为彰显。

1. 观察所见之印度教与婆罗门教

首先，我们可以假定印度教的印度有两种人，一种是生活于俗世者，另一种是弃绝俗世者。我们先考虑前者，并对一般人进行观察，再将结果和正统派的观念与实践做比较。

一般人生活中最基本的制度即是卡斯特[1]：卡斯特体系以洁净与不净的阶序性对立为基础，其性质主要是宗教性的。实际观察见到，对诸神祇的信仰并没有超越此项卡斯特的基本对立。在实际行为方面人们信仰多神，而卡斯特价值在这神性多元、诸神互赖的信仰中乃是一项基本要素。换句话说，我们可以说各个神祇在舍去彼此间的关系即无其他实质性可言；一个孤立的神就像一个别的人一样，毫无真实性可言。所有的一切都建基于洁净与不净之间的互补性以及高阶者与低阶者之间的互补

---

[1]　田野工作的结果参见《集刊》，No. III，1959，还有我的专著《次卡斯特》（*Une Sous-caste de l'Inde du Sud*，Paris，1957，3rd part，p.313sq）。（洁净与不洁，pp.416-419；众神与个别神祇，pp.363-371；祭司与财产，pp.339-354；男神与女神，p.383sq。）

　　常有人说，一个人算不算印度教徒的主要界定标准在于他是否遵循卡斯特规则及是否崇敬婆罗门。帕森斯和韦伯一样，在这方面态度很断然："作为一种宗教的印度教只不过是这个（社会）体系的一面，在此体系之外并无任何独立地位。"（Parsons, *The Structure of Social Action*, 1949, p.557）接下来的评语就显得细致多了："在某些方面，它（印度教）与哲学思辨不可分；在别的方面，它与社会生活不可分。"（L. Renou, *L'Hindouisme,* Paris, 1951, p.28）。

性之上。

　　其次，观察显示了神附着人身这一制度的重要性。在那些明显的实例中，我们看到两种宗教功能彼此均衡：祭司把人敬神之物献给神，神则降临在个别的人身上，在他身上具现，并利用他作为神媒启示和指导其他人。

　　最后，从村落宗教崇拜的研究中，还发现另外一种互补性，那就是男神和女神的互补性。男神监管村落土地或资源，女神则照顾村人的健康，并特别注意流行病。

　　在婆罗门的层次，这些互补性的情况又是如何呢？一般而言，男神与女神的互补性并不存在于思想意识中，不过众所周知，成双成对的神祇颇为普遍，大神通常有一位或两位伴侣[1]。值得注意的是，神祇成对的概念虽然存在，最受注目的还是个别的神祇。男神更容易成为最受注目的对象，有时也会是女神。

　　在婆罗门的层次并没有神媒，有的是占卜兼星象师。在进行祭神仪

---

[1]　有个小插曲显示村落神祇之间的这些关系如何不为高卡斯特出身的人所知。1954年在印度北部，我想知道在除十节（Dasarah）当地的女神是不是像印度南部那样有神侣为伴。当时有位年轻的大专教授正好回到他的村落度假。他不认为会有类似情形发生，但我打听的结果却显示同样的关系也存在于印度北部（后来的观察不但证实了它，而且发现它更甚于南部），这对他来说是项大发现，因为他一直都把每个神祇孤立起来看待。

　　值得注意的是，大神娶一个或两个妻子表示对大神的婚姻特别加以强调，然而却不注重神祇的亲子关系。我在其他著作（《次卡斯特》，p.402）曾简短提到湿婆（Shiva）和帕尔瓦蒂（Parvati）这对伟大的恋人，他们要以人类的方法生产子女时似乎碰到极大的困难（好像只有《林迦往世书》认为他们具有此能力，参照 Gopinatha Rao, *Hindu Iconography*, I, p. 35sq.；II, p.415sq.）。帕尔瓦蒂的神像从来没有被塑造成母亲，这和基督教的圣母形象不同。圣母玛利亚的母性和神秘受孕，都表示基督教强调亲子关系，这和西方国家的亲属称谓正相符合。强调的重点似乎要在亲子关系（如西方）和婚姻关系（如印度）中选择一样，无法同时将基本亲属关系的各个方面都加以神圣化。乌玛神（Uma，即帕尔瓦蒂）本身不能生育，她有时咒骂其他女神，结果使她们也不育。看来，女神不能生育这个现象深受往世书（puranas）的作者们注意。湿婆和帕尔瓦蒂的情况令人想到希腊神话中的宙斯和赫拉。根据《室犍陀往世书》的记载，帕尔瓦蒂看见湿婆自己生儿子时大为愤怒，这令人想起雅典娜出生时赫拉大感愤怒的故事。

式时，司祭者当然与神合一，这点是不可或缺的，但他并不作预言，神不借他的嘴巴说话 [1]。

虽然婆罗门典籍不时论及不洁，但是它们自然而然地不会谈及"不洁之神"。它们的世界是素食世界，肉食即表示不洁以及低级，因此不被视为神的属性。理论上是不存在肉食习惯的，然而实际上不见得如此：女神要求血祭，但在其掌管范围内她还是居于至高无上的位置 [2]。卡斯特的互补性上也出现同类现象：理论上对阶序和分离原则一再强调，但对于彼此间互依的事实则不明说。

概而言之，在通俗的宗教实践中呈现的互补性一进入婆罗门的实践层次便显得界线模糊，难以分别，虽然还是可以觉察到。而在婆罗门的理论中，互补性根本不存在。如果此一理论足以代表宗教意识，那么此

---

[1]　司祭者与一个神或多个神祇合一这一点在阿含经典中有详细的讨论，参照 C.G. Diehl, *Instrument and Purpose*, Lund, 1956, pp.100-104, and p.75（ *nyāsa* ）; 参照 *L'Inde Classique*, I, p.569（ *nyāsa* ）, I, p.575（ *dhyāna* ）。同样的，吠陀经典中的司祭者 "从人的世界追入神的世界"。《百道梵书》，转引自 Hubert and Mauss 论献祭的文章，*Mélanges d'Histoire des Religions,* Paris, 1929, p.26; 祭司，p.29sq. ）

[2]　除了婆罗门的理论，还要探究婆罗门的实际行为，这是件不容易的事情，需要谈得很精细，甚至一整本专刊才说得清楚。一般而言，如果婆罗门施行血祭，那应属偶尔为之，这类事情应被视为与理论无关（但正是在这些事情上显示理论本身不一致，需要加以贯通才能理解；这点后面将进一步讨论）。有些互补性的事实实在太明显也太普遍，很难忽视，比方说在祭典进行到一定的时刻，婆罗门会离开现场，走出他平日负责的庙宇，等血祭施行完毕再回去（《集刊》，No. III, p.34，from Srinivas）。一般说来，在九夜节（Navaratri）或除十节时，婆罗门诵读《女神颂》（*Devi Mahatmya*），最后一段是女神杀死牛魔（参见以牛魔［Mahishasura］被杀为主题的众多图像）。婆罗门诵读经文最后一段时，人们会同时杀一头牛来祭女神（参见 Henry Whitehead，*Village Gods*）；《女神颂》中的那一段显然代表与此祭仪相对应的一则神话。因此可以说虽然婆罗门并不主持血祭，但至少会诵读血祭经文。

常有人提到婆罗门教思想上的不一贯，但都是从另外一个角度去看此一现象。人们认为这是吠陀祭仪和印度原有祭仪混杂的结果。以 Masson-Oursel 为例，他论及纪元初的印度宗教情况时说："除了《梵书》所记载的内容，婆罗门教在包容越来越多印度原有的因素（'Hindu' factors）以后，变得仅剩一种形式，甚至可说是一些标签而已。"（*L'Inde Antique et la Civilisation Indienne*，Paris，1933，p.211）。这是强调吠陀思想（Vedism）并不是婆罗门教的组织原理，同时也承认不能用吠陀思想去理解婆罗门教。如果反过来从日常观察所见的印度教着手了解婆罗门教，我们会发现，印度本身是一贯的，而婆罗门教无法将互补性的对立事物加以合理解释时，它即改变立场，使印度教实体化。或许我们该说，女神所占的地位是"妥协"的结果？女神是被"容忍"？或者我们该说女神存在而宗教体系无法解释此一现象？在本文第 3 节我们将看到，为什么女神的存在会引起此一重大的矛盾。

意识就忽略了实际宗教行为下的社会关系。在两个互补的极端之间，婆罗门理论常择其一，而彻底否定另一个。在没有摆脱神性所具有的多样性和矛盾性的情况下，它试图使个别神祇具备真实性。它赋予了实际上是结构性的实践一个实体主义的理论。

各篇《法论》（*Dharmashastras*）所述诸价值的阶序也表现了同样的现象。它们指出，人生目标有三：法（*dharma*, 责任），利（*artha*, 财利）和欲（*kāma*, 逸乐）。这三项都是（必要而且）正当的，不过其间有高下之分，只有在不违背较高目标的前提下，才能追求较次级的目标：法（对世界秩序的遵从）比利（权力和财富）重要，利又比欲（当下的享乐）重要。这三个观念被视为彼此独立的三种实体，不过，让我们看看在阶序性之外，这三者之间还存在哪些关系。显然，它们和瓦尔那（Varna）的阶序类似：法等于婆罗门或祭司；利等于国王或刹帝利，代表俗世的权柄；欲等于上述两类之外者。此外，还可更进一步用帕森斯的结构分析法加以分析。首先，欲和其余两者对立，它是由感情冲动直接产生的行动，其余两者则是受知性或德性考虑影响的行动。相对于法及道德性的普遍主义，利是精打细算的自我主义，有点像西方经济理论中的"理性行动"，不过它包括政治的层面，因为在印度财富只不过是权力的一种属性而已。利与欲的对比等于暂缓的满足与当下的满足的对比；法与此两者的对比则是终极目标与特殊目标，神圣与世俗之间的对比。用帕森斯的话来说，欲是表现性的行动，利是工具性的行动，法则是道德性的行动。这三者穷尽人类行动的种类，其分类的原则是一套对比系统[1]。

这个例子显示，不论婆罗门有关俗世生活的理论如何把事物实质化，

---

[1] 关于婆罗门理论中的"实体化"（substantialization），我引用了我和波寇克的讨论。关于人生目的（*puruṣārtha*）三大项（*trivarga*），参见 *L'Inde Classique,* I, §1150sq.; P.V. Kane, *Hist. Dharma.*, II, I, pp. 8, 9, III, pp.8-9; 对这一点与有法的讨论，我从 R.Lingat 那些目前尚未刊印的讲稿中获（转下页）

在实际上，实相却只是关系。这是最重要的一点，因为如果我们只看古典文献，就将对世俗人的心态一无所知。这不只是因为它和我们的心态极为不同，也因为它和文献所载在很多方面有出入，其中最重要者为它受遁世修行者所持的特异思想影响。

说卡斯特的世界是一个关系的世界，等于说个别的卡斯特与个别的人均不具实质性：他们在实际上存在，但在思想中不具实在，并无存有。此一真相并不新鲜，很早以来即已被认识，不过在讨论时常受忽略，而在观察与分析中却又不断地重现。我认为它是最基本的，因此坚持主张，即使显得粗糙亦在所不惜：在俗世生活的层面上个人是不存在的[1]。因此任何概括论断必须以关系为出发点，而不是以个别的元素为出发点。这也是为什么一旦印度教徒采取实体主义观点，一切事物都会成为不真实的，包括诸神在内。迷妄论的根源即在此，它之所以受人欢迎，一元论之所以流行，也就都不足为奇。如果承认上述讨论，剩下的问题即是

（接上页）益良多。参见 R.Lingat, *Les Sources du Droit*（参考书目部分）。各种非正统的教派运动采用不同的分类法。甚至连克麻也编成法典，充分表现印度思想的一个特色。

把利说成等于王族的功能，并不是说国王不必遵循法：诸目标的阶序适用于所有人，但利界定了王族行动的特殊范围。权力和财富不分，政治与经济不分，这点很重要（参见 Pusalker, *Studies in Epics and Puranas*, Bombay, 1955, p.xlvi）。西方的对等现象——从霍布斯到马克思，权力如何在政治经济中被抽象化——参见帕森斯，*Structure of Social Action*,ed.1949, .p.93sq., 并参考 Karl Popper,*The Open Society*,London,1945, 11, p.120："只有透过国家积极的干涉，以国家的法律和武力来保护财产，财富才能赋予人权力。因此经济性的权力全然依赖政治性和武力性的权力。"

在这样的阶序中，没有极端性的罪恶原则存在的余地。正如韦伯所说："在此种世界秩序中无法出规'极端罪恶'的观念"（*Hinduismus und Buddhismus*, Tübingen, 1923, p.143）似乎可以认为，印度的责任、财利和逸乐这三者所扮演的角色经常类似于西方社会的善与恶，但这并不表示印度思想中缺少类似西方的罪恶观念，而是在说，我们的办法是谴责与排斥，印度则是阶序化与包容。

[1] 为了表达个人存在缺乏概念上的真实，或许可应用黑格尔的名词：所发现的是具体（*Besonderheit*, The particular），而不是个体，也就是反映（*Einzelnheit*, 普遍性的具体性）。这种说法应该表达得更明确，但此处讨论的是一个庞大的、随处俱在的事实，目前很难加以具体说明。在这里无法把有关的证据都提出来。其中有些可见之于《集刊》。至于亲身观察方面；在我的《次卡斯特》一书的结尾，我写道："此处并没有实相，只有表相。更好的说法是，只有关系。"那本书中的任何一项分析大概都是在说明这一点（同时参见《集刊》，No. III. p.84）。

去弄清楚，为什么在印度教的印度会出现另外一种思想，一种视个人为存有的思想。

2. 选择救赎：遁世修行者

到目前为止，我们讨论了印度社会的宗教组织，它根据一套强调普遍性的体制来塑造社会，使世俗权力接受宗教的管束。其中并没有超绝性的（transcendent）制裁，有的只是此体制的概念，遵从它即是履行责任（dharma）[1]。这常被视为俗世印度教徒的宗教核心。但是，即使我们再把多种神性这一点添加进去，这依然不是印度教的整体面貌。

首先，我们必须考虑与印度人的宗教生活及其生存与救赎密切相关的一串概念，在印度出现的宗教运动和教派大都具有这些概念。这之中最显著的是两个关系紧密的观念，即转生（或轮回，samāra），以及业力（karman）决定轮回的道德原则（或是行动的报应）。这些观念和解脱（moksa）的信仰有关，即相信能够从存有的锁链逃脱。解脱的性质及达到解脱的方法与技术在玄思思想中占相当重要的位置。而禁欲主义，不论是作为得到救赎的方法之一还是作为一种全盘取向，亦即倾向于否定俗世——脱离尘世——的倾向，深刻影响了印度教。这一点也已

---

[1] 在前引的一段中，韦伯强调印度没有可称之为自然法（Natural Law）的事物。就自然法的内涵而言，这是正确的。但他把法（dharma，宗教职责）视为成文法（positive law）则令人难以同意。韦伯说："最少在理论上只有一种律法，它是神圣的，依身份阶级而各有不同的，但也是成文的。"（"es gab-für dic Theorie zum mindesten-nur heiliges, ständisch besonderes, aber positives Recht"）事实上，正如人生三大目标的分析所示，如果法可算是法律，那么它是一种理想法律，在实际上与成文法的关系正像我们的自然法与成文法之间的关系一样。既然法遵循世界的秩序规律，在最深刻的层面上，它就是代表在自然与习俗有所区别的时候，那些属于自然的事物（韦伯所谓的 positive Sozialordnung and "natürliche" Ordnung）。

受到应有的重视，但实在很难说它是婆罗门引起的，如同施韦泽（Albert Schweitzer）甚至韦伯隐隐约约主张的那样[1]。实际上我们得做一区分。婆罗门作为高于其他人的祭司，很舒适地立身于此俗世。但另一方面，众所周知，在古代印度欲取得解脱就必须离开俗世，采取一种全然不同的生活方式。这是一种制度，遁世修行（Samnyāsa）事实上是一种与正常社会脱离的社会状态[2]。这种弃绝尘世的倾向不止存在于俗世的人心目中还具体呈现在遁世修行者消瘦的身上，他们手持托钵和拐杖，身穿

---

[1]　在韦伯著作中视婆罗门具有超脱世俗性只是一种隐义，施韦泽的著作则明确如此主张。当韦伯写道："正统的婆罗门湿婆教派借（一种类似）仪式性的阉割，把一种性狂欢的仪式转化成为林迦（男性生殖器）崇拜"（同上，p.336），他对婆罗门的仪式主义和类似清教徒的倾向以及这方面有关的问题，是具有贴切的认识的。施韦泽大致说来是正确的，他认为对俗世及生命的肯定或否定分别是基督教与印度宗教中的主导观念（*Indian Thought and its Development*, London, 1951）。但是基督教也并非完全没有"否定生命"的因素，而且还需要做更精确的区分。有时候施韦泽很贴切地注意到这两种倾向彼此混融的情形，比方说述及虔信（bhakti）时即是如此。至于婆罗门在俗世的处境，虽然他的确是把替雇主服务放在首位（《集刊》，No. II, p.58），但这也只能解释为他较容易接近超脱俗世的想法罢了。

[2]　必须要牢记的是遁世修行者遗弃的只是社会世界（samsāra），而非物质宇宙jagat（这是 J.F.Staal 所指出者）。同时我们还要扩展社会的意义，以便能把"俗世"或正常社会，以及遁世修行者这种人也包含在内。它已是整个体系的内在成分之一，没有它的话，整个卡斯特世界能否长存恐怕都有问题。

我们在其他地方曾相当简要地写道，每个人都有成为遁世修行者的权利。成为修行者的那一刻，对他原有的卡斯特而言他即视同死亡（参照《论文集》，p.12）。应该把话说得更明确些。关于第一点，实际上只是习俗如此，并非成文法也同意：事实上有首陀罗出身的遁世修行者，但是依据典籍记载，英国法律并不承认他们是遁世云游者（Kane, *Hist. Dharma*, II, pp.944-945）。事实上我把这项婆罗门的观念概推化了，将所有以类似正统遁世云游者（Sanyasi）的方式弃绝俗世的人，包括佛教僧侣在内，都称为遁世修行者，甚至遁世云游者本身。值得顺便一提的是，非正统的修院制度深刻影响了印度教中的修院制度，关于这点可参见尼赫鲁（Jawa harlal Nehru）的 *Discovery of India*, New York, 1946, p.173。

至于遁世云游者对俗世而言形同死亡，实际上是他散赠其财物，放弃家族产业继承权，将祭火存于体内，从此以后不得生火，举行完自己的葬礼（Kane, op. cit., II, p.958："16次给他自己的 *śrāddha*［译案：亡者祭］和一次 *sapindīkarana*"［译案：使新亡者与其祖先相聚之祭］，也就是称为 *ekoddistaśrāddha*［译案：新亡者之祭］的总数），他不受守丧期的不洁影响，或稍受影响即消解（*ibid.*; Dubois, *Manners and Customs*, 3rd ed., p.540），他有特别的埋葬方式，并不火化（Kane, op.cit., IV, p.231；这方面的描述见 Dubois, loc. cit.），死后立刻成为祖先，成为 *pārvanaśrāddha*（译案：每月两次的祖先祭）的对象（Kane, IV, pp.518-519）。如果他日后重新过持家者的生活，他和他的孩子即使进行过种种悔罪式，仍将被视同贱民般对待（Kane, IV, p.113）。成为遁世云游者的时候是否不可再配圣带和束发，有关记载的看法不尽一致，但商卡拉（Shankara）认为不可（*ibid.*, II. pp.963-964）。同样的，并非所有不同类的修行者都可自非婆罗门手中或从 4 个瓦尔那的人手中接受食物（*ibid.*, p.934, etc）。

澄袍。如果要想象典型的婆罗门对这种人物的反应，不妨利用圣地桑奇（Sanchi）北牌楼上一座依据须大拿本生经所雕的婆罗门雕像，先看看婆罗门自己的形象：肚皮滚圆，表现自大和贪婪之结合，非常特殊，难以模仿。

事实上，在表现俗世正统思想的法（dharma）的文献中，有时候会在生命的三项目标——宗教责任、财利和逸乐——之外再加上一项最高的目的：解脱。但是把这四项相提并论，却会掩盖其间的异质性：前三项是正当的，而且是必要的俗世目标；否定尘世虽然是人自己选择的，然而一旦选择走这条路就会危及其他三项人生目标。另外一个例子是遁世修行本身被给予的地位，这和我们讨论的重点有关。它常被视为婆罗门生命中的最后一个阶段，而各阶段依序是学生、持家者、隐居者与遁世云游者。这项理论是凭空想象出来的，这点已有人指出，因为它把义务性阶段（学生、持家者）和可有可无的阶段（林栖者［uānaprastha］这个阶段是古代才有的阶段）相提并论。提出这项理论的作用，似乎一方面在于把遁世修行描绘成仅属婆罗门生命史的一个阶段，使遁世修行多少成为婆罗门的专利；另一方面又把遁世修行延缓到一个人生命中最后一个时期，在他达成其俗世的责任（传宗接代等）之后才施行。简而言之，此处所发生的，不只是因为正统派常会添加新因素这种习惯性倾向，更显现出一种企图要使遁世修行受俗世控制，一种淡化遁世修行的敌意 [1]。

---

[1] 关于遁世修行者与四住期（āśrama）的理论，我提到的是最常见的观点，此外还有两种观点（Kane,II,p.424）。M. Lingat 的演讲，前面已提到过，帮助我更明确地区分俗世的观点与遁世者的观点。参见 L'Inde Classique，1，§1230 sq.，L.Renou, La Civilisation de l'Inde ancienne, p.79。关于 vānaprastha，参见 Farquhar, Outline, p.29; Kane, II, pp. 927-928。

至于将解脱与遁世修行添入俗世观点中，或许有人会说我任意把被列举为整体的各项分裂开来。这项批评常被用在古代语言学家身上，有时候批评得很恰当。印度教徒在常识上并不觉得解脱和法是异质物，因此上述批评相当自然。我已说明我所以这么做的特殊理由，此外还有个一般性的理由是和方法有关者：在此领域，此类添加累积是常见的现象。在此类枚举中，很重要的一点是必须区别真实的整体和虚假的，看看后者是否只是为了凑足某个神圣数目而编造出来的凑合体，或者真的（转下页）

身在俗世者采用了一些基本上是遁世修行者的观念，但我们不应因此忘记两者的情境和两种思想的差异。波辛（La Vallée Poussin）论及佛教中这两者的差异时，将俗众的佛教与僧侣的佛教区分开来，明白界定前者是一种宗教，后者则是"一种救赎的戒律"[1]。

遁世修行者离开俗世以便全心追求他本人的解脱。他服从自己选的师父，甚至加入一个修行团体，但基本上他只能靠自己，他是孤独的。

离开俗世之后，遁世修行者会发现身上具有一种自己显然觉得不安的个体性（individuality），因为自己的一切努力都以消灭或超越此个体性为目标。他以个人身份思考，这是一项使他与俗人形成对比的特质，使他比较接近西方思想家。但对西方人而言，个人存在于俗世之中；在印度教的世界，个人只存在于俗世之外。至少在原则上是如此。此外，思想与行动的关系也不同，遁世云游者的玄思主要是为了实际的目的。还有对我们的讨论很重要的一点，那就是，遁世修行者并不否定俗世之人的宗教。正如波辛所说，"他并非怀疑论者，他毫不迟疑地承认所有传统的与流行的神话……他所求的是在俗世以外，是某种超宇宙性（lokottara）的事物"。这就有添加累积的基础了：遁世修行者的训练容忍俗世宗教，因此成为后者的添加物。一种以选择为基础的个人性宗教被添加到一个群体性的宗教上面。

从俗世中个人的观点，亦即最自然发出的西方观点来考虑印度观

（接上页）是添加累积的结果。我们在此论及的是少数几项基本性的分辨之一，必须认清这些才能有系统地考虑真实的整体。（《论文集》，pp.12，15，17）

[1] L. de La Vallée Poussin, *The Way to Nirvana, Six Lectures on Ancient Buddhism as a Discipline of Salvation*, Cambridge，1917（Hibbert Lectures，1916）. 这本书的前几页（pp.1-7）列举各重要特质来描述此处所讨论的这项区别。如果这些"救赎的戒律"真的和宗教本身有这么大的差别，把它们放在此处讨论或许并不恰当。但波辛本人指出，这些修行戒律对宗教有强大影响，它们被添加于宗教上面但并不毁灭宗教。两者间的互动使我们有足够的理由将之放到这里，我们讨论的是同一整体两个不同的组成部分。

念，很可能会使这些观念变得模糊与扭曲。我们最好牢记这些观念有两个面，一个是针对并非个人的世俗人，另一个针对遁世者这种在俗世之外的个人。实际上，俗世之人，特别是婆罗门，被误以为发明了一些其实是他们借用来的观念。这些观念更为契合——基本上也显然属于——遁世者的思想。如果说印度宗教与玄思的发展之推动者——"价值的创发者"——乃是遁世修行者，或许并不算太大胆吧？作为学者的婆罗门，做的主要是保存、添加收集与结合而已。他很可能也创造和发展一些特殊部门的知识。但教派的创建和维持，还有主要的观念之"发明"皆可归于修行者，因为他们的特殊位置使他们拥有怀疑一切的专利。在此，我显然无法对此一说法详加证实。我希望做到的只不过是指出把两种"理想型"区分开来是有用的，这两者在历史过程中愈来愈紧密地结合在一起，区分它们有助于了解其结合的现象，还有其中的一些主题[1]。

让我们回头讨论转生的观念和行动的报应。韦伯和很多人都强调这观念给卡斯特体系提供了辩护。他认为这是对罪恶的问题最为一贯的回答之一。人们的确经常把当前的不幸解释为前生犯下的恶行所造成的结果。但是我觉得如果一味追随他的解释，以致同意他提出这些观念乃印

---

[1] 遁世修行者当然往往出身婆罗门。虽然常有人指出，两个最伟大的异端遁世云游者——佛陀释迦和耆那大雄都出身刹帝利或王族，但是这件事实对我此处要强调的区分而言并不太重要。在发展过程的另一端，婆罗门吸收了遁世云游者：伟大的正统理论家和学派的创始者，商卡拉和罗摩奴阇（Ramanuja）都是遁世云游者，他们不但出身婆罗门，而且最关心的也是和婆罗门有关者。商卡拉接受而且卫护印度教，但他对传统的忠实使他否定积善业能带来救赎。罗摩奴阇则取得了综合性的结论：他认为积善业有助于获得救赎，追随他的修行者还是配着圣带；这显然受到了虔信之影响（参见本文第 4 节）。婆罗门教的发展常被视为印度土著的要素逐渐被添加到吠陀信仰基础上的结果；素食主义也曾被视为此类"原始"要素之一，我们当然可以把婆罗门教与吠陀教做比较，不过两者间有断层存在。印度教历史发展的真相，一方面是各种遁世修行运动的发展，另一方面是遁世修行的要素添加进俗世宗教的过程。像 Farquhar 所进行的历史研究法就直接显示出教派的发展情形以及它们后来如何被添加于正统宗教中。《摩奴法典》对食物的规定是个典型例子。肉类仍是敬奉祖灵和诸神之物，食用肉类在此类场合不但是被允许的，甚至是义务性的；但是素食主义的理想，一种修行者的理想，其势力也已非常强大，是以戒食肉类被认为具有与举行马祭同等的积德功效（ Manu, V,, 53; Kane, op. cit., II, pp.772-782; IV, p.422 sq ）。

度教中少见的正规信条，那就是把不同的层次混淆了。这些观念更倾向属于玄想层面。首先，很显然的，转生问题与解脱有关，这两个观念彼此界定，无法分开[1]。这显示我们讨论的是遁世云游者的思想。对西方人而言，转生常被视为一种悲观的生命论，因为它似乎使每一具体的生命显得不真实。但是，正如我们已见到的，卡斯特的不真实性和俗世中个人的不真实性是一开始即被设定的，因此并非转生创造了这种不真实性，转生只是表现或解释它而已。此外，当我们发现真正的悲观论的时候，譬如释迦的悲观论，会发现它是和超度（deliverance）对立的观念，是从遁世者的观点所产生的悲观论，而非世俗人的悲观论。

我们甚至要说个人透过转生才成为真实，转生使他通过体系中各个不真实的阶段。同样的事情也发生于遁世修行者身上——他成为一个个人——我们可以说转生不仅富于想象力地描述了卡斯特体系，而且为遁世者作为个人同那些留在俗世中供应他生存所需、幻影一样的人建立了彼此之间的关系。转生是遁世者的观念，一个以解脱为目标的人回过头来看他遗弃在后的世界时具有的看法。它不是悲观性的看法，而是一种大胆的设计，让留在尘世中的人也认识若干生命之实相，若干得自于遁世者自己发现的真相。

---

[1] 韦伯，op.cit., p.117sq., 369; 参见帕森斯的摘要：*Structure of Social Action*，特别是 pp.558, 574。韦伯像布兰特一样指出，低阶的身份和当前的不幸都被解释为前生所犯罪行的报应（也参见《次卡斯特》，p.414）。

实际观察并未证实相信转生是一种"正规信条"。Farquhar 指出，不论是在阿育王的石谕中还是在《政事论》中，都没有转生或报应的观念，也没有涅槃或超度的观念（阿育王的石谕中到处可见不杀生的观念，而《政事论》则论及民间宗教和无神论哲学）。Kane 指出，献给亡者的正统仪式和业力与再生的观念互相矛盾，并对此采取历史性的解释（IV,p.335 sq. ）。我们可以说死亡解放了多项不同的原则，正如俗众的葬礼习俗可能要隐喻的那样。婆罗门的葬礼仪式也的确是僵化的固守古代的信仰。但转生这个观念的主要性质并非一种信仰，至少在群体性宗教中没有任何与之相应之物，没有任何仪式：它是玄思性的，属于那种向个人之选择开放的宗教之领域，和它最有关系的是解脱；它不只是韦伯所描述的"婆罗门的主智主义产品"，更是遁世云游者的情境和思想的产品。例如澳大利亚的转生思想和图腾有关，就和印度的相当不同（Durkheim, *Formes élémentaires*,p.353 sq. ）。

在俗世宗教的架构里面，决定行动的报应之道德决定论看起来的确很知性。它使我们去追寻这些观念的历史根源，而这正是我将加以简短讨论者。这些观念出现于卡斯特体系的形成之前[1]，是吠陀时代之后印度教时代之前那个特异的时代（时间上从早期《奥义书》到《薄伽梵歌》出现之时，这也是玄思的黄金时代，所有印度思想中的主要思潮都出现于此一时期）的早期产物。虽然这场运动看起来丰富多样，但它是遁世者的杰作，所得到的许多结论似乎也都被遁世修行的逻辑左右。它是一场批判性的运动，首先是将吠陀的多神主义化约为只重献祭功效，而最早的《奥义书》宣称个别的自我和普遍的存在乃是同一。接着发生的那场非常特殊的知性与精神之振兴经常被人提起，席尔本（L. Silburn）在最近出版的一本好书中再次显示遁世者、禁欲者（śramana）、游方者（parivrajaka）和其他同类人的环境与氛围[2]。和"永恒论者"相反的是"虚无论者"，不论是唯物论的还是演化论的虚无论者，我们能够从其竞争者的反驳观点中得到了解，虽然他们并未生根。以报应为基础的转生在这些讨论中已可见到，而且似乎占据了突出的位置。释迦本人曾从虚无论者那里学习了很多东西，但他采取"中道"：他否认有任何永恒之物

---

[1]　Barth 把《奥义书》中的再生看作"人身存在的条件"（Rel. Inde，p.79）。他在其中发现"思辨上的大胆，而非没心思与默默忍受"（ibid., p.84）。如果这种观念出现于比卡斯特更早的时代，我们必须小心，别把我们在现代印度所发现的投射到远古时代去。讨论时代稍晚的遁世修行者的时候，我们也得注意别犯此类错误。严格说来，我们必须更要为明确，从一开始就分别讨论婆罗门、国王、隐居者（vānaprastha），等等。

[2]　Lilian Silburn, *Instant et Cause Le discontinu dans la pensée philoso phique de l'Inde*, Paris, Vrin, 1955，她令人佩服地讨论了佛教中的"行动理谕"。波辛强调理性主义的、半科学性的报应观，并指出要到释迦出现以后，报应才带有道德性质（op. cit., p.58, sq）。命定论早在吠陀思想中即已出现，它保证仪式行动的效力（业力）。此后的发展虽然视知识高于行动，但行动的范围扩大了，渐渐取得道德价值。这两件事实都表示我们目睹了一个由祭司转变到哲学家的过程。

我使用"救赎"和"解脱"等字眼时并不很讲究；基督教的救赎观具有道德面，遁世云游者的解脱（moksa）则超越道德，因道德仅限于业力的领域。得到解脱的并不是一个具有其个别存在的人，解脱乃是整串延绵不断的存在之结束，以前各世的存在都集中浓缩于遁世修行的个人身上：他并不只是他自己，这一点必然与所谓的"佛家的慈悲"很有关联。

存在，可让不具本质的人类与之合一，不过他仍坚信转生 [1]。其中的理由不难理解：如果没有转生，他所提倡的解脱或绝灭（涅槃，nirvāna）便不具任何意义，人的自由选择和自由行动也将随之消失。此处讨论的情况意义重大，在我看来也证实了前面的分析。且让我们只指出两点：一方面，佛教确实表达出了印度社会中个人的位置；另一方面，极端的哲学家们或者否定转生，或者否定从轮回转生得解脱的可能性，换句话说，否定印度式的对社会与遁世修行者之结合，结果都未能长存。

佛教的观点并非自我（阿特曼，ātman）和存在（大梵，brahman）被视为合一后所形成的运动的唯一结论。席尔本认为，转生和报应的观念是该运动的第一阶段，将它描述为由一元论与神性内在论转变到二元论与超越论的运动（p.188）。原来是单纯的玄思，是一种专心的训练（瑜伽），代之而起的是思辨的瑜伽，想要越过阿特曼（自身本性）努力去触及隐藏在内里心灵的原人（purusa），最后发展成数论（sāmkhya）体系的二元论和个人用虔信（bhakti）与之沟通的人身化的上帝或主宰。这个过程似乎相应于思想者，也就是遁世修行者的个体性渐次建立的过程 [2]。

───────────────

[1] 根据波辛，释迦对那些相信一个永存的个别自我的人之评断，和他对否定来生与报应的人之评断相当不同。前一类人虽无法成圣与涅槃，但仍能积善度。否定来生与报应则被视为和谋杀或窃盗是相同的罪恶，是最典型的异端，因"它破坏一切道德，把不信者推往地狱：'你说没有来生。好吧，阎罗王是死人的国王和判官，他的执刑者很快就会叫你改变意见的。'"（op. cit., p.46）。席尔本想说明释迦的想法并无矛盾，不像人们所说的在否定人身具有永恒原则与相信转生两者互相矛盾。延续不断（continuity）纯是意志造成的。波辛早已指出，死亡后再转生的人，既不完全是那个死掉的人，也不完全是另外一个人，这就是"中道"：既不永存也非完全断裂。释迦把活人生命的延续不断和死后转生看作同一经验层次的两样事实。前面已提到过的释迦的愤怒显示此态度的必要性：对他而言，如果没有报应式的转生的话，道德和人的自由都不能存在，这说明转生观并非悲观论，而是个人存在的必要条件。

[2] 无可避免，此处的简述非常简陋。我只是要指出其一般发展而已（参见 L.Siulburn, op. laud., Chapter III）。对一个离弃俗世成为修行者因而具有个体性的人而言，逻辑上似乎有两种未来的可能。一种可能是他可以认为具有个体性只是为了得到解脱，为了断该个体性，如释迦那样对人类自由的赞同只在于教人选择此一道路（除了因慈悲心而暂缓解脱以外）。另一种可能是接受该个体性，将它应用于日常生活，这似乎就是相合于数论派的二元论以及慕恩派的一神论的办法。对第二种可能，值得注意的是西方对个人肯定之余所涌现的各种主要表征是与之甚为类似的。

我将在后面进一步讨论虔信以及其他教派，也就是遁世修行者借以成全和改变宗教的方法。欲求完整还需要将修行者的各种价值观如何添加到正统思想的过程标明一些主要阶段。此处只提其中一项重点，即素食主义和非暴力，这些观念极可能源于种种伟大的异端思想，因为这些言行具有受崇敬的理想价值，而后婆罗门又加以模仿。印度教本身只有在它从佛教与耆那教手中重新征服、收复印度以后才算完成。

那么，一方面是群体性宗教，另一方面是"救赎修行"，还有上面所讨论的两者间的互动，这些就是传统印度宗教的主要因素，在这些因素的基础上展开大量个别发展。不过我们仍然只是了解了我或可称之为此宗教的有限公式而已。另外还要考虑一个趋向，一个大致上异质性的趋向，如此才能掌握此宗教全盘性的或完全的公式。

3. 比较：密宗的地位

在我们有限的公式中有一项可拿来和一种关于原始宗教的理论观点做比较。涂尔干的社会学使我们预期一个和神圣与世俗之区别相对应的时间之转换。一切事物终究都以圣界为基础，然而俗界必须同时能依恃它而又不受其害，特别是事物的日常秩序乃是**间接**建基于绝对的秩序。日常秩序在庆典时被摇撼、否定，同时也复苏；圣界骤然迸现，把日常行为规范颠倒过来，以结合取代分离，放肆取代规矩。但有限公式所述的印度教几乎完全没有反映这些。当然，印度教有个胡里节（Holi），但南印度不庆祝这个节日。在南印度，一个人观察村落生活一整年，很可能只觉得看不到和节庆有关的种种过度行为以及无节制的欢喜。要了解这一现象并不需要援引韦伯坚持强调的清教倾向，虽然他也是对的。印度社会的秩序，其分工的基础是一些基本的宗教价值观念，最大的特色在于精神界与现世界的完整区分。这项区分使社会可以**直接**建基于绝对秩序，这是它和比较简单的社会不同之所在；它把现世界放置于一个从属性的地位，因此我们在节庆时就看不到对不洁的处理（基本上已是专门从事此类职业者的工作）有彼此转换的情形，也看不到价值的完全颠倒。我甚至要说，连价值观念都被分工取代了。因为虽然日常生活秩序在印度是俗世的永久秩序，却也被相对化了，即使只有遁世云游者如是观。作为超越俗世的个体，在遁世云游者身上保留着一种特别的神圣性质。他对俗世的否定和他的禁欲主义都代表了我们期待在节庆中看见的价值之颠倒。换句话说，他是婆罗门秩序的安全瓣，使婆罗门能赋予圣界的超绝性某种永固的位置，但却把自己维持在它攻击的范围之外。透过此项妥协，婆罗门得以安然统治俗世，使之成为一个相当单调，为圣界笼罩的自在世界。

即使上面所讲的都是真实的，它仍然只是实相的一部分：另外还有一大印度教的分支，我相信在其中可以看到对禁欲修行的排斥，以及代替禁欲修行之用的乃是我们先前寻找的价值之颠倒。这就是密宗（Tantrism）。密宗的基本仪式之一称为开五戒（*pañcatattva*），此仪式的内容为领受并享用一切在日常生活中被禁止或被鄙视的事物：肉类、鱼类、酒类、性交。库拉（Kula 或 Kaula）派的一部经典如是说 [1]：

> 让得道者饮用不可饮之物，食用不可食之物，交欢那不可成为交欢的对象——让其完成。

---

[1] 我此处所论的密宗指的主要是性力派（*śākta*）的文献，其次是别的运动但与此有关的文献。下列著作可参照：*Inde Classique*，1.§844 sq.，1181，1217 sq.，1277 sq.，和 Farquhar，*Outline*，pp.150-151，199 sq.，265sq。所引的文句出自 Heinrich Zimmer，*Kunstform und Yoga im Indisch Kultbild*，Berlin，1926，p.178sq。个别句子出处分别参见 *Kulārnavatantra*，ed .A. Avalon，*Tantrik Texts*，Vol.5，London，1917，IX，57；II，23；IX，50（引于 *Inde Class.*，I，§1221），II，24。

重新肯定欢乐（薄伽，*bhoga*）表现了对禁欲主义的排斥。但深具特色的是，它仍然保留解脱的训练（瑜伽），而且它的教义宣称超越了瑜伽（训练）和薄伽（欢乐）之间的对立。"不是瑜伽行者并非薄伽行者（享乐者），就是薄伽行者不懂瑜伽（两者彼此矛盾令人无所适从），这就是为什么库拉学说包含瑜伽和薄伽两者的精华，比其他教派都更好……"梵文的原文非常简洁：

Yogī cennaiva bhogī syād bhogī cennaiva yogavit /
bhogayogātmakam kaulam tasmāt sarvādhikam priye //

我们可以看出，密宗虽然否定遁世修行，却接受源自修行的观念。密宗并非一切从头开始，以一张白纸为出发点，而是建基于遁世修行所取得的智慧，建基于那些已变成类似一种印度共同语言的成果。其中特别值得一提的是，从此以后我们的讨论就立于个体性的宗教层面上了。我们用到的文献不仅提到瑜伽，而且论及解脱：

那些酒、肉、女人带来的欢乐对得道者即是解脱，对不上道者则是堕落（*pātakam*）。

密宗似乎有它的阿瓦都塔（*avadhūta*），相当于遁世云游者的遁世者，它并不忽略转生。但同一文献令人佩服地显示了库拉密宗（Kula Tantrism）的异质性以及它如何超越这些概念，特别是转生轮回与圆寂解脱这两个概念之间的对立。接下来这一段紧接在训练与欢乐之间如何调和的讨论之后：

显然，在库拉的理论中，享乐成为瑜伽（*bhogo yogāyate*），罪行变成积善，轮回转生成为解脱（*saṃsāra mokṣāyate*）。[1]

　　我此处所论的是常被称为极端派的密宗，亦即印度人所称的左手密宗（left-hand Tantrism），以和比较随俗的右手密宗有别（顺便一提，上述说明即已承认这些颠倒流俗的教派与有限公式的印度教无法共存的事实）。但对我们而言，左手派正是纯粹的密宗。不错，即使是左手派也已经过淡化、代替以及升华。在密宗本身看来，左手派的实际行为可能已渐渐在几个世纪中和右手派的行为混杂结合了，形成一种右手派占优势的体系，不过这体系还保留着其特点[2]。

　　密宗虽然在原则上对所有人开放，不论其卡斯特或性别，但整体而言，它并不是一个教派。它是一种影响了一切运动的趋势，包括佛教在内。前面我所提到过的是一种性力崇拜者（*sākta*）的仪式，具有繁复入

---

　　[1]　B. K. Majumdar 在 A. Avalon, *Principles of Tantra*, II, p.cxlix,（不是用 *sākṣat* 而是 *samyak*）中也引用了这段话，并译为"……于是俗世成为解脱场所"。就一个可能是密宗信徒的人而言，其用语的不够精确实在出人意表：他把 *saṃsāra* 解释成"俗世"（world）可以说颇为典型。关于遁世云游者，参见次页注释 [1]；转生和业参见 *Mahanirvana Tantra*, trad, Avalon, London, 1913, XIV; p. 10sq 以及 *Principles,* I, pp.203-204。

　　[2]　关于左手派的密宗形式，一般认为应称之为极端的、过分的甚至是邪恶的形式，不然就是尽量忽视这些形式，替信徒找借口。就好像神圣或不神圣完全是分寸的问题似的。M. Renou 则指出，这些是重要的形式（左手派的 *uīra* 式），并表示既然这是神圣事物，通常的道德谴责是不适当的（*Inde class*，pp.593-596）。

　　Farquhar 提出历史假设（*op. cit.,* p.268）。坦陀罗（tantra，密宗咒语，教条）对五种阶级的人（四个瓦尔那加上 *sāmānya*，普通人）全部开放；接纳妇女；任何人一旦拒绝接纳贱民入教将遭受超自然力的惩罚；女人也能成为导师（guru）；寡妇不准殉死（*Mahanirvana Tantra, ibid*, V, 12, p 159; V, 187, 178, 180, p.357; X, 74）。甚至也能看到对再生族有敌意的痕迹。

　　在据说是较晚的著作如 *Mahanirvana Tantra* 中，密宗是一种没规则的大杂烩，而以商卡拉的一元论占主导地位。然而即使是在一本像 *Tantratattua* 这样的现代著作中，还是看到我已指出的深刻的启示，以及对于实践（*sādhana*）的重视：一元论是真理，但无法企及，俗世的二元论才是出发点。最后，现实世界重获肯定，处于从属地位，成为"一个最空旷的及神圣的地方，充满各种供实践之用的材料"。这里所表现的是遁世修行及古典超越俗尘论（包括数论哲学的二元论）的反面，比任何别的印度思想更接近基督教（*Principles of Tantra*, p.82 sq.）。这个态度与透过颠倒做法应用俗世之物以为神圣之用的关系，乃是显而易见的。

会仪式的性力派（Shaktas）才比较像是一个教派。不过，单就仪式而言，而不管其玄思部分的话，性力派更像是一个给俗世之人追随的秘密宗教，而不像是以遁世修行为基础的教派[1]。

性力崇拜者是崇拜萨克蒂（śakti）的人，而萨克蒂是（众多）男种精力化身而成的最高女神。这里面包含宗教层面和行学层面，两者可以区分开来。在宗教层面，首先是一对性爱者的观念：这一对被视为与**全体**（All）同一，表现的方式是两者的做爱动作。我们在通俗宗教中常见的一种互补性在此处受到承认。从此出发，对女性原则的崇拜似乎很自然地就发展成为性力崇拜这个宗教的核心：一旦一对男女被认为不可或缺，根据对反原则，在现实生活中地位低的女人就在崇拜中成为支配者。此外还有仪式性的性交，崇拜女人或女孩，以及在进行开五戒仪式的地点中央画女性生殖器。

---

[1] 根据 *Mahanirvana Tantra*，人生的阶段（*āśrama*）并非四个，而只有两个：持家者与修行者（或 *avadhūta*）。后者的入会仪式书中有描述：它必须是在完成俗世生活的职责之后才得举行，有近亲要扶养的人不准遁世（pp.158-160; 184 sq.）。

原则上有四级的遁世者（*avadhūta* 或 *saṃnyāsin*）（pp.352-354）。事实上这很可能只是理论上如此罢了。书中也提到代表信徒修行过程的不同级别（*ācāra*），最高者为库拉级（*kula or kaula* mode）：库拉是最受尊敬的一种，由于书中提到库拉—遁世云游者，这表示事实上的确有库拉存在，甚至有"不完美"的遁世云游者（*ibid*, v.172 sq., v.150）。书中有些矛盾之处（pp.xliv, 184sq., 249sq., 351sq.）。同一文献描述两种入会式（pp.184, sq., 249sq.）。第一种可能称为圣化（*dīkṣā*）（lxxiii），以之进入修行者的行列。新入会者离开俗世，接受梵天密语（brahmamantra），这之中并没有性力要素在内。另外一种是进入库拉级的仪式，此仪式中并没有脱离尘世的规矩，是真正的性力崇拜，内容主要是饮酒（chapter x, v. 112, p.249，"如果只是饮酒，没有行入会仪式，一个人并不成为库拉"），这并不叫作 *dīkṣā* 而是称为 *pūrṇanbhiṣeka*，意即全身（洒圣水或）就座。后面这种入会式似乎被称为"湿婆修行者"的入会式；而第一种入会式则是"梵天修行者"的入会式。我们在全书最后一章（XIV, v.147, p.352）读到："……我已论及……那些被称为梵天修行者的库拉们，还有那些（被洒圣水而）入会的库拉们。"就第一类信徒而言，这可能不过是想把非性力派的修行者添加进来。就此一密宗典籍而言，事实上它就像正统派的典籍，只是论及生命中的阶段、生命仪式和葬礼。我们可以假设性地下结论说遁世修行者在性力派运动中并无重要地位。遁世修行者被视为神圣，他的接触具有使万物净化的功用（p.192, v.289;p.335, v.173），但这是属于库拉—瑜伽行者（kula-yogis），亦即那些仍同时留在俗世中生活的人，其实也就是库拉行者，而非瑜伽行者（p.248, v.105, 参见 *Principles*, p.51）。

在哲学方面，我们看到类似数论哲学的二元论，一方面有"精神"，是男性的（原人，*puruṣa*）、不动的；另一方面则是"原质"（自性，*prakṛti*），女性的、活跃的。在历史上，这种二元论思想似乎是前面所提的大思想运动的结论之一。孤立的精神超越了世界，而辅助它的物质原则是阴性的。和西洋二元论比较起来，显得最突出的一项特质是把行动和能量归给物质原则，而视精神为被动。在西方正好相反，这可以牛顿为代表，牛顿无法想象引力或重力是物质的质性之一，一定要认为其中必有精神在产生作用：力这个概念似乎和物质是不相容的[1]。我们似乎可以看到精神的性质（在西方是主动的，在印度则是被动的）与思考者的情境之间具有某种关系；在西方，俗世中的人是主动的，即使是从事建构哲学体系的活动也是如此，在印度与之相应的脱离俗世的人具内省的精神，与世界的关系是被动的，他们的一切行动都趋向于融会贯通或内卷化，而不会表现为创造或是演化。

关于密宗在印度宗教中的位置，我们至少可提及它在正统仪式中的重要地位：婆罗门寺庙中的仪式大都是奥秘的，不论是神像崇拜、神奇的咒语、手势的理论或是书写的象征全都如此。婆罗门教的巫术面在该教中占相当重要的比例，而其内容则是吠陀与密宗性质的。虽然前述的有限公式没有巫术存在的余地，但密宗提供了一个能直接掌握超自然的管道。然而密宗并不仅仅是简陋的巫术之复兴：希望我已说明了密宗其实是印度教的一个基要形态，遁世修行在其中被其对立者所取代。它不断地构成和登录印度教的仪式，同时又和其他思想流派亲密地混合，也没有真正构成一个教派（见下文讨论），然而这场运动一直维持着密教性

---

[1] 参照 Alexandre Koyré, *From the Closed World to the Infinite Universe*, New York, 1958, chapter VII。引用的牛顿的话，见 pp.178-179："把重力视为内在的、固有的，物质所不可或缺的……这在我看来是最荒谬不过了，我不能相信任何在哲学问题上具有健全的思考能力的人会接受这样的想法。"正如 J.F. Staal 所指出的，牛顿承袭了可追溯自亚里士多德的哲学传统。

质。此外，由于它的性质使它得以与民间宗教维持接触，因此民间宗教中为前述有限公式所排斥的事物能得到表现的机会，比方说性的互补性，还有献给最高女神的杀牲祭仪，等等。

4. 虔信与附身

印度教另一项主要的构成特质是虔信（*bhakti*，devotion），它大大有助于教派的大量衍生。神性不再像普通宗教中那样由众神构成，而是一位独特的有人性的"上帝"，或者说主宰、首神（Ishvara），虔信者可与之认同，可融入其中。"分享"（participation）实际上是虔信一词的原意。虔信者（devotee，*bhakta*）与薄伽梵（Bhagavan，恩主，或更宜称之为容人分享其丰饶的它）两词似乎有语言上的对应关系[1]。爱，对主全心全意地献身，就会得救。对清纯谦卑的心灵之祈求，神恩会有所报。这是一项革命性的教条，因为它超越卡斯特与遁世修行，开启了一条简单易行又众生平等的救赎之道，柏那夫（Burnouf）早在一世纪前即已指出这点。

在我看来，这种信仰和密宗不同，是遁世云游者发展出来的，是遁世修行者所创发的。此种爱的宗教假设了两项完全个体化的前提：它把神或主想象成自身的神，也就相对地把自身视为一个个人。在历史上，虔信的出现与发展一如上述（第二节结尾），《薄伽梵歌》在《奥义书》之后揭示此教条，其后也一直是此信仰的圣经。虽然《薄伽梵歌》本身复杂，各家注释也多种多样，然而还是可以从中看出产生虔信信仰的过

---

[1] 参见 A.M Esnoul, "Le courant affectif à l'intérieur du brahmanisme ancien," *Bulletin de l'Ècote Française d'Extrême-Orient*, vol.XLVIII, 1956, pp.141-207（字源，p.143）。我向读者推荐这篇极佳的论文，它将"客观的一面"与"主观的一面"加以对照（pp.164-165）。

程。它依序解说三条与神合一的道路，也就是三种得到救赎的训练：行动、知识和虔信。前两者分别相合于俗世生活和遁世修行，但两者都因为第三种，也就是虔信的插入而有所修改，甚至产生突变。虔信毫无疑问是三者中最突出者，因为发现它就使透过行动以达救赎成为可能。最关键的一点是，由于爱，可以把遁世修行内化而加以超越；为了免除行动的因果报应，只要在行动时保持超然无私就行了，而不必避免行动：一个人可在俗世中遁世，正如上帝并不受制于其行动，因他的一切行动均出于爱。虔信取代了超度。把征服的层面由知识转移到感性的层面之后，遁世修行者把所征服的赠予每一个人：经由爱的献出，经由毫无保留地认同于主，每个人都能成为自由的个体。这项启示的丰富意义或许并不需要强调，要问的或许是，为什么这个新宗教不但没有就此令其他宗教形式止息，而只是成为众多趋势之一。我们此处所采取的观点以及接下来要说的，或许有助于我们了解这一点 [1]。

《薄伽梵歌》中的虔信正如孕育它的环境，是玄思的、知性的。它的吐露是有分寸的，里头并无狂喜的成分。印度教本身的虔信，在时代较晚的泰米尔（Tamil）颂诗以及典型的以梵文写成的《薄伽梵往世书》（书中的虔信者告诉我们她生于南印度）中，却是非常高度情绪化的。

---

[1] Burnouf 写道："虔信这项简易的教条，我相信与佛教全然无涉。然而，正是这教条的影响才使《往世书》这些古代神话故事在印度的权威历经几个世纪而不衰。"（*Bhagavata Purana*, 1840 年版前言，I.p.cxi）通常认为是《薄伽梵歌》导致了各教派的形成，这想法和本文的观点符合（参见下一节）。至于各种相异趋向间的并存问题，值得注意的是，即使是《梵歌》中的人身化的**主**同时也是非人身的，普遍的**存在**（参见商卡拉的评述，A.Mahadeva Sastri, *The Bhagavad-Gitawith the Commentary of Sri Sankaracharya*, Madras, 4th ed., 1947）。虔信派所敬爱的神以**克里希那**为典型代表，**克里希那**是毗湿奴的化身，而天神化身下凡的理论很经济地建立了个人的神（类似人间英雄）与至高无上的梵天之间的关联。

此处不可能讨论密宗和虔信之间的关系。只能指出其中一点，在较后期的发展中，以拉达（Radha）对黑天的爱为象征，虔信者对他所皈依之神的爱（大体上）是一种通奸性的爱：由此，人神之爱（通常被视为带有性爱色彩）的提升是假借了这项非常罕见的世俗价值的倒错。

这部著作所述的虔信是一种潮涌的情绪，使人口齿不清，泪珠下落，头发因欢喜激动而竖立，常导致神经质的时哭时笑，突然昏倒，长时迷糊不省人事……（Farquhar, *Outline*, p.230）。

这种神秘的狂喜使我们想起附身现象（possession），我们前此尚未在受教育阶层中发现到。连几种受推荐的进入这种状态的方法也令人想起村落祭典中惯常制造附身现象的办法："人们告诉我们说，使神附身的方法包括注视克里希那的神像，唱赞美他的歌，打坐静思时思念他，和他的信徒在一起……"（前引书）打坐静思令人想起祭司和神的等同合一（见 p.406 注释［1］），而虔信者并不像神附身者那样具有预言能力。然而，作为民间宗教特征之一的附身现象，和很多教派都有的虔信，这两者还是以一个共同的心理条件为基础。虔信用一种多少经过升华的方式采用了一般宗教中被婆罗门正统所忽略的一个层面。我们必须记住的是，在大众宗教中被某个神附体，乃是神把自己融入一个个体的情况之一。即使是经过完全知性的解说，与一个神同体仍然要落实于直接的体验[1]。

5. 教派

印度教的另一特征是数量众多的教派并存，每个教派拥有自己特殊

---

[1] 关于附身，特别是文中所提及的特质，参见《次卡斯特》，p.349 sq. 关于个体化的状况，参见同书，pp.359、412-413。为神附身者惯常喊叫"乔频陀，乔频陀"（黑天的名字之一，前书，p.351），显示出虔信派对大众宗教的影响。此处令我们感兴趣的是两者的共同基础。另外有一原为日常生活中的习惯则出现于虔信者的教仪中，此即遇见（宗教）地位较高者即向之表示顺服（*ibid.*, p.412），不过虔信派中的"爱"这个观念并非来自卡斯特的世界，而"主"这一称呼则专指神。有些虔信者的狂喜和为神附身的动作太过近似，使人不得不怀疑它其实应算是神附身而非瑜伽，正像 Gathier 神父向我建议的那样。

的仪式和教条。这些教派到底是什么？地位又如何呢？首先也是最应强调的特征是教派与遁世修行制度之间的密切关系。几乎所有的教派都由遁世修行者创建，除了俗众信徒以外，大多数教派还都拥有一个由遁世修行者所组成的核心组织。俗众与修行者之间的关联是古老的精神导师（guru）制度。不但遁世修行者必须找个自己的导师，他本人也担任任何肯认他的人为导师。这个制度因而得以扩大或民主化。大多数印度家庭的家长，不论是哪个卡斯特，甚至包括穆斯林在内，可能都有个自己挑选的精神导师，这个导师会在举行皈依仪式时把一句真言（曼陀罗，秘语，mantra）贴耳说给他一个人知道，并原则上每年来看他一次。这至少是我在北方邦做田野调查时发现的情形。这种办法当然免不了会流于形式化，然而，各教派的宗教与思想，也就是遁世修行者的想法，透过这种管道才得以渗透为数众多的俗人世界。

教派的第二项特征是，和正统婆罗门教的综摄主义（syncretism）正好相反，教派紧守一种教条，以该教条为其统一原则。教派往往实际上是一神论的，并不满足于把其他神、其他人所信的众神丢在不显眼的位置，而是直截了当地加以否定。此外，众所周知，不论各教派的主导精神是什么，全都超越卡斯特，而且最少在原则上接纳一切人为信徒，这也符合遁世修行者创建教派之原则。我们且把正统婆罗门教和各教派做一比较。正统婆罗门教承认多神（或玄想性的泛神论），采取综摄主义，在信仰层面上具高度容忍，比如容忍宗教信仰的**客体对象**，但在宗教信仰的信仰**主体**方面表现出严厉的排他主义，对于谁能加入成为信徒设有极严格的限制。异端教派则相反，对信仰主体（信徒）深具包容性，但对信仰客体，不论是教条或神都极具排他性。因此，印度的多样性有其极限，对于构成一个宗教的两个极端它只能接受其中之一。抽象思考的话，婆罗门教和异端教派就像是一个要平衡多样性与统一性、包容性与排他性的意向所产生的两种不同的体现。

因此如果把这些教派看作非婆罗门教的组织，也只能算是勉强可以这么说而已。然而，如果说从印度社会之外观察，婆罗门教与各教派看起来像是二选一，那么从印度社会内部去看，教派对于其信仰俗众而言却像是一种附加在社会共同宗教上面的一种个人性宗教，即使那共同的宗教甚至被相对化到了把婆罗门教仅仅看作整个日常世界的秩序或失序。即使在教派真理的光照下，卡斯特社会秩序看来也好像只是一种世俗的顾虑，却仍旧受到尊重。一个人虽然可能在信仰上很接近一神教，但他对整个俗世的态度还是遁世修行者的态度（译案即不予否定）。

从以上的讨论可以看出，遁世修行的发展及其丰富的内涵最后还是被涵括在狭窄的范围内，无法超越突破。关于遁世修行的成就，就社会所指派给它的位置而论，佛教是一个见证。处身俗世之外但与俗世仍有联系，遁世修行者在反对俗世上颓然无力。如果他持续沿反对的路走下去，他的观念即成为镜花水月，毫无作用。相反，则遁世修行者的修炼和俗世宗教之间存在着一项积极的辩证关系。但遁世修行的全部声誉与果实，最后只是给世俗人提供了对个人性的宗教之选择罢了。在整个运动的末期——这在虔信派出现后很快就达到了——遁世修行者事实上是被吸收了，不论他是创建一个向一切人开放的爱的宗教，还是成为一个贫富不拘的俗众之精神导师，或是像罗摩奴阇那样，成为遁世修行者同时又维持其婆罗门身份。发展到这里，即使精神探险的道路仍然敞开，就社会层面而言，整个发展环节已经封闭结束了。这两种思想，两种我设法加以分析区别的理想形态，随各种不同的情境与个性而彼此混融，所以有些在精神上属于遁世修行者的人继续在俗世红尘中生活。有趣的是，如果我们不考虑遁世修行这个制度本身，而只考虑在群体性宗教上面增加一种由个人选择的宗教这个现象的话，我们会发现西方古代也发生过很类似的事情：古希腊人就曾跑到伊留西斯（Eleusis）去行入教仪式。

总结来说，印度教是卡斯特的宗教，也是遁世修行的宗教，其发展方式靠整合（在婆罗门教中是如此）以及容忍（在异端教派中如此）遁世修行者的思想与冥修。其中最重要的是把个人性宗教添加于群体性宗教上面，即使是密宗也是如此：以神圣的倒错替代遁世修行，依循基本公式和变化颠倒流俗。虔信教派一方面继承遁世修行者的个人化趋势，另一方面则袭取大众宗教的一个基本面貌。除此之外，一般而言的大众宗教所显示的结构形式，一部分经过实质化和拆散之后重现于婆罗门教，一部分则重现于性力派和虔信派。

　　在印度教中，甚至在此以前，印度已形成一整系列我们并不熟悉的区别。这些并不是华丽的异国情调，印度各宗教对我们而言异常繁杂只是因为我们所施行的是另外一套东西。这些繁杂现象似乎很合逻辑地出自一个原始的立场，或说是原始的选择，其内容或可简述如下：社会必须顺服于，并且完全符合绝对秩序；一切与时俱变者，也就是包括人在内的一切，全都从属其下；在该秩序中虽然没有个人存在的空间，任何想成为个体者得脱离社会本身。

　　在这方面可和基督教的西方做种种比较。此处且比较其中的一项以为本文的结束。在西方，有时候被天真地叫作个体与社会的关系者，难道不是相当于印度社会中的世间人与遁世人之间的对比吗？古代希腊哲学家眼中的人仍然是社会人，而现代基督教的发展结果导致人这个概念的一分为二。我指的是强调了**世间的个体**（individual-in-the world，一个从印度观点看来自相矛盾的观念），而置其社会面于不顾，最后则表现为一个问题：秩序的问题——或者说是个人意志如何汇流的问题——已变得日益严重。对社会学的需要，以及社会学的构思孕育与发展上的困境，即是其后遗症的表现。这和印度因为有意把个体放置于俗世之外所历经的种种困难也许正好相反。

附录三
古代印度的王权观念[1]

　　讨论古代印度的王权与政治组织的现代文献很多。本文意在综述其内容，将古典语言学家和历史学家的研究成果置于比较的社会学的视野之中。讨论内容以王权的观念为限，而不论及王权的实际，理由是以社会学的角度实有必要先从观念下手，此外也因为对于王权观念我们目前所知者远比王权之实际更多。

　　如果历史研究主要是以理出两个不同时期之间的变化为目标，本文就不能称为历史的研究，因为本文要讨论的正好相反，是些永久性的事物。正如实际发生者或"行为"得在适当的概念架构中才能被了解，我认为实际的历史变易无法被了解，甚至连被辨识都不可能，除非是先对其背景脉络有些一般性的观念。在本文中，我将在适当时候主张，与其假定一个重要但完全是凭空想象的历史事件，去了解一种永久性的关系倒更为有用。

---

　　[1] 本文最早刊于 *Contributions to Indian Sociology*，Ⅵ，1962。内容的主要部分包括 1961 年 10 月在伦敦大学亚非学院发表的两场演讲，其副题为："一个人类学家的看法"。此处省略了演讲中讨论非王权的邦国部分，另外追加了一些注解。Mrs. E.von Fürer-Haimendorf 帮助修改本文，谨此致谢。

梵书以降所见的统治者与祭司

1. 梵书中的婆罗门之道与刹帝利之道

我们得从社会划分为四个瓦尔那（ *varna* ）讲起。侯卡特（Hocart）首先指出，其后杜美吉尔（Dumézil）比他更为精确地展示，四个瓦尔那的阶序格局乃是以一系列的对立为基础，而且对立的原则是宗教性的[1]。祭司、君王和牧人农夫这三个阶级（classes）合而构成再生族，亦即提供礼物，奉献祭物，学习吠陀经典的一方；和他们相对的是第四阶级首陀罗，他们和宗教没有任何直接关系，唯一的任务是毫无嫉妒地替再生族服务（《摩奴法典》，I，88 - 91）。

三种再生族中，前两种又和第三种对立，万物之主让后者位于牛之上，而让前两者位于所有动物之上（《摩奴》，IX，327）。值得指出的是，这项对立在文献上最少被提到。与此相反，前面两种阶级（祭司与君王）在面对所有其他人时表现出的团结以及他们彼此间的区别和相对阶序，则是梵书（Brahmanas）以降的文献一再详细讨论的对象。在着手讨论之前，我要先强调侯卡特和杜美吉尔的重要观察：用一套两相对立的体系取代直线的阶序性秩序（事实上前者即是后者的基础），这一点不仅适用于瓦尔那体系，而且也适用于现代卡斯特（ *jāti* ）体系。在这方面两个体系是相应的，这也是为什么人们能那么容易由卡斯特体系联想到瓦尔那体系。至于两相对立的原则，虽然在上述两例中都是宗教性的，但其中有一点不同。在卡斯特体系方面，主要的是洁净与不净的对立，而且容

---

[1] Georges Dumézil, *Mitra-Varuna*，Paris, 1940, p.43（ed.,1948,p.76）,etc.; A.M. Hocart, *Les Castes*, Paris, 1939, p.69；上述引文均刊于 *Contributions* II, p.52。

易衍生无止无尽的区分。

梵书讨论的并非头两个阶级，而是讨论其原则，也就是婆罗门之道与刹帝利之道。此两者并行，常被描道为"两种力量"，需要结合在一起。在《摩奴法典》（IX, 322）中，刹帝利与婆罗门被视为彼此分开就无法发达，必须紧密联合。但是，一旦结束对两者间必要结合的讨论，接着出现的就是这"两种力量"的阶序性区分问题（《二十五梵书》，XII, ii, 9）。婆罗门之道并不在刹帝利之道的管辖范围之内，婆罗门之道是刹帝利之道的源头或子宫，因此地位较高；没有刹帝利之道，婆罗门之道仍能存在，反之则不然。因为，虽然婆罗门和和刹帝利都可以奉献祭品，但只有婆罗门才能主持祭礼。《爱他罗氏梵书》VII, 19 sq.）里关于这点有一则令人印象深刻的说法，它把吃祭品的人归类于婆罗门之道，不能吃祭品的人则归类于刹帝利之道，不只是包括刹帝利，而且也隐然把吠舍和首陀罗都包括在内。我们要像杜美吉尔那样，强调此处的对立并非两个个别瓦尔那之间的对立，而是婆罗门这个瓦尔那与所有非婆罗门之间的对立，这项对立将整系列瓦尔那一分为二。同样的，我们已看到婆罗门与刹帝利两者结合成一对，他们不只是和吠舍形成对立，而是和所有其他类别对立。此一事实是有普遍性的，不只对瓦尔那体系如此，对卡斯特体系也如此，而且它是根本性的。关于举行献祭，《爱他罗氏梵书》合乎逻辑地下结论道：国王必须先透过适当的仪礼，在举行献祭的时候与一个婆罗门等同，祭礼完毕以后再结束该一等同关系。

其他部分的记载也说明此两项功能间必要的团结、区分与阶序关系[1]：马祭（aśvamedlha）中要有两个琵琶乐师，一个是婆罗门，在白天演奏；另一个是刹帝利，在夜晚演奏（《百道梵书》，XIII, 1, 5, 2sq）。在

---

[1] 我所列举的各项特征是 Albrecht Weber 提出的，参见他的 *Indische Studien*, x, I, Leipzig, 1867, p.l sq.；引言多来自 Dumézil（*Jupiter, Mars, Quirinus, Paris*, 941, p.44, etc.），也参见《百道梵书》V, I, 1, 12（区别）；婆罗门之道产生刹帝利之道，《百道梵书》，XII, 7, 3, 12（*sattra*）。

其他记载中，婆罗门似乎使自己不受国王权威管辖："人民啊，这是你们的国王；婆罗门啊，我们的国王是苏摩（Soma，酒神）"[1]《百道梵书》v, 3, 3, 12, *vājapeya*），或"祭司使国王比他自己弱，因而使他（国王）能比其敌人强"（《百道梵书》，V, 8, 4, 15，参见《爱他罗氏梵书》VIII, 9）。

2. 国王与王家祭师

宗教精神原则与王权原则之间的关系可从一个制度获得完全的了解，这个制度把此关系具体呈现为人与人的关系，把抽象的理念相当完整地表现出来。国王不只是要雇请婆罗门从事公共祭仪，他还必须与某一个婆罗门建立起固定而私人的关系，这个婆罗门即是国王的王家祭师（*purohita*，字面意思是"在其前面者"）。我们把 *purohita* 译为王家祭师（chaplain），但我们必须记住它的意思是指一种精神上的代表或前锋，几乎是国王的"大我"（*major ego*）。众神拒绝享用没有王家祭师的国王所献的祭品（《爱他罗氏梵书》，VIII.24），所以王室的献祭由 *hotṛ* 或 *brahman* 祭司担任司祭者或监督者，而由王家祭师主持。不仅如此，国王一生中的一切行动也都要依靠他，因为没有他就不能成功。王家祭师对国王而言等于思想之于意志，密特拉（Mitra）之于伐楼那（Varuna）（《百道梵书》，IV,1,4,lsq.）。其关系像婚姻一样紧密（《爱他罗氏梵书》，VIII,27）。正如《梨俱吠陀》早已说过的，"他富足地住在其宫中，大地

---

[1] Heesterman 最近重新解释了梵书这一段（J. C. Heesterman, *The Ancient Indian Royal Consecration*, The Hague, Mouton, c.1957, pp.75-78）。他认为这一段不应被当作法律性的陈述，他的说法对了解这一段话颇有帮助，但他的结论却是这段话采用半遮掩的神秘语言把国王与苏摩视为同一。这个结论很难令人同意：这段话最少含有心理上有所保留之成分。在祭仪的后半段，国王被直截了当地等同于婆罗门。Heesterman 似乎认为这两种情况没有什么不同。这样的看法缺少一种进展，缺少像 Hubert 与 Mauss 的 *Essay* 中所具有的献祭过程观（*Contributions* I, p.7；同时参见 *Contributions*, III, pp.15-16）。

供应他各种礼物，人民自然服从他，他是一个婆罗门永远走在他前面的国王"（IV,50,8，杜美吉尔所译）。俗世的权威之所以获得保障，是因为国王以私人身份向化身为王家祭师的灵性权威表示顺从。

3. 婆罗门乃事实上的依赖者

祭司与国王的功能关系实际上有两个层面。从绝对的观点看，祭司在精神上更为高级，这点前面已讨论过，但就俗世或物质的观点而言，他却同时是从属的、依赖的。反过来说，国王虽然在精神上居于从属地位，在物质上却是主宰。这项关系第一部分，也就是其意识形态的一面，在西方的价值观念中并非不存在，但在印度有其特殊形式，主要是因其精神性的一面具体显现于一个人身上。很显然，此一关系的第二部分，亦即其实际的一面，事实上是重要的。两个层面的结合构成整个情境，构成一种彼此依赖但并不对等的关系。值得注意的是，婆罗门文献的作者们并不是把注意力只放在精神的一面。他们宣称："事实上有两种神祇，那些神祇的确是神，而研习与教导圣书的婆罗门则是人身的神祇。"（《百道梵书》，II, 2, 2, 6 译者为 Eggeling）另一方面，他们有时候也认识到担任王家祭师乃是婆罗门营生的手段。国王保护婆罗门和法律（《爱他罗氏梵书》，VIII, 17）；王家祭师走在国王后面，在国王的随从中间；国王和王家祭师也可能发生冲突，因此婆罗门有必要在国王的就任仪式中保留某些妙方以作为可能的报复（《二十五梵书》，XII, 8, 6; XVIII, 19,8; etc）。

更值得注意的是，《爱他罗氏梵书》（VII, 29）中有一段从王权的观点刻画另外三个瓦尔那。有个婆罗门世系的代表，为了重获国王的照顾，把其他三个阶级的情况描得一团黑，他说王家世系和他们之间唯一的区别是只有王家按照礼法供奉祭品。婆罗门被描述为"接受礼物的人，喝（苏摩）酒的人，到处找食物的人，可以随意踢开"；吠舍则是"别人的从属，别人的食物，可以随意压迫"；首陀罗是"别人的奴仆，可以随意拒斥，任意杀死"。这段惊人的记载在现代常被引用，以显示无数肯定婆罗门身份最高的记载与之矛盾。有些学者想把他们在其中所见的不一致解释为在不同的环境或时代所产生的记载。实际上，其间的差异只在于观察整个情况的立足点的不同而已，而婆罗门对王家权力，甚至可说是对赤裸武力的依赖，也不能抹杀婆罗门的身份崇高乃是属于另一层面的事实。用相近的西方观念来说，这种情况之所以出现，是用绝对的眼光去看待精神与俗世的区别而产生的结果。其实我们要处理的是同一事实两个互相对立的面相，亦即同一真实具体关系的两个互补面。我们对这点相当有把握，因为能够在目前的印度村落中观察到类似的关系存在于婆罗门与宰制（dominant）卡斯特之间。我们称呼一个卡斯特为宰制卡斯特，是因为它享有主要的土地权，这正好相当于以前国王的情况，只是其范围限于村落层次而已。值得注意的是，早在梵书的时代，婆罗门固然经常宣告自己精神上的高超地位，但同时也已经识到自己在俗世中的依赖地位了。因此，此一双重关系似乎早于卡斯特体系本身即存在，不过分析的结果却又像是卡斯特体系的基要特征，一种在其他地方未发现过的特征。这点令穆勒（James Mill）印象深刻，而韩特（W.W. Hunter）以相当出色的方式将之表达如下：

> 从很远古的时代开始，婆罗门卡斯特的领导者就认识到，如果他们想享有精神上的至高地位，就不得不放弃俗世的虚荣。在霸占祭司功能的时候，他们完全放弃对王位的占有。他们受神命指派要

担任各民族的向导与国王们的顾问，但自己不能成为国王。[1]

4. 上述事实在比较层面的意义

祭司与王权，婆罗门与刹帝利之间复杂而又深具特色的关系本身很重要，它所隐含的意义和导致的结果也很重要，简短地加以反省会有助于将它放置到比较的视野中。此一复杂的关系深令现代研究者意外，其中大部分人未能清楚辨析其实况，而把它解释为两个阶级间一场假想斗争所造成的结果，并依此假设诠释某些传奇（稍后我们将回头讨论）。在这些作者笔下，婆罗门与刹帝利争夺最高地位（拉森，Lasses）或争执社会的"主宰地位，甚至只是精神上的"（杜美吉尔），不然就是倒过来争夺"实权"（《吠陀引得》，*Vedic Index*）。这些作者的想法并不一致，不过，在所有这些不同的思考方向中，都有一种顽强的理性主义及反教权（anticlerical）的心态贯穿其中，认为祭司篡夺了什么本不属于他的东西（穆勒）。有关印度古代史，婆罗门与刹帝利彼此斗争这样的想法曾出现在印度学家的著作中，在以二手资料为根据的作者手中，这样的想法发挥得更是无拘无束。这表示我们在此碰到的是西方心灵面对印度的制度时，经常出现的一种根深蒂固的倾向。举例言之，印度学家霍普金斯（E.W Hopkins）一些小心翼翼的陈述，到了社会学家寇克斯（O.C.Cox）手中却被解释成毋庸置疑的结论[2]。

---

[1] 韩特,Indian Empire,3rd ed.,p.136，与穆勒的部分全都转引自 N. N. Law,*Aspects of Ancient Indian Polity*,Oxford 1921,pp.44-45。关于宰制卡斯特，参见 *Contribution* 1 I,p.53;7,pp.27-34。

[2] 主要参见 J. Muir,*Sanskrit Texts*，2nd ed.,I,p.287 sq.， 和 Keith and Macdonell,*Vedic Index*, II, pp.249, 255-256; G.Dumézil, *Jupiter, Mars, Quirinus*, p.43; Mill 的引言见前（4）; E.W.Hopkins, "Ruling Caste," Journ. Amer. Or. Soc., 13, 1889, pp.57-376; O.C.Cox, *Caste, clauss and Race*, New York, 1948, p.102 sq.; 还有 C.Bouglé, *Régime des Castes*, p.181。

让我们换一种方式，把国王与祭司的关系视为一种必然性的制度，而不是一种由某场假想的历史斗争来解释的偶然性特征。我们碰到的第一个阻碍在于我们对一个社会的阶序格局的看法。由于生活在平等主义社会中，我们容易把阶序格局视为类似军队中的指挥权力之层层节制，而不是一种身份高低的依次排比。不妨顺便指出，祭司与国王这两个层面的结合，就许多社会的经验而言，显然绝非易事，例如在许多个例中，国王的地位崇高无比，但同时必须无所事事。印度把两者绝对划分开来，这应该是它令外人吃惊的第一个理由。不仅如此，阶序格局这个词本身以及它的历史，都应能提醒人们身份高低的依次排比本就根植于宗教：第一等的地位通常不属于有权力者，而是属于宗教。理由很简单，因为在这些社会中，宗教代表黑格尔所谓普遍的事物（the Universal），亦即绝对真理；换句话说，阶序格局是依照各组成部分与社会的终极价值之关系去整合整个社会。

我认为印度社会中王权的特殊地位足以为这一点佐证。在大多数有王权的社会中，王权兼具巫术宗教的和政治的功能。这是最常见的情况。例如在古埃及或苏美尔，又或是在中国，至高的宗教功能均落在君王身上，他本身即是最标准的大祭司，而那些被称为祭司的人只不过是他属下的礼仪专家罢了。和印度做一比较，我们发现的不外是下面两种情况中的一种：要么，国王行使属他所有的宗教功能，由此成为整个阶序格局的领袖，并同时行使政治权力；要么，像印度那样，国王在宗教功能上依赖祭司，不能担任自己的司祭者，而必须把一个祭司"摆在他前头"，这个祭司即是王家祭师，因而国王丧失阶序格局中的最高地位，将该地位让给祭司，仅保有权力。

我觉得大多数现代比较语言学者并没掌握到这一点，这不能怪他们，即使是当代人类学家有时候也认为国王的地位主要来自权力的行使，而非宗教上的资格。

经过上述的截然分离，印度国王的功能也就世俗化了。这一点造成宗教宇宙中一项分化的现象，出现了一个与宗教相抗衡的，大致上相当于我们称为政治的领域。这就是武力的领域，和价值与规范的领域相对立。它也是利益或支配（利）的领域，所以和婆罗门的普遍秩序（法）相对立。我们将描述一下足以显现此项基本事实含义的一些发展过程。我认为这些发展全都可追溯到此处所论的最初一步。换句话说，如果国王没有在一开始的时候把最高的宗教功能让给祭司，这些发展都不可能会出现。

顺便要提的是，或许有人会问，国王虽然不具备婆罗门式的，也就是官方仪式中的最高地位，但或许他还是拥有在世界其他地方都见到的某些与他的人身及功能有关的巫术宗教的特质吧。我们将看到，有关文献对此问题的答案是肯定的。

不过，让我们先回到前述假想的演进或变化的问题。可以说，从比较的眼光来看，印度的国王丧失了宗教上的权柄。这一事实有可能是吠陀时期某种历史过程的结果。如果说婆罗门曾篡夺过什么，那么他篡夺的就是这个，其他的什么也没有了。另一方面，梵书时代以降，这种安排能够保持稳定，显示出婆罗门与国王彼此都并没有强夺本不属于他的权力。有些婆罗门的确自己当上国王，初看之下似乎集两种功能于一身，但这仅是表相，事实上我们毫无理由相信一个当上国王的婆罗门会不另外雇请一个婆罗门为他司祭。不过在原则上，婆罗门从未以婆罗门身份取得政治权力。即使是现在，他们基本上还是满足于给一些在物质上对他们有利的行动回报以功德的保证而已，而供奉礼物是此种行动的典型。送礼给婆罗门基本上是以物质之物交换精神之物，亦即以物质换取功德。礼物在这里具体显现了我们所讨论的这项关系。

5. 传奇中的斗争

我认为，古典时代的传奇所描述的婆罗门与刹帝利之间的斗争反映出的并非这两个阶级在竞夺高位。相反，一般来说这些记载证实了前面的讨论，它不但没有对两者的关系表示根本性怀疑，还视之为既成事实。举例来说，当身为刹帝利的众友仙人（Viśvamitra）想夺取婆罗门极裕仙人（Vasistha）的神奇母牛时，他最后被迫承认，面对保护婆罗门权利的巫术宗教力量，赤裸暴力发挥不了作用，因而决定透过苦行修炼把自己变成一个婆罗门。有人或许会问，那么，婆罗门持斧罗摩（Puraśurāma）歼灭刹帝利的传奇又怎么解释呢？这个故事的确和传统婆罗门的理想形象有出入，但故事中的持斧罗摩很明显并非志在取代刹帝利而令自己成为统治者。接下来我们将更明确地看出，由刹帝利治理的原则并未被怀疑。

事实上，上述两个故事都是同一环上的节。人们似乎并没注意到两者间某种程度的对等性。众友仙人和持斧罗摩都在一定程度上兼具婆罗门与国王的特质。传奇故事把这个现象的主因解释为在一个婆利古家族婆罗门（Bhrigu Brahman）和众友仙人的刹帝利世系通婚后，前者的母亲与后者的祖母误听人言，大意地交换了神奇食物。这种不同瓦尔那成员通婚的故事在古老的《爱他罗氏梵书》中也有类似的一例，在该例中众友仙人收养苏那式钵（Śunahśepa）也导致类似的结果。

就文献所见，最足以成为冲突焦点者应是婆罗门的特权和豁免权。早在《阿达瓦吠陀》（Atharva Veda）中就有意图保护祭司的妻子，以免受权势者的淫欲骚扰。这是昏君的横行导致败亡的故事，在《政事论》（Arthashastra）中也出现过这个主题，虽然它是以哲学面貌而非社会面貌出现。月亮王朝（moon dynasty）诸王神话故事，洪呼王（Purūravas）与友邻王（Nahusa），很可能被婆罗门用作教育刹帝利的伦理道德教材。

在两个例子里面，阶序格局的原则本身受到攻击。其中一个是一场讨论，阿周那（Arjuna）把问题提得很清楚：为什么武力不该让自己成为至尊，既然这不过是依据实际发生者推衍出合乎逻辑的结论，也不过是把已成事实者订为法律？这将只是扫除祭司的伪装而已，因为事实上他们就是依赖国王的。风神伐由（Vāyu）不得不以漫长的讨论才使这自以为是者了解价值。在吠那（Vena）的神话中未讨论此事，而是具体演出，让行不通的理由不只是被证实，更是被实际体验到。那是在世界初创的时代，统治者吠那妄图把宗教特权从婆罗门手中夺为己有，使他自己与祭牲及诸神同一。结果造成大难，圣者们将他处死，先从他的尸体中取出罪恶的才能，然后造出钵哩提（Prthu），第一个经过圣化的国王，也是国王们的模范。钵哩提完全遵从婆罗门的价值，所以一切就欣欣向荣了。和吠那统治时的一片混乱形成对比，钵哩提统治时的兴盛表示国王与祭司的功能必须分开。

以众友仙人为主角的众多传奇中，有一则讲到某婆罗门似乎想篡夺王权，此即真誓（Satyavrata）的传奇，帕吉特（F.E.Pargiter）认为这是一首反映真实故事的刹帝利歌谣。王家祭师极裕仙人没有设法阻止真誓王子被不义放逐十二年，而且在那段期间他还担任摄政，结果是老天不再下雨。最后，众友仙人使真誓重新坐上王位，诸神和极裕仙人反抗无效。那场旱灾很可能是对篡夺的惩罚，这一特点并非此故事才有，在他处也可见到，而且钵哩提的神话本身也使我们想起存于社会与自然之间的巫术宗教性关系[1]。

---

[1] 所引文献全部收集于 Muir, *Sankrit Texts*, 1,2 nd ed., p.296 sq., 特别是 p.388 sq. 有关众友仙人和持斧罗摩传奇的不同版本。关于苏那式钵（《摩诃婆罗多》与《罗摩衍那》有类似记载），R.Roth, 在 *Indische Studien*, II, pp.112-123。横行的国王：Muir, *Lol.cit*, p.306 sq.,《政事论》, I, 6。关于吠那和钵哩提，见本文第 7 节。帕吉特论真誓：Journ, of *the Roy. As. Soc.*,1913,pp 885-904。

6. 本问题的现况

古代印度文献中有相当数量的神话或传奇论及王权的起源。这些故事业已颇为特殊地成为比较分析的对象。从其中的一些文献里，若干现代学者发现了无疑类似于现代西方的社会与政治契约理论。有些印度学者甚感欣慰，因为他们在印度争取独立的奋斗过程中被热情和民族自尊冲昏了头。夏玛（R.S. Sharma）最近对此现象做了很清楚的分析。一方面，印度学者因西方学者一再强调印度传统中的宗教层面感到不悦，因此很高兴有机会把非宗教层面突出一番；另一方面，这些印度学者自己所受的现代教育以及国家的新政治气候，都使他们对现代政治哲学深为佩服。因此他们很容易用后者的语言呈现前者，有时候甚至宣称古印度比古希腊更高明，至少也和现代人同样高明。这些肤浅的看法受到较持平且敏感的印度学者（郭夏尔［Ghoshal］，坎恩［Kane］等人）恰当的批评。但是，这在印度已成为古典的问题，很少有人真正花精神去了解它和西方思想之间那些实在令人吃惊的汇流之处，也没有花精神去理清在整个庞大而复杂的印度思想中到底是哪些观念的潮流导致该结果。

以坎恩教授做向导来开始，我们发现有两种潮流，有时它们彼此混合。其中之一是，王权在若干程度上是个神圣制度——虽然把它说成王权乃"神授之权"并不合适（班达卡，［D.R. Bhandarkar］）。此一倾向显然是很古老并"原始的"。在古典文献中，甚至吠陀文献在一定程度上亦然，国王因为其性质和若干功能而被视为与某个神同一。这点不足为奇，除非我们假定婆罗门在逻辑上会把此项同一的特权保留给自己。在《摩诃婆罗多》（Mahabharata）中有两个很特别的片段，分别是摩奴传奇与钵哩提神话，讲的都是最高的神依人或诸神的要求而赐给人类一个国王，以中止无政府和堕落的状态。

在另一潮流里面，王权的性质全然不同：它是以未来的国王与未来的国民之间的"契约"为基础或本源。其中最清楚的讨论见于用巴厘文写的佛教经典《长阿含经》(*Dīgha Nikāya*),另外在《大事经》(*Mahāvastu*)里也有讨论。值得我们注意的是,在相应的印度教记载中,如《摩诃婆罗多》的摩奴传奇以及《政事论》里面,这种契约观一点都不排除国王的神性或半神性。和别的趋向比较起来,此处最令人印象深刻的是俗世的王权观:国王只是被用来维持公共秩序的主管,代价是人民供给他每年收获的一部分。这完全俗世化的一面使这种"契约"观相当接近现代西方的政治思想。为了掌握此一心态的起源,且让我们从其反面下手,先讨论民族学发现的巫术宗教式的王权[1]。

7. 富饶之王:钵哩提

第一个世俗的国王摩奴在位的时代是黑暗时代(*kali yuga*),也就是目前这一世;而第一个经过圣化登基的国王钵哩提的时代则是第一世,也就是白银时代(*Kṛta yuga*)。根据史诗和往世书,圣者们(rishis)从吠那的尸体中造出钵哩提的光亮身体,因为他是出自神的(*naradeva*),

---

[1] 每个讨论古代印度政体的现代印度学者几乎都有专章讨论这个问题。最激烈的几项看法见 K. P. Jayaswal, *Hindu Polity*,[1924,]3rd ed.,Bangalore, 1955;由于时代的气氛使然,这些看法也进入类如 D. R. Bhandarkar, *Some Aspects of Ancient Hindu Potity*, Benares, 1929 的著作中,见 pp.126-168,但他意识到在多神教环境中实在很难谈及"君权神授"。对比之下,U.N. Ghoshal, *History of Hindu Political Theories,* London, etc., OUP, 1923[较近的著作有 *History of Indian Political Ideas*, OUP. 1959],描绘从《长阿含经》以降的"契约理论"观。他认为《摩诃婆罗多》中的国王神创故事,乃是在反对"佛教经典中的个人主义倾向"(HPT., p.268)。针对上述说法,坎恩在其 *History of Dharmaśāstra*, III, pp. 28-37 中指出,国王神圣的观念甚为古老;郭夏尔也接着为文再论("Hindu Theories of Social Contract and Divine Right," *Ind. Hist. Quart.* XXIV, 1948, pp.68-70)。最近,认识到某些诠释中的民族主义动机的夏玛(*Aspects of Political Ideas and Instituiions in Ancient India*, Delhi, etc., M. Banarsidas, 1959, pp.1-13),检验了"契约理论"和"引用文献的历史脉络"的关系,但是这事实上是对其中的差别的一种唯物论的诠释,我相信它把最紧要的部分忽略了。

所以他和吠那一样，也分享诸神的神性。不过，他和吠那的不同在于一出现立刻表明他对婆罗门价值的顺服。受赞美和圣化之后，他掌握象征大地的丰饶之母牛，依照既大方又有阶序性的方式将大地的产物分配出去（杜美吉尔）。大地通常被称为钵哩提毗（*prthivī*）以纪念他；在祭仪上于国王圣化典礼所供奉，目的在于使万物丰饶的祭品被称为帕尔塔（*Pārtha*），也是为了纪念他。社会秩序与自然的丰饶同时并进。国王的效率固然和人民的意志有关，但"他能贡献这么多乃是因为他一开始就使一切都在他的掌握之中，任他支配"（杜美吉尔，p.61），不论这么做是代替人民还是为了人民。在诸神的层面上，钵哩提令人想到苏摩神，本身是众神之王，而受他庇护的苏摩草的汁液，正像大地这头母牛的乳汁，保证万物生生不息。

有人或会认为钵哩提的宇宙性只是一项孤立的特质，可能是远古时代的观念与信仰残留于古典时代的遗迹。但事实并非如此，因为在文献中可以找到此类概念顽强存在的证据，特别是和雨以及大地有关的方面。有一部梵书把雨和法律相提并论，雨和秩序并存，旱和失序共在（《百道梵书》，XI，1，6，24）。在稍晚的陀哩商古（*Triśaṅku*）（或前举的真誓）的传奇中，以及在天友（*Devāpi*）的传奇中，僭主的统治时期里均出现过旱灾。在《本生经》（*Jatakas*）中，国王是造雨者，而且有一定的仪式。在另一方面，甚至在圣传文献（Smriti）中，令人意外的是，在论及土地权时国王常被认为是和大地结婚，是大地的丈夫。国王的称号帕提瓦（*Pārthiva*）即间接和钵哩提（*Pṛthu*）有关。《毗湿奴往世书》把天友被其弟窃位称为帕里维达（*parirettṛ*），这个词的本意指弟先于兄娶妻，是一种为人不齿的婚姻。不仅如此，大地在国王要把它送给他人（《爱他罗氏梵书》，VIII，21）或丧失平常主人时会怨愤并抗议（例如当持斧罗摩［*Paraśurama*］将它交给迦叶波仙人［*Kaśyapa*］的时候）甚至消失进深渊。在丧失主人的例子中，由于刹帝利已被歼灭，必须把他们的后代找出来继承王位，以恢复万物的秩序。

　　我想，可以下结论说，虽然刹帝利之道（也可说是国王）丧失宗教功能或"官方"的宗教功能，但是与此同时，在整个王权概念的核心还是存在若干基本上是巫术宗教性质的观念，它们没有被婆罗门"篡夺"。在正统婆罗门观念的层次以下，另有一个层次出现，它和大众心态有密切关系。在这个层次中，国王保有一种巫术—宗教的特性，这种特性普遍被认为这是他的人身与职能固有的。在这个层次里面，不可能会出现国王和他统治的人民订契约的情况。订契约在王权世俗化以后才成为可能。我们已说过，婆罗门教的思想中对于婆罗门之道与刹帝利之道关系的界定，已完成了此一基本转型工作。在此意义下，该项界定乃是和巫术宗教式的王权相对立，而可称为协定（conventional）王权的必要基础[1]。

8. 协定王权：摩诃三摩多，摩奴

　　第一部同时也是最全称概括式的讨论协议王权的著作是《长阿含经》，这部著作的确非常值得注意。虽然它似乎想用异端的观点在结尾去解释四个瓦尔那，方法大致是用复杂的语源讨论，但是整部著作的内容却几乎可说是一个长篇故事，从太初混沌一片开始，经由渐次分裂与颓败而慢慢出现人类。为发保护财产，人类从自身之中选出摩诃三摩多（Mahasammata）或"伟大的代表"（Great Elect），他负责维持社会秩序，

---

[1]　Muir, *Sanskrit Texts*, I,2nd ed（钵哩提，p.304 sq.；帕里维达，p.275.n.；持斧罗摩，p.455，cf.p.464）。关于钵哩提，参见 Georges Dumézil, *Servius et la Fortune*, Paris, 1943,p.33sq。关于本生经对雨的观点，参见 Ratilal N. Mehta, *Pre-Buddhist India*, Bombay, 1939, pp.84-85（还有其他特征，例如地上的水果失去味道，等等）。参见 MhBh., XII, 69（Ghoshal, *HPT*, p.98sq.），XII, 141, 9-10。另外泰米尔文献（Kural,见 Manimegalai）中也有，参见 K.A.Nilakantha Sastri, *The Cōlas*, Madras, 1959, pp.68-69。国王享有大地为妻，见 *Arthaśāstra*, I, 5, end。

所获的报酬是一部分收成。这被认为是"刹帝利集团"的起源。学者注意到这个故事中有黄金时代（不过应该指出当时的生物还不是人），也有日渐败坏的复杂进程，特征是歧异和败德的增加——特别是两性的分歧最为突出——以及生活条件愈形艰困。当人们开始恶形恶状，田里被割走的稻米就不再自动长出来了，然后出现私有财产，随之而起的则是窃盗。惩罚成为必要，不过仍只简略地包括谴责与放逐而已。

这个创世纪的故事不但与婆罗门无关，而且与宗教无关。虽然这个故事的目的之一在于把刹帝利置于婆罗门之上，但丝毫没有利用王权的巫术宗教性。相反，这方面还被避之唯恐不及。在这一点上，婆罗门的观点基本上还是被接受，或者隐含于其中。不过，它的俗世化程度远比婆罗门思想中对刹帝利之道的看法更为彻底。我们可以说它已延伸到婆罗门之道本身，因为（群体性）宗教从这个故事中彻底消失不见，而终极价值只以个人道德的形态出现。这个故事在此方面显示了异端教派思想的烙印。佛教和耆那教常被视为刹帝利对婆罗门支配的反动，但我想指出一点，如果想知道这种看法的真实程度，就必须记住所谓的反动是透过遁世修行而进行的，而不是在社会秩序内部进行。换言之，它发生于一个超越社会的层面。遁世修行的直接影响可由一件事实加以说明。摩诃三摩多故事中最特别的一点可能是其中的社会或政体仅仅被当作个别的人的集合，和现代社会契约理论毫无二致。我曾在别的地方设法证明，上述意义下的个人在印度的出现，是透过放弃世俗社会生活的遁世修行者才得为功，而释迦本人和佛教僧侣当然都是遁世者（参见附录二）。值得注意的是，这个个体化的社会形象首先出现于一份遁世修行者的文献中，若非如此将会令人觉得很怪异。把摩诃三摩多这个佛教故事和相应的印度教传奇做比较（即和《摩诃婆罗多》里面的摩奴传奇比较），就可证实这点。当王权要交给摩奴的时候，摩奴首先拒绝接受，因为他害怕人类的罪恶。在人们答应把收成以及功德的一部分献给国王，而把罪过保留给自己后，摩奴才答应接受王权。只点出此处的"契约"包括精神或道德层面在内是不够的。这项协议的重点不太像是答应分享，而在于那项罪过不该被分担的但书。在这里，个人之间的协议已进入彼此依赖的阶段，其互依程度亲密到究竟何者为道德之主体都已经模糊或淡薄了。

不论上述两种文献的精神有何不同，都不难理解为何婆罗门能够对自己而言局部地采用佛教架构：因为让刹帝利进一步世俗化对他们完全不是坏事。或许正是因为这个理由，该想法才大受欢迎，宗教律法文献竞相重复此公式，即国王提供的保护（即公共秩序）与国王领受的报称（主要是收获谷物的一部分，通常为六分之一）是对等的。这个概念当然和实际习俗有相当深的关系，但我同时认为它也把习俗合理化了：国王收受一部分谷物，同时负责治安和司法，也就可能把这两项联系在一起，而把别的全部排除。不过，上述情形要发生得有个先决条件存在，此即必须从一个特殊的、现代意义下的"理性的"观点去看待王权，使它与巫术宗教性的宇宙观完全割离开来，才能成功。从我们的资料看来，此一过程的达成可分为两个阶段：我已设法证明第一阶段很早就在正统婆罗门教中完成了，即婆罗门之道与刹帝利之道的关系；第二阶段似乎是反婆罗门倾向的一股思潮完成的，也就是个人主义者或者说遁世修行者的思想成果。

值得注意的事实是，上述世俗化过程与产生社会或政治契约理论的运动（最少在现代西方是如此）之间具有大致平行的特性。对斯宾诺莎（Spinoza）而言，真正的问题在于从宗教和激狂主义手中夺走政治的领域；对霍布斯而言，真正的问题在于把国家的基础建立在最普通的和最无法否认的真正的现实上，而不是建立在理想或价值上，因为它们的性质永远有争论的余地。这可能是因为对王权或国家与宗教或绝对价值之间的关系有类似的观感，在很大程度上导致思考上的类似，即使背景非常不同。一旦左右社会阶序的宇宙观被切断——再加上没有像古代希腊那种对理想国的玄想存在——社会就会化约成个人的集合体，在此情形下就只能从个人意志推衍出一种具有正当性的权力。佛教思想很早就发现了这一点实在非常特殊，虽然其发现只见其大纲。不过，这些都只是印度世俗化过程的一部分：它不但产生一个与西方社会契约时空相隔颇远却相当类似的理论，还大致上趋向构成一个相当于我们在西方传统中称之为政治领域的范畴，虽然相应程度如何还有待探讨[1]。

武力与利益

9.　丹大：正当武力

在协议的或"理性的"王权中，国王负责保护人民和财物。为了尽此职能，他可应用惩戒或处罚，即是丹大（*daṇḍa*），原意为棍子。除了这个未被遗忘的原意，丹大还有许多其他含义：它指处罚、处罚的权力，甚至一种正义的力量。在最后一个含义中，它大体上和法（*dharma*）同义。最后，这个词还含有合法的或正当的武力之意，甚至可以说是含有"正当武力之独占"的意思，而这正是西方人视为政治范畴的一项特征。举例言之，在《政事论》中，丹大意指军队，也叫作巴拉（*bala*，武力）。丹大尼悌（*daṇḍanīti*）字面意思是"处罚行为"或武力行为，指的不仅是司法，而且指治国之术，即广义的政治。大体言之，这个观念至少已涵盖我们称之为政治现象的一大重要部分。

─────────────

[1]　Digha Nikaya, XXVII, 10sq., 译者 Rhys Davids, Ⅲ（*S. B. E., IV*），p.82 sq。《摩诃婆罗多》里的摩奴传奇是在Ⅻ，Chapter 67。关于圣传文献中封世俗王权的概念之偏好，见 Kane, *Hist. of Dharmaś*, Ⅲ, pp.36-37 中的许多讨论。

《摩奴法典》中对处罚（丹大）有篇冗长的咏诵，这点颇为有趣。在论及国王那一章的开头，说完国王和他的神性之由来（VII.13-14）之后即刻咏诵处罚，其内容完全是关于国王如何履行量刑惩罚的责任。首先是坚持强调处罚之必要：没有处罚的话，强者将煎熬弱者，乌鸦和狗将偷食祭品，到处都没有所有权（svāmya），上下之分将混淆；而且，一切存在，包括诸神在内，只有在害怕处罚的情形下才行善。第一项主题很普遍。人们常说，没有处罚的时候，比如新旧王交接的空档时期，人类受制于"鱼的法律"，也就是西方所说的"丛林法则"。在《摩诃婆罗多》中有言："如果地面上没有带着处罚之棍的国王，强者将煎熬弱者，像烤一串鱼那样。"或另一种说法："将吞食他们宛如水中之鱼那样。"（XII，67，16）。这样的观点出现在圣传文献上令人有点吃惊。虽然在律法文献中它被用来颂赞司法功能，但它表现的并非规范性的观点，而好像是实际观察人类行为以后所下的结论。如同霍布斯的观点，问题不在于应该如何，而是事实上如何；讨论的并不是理想或法，而是彼此冲突的利益（利）这个死硬的事实。在这里，律法文献或许借用了政治文献的一些内容。

但是且让我们继续看看《摩奴法典》对处罚的咏诵。处罚必须毫不松懈地执行，而且不能有错误，在这方面发生错误就和毫无处罚一样严重，都会导致瓦尔那的败坏、水坝的崩解、人人互相为敌。因此国王对自己的权力必须有所戒惧，他必须花一段时间学习以避免不义，因为不义将毁灭他。最后，处罚被人身化，以国王为其向导，其权力高过于国王。国王一偏离正义，权力便与国王作对。整体而言，司法权威所具有的正当武力，在这里被导引去承认他的正当性来自普遍的法则（universal law）。这里把政治层面重新整合于法，成为只是后者的工具。

10. *artha*：利的行动

　　另外一个相当于"政治"的概念是利（*artha*），其原意应以"目的在于"（法文"la visée"）为最接近。一般将利译为"利益"，这有其优点，它点出此处经济的与政治的并未区分，利指以达私利为目的的理性行动原则，可以称之为"思虑周全的获取"。我有必要提醒一下，利是人生三大目的之一。有些现代印度作者倾向于用西方理性行动的概念诠释这些观念，称之为相当于目的（法）和手段（利）。我认为这样的解释是没有根据的，它最多只是过分强调印度观点中相当次要的一面。事实上，我们此处所面对的是以一系列的对比为基础的一套行动分类。个别来说，法指的是普通规范（为准的行动），因此和利益无关；利则是利益（为准的行动），与普遍规范无涉。由于法的至高无上乃是无可置疑的，有人或许会问，意指否定法的利怎么会被接受呢？答案在于这些目的有阶序性：利只能在第二顺位上被承认，可以说位于与法无关的层面，所以利最后被包容在涵括一切的法里面，局限于法划定的范围。这里的情况类似刹帝利之道和婆罗门之道的关系：同样的世俗化过程造成同样的从属性；利像刹帝利之道一样，从存在的整体被割离开来，使之在某些方面自主、特殊，或以我们的现代语言来说，"理性"。从这一点开始有两条发展路线，其中之一导向协议的主权，或者说保安官式的王权；另一种导向非道德论（amoralism），如《政事论》[1]的理论家偶尔鼓吹的那种——人们常常强调《政事论》和马基雅维利（Machiavelli）的主张近似，并非完全没有意义。

---

[1]　编注：《政事论》原名为"Arthashastra"，直译为"论利"。另有译名《实利论》。

我在这里主张的观点导致了一项不可忽视的结果，一方面强调印度在这个范畴中所达到的世俗化，另一方面也认识到它的限制。因为利益与武力的概念虽然近似西方思想，但不可忘记两者的脉络有基本上的差异。在一个仍然受法主宰的社会否定法，结果是使政治层面和价值范畴完全割离。社会的统一并不是在政治层面上，而是在卡斯特的社会体制上面（布格列）。统治体系不具有普遍价值，它并不是现代意义下的国家，我们将在下文中看到，国家和国王是等一的。武力与利益只制造冲突和不安，但尽管冲突与不安横行，基本的东西不受影响。正好相反，社会统一衍生而且招徕政治分裂。

既然在此处讨论行动类型的划分，让我们指出，此处的行动是从行动者观点去考虑的行动：除了法，其他标准，比如当下满足或逸乐（即欲，*kāma*）以及利益（利），均使我们处于行动者的主观视野之中。特别是利，它使我们——也就是考虑利的人们——与国王认同。这点在唯一一部讨论利的古典著作中，也就是考底利耶（Kautilya）的《政事论》中可以看出。在进一步讨论它之前，我得先指出，利所隐含的主观的或者说半个人主义的观点，以及它对（婆罗门教之）法的否定，无可避免地使利的理论家很接近遁世修行者。不论两者的思想差异有多大，都有助于那股"世俗化"的潮流（参见前面第 8 节）[1]。

---

[1]　关于利是法的手段：R. Dikshitar, "Is Arthashastra Secular?", *Report of the Orient Conference*, 1925, p. 624; 还有 *The Mauryan Polity*, Madras, 1932, p.249; S. K. Aiyangar, *Evol. of Hindu Admin. Institutions in South India*, Madras, 1931, p.40; 在一定程度上也论及此点的是 U. N. Ghoshal, *Hindu Pol. Theories*, p.74。关于《政事论》的世俗倾向，参见 Jolly 为他编订的版本所写的序，Lahore, 1923, pp.3-5。关于 *trivarga* 是行动类型的结构分类，参见前引书，chapter 3, pp. 43-44；印度作者中认识到解脱在该系列中的异质性者要数以下为最好：Ghoshal, *H. Pol. Th.*, pf: Kane, *H. of Dh.*, II, 1, p.8; III, pp.204-205。关于《政事论》和耆那教文献的相互关联，见 Jolly 编订本，p.10。

《政事论》中的王权

11. 以丹大或利为基础的政治学

考底利耶在著作中以两段文字对他的学科所下的定义,事实上已把处罚之道(*daṇḍanīti*)和利之道(*arthaśāstra*)视为等义。在著作的开头,被他称之为四门科学中的最后一门的定义如下:

> 丹大(*daṇḍa*)是(其他三学科)哲学、宗教和经济要有所发展的必要工具;丹大的进行是丹大尼提(*daṇḍanīti*),其目的在于取得未取得者,保卫已取得者,增加被保卫者,把增加的分配给值得者(I, 4, 4-6)[1]。

虽然这段文字的开头部分可能令人想起以正当武力为基础的政治秩序,而第二部分是界定丹大尼提,除了论及分配时规定要依照功德,和正义或平等有些关系以外,其概念反而引入了层次上相当不同的观念,谈及“取得”和“增加”。我们在这里要记住丹大的另一个意思是军队(参见本文第14节)。从第二部分的定义来看,它显然是在谈土地的获得。整体而言,此处的丹大指武力,丹大尼提指对外和对内使用武力。现在我们看看第二条定义,也就是关于利和利之道的部分,出现于全书的结尾(xv. 1, 1-2):

> 利,也就是人的生计,换个说法是有人的土地[2];讨论取得和

---

[1] 引用的《政事论》内文依照 Jolly 的版本,Lahore,1923;参见 Johann Jakob Meyer 的译本,*Das Altindische Buchvom Weltund staatsleben*, Leipzig, 1926。

[2] 贾维斯瓦的翻译是“领土及其……人口”,但是此处的区别并非他所指的这个意思(参见14节,*janapada*)。

保卫（或使生长，贾雅斯瓦［Javaswal］的解释）的方法的论著，也就是利之道。

在《政事论》的开头（I，1），简要地说明了该著作论利是以取得和保卫（或结果实［fructification］）土地为内容。取得这个观念完全符合定义，因此可以下结论说，前面的定义显示丹大的观念和利的观念彼此互通。把这两个观念放在一起即是"运用武力以追求利益和维持秩序"。

大体上看，如果我们想找与西方的"政治"或"政治的"等同的概念，在印度思想中有这样两个关系密切而彼此结合的概念：正当武力（军队，以及司法和警察，相当于国王的客观功能）和获取利益（相当于国王的主观目标）。不仅如此，因为此处第二个概念指的不只局限于政治层面，也指经济层面。

12. 经济与政治

如果我们仔细考察上述第二个定义，就会发现它的确提供了一个从经济层面转移到政治层面的想法。其方法相当特别：它说利是人的生计，"也就是我们所说的经济"，接着说它又是有人的土地"政治"。在经济方面，行动者是人，而土地则是他们谋生的主要媒介。在政治方面，行动者是国王，对他而言，人和土地都是手段。在这里，政治成为较高级的经济，因为它借着权力把人用作其手段。政治成为最高段的经济，而政治管辖的不止土地，还有依附在土地上的人（可以说是土地的点缀）。

以上看法或许会使人觉得和该书的脉络有些违背，不过，或许进一步考察考底利耶的其他定义，看看那些定义所显现的精神，会有助于佐证前述看法。事实上另外还有一个词，在第一个定义中我把它译为"经济"，它指的是四门学科之一。它和别的学科，比方说和丹大尼提截然有别。这个词就是瓦尔塔（*vārtā*），词根和我译为生计的 *vṛtti* 一样。这四门科学的先后顺序关系重大。首先，哲学或逻辑，也就是安维克夏俱（*ānvīksakī*），被宣称为一切事物的评判标准，包括符合法和违反法的在内，也就是把宗教放在批判理性之下，这种情形极为少见，值得特别强调。它是我在前面讨论的世俗化过程的一个里程碑。不过，哲学同时也评判在经济（瓦尔塔）上何者为有利，何者无利可图：*arthānarthau vārtāyam*——而此处确是把利和瓦尔塔等同了。在赞诵哲学之后，即把宗教、法赞诵一番，如一本讨论法的著作所应为者——但是它把法放在次要的位置！占第三位的是一段论瓦尔塔的文字，出现在我上面所引的丹大尼提的定义（该定义最后建议实施处罚的时候要有分寸）之前，相当简短："瓦尔塔即是农耕、畜牧与交易[1]，它能提供谷物，牛和金钱，原料和劳役（无偿的劳动）[在这里，依照在别处出现的同样的枚举，我们也许应该给这段文字增加几个字，使它成为'能提供（应该给予国王的报称，包括）谷物，等等'] ；通过它，并在财富和军队的凭借下，国王能遂行其意志于自己所管辖者和敌人身上。"（I，4，1-3）由此可见，瓦尔塔是项实际行动，而且是不可或缺的行动。不过，或许因为它包括好几种不同的内容，因此没有原则，不能算是一门真正的科学。它并非自给自足的项目，而只是政治功能运用上的一项必要条件。《摩奴法典》的记载也大致如此：瓦尔塔在《摩奴法典》中并不像其他学科那样得跟师父学，而是向一般人学（v11. 43）。如果我们把瓦尔塔视为普通人的经济活动，那就几乎可以说利即是国王的营利活动，是瓦尔塔和丹大（权力）的结合：瓦尔塔和丹大这两个词在列举四门科学时有所区别，但在一定程度上又融合在利的概念之中，甚至在考底利耶的书中也是如此。下文

---

[1] 从 I, 3（论首陀罗的职业）证实瓦尔塔并不包括手工艺等在内（*kāruksī lavakarma*）。

将呈现他对国王的经济活动之见解。

13. 国王的经济活动

《政事论》共有 15 卷，第一卷讨论国王的教育，第二卷是最长的，占全书四分之一，讨论国王的财源，或者可以说国家的财源。内容最主要的部分是王家产业，由国家行政人员管理的生产与加工事业。如果以讨论文字的长短作为重要性的衡量标准，税收本身倒并不很重要：除了一些简略的陈述，只有第 35 章专门讨论了在乡村收税的问题。但是，税收和经济活动的盈利往往很难分别。举例来说，如果国王决定不经营采矿或制盐性质的垄断企业，便会把它们出租，而承租人要缴纳的租金常被现代译者或评论者称为税收。事实上，我们观念中的税收很可能只是王家收入的一小部分。关于各种王家产业，我们有时将它称为专卖，有时称为王家制造事业，但追根究底，王家专卖与垄断在原则上适用于一切事物，人民只有在国王许可之下才有独立的经济活动，而国王的许可若非精打细算的结果，就是因为国王觉得尊重传统或现实比较有利。以交易为例子，我们发现王家机构替国王对商品的运输与买卖征收各式各样的权利金，不仅如此，国王还有权力可控制价格。交易有总监督官，矿业，冶金也都设有总监。总监的工作包括通过有效控制下的雇员经销王家的商品，有时候也通过被适当征税的商人经销，他似乎有权决定某一类货物该由国家配销网来买卖，还是任由商人自由交易。

要解释《政事论》一书的文字常遇到困难和不明确之处，不过内容的大致轮廓无可置疑。与其说是专卖垄断，或者是有个国有经济部门，倒不如把它看作一个庄园（manor）。它在规模上自然比庄园庞大，不过除了规模大小有别，我们此处所讨论的不就是庄园式的土地权与人身控制权的结合吗？[1] 我这样说一点都没有把《政事论》所讨论的体系看作封建体系的意思，而是主要在于说明《政事论》的体系属于经济和政治没有划分的那一大群现象中。唯有如此才能解释为什么有那么多技术细节的讨论，涉及各式各样的产业，包括农业、牛马的畜养、捕捉和驯养大象、狭义的工业，等等。在这里，就像对诸观念的说明，政治、经济甚至技艺全都没有区分。酒馆这个王家垄断事业即是很好的例子。酒馆是赚钱的事业，但同时也是警察眼线的工作场所。此外，根据一般原则，国王和警察应该把被窃的财物归还给失主，所以酒馆经理对客人的财物负有责任，特别是珠宝。

不过，有人会问，《政事论》所说的体系到底和古代印度的实际情况有什么关系？虽然大多数印度学者坚称《政事论》属于孔雀（Maurva）王朝的时代，但这本著作的年代并不确定。有些人认为它是一个理论家的理想观点——这种看法有一部分无疑是正确的，可由书中那些仔细而明确的定义看出来，前面对此也稍有讨论——但是也有人把它看作一种写实的描述。不过，我想我们可以假定作者对现实的关注使这本书不会太偏离他在当时所见的实况。虽然为了方便起见，我有时把书中的描述转述为真正的情况，但我基本上还是在讨论书中的概念架构。举例来说，有些人必然会怀疑国王对经济活动的控制在事实上是否曾经达到考底利那所说的程度。但这并非我最关心的问题，我主要关心的是，不论其中

---

[1]　在写完以上的部分以后，我才发现大历史家 Marc Bloch 早在 1936 年的讲演中就已经以相同的方式界定庄园（讲演在最近才出版为著作），他说："'庄园'是经济专业与我将大胆地称之为一组主权（a group of sovereignty）的结合，甚至该说是融合。"（"Il y a lieu d'insister fortement sur cette union, cette fusion plutôt, d'une entreprise économique et de ce que joserai appeler un groupe de souveraineté," *Seigneurie française et.Manoir anglai*, Paris, 1960, p.17.）缅因的著作有一段与此有关，讨论地赋到底应算是一种税还是一种租。他说："我们或可假定，最少暂时如此假定，在所有权的最初发展阶段，并没有我们目前通常在政治权力与所有权利之间所做的明确划分。"（Henry Sumner Maine, *Village Communities*, ed., 1890, pp.228-229.）类似的观点亦见于 Maitland 的著作中，见 *Contributions*, Ⅶ, p.104。

的事实有多难确定，《政事论》的作者实际上对事物采取的是统一的观点，把一切都放在利的关照之下。从他的观点来看，我们分别称为经济和政治的现象彼此间的关系或所处的情况，正如我上文所述。若要从观念落实到事实的层次，就先必须对史料做长期而艰辛的研究。让我顺便提一下，虽然目前在这方面已完成不少研究工作，但在这类原始数据的出版和有系统地探讨方面，仍有一大片空间有待学者努力。就目前而言，可以说，在最广的意义下，由《政事论》所得的形象极可能要远比从法的文献中所得的形象更接近实际生活的真相，唯一的例外是司法方面。在《政事论》中，国王是最典型的经济行动者。这和把国王视为保安官的协议王权理论相左，我们已讨论过此种协议理论，它可以说是一种对实际行为的合理化。根据《政事论》，国王全面掌握一切事物，其中最主要的是土地。国王所享有的那份收成（常被称为 bhāga），不但不像是因为保护农人所得的报酬，反而很像他把拥有的矿藏（矿藏归他所有这一点在文献上是毫无疑问的）租给人所分得的那份（称为 vibhāga）。这就证明国王实际上对耕地拥有一份权利，而不仅仅像圣传文献要我们相信的只是具有"保护者"身份而已。关于这一点有许多争论，此处的结论当然有待更多直接证据的检验。

14. 政治层面：王国七要素

《政事论》的第六卷相当短，内容几乎完全是讨论王国的定义。王国被定义为由七个分枝或自然要素（prakṛti）所组成：svāmi, amātya, janapada, durgā. kośa, daṇḍa, mitrāni prakṛtayaḥ，也就是：（1）主公；（2）属下；（3）邦国；（4）堡垒或城镇；（5）国库；（6）军队；（7）盟友。

在圣传文献里也有这项定义，只是有些要素的名称稍有不同，列举顺序也不太一样。七要素的顺序显然是有意义的，必须解释为具有阶序的价值。这点可由第三卷中关于不同的要素之间取舍的讨论中看得出来，例如"主公（第一项）发生困难，或大臣（第二项）发生困难，哪一种比较严重"？也就是说假定两者同时发生困难，要先处理哪一个？我们要注意到，此处的选择方式代表一项有待采取的行动，和我们所说的利的观点完全符合，这令人想起马基雅维利的讨论以及和我们时代较接近的帕森斯的行动理论。我们发现，毫无例外，其答案都是按照前述列举的次序：和主公有关的困难要比和大臣有关的更严重，先列举的要素总是比其次列举的要素更重要、更基本。印度的列举法通常都是这样，不过也有完全倒反过来的情形。"七"这个数字同时代表一个整体；把一个整体的组成部分在此依阶序枚举出来，其实是把一个基本上宗教性的次序应用于政治的领域。

让我们依序讨论此项枚举：主公，可以说是爵主（或勉强说是拥有者）。国王（*rājan*）一词在书中较为少见。不过有个地方说王国就是国王自己。*amātya* 指的是王族的成员，国王从中挑选高级行政人员和顾问（*mantrin*）。邦国，*janapada*，在别的文献中有时是 *rāṣṭra*（王国）或者甚至是 *janāḥ*（人民）。班达卡（D. R. Bhandarkar）指出，从这项要素的各种特征去判断，意指领土和人口（正如前述的"有人的土地"）。法文的"pays"，英文的"country"等词都保存了这项双重含义。我们在这里所碰到的又是一种和现代西方观念（相当突出领土的意义）比较起来仍然处于未分化的状况 [1]。*janapada* 指的是（也是，或者只是）一个地域单

_____

[1] 圣传文献中此七项要素的枚举，见 Kane，III，17，n.：在《摩奴法典》中，第一和第二项，第五和第六项分别成一对。关于阶序的一面：《政事论》，VIII，1，5；《摩奴法典》，IX，295；其他枚举见《摩奴法典》，VII，156（十二要素）和157（五要素）。关于领域与人口：D.R. Bhandarkar, *Aspects*, pp. 68-69, 参见《政事论》，XII，4；Pran Nath, *A Study in the Economic Condition of Ancient India*, London, 1929, *passim*。关于 *janapada* 的范围，Pran Nath 前引，p.45 sq. 布格列指出印度（转下页）

位，在考底利耶的著作中分为四个部分。

城镇（*durgā*）在《摩奴法典》中称为 *para*，在《政事论》中（II，2）被描述为王国的都城，或可能是每个 *janapada* 或行政区的都城。根据贾雅斯瓦，两者连起来的 *paurajānapada*（城镇与乡村的居民）指的是一种代表大会的制度，但此一假设不再为人采用。军队的称呼和处罚一样，都是 *daṇḍa*，在同书其他地方则称之为 *bala*（武力）。

最后一项，盟友或朋友，看来似乎不该放进这里，因为它显然指王国以外的事物。但事实上它正好显示印度对关系的重视，把关系看作特定的事物的要件之一或者它的支撑。这种情况正足以使人了解它和现代西方心灵的距离有多远：现代西方心灵把"个体"视为自存体，而印度心态却在界定国家时认为它"拥有对外关系"。

对当代印度某群体的一项描述，完全取自观察——我指自己论南印某卡斯特的专刊——在论及与《政事论》相同的这一主题时，正好也强调了其中三项，即阶序格局，包括人口在内的地域，以及把对外关系视为实际存在的一部分。这不能说纯属巧合[1]。

结论

我尝试把一些为人熟知的关于古代印度的王权概念的文献放进普遍的比较视野中加以考察。这项尝试使我强调两项主要事件或阶段。第一

（接上页）没有地方性的用法（*lex loci*）："不论迁移到哪里，每个人都随身带着他所属群体的法律"，法律是"人身"性的（*Régime des Castes*, p.184，带引文）。最近一项论《政事论》形式的重要研究（也对其内容有所澄清）提醒我们，这种讨论不同的选择方式并非它所特有，而是追随文法家 Patanjali 所用的典型形式，甚至哲学著作也采用这个方式（L. Renou, "sur la forme de quelques textes Sanskrits," *Journal Asiatique*, Paris, 1961, No.2；考底利耶, pp.191-192）。

　　[1]　*Une Sous-caste*, 分别见于 pp.191 sq., 150-152；12 -13；156, §3。

个事件实际是给印度历史搭好舞台，即婆罗门之道与刹帝利之道的关系显示出了王权的世俗化。它引导我们去修正某些关于阶序与权力关系的流行概念。第二个事件比较复杂，它以两种方式呈现于我们面前：一方面是契约王权的观念，显然源出于遁世修行者；另一方面是利的理论，它和遁世修行者的个人主义及他们对婆罗门价值的否定有一定关联，并构成一个政治经济领域。在主流传统中，这个领域相当自主，并非完全受绝对价值操控。由于这项自主性，在此阶段有和现代西方大致平行的发展，可以作一项一般性的假设：像我们所理解的这样一个领域，必定是因对立而从宗教及终极价值这涵括一切的领域中分裂形成的，而导致此一发展的基础是对个人的承认[1]。

它和西方的近似当然令人惊异，特别是如果没有忘记两者背景脉络有着极大差异：如上所说的出发点不同，个人这个概念的起源和情境也

---

[1]　参见 "The Modern Conception of the Individual," 1965（见引用书目），这项假设的要点在于提出了人类学家所关心的两个领域或体系之间的关系。本文前面（第 8 节）大略提到过，在附录一的第 6 节也讨论过的一项明显的难题，或许应该更加明确地加以讨论。有人会表示异议，认为政体（政治、政治的）这个词本身是从希腊的 *polis* 一词进入我们的观念中，即使我们撇开它的实际政治制度，古希腊的哲学思想中已有一个政治领域，既非和宗教对立的一套终极价值体系，也不是以个人为其基础。但是正因为希腊思想和马基雅维利及霍布斯的想法相当不同，它们之间的区别正是政治哲学与政治学的不同：前者基本上是规范性的，以社会或国家为其出发点；后者至少在原则上是实证性的，以个人为其出发点。不论是哲学还是宗教，一切都以终极价值为依归，这也是为什么柏拉图的《理想国》是个阶序性社会。换而言之，哲学属于（或至少是开端于）宗教（更明确地说，一般性的终极价值）的层面，而现代人所想到的政治领域尚未出现于此。另一方面，哲学和宗教的区别在于其终极价值并非来自天启、传统或信仰，而纯粹由人类理性的运用所发现或建立者（此处所讲的哲学与宗教的关系并无新意，参见 Hegel, *Vorlesungen in die Geschichte der Philosophie*, ed. Michelet Stuttgart, 1940 "*Sämtliche Werke*," Band 16, I, p. 92.）。由于理性事实上透过特定的人运作，诉诸理性也就不得不导致对个人的承认，就像斯多葛学派的情形，而现代人更把理性变成个人的武器。认为政治哲学，特别是希腊的政治哲学大体上代表我在此处讨论的两个极端之间的过渡阶段，并不是对古代哲学做价值判断，也不是否定它在个人之出现于西方所扮演的角色，只是表明它用以衡量社会与国家的标准并不是个人，而像在宗教领域中一样，是来自全面涵括性的终极价值。有人或许会问，是不是有必要如我这般把政治层面界定得如此狭窄呢？由于这样的界定乃是现代的（主导）想法，也是我们生活于其中的界定法，更是社会学家或人类学家有意识或无意识的想法，我觉得无论如何都有必要把它区别出来，不论所使用的名称是什么，这样才能避免混淆。

不同（本文只隐约提到，可比较附录二的第二节和附录一的第六节），最后结果也不同。在印度，此一领域的自主性一直是相对的，而且其中的经济和政治保持无分化状态。这似乎和宗教的情形一样（见附录二，26），它与西方的区别不在于其发展本身，也不是原则有何不同，而在于事实上印度这方面的发展出现于既成架构之中而又没有改变那个架构，也没有使自身脱离出那个架构。我应该再做一项研究，以表明以西方的政治层面而言，一旦它在与宗教的关系上变得绝对自主，就会进一步将自己发展成一项绝对价值。从比较的观点来看，现代的"民族"（nation）乃是它所追求而又已实现的一项绝对价值，而这正是在印度没有出现的。我想，只要政治经济领域是相对自主的，上述发展就没有出现的可能。不但如此，只要个人在本质上仍身处社会世界之外，就不可能出现政治经济领域完全自主的情况。

在这里我不打算讨论印度历史这个庞大的问题，而留待以后进行，这里只指出其中一项悖论。就像讨论宗教的时候，虽然我们的讨论以永久性特征为主要对象，但在历史方面有一项发展值得注意，它不仅是一项有年代顺序的发展，而且和西方比较起来在印度的环境中极有意义。此外，我并非是一开始就假定印度历史可以化约成西方的架构（参见《论文集》，p.17），而是在比较之后才发现两者是平行的。这和有些现代历史学家的研究方式形成强烈对比。他们所做的一切都紧跟马克思，除了一点是例外：马克思从他的观点相当正确地看见了停滞的地方，他们却硬要在其中发现发展，即使只是物质上的变迁而非有意义的变迁。他们好像是要以西方的概念去印证印度的实相。我认为，尝试改变我们（西方）的概念以掌握印度的实相比较妥当。寻找意义会发现发展，寻找变迁不能制造历史。

最后，我想指出这项尝试的某些限制及其理由作为本文的结束。我讨论的并不是实际发生的事件，而是记载所显示出来的观念。不过，除了事实如何的问题，我还不得不因为别的理由而未能讨论这个问题的其他方面，这点可能会使人感到惊讶。我的理由是，讨论那些方面需要等相关西方现象本身的社会学论述比目前更令人满意的时候才能进行，目前，最少在我知识所及的范围内仍谈不上。初看之下，我们似乎对西方在这方面的情况已有颇好的了解，一切的努力应该导向了解印度一方的情况。但是，就算这个观点在某种意义上来说是真的，事实也仍然是我们（西方）的制度和思想形式很少以比较性的概念表达出来。实际上，正因为印度的情况是如此明确，而且在某些方面逻辑井然，才使人得以大胆提出一个比较观点的初步轮廓。但是不用进行多少比较就得承认，如果想再往前走，就应该先回头清理自己（西方）的门户。不管我们是在讨论超脱尘世的形态和修道院在基督教中的位置，还是在讨论被认定为发生过的"俗世的"与"精神的"机构之间的斗争，又或是讨论目前被用得很广泛的"封建制度"（它应该析分为明确界定过的各项特征），全都避免不了比较。目前或许已是人类学家把他们用来映照别的社会的镜子转过来映照自己社会的时机，我们应该设法用比较的语言重新描述我们（西方）的制度，比较的语言也是一种以我们在不同的社会所学到的——不论如何不完备——来加以精练的语言。这项工作无疑是困难的，但它很可能是增进社会学式理解的金光大道。

附录四
民族主义与社群主义[1]

引　论

本文准备讨论 20 世纪印度政治史上的一项重要事实：印度教徒与穆斯林日趋疏远，导致 1947 年的分裂、大屠杀及人口大迁移。印度与巴基斯坦分裂的原因可在分裂前那段时间各方意愿的集结形貌中找到。有一个普通流行的看法——特别是在印度信者甚众——认为这两个宗教社群或其代表人物之间的对立从 20 世纪开始一直不断加剧的主要原因是英国想分而治之，或想继续维持其统治。但我相信冲突的根源比此更深刻，我将设法以这个事实为例，来说明当代印度的"社会变迁"可以理解为新与旧相结合造成的结果，这种看法的基础是将传统型与现代型社会加以比较。在这个个案中，主要的工作将分两个方面对现代"民族"（nation）观念做比较性的界定：一方面是它和宗教或绝对价值的关系，另一方面是其领土层面。

宗教社群彼此间的对立常被称为"社群主义"（communalism）。社群主义可界定为：

　　一种意识形态，它把一个宗教信徒们视为社会的、政治的与经济

---

[1]　本文是一篇发表于 *Contributions to Indian Sociology*（VII，1964，pp.30-70）的论文的主要部分。原论文的前面部分是批判性讨论（pp.30-47），此处省略，以一节简短的引论取代。附注的编号则保持不变。

的单位，加以强调，同时强调此类群体彼此间的差异，甚至敌对。[1]

这个定义是史密斯（Wilfred C.Smith)所下的（见其 *Moden Islām in India*, Lahore,1943.p.185 ）。他在同一著作中的另一段话里把它与宗教及民族主义的关系表达得更为明确，我们将以之为出发点：

> 中产阶级甚至可以说是以社群主义取代宗教，其意义和西方资本主义世界里面以民族主义取代宗教完全相同。[2]

1.

民族主义与社群主义虽然是类似的概念，但其意义仍有些不同。民族主义指的是由于一个民族的存在所引起的趋向或是想建立一个民族的愿望；社群主义则假定了一个信仰同一宗教的社会共同体之存在，但它的意义中最敏锐的部分来自于它与另一名词的平行对比：它有些像民族主义，但是其中的民族可以说被社群取代了。换而言之，社群主义是宗教社群肯定自己为一个政治群体，它的合成性质可由社群主义一词乃是被创造出来得以印证。这个名词甚至意含其双面性质之间有某种矛盾存

---

[1]　Wilfred Cantwell Smith, *Modern Islām in India*, Lahore, 1943, p.185.

[2]　Ibid., p.214. 关于"犹太问题"，马克思也可能对现代宗教持相同看法："它已经不再是共同性的本质，而是差别的本质。"（参见《论犹太人问题》，收在《哲学著作》第一卷，pp.179-180。）在接下来部分，"民族主义"和"地方主义"只具体适用于特定情况。延伸其含义会导致混乱。因此，在那个国家概念尚不深入人心的年代，印度教徒或穆斯林的宗教认同被一些人称为地方主义（史密斯，*op. cit.*, p.44），被另一些人称为民族主义（N. C. 乔杜里，*The Autobiography of Unknown Indian*, Londres, 1951, p.408sq）。我们可以利用后者的细致分析，同时要避免像作者本人那样受"民族主义"态度影响。（编注：本条注释由陈俊侠补译自法文版《阶序人》，p.377。）

在，好像一个社群主义者把他原来应该是对民族的效忠转移给他所属的宗教共同体似的。

严格意义下的民族指的是一个具有某些特征的现代政治群体，它通常**在现代政治观念的架构中**被界定为一群人依照他们自己的意志结合而且具有某些共同特征（领土、历史和其他可有可无的特征）[1]。为了我们目前的讨论起见，显然该把它放在一个较宽广的背景中，设法给它一个比较性的定义，或至少认识到它的一些可资比较的特征。那些通常只是隐含在定义中的内容必须要明白地说出来，最少有一部分必须如此，办法是从社会整体的观点以及其他种类的社会的观点对它加以考察。

我们的出发点如下：一方面，社群主义和民族主义的区别在于宗教在其中明显扮演的角色；另一方面，构成社群主义的宗教要素似乎只是宗教的阴影，也就是说此处的宗教并不是全盘生活的本质与指引，而只不过是一个人群——最少是政治的人群——和别的人群在区别上的记号而已。

此中的第一项含义是，一个民族并非建立于一群人的共同宗教这个基础上面。不过仍然有些严格意义下的民族有国教，而且抽象地说，一个民族的所有成员都信仰同一宗教并非不可想象。宗教信仰相似甚至会被认为是构成一个民族的文化同质性的因素之一。因此，很显然的，把

---

[1]　参见 John Stuart Mill 对"民族"（nationality）的定义，收在 Sir Percival, Griffiths, *The British Impact on India*, London,1952,pp.237-238，即是一例。牟斯很注意从比较的观点去看民族，他论及此一主题的稿件主要写于 1919—1920 年之间，有些在其死后出版（"La Nation," *L'Année Sociologique*, 3e série, 1953—1954, pp.7-68，现已收入 Marcel Mauss, *OEuvres*, ed. by V. Karady, 1968, vol.III, pp.573-625；同时参见 p.465 注释［3］所提到的通信）。为了把民族视为社会形态之一并加以定义，牟斯先将社会加以分类——他说即使是初步的分类也好。在他的分类中，"非分支性"的社会又分为两类，一类拥有"散布性的整合与外在的中央权力，我们建议称之为族群（peoples）或帝国……"（p.584）；另一类与之相对，是民族："我们称为民族的社会在物质上与道德上是整合的，具有一个稳定的、永久的中央政权和划定了的疆域，其居民具有一定程度的道德水平、心态与文化统一性，有意识地遵从国家机构及其法律。"（p.584，直译）依照这个定义，古代希腊的那些城邦都算是民族（p.581）。关于"道德整合"参见 p.465 注释［2］。

宗教排除于民族构成的基础之外，是规范上认为应该如此，而并非实际上必须这样。为什么呢？时常有人说现代社会和较古老的、传统性质的社会的不同在于前者的社会和政治生活，特别是国家组织，已经"世俗化"。所谓国家组织世俗化的意思是现代社会的宗教层面已相当狭隘，不受其统辖的政治组织已完全**自主**，也就是说，有它自己的价值观念，在它的范围内是至高无上的 [1]。这是现代革命的一部分，它使现代民族（国家）与传统上相对应的政治实体构成一个明显的对比，不论这个实体是印度教的、伊斯兰教的还是其他的。讨论这个问题，不妨用影响社会生活或其各个方面之终极价值来取代"宗教"，这样可以避免不必要地论及一民族的宗教或仪式等问题而徒生困扰。从这个观点来看，终极价值体系可分为两类：第一类，生活的各个层面部直接而且正式地处于同一套价值之下；第二类，有些层面有它们自己的价值，性质特殊但在其范围中还是绝对性的价值。第一类相当于群体性宗教，在第二类里面宗教则可因人而异。

有人会表示异议，说有些民族有国教。以英国为例，国家与官方宗教的关系很密切，国家元首同时也是宗教领袖。但这项文化遗存所以能保留是因为有两项全面性的区别，把宗教与政治分开，国家与民族也分开：英国不但没有民族宗教，而且正好相反，国家保证民族的各个成员信奉自己所选择的宗教或不信任何宗教。这两项区分都是社会连带性的，它们是社会联系的一部分，也只有在宗教成为个人的宗教的情况下，政

---

[1] 依此观点，"把宗教混进政治"是该受谴责的。政治学是印度各大学的**堡垒**之一，因此会期待比较开明的政治领导人物认同此观点，独立后的印度宪法也的确采取了世俗性的态度。但是，这些开明的政治领袖们却未能认识到政党中最成功的政治鼓动家，如提拉克和甘地实际上非常有效地把宗教注入了政治，更因为忽略这一事实而造成了恶果。在印度，宗教渗透一切事物乃是众所周知的，但是就此处所论的范围而言能认清这一点是相当难得的。有一本最近出版的书认清了这一点，但作者对此现象的看法并不乐观："伊斯兰教和印度教并不是西方意义下的宗教，因为信徒把他们的宗教习性带入了社会与政治生活层面。（印度有）这样的各种文化，想要融合产生一个统一的印度民族并不容易。"（K.B. Sayeed, *Pakistan, The Formative Phase*, Karachi, 1960, p.22.）

治层面才得以免受其情感之管辖。

为了彻底了解此项转型，明白此处"个人"的意义，我们必须再回头讨论现代价值观念的革命，这对于比较现代社会与传统社会是极为重要的。原来属于宗教所有的普遍性和理性，因为依循万物之本性而得以掌理社会秩序，在现代型社会中，已转移到个人的身上，使个人成为衡量一切事物的准绳[1]。民族被看作由一群个人组成的政治群体[2]，同时它在与其他民族的关系上面，本身又构成一个政治个体[3]，因此它与老

[1]　此项革命的内涵是把经验层次的行动者和规范层次的主体结合混淆进"个人"（参见 *Coll. Pap.* p.9，以及 "The Modern Conception of the Individual," *passim* ）。伊斯兰教的例子好像是个例外，因为伊斯兰教并不让政治层面具有自主地位，虽然"真主的话语是直接对个人说的"（K. Callard, *Pakistan, a Political Study*，London，1957，p.196）。但是伊斯兰教没有像基督教一样替现代价值观念革命铺路，也不接受它；伊斯兰教并非上述意义中的个人的宗教。

[2]　民族是由个人（经验意义中的个人）组成的政治群体乃是牟斯指出的。这实际上也就是他称之为"道德整合"（见前面的定义）的具体的一面：一个这样的社会取消了"氏族、城市、部落、王国、封建领地等所形成的分支"……"在这一类自然形成的民族中，其整合的程度达到民族与公民之间并无中间媒介存在的地步……个人在社会中是拥有一切权力者，社会对个人也拥有一切权力"，为了协助两者间的互动就必须设法重建某种居间的群体（如涂尔干所想的那样）（*OEuvres*, III, p.588）。

[3]　看起来这两个方面的结合似乎有逻辑上的矛盾：一个由许多个人组成的集合体本身如何能成为一个较高层次的个体（individual）呢？这是个重要的问题，也是现代看法中一个可能只有社会学才能帮忙调和的分歧点所在，此处只能简论之。民族的两个面相在现代意识形态中实际上分属不同的部分，但有一种趋向欲以其中第一个面相的名义拒绝其第二个面相：个人是一切，民族只是个人的集合，纯粹是经验层次的素材，不具有绝对的和规范的真实性（国家机构只是某些利益团体宰制其他人的工具）。个人在自己与人类整体之间并没有任何本体论上的真实体。在一篇 1920 年的通讯中（"La notion de nation et l'internation alisme," *Proceedings of the Aristotelian Society, London, N.S.*, vd. XX, 1920, pp.242-252，收入 *OEuvres*，1968，vol.III，pp.634-636），牟斯把这种国际主义称为某"宗派"四海一家的"乌托邦"。他说这些观念不属于任何实际存在的群体，也没有表达任何具体利益："它们只是宗教的，基督教的，或形而上学的，纯粹个人主义的最终结果。"人为"世界公民"的想法源自"一个抽象的理论，认为人乃单体，绝无差异，也认为人乃某种道德之主体，可超越实际的社会生活"，然而这种理论在特殊情形下可能实现但不能作为"大多数人或任何一个社会的行动动机"。这篇通讯对我们而言极为珍贵，它大致是要说这一类国际主义，牟斯喜欢称之为四海一家主义（cosmpolitism），乃是个人主义的错误发展之一。然而，以一般认定的将现代的规范性的个人视之为绝对之体现（the embodiment of the absolute）这个观念出发，此一发展却是完全合乎逻辑的。之所以失败，是因为它在两个方面把社会忽略了：（1）认为把人视为个人的现代意识形态足以解释人在社会中的实际生活；（2）与前者相关，它宁取其知识架构上的一贯性，而不愿意认识到民族得以存在的这个社会体系才是现代意识形态的孕育者。对社会学家而言，民族就是一个*视自己*为个人组成的社会。

式的宗教无法并立。

具有上述特征的政治群体，就其与宗教及终极价值的关系而论，与传统政治实体之间的对比相当显著。以古代印度王国为例（参照附录三），秩序并非建基于个别人的自主，而是在个别的人之间，以及不同类别的人之间的互相依赖。严格说起来，并没有"政体"（bodypolitic）存在，国王是唯一的政治主体，但他并非丝毫不受限制：国王有统治权，但最高权威属于法（*dharma*，宗教律法）。它并没有独立自主的政治层面，因为一旦把宗教移开，剩下来的就只有一个既是经济又是政治的层面，在该层面内没有法律，没有普遍的发号施令的规则，有的只是技巧和武力。

在此两极之间，要如何定位社群主义呢？社群主义混杂了两方面的要素，这些要素又因彼此混杂结合而均有所改变。它的主要趋向可能是现代性的。一个社群自觉与他者不同的意识（就像个人与别人有别），该共同体成员愿意团结起来以和别人对抗，它还能够以一特定的地域反观自己的能力（稍后要谈的巴基斯坦将有助于进一步了解这点），等等，均使社群主义颇像民族主义。但是，信奉群体性宗教这一点又使它与民族主义截然有别。最重要的一点是，群体性宗教宣称自己是造成该群体与别的群体不同的因素所在，然而个人的提升又要求群体性宗教应该被个人性宗教取而代之。

因此，社群主义看起来像是个复合体或中间型，可能是个过渡现象。这一类复合体会出现在我们先前所比较过的两个体系之间的转型地带，似乎颇为自然，特别是如果我们考虑到使两种体系截然有别的巨大变迁，并考虑到作为民族摇篮的欧洲和目前设法采用同一制度的地区在环境上的差异。即使是在西方，作为一个独立于宗教之外的组织，国家与宗教摆脱关系的过程也不那么容易、快捷。虽然西方互相对立的信仰彼此间的关系远比印度教与伊斯兰教的关系更为接近，它还是引发了不少宗教战争^[1]。

从目前所讨论的来看，那些宗教战争代表了与在印度造成社群主义同样的转型过程，两种现象之间因此有相当的类似性。这些现象可以说是民族的"幼稚病"，不过用"幼稚病"一词并不妥当，因为它意指这些转型是一种病态现象，而且它假定转型的最后结果必然是民族的建立。就当代的情况而言，这样的假定是没有根据的，特别是在当今世界，严格意义的民族可能已不是主导力量。社群主义本身也有颇多歧义。它最后可能真的是走向民族的转型过程，但也可能是宗教借着具有现代国家的外观而企图阻挠整个转型过程完成。它有点像政治上的双面怪物，往前看也同时往后看。

总结来说，社群主义的例子说明民族并非像某些作者假定的那样，是一些与价值观念无关的人际关系所造成的。事实上，有的价值体系完全把民族观念排除在外，有的价值体系则根本不承认另有政治群体的存在。我的结论是：（1）欲了解此类"变迁"现象，需要比较传统社会体系与现代社会体系；（2）欲做此比较，需要把宗教——把那些即使看起来不像宗教的一般性终极价值观念——视为人类社会的构成要素。

这样试图透过比较说明民族的这一面之后，我们将讨论一下具体个例，然后再同样用比较方法考察民族的另一面。

2.

印度政治学教授普拉沙德（Beni Prasad）在一本1945年他逝世后才

---

[1] 参见 K. Collard, *Pakistan, a Political Study*, London, 1957, pp. 295-296, 及 "The Modern Conception of the Individual," 第 3 节。

出版的简著《印度的印度教徒与穆斯林关系问题》（*India's Hindu-Muslim Questions*）的第一部分，很冷静地分析了印度教徒与穆斯林政治分裂的原因[1]。除了我们已提到过的因素以外，他很精彩地指出其他对社会学家而言极为重要的因素，主要有四点：第一，在穆斯林宰制时期，无法产生"全面性的社会融合"，有的只是彼此影响及文化上的融合而已；第二，印度教徒以及后来的穆斯林在面对基督徒和西方的挑战时，为了重新肯定自己的宗教或文化，必须强调自己过去的光荣，并透过复兴运动（revivalism）改造原来的宗教（印度教徒诉诸《奥义书》、吠陀经典或《薄伽梵歌》；穆斯林则诉诸《古兰经》和伊斯兰教的起源，使得两个社群彼此间歧见加深）；第三，向民主意识形态转型的重任完全落在中产阶级身上，而两个社群的中产阶级彼此竞争"有限的一些职位"（穆斯林在这方面的发展起步较晚，所以恐惧权力转移的结果会造成"印度教政权"〔Hindu Raj〕的情况）；第四，分开投票的制度加强了两者的分裂。就整体而言，有两个要素被强调最多：宗教复兴和分开投票（pp.48，52）。以上的摘述是不充分的，特别是关于英国统治时期代议制度和统治方式的复杂性。我们在这里并不认为已全部枚举因果性的因素，也并没有估量各因素的相对比重。目前欲进行该工作可能仍嫌操之过急，而且不论如何，该工作要靠受过专业史学训练的人才能为功。我关心的是得到一个合理的面貌，使各项社会学性因素大致都适得其所。而我相信，如果把穆斯林丧失权力的结果也加入上述因素，大致图形就有了。借助于普拉沙德和其他作者，我们将只强调某些问题并讨论其他几点。这样做的过程中，不少未来研究的课题就会出现。

---

[1] Beni Prasad, *India's Hindu-Muslim Questions*, London, 1945. 参见 N.C.Chaudhuri 极为重要的自传，*Autobiography of an Unknown Indian*，NewYork, 1951, p.408 sq，和 K. M. Panikkar，"The Psychology of Hindu-Muslim Riots," *Contemporary Review*, 1927, pp.230-236。参见 David G.Mandelbaum，"Hindu-Moslem Conflict in India," *Middle-East Journal*, 1-4，1947，pp.369-385，同时参见本书 p.486 注释〔1〕。

1. 两个社群持久的社会异质性

这是基本的一点，乔都里（Nirad C.Chaudhuri）也把它当作中心课题来考虑。这一点非常明显，它之所以受忽略只是因为宗教不被认为是社会的构成要素。但认识到这点需要相当的分析能力，因为当一个人看到两个社群中社会地位较低者之间的共生关系，特别是北印度村落里的情况时，容易觉得事实并非如此 [1]。以社会学的互动观点实际上会很轻易地把问题忽略掉，只见到突然爆发的敌意和骚乱，觉得难以解释。如果我们把实际发生的和依照人们的价值观念与规范理想应该发生的小心地加以区分，就不会这样觉得了。穆斯林征服印度之后，两个社群在事实层次上被拉到了一起。就他们彼此的价值观念而言，穆斯林所表现的是让不信者也能活下去——从阿克巴（Akbar）到奥朗则布（Aurangzeb），国王甚至取消了不信者的人头税；而印度教徒方面则表现为接受这些不愿转化成为刹帝利的统治者，因为穆斯林拒绝承认婆罗门的至高地位而无法成为刹帝利。这点可以解释印度教徒的仇视态度，特别是婆罗门，这点乔都里也许强调得有些过分。最重要的是，这种共存状态并没有产生意识形态上全面性的综合。不论阿克巴朝此方面努力的真实性有多少——真相颇难确定——所造成的也只是局部性的综合（神秘主义者Kabir、锡克教徒等）。这点很容易理解。在印度教徒这方面，每一项运动都落入传统模式中，它变成加盖在卡斯特的印度教上面的另外一个教派，而不是取而代之（附录二，第 5 节）；只有通过教派，印度教才能转移成

---

[1] 上层穆斯林（四个贵族"部落"）与下层穆斯林之间的区别在社会层面上很清楚，后者又分成几个卡斯特与拟卡斯特，他们与印度教徒邻居的关系要比上层穆斯林的密切许多。下面这段某伊斯兰教正统派领袖的话（转引自 Khalid Bin Sayeed, *Pakistan: The Formative Phase*, Karachi,1960,p.38）开头的观察正确，不过把层次混淆了："但即使是今天，走到村落去可亲眼看见印度教徒与穆斯林之间存在着兄弟之谊，可看到两个社群如何参与彼此的活动，**好像他们是有亲属关系那样！**"（黑体系笔者所加）

单一神教。在穆斯林方面，伊斯兰教的正统教义是条理分明的一神论，并不断从两个方面获得再肯定：该传统所根据的《古兰经》，还有与世界其他穆斯林的接触（瓦哈比［Wahhabi］运动，基拉发［Khilafat］运动）都在肯定这一点。普里沙德及其他人认为，印度教在穆斯林统治期间变得比较严厉而不知变通，是它被剥夺了惯常享有的的世俗权柄的结果之一[1]。

> 印度教徒的社会体系采取守势，把自己束缚得更加严谨。祭司们侵夺了原来由国家机构相当有弹性地用来处理社会事务的权柄。（p.15）

虽然作者对这一点没有提出佐征，但它还是极有价值的一项提议，点出一个极可能发生过的过程，将来进一步的研究可能会证实这个过程是印度社会史重要的一面。

我们必须了解，从印度教徒和穆斯林各自的价值观看来，他们双方一致默认的暂定共同生活公约（modus vivendi）是一种妥协，而维持这项妥协依靠的是穆斯林政权的延续不坠。常常有人指出，甚至很惊异地说，20世纪的穆斯林生活在恐惧之中（恐惧印度教徒的攻击，恐惧印度教徒掌握政治支配权力），但其实穆斯林早就生活于恐惧之中了（19世纪上半叶孟加拉的穆斯林早已如此）。这是可以理解的，只要他们觉得自己的力量逐渐被夺走，虽然并未被迅速击垮，他们必然还是会深觉不安全。当然并不是各地的穆斯林都同时有这样的感觉，因为上层的和下层的穆斯林与印度教徒的关系并不一样。

---

[1] 参见 N.C. Chaudhuri，前引书，和 S.V. Ketkar, *An Essay on Hinduism*（*History of Caste in India* vol.II），London，1911,p.49，引在 Narmadeshwar Prasad, *The Myth of the Caste System*, Patna, 1957, p.27。参见 Ibbetson，*Panjab Castes*，1916，pp.15-16，引在 O'Malley，*Indian Caste Custom*，p.57 sq.。

下层穆斯林住在村落中，与印度教徒比邻而居，有自己的卡斯特或拟卡斯特制度。这种与印度教徒共同生活的方式本身即是妥协的表现。下层穆斯林的住房位于村中比较高阶的印度教卡斯特居住区，虽然他们的习俗很特别，而且他们的饮食习惯对印度教徒而言不易接受。在饮食习惯方面，穆斯林显然要对印度教邻居的强烈意见让步[1]。就印度教徒的观点而言，共同生活是宗教与权力彼此均衡造成的，好像是穆斯林邻居们归根究底和穆斯林统治者有联系，才得以享有比他们应该有的还要高的地位。当精明的提拉克（Tilak）看到英国的统治提供了一个重新肯定印度教的价值观适用于所有人的机会，当他看见上述的情况，便着手扩展护牛社团（cow-protecting societies）的成立。另一方面，对伊斯兰教的宣教师来说，好像只要伊斯兰教权力能继续维持就好，他们并不想把信徒变得更合乎正统教义，甚至到了后来，至少自印巴分裂之后已有这方面的宣传，情形也仍是如此。整个制度的惰性相当令人称奇，不过也幸好是如此。文化上的共生已渐渐衰退，而且仍在不断地衰退，这是双方都乐见的一项缓慢过程所造成的，它其实和权力的转移及接下来要论及的其他因素息息相关。不过我们都知道，一旦权力的支撑垮掉，骚动便极易爆发，而且令人意外地难以收拾。同样，在比村落更广大的规模上，宣布印巴分裂必定让人们觉得造成了一种权力完全真空的状态，出现了一个结束彼此间的妥协，一个以各自的方法掌握新秩序的大好机会。

这个个例就社会学而言意义不凡。我们发现，如果人们的价值观并未融合，即使他们共同生活了几个世纪之久，也不会真正构成一个社会。和一般的想法正好相反，权力并不会自动依据价值观来"展现"，共存关系只是经验上被接受，但并不被认定为正当。因此，共存关系也就和文

---

[1]　此处谈的是北印度的情形，特别是北方邦东部。在一段紧张时期中，穆斯林显得特别小心，免得有人传闻他购买牛肉（田野笔记）。

化共生一样，都饱受权力转移的威胁。

2. 权力分配与权力性质的改变

英国征服印度引起的权力转变直接或间接地影响了上层穆斯林。对有些人来说发生得很快，对有些人则是后来慢慢发生的，这些穆斯林丧失了一切谋生的依靠，丧失了政治权柄。与此同时，君王的意志被法治取代，财富——首先是动产，后来包括不动产在内——从政治权力得到解放，经济权力变得为独立而且安稳。要明白这项改变的重要性，我们得先想想商人在此以前是如何无助地依赖统治者，莫卧儿帝国治下的印度是如此，印度教君王统治的印度也差不多[1]。权力的转移把穆斯林从有权有势的位置上拉下来，印度教商人和放贷者则被提升到有权力的地位。

在其经典著作中，韩特（W.W. Hunter）戏剧性地描述了孟加拉穆斯林上层阶级的失势，不过他只论及上述两个面相中的一个：他们如何丧失原来几乎归其独占的高层军职、高层行政公职，后来连高层司法公职也丧失了，以及他们如何慢慢被夺走对土地的支配地位[2]。论及后者时，他提及印度教徒的抬头，一般而言，这第二面相也隐含于韩特对经济权丧失的综述中：

> 170 年前一个出身好的穆斯林想穷都不可能；现在他想维持富有却几乎不可能。（p.158）

---

[1] 关于莫卧儿帝国时期，见 François Bernier, *Voyages*, ed., 1830, voll. pp.49, 222, 311, 319。关于印度教的印度，这本书有意挑拨。这方面的研究仍很少。面对政治权力时财产毫无司法或道德保障。就实际情形而言，不同时期的情况似乎不尽相同。

[2] W.W. Hunter, *The India Musalmans,* Lonndon，1872. 汤恩比持类似观点。他说穆斯林"受碍于以前的军事与政治优势所导致的知性上的怠惰，后来军事上和政治上的败退并没刺激他们奋起，反而丧失斗志"。（*Study of History*, t. VIII, 1954, p.203）

他更进一步说：

"我们（英国统治）对穆斯林贵族所犯的最大错误在于明白界定了他们的权利。"（p.164）

他提到一项具有启发性的民族志方面的细节：

过去40年来，他们和印度教徒之间的区别表现于衣着、问候方式和别的外在区分，这些办法都是他们居于支配地位时做梦也想不到会有必要的。（p.181）

在法庭上，具决定性的一击是继实施英语教育之后，英语取代波斯语成为官方语言（1835）。穆斯林不学英语，因此他们的工作被印度教徒所取代。我们不妨指出，在上述决定公布后，加尔各答有8000名穆斯林立刻签下一份陈情书，宣称政府的目的是要土著改变宗教信仰，这种说法正好是多年后的兵变在准备期间不断应用的宣传[1]。印度教徒像以前一样具有伸缩性，忙着使自己适应新政治秩序；而穆斯林不仅在经济活动上被抛在后面，在行政和各种自由业方面也是如此。韩特把他们描述为在赌气孤立之中闷闷不乐。但这些孟加拉的上层穆斯林并没参与兵变，相反，在孟加拉出现了一些改变态度的迹象，这可由马君达（Bimanbehari Majumdar）那本非常出色并重要的论孟加拉政治运动的专著看出[2]。在这方面还是孟加拉起带头作用。1868年，在阿门汗侯爵（Sir Syed Ahmed Khan）发动兵变前不久，拉提夫（Abdul Latif）宣布穆斯林

---

[1] 这是 H.H. Wilson 在 1853 年的 Select Committee 上讲的话，引自本页注释［2］提到的著作，p.390。

[2] Bimanbehari Majumdar，*History of Political Thought from Rammohun to Dayananda*（1821-1884），vol.l, Bengal, Calcutta, 1939.

已决定接受英语教育。在 1882 年至 1883 年举行的全国穆罕默德信徒协会（1855 年创立）中，曾要求对其落后情况给予特殊补偿，而尤素福（Mahomed Yusuf）要求地方的自治政府中应有少数民族自选的议员（不论居于少数者是印度教徒还是穆斯林）：

> 在两群人之间各有其派系精神和愤怒情绪的情况下，有必要保留少数者的代表权。（p.398）

郭许（Sisirkumar Ghosh）则谴责特殊待遇，因为它会使国家衰弱（p.340，引自 1882 年 10 月 26 日的 *Amrila Bazar Patrika*）。我们甚至发现佩里香（Pearychand）早在 1852 年就反对议员自选（p.213）。因此，早在出现这种制度是英国人设计好的论调前，类似的想法就已广为流传了。而且就穆斯林方面而言，他们似乎在一开始对现代情况有所警觉时就已有此想法了。这是相当自然的，因为穆斯林早已比别人更习惯于依赖政治权力。

这使我们要讨论讨论一个历史问题。当时的英国人觉得穆斯林是兵变的主谋，这是可以理解的；这项假想目前已不流行，虽然并没有出现足以否定它的结论性证据。不论如何，把韩特所描述的瓦哈比运动和它在巴特那的重要据点所发现的比哈里（Bihari）文献做比较的结果显示，巴特那是兵变的煽动中心之一（另外两个中心为勒克瑙和德里）[1]。我已暗示过这些宣传源自穆斯林，而叛军在好几个地点发布的宣言也证实了这个看法。一般说来，这项假设和运动的性质颇为一致——它在性质上是老政权的最后挣扎与反抗，而不像当前宣传家要我们相信的，乃全国觉醒的第一声号角。

---

[1] W.W. Hunter, 前引书；关于巴特那，K. K. Datta, *Biograhy of Kumar Singh and Amar Singh*, Patna: 1957; H. P. Chattopadhyaha, *The Sepoy Mutiny 1857, A Socid Study and Analysis*, Calcutta, 1959。

3. 宗教复振运动的分离性影响

要想具体了解普拉沙德所指出的第二点之重要性，不妨假设事情的发展不是实际发生过的样子。假设在很早的时候，在有远见的领袖领导下，印度教徒和穆斯林决定摒弃歧见，联手反抗英国的支配；决定抛开宗教异见，发起基于兄弟情谊、纯粹世俗性的民族运动，以他们已有的共同点和所追求的共同点为基础，也就是根据现代原则改革社会，为了整体福利和自由发展经济。让我们更进一步假设，他们忠实地遵循此一策略，久而久之使这样的策略生根。改革有所进展，穆斯林与印度教徒自由通婚，不可触性成为过去，宗教变成纯属个人自己的事情，殖民政府无法长期抽走高度工业化的果实，政治独立或许仍未取得，但已指日可待。没有护牛社，没有不合作运动，运动的方式采取西方的政治煽动和民族要求等常见方式，也包括恐怖主义活动和一些军事行动在内。

上述想象图在某些方面比较符合唯物论的看法，却也马上使人了解到宗教理念的强大作用，说明群体意识是如何强势影响到一个群体对它自己的过去所能刻画的图像。我们也就能够理解，为何提拉克和甘地的政治行动在根本上是以 19 世纪开始酝酿的知性综合，即常被称为新印度教（neo-hinduism）者为其基础。可惜无法在此探溯从洛伊（Ram Mohan Roy）到辩喜（Vivekananda）的发展，因为印度教徒日后的政治运动都以该项发展为根源。我们且提纲挈领式地说，这项综合是对西方挑战（其政治性与社会性远比宗教性要更为重要）的回应：这至少在外表上仍位于传统宗教观点的范围内，以新的社会价值与政治价值所做的整合，是已经改革过了的；它是一个在新层次上得到再肯定、被认同的印度教价值观。对我们而言，此处最重要的一点是，在意识上把经过整合与内化了的西方观点视为对传统印度教价值的重新肯定，乃是印度教徒进行活跃的政治斗争以反抗外来统治的先决条件。这使人想到使用"印度教民族主义"（Hindu Nationalism）一词，即使自相矛盾，但它相当称职地描绘了像提拉克和甘地所代表的这么南辕北辙的趋势之间的共同之处[1]。这样的运动显然并不必然会达成印度教徒与穆斯林之结合。不仅如此，穆斯林也试图重新解释自己的经文和传统，以便取得创新的空间，虽然他们的起步比印度教徒要晚。

马君达告诉我们，"民族的"这个词是如何使19世纪60年代的孟加拉年轻人着迷的（p.412），这其中就有夏特集（Bankim Chandra Chatterji），他的例子最足以说明印度教的知识阶层建造民族主义的努力所能达到的极限。夏特集是孟加拉小说家、记者，他绝顶聪明，非常诚恳，读过穆勒（Mill）和孔德（Comte）（从律法 *Idharmaj* 的角度读），他对空泛的政治要求毫无兴趣，有意识地努力要为将来的民族主义铺路。他的爱国思想是一种对全人类的爱所激发出的高贵理想。在小说 *Anandamath* 里面，男主角被劝阻不要去反抗欧洲人，因为他的国家必须向欧洲人学习才能复兴。他的诗歌 *Bande Mataram* 则代表有意识的努力，要把超越人类与超越个人的领悟与了解转变成为爱国思想，这项努力可能是独一无二的。这首诗是社会学性的：国家是其居民肉体中的生命（p.418），女神与国家等同，与人民等同。但这首诗后来的历史使它无法成为国歌，正好说明连夏特集的开明努力也无法超越狭隘限制。正如马君达所说，他的爱国思想一直"不脱其地域局限性"。我们要补充，无法脱离的还有其"社群性"（communal）。这种以印度教女神为其象征的爱国思想没有穆斯林插足的余地。夏特集这个勇敢的灵魂想达成的目标和实际达成者之间的距离颇为遥远，这点极具启发性。他只能以既有情感为其建筑材料，而在民族的层面上，他找不到足以作为鼓吹印度教徒

---

[1]　关于他们的前辈，Sisirkumar Ghosh 和其他人，参见 B. Majumdar 前引书，Chap. vi 等；同时参见本书次页注释［1］所引著作，p.121 ff. 所述马哈拉施特拉邦的情形。

与穆斯林结合的基础。只有透过一场反抗英国统治的共同艰苦斗争经验才能锻炼出那一类的情感。

4. 国大党的民族主义

19 世纪铺建的民族性政治运动，其意识形态的基础整体涵括在对传统价值的重新肯定上。同样的，一直到目前，印度人实际生活中的政治层面仍然好像是小心翼翼地移接到一棵印度大树上面的枝干。不仅如此，一方面我们目前研究的这个时期中最有影响力的政治人物令人叹为观止地把宗教与政治结合在一起；另一方面，很多现代作者则倾向于忘掉这些事实，他们谴责穆斯林把宗教混入政治。显然，国大党和"穆斯林同盟"造成的运动应该被视为一体。两种运动彼此互补，较早成立的国大党在一定程度上决定了穆斯林同盟的运动，特别是占多数者的印度教徒可以依靠人数众多去实际解决一些问题，而占少数者的穆斯林则不能，他们只能靠不断地说理才能达到相同的目的。因此，宗教在印度独立以前的国大党运动中所扮演的角色也就非加以探讨不可了。

但这是个不好处理的问题，对于非印度人的作者而言更是如此。不过，这个问题至少已不再事关人命了：历史或科学可以把它视为己有，目前讨论这个问题已不会有任何不良后果。它应该是历史学家的研究对象。因为此项研究涉及比政治纲领和意识形态还要难以佐证与评估的资料。比如桑加那（Sanjana）写的那本书，虽然极为有力也很有用，在某些论点上甚至相当可信，但只能说它打开了通往更完整、更精细的研究道路，因为它显然太具争论性，不能未经检验即予轻信[1]。我将只集中讨论几项极重要的问题，希望能有助于澄清整个现象。

---

[1] J. E. Sanjana, *Casted and Outcasle*, Bombay, 1946.

就广泛的外表现象而言，国大党自身看起来就像个纯粹的民族主义运动。印度独立后制订的宪法在这方面是其试金石，而国大党通过了考验。国大党的整个发展史并没有严格意义的社群主义痕迹。不但如此，整个运动的主导趋势也一直是拒绝在政治层面考虑印度社会存在的宗教区分。对于这个问题的出现，只有在离开原则考虑事实时，才能问一问这种可以说只是政治现代主义的态度是不是在事实上符合特殊政治利益，是不是反映了占据支配性地位的高卡斯特印度教徒即可代表印度民族的这一趋势。这个问题显然十分棘手，要给予答案不仅需要透视国大党的公开政策，而且要透视存在于其党内的各种兴衰交替的不同趋势。这就需对整个国大党进行社会学性的考察。

看看国大党早期发展史所进行的实际运动就会发现，正如在夏特集身上显示的那样，我们首先注意到的是，那些应该是纯粹的民族主义领导人着手发动人民的力量时，很自然的会去动员人民实际上既有的深层集体情绪。换句话说，他们不得不以仍待建立的民族之名向宗教求取支援。19世纪印度教的复兴使他们能够这么做，这场复兴令知识分子可以接受民间大众的宗教，虽然并非认可其各个方面。如果我们的推测没有错，那么整个运动最重大的决定时刻即是提拉克的声望压倒兰那德（Ranade）的时候（事实上，也同时压倒了洛易、夏特集，甚至辩喜）。换而言之，那时候国大党决定，他们的目标不是通过改革创建一个近代的印度民族（国家），而是应用一切现成的武器对外国人展开毫不妥协的反抗。严格说起来，提拉克所代表的倾向或许不能算是社群主义，因为它的主要目标乃是英国人。不过，这种倾向必然同时引致穆斯林伙伴的反感，在穆斯林身上滋生他们自己的社群主义。问题还不止如此：如果一种民族意识形态的建立乃系于传统社会价值体系进行根本性的改变，那么就算提拉克政策的目标是纯粹民族主义性质的，也注定无法成功，因为手段终将决定成果，不论原来的主观意愿是什么。正像巫师的学徒制造了一场后代无法拦阻的洪水，提拉克播下了1947年血流成渠的种子。如果我们能够像对待不无疑问的目的那样重视已经清楚了解的手段，那么就不得不同意乔都里的看法，认为国大党的民族主义（在提拉克手上）已经变质。

甘地的情形则不同，问题不一样，而且更难回答。要评析他所采取的行动中的宗教与政治因素的相对比重相当困难，因为这个问题已超出印度教与伊斯兰教的关系，必须对他行动的各个面相加以考虑。这需要进行特殊研究，工作量会相当庞大而且需要细致对待，最后取得的结果还可能会受研究者本身的个性人格影响，其程度甚至会超过研究素材本身。不过，我想前面已提到过的一点可提供初步的线索。甘地所采取的立场介于提拉克与戈卡哈雷（Cokhale）之间，这一点表现了他的特质：就像之前的改革者一样，甘地显然意识到一个卡斯特社会要求"自治"（home-rule）本身就是矛盾的。可以说他结合了改革派与极端派的主张，这可由他坚持印度应该表现自我改革的能力，同时又要求印度不应该受任何外界干扰看得出来。这样的综合观点和甘地想借印度教与耆那教的非暴力架构来完美整合各派的民族主义者关系重大，也和甘地的公共人格中的两个主要面向有关系：对英国而言他是一个政治代表，对印度教大众而言他是个精神导师（sanyasi，遁世修行者）。至于更进一步的探讨，我只能提出一些猜测而已 [1]。或许可以合理地假定甘地的目标也有两个方面：取得独立与拯救印度教。为了同时达成两个目标就必须开始显示改革的迹象，但是改革必需从属于独立，就算这种从属不是有意为之。当然这是事后之明，但它在相当程度上可以解释甘地采取的非常策略，比方说他会突然中止一项运动，甚至连尼赫鲁（Nehru）都觉得不可理解。甘地不只是要让英国人承认，也是要说服自己，印度的确已在进

---

[1]　我的猜测当然有若干依据，但在此不能申述。

行自我改革。他必然相当怀疑这一点，所以当实际情况使他感到印度并没有自我改革时，他的怀疑就会变得强烈无比。有个深具启发性的实例足以窥见甘地心目中的改革必须完全在印度教的**架构**下进行：1931年，甘地在波那绝食，以强迫安倍卡（Ambedkar）放弃贱民可自选议员的要求。这说明在甘地看来，决定自己命运的权利只能用来对付英国，不能用来反对印度教。

甘地并不反对穆斯林自选议员，这是事实。我们必须承认，最积极反对此政策的国大党员的心态是自由主义的，而非出于宗教上的考虑。然而如果我们就国大党整体加以考察，就必须综合不同的动机，因此不得不说反对自选议员的决定中的确掺杂了社群主义动机，至少会让穆斯林认为是这样。想不被认为采取社群主义取向，国大党只能承认实际存在于社会中的分歧，不再假装是一个纯粹全民族（国家）性的组织，足以代表各类印度人。但是这样做会让人觉得是向社群主义妥协让步。这里面的原则与事实之间存在着互补性，只有把国大党一分为二，才能免除致命性的误解：一半是进行民族斗争的组织，另一半是处理内部政治问题的政党。两者的混合要远溯自提拉克对兰那德的社会改革委员会攻击获胜，亦即可追溯至选择了反外斗争而非内部改革的决定。我们因此得到一个假想结论，自由主义的政治理论有助于反抗统治的斗争，同时也助长了与它密不可分的政党的权力意志。只有一个更愿意坚持改革，为了改革肯接受国家内部事实存在的分歧的国大党，才可能完全免受社群主义的沾染，但这样的国大党会把独立视为次要，最少依照它自己的看法，会使独立往后拖延。这并不是在暗示有可能采取和实际发生过的有所不同的走向，在当时既有的社会和经济情境下那是不太可能的，而只是想说明，取向、原则与事实三者在政治层面上的关联，并指出有关各个社会群体的互动的衍生现象。

至于英国政策对印度教徒与穆斯林不能团结可能导致的影响，我们已将这个问题化约至它应有的实际比重，只要再做几项说明就够了。主要的课题包括自选议员、保障名额和一般的补偿性质的特权。我们已看到，这类观念早就随处可见。我们不得不承认，当长久受社会与经济歧视压迫的一个少数民族或一群人要求保障和补偿性特权时，依照民主原则只能答应其所求，不论是需要长久回应此类请求还是直到曾遭受的不公正得到充分的平衡为止。这一点毋庸置疑，印度独立很久以后仍然维持此类措施，虽然很多人觉得此类措施有严重的缺点，而且并不能达到其原始目的。很多人承认蒙塔古—却姆斯福宣言（Monta gu-Chelmsford declaration）使全国各地的少数民族和受压抑的阶级蠢蠢欲动，并认为自选议员和保障名额加强了分离主义的群体意识。这些都是不可避免的，真正的问题在于上述措施是否能在表面的分裂下达成深层统一，以及能不能导向进步。西蒙委员会（The Simon Commission）否认"取消共同体代表制度即能消除共同体之间的紧张"，它的报告显示印度教徒与穆斯林竞争的真正原因是：竞争政治权力和它所带来的机会"[1]。正如我们已看到的，现代作者都同意这是原因之一，不过它所占比重如何则有待历史家的研究。西蒙委员会的另外一段声明相当客观，在当时的情况下做此声明是值得称赞的，值得一引：

> 不论其缺点如何，也不论它的某些表现如何令人不齿，它（国大党）显然仍是今日印度社会中的一股力量，可能有能力克服那危及社会安宁的深刻而危险的裂痕。

---

[1] *Report of the Indian Statutory Commission*（Simon Commission），London，1930，vol.l，pp.29-30. 下面所引的话出自前言，II，p.z，第 19 节。

3. 结论

在比较常见的看法中，印度的两个宗教共同体被视为同一个社会的两种成分，因此他们之间日益增加的歧见和最后的分裂看起来像是很不可能发生的事情，必需找个外在原因或指出些意外事件加以解释。我们已看到两个宗教共同体事实上基于一系列历史原因彼此深深分离。这些原因并非各自独立，而是彼此加强，其影响在独立斗争中激烈化，在英国日益全面转移权力时跟着增加。我们的讨论使整个发展过程较易理解，但也使最后的分裂显得不太可能发生。我们仍然没有回答类似这样的问题：分裂是否不可避免？或更明确地说，事情发展到 1938 年，印度有没有可能不必分裂而能作为一个独立国家正常存在？我不打算直接回答这个问题，而准备回过头来运用前面提到过的比较模型，并发展其中的另外一部分，以指出模型与事件之间可观的吻合。我相信，这个比较所得的结论使可能有的发展偏向于和大多数人所认为的相反。

这个问题涉及领土在现代民族或国家中所占的地位。现代政治体意识把拥有共同领土的观念看得太重要，使事情不太可能朝其他方向发展。此外最少还有另外一种解释方式，以（印度独立前）最后几年各个不同党派之间的意志和步调的交互影响为其根据，这是一种混合了自发主义与意外事件的解释。乍看之下，这样的解释和结构性的理解似乎并不冲突，反而互相补足。不过，假如我们面对的是一个体系的一种稳定均衡状态，而非暂时性的事件或不稳定的均衡状态，如果可以证明并没有其他稳定均衡的状态可能存在，难道我们不能提出一种比"事件的系列发展"更好的解释吗？有人可能会表示异议，认为印度的分裂历史仍太短暂，不能被视为已经稳定，认为它只不过是一种妥协，可能仍是一种不稳定的情况，特别是巴基斯坦根本不能说是已经取得其内部的平衡。关于这个问题，我相信接下来的讨论是切中要点的。

我们要先问问民族国家的领土为何会变得这么重要。除了人民的意志，共同领土这项要素被认为是一个民族存在的必要条件，而其他要素，像共同历史（大多数人认为最好也具有此要素）、共同文化、共同语言，这些都是相当常见的，但并不被视为不可或缺。甚至可以说，领土几乎就是政治领域的同义词，说一个民族有领土几乎等于说它已是一个政治群体。但实际上并非如此，因为我们必须把一块领土的实际存在——它和任何一个具有一定规模的人群是相应的——与领土**本身**在一个群体的自我意识中所占的位置有所区别。对法国人而言，"法兰西"并不仅仅是一群人的集合或是一个集体性的个体：法兰西的意象和一块具有一定形状的领土之意象互补。领土统一受重视，所以法国大革命坚持共和国领土的不可分割性，所以在 1871 年法国丧失了阿尔萨斯—洛林之后，其议员仍保有国会议席直到下次选举为止，理由是在宪法上一个国会议员代表全民，而不只是代表选他的那个特定区域的人民而已。此外，我们发现，长期以来主权的概念并非是领土性的。缅因（Sir Henry Summer Maine）对这一点特别加以强调 [1]。他认为，欧洲在蛮族入侵以后流行的主权观念是**部族主权**（*tribe- sovereignty*），与此对立的则是**世界大同**（*universal dominion*）的观念（这两个观念对古代印度并不陌生）。他还说，领土性的主权观念是封建时代晚期的产物。卢梭则强烈主张"*domaine réel*"（实质领土）为国家的构成要素，巧妙地把（土地）私有权和领土性的主权连在一起。他认为，只有在具备领土主权的国家财产才受到保障，并指出"波斯人的国王"和"法兰西国王"这两种说法是有区别的 [2]。这是重要的一点，但需要更进一步的研究。

不论如何，现代民族（国家）的特征首先是以人民（具有共同意

---

[1]　Henry Summer Maine, *Ancient Law*, London, 1887, p.103 sq.

[2]　Jean-Jacques Rousseau, *Contrat Social*, 1, IX.

志的一群人）为其主体，并且以领土为其不可或缺的要素。连绵不断的领土象征该集体（可能没有国王）的统一，它是人民作为一个法人（corporation）的真实主权之基础，而人民与领土的关系就像灵魂与肉体的关系或人与自然的关系。如果我们拿这样的观念和古代印度王国的观念作比较，亦即和法的文献、《政事论》中的有关部分所能了解到的观念作比较，会有什么发现呢？国王以法之名统治"国家"，或较明确地说，统治一块包括人口在内的领土（janapada）这样的实体。上述区别并不只是说法不同，因为，如前所述，人和土地全都是国王达到目的的手段（附录三，第12节）。简而言之，国王的正式功能在于担任普通秩序（法）与经验客体（亦即包括人口在内的地域）之间的媒介。我认为这个特别明晰的看法适用于所有"传统的王国"。

　　和传统王国比较起来，共和国以人民取代国王成为主权体，也就把人民与领土分开了。法律取代了法，而法律又是人民的意志，因此就没有必要区分人民与法律。法在事实上被人民取代，人民成为一个显现在其领土上的一个集体性个体。政治主权者的地位提升了：以前只是价值与手段之间的媒介，现在变成价值的化身。受统治的不再是包括人口在内的地域，而是一群个人的集合和他们的财产。自由与平等的原则成为全人口作为主权体（人民）和作为受治者（一群个人的集合）之间的仲裁媒介。

　　不过我们此处欲直接讨论的只是领土这一项。上述比较发现的主要事实是**人口与领土的分化，领土就其次要的功能而言，以及作为人民的必要属性之一，成为整个体系的认知和规范的一部分**。换言之，领土成为这个体系的本质之一，成为个体化不可或缺的要件。

　　现在让我们回到印度及导致其分裂的一些较为后期的事件。1937年选举穆斯林同盟（Muslim League）大败，国大党事后组成了同质内阁并开始大举接触伊斯兰教民众的运动，这大大增强了穆斯林的社群主义情感。其后几年穆斯林同盟所采取的政策，除了重新组织、重用传统宗教领导人物，以及对国大党的极端民族主义态度表示漠然以外，最主要的趋势就是采用**巴基斯坦**这句标语，亦即穆斯林有他们自己的领土的观念。在次回选举，亦即 1946 年 1 月的选举中穆斯林同盟大胜，这也是真那（Jinnah）在其后几年的谈判中毫不妥协的根据所在，它是造成分裂的主要因素之一。很难说穆斯林同盟是不是终于发现了能够表达伊斯兰教大众与人有别之感，以及想逃离日渐令人不安的与印度教徒比邻而居的生活方式，而与此愿望符合的唯一的办法就是要以一个个别的人民身份生活。用史密斯（Smith）的说法，就是找到了他们"争取自由……"的路，"用他们能理解的方式"。事实是不是这样呢？还是说，支持领土分裂的是宗教动机？虽然已有人指出，当时以及事后的正统派意见表现伊斯兰的传统而反对"地域国家"的概念[1]，但我们必须记住在 19 世纪有些穆斯林曾离开不信者的国家。我们不能排除传统性的动机，也不能排除现代性的动机。相反，更稳妥的结论是假定两者的结合造成穆斯林同盟突然的大举成功。

换而言之，在把持民族主义的国大党领导人忽略了穆斯林自觉的社会特殊性的情况下，分裂可能是不可避免的灾难里面比较轻微的那一种。双方都努力迫使印度去符合现代政治理论的抽象架构，而不愿去认识印度的双重性，进而设法使它的两个社群彼此结合，因为该项结合最少在长久的过渡时期，必须以他们的彼此分离为起点。当普拉沙德说国家并不一定非单一民族的（uni-national）不可的时候（p.82），他的意思或许正是如此。以目前印度领土内穆斯林和印度教徒实际上可以生活在一起来反对上述分析并无任何价值，因为它忽略了巴基斯坦的存在乃是造成目前情况的要素之一。

---

[1]　K. Callard，前引书，p.215。

最后[1]，本文试图了解一个特殊但重要的政治现象，把它当作传统社会以及历史遗产和英国统治以及现代西方的理想与规范此两者**互动**的表现。为了勾画出此项互动的轮廓以及目前尚未完成的民族与民族主义之诞生所遭遇的困难，我们在政治层面比较了两个对立的社会体系。本文的比较已指明，在现代社会中被强调为规范性要素的事物，例如人民和土地，在传统社会中只是**经验性的和未经分化的材料**罢了。终极价值的取向更显示出强烈而复杂的差异。在传统社会里，终极价值表现于每个要素称职地扮演整体**存在**安排给它的角色；在现代社会，终极价值则存在于具体而不可分割的个别人这项要素上。作为此要素的**个人**本身即被视为其目的，而且是一切规范、理性与秩序的源本。历史也证明，此一转型相当困难，而且出现了各种中间形态。

---

[1]　本文的参考文献目录并不完整。有几本最近出版的书对了解意识形态和政治发展的不同方面有相当大贡献。我自己看过的书中，Ishtiaq Husain Qureshi, *The Muslim Community of the Indo-Pakistan Subcontinent*（*610-1947*），*A Brief Historical Analysis*，The Hague, Mouton,1962, 有不少珍贵的论点（特别是 p.280 sq. ），注意到了权力转变造成的结果（p.212 sq. ）。清楚注意到两个社群长存不衰的异质性的 是 F.Rahman. "Muslim Modernism in the Indo-Pakistan Subcontinent," *Bull. of the School of Oriental and African Studies*,XXI,1958,p.89 sq.（p.90: 没有达成和解的宗教基础；相反的，是宗教复兴运动），及 Percival Spear, *India a Modern History*, Ann Arbor, Univ. Michigan Press, 1961: "有不少让步妥协，但并无融合或综摄。日常生活中彼此体谅与为对方考虑颇为常见，但其背后是两种不同生活方式之间的持久性的紧张。"（p.101,cf.pp.408-409）

参考文献

AIYAPPAN, A.: *Iravas and Culture Change.* Madras, 1944 *(Bulletin of the Madras Government Museum,* N.S., General Section, vol. V, no. I).

——"Caste and Joint Family in Tamilnad" (*Sociological Bulletin,* vol. IV, no. 2, 1955, pp. 177 – 222).

ALEXANDROVICZ, A.: "La liberté religieuse dans la Constitution de l' Inde" (*Revue internationale de Droit comparé,* no. 2, 1964, pp. 319 – 30).

ALSDORF, Ludwig: *Beitrage zür Geschichte von Vegetarismus und Rinderverehrung in Indien.* Wiesbaden, F. Steiner Verlag, 1962. (Akademie der Wissenschaften und der Literatur in Mainz—— Abhandlungen der Geistes – und Sozialwissenschaftlichen Klasse, Jahrgang 1961, no. 6, pp.559 – 625).

AMMAN, Mgr.: "Rites Malabares" (*Dictionnaire de théologie catholique,* vol. IX – 2, 1927, pp. 1704 – 1746).

Annuaire de l'École pratique des Hautes Études, section des Sciences économiques et sociales, 1964 – 1965. Paris.

ANSARI, Ghaus: *Muslim Caste in Uttar Pradesh. A Study of Culture Contact.* With a foreword by J. H. HUTTON. Lucknow, The Ethnographic and Folk Culture Society, 1960.

Anthropology on the March. See: BALA RATNAM (ed.).

APPADORAI, A.: *Economic Conditions in Southern India*(A.D.1000 – 1500). Madras University, 1936, 2 vols. (Madras Univ. Hist. Series, I 2, I 2 b).

APTHORPE, Raymond: *Social Change: An Empirical and Theoretical Study*, Unpubl. D.Phil. Thesis, University of Oxford, 1956.

ARISTOTLE: *La Politique*. J. Tricot, Paris, Vrin, 1962. 2 vols. English translation in W.D. Ross, ed., *The Works of Aristotle*, Oxford, 1921.

Aspects of Caste. See LEACH, E. R.(ed.).

AYYAR, L. K. Anantakrishna: *Anthropology of the Syrian Christians*. Ernakulam, Govt. Press, 1926.

BADEN – POWELL, B. H.: *The Land Systems of British India*. Oxford, 1892. 3 vols.

BAILEY, F. G.: *Caste and the Economic Frontier. A Village in Highland Orissa*. Manchester Univ. Press, 1957.

——*Politics and Social Change, Orissa in* 1959. Berkeley, Univ. of California Press; London, Oxford Univ. Press, 1963.

——"Closed Social Stratification in India" (*European Journal of Sociology*, vol. IV, no. I, 1963, pp.107 –124).

——"For a Sociology of India?" (*Contributions to Indian Sociology*, III, 1959, pp. 88 – 101 [*cf.* discussion: "A Rejoinder to Dr Bailey", *ibidem*, IV, 1960, pp.82 – 89).

——"Politics in Orissa" (*Economic Weekly*, vol. XI, no.35, pp. 37 – 42, Aug. – Nov. 1959).

——"Traditional Society and Representation. A Case Study in Orissa"

(European Journal of Sociology, vol. I, 1960, pp. 121 – 41).

BAINES, Athelstane: *Ethnography (Castes and Tribes).* Strasbourg, K. J. Trübner, 1912. (Grundriss der Indo – Arischen Philologie und Alter – tumskunde II, 5.)

BALA RATNAM (Ed.): *Anthropology on the March. Recent Studies of Indian Beliefs, Attitudes and Social Institutions.*Madras, 1963. [Social Sciences Association, for the birth centenary of L. K. Anantaktrishna Iyer, 34 contributions.]

BALES, R. F. and SLATER, Ph. E.: "Role Differenciation in Small Decision Making Groups" (T. PARSONS and R. F. BALES, *et al.: Family, Socialization and Interaction Process,* London, Routledge and Kegan Paul, 1956, pp.259 – 306).

BARTH, Fredrik: "Ecological Relationships of Ethnic Groups in Swat, North Pakistan" *(American Anthropologist,* vol. LVIII, 1956, pp. 1079 – 1089).

——"The System of Social Stratification in Swat, North Pakistan" (E. R. LEACH, Ed., *Aspects of Caste,* 1960, pp.113 – 146).

BEALS, Alan R.: "Interplay among Factors of Change in a Mysore Village" (McKim MARRIOTT, Ed., *Village India,* 1955, *pp.*78 – 101*).*

——*"Leadership in a Mysore Village" (PARK and TINKER, Eds., Leadership,* 1959, pp. 427 – 437).

BEALS, A. R. and SIEGEL, B. J.: "Pervasive Factionalism" *(American Anthropologist,* vol. LXII, 1960, pp.394 – 417).

BECK, Brenda: *Marriage Ceremonies in South India.* Oxford, Institute of

Social Anthropology, 1964. [Unpublished thesis.]

BEIDELMAN, Thomas O.: *A Comparative Analysis of the Jajmani System.* Locust Valley, N.Y., *c.* 1959. (Monographs of the Association for Asian Studies, VIII.)

BERNIER, François: *Voyages de F. Bernier...contenant la description des États du Grand Mogol... et où l'on voit comment l'or et l'argent après avoir circulé dans le monde, passent dans l'Indoustan d'ou ils ne reviennent plus.* Paris, I 830, 2 vols.

BERREMAN, Gerald D.: *Hindus of the Himalayas.* Berkeley, Univ. of California Press, 1963.

BERREMAN, Gerald D. and DUMONT, Louis: [Discussion of] "Caste, Racism and Stratification" *(Contributions to Indian Sociology,* VI, 1962, pp. 122−124).

BERTRAND, Joseph, *s.j.* (ed.): *Lettres édifiantes et curieuses de la nouvelle Mission du Maduré.* Paris−Lyon, I 865. 2 vols.

——*Mémoires historiques sur les ordres religieux et spécialement sur les questions du clergé indigène et des rites Malabares d'apres des documents inédits. Paris,* 2ᵉed. 1862.

——*La Mission du Maduré d'après des documents inédits.* Paris, 1847− 1854.4 vols.

BETEILLE, André: *Caste.* See: M.N. SRINIVAS *et al.*

——"A Note on the Referents of Caste" *(European Journal of Sociology,* vol. V, 1964, pp. 130−134).

BHANDARKAR, Ramakrishna Gopal: *Vaiṣṇavism, Śaivaism and Minor*

Religious Systems. Strasbourg, K. Trübner, 1913. (Grundriss der Indo – Arischen Philologie und Altertumskunde,III,6.)

BHATT, G. S.: "The Chamar of Lucknow" *(Eastern Anthropologist,* vol. VIII, no. I, 1954, pp.27 – 41).

BHATTACHARYA, Jogendranath: *Hindu Castes and Sects.* Calcutta, 1896.

BIARDEAU, Madeleine: *Théorie de la connaissance et philosophie de la parole dans le Brahmanisme classique.* Paris, La Haye, Mouton, 1964. (École pratique des Hautes Études, 6ᵉ section: Le Monde d'Outre-Mer Passé et Présent. Premiére série: Études, XXIII.)

——"L'Inde et l'histoire" *(Revue historique,* 475, July – Sept. 1965, pp. 47 – 58).

BLUNT, E. A. H.: *The Caste System of Northern India with special Reference to the United Provinces of Agra and Oudh.* London, Oxford Univ. Press, 1931.

——"United Provinces of Agra and Oudh" *(Census of India,*1911, vol. XV, Part I, Report. Allahabad, Govt. Press, 1912).

BOSE, Nirmal Kumar (ed.): *Data on Caste, Orissa.* Calcutta, Anthropological Survey, 1960. (Memoir no. 7.)

——"Caste in India" *(Man in India,* vol. XXXI, no. 3 – 4, 1951, pp.107 –123).

——"Some Aspects of Caste in Bengal" (M. SINGER, ed.: Traditional India, 1959, pp. 191 – 206.)

BOUGLÉ, Célestin: *Essais sur le régime des castes.* Paris, Alcan (1 st ed.,

1908) 1927 (Travaux de l'Année Sociologique). [The first part of the book was originally published as an article: "Remarques sur le régime des castes" *(Année sociologique,* t. IV, 1900, pp. 1−64). English translation with an introduction by D. F. Pocock, Cambridge, Cambridge University Press, 1971.

——*Les Idées égalitaires: étude sociologique.* Paris, 1899.

BROGLIE, Louis de: *Continu et discontinu en physique moderne.* Paris, Albin Michel, 1941.

BROWN, D. Mackenzie: "Traditional Concepts of Indian Leadership" (PARK and TINKER. eds.: *Leadership,* 1959, pp. 3−17).

BROWN, W. Norman: "The Sanctity of the Cow in Hinduism" *(Journal. of the Madras University,* Section A, vol. XXVIII, no. 2, Jan. 1957, pp. 29−49). In French, with a later appendix: "La vache sacrée" *(An-nales,* Économies, Sociétés, Civilisations, vol. XIX, no. 4, 1964). pp. 643−664).

CAMPBELL, George: *Modern India. A Sketch of the System of Civil Government.* London, 1852.

CARSTAIRS. G. Morris: *The Twice−Born. A Study of a Community of High−Caste Hindus.* Bloomington, Indiana Univ. Press, 1961. [Severe criticism by D. F. Pocock in *Contrib.* to *Indian Sociology,* V, 1961, pp. 46 ff.] .

——"Bhil Villages of Western Udaipur" (M.N. SRINIVAS, ed., *India's Villages,* 2 nd ed. 1960, pp. 68−76).

Caste. A Trend Report and Bibliography. See: M. N. SRINIVAS *et al.*

Census of India [Decennial statistics, for the whole of India by provinces or States, from 1881 to 1961. As far as possible, the texts cited have been brought under the respective authors] .

Census of India 1881, Punjab. See: D.C.J. IBBETSON.

——1901, India. See: H.H. RISLEY.

——1911, India. See: E.A. GAIT.

——1911, United Provinces. See: E.A.H. BLUNT.

——1931, Rajputana. See: B.L. COLE.

CHAMBARD, J.−L.: "Mariages secondaires et foires aux femmes en Inde Central" *(L'Homme,* vol. I, no. 2, May−Aug. 1961, pp.51−88).

CHANDRASHEKHARAIYAH, K.: "Mobility Patterns within the Caste" *(Sociological Bulletin,* vol. XI, no. 1−2, 1962, pp. 62−67).

CHAPEKAR, N. G.: "Social Change in Rural Maharashtra" (K.M. KAPADIA, ed.: *Ghurye Felicit. Vol.,* 1954, pp.169−182.)

CHATTOPADHYAY, K. P. (ed.): *Study of Change in Traditional Culture* (Proceedings of Conferences held by the University of Calcutta in Co−operation with UNESCO). Calcutta, Univ. of Calcutta, 1957.

CHATTOPADHYAY, K. P.: *Some Approaches to Study of Social Change.* Poona, Gokhale Inst. of Politics and Economics, 1959. (R.R. KALE Memorial Lecture, 1959).

——"History of Indian Social Organization" *(Journal of the Asiatic Society of Bengal,* Letters, vol. 1, 1935, pp.377−395).

CHAUDURI, Nirad C.: *The Autobiography of an Unknown Indian.* London, Macmillan, 1951.

CHAUDHURI, Sachin: "Centralization and the Alternate Forms of De-
centralization: A Key Issue" (Roy TURNER, ed.: *India's Urban
Future*, 1962, pp. 213 – 239).

COHN, Bernard S.: "Chamar Family in a North Indian Village. A
Structural Contingent" *(Economic Weekly*, Bombay, vol. XIII, Sp. Nr.
27 – 28 – 29, July 1961, pp. 1051 – 1055).

——"The Changing Status of a Depressed Caste" (McKim MAR-
RIOTT, ed., *Village India*, 1955, pp. 53 – 77).

——"Changing Traditions of a Low Caste" (M. SINGER, ed., *Tradi-
tional India*, 1959, pp. 207 – 215).

——[review of] "McKim MARRIOTT: *Caste Ranking* (Poona,1960)"
(Journal of the American Oriental Society, vol.82, no. 3, 1962, pp. 425 –
30).

——"Law and Change (Some Notes on) in North India" *(Economic
Development and Cultural Change*, vol. VIII, no. I, 1959, pp.79 – 93).

——"Madhopur Revisited" *(Economic Weekly*, Bombay, vol. XI, July
1959, pp. 963 – 966).

——"Political Systems in Eighteeth Century India: The Banaras
Region" *(Journal of the American Oriental Society*, vol. 82, no. 3,
July – Sept. 1962, pp.312 – 320).

COLE, B. L.: "The Rajput clans of Rajputana" *(Census of India*, 1931,
vol. XXVII(App.). Meerut, 1932, pp.134 – 141).

Contributions to Indian Sociology. Paris, La Haye, Mouton, I – IX, 1957 –
1966. L. DUMONT and D. F. POCOCK, eds. [and joint authors for

nos. I – III.] (École pratique des Hautes Études, 6ᵉ section, Paris.)

COUPLAND, Sir Reginald: *India, a Re – statement.* London, Oxford Univ. Press, 1945.

Cox, C. Oliver: *Caste, Class and Race: a Study in Social Dynamics.* New York, Doubleday, 1948.

CRAWLEY, Ernest: *The Mystic Rose.* London (1902), 4 th ed., Watts, 1932.

CROOKE, W.: *Tribes and Castes of the North – Western Provinces and Oudh.* Calcutta, 1896, 4 vols.

——"Hinduism" *(Encyclopaedia of Religion and Ethics, s.v.,* vol. VI, pp. 686 – 715).

——"The Veneration of the Cow in India" *(Folklore,* 23, 1912, pp. 275 – 306).

DALTON, Edward Tuite: *Descriptive Ethnology of Bengal.* Calcutta (1872) 1960.

DAMLE, Y. B.: *Caste.* See: M. N. SRINIVAS *et al.*

DAS, Abinas Chandra: *The Vaisya Caste. I. The Gandhavaniks of Bengal.* Calcutta, 1903.

DAVIS, Kingsley: *The Population of India and Pakistan.* Princeton Univ. Press, 1951.

DAVY, Georges: *Éléments de Sociologie. I. Sociologie Politique.* Paris, Vrin (1924) 1950.

DELACCROIX, Mgr. S. (ed.): *Histoire universelle des missions catholiques.* Paris, Grand, 1956 – 9, 4 vols.

DESAI, A. R.: *Recent Trends in Indian Nationalism.* Bombay, Popular Book Depot, 1960.

——*Social Background of Indian Nationalism.* Bombay, Oxford Univ. Press, 1948. [Critical discussion: L. DUMONT: *Contributions to Indian Sociology,* VII, 1964, pp.32−39.]

DESAI, I. P. and DAMLE, Y.B.: "A Note on the Change in the Caste" (K.M. KAPADIA, ed., *Ghurye Felicit. Vol.,* 1954, pp. 266−276).

DHILLON, H. S. *et al.: Leadership and Groups in a South Indian Village.* New Delhi, Govt. of India Press, 1955. (Planning Commission, Programme Evaluation Organization, Publication 9.)

DIEHL, Carl Gustav: *Church and Shrine. Intermingling Patterns in the Life of some Christian Groups in South India.* Uppsala, 1965 (Acta Universitatis Upsaliensis, Historia Religionum, 2).

DUBE, S. C.: *Indian Village.* London, Routledge and Kegan Paul, 1955. (International Library of Sociology and Social Reconstruction.)

DUBOIS, Abbé J. A.: *Moeurs, institutions et cérémonies des peuples de l' Inde.* Paris, Imprimerie Royale, 1825.2 vols. An earlier edition appeared in English in 1917. The standard English translation, to which page references are made, is by Henry K. Beauchamp: *Hindu Manners, Customs and Ceremonies,* 2 rd ed., Oxford, 1906.

DUMÉZIL, Georges: "Métiers et classes fonctionnelles chez divers peuples Indo−Européens" (*Annales,* Économies, Sociétés, Civilisations 13ᵉannée, no.4, Oct. − Dec. 1958, pp. 716−724).

DUMONT, Louis: La *civilisation indienne et nous. Equisse de sociologie comparée*. Paris, A. Colin, 1964. 2 nd ed.,1975 (coll Uprisme).

——*Collected Papers*, see *Religion, Politics and History in India*.

——*Hierarchy and Marriage Alliance in South India Kinship*. London. Royal Anthropological Institute, 1957. (Occasional Papers, no. 12) In French: *Dravidien et Kariera, l'alliance de mariage dans l'Inde du sud et en Australie*. Paris – La Haye, Mouton, 1975.

——*Religion, Politics and History in India. Collected Papers in Indian Sociology*, The Hague, Mouton, c.1970.

——*Une Sous – Caste de l'Inde du Sud. Organisation sociale et religion des Pramalai Kallar*. Paris, La Haye, Mouton,1957. (École pratique des Hautes Études, VIe section. Le Monde d'Outre – Mer Passséet Présent, Ire série, Études I.)

——*La Tarasque*, Paris, Gallimard, 1951.

——"The British in India" *(History of Mankind: Cultural and Scientific Development*, vol. V, The 19 th Century, ed. by Ch. MORAZÉ, London, Allen A. Unwin, c. 1976, Part 4, pp. 1084 – 1144).

——"Caste: a phenomenon of social structure or an aspect of Indian culure?" (in: A. V. S., DE REUCK and Julie KNIGHT, eds., Ciba *Foundation Symposium on Caste and Race: Comparative Approaches*, London, Churchill, 1967).

——"La dette vis – à – vis des ancêtres et la catégorie de *sapinda*" *(Purushartha*, 4, 1980).

——"The Individual as an Impediment to Sociological Comparison and Indian History" V.B. SINGH and Baljit SINGT, eds.: *Social and*

Economic Change Essays in Honour of D. P. Mukerji. Bombay, Allied Publishers, 1967; repr. in *Coll. Pap.,* no.7).

——"Introductory Note: Change, Interaction, and Comparison" (*Contributions to Indian Sociology,* VII, 1964, pp.7－17).

——"Marriage in India, the Present State of the Question: I. Marriage Alliance in S. E. India and Ceylon; Postscript to Part I, II. Marriage and Status, Nayar and Newar; III. North India in relation to South India" (*Contributions to Indian Sociology,* V, 1961, pp. 75－95; VII, 1964, pp. 77－98; IX, 1966, pp. 90－114).

——"Le mariage secondaire dans l'Inde du Nord." (*VIe Congrès international des Sciences anthropologiques et ethnologiques,* Paris, 1960, I－II, pp. 53－55).

——"Les Mariages Nayar comme faits indiens" (*L'Homme,* vol. I, no. 1, 1961, pp. 11－36).

——"The Modern Conception of the Individual, Notes on its Genesis" (*Contributions to Indian Sociology,* VIII, 1965, pp. 13－61).

——"Pour une sociologie de l'Inde" (*La Civilisation indienne et Nous,* 1964, pp. 89－115). English version: "For a Sociology of India" (*Coll. Pap.,* no. 2).

——"A remarkable Feature of South－Indian Pot－Making" (*Man,* 1952, no. 121).

——"A structural Definition of a Folk Deity of Tamil Nad" (*Coll. Pap.,* no. 2).

——"The Village Community from Munro to Maine" (*Coll. Pap.,* no 6.).

DUMONT, Louis and POCOCK, David F.: "A. M. Hocart on Caste: Religion and Power" (*Contributions to Indian Sociology*, II,1958, pp.45 – 63).

——"Commented Summary of the Ist Part of Bouglé's Essais" (*Contributions to Indian Sociology*, II, 19658, pp.31 – 44).

——"On the Different Aspects or Levels in Hinduism" (*Contributions to Indian Sociology*, II, 1958, pp.31 – 44).

——"Possession and Priesthood" (*Contributions to Indian Sociology*, III, 1959, pp. 55 – 74).

——"Pure and Impure" (*Contributions to Indian Sociology*, III, 1959, pp. 9 – 39).

——"Village Studies" (*Contributions to Indian Sociology*, I,1957, pp. 23 – 41).

DURKHEIM, Émile: [review of] "B. H. BADEN – POWELL, *The Indian Village Community* (London, 1896)" (*Année sociologique*, I, 1897, pp. 359 – 362).

DUTT, N. K.: *Origin and Growth of Caste in India*, vol. I (2000 – 300 B. C.). London, Trübner, 1931.

DUTT, Romesh Chunder: *The Economic History of India*. London, Routledge and Kegan Paul (1902), 1956. 2 vols.

ELLEFSEN, Richard A.: "City – Hinterland Relationships in India" (Roy TURNER, ed.: *India's Urban Future*, 1962, pp.94 – 116).

ELLIOT, H. M.: *Memoirs on the History, Folklore and Distribution of the Races of the N.W. Provinces of India* (ed. by J. BEANES). London,

1869. 2 vols. [enlarged edition of the following work] .

——*Supplement to the Glossary of Indian Terms.* Agra,1845. ELMORE, Wilbur Theodore: *Dravidian Gods in Modern Hinduism. A Study of the Local and Village Deities of Southern India.* New York, Hamilton, 1915.

ELPHINSTONE, Mountstuart: *Report on the Territories conquered from the Paishwa. Submitted to the Supreme Government of British India.* (Calcutta, 1821.) Bombay, Govt. Press, 1838.

ENTHOVEN, R. E.: *The Tribes and Castes of Bombay.* Bombay, Govt Central Press, 1920—1922. 3 vols.

——"Lingayat" (*Encyclopaedia of Religion and Ethnics, s.v.,* vol. VIII, pp.69 — 75).

EPSTEIN, T. Scarlett: *Economic Development and Social Change in South India.* Manchester Univ. Press, 1962.

Essays on Caste 1851 [three essays written by missionaries, respec-tively: H. BOWER, S. C. DATTA and K. M. BANERJEA, published in Calcutta; British Museum, 4505 aaa 16] .

EVANS — PRITCHARD, E.E. (ed.). See: FORITES, M. and EVANS — PRITCHARD, E. E. (ed.).

EVANS — PRITCHARD, E. E.: *Kinship and Marriage among the Nuer.* Oxford, Clarendon Press, 1951.

——*The Nuer. A Description of the Modes of Livelihood and Political Institutions of a Nilotic People.* Oxford, Clarendon Press, 1940. French translation, *Les Nuer*, Paris, Gallimard, 1968. Preface by L.

DUMONT.

FARQUHAR, J. N.: *An Outline of the Religious Literature of India.* London, Oxford Univ. Press, 1920. (The Religious Quest of India.)

Fifth Report. See: FIRMINGER, W. K.(ed.).

FIRMINGER, W. K.(ed.): *The Fifth Report from the Select Committee...* 28 *th July 1812.* Calcutta, 1917 –1918.3 vols.

FIRTH, Raymond et al.: "Factions in Indian and Overseas Indian Societies" (*British Journal of Sociology,* vol. VIII,1957).

FISHMAN, Alvin Texas: *Culture Change and the Underprivileged. A Study of Madigas in South India under Christian Guidance.* Madras, The Christian Literary Society,1941.

FORTES, M. and EVANS – PRITCHARD, E.E. (ed.): *African Political Systems.* London. Oxford Univ. Press (1940),9160. (International African Institute.)

FUCHS, Stephen: *The Children of Hari: Study of the Nimar Balahis in the Central Provinces of India.* Vienna, Herold,1950(Wiener Beiträge zur Kulturgeschichte und Linguistik, vol. 8).

——"The Scavengers of Nimar District in Madhya Pradesh" (*Journal of the Bombay Branch of the Royal Asiatic Society,* vol. XXVII, no. 1, 1951, pp. 86 – 98).

FÜRER – HAIMENDORF, Christoph von: [review of] : "L. DUMONT, *Une Sous – caste de l'Inde du Sud (1957)*" (*Sociologus,* NF. Jahrgang 9, Heft 1, 1959, pp. 79 – 83).

FÜRER – HAIMENDORF, Elizabeth von: *An Anthropological Bibliogra-*

phy of South Asia, together with a Directory of Recent Anthropological Field Work. Paris, La Haye, Mouton,1958 – 1964. 2 vols. (I. [up to 1954] ;II,1955 – 1959). (École pratique des Hautes Études, VIe section. Le Monde d'Outre – Mer, Passé et Présent.4^esérie: Bibliographies, III).

GAIT, E. A.: "Caste" (*Encyclopaedia of Religion and Ethics, s.v.*, vol. III, pp. 230 – 39).

——"India" (*Census of India* 1911, vol. I, Part I, Report. Calcutta, Govt. Printing, 1913).

GANDHI, M. K.: *An Autobiography, or The Story of My Experiments with Truth,* trans. M. DESAI. Ahmedabad,1948(1927 – 1929). French translation: Expériences de vérité. Autobiographie. Paris, Pr. Univ. de Fr., 1950.

GEIGER, Wilhelm: *Culture in Mediaeval Ceylon.* Ed. by Heinz BECHER-T. Wiesdbaden, Otto Harrassowitz, 1960.

GHURYE, G. S.: *Caste and Race in India.* London, Kegan Paul; New York, 1932. [See also the following work.]

——*Caste and Class in India.* Bombay, Popular Book Depot,1950. [Modified re-edition of the previous work.]

Ghurye Felicitation Volume. See: KAPADIA, K. M. (ed.).

GILBERT, William H.: *Caste in India. A Bibliography.* Washington, D.C., Library of Congress. 1948 [roneo,5340 titles] .

——"The Sinhalese Caste System of Central and Southern Ceylon" (*The Ceylon Historical Journal,* vol. II, no. 3 – 4, Jan. – Sept. 1953).

[Reprinted from: *Journal of the Washington Academy of Sciences,* vol. XXXV, 1945.]

GIST, Noël P.: "Occupational Differentiation in South India" (*Social Forces,* Chapel Hill, N.C., 33, 1954, p.129).

GOLDSTEIN, Kurt: *Der Aufbau des Organismus.* Haag, 1934 [French trans., Paris, Gallimard, 1951] .

GOODDINE, R. N.: *Report on the Village Communities of the Deccan.* Bombay, 1852. (Selections from the Records of the Bombay Government, no. IV.)

GOUGH, E. Kathleen: "Caste in a Tanjore Village" (E. R. LEACH (ed.): *Aspects of Caste,* 1960, pp. 11 − 60).

——"Criteria of Caste Ranking in South India" (*Man in India,* vol. XXXIX, 2, 1959, pp. 115 − 26).

——"The Hindu Jajmani System" (*Economic Development and Cultural Change,* vol. IX, no. 1, Oct. 1960, pp. 83 ff.).

——"The Social Structure of a Tanjore Village" (M. N. SRINIVAS (ed.): *India's Villages,* 1955, pp.82 − 92).

——"The Social Structure of a Tanjore Village" (McKim MARRIOTT (ed.): *Village India,* 1955, pp. 36 − 52).

GOULD, Harold A.: "Sanskritization and Westernization: A Dynamic View" (*Economic Weekly,* vol. XIII, 1961, pp.945 − 950).

GRIMSHAW, Allen D.: "The Anglo − Indian Community; the Integration of a Marginal Group" (*Journal of Asian Studies,* vol. 18, 1958 − 9, pp. 2227 − 2240).

GUHA, B. S. (ed.): *Studies in Social Tensions among the Refugees from Eastern Pakistan.* Calcutta, Govt. of India Press, 1959 (Govt. of India, Dpt. of Anthropology, Memoir no. 1, 1954).

GUNE, Vithal Trimbak: *The Judicial System of the Marathas.* Poona, Deccan College Research Institute, 1953.

HALÉVY, Elie: *La formation du radicalisme philosophique.* Paris, Alcan, 1901. 2 vols. English translation by M. MORRIS: *The Growth of Philosophical Radicalism,* London,1928.

HARPER, Edward B.: "Two Systems of Economic Exchange in Village India" (*American Anthropologist,* vol. LXI, 1959, pp. 760 – 78).

HEESTERMAN, JJ. C.: "Brahmin, Ritual and Renouncer" (*Wiener Zeit-schrift für die Kunde Süd – und Ostasiens, vol. VIII,1964, pp. 1 – 31).

HEGEL, G. W. F.: *Leçons sur la Philosophie de l'Historie.* French trans. by J. GIBELIN. Paris. Vrin (2 vols.,1937), 1946. English translation from third German edition by J. SIBREE, Lectures on the Philosophy of History. London, 1888.

HITCHCOCK, John T.: "Leadership in a North Indian Village: Two Case Studies" (PARK and TINKER (eds.): *Leadership,*1959, pp. 395 – 414).

HOBSON – JOBSON. See: YULE and BURNELL.

HOCART, A. M.: *Caste, A Comparative Study.* London, 1950. French version: *Les Castes.* Paris, Geuthner, 1938. (Annales du Musée Guimet, Bibliothèque de Vulgarisation, v. 54).

——*Kings and Councillors.* Cairo, 1936.

HOPKINS, Edward Washburn: *India, Old and New, with a Memorial Address.* New York, 1896. [Ancient and Modern Guilds, pp. 169 – 205.]

HOSELITZ, Bert F. (ed.): *The Progress of Underdeveloped Areas.* Chicago, Univ. of Chicago Press. 1952.

——"The Role of Urbanization in Economic Development: Some International Comparisons" (Roy TURNER (ed.): *India's Urban Future,* 1962, pp. 157 – 181).

——"A Survey of the Literature on Urbanization in India" (Roy TURNER (ed.): *India's Urban Future,* 1962, pp.425 – 443).

HOSELITZ, Bert F. and LAMBERT, Richard D. ed,: *Le rôle de l'épargne et de la richesse – Asie du Sud et en Accident.* Paris, UNESCO, 1961.

HSU, F. L. K.: *Clan, Caste and Club.* Princeton. New Jersey, D. van Nostrand, 1963.

HUBERT, H. and MAUSS, M.: "Essai sur la nature et la fonction du sacrifice" (*Mélanges d'Histoire des Religions.* Paris, Alcan, 1929, pp. 1 – 130). [or: *Année Sociologique,* II, 1899, pp. 29 – 138.] English translation by W. D. HALLS: *Sacriffice: its Nature and Function.* London, 1964.

HUSAIN, A. F. A.: "Pakistan" (in LAMBERT and HOSELITZ: *Le Rôle de l'epargne*).

HUTTON, J. H.: *Caste in India, its Nature, Function, and Origins.* Cambridge Univ. Press, 1946. [French trans., Paris, Payot, 1949.]

——[Review of] : "A. M. HOCART, *Caste, a Comparative Study*" (*Man*, 1951, no. 235).

IBBETSON, Denzil Charles Jelf: *Panjab Castes*. Being a Reprint of the Chapter on "The Races, Castes..." in...the Census of the Punjab (1881). Lahore, Govt. Printing,1916.

——"The Races, Castes and Tribes of the People" (*Report on the Census of the Punjab, taken on the* 17 *th* Feb. 1881. Calcutta, Govt. Printing, 1883. Chapter VI, pp.172 − 341).

Inde Classique. See: L. RENOU et al.

India's Urban Future. See: Roy TURNER (ed.).

India's Villages. See: M. N. SRINIVAS (ed.).

IRVING, B. A.: *The Theory and Practice of Caste, Being an Inquiry into the Effects of Caste on the Institutions and Probable Destiny of the Anglo − Indian Empire*. London,1853.

JACKSON, A. M. T.: "Note on the History of the Caste System" (*Journal of the Asiatic Society of Bengal*, N.S., vol. III, no. 7 July 1907, pp. 509 − 15).

JOLLY, Julius: *Recht und Sitte*. Strasbourg, 1896. (*Grundriss der Indo − Arishen Phil. u. Altertumskunde*, II,8). English translation by B. GHOSH: *Hindu Law and Custom* (Greater India Soc., publ. 2). Calcutta, 1928.

JOLLY, J. and SCHMIDT, R. (eds.): *Arthaśāstra of Kautilya*. Lahore, 1923 − 4. 2 vols.

KANE, Pandurang Vaman: *History of Dharmaśāstra* (*Ancient and Medi-*

aeval, Religious and Civil Law). Poona, Bhandarkar Oriental Research Institute, 1930 – 1962, 5 vols. (Govt. Or. Series, Class B, no. 6).

KANITKAR, J. M., BANERJEE, D. L. and OHDEKAR, A. K.: *A Bibliography of Indology.* Vol. I. *Indian Anthropology.* Calcutta, National Library, Govt. of India, 1960.

KAPADIA, K. M. (ed.): *Ghurye Felicitation Volume. Issued under the Auspices of Ghurye 60 th Birthday Celebration Committee.* Bombay, Popular Book Depot, 1954.

KAPADIA, K. M.: *Hindu Kinship. An Important Chapter in Hindu Social History.* Bombay, Popular Book Depot 1947.

——*Marriage and Family in India.* London, Oxford Univ. Press, 1955.

——"Caste in Transition" (*Sociological Bulletin,* vol. XI,1 – 2, 1962, pp. 73 – 90).

KARDINER, Abram and LINTON, Ralph: *The Individual and His Society. The Psychodynamics of Primitive Social Organization.* New York (1939), 1947.

KARIM, Nazmul: *Changing Society in India and Pakistan. A Study in Social Change and social Stratification.* Dacca, Oxford Univ. Press, 1956.

KARVE, Irawati: Hindu Society. *An Interpretation.* Poona, Deccan College, 1961.

——*Kinship Organisation in India.* Poona, Deccan College, 1953 (Deccan College Monograph Series, 11).

KARVE, I. and DAMLE, Y. B.: *Group Relations in Village Community,*

Poona, Deccan College Res. Inst., 1963(Deccan Coll. Monogr. Ser. no. 24). [144 tables.]

KETKAR, Shridhar V.: *The History of Caste in India; Evidence of the Laws of Manu on the Social Conditions in India during the Third Century A.D., Interpreted and Examined; with an Appendix on Radical Defects of Ethnology,*vol. I. Ithaca, N. Y., 1909.

——*An Essay on Hinduism, its Formation and Future; illustrating the Laws of Social Evolution as reflected in the History of the Formation of the Hindu Community.*(History of Caste in India, vol. II.) LONDON, LUZAC,1911.

KÖHLER, Wolfgang: *Gestaltpsychology.* London, 1930. [French trans.: *Psychologie de la forme.* Paris, Gallimard (coll. Idées).]

KOSAMBI, D. D.: *An Introduction to the Study of Indian History.* Bombay, Popular Book Depot, 1956.

——"Early Stages of the Caste System in Northern India"*(Journal of the Bombay Branch of the Royal Asiatic Society,* 22, 1946, pp. 33 – 48).

KOYRÉ, Alexandre: *Études d'Histoire de la Pensée Philosophique.* Paris, Armand Colin, 1961. (Cahiers des Annales, 19.)

——*Introduction à la lecture de Platon. Entretiens sur Descartes,* Paris, Gallimard, 1962. (collection Les Essais, CVII.) The work on Plato is translated into English by L. C. ROSENFIELD: *Discovering Plato.* New York,1945.

KROEBER, A. L.: "Caste" (*Encyclopaedia of Social Sciences,*vol. III, 1930, 254 *b* – 257 *a*).

KUPPUSWAMY, B.: "A Statistical Study of Attitudes to the Caste System in South India" (*The Journal of Psychology.*Worcester, Mass., vol. XLII, 1956, pp.169−206).

LAMBERT, Richard D.: *Workers, Factories and Social Change in India.* Princeton, N. J., Princeton Univ. Press,1963.

——"The Impact of Urban Society upon Village Life" (Roy TURNER (ed.): *India's Urban Future,* 1962, pp.117−40).

LAMBERT, Richard D. and HOSELITZ, Bert F.: *Le rôle de l'épargne* (see HOSELITZ).

LASLETT, Peter (ed.): *Philosophy, Politics and Society.*Oxford, Blackwell, 1956.

——and RUNCIMAN, W. G. (ed.): *Philosophy, Politics and Society,* 2 nd Series. Oxford, Blackwell, 1962.

LAUNAY, Adrien: *Histoire des Missions de l'Inde (Pondichéry, Maïssour, Coïmbatour).* Paris, 1898. 5 vols.

LEACH, E. R. (ED.): *Aspects of Caste in South India, Ceylon and North− West Pakistan.* Cambridge Univ. Press,1960. (Cambridge Papers in Social Anthropology, 2.)

LEACH, Edmund R.: *Pul Eliya. A Village in Ceylon. A Study of Land Tenure and Kinship.* Cambridge Univ. Press,1961.

*Lettres édifiantes et curieuses...*Paris, Le Clerc,1707−1776. 34 vols. [etc.] [Lettres édifiantes..] . *Choix des Lettres édifiantes...Missions de l'Inde.* Paris, 3 éd., t. VIII, 1835.

LÉVI−STRAUSS, Claude: Anthropologie structurale. Paris, Plon, 1958.

LEWIS, OSCAR: *Village Life in North India.* Urbana, Univ. of Illinois Press, 1958.

——and DHILLON, Harvant Singh: *Group Dynamics in a North Indian Village. A Study of Factions.* Delhi, Planning Commission, Programme Evaluation Organization, 1954.

LINGAT, Robert: *Les Sources du Droit dans le système traditionnel de l' inde.* Paris, La Haye, Mouton, 1967; trans. by J. D. M. DERRETT, *The Classical Law of India,* Berkeley, University of California Press, 1973.

——"L'influence juridique de l'Inde au Champa et au Cambodge d' après l'èpigraphie" (*Journal Asiatique,* 237 − 2, 1949, pp. 273 − 90).

——"Time and the Dharma; on *Manu*", I, 85 − 6(*Contributions to Indian Sociology,* VI, 1962, pp.7 − 16).

——"Vinaya et droit laïque" (*Bulletin de l'École Francaise d'Éxtrême − Orient,,* vol. XXVII, 1937, pp.415 − 77).

LYALL, Alfred: *Asiatic Studies.* London, Murray (1849) 1899. 2 vols.

LYNCH, Owen M.: "Some Aspects of Rural − Urban Continuum in India" (BALA RATNAM (ed.): *Anthropology on the March,* 1963, pp.178 − 205).

McCORMACK, William: "Factionalism in a Mysore Village" (PARK and TINKER (ed.): *Leadership,* 1959, pp.438 − 444).

——"Lingayats as a Sect" (*Journal of the Royal Anthrophological Institute,* vol. XCIII, no. 1, 1963, pp. 59 − 71).

MACIVER, R. M.: *The Web of Government.* New York, 1947.

MACLEAN: "Syrian (Christians)" (*Encyclopaedia of Religion and Ethics, s.v.,* vol. XII, pp. 167—181).

MAHALINGAM, T. V.: *South Indian Polity.* Madras, Univ. of Madras, 1955. (Madras Univ. Hist. Series, no. 21.)

MAHAR, J. Michael: *India, A Critical Bibliography.*Tucson, Arizona, The Univ. of Arizona Press, 19664.

MAHAR, Pauline M.: "A Multiple Scaling Technique for Caste ranking" (*Man In India,* vol. XXXIX, no. 2, 1959, pp.127—147).

MAINE, H. Sumner: "India" (Humphrey WARD: *The Reign of Queen Victoria.* London, 1887. 2 vols., vol. I, pp.460—522).

MAJUMDAR, D. N.: *Caste and Communication in an Indian Village.* Delhi, Asia Publ. House, 1959.

——*Races and Cultures of India* (Lucknow, 1944). Bombay, Asia Publ. House, 1958.

MALSON, Lucien: *Les enfants sauvages, mythe et réalité.* Paris, Union générale d'Éditions,1964.

MANDELBAUM, David G.: "Concepts and Methods in the Study of Caste" (*Economic Weekly,* vol. II, nos. 4—6, 1959, pp. 145—148).

——"The Jewish Way of Life in Cochin" (*Jewish Social Studies,* vol. I, no. 4, 1939, pp. 423—460).

——"The World and the World View of the Kota" (McKim MARRIOTT (ed.): *Villiage India,* 1955, pp.233—254).

MARCUSE, Herbert: *Reason and Revolution* (New York,1941). Boston, Beacon Press, 1960.

MARRIOTT, McKim (ed.): *Village India. Studies in the Little Comn nity.* Chicago, Univ. of Chicago Press,1955 (Comparative Studies Cultures and Civilizations. Publ. also as Memoir no. 83 of the Ame Anthrop. Association).

MARRIOTT, McKim: *Caste Ranking and Community Structure in Fii Regions of India and Pakistan.* Poona, 1960 (Deccan Coll. Monog Ser., no. 23). [Originally in: *Bull. Decc. Coll. Res. Inst.,* 1958.]

——"Cste Ranking and Food transactions, a Matrix Analysis" (ir Milton SINGER and Bernard S. COHN (eds.): *Structure and Change ir Indian Society.* Chicago, Aldine, *c.* 1968 [Viking Fund Publications in Anthropology, no. 47]).

——"Interactional and Attributional Theories of Caste Ranking" (*Man in India,* vol. XXXIX, no. 2, 1959, pp. 92 – 107).

——"La modernisation de l'agriculture dans les régions rurales sur-développées" (*Chronique Sociale de France.*Lyon, Ap. 1954, pp. 123 – 134) [in English: "Technological Change in Over – developed Rural Areas" (*Economic Development and Cultural Change,* vol. I,1952, pp. 261 – 272)] .

——"Social Change in an Indian Village" (*Economic Development and Cultural Change,* vol. II, June 1952, pp. 145 – 155).

——"Social Structure and Change in a U.P. Village" (SRINIVAS (ed.): *India's Villages,* 1955, pp.96 – 109).

——"Village Structure and the Panjab Government. A Restatement" (*American Anthropologist,* vol. LV, no. 1,1953, pp. 137 – 143).

MARTIN, Montgomery: *The History, Antiquities, Topography and Statistics of Eastern India.* London, 1838. 3 vols. [Text by Francis BUCHANAN, for years 1807 ff.]

MARX, Karl: *Le Capital,* vol. II. Paris, Éditions Sociales, c. 1948 English translation, *Capital,* Moscow, 1954.

MATHUR, K. S.: "Village Studies in India" (*Man in India,* vol. XXXIX, no. 1, 1959, PP. 45 − 52).

MATTHAI, John: Village Government in British India. London, 1915 (Studies in Economic and Politicall Science, no. 48).

MAUSS, Marcel: *Manuel d'Ethnographie.* Paris, Payot, 1947 (Bibliothèque scientifique).

——"Parentés à plaisanteries" (*Annuaire de l'École pratique des Hautes Études, Section des Sciences Religieuses,* 1927 − 1928, *pp. 3 − 21).*

——See: HUBERT and MAUSS.

MAX MULLER, Friedrich: *Chips from a German Workshop.* London, 1867 − 75. 4 vols. ["Caste", vol. II, pp.297 − 356.]

MAYER, Adrian C.: *Caste and Kinship in Central India. A Village and its Region.* London, Routledge, 1960.

——"Associations in Fiji Indian Rural Society" (*American Anthropologist,* vol. LVIII, 1956, pp. 97 − 108).

——"The Dominant Caste in a Region of Central India" (*Southwestern Journal of Anthropology,* vol. XIV, 1958, pp. 407 − 427).

——"Local government Election in a Malwa Village" (*Eastern Anthropologist,* vol. XI, 1958, pp.189 − 202).

MAZUMDAR, Bhakat Prasad: *Socio — Economic History of Northern India* (A.D. 1030 — 1194). Calcutta, K. L. Mukhopadhyay, 1960.

MERLEAU — PONTY, Maurice: *La Structure du comportement.*Paris, Pr. Univ. de Fr., 1942 (Bibl. de Philosophie Contemporaine). English translation by A. L. FISHER: *The Structure of Behaviour.* London, 1965.

METCALFE, C.: "Minute" in *Report form Select Committee,*1832, Evidence, III, Revenue, App. No. 84, pp.328 ff.

MILL, James: *The History of British India.* London,1817. 3 vols.(5 th ed. with notes and continuation by Horace Hayman WILSON, 1858, 10 vols).

——"Caste" (*Encyclopaedia Britannica,* Edinburgh, Supplement 1824, 6 vols., *s.v.* [signed "F.F."]).

MILLER, Eric J.: "Caste and Territory in Malabar" (*American Anthropologist,* vol. LVI, no. 3, 1954, pp. 410 — 420).

MOOKERJI, Radha Kumud: *Local government in Ancient India.* Oxford (1919), 1958 (Mysore Univ. Studies, Hist. Ser. no. 1).

MOORE, Harvey C.: "Cumulation and Cultural Processes" (*American Antropologist,* vol. LVI, no. 3, 1954, pp.347 — 357).

MUIR, J.: *Original Sanskrit Texts on the Origin and History of the People of India, their Religion and their Institutions,* 2 nd ed. London, 1868. 5 vols.

MUKERJI, Radha Kamal: *Inter — caste Tensions. Caste Tensions Studies.* Lucknow Univ., 1951.

MUKHERJEE, Bhabananda: "Caste−Ranking among Rajbanshiis in NOrth Bengal" (BALA RATNAM (ed.): *Anthropology on the March*, 1963, pp. 206−212).

MUKHERJEE, Ramkrishna: *The Dynamics of a Rural Society. A Study of the Economic Structure in Bengal Villages.*Berlin, Akademie Verlag, 1957.

MURDOCH, John: *Caste, its supposed Origin; its History; its Effects....* Madras, The Christ. Vernacular Educ. Soc.,1887.

MURPHY, Gardner: *In the Minds of Men. The Study of Human Behaviour and Social Tensions in India.* New York, Basic Books, 1953.

NADEL, S. F.: "Caste and Government in Primitive Society" (*Journal of the Anthropological Society of Bombay*, vol. VIII, no. 2, 1954, pp. 9 − 22).

NATH, Y. V. S.: "The Bhils of Ratanmal" (*Economic Weekly*,Combay, vol. VI, 4 − 12, 1954, pp. 1355 −1360).

NEHRU, Jawaharlal: *Joward Freedom. The Autobiography of Jawaharlal Nehru.* Boston, Beacon Press, 1958.

NESFIELD, John C.: *Brief View of the Caste System of the North− Western Provinces and Oudh, together with an Examination of the Names and Figures shown in the Census Report*, 1882. Allahabad, 1885.

Notes and Queries on Anthropology. 6 th ed. revised and rewritten by a Committee of the Royal Anthropological Institute of Great Britain and Ireland. London, Routledge and Kegan Paul. 1951.

OLDENBERG, H.: "Zur Geschichte des Indien Kastenwesens" (*Zeits-*

chrift der Deutshen morgenländischen Gesellschaft,51, 1897, pp. 267 − 90).

OLIVIER, Georges: *L'anthropologie des Tamouls du sud de l'Inde.* Preceded by: Les divisions sociales du sud de l'Inde par Jean Filliozat. Paris, Ecole Française d'Extrême-Orient, 1961. (Publ. hors série de l' Ec. fr. d'Extr.-Or.)

O'MALLEY, L. S. S.: *Indian Caste Customs.* Cambridege Univ. Press, 1932.

——(ed.): *Modern India and the West. A Story of the Interaction of their Civilizations.* London, Oxford Univ. Press, 1941.

OPLER, Morris E. and SINGH, Rudra D.: "The Division of Labour in an Indian Village"(C.S. COON (ed.): *A Reader in General Anthropology,* New York, 1948, pp.464 − 496).

OPLER, Morris E.: "The Extensions of an Indian Village" (*Journal of Asian Studies,* vol. XVI, 1957, pp.5 − 10).

——"The Problem of Selective Culture Change" (B. F. HOSELITZ (ed.): *The Progress of Underdeveloped Areas.*Chicago, Univ. of Chicago Press, 1952, pp.126 −134).

ORANS, Martin: "A Tribal People in an Industrial Setting" (M. SINGER (ed.): *Traditional India,* 1959, pp.216 − 39).

ORENSTEIN, Henry: "Exploitation and Function in the Interpretation of Jajmani" (*South − western Journal of Anthropology,* vol. XVIII, no. 4, 1962, pp.302 −315).

PARK, Richard L. and TINKER, Irene (ed.): *Leadership and Political Institutions.* Princeton, Univ. Press,1959.

PARSONS, Talcott: "A Revised Theoretical Approach to the Theory of Social Stratification" (in Reinhard BENDIX and Seymour Martin LIPSET (eds.): Class, *Status and Power: A Reader in Social Stratification*. London, 1954. In French, F. BOURRICAUD, trans.: *Éléments pour une Sociologie de l'Action*. Paris, Plon, 1955 (Recherches en Sciences Humaines).

——*The Structure of Social Action. A Study in Social Theory with Special Reference to a Group of Recent European Writers*. New York, The Free Press of Glencoe (1949),1961.

PARVATHAMMA (Miss): *Religion and Politics in a Mysore Village*. University of Manchester [date?; unpublished thesis] .

PATNAIK, Nityananda: "Service Relationship between Barbers and Villagers in a Small Village in Rampur" *(Economic Weekly,* vol. XII, no. 20, 1960, pp. 737−742).

PATTERSON, Maureen L. P. and INDEN, Ronald B. (ed.): *South Asia: An Introductory Bibliography*. Chicago, The University of Chicago Press, Nov. 1962. (Introduction to the Civilization of India) [Section C: "Social Structure and Organization", pp. 104−170)] .

PIEIRIS, Ralph: *Sinhalese Social Organization. The Kandyan Period*. Ceylon Univ. Press Board, 1956.

PIGNEDE, Bernard: *Les Gurungs. Une Population himalayenne du Nepal*. Paris, La Haye, Mouton, 1966 (École Pratique des Hautes Études, VIe section. Le Monde d'Outre−Mer Passé et Présent. le série: Études).

PITT — RIVERS, Julian: *The People of the Sierra.* London, Weidenfeld &
    Nicolson, 1954.

——"On the word caste" (in T.O. Beidelman, ed., *Essays Presented to E.
    E. Evans — Pritchard,* London, Tavistock Pubs., 1970).

POCOCK, David F.: "The Anthropology of Time — Reckoning" (*Contri-
    butions to Indian Sociology, VII, 1964, pp.18 — 29).*

——"Difference" in East Africa: a Study of Caste and Religion in
    Modern Indian Society" (*Southwestern Journal of Anthropology* vol.
    XIII, no. 4, 1957, pp.289 — 300).

——"The Hypergamy of the Patidars" (K. M. KAPADIA (ed.):*Ghurye
    Felicit. Vol.,* pp. 195 — 204).

——"Notes on *Jajmāni* Relationships" (*Contributions to Indian Sociology,*
    VI, 1962, pp. 78 — 95).

POHLMAN, Edw. W.: "Evidence of Disparity between the Hindu Prac-
    tice of Caste and the Ideal Type" (*American. Sociological Review,* XVI,
    1951, pp. 37 — 59).

POLANYI, Karl: *Origins of Our Time: The Great Transformation.* Lon-
    don, 1946.

PRASAD, Kali: *Social Integration Research. A Study in Intercaste Relation-
    ships.* Lucknow Univ., 1954.

PREMCHAND: *Karmbhūmi.* Banaras, Sarasvati Press, *c.*1946 (in Hindi).

PUNDALIK, V. G. and PATWARDHAN, Sunanda (Smt.):"A Note on
    the Behaviour of the Caste in a Crisis — Situation" (*Sociological Bulle-
    tin,* vol. XI, no. 1 — 2, 1962, pp. 68 — 72).

RADCLIFFE—BROWN, A. R.: *Structure and Function in Primitive Society*. London, Cohen and West, 1952.

RAO, M. S. A.: *Social Change in Malabar*. Bombay, Popular Book Depot, 1957.

——"Caste in Kerala" (*Sociological Bulletin*, vol. IV, no. 2, 1955, pp. 122 — 9).

REDDY, N. S.: "Functional Relations of Lohars in a North Indian Village" (*Eastern Anthropologist*, vol. VIII,1955, pp. 129 — 40).

RENOU, Louis: *L'Hindouisme. Les textes, les doctrines et l'histoire*. Paris, Pr. Univ. de Fr., 1958 (Que Sais-je, no. 475).

——et FILLIOZAT, Jean: *L'Inde classique. Manuel des études indiennes*. Vol. I. With the collaboration of P. MEILE, A. M. ESNOUL, L. SILBURN. Paris, Payot, 1947. Vol. II. With the collaboration of P. DEMIÉVILLE, Olivier LACOMBE, P. MEILE. Hanoï, École française d'Éxtrême—Orient, 1953.

*Report from the Select Committee of House of Commons,*1832, Evidence, vol. III, Revenue.

Report of the Seminar on Casteism and Removal of Untouchability, Delhi September 26 — October 2,1955. Bombay, Indian Conference of Social Work, 1955.

Report of the Study Team on Nyaya Panchayat, April 1962. *Government of India, Ministry of Law*. Delhi, Manager of Publications, 1962.

RHYS DAVIDS, T. W.: "Ahimsā" (*Encyclopaedia of Religion and Ethics, s.v.*, vol. I, p. 231).

RISLEY, Herbert H.: *Census of India* 1901, vol. I: India, Report I, Report II, Ethnographic Appendices. Calcutta, Govt. Printing, 1903. 2 vols.

——*The People of India.* London, W. Thacker, 1908.

——*The Tribes and Castes of Bengal. Ethnographical Glossary.* Calcutta, Bengal Secretariat Press, 1891. 2 vols.

RIVERS, W. H. R.: "The Origin of Hypergamy" (Journal of the Bihar and Orissa Research Society, Patna, vol. VIII,1921, pp. 9 – 24).

RONALDSHAY (Earl of): *India, a Bird's – Eye View.* London,1924.

ROSE, H. A.: "Caste" (*Encyclopaedia Britannica,* 1945 edition, vol. IV, *s. v., pp.* 976 – 986).

ROUSSEAU, Jean – Jacques: *Du Contrat social. Œuvres complètes,* vol. III. Paris, Gallimard, 1964(Bibliothèque de La Pléiade). English translation by G. D. H. COLE: *The Social Contract.* London, 1913.

ROY, Sarat Chandra: *"Caste, Race and Religion in India" (Man In India,* vol. XIV, 1934, Parts I – III; vol. XVII, 1937 et XVIII, 1938 Part IV).

RUDOLPH, Lloyd I. and RUDOLPH, Susanne Hoeber: "The Political Role of India's Caste Associations" (*Pacific Affairs,* vol. XXXIII, no. 1, 1960, pp. 5 – 22).

RYAN, Brice: *Caste in Modern Ceylon.* New Brunswick, Rutgers Univ. Press, 1953.

SANGAVE, Vilas Adinath: *Jaina Community, a Social Survey.* Bombay, Popular Book Depot, 1959.

——"Changing Pattern of Caste Organization in Kolhapur City" (*Socio-*

logical Bulletin, vol. XI, 1962, pp.36 – 61).

SARDESAI, Govind Sakharam: *New History of the Marathas.*Bombay, Phoenix Publications, 1946 – 48. 3 vols.

SASTRI, K. A. Nilakanta: The *Cōlas.* Madras, Univ. of Madras (1935 – 37, 2.vols.), 1955 (Madras Univ. Hist. Series, no. 9).

——*Studies in Cōla History and Administration.*Madras, Univ. of Madras, 1932 (Madras Univ. Hist. Series, no 7).

SENART, Émile: *Les Castes dans l'Inde. Les faits et le système.* Paris, E. Leroux, 1894.

SHAH, A. M.: "Caste, Economy and Territory in the Central Panchmahals" (*Journal of the M.S. University of Baroda,*vol. IV. no. 1, 1955, pp.65 – 95).

——"Political System in Eighteenth Century Gujarat" (*Enquiry,* Delhi, vol. I, no. 1, 1964, pp.83 – 95).

SHAH, B. V.: *Social Change and College Students of Gujarat.* Baroda, M. S. University, 1964.

SHAHANI, S. See: M.N. SRINIVAS *et al., Caste.*

SHARMA, R. S.: *Sūdras in Ancient India. A Survery of the Position of the Lower Orders down to circa A.D.*500. Delhi, Motilal Banarsidass, 1958.

SHELVANKAR, K. S.: *The Problem of India.* London, Penguin Books, 1940.

SHILS, Edward: *The Intellectual between Tradition and Modernity: the Indian Situation.* The Hague, Mouton,1961 (Comparative Studies in

Society and History. Supplement.I).

SHORE, Frederick John: *Notes on Indian Affairs.* London,1837. 2 vols.

SINGER, Milton (ed.): *Traditional India: Structure and Change.* Philadel-
phia, Am. Folk. Soc., 1939 (Bibliogr. a. Special Series, vol. X).

SINGH, Indera: "A Sikh Village" (M. SINGER (ed.):*Traditional India,*
1959, pp. 273 − 97).

SINGA, Surajit: "State Formation and Rajput Myth in Tribal Central
India" (*Man In India,* vol. XLII, no. 1, 1962, pp. 35 − 80).

SMITH, Marian W.: "Structured and Unstructured Class Soocieties" (*Ameri-
can Anthropologist,* vol. LV, no. 2,1953, pp. 302 − 305).

SPEAR, Percival: *Twilight of the Mughuls. Studies in the Late Mughul
Delhi.* Cambridge Univ. Press, 1951.

SRINIVAS, M. N. (ed.): *India's Villages.* London, Asia Publ. House,
(1955), 1960.

SRINIVAS, M. N.: *Caste in Modern India and Other Essays.*Bombay,
Asia Publ. House, *c.* 1962.

——*Religion and Society among the Coorgs of South India.* Oxford, Clar-
endon Press, 1952.

——*The Study of Disputes.* University of Delhi, s.d. (Roneo).

——"The Case of the Potter and the Priest" (*Man In India,* vol.
XXXIX, No. 3, 1959,pp. 190 − 209).

——"A Caste Dispute among Washermen of Mysore" (*Eastern Anthro-
pologist,* vol. VII, no. 3 − 4, 1954, pp.149 − 168).

——"Caste in Modern India" (*Journal of Asian Studies,*vol. XVI, no. 4,

1957, pp. 529 – 48) [et] (*Caste in Mod. India,* pp. 15 – 41).

——"The Dominant Caste in Pampura" (*American Anthropologist,* vol. LXI, 1959, pp. 1 – 16).

——"Introduction" (*India's Villages,* 1955, *pp.*1 – 12) [originally: *Economic Weekly,* vol. VI, 1954, pp. 695 – 698] .

——"A Joint Family Dispute in a Mysore Village" (*Journal of the M.S. University of Baroda,* vol. 1, 1952, pp.7 – 31).

——"Sanskritization and Westernization" [AIYAPPAN AND BALA RATNAM (ed.): *Society in India,* Madras, 1955, pp.73 – 115] (*Far Eastern Quarterly,* vol. XIV, no. 4,1956, pp. 481 – 96), [repr.] (*Caste in Mod. India,*pp. 42 – 62).

——"The Social Structure of a Mysore Village"(*India's Villages,* 1955, pp. 19 – 32), [originally:*Economic Weekly,* vol. III, 1953, pp. 1051 – 6] .

——"The Social System of a Mysore Village" (McKim MARRIOTT(ed.): *Village India,* 1955, pp. 1 – 36).

——"Varna and Caste" (*A. R. Wadia: Essays in Philosophy presented in His Honour,* Bangalore, 1954), [repr. in] (*Caste in Modern India,* pp. 63 – 9).

——DAMLE, Y. B., SHAHANI, S. and BÉTEILLE, André:*Caste, A Trend Report and Bibliography. Oxford, Blackwell,*1959 (*Current Sociology,* vol. VIII, no. 3,1959).

SRIVASTAVA, S. K.: "The Process of Desanskritization in Village India" (BALA RATNAM (ed.): *Anthropology on the March,* 1963, pp. 263 – 267).

STAAL, J. F.: "Sanskrit and Sanskritization" (*Journal of Asian Studies*, vol. XXII, no. 3, 1963, pp.261−275).

——"Über die Idee der Toleranz im Hinduismus" (*Kairos*,Salzburg, 4, 1959, pp. 215−218).

STARK, Werner: *The Sociology of Knowledge. An Essay in Aid of a Deeper Understanding of the History of Ideas.* London, Routledge and Kegan Paul, 1958.

STEVENSON, H. N. C.: "Caste" (*Encyclopaedia Britannica*,1961, vol. IV, pp. 973−982).

——"Status Evaluation in the Hindu Caste System" (*Journal of the Royal Anthropological Institute*, vol. LXXXIV, no.1−2, 1954, pp. 45−65).

STOKES, Eric: *The English Utilitarians and India.*Oxford, Clarendon Press, 1959.

STRIZOWER, Schifra: "Jews as an Indian Caste" (*Jewish Journal of Sociology*, 1959, pp. 43−57).

SUAU, Pierre, *s.j.: L'Inde tamoule.* Paris, 1907.

TAMBIAH, H. W.: *The Laws and Customs of the Tamils of Ceylon.* Colombo, Tamil Cult. Soc. of Ceylon, 1954.

TAMBIAH, S.J.: "The Structure of Kinship and its Relationship to Land Possession and Residence in Pata Dumbara, Central Ceylon" (*Journal of the Royal Anthropological Institute*, vol. LXXXVIII, Part I, 1958, pp. 21−44).

THAKKAR, K. K.: "The Problem of Casteism and Untouchability"*(In-*

dian *Journal of Social Work,* Bombay, vol. XVII, no.2, 1956, pp. 44 − 84).

THOMPSON, Edward: *Suttee. A Historical and Philosophical Enguiry into the Hindu Rite of Widow − burning.* London, Allen and Unwin, 1928.

THORNER, Daniel: "Marx on India and the Asiatic Mode of Production; *(Contributions to Indian Sociology,* IX,1966, pp. 33 − 66).

——"The Village Panchayat as a Vehicle of Change" (*Economic Development and Cultural Change,* vol. II,1953, pp. 209 − 215).

THORNER, D. and A.: "Employer − Labourer Relationships in Agriculture" (*Land and Labour in India.* Bombay, etc., Asia Publ. House, *c.* 1962, pp. 21 − 38 [from *Indian Journal of Agric. Economics.* vol. XII, 2,1957, pp. 84 − 96]).

THURSTON, E. and RANGACHARI, K.: *Castes and Tribes of Southern India.* Madras, 1909. 7 vols.

TINKER, Hugh: *The Foundations of Local Self − Government in India, Pakistan and Burma.* London, The Athlone Press,1954. (University of London Historical Studies, no.1.)

TOCQUEVILLE, Alexis de: *L'Ancien Régime et la Révolution. Paris,* Gallimard, 1952 − 53. 2 vols. *(Œuvres complètes,* vol. II.) English translation by M. W. PATTERSON: *De Tocqueville's L'Ancien Régime.*Oxford, 1933.

——La Démocratie en Amérique. Paris, Gallimard,1961. 2 vols. (Œuvres Complètes, t.I.) English translation by Henry REEVE: *Democracy in America.*London, 1875.

TOD, James: *Annals and Antiquities of Rajasthan, or the Central and Western Rajpoot States of India* (1829 – 32,2 vols.). London, Routledge and Kegan Paule, 1950.

TROUBETSKOI, Nicolas Serguevitch: *Principes de phonologie.*French translation by Jean CANTINEAU. Paris, C. Klincksieck, 1949.

TURNER, Roy (ed.): *India's Urban Future. Selected Studies from an International Conference*....Berkeley and Los Angeles, Univ. of California Press, 1962.

ULLAH, Inayat: "Caste, Patti and Factions in the Life of a Punjab Village" (*Sociologus,* vol. VIII, no. 2,1953, pp. 170 – 86).

VAKIL, C. N. and CABINETMAKER, P. H.: *Government and the Displaced Persons: a Study in Social Tensions.* Bombay,1956.

VAKIL, C. N. and MEHTA, U.: *Government and the Governel: a Study in Social Tensions.* Bombay, Vora and Co.,1956.

VIDYARTHI, L. P.: "The Extensions of an Indian Priestly Class" (*Man In India,* vol. XXXIX, no. 1, 1959, pp.28 – 35).

Village India. See: MARRIOTT(ed.).

VREEDE – DE – STUERS, Cora: "Le Mariage chez les Musulmans de condition "Ashraf" dans l'Inde du Nord. Coutumes et cérémonies (*Orient,* vol. 25, 37 pp.).

WEBER, Max: *The Protestant Ethic and the Spirit of Capitalism.* London, 1930 (translated from the German:*Gesammelte Aufsätze zur Religionssoziologie,* Band I).

——*Gesammelte Aufsätze zur Religionssoziologie,* II,*Hinduismus und Budd-*

hismus, Tübingen, Mohr, 1920. English translation by Hans H. ·GERTH and Don MARTINDALE:*The Religion of India. The Sociology of Hinduism and Buddhism,* Glencoe, 1958.

——*The theory of Social and Economic Organisation,* trans. HENDER-SON and Talcott PARSONS. Glencoe, Illionis, s.d. 〔translated from *Wirtschaft und Gesellschaft,*1st*part*〕.

WEIL, Eric: *Philosophie Politique.* Paris, Vrin,1956.

WEINER, Myron: "Changing Patterns of Leadership in West Bengal" (*Pacific Affairs,* vol. XXXII, no. 3, 1959, pp. 277 – 287).

WHITEHEAD, Henry: *The Village Gods of South India*(London, 1916). Calcutta, Association Press, 1921(The Religious Life of India Series).

WILLIAMS, J. Charles: *Oudh* 〔Census of 1869〕. Vol. I,*Report.* Lucknow, 1869.

WILSON, John: *Indian Caste.* Bombay; London, 1877.2 vols.

WILSON, Robert Smith: *The Indirect Effects of Christian Missions*....London, 1928.

WISER, William Henricks: *The Hindu Jajmani System: a Socio – Economic System Interrelating Members of a Hindu Village Community in Services.*Lucknow, Lucknow Publ. House, 1985 (1 st ed., 1936).

YALMAN, Nur: "The Flexibility of Caste Principles in a Kandyan Community" (E. R. LEACH (ed.): *Aspects of Caste,*1960, pp. 78 – 112).

——"On the Purity of Women in the Castes of Ceylon and Malabar" (*Journal of the Royal Anthropological Institute of Great Britain and*

Ireland, vol. XCIII, Part I, Jan. to June 1963, pp. 25–58).

YULE, H. and BURNELL, A. C.: *Hobson–Jobson. A Glossary of Colloquial Anglo–Indian Words and Phrases.* London (1886), 1903.

索引

九画

《政事论》，246，414，438，439，441，446，
　　448，449，450，451，453，454，
　　455，456，457，484

侯卡特，42，43，85，86，87，98，107，113，
　　137，138，144，157，167，170，
　　171，185，326，331，334，335，430

美国

　　之"卡斯特"，379-386

　　肤色问题与卡斯特，331，379-381，384

英国

　　自由与平等，64

　　政府，80，317，362

　　传统与民主，64，67，396

英国人

　　与卡斯特体系，341

　　与财产安全，267

食牛肉者

　　不可触性，233

食物

　　之阶序，233

　　平常的与"完美的"，235，236

　　生的与熟的，158

　　参见饮食，素食

　　规定，158，220，229

　　与不洁，121，158，231，308

　　与卡斯特等级，230，232，239

　　与卡斯特关系，232-234

　　与婚姻，229

首陀罗

　　婚姻，206，217

　　责任，141

　　与瓦尔那，139，140

贺努，217

顺生婚，216，217

洁净

　　与行业，170

　　与西方观念之重叠，127

　　与权力，150，189

贱民

　　日本，333

　　卡斯特，92，111，120，159，160，189，
　　　262，303

　　改革，111，355，356

　　与分工，185

　　与牛，119，185，245，302

　　与瓦尔那，139，141

亲属

　　与婚姻，194-196，325

　　与阶序，96

逆生婚，216-217

除籍

　　之延伸，271

　　解消，271，287

　　与潘恰雅特，272

　　暂时性的，286，287

十二画

图书在版编目（CIP）数据

  阶序人：卡斯特体系及其衍生现象／（法）路易·
杜蒙著；王志明译 . —杭州：浙江大学出版社，
2017.3
  ISBN 978-7-308-15977-7

  I.①阶… Ⅱ.①路… ②王… Ⅲ.①种姓—制度—
研究—印度 Ⅳ. ①D735.121

  中国版本图书馆CIP数据核字（2016）第137088号

阶序人：卡斯特体系及其衍生现象

[法] 路易·杜蒙 著　王志明 译

责任编辑	周红聪
装帧设计	蔡立国
出版发行	浙江大学出版社
	（杭州天目山路148号 邮政编码310007）
	（网址：http:// www.zjupress.com）
排　　版	北京大观世纪文化传媒有限公司
印　　刷	北京时捷印刷有限公司
开　　本	635mm×965mm　1/16
印　　张	34.25
字　　数	458千
版 印 次	2017年3月第1版　2018年12月第2次印刷
书　　号	ISBN 978-7-308-15977-7
定　　价	75.00元
